Poimandres...

Richard Reitzenstein

POIMANDRES

STUDIEN ZUR GRIECHISCH-ÄGYPTISCHEN UND FRÜHCHRISTLICHEN LITERATUR

VON

R. REITZENSTEIN

LEIPZIG

DRUCK UND VERLAG VON B. G. TEUBNER

1904

MEINEN JUGENDFREUNDEN

E. THIELE und G. SCHAPER
IN MAGDEBURG

Vorrede.

Was ich im folgenden zu bieten habe, ist Arbeit auf einem Grenzgebiet zwischen Philologie und Theologie. Ich habe sie als rein philologische betrachtet und hoffentlich auch behandelt. Bildung und Wirkung einiger religiöser Gedanken des Hellenismus — so nenne ich die Verschmelzung griechischen und orientalischen Geisteslebens — möchte ich verfolgen und glaube, daß wir das nur in Ägypten können. Liegen uns doch hier nicht nur aus allen Epochen der vorgriechischen Zeit religiöse Urkunden vor, deren Gesamtumfang schon jetzt dem des Alten Testamentes wenig nachstehen mag, sondern neben ihnen auch eine reiche Fülle griechisch geschriebener Texte, eine hellenistische theologische Literatur. Daß sie noch nicht im Zusammenhang philologisch behandelt ist, erklärt und entschuldigt die vollständige Geringschätzigkeit, die ihr von theologischer Seite zu teil wird, und die grotesken Begründungen, mit denen eine Berücksichtigung der hellenistisch-ägyptischen Religion abgelehnt zu werden pflegt. Liest man doch neuerdings bei einem namhaften Theologen sogar die Behauptung, der ägyptische Gottesdienst sei von allen Seiten, jüdischer wie griechischer, als die tiefste Stufe menschlichen Aberglaubens verachtet worden.

Der Philologe hat, weil er weiß, daß die ägyptische Religion sich über die ganze hellenistische Welt verbreitet hat, die Pflicht zu fragen, was sie lehrte und wie sie beschaffen war. Er hat sie um so mehr, als er von vornherein annehmen muß, daß gerade Ägypten die Bildung des Hellenismus auf religiösem Gebiet am stärksten beeinflußt hat. Man vergegenwärtige sich einmal, wie viel Schriftsteller ägyptische Religion in griechischer Sprache dargestellt haben, wie viel Stellen der uns erhaltenen griechischen Literatur von ägyptischem Glauben reden, wie wenig von babylonischem, persischem oder gar syrischem. Gewiß wird sich die Einwirkung Ägyptens durch eine solche Berechnung nicht unmittelbar bestimmen lassen; nicht die schriftliche Darstellung allein gibt einer Religion Verbreitung und Bedeutung; aber einflußlos ist sie nie, am wenigsten in diesem Zeitalter. Der eigentümlichen Stellung Ägyptens in der hellenistischen Literatur muß bis zu einem gewissen Grade auch seine Stellung in der Kultur, also auch sein Einfluß auf die Bildung hellenistischer Religionsempfindung entsprechen. Den Beweis dafür gibt die frühchristliche Literatur, die der Philologe eben darum nicht ganz beiseite lassen kann. Hier bietet sich, da es sich um ein Vergleichen zweier gleichzeitiger Literaturen handelt, die Möglichkeit methodischer Arbeit. Die Sprache und Typologie der christlichen Literatur muß die Spuren hellenistischer Theologie verraten.

Ich habe mich dabei, wo ich irgend konnte, an die rein formale Seite gehalten. Ich müßte nicht Straßburger sein, wenn ich vor der Arbeit unserer wissenschaftlichen Theologie nicht, auch wenn ich an Einzelpunkten widersprechen muß, aufrichtige Hochachtung empfände. Ihr habe ich nur Handlangerdienste tun wollen.

Rat und Auskunft in ägyptologischen Fragen danke ich der unermüdlichen Güte meines Kollegen W. Spiegelberg. Bei der Drucklegung halfen Br. Keil und O. Plasberg, deren weitem Wissen und opferwilligem Eifer ich mehr schulde, als ich im einzelnen angeben kann. Die vollständigen Varianten zu den Hermetischen Fragmenten bei Cyrill steuerte Kollege K. J. Neumann, einzelne Kollationen zu den Texten des Nachtrags Prof. Vitelli in Florenz und Dr. Stefani in Rom, zu Beigabe V A. Dieterich in Heidelberg bei. Durch Literaturnachweise und Auskunft in Einzelfragen haben mich Prof. Ficker und Landauer, Herr Oberbibliothekar Schorbach und Herr Vikar Jacoby verpflichtet. Daß mir trotzdem viel entgangen sein wird, weiß ich. Darüber richte, wer in diesen Fragen die ganze Literatur zu beherrschen glaubt. Daß ich Bücher wie Bolls Sphaera oder Boussets Religion des Judentums im neutestamentlichen Zeitalter nur noch nebenbei benutzten konnte, liegt daran, daß Kap. I—IV und VII schon im Frühjahr 1902 abgeschlossen waren; selbst der Druck hatte schon begonnen. Daß Berthelots viel früher erschienenes Werk *La chimie au moyen âge* mir erst so spät bekannt wurde, daß ich es nur in den Nachträgen und Berichtigungen benutzen konnte, bedauere ich lebhaft. Als sie hierdurch ungewöhnlichen Umfang gewonnen hatten, ging mir noch eine wertvolle Freundesgabe Br. Keils zu, die an diesem Ort und in diesen Typen zu verstecken, des Verfassers Wunsch war. Ihretwegen möchte ich meine Leser bitten, diesen Nachträgen Beachtung zu schenken. —

Als mich vor Jahren der glühende Wunsch, meiner engeren Heimat einen schweren Verlust zu ersetzen, in den Orient trieb, da ahnte ich nicht, auf wie lange Zeit diese Reise mich von begonnenen und liebgewordenen Arbeiten trennen, wieweit sie mich zu den Gedanken und Interessen meiner ersten Studienzeit zurückführen würde. Ich darf mich nicht wundern, wenn diese Unterbrechung oder die Wahl gerade dieses Themas mir verdacht wird und wenn manch lieb gewordenes Band sich lockert. Das Hauptbuch des Lebens muß ja wohl leider bei jedem Umblättern auch ein Verlustkonto zeigen. Aber so tief ich das empfinde und so karg jene Reise meine ursprünglichen Wünsche erfüllt hat, innerlich bereichert hat sie mich doch, und unsere Wissenschaft gönnt in ihren weiten Hallen auch dem einen Platz, der in ihrem Dienst vor allem sein eigenes Leben leben und sein eigenes Werk treiben will.

Den beiden Jugendfreunden, Theolog und Philologe, die damals, als ich in den ersten Semestern Theologie studierte, auf mein Denken und Werden den meisten Einfluß geübt haben, sei dies Buch als Zeichen treuen Gedenkens zugeeignet.

Inhalt.

I.

Die unter dem unpassenden Gesamttitel Poimandres vereinigten
Hermetischen Schriften hatten, solange sie als Offenbarungen eines
uralten Propheten entweder die Platonische oder die kirchliche Lehre
zu bestätigen schienen, in weiten Kreisen Interesse gefunden. Seit
Isaak Casaubonus den schönen Traum mit schneidender Kritik zer-
störte, wendete sich der Blick der Forscher ihnen nur noch selten
zu. Die Ausgabe Partheys (1854), die letzte größere philologische
Arbeit an ihnen, begegnete derartiger Teilnamlosigkeit, daß Parthey
nicht einmal den versprochenen zweiten Teil hinzuliefern mochte; daß
ein tragisches Geschick sie gerade, weil sie philologische Arbeit bieten
sollte, so durchaus unbrauchbar und irreführend gemacht hat, werde
ich im Anhang auseinanderzusetzen haben. Die feinsinnige Einleitung,
welche Ménard seiner Übersetzung beigab, legte viele Zusammenhänge
richtig dar und hätte eine sorgfältigere Beachtung besonders von theologischer Seite verdient. Aber die damals noch ungenügenden Kenntnisse des Ägyptischen und die allgemeine Überzeugung von dem
geringen Alter dieser Schriften hinderte ihn, zu festen Resultaten zu
kommen; die Ägyptologie brachte nach den unbewiesenen Behauptungen Devérias[1]) nur noch die unbehilflichen und unzulänglichen
Versuche Pierrets zur Erklärung dieser Schriften.

Die Philosophie, welche in ihnen zunächst den Einfluß der
jüdischen Kabbala und später den des Neuplatonismus gesucht hatte,
wurde dem religiösen Charakter dieser Literatur bisher nicht ge-

---

1) Ich kenne sie nur aus Pierrets Bericht, *Mélanges d'archéologie égyp-
tienne et assyrienne I (1873) p. 112: Devéria dans un travail dont il n'a pu
écrire que les deux premières pages, se proposait de commenter au point de vue
égyptologique tout le texte des livres hermétiques, lesquels nous offrent, disait-il,
un exposé presque complet de la philosophie ésotérique de l'ancienne Égypte.
Devéria stand dabei unter dem Einfluß Rougés, der die Angaben Iamblichs
περὶ μυστηρίων ähnlich überschätzte.

recht. Selbst in der neusten Auflage scheint Zellers Behandlung mir
gegenüber dem Versuch Ménards eher einen Rückschritt zu bedeuten.
Die an sich trefflichen gelegentlichen Bemerkungen Dieterichs und
Krolls[1]), deren Blicke sich an verwandten Erscheinungen geschärft
hatten, sowie ein beweislos hingeworfener Satz Anathon Aalls[2])
konnten nicht recht fruchtbar werden, solange kein einziges Stück
dieser Sammlung als Ganzes betrachtet, erklärt und zeitlich bestimmt
war. Die völlige Gleichgültigkeit der weiteren philologischen und
theologischen Kreise ist nur zu begreiflich.[3])

Mich interessierten diese Schriften zunächst durch ihre literarische Form, und auch als ich sie allmählich als wichtige Urkunden
jener mächtigen religiösen Bewegung schätzen lernte, welche vom
Orient her einer Flut gleich das Abendland überströmte und das
Christentum erst vorbereitete, dann mit sich trug — auch da erwies
sich mir die literarische Form hellenistischer Theologie als bestes
und sicherstes Richtmaß. So soll auch diese Untersuchung von ihr
ausgehen und zu ihr zurückkehren. Ich beginne mit den bekannten
Tatsachen.

Eine theologische Literatur unter dem Namen des Hermes
Trismegistos hat sicher schon gegen Anfang des zweiten Jahr-
hunderts n. Chr. bestanden. Tertullian, vielleicht nach Soran, bezeugt *De anima* (c. 33 und 2) Traktate über die Unsterblichkeit der
Seele, deren Verfasser Hermes, der Lehrer Platos in Ägypten, gewesen sei; der Name Trismegistos begegnet bei ihm *Adv. Valent.* 15.
Denselben Namen kennt Philon von Byblos (Eusebios *Praep. ev.*
I *p.* 36 *d*); Schriften unter diesem Namen erwähnt Athenagoras (*p.*
37, 24 Schwartz); das von Hippolyt benutzte Lehrbuch der Peraten
(V 2, 14 *p.* 196, 5 Cruice) endlich nennt als irdische Abbilder des
orphischen Μήν die großen Theologen Βουμέγας, ᾽Οςτάνης, ῾Ερμῆς
τριςμέγιςτος, Κουρίτης, Πετόςιρις, Ζῳδάριον (?), Βηρωςός, ᾽Αςτράμψου-
χος, Ζωροάςτρης.[4]) Nun ist Gott Thot (Hermes) für den Ägypter

---

1) Im Abraxas und in der Abhandlung *De oraculis Chaldaicis*, Bresl. phil.
Abh. VII S. 68 und 70.

2) Aall, Der Logos II 78 A. 4.

3) Nicht einmal bei der Behandlung derjenigen Kirchenväter, die nachweislich stark von der Hermetischen Literatur beeinflußt sind, ist diese Quelle
m. W. irgend berücksichtigt.

4) Es ist daher Zufall, wenn auf Inschriften das Epitheton erst in der
Zeit Kaiser Galliens erscheint (Wessely, Denkschr. d. K. K. Akad. 1893 S. 9). Der

seit uralter Zeit der Lehrer aller geheimen Weisheit und Verfasser heiliger Schriften. Die Versuche, ägyptischen und griechischen Glauben einander zu nähern, beginnen unmittelbar mit der Zeit der Ptolemäerherrschaft. Wie man dabei frühzeitig dem Orpheus ägyptische Lehren, so hat man seit frühster Zeit den Propheten und Weisen Ägyptens griechische Lehren untergeschoben, oder sie doch in griechischer Sprache und nach griechischen Begriffen reden lassen.[1] Es wäre wunderbar, wenn der Spender aller Weisheit und Gotteserkenntnis dabei keine Rolle gespielt hätte. Die bildende Kunst belehrt uns überdies, daß der Grieche dieser Gegenden, selbst wenn er seinen Hermes, den Erfinder der Ringkunst, darstellen wollte, ihn durch die Feder auf dem Haupte als den ἱερογραμματεύς der Götter kennzeichnete, oder gar dem Griechengott wie den irdischen Verfassern literarischer Werke die Buchrolle in die Hand gab.[2] Eine lebende Hermes-Literatur wird hier vorausgesetzt. Wir haben ein Recht weiter zu suchen.

Älter als für die theologische sind die Zeugnisse für eine medizinisch-theologische Literatur. Schon in der Ptolemäerzeit benutzte sie der Grammatiker Pamphilos; er wurde von Vertretern der Naturwissenschaft deshalb getadelt, vgl. Galen Περὶ ἁπλῶν φαρμ. VI *prooem.* *tom.* IX *p.* 798 K: μετὰ δὲ ταῦτα βοτάνης μέμνηται καλουμένης, ὡς αὐτός φησιν, ἀετοῦ, περὶ ἧς ὁμολογεῖ μηδένα τῶν Ἑλλήνων εἰρηκέναι μηδέν, ἀλλ' ἔν τινι τῶν εἰς Ἑρμῆν τὸν Αἰγύπτιον ἀναφερομένων βιβλίων ἐγγεγράφθαι περιέχοντι τὰς λς' τῶν ὡροσκόπων ἱερὰς βοτάνας. Eine griechische, mit der Theologie und Astrologie eng zusammenhängende Literatur wird hier bezeugt, die uns in jüngeren Überarbeitungen noch manchmal begegnen wird. Mit ihr berühren sich eng die Fragmente des Petosiris und Nechepso.[3]

Entscheidende Bedeutung gewinnt die rein astrologische Literatur. Daß Petosiris und Nechepso noch in ptolemäische Zeit fallen

---

Beiname könnte sehr wohl schon Varro bekannt gewesen sein (vgl. Augustin *De civ. dei* XVIII 39. 40). „Hermetische Schriften" citiert auch Plutarch *De Is. et Os.* 61.

1) Den besten Beweis bietet ein im IV. Kapitel näher zu besprechendes Ostrakon aus Oberägypten.

2) Vgl. Furtwängler, Bonner Jahrbücher 103 S. 1 ff.; 107 S. 45 ff.; 108 S. 240 ff.; Löschcke ebenda 107 S. 48 ff.

3) Vgl. in der dankenswerten Fragmentsammlung von Rieß (Philologus Supplem. VI) Fr. 27. 28. 29.

müssen, sah schon Rieß.   In neuerer Zeit hat Kroll[1]) den meines
Erachtens zwingenden Nachweis geführt, daß sie dem Ende des
zweiten Jahrhunderts v. Chr. angehören.   Sein Aufsatz und ein Vortrag Dieterichs über das Mithras-Mysterium[2]) gaben mir den Anlaß,
die früher von mir kurz gestreiften Fragen[3]) neu und in weiterem
Rahmen zu behandeln.

Die Bedeutung der astrologischen Schriften, die sich auf einen
angeblichen König Nechepso und seinen Berater, den Propheten
Petosiris, zurückführen, liegt darin, daß sie trotz des eigentlich widerstrebenden Stoffes die beiden typischen Formen der theologischen
Hermes-Literatur durchführen.   Sie schließen zunächst an Götterge-
spräche: Hermes offenbart sein geheimes Wissen zwei jüngeren Göttern,
Asklepios und Anubis.   Selbst wenn wir nicht wüßten, daß Petosiris
auch über „ägyptische und griechische Theologie" und über die
ägyptischen Mysterien geschrieben hat[4]), müßten wir annehmen, daß
die neue, aus babylonischen und ägyptischen Elementen unter der
Einwirkung griechischer Astronomie entwickelte Lehre sich nur
darum als Offenbarung eines ägyptischen Gottes geben konnte, weil
dies die für Ägypten übliche Form theologischer Schriften war.
Eine Bestätigung hierfür gibt die weitere Nachbildung dieser
Schriften in den Φρύγια γράμματα des ägyptischen Herakles, die sogar schon in den Anfang des zweiten Jahrhunderts v. Chr. fallen
müssen.[5])

Kaum minder wichtig für die Formen der hellenistischen Theologie scheint mir die zweite Art der Einführung dieser Lehren bei
Nechepso, die uns Vettius Valens erhalten hat (Rieß Fr. 1).   Er sagt:
ἄχθομαι οὖν καὶ ζηλωτὴς τυγχάνω τῶν παλαιῶν βαςιλέων τε καὶ
τυράννων [καὶ][6]) τῶν περὶ τὰ τοιαῦτα ἐςπουδακότων, ἐπεὶ μὴ τοῖς
αὐτοῖς ηὐτύχηςα βιῶναι χρόνοις, εὐπαρρηςίαςτον καὶ ἄφθονον
τὸν αἰθέρα καὶ τὴν ἀναζήτηςιν κεκτημένοις.   εἰς τοςοῦτον γὰρ

1) Aus der Geschichte der Astrologie, Neue Jahrbb. f. Phil. u. Päd. VII 559 ff.
2) Vgl. Verhandlungen der Straßburger Philologen-Versammlung S. 49.
3) In dem zweiten Teil der Zwei religionsgeschichtlichen Fragen (Straßburg 1901).   Ich setze die dort gegebenen allgemeinen Ausführungen über den
Gott Thot im folgenden voraus und berichtige nur Einzelheiten.
4) Suidas Πετόςιρις.
5) Zwei religionsgesch. Fragen S. 94, vgl. unten Kap. V.
6) καὶ habe ich getilgt, vgl. Manilius I 40: *natura .. regales animos primum
dignata movere.*

ἐπιθυμίας καὶ ἀρετῆς ἔςπευςαν, ὡς τὰ ἐπὶ γῆς καταλιπόντας οὐρανο-
βατεῖν[1]) ἀθανάτοις ψυχαῖς καὶ θείαις καὶ ἱεραῖς γνώμαις (φωναῖς?)
cυνεπιcτήcονταc (cυνεπιτηρήcονταc?), καθὼς καὶ ὁ Νεχεψὼ ἐμαρτύρηce
λέγων·

> ἔδοξε δή[2]) μοι πάννυχον πρὸς ἀέρα
>
> — — — — — — — —
>
> καί μοί τις ἐξήχηcεν οὐρανοῦ βοή,
> τῇ cάρκας ἀμφέκειτο πέπλος κυανόχρους
> κνέφας προτείνων

καὶ τὰ ἑξῆς. Die Lücke nach dem ersten Verse ist dem Sinne nach
zu ergänzen: die ganze Nacht hat Nechepso betend zum Himmel
emporgeblickt, da fühlt er sich dem Körper entrückt, und eine Stimme
tönt zu ihm aus dem Himmel, deren Leib ein dunkeles Gewand um-
hüllt. Usener und Rieß haben an dieser Fortsetzung Anstoß genommen und zwischen βοή und τῇ einen weiteren Versausfall vermutet, ohne zu bedenken, daß für den Ägypter Name und Person
identisch und die Stimme, das Wort etwas Wesenhaftes ist.[3]) Sie

---

1) Hierauf nimmt Ovid *Fast.* I 297 Bezug: *felices animae, quibus haec cog-
noscere primis inque domos superas scandere cura fuit. credibile est illos pariter
vitiisque locisque altius humanis exeruisse caput.* Nechepso hatte also seine
Frömmigkeit und Reinheit ausdrücklich betont. — Die Vision wird später zum
allgemein bekannten Traum, vgl. Artemidor *p.* 246, 21 Hercher: Πλούταρχος
εἰς τὸν οὐρανὸν ἀναβαίνειν ἔδοξεν ὑπὸ τοῦ Ἑρμοῦ ἀγόμενος.

2) δὲ Codd. Zu dem folgenden πρὸς ἀέρα ergänzt Rieß ἀρθέντα oder
dergl. Das ist unmöglich, da πάννυχον dabei seine Bedeutung verliert; dem
Sinne nach erwarten wir βλέψαντα προcεύξαcθαι und werden den ἀήρ fast als
persönlich fassen dürfen (vgl. εὐπαρρηcίαcτον τὸν αἰθέρα κεκτημένοις). Der
Aufschwung zum Himmel erfolgt wahrscheinlich erst unter Führung der βοή.

3) Die Grundauffassung ist dabei, daß der Urgott die jüngeren Götter
„spricht", sie durch das Wort aus sich emaniert. Beispiele werden sich uns
später in reicher Fülle ergeben; für jetzt genügt es vielleicht an das von Justin
(*Cohort.* 15) citierte Orpheus-Fragment zu erinnern: οὐρανὸν ὁρκίζω ce θεοῦ
μεγάλου coφὸν ἔργον, αὐδὴν ὁρκίζω ce πατρός, τὴν φθέγξατο πρώτην. So ist
in dem von mir gefundenen Gebet von Gizeh (Adolf Jacoby, Ein neues Evangelienfragment S. 34) der δεcπότης Ἰηcοῦc einfach ἡ φωνὴ ἡ παραφήcαcα τῶν
ἁμαρτιῶν, der Engel Michael in der Höllenfahrt Mariae τὸ κέλευcμα τοῦ ἁγίου
πνεύματος (Pernot, *Revue des études grecques* 1900 *p.* 240). Eine hübsche
Parallele aus einem ägyptischen Text wies mir Prof. Spiegelberg nach. An
dem Schrein von Saft el Henneh heißt es von dem Könige Nektanebos (Naville,
Shrine 2 Z. 2 = P. J. H. I 41 = Brugsch, Thes. 781): „das Wort, welches auf der
Stelle wird, gleich dem was aus dem Munde des Rê herausgeht". Das be-
fehlende Wort ist der König selbst, weil sein Wort Wirklichkeit wird wie das

leitet und lehrt den Nechepso auf seinem Wege durch die Himmel. Da Proklos in dem Kommentar zu Platos Republik ein astrologisches Werk des Nechepso-Petosiris benutzt, ist auf dieselbe Einleitung auch II 344 Kroll = Frgm. 33 Rieß zu beziehen: τὴν μὲν οὖν Ἀνάγκην τίνα δεῖ νομίζειν καὶ πρότερον εἴπομεν καὶ μαρτυροῦσαν ἔχομεν τὴν ἱερατικὴν παραδοῦσαν καὶ αὐτοπτικὴν κλῆσιν τῆς μεγίστης θεοῦ ταύτης καὶ διδάξασαν, πῶς ὀφθείη προσιέναι δεῖ. ⟨δεῖ⟩ γὰρ ἄλλον τρόπον καὶ παραδοξότερον ἢ τοῖς ἄλλοις θεοῖς, εἴ τῳ ταῦτα γράφων Πετόσειρίς ἐστιν ἀξιόχρεως, ἀνὴρ παντοίαις τάξεσιν θεῶν τε καὶ ἀγγέλων συναλισθείς. Die Göttin Ἀνάγκη entstammt dabei sicher der griechischen, nicht der ägyptischen Vorstellungswelt; schon auf den frühsten Autor dieser Literatur scheint Plato einzuwirken.

Die Fortsetzung bei Vettius Valens hat Rieß mit Recht ebenfalls auf Nechepso zurückgeführt: τίς γὰρ οὐκ ἂν κρίναι ταύτην τὴν θεωρίαν πασῶν προῦχειν καὶ μακαριωτάτην τυγχάνειν, ἐν ᾗ ἡλίου μὲν τακτοὶ δρόμοι κατὰ πρόσθεσιν καὶ ἀφαίρεσιν ἀριθμῶν τροπαῖς ἐπεμβαίνοντες καιρῶν μεταβολὰς προσημαίνουσιν, ἀνατολὰς καὶ δύσεις, ἡμέρας καὶ νύκτας, ὡρῶν [καιρῶν] κρύος καὶ θάλπος, ἀέρων εὐκρασίας, ἀνέμων φοράς.[1] ἔτι δὲ συνιδεῖν ἔστι καὶ μήνης ἀνωμάλους δρόμους, προσνεύσεις τε καὶ ἀναχωρήσεις, αὐξήσεις τε καὶ μειώσεις, ὕψος τε καὶ βάθος, συναφάς τε καὶ ἀπορροίας, ἐκλείψεις τε καὶ σκιασμοὺς καὶ τὰ λοιπὰ πάντα. ἐκ τούτων δοκεῖ συνεστάναι τά τε ἐπὶ γῆς καὶ θαλάσσης καὶ οὐρανοῦ καὶ ἀρχὴ καὶ [τὸ] τέλος τῶν γεννωμένων. τῶν δὲ λοιπῶν ἀστέρων πέντε ⟨σκολι⟩αὶ πορεῖαι καὶ ἄστατοι δρόμοι καὶ ποικίλαι φάσεις· ἀλλὰ καίπερ ἀνώμαλοι καὶ πλανῆται ὀνομαζόμενοι ἐστηριγμένην τὴν φύσιν κέκτηνται καὶ διὰ τακτῶν ἀνακυκλήσεων καὶ περιόδων εἰς τοὺς αὐτοὺς ἀποκαθίστανται τόπους. Ganz ebenso schildert die Wonnen der Seele vor der Geburt und nach dem Tode Poseidonios in der Übersetzung bei Seneca *Cons. ad Marciam* 18, 2: *videbis illic innumerabiles stellas micare, videbis uno sidere omnia inplere solem, cotidiano cursu diei noctisque spatia signantem, annuo aestates hiemesque aequalius[que] dividentem. videbis*

---

des Ré. Lehrreich ist auch die Polemik in einem jüngeren Hermetischen Stück (Fr. 35, 36 Rieß): ὁ βασιλεὺς Νεκεψώ, ἀνὴρ φρενηρέστατος καὶ πάσαις κεκοσμημένος ἀρεταῖς, παρὰ μὲν θείας φωνῆς οὐδέν, ὧν σὺ μαθεῖν ἐπιζητεῖς, εὐτύχησε, φύσει δὲ χρησάμενος ἀγαθῇ κτλ.

1) καιρῶν tilgten O. Plasberg und B. Keil; ἀνέμων φοράς Cod. nach βάθος (unten), hierhergestellt von Plasberg.

nocturnam lunae successionem, a fraternis occursibus lene remissumque
lumen mutuantem et modo occultam modo toto ore terris imminentem,
accessionibus damnisque mutabilem, semper proximae dissimilem. vide-
bis quinque sidera diversas agentia vias et in contrarium praecipiti
mundo nitentia: ex horum levissimis motibus fortunae populorum de-
pendent, et maxima ac minima proinde formantur, prout aequum ini-
quumve sidus incessit.[1]) Da Poseidonios seine astrologischen Lehren
sicher aus der ägyptisch-hellenistischen Literatur übernommen hat,
kann er sehr wohl auch den Grundstock dieser Schilderungen ihr
verdanken. Die Frage kann kaum abgewiesen werden, ob Dichtungen
wie der Hermes des Eratosthenes einerseits, die Baruch-Apokalypse
und verwandte jüdisch-hellenistische Schriften andrerseits von dieser
Art Literatur beeinflußt sind. Denn auch hier scheint Nechepso
nur eine vorhandene Form hellenistisch auszugestalten.[2])

Damit ist für die Beurteilung auch des erhaltenen Corpus viel,
aber doch nicht genug gewonnen. Daß in ihm Schriften verschiedenen Alters und verschiedener Tendenz vereinigt sind, erkannten z. T.
schon die Humanisten und weiß, wer sie einmal durchblättert hat.
Es fragt sich, ob wir auch nur eine von ihnen annähernd datieren
und auf ihren Ursprung zurückführen können. Ersteres glaube ich
für das erste Stück, den eigentlichen Poimandres, durch eine meines
Wissens noch nicht verwertete literarische Beziehung zu dem Hirten
des Hermas[3]), letzteres durch eine neugefundene ägyptische Inschrift
erreichen zu können. Gelingt es zugleich Art und Zweck dieser

---

1) Über die Seneca-Stelle vgl. Beigabe I. Die Schilderung der seligen
Schau, die sich den am Himmel wandernden Geistern bietet, kehrt mehrfach
in der Hermetischen Literatur wieder, vgl. z. B. Parthey V 5 = p. 43, 16; XI
6—7 = p. 88, 17; Stobaios Ekl. I 49 = p. 386, 3 Wachsmuth. 'Derselbe Gedanke ist durch Poseidonios außerordentlich verbreitet worden, vgl. besonders
Badstübner, Zur Kritik und Erklärung der philos. Schriften Senecas, Programm
des Johannes-Gymnasiums, Hamburg 1901.

2) Das völlige Ineinanderfließen der Astrologie und Theologie tritt dabei
besonders scharf hervor. Daß es sich bei Petosiris-Nechepso zugleich um
magische Einwirkungen auf die εἱμαρμένη handelte, zeigt die Erwähnung, wie
man die einzelnen Gottheiten ansprechen müsse. Das weist auf Gebets-
formulare und Mysterienvorschriften, wie sie unsere Papyri bieten. Sie haben
sich mit der Visionserzählung und den theoretischen Darlegungen verbunden;
aber die Form zeigt uns, daß das Werk für nichtägyptische Leser bestimmt
war und sogar Schmuck der Darstellung erstrebte.

3) Ganz entgangen war sie freilich weder Baumgarten-Crusius noch Ménard.

Schriften näher zu bestimmen, so muß die Geschichte der Gemeinde, deren Evangelium wir hier vor uns haben, soweit es geht, verfolgt werden. Ohne mancherlei Umwege geht es dabei nicht ab; das Ziel ist, Wesen und Entwicklung des Hellenismus etwas besser zu erkennen.

Für die Datierung, welche uns in diesem Abschnitt allein beschäftigt, sei eine kurze Vorbemerkung gestattet.

Der Name des Gottes Poimandres, der im Texte selbst als ὁ τῆς αὐθεντίας νοῦς, der himmlische und daher zugleich der herrschende und der untrügliche Verstand[1]) gedeutet wird, begegnet in der mystischen Literatur selten. Auf eine verlorene Schrift, vermutlich kurze Sprüche des Poimandres, wird in Kap. XIII oder nach meiner Zählung XIV[2]) § 15 verwiesen. Es ist jünger; denn der Priester, der im ersten Kapitel namenlos ist, wird dort schon als Hermes, der allgemeine Offenbarungsgott der ägyptischen Mystiker-Gemeinden, gefaßt. Auch jene Sprüche werden jüngeren Datums sein. Ein Mitglied der Poimandres-Gemeinde lernen wir endlich in dem Alchemisten Zosimos kennen[3]), der bei Berthelot (*Les alchimistes grecs p.* 245) seiner Glaubensgenossin Theosebeia empfiehlt nach der Befreiung von allen Schwächen und Leidenschaften zum Poimandres zu eilen und sich im Κρατήρ zu taufen. Das zeigt, wie wir im siebenten Abschnitt noch eingehender verfolgen werden, daß die Gemeinde die Hermetische Schrift Κρατὴρ ἢ Μονάς unter die ihren mit aufgenommen

---

1) Viel richtiger als Bernays, der an den selbstherrlichen Νοῦς dachte, übersetzte Ficinus: *de potestate atque sapientia divina*. Die αὐθεντία ist das Himmelsreich. So läßt Saturninus den Archonten ein lichterfülltes Bild ἄνωθεν ἀπὸ τῆς αὐθεντίας erscheinen (Hippolyt VII 28, vgl. Irenaeus I 24, 1: *desursum a summa potestate*). So versichert in den Zauberpapyri (Dieterich, Abraxas 178, 1) der Magier, er wisse des Gottes ἀληθινὸν ὄνομα καὶ αὐθεντικὸν ὄνομα, eine Formel, die an anderen Stellen umschrieben wird οἶδα τὸ ὄνομά cou τὸ ἐν οὐρανῷ λαμφθέν (unten S. 20). Es ist der Νοῦς als Person der Gottheit. — Der Name Poimandres ist natürlich als redender gedacht, wie so mancher gnostische Göttername; daß man den Zusammenfall mit dem Personennamen Ποίμανδρος vermeiden wollte, ward wohl Anlaß der Mißbildung.

2) Daß in der Zählung Partheys ein Kapitel überschlagen ist, werde ich in Abschnitt VI näher zu erweisen haben; so mußte ich im Anhang die Kapitelzahlen um eins erhöhen. Danach sind im folgenden die Citate Kap. XIII bezw. XIV zu verstehen; die erste Zahl ist stets die Partheys, die zweite die einer von mir vorbereiteten Ausgabe.

3) Daß er Heide war, geht auch aus Photios Bibl. *cod.* 170 hervor.

hatte. Die Zeit des Zosimos wird dadurch bestimmt, daß er den Porphyrios zitiert und von Synesios benutzt wird.[1]) Sie fällt in das Ende des dritten oder den Anfang des vierten Jahrhunderts.

Zosimos, bei dem ich noch einen Augenblick verweile, benutzt aufs stärkste die ältere theologische Hermesliteratur und bildet eine Hermetische Nekyia geradezu nach, welche für Theologen vielleicht ein gewisses Interesse hat. Sie ist in der Schrift περὶ ἀρετῆς benutzt, von der uns nur die ersten drei πράξεις mit wertlosen Kommentaren erhalten sind (Berthelot 107).[2])

Die erste πρᾶξις beginnt mit Erwägungen des Zosimos über das tiefste Wesen seiner Kunst. Er entschlummert und sieht im Traum einen schalenartig gewölbten Altar, zu dem fünfzehn Treppen[3]) hinaufführen. Ein Priester steht oben und spricht ihn an; Zosimos fragt, wer er sei; es ist Ion, ὁ ἱερεὺς τῶν ἀδύτων. Die folgende wüste Vision kann ich übergehen. Zosimos erwacht vor Schreck und überlegt sich die Deutung; dann entschlummert er wieder und sieht denselben Altar jetzt mit siedendem Wasser erfüllt, und in diesem viel Volk. Er steigt hinauf[4]) und erfährt, daß es der τόπος ἀσκήσεως ist; hier lösen sich die Menschen von ihrem Leibe und werden πνεύματα. Auf die Frage: „καὶ cὺ πνεῦμα εἶ;" antwortet sein

1) Vgl. Rieß, Pauly-Wissowa I 1348, dessen Schlüsse aus der Hindeutung auf den Namen Μανιχαῖος (Berthelot 232) freilich unsicher sind (vgl. Beigabe II).

2) Daß die Collationen Berthelots wenigstens im allgemeinen ziemlich zuverlässig sind, haben mir kurze Nachvergleichungen in Paris ergeben. Unverständlich ist sein Ordnungsprinzip. Die drei πράξεις des Zosimos stehen z. B. in den Parisini 2327 (A) und 2249 (K) unmittelbar nacheinander; ich begreife nicht, weshalb der Herausgeber S. 113, 8—115, 11 drei durchaus fremdartige Exzerpte eingeschoben hat.

3) Die κλίμακες, deren Zahl später sieben ist, erinnern natürlich an die κλῖμαξ ἑπτάπυλος der stark ägyptisierten Mithrasmysterien (Origenes *Contra Celsum* VI 22), welche die sieben Sphären, durch welche die Seele emporsteigen muß, versinnbildlicht, und die ἑπτάπορος βαθμίς der chaldäischen Orakel sowie an die verschiedenen βαθμοὶ κολάσεων bei dem Mythographen Nonnos (Cumont, *Textes et monuments* II p. 27). Aber die Vorstellung von einer Himmelsleiter ist schon altägyptisch (vgl. Brugsch, Rel. u. Myth. d. alten Äg. 580), nur ihre Verbindung mit der Lehre von den sieben Sphären wohl jung (vgl. auch die Vision des Aristides *Or. sacr.* III 47 *p.* 424, 28 Keil: πολὺ δέ τι φρικωδέστερον εἶχεν τὰ χρόνῳ ὕστερον φανθέντα, ἐν οἷς αἵ τε δὴ κλίμακες ἦσαν αἱ τὸ ὑπὸ γῆς τε καὶ ὑπὲρ γῆς ἀφορίζουσαι καὶ τὸ ἑκατέρωθι κράτος τοῦ θεοῦ, d. h. des Serapis).

4) Dies wird später offenbar als Ersteigen der ersten Treppe gefaßt.

Führer: „καὶ πνεῦμα καὶ φύλαξ πνευμάτων." Die Berührungen mit den Hades-Visionen sind schon hier handgreiflich. Dem zweiten Erwachen folgen neue Deutungsversuche und Mahnungen.[1])

Die zweite πρᾶξις beginnt mit den Worten[2]): μόλις ποτὲ εἰς ἐπιθυμίαν ἐλθὼν τοῦ ἀναβῆναι τὰς ἑπτὰ κλίμακας καὶ θεάσασθαι τὰς ἑπτὰ κολάσεις[3]) καὶ δὴ ὡς ἔχει (?) ἐν μιᾷ τῶν ἡμερῶν ἤνυσα τὴν ὁδὸν τοῦ ἀναβῆναι καὶ διελθὼν πολλάκις ἀνοδίᾳ ἀνῆλθον ἔπειτα εἰς τὴν ὁδόν. ἐν δὲ τῷ ἐπανέρχεσθαί με ἀπέτυχον πάσης ὁδοῦ καὶ ἐν ἀθυμίᾳ πολλῇ γέγονα, μὴ εἰδὼς ποῦ ἀπελθεῖν δυνηθῶ. ἐν τούτοις δὲ ὢν καὶ σφόδρα ἀθυμῶν ἐτράπην εἰς ὕπνον. Im Traume erscheint ihm der frühere Führer und leitet ihn zu den Reinigungen hin. Auch hier bringt ein Schreck Zosimos zum Erwachen[4]) — natürlich nicht in der Einöde, sondern in seinem Zimmer —, und wieder überlegt er die Deutung des Traumes. Wieder begehrt seine Seele „auch die dritte Treppe zu ersteigen", wieder verirrt er sich in der Nähe des Zieles und ist ratlos. Da schaut er endlich ein altes Männlein, das zwar auf seine Bitte ihm den Weg zu zeigen nichts erwidert, ihn aber doch zu dem Ort der Peinigungen hinführt. Es ist der Ἀγαθὸς δαίμων, der uns als Offenbarungsgott noch vielfach begegnen wird, hier aber geschmacklos zum Geiste des Bleis gemacht ist.[5])

Die dritte πρᾶξις läßt den Zosimos wieder jenen Altar und den ἱερεὺς τῶν ἀδύτων schauen[6]), und nachdem er dann wieder ein Weilchen geschlummert hat, sieht er beim Ersteigen der vierten Treppe von neuem ein furchtbares Gesicht. Er erwacht und hört: ἡ τέχνη πεπλήρωται.

Daß es sich hier um die Nachbildung einer ägyptischen Nekyia handelt, brauche ich kaum auszuführen. Zum Vergleich bietet sich

---

1) Jetzt z. T. mit Scholien versetzt.

2) Zwei Fassungen scheinen durcheinandergewirrt.

3) Die verschiedenen Himmelszonen sind als Orte reinigender Strafen gefaßt; es handelt sich um das Ersteigen der zweiten Treppe.

4) Sein Führer wird plötzlich in die κόλασις geworfen und von Flammen verzehrt.

5) Auch er wird selbst in die Pein geworfen und kann vor wütenden Schmerzen kaum reden. — Das Blei ist das Mineral des Saturn.

6) Von ihm heißt es: οὗτος βούλεται αἱματῶσαι τὰ σώματα καὶ ὀμματῶσαι τὰ ὄμματα καὶ τὰ νενεκρωμένα ἀναστῆσαι. Die vierte Zone scheint das μεσουράνισμα ἡλίου; von hier beginnt der Abstieg über drei weitere Treppen. Die Zonen liegen nebeneinander.

jetzt der demotische Text, den Griffith in den *Stories of the High*
Priests of Memphis veröffentlicht hat. Auch hier führt ein Geist den
Besucher durch die sieben Hallen der Totenwelt.[1]) Wichtiger ist
mir die Form der verschiedenen Visionen und die Art, wie sie aneinander gereiht werden. Sie entspricht durchaus der Einführung
der vier ersten Visionen im Hirten des Hermas[2]) und scheint mir
die Einwirkung heidnisch-mystischer Literatur auf diese frühchristliche Schrift von Anfang an wahrscheinlich zu machen.

Noch enger stimmt der Eingang des zweiten, ursprünglich wohl
selbständigen Teils des Hirten mit der Einleitung des Poimandres,
zu dem ich mich nun endlich wende, überein. Der Christ beginnt:

Προσευξαμένου μου ἐν τῷ οἴκῳ καὶ καθίσαντος εἰς τὴν κλίνην
εἰσῆλθεν ἀνήρ τις ἔνδοξος τῇ ὄψει, σχήματι ποιμενικῷ περικείμενος,
δέρμα αἴγειον λευκὸν καὶ πήραν ἔχων ἐπὶ τῶν ὤμων καὶ ῥάβδον εἰς
τὴν χεῖρα[3]), καὶ ἠσπάσατό με κἀγὼ ἀντησπασάμην αὐτόν. καὶ εὐθὺς
παρεκάθισέν μοι καὶ λέγει μοι· „ἀπεστάλην ὑπὸ τοῦ σεμνοτάτου ἀγγέλου, ἵνα μετὰ σοῦ οἰκήσω τὰς λοιπὰς ἡμέρας τῆς ζωῆς σου.“
ἔδοξα ἐγὼ ὅτι πάρεστιν ἐκπειράζων με καὶ λέγω αὐτῷ· „σὺ γὰρ τίς
εἶ; ἐγὼ γάρ“ φημί, „γινώσκω ᾧ παρεδόθην.“ λέγει μοι· „οὐκ ἐπιγινώσκεις
με;“ „οὔ“, φημί. „ἐγώ“, φησίν, „εἰμὶ ὁ ποιμήν, ᾧ παρεδόθης.“
ἔτι λαλοῦντος αὐτοῦ ἠλλοιώθη ἡ ἰδέα αὐτοῦ, καὶ ἐπέγνων
αὐτόν, ὅτι ἐκεῖνος ἦν, ᾧ παρεδόθην.

---

1) Daß die sieben Hallen schon in dem Totenbuch (Kap. 144 u. 147) erwähnt
werden, wies mir Herr Vikar Ad. Jacoby freundlich nach. In der dem
Zosimos vorliegenden Schilderung handelt es sich offenbar um die Reinigung
der Seelen, um eine Art Fegefeuer.

2) Vgl. z. B. I 1, 3: περιπατῶν ἀφύπνωσα, καὶ πνεῦμά με ἔλαβεν καὶ ἀπή-
νεγκέν με δι᾽ ἀνοδίας τινός, dann, ohne Erwähnung des Schlafes, II 1, 1: περιπατῶν ἀνεμνήσθην τῆς περυσινῆς ὁράσεως, καὶ πάλιν με αἴρει πνεῦμα καὶ ἀπο-
φέρει εἰς τὸν αὐτὸν τόπον, ὅπου καὶ πέρυσι, dann wieder III 1, 1 νηστεύσας
πολλάκις καὶ δεηθεὶς τοῦ κυρίου — αὐτῇ τῇ νυκτί μοι ὦπται ἡ πρεσβυτέρα καὶ
εἶπεν und IV 1, 2: ὑπῆγον εἰς ἀγρὸν τῇ ὁδῷ τῇ Καμπανῇ. Auch hier bilden
die vier ὁράσεις eine Einheit. Selbst die Eintönigkeit der Sprache und der
Gesamtcharakter der Darstellung ist ähnlich, und diese Ähnlichkeit scheint
mir sehr viel stärker als die zwischen dem Hirten des Hermas und dem IV. Buch
Esra bestehende. — Mit den παραβολαί des Hermas kann eine Schrift des
Ostanes, Παραδείγματα oder Κατὰ παράδειγμα, eine gewisse Ähnlichkeit gehabt
haben (vgl. Berthelot *p.* 120 ff.).

3) Das ist nicht einfache und originelle Beobachtung, wie sie ein „Mann
aus dem Volke“ anstellt; es ist die typische literarische Beschreibung des
Hirten, die sich seit Theokrits siebentem Idyll weitergibt.

Der Eingang des heidnischen Stückes, den ich hier wiederhole, lautet:

Ἐννοίας μοί ποτε γενομένης περὶ τῶν ὄντων καὶ μετεωρισθείσης μοι τῆς διανοίας σφόδρα, κατασχεθεισῶν μου τῶν cωματικῶν αἰcθήcεων, καθάπερ οἱ ὕπνῳ βεβαρημένοι ἐκ κόρου τροφῆς ἢ ἐκ κόπου cώματος[1]), ἔδοξά τινα ὑπερμεγέθη μέτρῳ ἀπεριορίcτῳ τυγχάνοντα[2]) καλεῖν μου τὸ ὄνομα [καὶ] λέγοντά μοι· „τί βούλει ἀκοῦcαι καὶ θεάcαcθαι καὶ νοήcαc μαθεῖν καὶ γνῶναι;" φημὶ ἐγώ· „cὺ γὰρ τίς εἶ;" „ἐγὼ μέν," φηcίν, „εἰμὶ ὁ Ποιμάνδρης, ὁ τῆς αὐθεντίας νοῦc. οἶδα δ βούλει καὶ cύνειμί cοι πανταχοῦ." φημὶ ἐγώ· „μαθεῖν θέλω τὰ ὄντα καὶ νοῆcαι τὴν τούτων φύcιν καὶ γνῶναι τὸν θεόν. τοῦτο", ἔφην, „ἀκοῦcαι βούλομαι." φηcὶν ἐμοὶ πάλιν· „ἔχε νῷ cῷ ὅcα θέλεις μαθεῖν, κἀγώ cε διδάξω." τοῦτο εἰπὼν ἠλλάγη τῇ ἰδέᾳ καὶ εὐθέως πάντα μοι ἤνοικτο ῥοπῇ καὶ ὁρῶ θέαν ἀόριστον, φῶς δὲ πάντα γεγενημένα ἥδιcτόν τε καὶ ἱλαρόν.

Die Übereinstimmung geht hier über die Benutzung der gleichen typischen Züge heraus. Nicht daß der offenbarende Geist unerkannt zu dem sinnenden Propheten tritt, gefragt wird, wer er denn sei, und sich dann verwandelt; nicht daß er versichert, immer bei dem Propheten zu sein oder bei ihm bleiben zu wollen, sondern, daß er bei dem Heiden sich als den Menschenhirten, bei dem Christen sich als den Hirten dieses Menschen vorstellt[3]), ist das Entscheidende.

----

1) Es ist charakteristisch, daß der Ägypter die Ekstase näher beschreibt; es ist jene κάρῳ προcφερὴς κατάληψις oder μεταξὺ τοῦ ὕπνου τε καὶ τῆς ἐγρηγόρcεως κατάcταcις, die uns später noch näher beschäftigen wird. Trefflich verweist De Jong (*De Apuleio Isiacorum mysteriorum teste* p. 101) auf Aristides *Or. sacr.* II 32 = p. 401, 30 Keil: καὶ γὰρ οἷον ἅπτεcθαι δοκεῖν ἦν καὶ διαιcθάνεcθαι ὅτι αὐτὸς ἥκοι, καὶ μέcως ἔχειν ὕπνου καὶ ἐγρηγόρcεως ... καὶ ὦτα παραβεβληκέναι καὶ ἀκούειν, τὰ μὲν ὡς ὄναρ, τὰ δὲ ὡς ὕπαρ. Von hier ist die Schilderung der Visionen des Zosimos zu verstehen; Hermas, der dort wie hier das einfache προcεύξαcθαι einsetzt, hat ihre innere Begründung aufgegeben. Daß die Vision des Nechepso eine ähnliche Einleitung hatte, ist früher hervorgehoben.

2) So erscheinen in der Hermetischen Literatur vereinzelt die πνεύματα, z. B. in der Κόρη κόcμου (Stobaios Ekl. I 49 = *p.* 399, 11 Wachsmuth) der Momos als πνεῦμα ἀκατάληπτον ... περιοχῇ cώματος. Ähnlich Christus bei der Verklärung in den *Acta Iohannis* (Robinson, *Texts and studies* V 1), die Engel im Petrus-Evangelium (Preuschen, *Antilegomena* S. 17), der Logos in der Weisheit Salomons (18, 16) u. s. w.

3) Daß das Bild bei dem ἄγγελος τῆς μετανοίας befremdlich ist, wurde schon von theologischer Seite hervorgehoben. Die Vorstellung von Christus

Nun ist eine Benutzung der christlichen Schrift durch den Verfasser des Poimandres an sich wenig glaublich; noch unglaubhafter wird sie, wenn wir die Einzelheiten vergleichen. Die Beschreibung der Hirtentracht, die ausführlichen Wechselreden konnten bei dem Heiden, wenn er der Nachahmer war, schwerlich so spurlos verschwinden. Auf das umgekehrte Verhältnis zwischen beiden Schriften weist das Motiv der Verwandlung. Bei dem Christen ist es eine ganz sinnlose Maskerade[1]); bei dem Heiden ist es selbstverständlich, daß der Noûc, der ja das Licht ist, seine kosmische Erscheinungsform wieder annimmt. Unklar und verschwommen ist bei dem Christen ferner die Auffassung des Hirten. Bald erscheint er, wie der Engel oder Dämon, der nach heidnischer und jüdischer Anschauung dem einzelnen Menschen beigesellt ist — aber dann paßt der Name ἄγγελος τῆς μετανοίας so wenig wie die gleich betonte Haupttätigkeit, das Geben der allgemeinen ἐντολαί, deren Schreiber Hermas ist[2]) —; bald erscheint er wie der allgemeine Spender der Offenbarung und Hüter der Kirche[3]); aber dann paßt die rein persönliche Beziehung nicht, die ihm an anderen Stellen zu Hermas gegeben wird. Alles deutet darauf, daß hier ein fremder Typus ungeschickt in die christliche Offenbarungsliteratur übernommen ist. Alles wird, wenn ich nicht irre, verständlich, wenn wir von der heidnischen Fassung ausgehen und erst, wenn wir ihren Sinn festgestellt haben, zu der christlichen Nachbildung zurückkehren.

---

als dem guten Hirten erleichtert es nicht, sondern erschwert es. — Daß auch das spätere Judentum ein mystisches Werk „Der treue Hirt" hervorgebracht hat, sehe ich aus Karppe, *Étude sur les origines et la nature du Zohar* p. 331 und 334.

1) Hermas erkennt den ἄγγελος τῆς μετανοίας erst nach der Verwandlung, über die wir nichts Näheres erfahren. Eine Einleitung, die für eine Vision gemacht war, ist für die „Aufträge" ungeschickt zurechtgestutzt, und die Worte ἀπεστάλην γάρ, φηςίν, ἵνα ἃ εἶδες πρότερον πάντα coι πάλιν δείξω verraten, wenn man die Fortsetzung vergleicht, diesen Hergang noch deutlich.

2) Vgl. besonders *Mandata* XII 6, 1: ἐγὼ δὲ ὑμῖν λέγω ὁ ἄγγελος τῆς μετανοίας· μὴ φοβήθητε τὸν διάβολον. ἀπεστάλην γάρ, φηςί, μεθ' ὑμῶν εἶναι τῶν μετανοούντων ἐξ ὅλης καρδίας αὐτῶν καὶ ἰσχυροποιῆσαι αὐτοὺς ἐν τῇ πίστει. Hier erscheint der ἄγγελος τῆς μετανοίας ganz wie der Noûc später im Poimandres, der ja auch einem τιμωρὸς δαίμων entgegenarbeitet. Man vergleiche, wie die Baruch-Apokalypse die Engel der einzelnen Menschen von dem Offenbarungsengel scheidet.

3) Vgl. besonders *Sim.* IX 7.

Aus den Volksvorstellungen der hellenistischen Zeit müssen wir diese Visionen erklären; sie lernen wir am klarsten aus den Zauberpapyri; nur zeigen sie uns diese Vorstellungen in anderer Wendung und führen im allgemeinen in eine niedrigere Sphäre als die eigentlich theologischen Schriften. Den Ausgangspunkt werden die Gebete geben müssen, die z. T. wenigstens ohne Rücksicht auf den Zweck der magischen Handlung aus älteren Quellen übernommen und für sie nur durch Aufnahme unverständlicher Formeln überarbeitet sind. Wenn sich in diesen Formeln jüdische Gottes- und Engelnamen finden, so beweist das zunächst nichts für die Herkunft des Gebetes.[1]) Wichtiger sind die nicht eben häufigen jüdischen Einlagen im Text, die freilich in den meisten Fällen die zu Grunde liegenden ägyptischen Anschauungen nur wenig verdunkelt haben[2]);

---

1) Den vollen Beweis liefern die Zauber selbst, doch mag ein kurzes Wort der Orientierung für einen oder den andern Leser nicht überflüssig sein. Neben der ägyptischen Magie steht seit der hellenistischen Zeit als zweites gleichberechtigtes und gleichverbreitetes System die jüdische. Die Beschwörungen geschehen im Namen des Gottes Israels oder einzelner Engel; im ersteren Fall schließen sie gewöhnlich an Exod. 3, 6; es ist der θεὸς Ἀβραάμ καὶ θεὸς Ἰσαὰκ καὶ θεὸς Ἰακώβ. Auch die Anrufung der Erzengel schloß indirekt an diese Stelle; die später zu besprechende βίβλος ἀρχαγγελική des Moses ließ Gott bei jener Begegnung den Moses die Namen und Anrufungsformen auch der Erzengel lehren. Der ägyptische Magier übernimmt die mystischen Worte, die ja nach allgemeiner Anschauung nicht übersetzt werden dürfen (Origenes *Contra Cels.* V 45), und verbindet den ägyptischen und den jüdischen Gott, und zwar in der Regel so, daß er die Worte Ἀβραάμ Ἰσαὰκ Ἰακώβ als den Namen dieses Gottes faßt (das hübscheste Beispiel bietet Dieterich, Abraxas 202, 31—203, 5), oder jeden einzelnen Patriarchennamen als Gottesnamen versteht; so sind, da der Magier sich als den Gott fühlt, den er anruft, auch die Versicherungen ἐγώ εἰμι Ἀβραάμ u. dergl. zu fassen. Beispiele bieten die Papyri und die von Heim (Jahrb. f. Phil. u. Päd. Suppl. XIX) gesammelten *Incantamenta magica* in reicher Fülle. Vergleichbar sind Behauptungen wie: Ἰαὼ Σαβαώθ sei der Gottesname bei den Ichthyophagen (Heim a. a. O., S. 524), oder die einzige griechische Erwähnung Jesu (Wessely, Denkschr. d. K. K. Akad. 1888, S. 120 Z. 3019): ὁρκίζω σε κατὰ τοῦ θεοῦ τῶν Ἑβραίων Ἰησοῦ. Sie zeigen nicht die Bekanntschaft mit der jüdischen oder christlichen Religion, sondern die Kenntnislosigkeit (vgl. auch Wilcken, Archiv für Papyrusforschung I 427).

2) So stark wie in dem erwähnten Gebet an Jesu den Gott der Juden sind sie selten, und doch begegnen gerade hier die törichtsten Mißverständnisse; auch hier können wir Stücke des ursprünglichen ägyptischen Textes leicht aussondern. Bedenkt man zugleich, daß diese jüdische Zauberliteratur selbst ganz der ägyptischen nachgeahmt ist, so wird man die üblichen Vorstellungen

zu erwähnen sind dann eine Anzahl Einwirkungen der hellenistischen
Astrologie; aber sie hat sich ja in Ägypten ausgebildet und ist in
die spätägyptische Religion übergegangen. Sonst begegnet — von
bloßen Namen abgesehen — an größeren Stücken nur das zuerst
von Anz erkannte Mithrasmysterium, das ja selbst schon stark
ägyptisiert ist; außer ihm höchstens vereinzelte und unsichere
Spuren orientalischer Einflüsse. Wir lernen aus diesen Papyri, wie
die ägyptische Religion sich hauptsächlich unter griechischem Einfluß ausgestaltet hat. So glaubte ich in der Wiedergabe dieser
schwer zugänglichen Texte etwas breiter werden zu sollen; die
heidnischen Gebete, die uns ein günstiger Zufall in ihnen erhalten
hat, scheinen mir wichtiger als so mancher unbedeutende Schrift-
stellertext, und all die Götter, an welche sie sich wenden, werden
uns in der theologischen Literatur wieder begegnen; es sind nicht
Schemen, sondern wirkliche, göttliche Persönlichkeiten. Ich beginne
natürlich mit Hermes.

I. Ein interessantes Gebet des Papyrus Leidensis W lautet[1]):
Δεῦρό μοι ὁ ἐκ τῶν τεccάρων ἀνέμων, ὁ παντοκράτωρ, ὁ ἐμφυcήcαc
πνεῦμα ἀνθρώποιc εἰc Ζωήν, (2) οὗ ἐcτιν τὸ κρυπτὸν ὄνομα καὶ
ἄρρητον ἐν ἀνθρώποιc, ὃ μάντει λαληθῆναι οὐ δύναται, οὗ καὶ οἱ
δαίμονεc ἀκούοντεc τὸ ὄνομα πτοῦνται. (3) οὗ ὁ ἥλιοc καὶ ⟨ἡ⟩ cελήνη
ὀφθαλμοί εἰcιν ἀκάματοι λάμποντεc ἐν ταῖc κόραιc τῶν ἀνθρώπων.[2])

von dem religiösen Synkretismus, der sich in diesen Papyri äußere, übertrieben
finden. — Eine treffliche Beschreibung des damaligen Treibens der Magier bietet
Apostelgesch. 8, 18—20: Simon, der Magier, will dem Petrus die Formel und
damit die ἐξουcία abkaufen. — Für die Beurteilung der eigentlichen Gebete
darf man den Grundsatz aufstellen, daß Einwirkungen der Septuaginta auch
außerhalb der eigentlichen Formeln durchaus möglich sind, Einwirkungen der
neutestamentlichen Schriften ausgeschlossen.

1) Leemans *Pap. graec. Lugd.* II 141, 14 ff. Dieterich, Abraxas 195, 4 ff.
Die magischen Worte habe ich weggelassen, kleine Verschreibungen nicht erwähnt. Berichtigungen zu der ersten Hälfte gibt *Pap. Lugd.* V, Leemans
ebenda 27, 27 ff. Dieterich, Jahrbücher f. Phil. Suppl. XVI 808.

2) Plutarch *De Is. et Os.* 52: ὡc οὐ μόνον τὴν cελήνην ἀλλὰ καὶ τὸν ἥλιον
ὄμμα τοῦ Ὤρου καὶ φῶc ἡγούμενοι. Es ist dies die gewöhnliche, unendlich oft
begegnende Anschauung; doch treten auch Amon und andere Götter für Horus
ein, vgl. Sethe, Berl. philol. Wochenschrift 1896 Sp. 1529, Moret, *Annales du
Musée Guimet* T. XIV p. 129. Da der Mensch der κόcμοc im kleinen ist,
leuchten die Augen des Horus auch in ihm. Hinzu tritt vielleicht eine Vorstellung, daß das Sehen der Menschen auf den göttlichen Noûc zurückgeht
(Poim. § 6).

(4) ᾧ οὐρανὸς κεφαλή, αἰθὴρ δὲ cῶμα, γῆ δὲ πόδες, τὸ δὲ περὶ cὲ ὕδωρ ὁ ὠκεανός.[1]) cὺ εἶ ὁ Ἀγαθὸς δαίμων ὁ γεννῶν ἀγαθὰ καὶ τρέφων τὴν οἰκουμένην.[2]) (5) coῦ δὲ τὸ ἀένναον κωμαστήριον ἄνω καθίδρυται.[3]) (6) οὗ αἱ ἀγαθαὶ ἀπόρροιαι τῶν ἀcτέρων[4]) εἰcὶν Δαίμονες καὶ Τύχαι καὶ Μοῖραι, ἐξ ὧν δίδοται πλοῦτος, εὐκεραcία, εὐτεκνία,

---

1) Der Himmelsozean, der „große Grüne"; mit ihm identifiziert man bekanntlich den Nil, den Spender aller Nahrung.

2) τὸ δὲ περὶ cὸν ὕδωρ ὁ ἀγαθοδαίμων cὺ εἶ ὁ ὠκεανὸς ὁ γεννῶν ἀγαθὰ καὶ τρωφῶν τὴν οἰκουμένην W. τὸ δὲ περὶ cὲ ὕδωρ ὠκεανὸς ἀγαθὸς δαίμων cὺ εἶ κύριος ὁ γεννῶν καὶ τρέφων καὶ αὔξων τὰ πάντα V, der mit den letzten Worten in einen Hermes-Hymnus übergeht.

3) Die von Dieterich mißdeuteten Worte werden sich im IV. Kapitel erklären; der Gott wohnt im Himmel. Es folgt in W: coῦ τὸ ἑπταγράμματον ὄνομα πρὸς τὴν ἁρμονίαν τῶν ἑπτὰ φθόγγων ἐχόντων φωνὰς πρὸς τὰ κη´ φῶτα τῆς cελήνης. Durch derartige Zusätze werden mehrfach ältere Hymnen zu Beschwörungsformeln umgebildet. Zur Sache vgl. Beigabe II.

4) Zu Grunde liegt eine ältere Vorstellung, daß die Schicksalsgottheiten ἀπόρροιαι, Emanationen, des Hermes oder Ἀγαθὸς δαίμων sind. Die Emanationslehre und dieser Gebrauch von ἀπόρροια ist rein ägyptisch (vgl. z. B. Plutarch *De Is. et Os.* 38; 53; 58; Κόρη κόcμου Stobaios Ekl. *p.* 405, 17 *ed.* Wachsmuth). Hiermit hat sich eine astrologische Anschauung und Sprechweise verbunden, die den Sternen selbst ἀπόρροιαι, Einwirkungen, zuschreibt und die Gesamtheit der wirkenden Sterne zugleich in einem Gott repräsentiert. Für diesen hellenistischen Sprachgebrauch vgl. die Hermetische Schrift bei Pitra *Analecta sacra et classica part.* II *p.* 285: ὅcα γὰρ ἐπιπέμπεται πάθη τοῖc ἀνθρώποιc ἐκ τῆc τῶν ἀcτέρων ἀπορροίαc. 291: ὁρᾷc γὰρ ὡc ἅπαντα τῇ τῶν ἀcτέρων ἀπορροίᾳ αὔξεται καὶ μειοῦται. Ferner Κόρη κόcμου Stob. Ekl. 386, 7 Wachsm : τῶν τε ἄλλων κατὰ μέρος κινουμένων ἐν οὐρανῷ μυcτηρίων (d. h. Sterne) τακταῖc χρόνων κινήcεcι καὶ περιόδοιc διά τινων κρυπτῶν ἀπορροιῶν τὰ κάτω cυγκοcμούντων καὶ cυναυξόντων. Weiter Hippolyt über die Peraten (V 16): ὡc γέγονεν ὁ κόcμος ἀπὸ τῆc ἀπορροίαc (hier Emanation) τῆc ἄνω, οὕτωc τὰ ἐνθάδε ἀπὸ τῆc ἀπορροίαc τῶν ἀcτέρων γένεcιν ἔχειν καὶ φθορὰν λέγουcι καὶ διοικεῖcθαι. Endlich Bardesanes (Merx S. 75): „ist der Mund des Sternes, der der beredte heißt, etwa beredt? Notwendigkeit treibt sein Wort und seinen Einfluß" (das syrische Wort bedeutet Emanation; es ist hier synonym mit λόγος gebraucht). Vgl. über den κλῆρος Τύχης, Δαίμονος, Ἀνάγκης Bouché-Leclerq, *L'astrologie grecque* 288. Die ἀγαθαὶ ἀπόρροιαι erinnern an dritten Gebrauch; allerlei Segnungen und gute Gaben gelten dem Ägypter als Ausflüsse aus dem Körper der Götter (Näheres bei Ebers, Die Körperteile im Altägyptischen, Abh. d. K. bayr. Akad. XXI 146 ff., 139). Daraus erklären sich Formeln, wie bei Wessely, Denkschr. d. K. K. Akad. 1888 S. 50 Z. 217: ἐπέτυχόν cου τῆc ἀπορροίαc τῶν ἀγαθῶν, κύριε, θεὲ θεῶν.

τύχη, ταφὴ ἀγαθή[1]), cὺ δὲ κυριεύεις[2]) τῆc ζωῆc. (7) ὁ βαcιλεύων
τῶν οὐρανῶν καὶ τῆc γῆc καὶ πάντων τῶν ἐν αὐτοῖc ἐνδιατριβόντων.[3])
(8) οὗ ἡ Δικαιοcύνη οὐκ ἀποκινεῖται[4]), οὗ αἱ Μοῦcαι[5]) ὑμνοῦcι τὸ
ἔνδοξον ὄνομα, ὃν δορυφοροῦcιν οἱ ὀκτὼ φύλακεc, ὁ ἔχων τὴν
ἄψευcτον ἀλήθειαν. (9) ὄνομά cου καὶ πνεῦμά cου ἐπ᾽ ἀγαθοῖc.
(10) εἰcέλθοιc τὸν ἐμὸν νοῦν καὶ τὰc ἐμὰc φρέναc εἰc τὸν ἅπαντα
χρόνον τῆc ζωῆc μου, καὶ ποιήcαιc μοι πάντα τὰ θελήματα τῆc
ψυχῆc μου. (11) cὺ γὰρ εἶ ἐγὼ καὶ ἐγὼ cύ· ὃ ἂν εἴπω, ἀεὶ γενέcθω.
τὸ γὰρ ὄνομά cου ἔχω ὡc φυλακτήριον ἐν καρδίᾳ τῇ ἐμῇ[6]),

---

1) ταφαὴ ἀγαθὴ Pap. Es ist der übliche höchste Wunsch des Ägypters,
ḥrst nfrt. Mit Unrecht tilgt Leemans und ändert Dieterich.

2) κυριε W und V nach Dieterich. Der Weltgott ist selbst das Leben und
gibt das Leben. Nur für die Einzelfügungen hat er Geister aus sich emaniert.

3) βαcιλεύων τῆc ἄνω καὶ κάτω χώραc V. Das ist zunächst Oberägypten
und Unterägypten; der ursprüngliche Sinn war hier, wie das Folgende zeigt:
Oberwelt und Unterwelt (vgl. V. 12). 4) ἀποκλείεται V.

5) οἱ ἄγγελοι V. Man sieht, wie die mythologischen Teile der Hymnen
in dieser Zeit verblassen. Daß das Wort ἄγγελοc mit δαίμων, ἀρχάγγελοc mit
ἀρχιδαίμων (öfter ἀρχή) beliebig wechselt und nicht auf das Jüdische beschränkt
ist, darf ich als bekannt voraussetzen.

6) Der Name ist in diesen mystischen Stücken fast gleich der Person oder
einer Hypostase von ihr. Aus der Fülle der Beispiele greife ich beliebig ein
paar heraus: Wessely, Denkschr. d. K. K. Akad. 1893 S. 33 Z. 396: ἐξορκίζω
ὑμᾶc ἅγια ὀνόματα τῆc Κύπριδοc, ὅπωc ἐὰν κατάβητε εἰc τὰ cπλάγχνα τῆc δεῖνα.
Dieterich, Jahrbücher f. Phil. Supplement XVI 801: τὰ τξε´ ὀνόματα (vgl. Beigabe II) τοῦ μεγάλου θεοῦ πορευθῆναι πρὸc τὸν δεῖνα, ebenda Z. 28: τὰ ἅγια τοῦ
θεοῦ ὀνόματα ἐπακούcατέ μου. Der innerweltliche Gott der ägyptischen Theologie
wird bald bezeichnet als τὸ πνεῦμα τὸ διῆκον ἀπὸ οὐρανοῦ ἐπὶ γῆν καὶ ἀπὸ γῆc
τῆc ἐν μέcῳ κύτει τοῦ κόcμου ἄχρι περάτων τῆc ἀβύccου (Wessely, Denkschr. d.
K. K. Akad. 1888 S. 72 Z. 1117), bald als ὄνομα τὸ διῆκον ἀπὸ τοῦ cτερεώματοc
μέχριc τοῦ βάθουc τῆc γῆc (ebenda S. 74 Z. 1210); vgl. Parthey Pap. Berol. I 216
(Abh. d. Berl. Akad. 1865 S. 126): ἐπικαλοῦμαί cου τὸ κρυπτὸν ὄνομα τὸ διῆκον
(so zu lesen) ἀπὸ τοῦ cτερεώματοc ἐπὶ τὴν γῆν. So lehrt bei Iamblich De myst.
VIII 5 Bitys: τὸ τοῦ θεοῦ ὄνομα τὸ διῆκον δι᾽ ὅλου τοῦ κόcμου. Hieraus erklärt
sich natürlich, wenn bei den Phibioniten der Vollendete sagt: ἄνωθεν καταβέ-
βηκα διὰ τῶν ὀνομάτων τῶν τξε´ ἀρχόντων (Epiph. Haer. 26, 9 II p. 49 Dind.).
Von hier aus muß man bei Markos das Spiel mit den Namen Jesu betrachten,
die dieser in den verschiedenen Reichen „anlegt", von hier aus aber m. E. auch
Epheserbrief 1, 21 erklären: ἐν τοῖc οὐρανοῖc ὑπεράνω πάcηc ἐξουcίαc καὶ ἀρχῆc
καὶ δυνάμεωc καὶ κυριότητοc καὶ παντὸc ὀνόματοc ὀνομαζομένου οὐ μόνον ἐν τῷ
αἰῶνι τούτῳ, ἀλλὰ καὶ ἐν τῷ μέλλοντι. Auch im Ägyptischen wechseln nach
Moret a. a. O. 33 die Bezeichnungen für Seele, Doppelgänger (ka), Abbild,
Schatten Name.

(12) καὶ οὐ κατισχύcει με ἄπαcα δρὰξ[1]) κινουμένη, οὐκ ἀντιτάξεταί μοι πᾶν πνεῦμα, οὐ δαιμόνιον, οὐ cυνάντημα οὐδὲ ἄλλο τι τῶν καθ᾽ Ἅιδου πονηρῶν διὰ τὸ cὸν ὄνομα, ὃ ἐν τῇ ψυχῇ ἔχω.[2]) (13) ἐπικαλοῦμαί ⟨cε, ἔλθοιc⟩ ἐμοὶ διὰ παντὸc ἀγαθὸc ἀγαθὸc ἐπ᾽ ἀγαθῷ[3]), ἀβάcκαντοc ἀβάcκαντοc, ἐμοὶ διδοὺc ὑγείαν cωτηρίαν εὐπορίαν δόξαν νίκην κράτοc ἐπαφροδιcίαν. (14)˙κατάcχεc τὰ ὄμματα τῶν ἀντιδικούντων ἐμοὶ πάντων καὶ παcῶν[4]), ἐμοὶ δὲ δὸc χάριν ἐπὶ πᾶcί μου τοῖc ἔργοιc.[5])

Die Ägyptologen[6]) haben längst erkannt, daß der hier mit Ἀγαθὸc δαίμων identifizierte˙Gott ursprünglich der Hermes oder Thot von *Hermopolis magna* ist, der Herr der acht Hundskopfaffen oder φύλακεc, der Genosse der Isis-Dikaiosyne, welchen die ägyptischen Musen feiern. Auf ihn übertragen sind die üblichen Lobpreisungen des Weltgottes, die uns in späteren Kapiteln wiederbegegnen werden.[7]) Es findet sich kaum ein Wort, das wir nicht in ägyptischen Quellen nachweisen können; am ältesten ist die Bitte am Schluß. Das zeigt Kap. 64 des Totenbuches: „Hat einer Kenntnis von diesem Kapitel, so wird er obsiegen auf Erden und in der Unterwelt, und es wird ihm gelingen alles Tun der lebenden Menschen, denn es ist ein Schutzmittel des großen Gottes. Gefunden ward dieses Kapitel in der Stadt Chmunu *(Hermopolis magna)* auf einem Ziegel aus . . . . . Metall, die Schrift in blauer Farbe ausgeführt, unter den Füßen des Gottes."[8]) Hervor-

---

1) Das Wort begegnet in dieser Literatur mehrfach, vgl. Κόρη κόcμου bei Stobaios Ekl. I 402, 22 Wachsm.: τὰc δράκαc καρτερῶc cφίγξαc.

2) ἔχω καὶ ἐπικαλοῦμαι καὶ ἐμοὶ Pap.

3) Die Wiederholung der Adjektiva entspricht dem ägyptischen Sprachgebrauch.

4) Ägyptische Formel für ἁπάντων.

5) Es folgt nach einer langen Reihe von Zauberworten ὅτι προcείλημμαι τὴν δύναμιν τοῦ Ἀβραὰμ Ἰcὰκ καὶ τοῦ Ἰακὼβ (es ist der vermeintliche Name für den Judengott, vgl. oben S. 14 A. 1) καὶ τοῦ μεγάλου ὀνόματοc ⟨τοῦ Ἀγαθοῦ⟩ δαίμονοc; es folgen weitere mystische Namen. Der Verfasser des Gebetes war natürlich nur Diener des Ἀγαθὸc δαίμων, bezw. des Hermes.

6) Zuletzt Wiedemann, Orientalische Literaturzeitung 1901 S. 1381 ff.

7) Besonders viel ergeben die Hymnen bei Brugsch, Reise nach der großen Oase El Khargeh S. 27 ff.

8) In einem Paralleltext heißt es: „in eigenhändiger Schrift des Gottes" (Brugsch, Rel. u. Myth. d. alten Ägypter S. 19 ff.). — Es ist das älteste mir

zuheben habe ich vor allem, daß Vers 10 ff. durchaus ägyptisch
gedacht sind. Auf einem Ostrakon der Ramessidenzeit[1]) betet der
Schreiber zu „seinem Herrn Thot": „komme zu mir Thot, ich bin
dein Diener. Gib mir mein Herz in meinen Leib. Mein
Auge sieht dich, mein Finger schreibt dich".[2])

---

bekannte Amulett oder φυλακτήριον. Ich darf hier schon darauf verweisen,
daß aus diesen ägyptischen φυλακτήρια die jüdischen und aus diesen die
christlichen hervorgehen, und daß selbst die Hauptformeln im Laufe der Jahr-
tausende getreu weitergegeben sind. So findet sich in dem Cod. Paris. 2316
(XV. Jahrh.), der eine außerordentlich interessante Sammlung christlicher
Amulette aus frühbyzantinischer Zeit enthält, fol. 433ʳ eine Apokalypse des
Gregorios Thaumaturgos (Titel: Προσευχὴ τοῦ ἁγίου Γρηγορίου τοῦ θεολόγου).
Ein Engel begrüßt ihn und verspricht, daß gleich Michael ihm erscheinen wird,
um ihm zu offenbaren, was er wünscht. Als Michael unter Donner, Blitz und
Erdbeben erschienen ist, fragt der Knecht Gottes nach den Namen der „Engel",
z. B.: κύριε, δεῖξόν μοι τὸν ἄγγελον τῆς νίκης καὶ τῆς χαρᾶς· καὶ εἰπέ μοι τὸ
ὄνομα αὐτοῦ· Ἀγαθοήλ καλεῖται, γράψον τὸ ὄνομα αὐτοῦ καὶ φόρει ⟨αὐ⟩τό,
καὶ τὸ δικαστήριον νικᾷς καὶ τοὺς ἀντιδίκους cou. Es ist der altägyptische Zauber, das „Schutzmittel des großen Gottes", und wer etwas die
Bildung der jüdischen Engelnamen kennt, wird in Ἀγαθοήλ ohne weiteres den
Ἀγαθοδαίμων erkennen. Das Vorbild unserer Schrift war jüdisch, etwa analog
dem Testamente Salomons, ja vielleicht auf Salomons Namen gestellt; es ist
leicht, die Spuren christlicher Überarbeitung abzustreifen. Was übrig bleibt,
dürfte den Theologen interessieren. Stellen wie: καὶ εἶπον· κύριε, δεῖξόν μοι
τὸν ἄγγελον τοῦ ῥιγοπυρετοῦ· καὶ εἶπέν μοι τὸ ὄνομα αὐτοῦ· Συχαήλ καλεῖται.
γράψον οὖν τὸ ὄνομα αὐτοῦ καὶ φόρει καὶ οὐ μή cou (ci Cod.) ἅψηται ἀσθένεια
haben ihr Gegenstück selbst in unsern Evangelien, wo es von Jesus heißt
(Luk. 4, 39): ἐπετίμησεν τῷ πυρετῷ. Wenn in demselben Evangelium von einer
γυνὴ πνεῦμα ἔχουσα ἀσθενείας die Rede ist (13, 11), so vergleicht sich hiermit
sofort die weitere Formel: καὶ εἶπον· κύριε, δεῖξόν μοι τὸν ἄγγελον ⟨τὸν ἐπὶ⟩
τῶν ἀσθενούντων καὶ ὀδυνωμένων ἔχοντα τὴν ἐξουσίαν· καὶ εἰπέ μοι τὸ ὄνομα
αὐτοῦ [ἐχθροῦ]· Σαήλ καλεῖται. γράψον τὸ ὄνομα αὐτοῦ ἐπὶ τῆς οἰκίας cou
καὶ οὔτε ἀσθένεια οὔτε ὀδύνη εἰσελεύσεται ἐν αὐτῷ. Daß die Evangelien-
stellen auf die Ausgestaltung des Zaubertextes Einfluß gehabt haben könnten,
scheint durch den ganzen Charakter des Traktates und die Zusammenhänge
ausgeschlossen.

1) Daressy, Ostraka Tafel VI 25029, nach gütiger Mitteilung von Prof.
Spiegelberg.

2) Vgl. die Beschwörung bei Wessely, Denkschr. d. K. K. Akad. 1888 S. 125
Z. 3205: ἐξορκίζω cε τὸν ὑπηρέτην (gemeint scheint Anubis, ὁ πάντων θεῶν
ὑπηρέτης Kenyon, *Greek Papyri* I S. 101 Z. 548), ὅτι ἐγώ cε θέλω εἰσπορευθῆναι
εἰς ἐμὲ καὶ δεῖξαί μοι περὶ τοῦ δεῖνα. An einzelnen Stellen findet sich mit dieser
Vorstellung von dem Eintreten des Gottes in das Herz schon die Betrachtung

2*

II. Dieselben Anschauungen, die hier walten, finden wir in einem unter dem Namen des Astrampsychos überlieferten Zauber-gebet[1]), das freilich stärker überarbeitet ist. Ich sondere zunächst die beiden durcheinandergewirrten älteren Gebete[2]); die geschwätzigen Erweiterungen jüngerer Magier, welche jetzt das erste entstellen, verweise ich in die Anmerkungen:

Ἐλθέ μοι, κύριε Ἑρμῆ, ὡς τὰ βρέφη εἰς τὰς κοιλίας τῶν γυναικῶν. (2) ἐλθέ μοι κύριε Ἑρμῆ, ⟨ὁ⟩ συνάγων τὰς τροφὰς τῶν θεῶν καὶ ἀνθρώπων.[3]) ⟨ἐλθέ⟩ μοι, κύριε Ἑρμῆ, καὶ δός μοι χάριν τροφὴν νίκην εὐημερίαν ἐπαφροδισίαν προσώπου εἶδος ἀλκὴν ἀ⟨πὸ⟩ πάντων καὶ πασῶν.[4]) (4) ⟨οἶδα τὸ⟩ ὄνομά σου ⟨τὸ⟩ ἐν οὐρανῷ λαμφθέν[5]), οἶδά σου καὶ τὰς μορφάς[6]), ⟨οἶδα τίς⟩ ἡ βοτάνη σου[7]), οἶδά σου καὶ τὸ ξύλον.[8]) (5) οἶδά σε, Ἑρμῆ, τίς εἶ καὶ πόθεν εἶ καὶ τίς ἡ πόλις σου [Ἑρμούπολις]. (6) οἶδά σου καὶ τὰ βαρβαρικὰ ὀνό-ματα[9]) καὶ τὸ ἀληθινὸν ὄνομά σου ⟨τὸ⟩ ἐ⟨γ⟩γραμμένον τῇ ἱερᾷ στήλῃ ἐν τῷ ἀδύτῳ ἐν Ἑρμουπόλει, οὗ ἐστιν ἡ γένεσίς σου[10]) (7) οἶδά σε

der welterfüllenden Größe desselben Gottes so verbunden, daß wir an die mystische Theologie der XIII. (XIV.) Hermetischen Schrift erinnert werden (Wessely, ebenda S. 72 Z. 1121).

1) Wessely, Denkschr. d. K. K. Akad. 1893 S. 55. Kenyon, *Greek Pap.* I p. 116.

2) Das zweite ist in das erste eingelegt, wie etwa im Leidener Pap. V (Leemanns II S. 27) der poetische Hymnus in das Prosagebet.

3) Üblicher Preis des Thot.

4) Das Formelhafte des Wunsches zeigt sich hübsch in dem Briefe des Ptolemaios, des Sohnes des Glaukias *(Notices et Extraits* XVIII p. 282 No. 30, *Planche* XXIX v 12), der sich als Diener des Sarapis natürlich an diesen Gott und an Isis wendet: περὶ τούτων δίδοι σοι ὁ Σάραπις καὶ ἡ Ἴσις ἐπαφροδισίαν χάριν μορφὴν πρὸς τὸν βασιλέα καὶ τὴν βασίλισσαν.

5) Es folgt: ουωθι ουασθενουωθι οαμενωθ ενθομουχ. ταῦτά εἰσιν τὰ ἐν ταῖς δ' γωνίαις τοῦ οὐρανοῦ ⟨ὀνόματά σου⟩.

6) Es folgt: αἵ εἰσι· ἐν τῷ ἀπηλιώτῃ μορφὴν ἔχεις ἴβεως, ἐν τῷ λιβὶ μορφὴν ἔχεις κυνοκεφάλου, ἐν τῷ βορέᾳ μορφὴν ἔχεις ὄφεως, ἐν δὲ τῷ νότῳ μορφὴν ἔχεις λύκου.

7) Es folgt: ηλολλα ετεβενθωητ.

8) Es folgt: τὸ εβεννινου.

9) Es folgt: φαρναθας βαραχηλ χθα· ταῦτά τοι τὰ βαρβαρικὰ ὀνόματα, hierauf Stücke von Gebet III, dann τὸ δὲ ἀληθινὸν ὄνομα κτλ.

10) Es folgt: ὄνομά σου ἀληθινὸν οσεργαριαχ νομαφι τοῦτό ἐστίν σου τὸ ὄνομα τὸ πεντεκαιδεκαγράμματον ἔχον ἀριθμὸν γραμμάτων πρὸς τὰς ἡμέρας τῆς ἀνατολῆς τῆς σελήνης, τὸ ⟨δὲ⟩ δεύτερον ὄνομα ἔχον ἀριθμὸν ζ' τῶν κυριευόν-των τοῦ κόσμου τὴν ψῆφον ἔχον[τα] τξε' πρὸς τὰς ἡμέρας τοῦ ἐνιαυτοῦ ἀληθῶς αβρασαξ.

Ἑρμῆ καὶ cὺ ἐμέ. ἐγώ εἰμι cὺ καὶ cὺ ἐγώ. (8) ⟨ἐλθέ μοι⟩ καὶ πρᾶξόν μοι πάντα καὶ cυνρέποιc[1]) cὺν Ἀγαθῇ τύχῃ καὶ Ἀγαθῷ δαίμονι.

III. Hineingearbeitet ist, wie ich erwähnte, in dies Gebet ein zweites (Z. 14 ff.), der Sprache nach jüngeres:

Ἐλθέ μοι, κύριε Ἑρμῆ, πολυώνυμε, εἰδὼc τὰ κρύφιμα τὰ ὑπὸ τὸν πόλον καὶ τὴν γῆν. (2) ἐλθέ ⟨μοι⟩, κύριε Ἑρμῆ, εὐεργέτηc ὤν[2]), ἀγαθοποιὲ τῆc οἰκουμένηc. (3) ἐπάκουcόν μου καὶ χάριcόν μοι πρὸc πάντα τὰ κατὰ τὴν γῆν οἰκουμένην εἴδη. ἀνοίξαc μοι τὰc χεῖραc πάν-των cυνδωκό⟨ν⟩των[3]), ἐπανάγκαcον αὐτοὺc δοῦναί μοι ἃ ἔχουcιν ἐν ταῖc χερcίν. (4) ⟨καθάπερ Ὧρος⟩ ἐὰν ἐπικαλέcατό cε[4]), μέγιcτε τῶν θεῶν ἁπάντων, ἐν πάcῃ κρίcει ἐν παντὶ τόπῳ πρὸc θεοὺc καὶ ἀνθρώ-πουc καὶ δαίμοναc καὶ ἔνυδρα ζῷα καὶ ἐπίγεια, ἔcχεν[5]) τὴν χάριν τὴν νίκην[6]) πρὸc θεοὺc καὶ ἀνθρώπουc καὶ ⟨ἐν⟩ πᾶcι τοῖc ὑπὸ τὸν κό-cμον ζῴοιc, οὕτωc κἀγώ, ὃc ἐπικαλοῦμαί cε. διὸ δόc μοι χάριν[7]) μορ-φὴν κάλλοc. (6) ἐπάκουcόν μου, Ἑρμῆ, εὐεργέτα, φαρμάκων ⟨εὑρέτα⟩, εὐδιάλεκτοc γενοῦ. (7) ἐπάκουcόν ⟨μου, Ἑρμῆ⟩, καθὼc ἐποίηcα πάντα τῷ Αἰθιοπικῷ κυνοκεφάλῳ cου τῷ κυρίῳ τῶν χθονίων.[8]) (8) πράϋνε πάνταc καὶ δόc μοι ἀλκὴν μορφήν, καὶ δότωcαν μοι[9]) χρυcὸν καὶ ἄργυρον καὶ τροφὴν πᾶcαν ἀδιάλειπτον. (9) διάcωcόν με πάντοτε εἰc τὸν αἰῶνα ἀπὸ φαρμάκων καὶ δολίων καὶ βαcκοcύνηc πάcηc καὶ γλωττῶν πονη-ρῶν, ἀπὸ πάcηc cυνοχῆc, ἀπὸ παντὸc μίcουc θεῶν τε καὶ ἀνθρώπων. (10) δόc μοι[10]) χάριν καὶ νίκην καὶ πρᾶξιν καὶ εὐπορίαν. (11) cὺ γὰρ ἐγὼ καὶ ἐγὼ cύ. τὸ cὸν ὄνομα ἐμὸν καὶ τὸ ἐμὸν cόν· ἐγὼ γάρ εἰμι τὸ εἴδωλόν cου.[11]) (12) ἐπάν τί μοι cυμβῇ τούτῳ τῷ ἐνιαυτῷ ἢ τούτῳ τῷ μηνὶ ⟨ἢ⟩ ταύτῃ τῇ ἡμέρᾳ ἢ ταύτῃ τῇ ὥρᾳ, cυμβήcεται τῷ μεγάλῳ θεῷ τῷ ἐπεγραμμένῳ ἐπὶ τῆc πρώραc τοῦ ἱεροῦ πλοίου.

---

1) cυνρεπιc Pap. nach Kenyon.

2) ευεργετηcον Pap. Keil. Vielleicht nur εὐεργέτα, vgl. V. 6. εὐεργέτα καὶ Plasberg.   3) So Keil. δώκω wie cτήκω (?).   4) επικαλεcατο . . εccη Pap.

5) καὶ ἔcχεν Pap.   6) το νικοc Pap. Vielleicht zu halten.

7) τηχαριν Pap.

8) χιονων Pap. nach Kenyon. Es scheint Ḥpj, der Totengenius, der einen Affenkopf trägt. Er wird bisweilen mit Thot-Hermes indentifiziert, bisweilen erscheint er als sein Diener (als Anubis).

9) δοδοcαν μοι Pap. Verbessert von Plasberg.   10) δοδοcαν μοι Pap.

11) Der ägyptische ka. Er bezeichnet hier die Gleichheit und Identität. Auch das ἄγαλμα des Gottes wird von dessen ka belebt.

IV. In andere Vorstellungskreise führt ein Zaubergebet[1]):

Cὲ μόνον ἐπικαλοῦμαι τὸν μόνον ἐν κόcμῳ διατάξαντα θεοῖc καὶ ἀνθρώποιc, τὸν ἀλλάξαντα ἑαυτὸν μορφαῖc ἁγίαιc[2]) καὶ ἐκ μὴ ὄντων εἶναι ποιήcαντα καὶ ἐξ ὄντων μὴ εἶναι· (2) Θαὺθ ἅγιοc, οὗ οὐδεὶc ὑποφέρει θεῶν τὴν ἀληθινὴν ὄψιν ἰδεῖν τοῦ προcώπου. (3) ποίηcόν με γενέcθαι ἐν ὀνόμαcι πάντων κτιcμάτων, λύκον κύνα λέοντα πῦρ δένδρον γῦπα τεῖχοc ὕδωρ ἢ ὃ θέλειc, ὅτι δυνατὸc εἶ.

V. Das letzte hier zu besprechende Hermes-Gebet[3]) erstrebt eine persönliche Offenbarung des Gottes, führt uns also zunächst zu dem Poimandres zurück:

Ἐπικαλοῦμαί cε τὸν τὰ πάντα κτίcαντα, τὸν παντὸc μείζονα, cὲ τὸν αὐτογέννητον θεόν, τὸν πάντα ὁρῶντα καὶ πάντα ἀκούοντα καὶ μὴ ὁρώμενον.[4]) (2) cὺ γὰρ ἔδωκαc ἡλίῳ τὴν δόξαν[5]) καὶ τὴν δύναμιν ἅπαcαν, cελήνῃ αὔξειν καὶ ἀπολήγειν καὶ δρόμουc ἔχειν τακτούc[6]),

---

1) Leemans II S. 103, 7, Dieterich, Abraxas 189. Die einzelnen Deutungen Dieterichs suchen viel zu viel hinter einfachen Schreibfehlern.

2) Thot ändert in jeder Himmelszone seine Gestalt, vgl. oben S. 20 A. 6 und Beigabe II. Als Schöpfungsgott und Vollzieher der διακόcμηcιc erscheint er hier. Das Gebet, das jetzt um magische Änderung der Gestalt bittet, hat seinen Ursprung in den Todesvorstellungen, welche die ägyptische Religion überhaupt vielfach beeinflußt haben (vgl. für den Kult Moret, *Annales du Musée Guimet* T. XIV 219). Die Seele des Toten kann verschiedene Gestalten annehmen und muß sie in den einzelnen Hallen des Himmels annehmen, um verborgen zu bleiben. Für das Alter der Anschauung vgl. den Pyramidentext bei Erman, Zeitschr. f. äg. Sprache 1893 S. 79: „der seine Gestalt geheim macht, als wäre er Anubis; du nimmst dein Bild als Schakal" (Weiteres Beigabe II). Hieraus und aus dem Glauben an eine Wiederkehr einzelner Verstorbener ist der Irrtum der Griechen entstanden, die Ägypter glaubten an eine Seelenwanderung. Aus der Bitte um Schutz nach dem Tode ist weiter die Zauberformel für das Diesseits geworden. So wird im Pap. Berol. I 117 (Abh. d. Berl. Ak. 1865 S. 123) die Macht Gottes beschrieben: μεταμορφοῖ δὲ εἰc ἣν ἐὰν βούλῃ μορφὴν θ[ηρίου] πετηνοῦ ἐνύδρου τετραπόδου ἑρπετοῦ.

3) Leemans II 87, 24, Dieterich, Abraxas 176, 1.

4) Lauter ägyptische Formeln.

5) Das Wort δόξα gewinnt in dieser Literatur eine eigentümliche Verwendung, ebenso δοξάζω. Der Prophet, dem Gott ein Wunder zu tun gewährt, wird dadurch von Gott „verherrlicht", vgl. das interessante Gebet bei Kenyon, *Greek Pap.* I S. 100: κυρία Ἰcιc Νέμεcιc Ἀδράcτεια πολυώνυμε πολύμορφε, δόξαcόν με (μοι Pap.), ὡc ἐδόξαcα τὸ ὄνομα τοῦ υἱοῦ(c) cου Ὥρου. Das stimmt zu dem Sprachgebrauche im Johannes-Evangelium.

6) Vgl. die Schilderung des Nechepso, oben S. 6. Vorausgesetzt wird eine der Straßburger Kosmogonie (Zwei religionsgesch. Fragen II) ähnliche Schöpfungssage.

μηδὲν ἀφαιρέcαc τοῦ προγενεcτέρου cκότουc, ἀλλ' ἰcότητα αὐτῶν
ἐμέριcαc. (3) coῦ γὰρ φανέντοc καὶ κόcμοc ἐγένετο καὶ φῶc
ἐφάνη καὶ διῳκονομήθη τά πάντα διὰ cέ· διὸ καὶ πάντα ὑποτέ-
τακταί cοι. (4) οὗ οὐδεὶc θεῶν δύναται ἰδεῖν τὴν ἀληθινὴν μορφήν,
ὁ μεταμορφούμενοc εἰc πάνταc ἐν ταῖc ὁράcεcιν Αἰὼν Αἰῶνοc.[1])
(5) ἐπικαλοῦμαί cε, κύριε, ἵνα μοι φανῆ ἡ ἀληθινή cου μορφή, ὅτι
δουλεύω ὑπὸ τὸν còν κόcμον τῷ cῷ ἀγγέλῳ καὶ τῷ cῷ φόβῳ. (6) διὰ
cὲ cυνέcτηκεν ὁ πόλοc καὶ ἡ γῆ. (7) ἐπικαλοῦμαί cε, κύριε, ὡc οἱ
ὑπὸ coῦ φανέντεc θεοί, ἵνα δύναμιν ἔχωcιν.[2])

Schon diese wenigen Proben geben einen gewissen Eindruck
von der späteren Hermes-Religion. Daß Hermes in ihr sehr oft als
Νοῦc gefaßt wird, zeigt unter anderem ja die von Dieterich herausgegebene Kosmogonie (Abraxas S. 17, 43): ἐφάνη διὰ τῆc πικρίαc
τοῦ θεοῦ Νοῦc ἢ Φρένεc[3]) κατέχων καρδίαν καὶ ἐκλήθη Ἑρμῆc, δι'
οὗ τὰ πάντα μεθερμήνευcται· ἔcτιν δὲ ἐπὶ τῶν φρενῶν· δι' οὗ οἰκο-
νομήθη τὸ πᾶν. So ist in Gebet I 10 mit voller Beziehung gesagt:
εἰcέλθοιc τὸν ἐμὸν νοῦν καὶ τὰc ἐμὰc φρέναc εἰc τὸν ἅπαντα χρόνον
τῆc ζωῆc μου: der himmlische νοῦc soll in den menschlichen eintreten, sich ihm verbinden. Wie eigenartig auch in den anderen
Stücken diese innige Vereinigung des göttlichen νοῦc mit dem
Betenden betont wird, brauche ich nicht zu wiederholen.[4]) Auch
das ist jetzt nicht bedeutungslos, daß nach Gebet V 3 mit seinem
Erscheinen das Licht erscheint. Die Tätigkeit dieses Hermes ist
nach der von Dieterich herausgegebenen Theogonie das ὁδηγεῖν der
Seele.[5]) So leitet nach altägyptischer Vorstellung das Herz, bezw.

---

1) In einem Straßburger Hermeshymnus heißt der Gott κόcμοc κόcμοιο.

2) Es folgt eine magische Fortsetzung.

3) In einem metrischen Stück bei Pitra, *Analecta sacra et classica part.* II
294 heißt es von Hermes: νόον φέρων φρέναc τε καὶ μύcτηc θεῶν. Die Verbindung ist also formelhaft.

4) Die weitere Erklärung wird sich uns in Kap. VII bieten.

5) S. 18 Z. 75: καὶ ἐγένετο ψυχή· ὁ δὲ θεòc ἔφη ,,πάντα κινήcειc .. Ἑρμοῦ
cε ὁδηγοῦντοc", vgl. aus der Hermetischen Literatur S. 81, 12 Parthey: εἰc
δὲ τὴν εὐcεβῆ ψυχὴν ὁ νοῦc ἐμβὰc ὁδηγεῖ αὐτὴν ἐπὶ τὸ τῆc γνώcεωc φῶc,
vgl. 106, 14; 66, 14; 40, 13; 54, 14; Pitra, *Analecta sacra et classica part.* II 285
und über den Wortgebrauch in den jüdisch-hellenistischen Schriften Zwei
religionsgesch. Fragen S. 111 A. 1. Dasselbe Verhältnis des Hermes zu der
Seele zeigt die einzige veröffentlichte arabische Hermesschrift (vgl. Fleischer,
Hermes Trismegistus an die menschliche Seele 1870; Bardenhewer, *Hermetis
Trismegisti qui apud Arabas fertur de castigatione animae libellus* 1873).

der νοῦς, den Menschen im praktischen Leben wie in den Fragen
der Erkenntnis.[1])

Als Religion des Νοῦς wird dies spätägyptische Heidentum in
einer Hermetischen Schrift[2]) bezeichnet — mit vollem Recht, wenn
auch der mythologische Name dieses die Welt und das Menschen-
herz leitenden Gottes beliebig wechselt. Auch Ἀγαθὸς δαίμων
(Chnuphis) oder Horus treten für ihn ein. Die Gebete, welche sich
an sie richten, stimmen mit den bisher angeführten eng überein,
nur daß die Vorstellung von Chnuphis als Nil oder Himmelsozean,
die schon in dem ersten Hermes-Gebete mitwirkt, sich mit den allgemeinen Vorstellungen des Licht- und Himmelsgottes verbindet.
Ich hebe nur noch wenige Proben heraus, und zwar zunächst ein
vollständig erhaltenes und wenig beachtetes Mysterium der Lychno-
mantie[3]), welches uns die Formen der spätägyptischen Theurgie besonders gut erkennen läßt. Wieder gibt, was hier als Zauber
mitgeteilt wird, zugleich die Erklärung religiöser Anschauungen, die
sich in heidnischen wie christlichen Visionen wiederfinden.[4])

---

1) Vgl. z. B. die Stele des Intef (Louvre C. 26): *It was my heart, which
caused that I should do them (his services) by its guidance of my affairs (?),
it being . . . . . an excellent witness. I did not transgress its* (des Herzens) *speech,
I feared to overstep its guidance. I prospered therefore exceedingly. I was
distinguished by reason of that, which it caused that I should do. I was excellent through its guidance. „Lo . . . . . . ;" said the people, „it is an oracle
of the god, which is in every body; prosperous is he, whom it hath guided
to te propitious way of achievement."* Mit Recht behauptet Breasted, dem ich
diese Übersetzung entnehme (Zeitschr. f. äg. Spr. 1901, S. 47), daß mit Herz
hier der νοῦς, und zwar ein fast persönlich gefaßter Νοῦς, gemeint ist. Ein
anderes Beispiel teilt mir Prof. Spiegelberg mit. In dem Grabe des Hohenpriesters Staw zu El-Kab sagt der Maler Meri-Re, dem die Ausschmückung
übertragen war, von sich: „er war kein Maler-Gehülfe (oder dergleichen). Sein
Herz leitete ihn selbst. Kein Vorgesetzter gab ihm die Anleitung" (vgl.
jetzt: *Recueil de Travaux relatifs à la philologie et l'archéologie égyptiennes et
assyriennes* XXIV 187).

2) Pseudo-Apulejus Ascl. c. 25.

3) Wessely, Denkschr. d. K. K. Akad. 1888 S. 68 Z. 930 ff. Die Wichtigkeit der Sache rechtfertigt vielleicht die Ausführlichkeit der Excerpte. Der
Hergang ist der, daß der Magier unter Gebeten so lange in das Licht starrt,
bis er in ihm den Gott oder gewisse Symbole zu sehen meint.

4) Für jene genügt es auf den Poimandres selbst zu verweisen; für diese
vergleiche man z. B. Pistis Sophia 372 (nach Harnack Texte und Untersuchungen VII 91): *dixit Iesus suis* μαθηταῖς: *adpropinquate mihi, et adpropin-*

VI 1: ἐπικαλοῦμαί ϲε τὸν θεὸν τὸν ζῶντα, πυριφεγγῆ, ἀόρατον φωτὸϲ γεννήτορα· δόϲ ϲου τὸ ϲθένοϲ καὶ διέγειρόν ϲου τὸν δαίμονα, καὶ εἴϲελθε ἐν τῷ πυρὶ τούτῳ καὶ ἐνπνευμάτωϲον αὐτὸ θείου
πνεύματοϲ καὶ δεῖξόν μοι ϲου τὴν ἀλκὴν καὶ ἀνοιγήτω μοι ὁ οἶκοϲ
τοῦ παντοκράτοροϲ θεοῦ ὁ ἐν τῷ φωτὶ τούτῳ, καὶ γενέϲθω φῶϲ
πλάτοϲ βάθοϲ μῆκοϲ ὕψοϲ αὐγή[1]), καὶ διαλαμψάτω ὁ ἔϲωθεν, ὁ κύριοϲ.

quarunt ei. conversus in quattuor angulos κόϲμου dixit magnum nomen super
eorum caput (mit der heiligen Handlung vgl. die Beschreibung bei Dieterich,
Abraxas 197, 18 ff.), praedicans flavit in eorum oculos. dixit Iesus iis: adspicite,
videte, quid videatis. et attollentes suos oculos viderunt magnum lumen admodum
grande, quod incola terrae haud poterit exprimere. dixit adhuc iis iterum:
prospicite in lumine, videte, quid videatis. dixerunt: videmus ignem et aquam
et vinum et sanguinem. Der Typus läßt sich weit verfolgen, doch genügt zur
Erklärung des Poimandres wohl diese Stelle.

1) Dieselbe Formel hat Dieterich (Jahrb. f. Phil. Supplem. XVI 802, Z. 17,
vgl. S. 766) mit glücklichem Scharfsinn in einem kurzen Gebet um Offenbarung
entdeckt: γενέϲθω βάθοϲ πλάτοϲ μῆκοϲ αὐγή. Daß er sie damals als Entlehnung
aus Ephes. 3, 17—19 faßte (κατοικῆϲαι τὸν Χριϲτὸν διὰ τῆϲ πίϲτεωϲ ἐν ταῖϲ
καρδίαιϲ ὑμῶν, ἐν ἀγάπῃ ἐρριζωμένοι καὶ τεθεμελιωμένοι, ἵνα ἐξειϲχύϲητε καταλα-
βέϲθαι ϲὺν πᾶϲιν τοῖϲ ἁγίοιϲ, τί τὸ πλάτοϲ καὶ μῆκοϲ καὶ ὕψοϲ καὶ βάθοϲ, γνῶναί
τε τὴν ὑπερβάλλουϲαν τῆϲ γνώϲεωϲ ἀγάπην τοῦ Χριϲτοῦ, ἵνα πληρωθῇ πᾶν τὸ
πλήρωμα τοῦ θεοῦ — vgl. Valentin bei Hippol. VI 34 und Pistis Sophia p. 146),
war erklärbar, da wir damals noch nicht überschauten, wie ungewöhnlich eine
Benutzung neutestamentlicher Schriften in dieser Literatur wäre. Ein Mißgriff
war es dennoch. Die Formel ist in unserm Papyrus noch sinnlich anschaulich.
Das Licht, in welches der Prophet starrt, soll räumlich, soll zur Behausung
Gottes werden und Gott in ihm erscheinen. Ähnlichen Sinn, aber ohne die
ursprüngliche Beziehung auf den Lichtzauber, hat ja auch die Stelle des
Epheserbriefes. Mit vollem Recht hat Soden darauf hingewiesen, daß das
Objekt, dessen vier Dimensionen die Christen erfassen sollen, ein ναόϲ ist;
freilich m. E. nicht der ναόϲ, auf welchen 2, 19—22 verwiesen ist (dort ist dieser
ναόϲ die Kirche), sondern ein Tempel im Herzen, den Gott ganz erfüllt. Das
wäre unverständlich, wenn wir nicht annehmen, daß die Anschauung jener
Zauberformel allgemein bekannt ist, und in glücklichster Weise ergänzt der
von Dieterich herangezogene Text, was zur Erklärung noch fehlte. Um ein
Kommen des Gottes handelt es sich in ihm; wir werden später (Kap. VII) noch
sehen, daß sich mit ihm immer die Vorstellung, daß der Gott in das Herz
eintritt, verbindet. Dabei wird die Formel γενέϲθω βάθοϲ πλάτοϲ μῆκοϲ αὐγή
ebenfalls gesprochen. Tritt Christus so in die Epheser hinein, so werden sie
empfinden, was jene Formel besagt, und empfinden sie die ἀγάπη θεοῦ dann
bewußt, so wird in ihnen das πλήρωμα τοῦ θεοῦ vollkommen werden. Zum Vergleich hiermit bietet sich zunächst 1, 23: τῇ ἐκκληϲίᾳ, ἥτιϲ ἐϲτὶν τὸ ϲῶμα αὐτοῦ,
τὸ πλήρωμα τοῦ τὰ πάντα ἐν πᾶϲιν πληρουμένου (die Kirche ist οἶκοϲ θεοῦ und
ϲῶμα θεοῦ). Auch hier schließt der Verfasser an eine in der heidnischen

Wirkt der Zauber nicht gleich und droht das Licht zu erlöschen,
so bedarf es eines stärkeren Spruches:

VI 2: ὁρκίζω ϲε, ἱερὸν φῶϲ, ἱερὰ αὐγή, πλάτοϲ βάθοϲ μῆκοϲ
ὕψοϲ αὐγή, κατὰ τῶν ἁγίων ὀνομάτων ὧν εἴρηκα καὶ νῦν μέλλω
λέγειν .. παράμεινόν μοι ἐν τῇ ἄρτι ὥρᾳ, ἄχριϲ ἄν δεηθῶ τοῦ θεοῦ
καὶ μάθω περὶ ὧν βούλομαι.   Erst jetzt beginnt die eigentliche
θεαγωγία, die sich an einen zweiten Gott wendet:

VI 3: ἐπικαλοῦμαί ϲε τὸν μέγιϲτον θεὸν δυνάϲτην Ὧρον Ἁρπο-
κράτην αλκιβ Ἁρϲαμῶϲιν ιωαι δαγεννουθ ραραχαραι αβραιωθ[1]), τὸν

Theologie ausgebildete Formelsprache. In den Ὅροι Ἀϲκληπιοῦ (vgl. Anhang) heißt
es: τῶν πάντων γὰρ τὸ πλήρωμα ἕν ἐϲτι καὶ ἐν ἑνί und ἐὰν γάρ τιϲ ἐπιχειρήϲῃ τὸ
πάντα καὶ ἓν δοκοῦν καὶ ταὐτὸν εἶναι τοῦ ἑνὸϲ χωρίϲαι ἐκδεξάμενοϲ τὴν τῶν πάντων
προϲηγορίαν ἐπὶ πλήθουϲ οὐκ ἐπὶ πληρώματοϲ .. τὸ πᾶν τοῦ ἑνὸϲ λύϲαϲ
ἀπολέϲει τὸ πᾶν.   Diese Stelle genügt zusammen mit Philo De praem. et poen.
§ 11 p. 418 M: γενομένη δὲ πλήρωμα ἀρετῶν ἡ ψυχὴ διὰ τριῶν τῶν ἀρίϲτων,
φύϲεωϲ, μαθήϲεωϲ καὶ ἀϲκήϲεωϲ, οὐδὲν ἐν ἑαυτῇ καταλιποῦϲα κενὸν εἰϲ πάροδον ἄλλων
vollkommen, um die eigentümliche Entwicklung des Wortes in der heidnischen
Theologie zu zeigen und die in den theologischen Kommentaren so beliebten
Verweisungen auf πλήρωμα als Bemannung eines Schiffes u. dergl. überflüssig zu
machen.   Das Wort wird in dieser Theologie in der Regel von dem Gott gebraucht, der ἕν und πᾶν ist.   So heißt der als persönlicher Gott gedachte
κόϲμοϲ, der υἱὸϲ θεοῦ, öfters πλήρωμα ζωῆϲ, z. B. XII (XIII) 15: ὁ δὲ ϲύμπαϲ
κόϲμοϲ οὗτοϲ, ὁ μέγαϲ θεὸϲ καὶ τοῦ μείζονοϲ εἰκὼν καὶ ἡνωμένοϲ ἐκείνῳ καὶ
ϲῴζων (so A ϲυϲϲῴζων CM) τὴν τάξιν καὶ βούληϲιν τοῦ πατρόϲ, πλήρμά ἐϲτι
τῆϲ ζωῆϲ, καὶ οὐδέν ἐϲτιν ἐν τούτῳ διὰ παντὸϲ τοῦ αἰῶνοϲ τῆϲ πατρῴαϲ ἀπο-
καταϲτάϲεωϲ οὔτε τοῦ παντὸϲ οὔτε τῶν κατὰ μέροϲ, ὃ οὐχὶ ζῇ. νεκρὸν γὰρ
οὐδὲ ἓν γέγονεν οὔτε ἔϲτιν οὔτε ἔϲται ἐν κόϲμῳ. ζῷον γὰρ ἠθέληϲεν ὁ
πατὴρ αὐτὸ εἶναι, ἔϲτ' ἄν ϲυνέϲτηκε· διὸ καὶ θεὸν εἶναι ἀνάγκη. πῶϲ ἄν οὖν
δύναιτο, ὦ τέκνον, ἐν τῷ θεῷ, ἐν τῇ τοῦ παντὸϲ εἰκόνι, ἐν τῷ τῆϲ ζωῆϲ πλη-
ρώματι νεκρὰ εἶναι; IX (X) 7: πνοὴ γὰρ οὖϲα πυκνοτάτη προτείνει τὰ ποιὰ τοῖϲ
ϲώμαϲι μετὰ ἑνὸϲ πληρώματοϲ τοῦ τῆϲ ζωῆϲ. Näher an den Sprachgebrauch
des Neuen Testaments führt uns VI (VII) 4: ὁ γὰρ κόϲμοϲ πλήρμά ἐϲτι τῆϲ
κακίαϲ, ὁ δὲ θεὸϲ τοῦ ἀγαθοῦ, ἢ τὸ ἀγαθὸν τοῦ θεοῦ, ein Satz, der IX (X) 4
mit den Worten bekämpft wird: τὴν γὰρ κακίαν ἐνθάδε δεῖν οἰκεῖν εἴπομεν ἐν
τῷ ἑαυτῆϲ χωρίῳ οὖϲαν. χωρίον γὰρ αὐτῆϲ ἡ γῆ, οὐχ ὁ κόϲμοϲ, ὡϲ ἔνιοί
ποτε ἐροῦϲι βλαϲφημοῦντεϲ. Ich gestehe gern, daß ich von dem Satz ὁ θεὸϲ
πλήρωμα τοῦ ἀγαθοῦ die Evangelienstelle ὅτι ἐκ τοῦ πληρώματοϲ αὐτοῦ πάντεϲ
ἐλάβομεν καὶ χάριν ἀντὶ χάριτοϲ so wenig zu trennen vermag, wie von dem
Satz ὁ θεὸϲ πλήρωμα τῆϲ ζωῆϲ jene andere ἐν αὐτῷ ζωὴ ἦν καὶ ἡ ζωὴ ἦν τὸ
φῶϲ τῶν ἀνθρώπων.

1) Ich habe die magischen Namen hier mitaufgeführt, einerseits, um zu
zeigen, wie der Zauberer und Prophet sich mit dem angerufenen Gott identifiziert, andererseits, um die Ägyptologen auf den von ihnen nicht beachteten

τὰ πάντα φωτίζοντα καὶ διαυγάζοντα τῇ ἰδίᾳ δυνάμει τὸν cύμπαντα
κόcμον, θεὲ θεῶν, (4) λόγοc[1]) ὁ διέπων νύκτα καὶ ἡμέραν, ἡνιοχῶν
καὶ κυβερνῶν οἴακα[2]), κατέχων δράκοντα Ἀγαθὸν ἱερὸν δαίμονα ..
(5) ὃν ἀνατολαὶ καὶ δύcειc ὑμνοῦcι ἀνατέλλοντα καὶ δύνοντα, εὐλόγητοc
ἐν θεοῖc πᾶcι καὶ ἀγγέλοιc καὶ δαίμοcι. (6) ἐλθὲ καὶ φάνηθί μοι, θεὲ
θεῶν, Ὧρε Ἁρποκράτα αλκιβ Ἁρcαμῶcι ιαωαι δατεννουθ ραραχαραι
αβραιαωθ. (7) εἴcελθε φάνηθί μοι, κύριε, ὅτι ἐπικαλοῦμαι ὡc ἐπικαλοῦνταί cε οἱ τρεῖc κυνοκέφαλοι[3]), οἵτινεc cυμβολικῷ cχήματι ὀνο-
μάζουcίν cου τὸ ἅγιον ὄνομα .. (8) ὡc κυνοκέφαλοc εἴcελθε φάνηθί
μοι, κύριε· ὀνομάζω γάρ cου τὰ μέγιcτα ὀνόματα. (9) ὁ ἐπὶ τῆc τοῦ
κόcμου κεφαλῆc καθήμενοc καὶ κρίνων τὰ πάντα περιβεβλημένοc τῷ
τῆc ἀληθείαc καὶ πίcτεωc κύκλῳ. (10) εἴcελθε φάνηθί μοι, κύριε, τῷ
πρὸ πυρὸc καὶ χίονοc προόντι καὶ μετόντι[4]), ὅτι ὄνομά μοι βαϊνχωωωχ.
(11) ἐγώ εἰμι ὁ πεφυκὼc ἐκ τοῦ οὐρανοῦ, ὄνομά μοι Βαλcάμηc.
(12) εἴcελθε φάνηθί μοι, κύριε μεγαλώνυμε, ὃν πάντεc κατὰ θυμὸν
ἔχομεν .. ὁ διαρρήccων πέτραc καὶ κινῶν ὀνόματα θεῶν. (13) εἴcελθε
φάνηθί μοι, κύριε, ὁ ἐν πυρὶ τὴν δύναμιν καὶ τὴν ἰcχὺν ἔχων, ὁ ἐντὸc
τῶν ἑπτὰ πόλων καθήμενοc[5]), (14) ὁ ἔχων ἐπὶ τῆc κεφαλῆc cτέφανον
χρύcεον, ἐν δὲ τῇ χειρὶ ἑαυτοῦ ῥάβδον μεμνοινην[6]), δι' ἧc ἀποcτέλλειc
τοὺc θεούc. (15) εἴcελθε, κύριε, καὶ ἀποκρίθητί μοι διὰ τῆc ἱερᾶc cου
φωνῆc, ἵνα ἀκούcω τηλαυγῶc καὶ ἀψεύcτωc περὶ τοῦ δεῖνα πράγματοc.
Es folgt nach dieser »θεολογία«, wenn der Gott zu erscheinen zögert,
eine neue Verstärkung:

Gott Ἁρcαμῶcιc, offenbar eine Erscheinungsform des Horus, hinzuweisen. Der
Name begegnet oft, vgl. Pap. Berol. II 124, Dieterich, Jahrbb. f. Phil. Suppl. XVI
S. 799, Z. 18, Abraxas 201, 21, Wessely, Denkschr. 1888, S. 83, Z. 1556; S. 147,
Z. 276. Ein Schöpfungsgott cαροῦcιc (?cαμοῦcιc?) wird uns später begegnen.

1) λόγοc ist nicht ganz sicher.

2) Horus wird häufig als Steuermann der Sonnenbarke dargestellt.

3) Die Dreizahl ist befremdlich; gemeint könnten Thot und seine beiden
göttlichen Begleiter sein, über die in Kap. IV zu sprechen ist.

4) Der Magier ist ein göttliches Wesen, was vor den Elementen war und
sein wird. Nach dem Buch der Jubiläen (II 2) schuf Gott am ersten Tage
vor allem die „Engel" der Elemente, des Schnees u. s. w. Der folgende Vers
scheint den Sonnengott als den vom Himmel gestiegenen ersten Menschen zu
betrachten, der uns in Kap. III beschäftigen wird.

5) Es ist der innerweltliche Gott, τὸ πνεῦμα τὸ διῆκον ἀπὸ οὐρανοῦ μέχρι
γῆc, der δημιουργὸc νοῦc des Poimandres.

6) Der Stab kommt eigentlich dem Hermes zu, vgl. Zwei religionsgesch.
Fragen S. 53 A.

VI 16: ἐπιτάccει coι ὁ μέγαc ζῶν θεὸc ὁ εἰc τοὺc αἰῶναc τῶν αἰώνων, ὁ cυνcείων ὁ βροντάζων, ὁ πᾶcαν ψυχὴν καὶ γένεcιν κτίcαc· εἴcελθε φάνηθί μοι, κύριε, ἱλαρὸc εὐμενὴc πραῦc ἐπίδοξοc ἀμήνιτοc, ὅτι ce ἐφορκίζω κατὰ τοῦ κυρίου. — Kommt der Gott, so wird er begrüßt: (17) κύριε, χαῖρε, θεὲ θεῶν, εὐεργέτα, Ὧρε Ἁρποκράτα αλκιβ Ἁρcαμῶcι ιαωαι δαγεννουθ ραραχαραι αβραϊαωθ. χαιρέτωcάν cου αἱ δόξαι (fast gleich δυνάμειc) εἰc αἰῶνα, κύριε. Er wird nach der Offenbarung entlassen: (18) εὐχαριcτῶ cοι, κύριε, βαινχωωωχ ὁ ὢν Βαλcάμηc. χώρει, κύριε, εἰc ἰδίουc οὐρανούc, εἰc τὰ ἴδια βαcιλεῖα, εἰc ἴδιον δρόμημα, cυντηρήcαc με ὑγιῆ ἀcινῆ ἀνειδωλόπληκτον ἄπληγον ἀθάμβητον, ἐπακούων μοι ἐπὶ τὸν τῆc ζωῆc μου χρόνον. Der göttliche Lichtglanz wird entlassen (19): χώρει, ἱερὰ αὐγή, χώρει καλὸν καὶ ἱερὸν φῶc τοῦ ὑψίcτου θεοῦ. Endlich wird das Amulett, das φυλακτήριον, angegeben, welches der Magier auf der Brust tragen muß; denn der Gott pflegt diejenigen, die es nicht haben, gen Himmel zu erheben und zur Erde niederstürzen zu lassen.[1]) Es lautet hier (20): ἐγώ εἰμι Ὧροc αλκιβ Ἁρcαμῶcιc ιαωαι δαγεννουθ ραραχαραι αβραιαωθ, υἱὸc Ἴcιδοc καὶ Ὀcίρεωc Ὀcορνώφρεωc.[2]) διαφύλαξόν με ὑγιῆ ἀcινῆ ἀνειδωλόπληκτον ἀθάμβητον ἐπὶ τὸν τῆc ζωῆc μου χρόνον.

Das in seltener Vollständigkeit erhaltene μυcτήριον lehrt ohne weiteres die Anschauungen der Worte des I. Gebetes τὸ γὰρ ὄνομά cου ἔχω ὡc φυλακτήριον ἐν καρδίᾳ τῇ ἐμῇ und der Formel ἐγώ εἰμι cὺ καὶ cὺ ἐγώ durch ihre Widerspiegelung in der Magie verstehen und zeigt wieder, wie Hermes mit Ἀγαθὸc δαίμων verbunden werden konnte. Auch an letzteren richten sich Gebete, deren Gegenstand und Sprache ähnlich ist, so z. B. ebenda S. 84 (Z. 1598 ff.):

VII 1: ἐπικαλοῦμαί ce τὸν μέγιcτον θεόν, ⟨τὸν⟩ ἀέναον κύριον κοcμοκράτορα, τὸν ἐπὶ τὸν κόcμον καὶ ὑπὸ τὸν κόcμον, ἄλκιμον θαλαccοκράτορα,· (2) ὀρθρινὸν ἐπιλάμποντα, ἀπὸ τοῦ ἀπηλιώτου ἀνατέλλοντα τῷ cύμπαντι κόcμῳ ⟨καὶ⟩ δύνοντα τῷ λιβί. (3) δεῦρό μοι ὁ ἀνατέλλων ἐκ τῶν τεccάρων ἀνέμων, ὁ ἱλαρὸc Ἀγαθὸc δαίμων, ᾧ

---

1) Wessely ebenda S. 107 Z. 2507 ff. (vgl. Pap. Berol. I 119; Abh. d. Berl. Akad. 1865 S. 123). Man denkt unwillkürlich an das Ende Simons des Magiers, dessen Roman ja ganz auf diesen Zaubervorstellungen beruht.

2) Er tritt oft für Chnubis, bezw. Ἀγαθὸc δαίμων ein und umgekehrt dieser für ihn. Ein Beispiel aus junger Zeit bietet der erste Berliner Zauberpapyrus (26): ἧκέ μοι ἀγαθὲ γεωργέ, Ἀγαθὸc δαίμων Ἁρπόκρατεc [Χνοῦ]φι . . . . . ἧκέ μοι ὁ ἅγιοc Ὧρί.. (= Horus) [ὁ ἀνακ]είμενοc ἐν τῷ βορείῳ, ὁ ἐπικυλινδούμενοc [τὰ τοῦ Νε]ίλου ῥεύματα καὶ ἐπιμιγνύων τῇ θαλάττῃ.

οὐρανὸς ἐγένετο κωμαστήριον. (4) ἐπικαλοῦμαί cου τὰ ἱερὰ καὶ μεγάλα καὶ κρυπτὰ ὀνόματα, οἷς χαίρεις ἀκούων. (5) ἀνέθαλεν ἡ γῆ coû ἐπιλάμψαντος, καὶ ἐκαρποφόρηcεν τὰ φυτὰ coû γελάcαντος, ἐζῳογόνηcε τὰ ζῷα coû ἐπιτρέψαντος. (6) δὸς δόξαν καὶ τιμὴν καὶ χάριν καὶ τύχην καὶ δύναμιν.[1] (7) ἐπικαλοῦμαί cε τὸν μέγαν ἐν οὐρανῷ[2] ... ὁ λαμπρὸς ἥλιος αὐγάζων καθ' ὅλην τὴν οἰκουμένην. (8) cὺ εἶ ὁ μέγας ὄφις ⟨ὁ⟩ ἡγούμενος πάντων[3] τῶν θεῶν, ὁ τὴν ἀρχὴν τῆς Αἰγύπτου ἔχων[4] καὶ τὴν τελευτὴν τῆς ὅλης οἰκουμένης. (9) ⟨cὺ εἶ⟩ ὁ ἐν τῷ Ὠκεανῷ ὀχεύων, cὺ εἶ ὁ καθ' ἡμέραν καταφανὴς γινόμενος.[5] (10) ὁ ἐπὶ τοῦ κόσμου καὶ ὑπὸ[6] τὸν κόσμον, ἄλκιμε θαλασσοκράτωρ, εἰσάκουσόν μου τῆς φωνῆς ἐν τῇ σήμερον ἡμέρᾳ, ἐν τῇ νυκτὶ ταύτῃ, ἐν ταῖς ἁγίαις ὥραις ταύταις καὶ τελεσθήτω διὰ τοῦ φυλακτηρίου τούτου[7] τὸ δεῖνα πρᾶγμα, ἐφ' ὃ αὐτὸ τελῶ. (11) ναί, κύριε Κμὴφ[8], ὁρκίζω γῆν καὶ οὐρανὸν καὶ φῶς καὶ σκότος καὶ τὸν πάντα κτίσαντα θεὸν μέγαν Cαροῦσιν[9], cοὶ τὸ παρεστὸς[10] Ἀγαθὸν δαιμόνιον πάντα μοι τελέσαι διὰ τῆς χρείας ταύτης τοῦ δακτυλίου τούτου.

Wie hier neben Kmeph, der sich uns als Ἀγαθὸς δαίμων noch besser herausstellen wird, noch ein niederes Ἀγαθὸν δαιμόνιον steht, so steht noch ein anderer δαίμων in einem ähnlichen Gebet an den Ἀγαθὸς δαίμων neben diesem (ebenda S. 124, Z. 3165).

VIII 1: δός μοι πᾶσαν χάριν, πᾶσαν πρᾶξιν, μετὰ coû γάρ ἐστιν

1) Hiernach ᾧ ἐπιτελοῦμαι cήμερον τῷδε τῷ δεῖνα λίθῳ ἢ φυλακτηρίῳ τελουμένῳ πρὸς τὸν δεῖνα. Mit den Gebetsworten selbst ist zu vergleichen die „gnostische" Gemme bei Drexler Mythol. Beiträge I 65 A.: δός μοι χάριν νίκην, ὅτι εἴρηκά cου τὸ κρυπτὸν καὶ ΑΛΙΧΥΦΝΟΝ ὄνομα.

2) Zauberformeln haben den Zusammenhang gesprengt.

3) τούτων Pap.

4) Den ersten Nomos Oberägyptens, das „Vorderland", dessen μητρόπολις, Elephantine, der Sitz des Ἀγαθὸς δαίμων, ist.

5) Es folgt eine lange Einzelausführung der Gestalten des Sonnengottes in jeder einzelnen Stunde, die sich schon dadurch, daß die Einleitung καὶ δύνων ἐν τῷ βορολιβα (so) τοῦ οὐρανοῦ ἀνατέλλων ἐν τῷ νοταπηλιώτῃ Wiederholung von Vers 2 ist, als Einlage zu verraten scheint. Vgl. Beigabe II.

6) ἐπί Pap.   7) Pap. διὰ τοῦ λίθου τούτου του διὰ τοῦ φυλ. τούτου.

8) Derselbe Gott wird im Papyrus V von Leiden (VI 10 bei Dieterich, Jahrb. f. Phil. Supplem. XVI 804) als ὁ τῆς φύσεως ἡγεμὼν cατράπα (cατραπερ Pap.?) Κμὴφ, ἡ γένεcις τοῦ οὐρανίου [κόσμου] begrüßt. In demselben Gebet begegnen die Worte ⟨ψ⟩ οὐρανὸς ἐγένετο κωμαστήριον.

9) Cαμοῦcιν? Vgl. oben S. 26 A 1.

10) cε το παραcτωc Pap.

ὁ ἀγαθοφόρος ἄγγελος παρεςτὼς τῇ Τύχῃ. διὸ δὸς πόρον πρᾶξιν
τούτῳ τῷ οἴκῳ, (2) ναὶ κυριεύων ἐλπίδος πλουτοδότα αἰών, ἱερὲ
Ἀγαθὲ δαῖμον· τέλει πάcαc χάριταc καὶ τὰc cὰc ἐνθέαc φήμαc.

Hermes, Horus und Ἀγαθὸc δαίμων erscheinen im wesentlichen
in derselben Rolle, nämlich als Schöpfungsgötter in der erwähnten
Doppelnatur, sowie als Vertreter des Νοῦc und demzufolge einerseits
als Offenbarungsgötter, andrerseits als die Herren alles Erfolges im
praktischen Leben; sie werden untereinander gleichgesetzt oder
zusammengestellt; die Auffassung bleibt immer im wesentlichen
dieselbe, und selbst die Formeln übertragen sich von einem zum
andern. Die ägyptische Religion läßt sich nicht als Ganzes darstellen; nur für bestimmte Orte und bestimmte Lebenskreise können
wir ab und an Anfänge eines Systems erkennen; aber gewisse Grund-
typen kehren überall wieder, wenn auch die göttlichen Personen
wechseln.

IX. Das eben angeführte Gebet gehört einer interessanten kleinen
Gruppe an, in der es sich darum handelt, Glück und Gelingen einem
bestimmten Ort zu sichern, indem man ein Kultbild in ihm verbirgt.[1]
Ein solches πρακτικόν wird uns z. B. ebenda S. 103, Z. 2359 ff.
beschrieben; es ist ein Bild des Hermes mit κηρύκιον und μαρcίππιον.
Ganz ähnlich ist ein zweites καταπρακτικὸν καὶ κατακλητικὸν ἐργαcτη-
ρίου ἢ οἰκίαc ἢ ὅπου ἐὰν αὐτὸ ἱδρύcῃc (S. 104, Z. 2373). Die

---

1) Über diese Art von Amuletten geben die Inschriften über die Bibliothek
des Horus-Tempels zu Edfu den besten Aufschluß (Bergmann, Hieroglyphische
Inschriften S. 47 ff.). Eine ganze Anzahl Zauberbücher werden hier aufgeführt,
welche „Schutz (oder Segnung, oder Wohlfahrt) der Stadt, des Hauses, des
Sitzes, der Ruhestätte" benannt sind. Wieder gibt die oben erwähnte aus
dem Jüdischen übernommene Apokalypse des Gregorios θαυματουργόc die
Parallelen, indem sie den Engel des Hauses und den Engel der Ruhestätte
nennt. Von ersterem heißt es: καὶ εἶπον· κύριε, δεῖξόν μοι τὸν ἄγγελον τοῦ
οἴκου. καὶ εἶπέ μοι τὸ ὄνομα αὐτοῦ· Ἀφεμεὴλ καλεῖται· cτῆcον οὖν cταυρὸν
εἰc τὸν οἶκόν cου καὶ γράψον τὸ ὄνομα αὐτοῦ, καὶ αὐτόc coι ἀποδιώξει πᾶν
πονηρὸν καὶ ἀκάθαρτον πνεῦμα. Der Name soll offenbar auf das Kreuz, ursprünglich wohl auf eine Darstellung des Engels (vgl. unten S. 31), geschrieben
und so im Hause verborgen werden. Der Engel des Bettes sendet den Schlaf
und hütet den Schlafenden. Daß auch ein ἄγγελοc τῶν βοῶν καὶ τῶν προβάτων
καὶ τῶν αἰγιδίων erscheint und für deren Gedeihen Sorge trägt, erwähne ich,
weil Bergmann auf Grund reicheren Materials mit den ägyptischen Formeln
den Segen vergleicht, „welchen speziell die katholische Kirche bei den verschie-
denartigsten Anlässen lebenden Wesen und leblosen Dingen (so Fahnen,
Brücken etc.) spendet, und der zu gleicher Zeit eine Art Exorcismus involvirt".

Wirkung ist ἔχων αὐτὸ πλουτήϲειϲ, ἐπιτεύξει· τοῦτο γὰρ ἐποίηϲεν Ἑρμῆϲ Ἴϲιδι πλαζομένῃ, καὶ ἔϲτιν μὲν θαυμαϲτόν, καλεῖται δὲ ἐπαιτη τάριον, die Vorschrift πλάϲον ἄνθρωπον ἔχοντα τὴν δεξιὰν χεῖρα ἐπαιτοῦϲαν καὶ εἰϲ τὴν εὐώνυμον πήραν καὶ βακτηρίαν. ἔϲτω δὲ περὶ τὴν βακτηρίαν δράκων εἰλιγμένοϲ, καὶ αὐτὸϲ ἐν περιζώματι καὶ ἐπὶ πόλον ἐϲτὼϲ¹) ἔχοντα εἰλιγμένον δράκοντα ὡϲ ἡ Ἴϲιϲ. Es folgen genaue Vorschriften über die Umhüllung und über die mystischen Inschriften auf den einzelnen Gliedern des Wachsbildes. Hervorzuheben ist nur, daß auf die Schlange der geheime Name des Ἀγαθὸϲ δαίμων geschrieben wird. Das Gebet bei der Über nahme des Heiligtumes lautet: λαμβάνω ϲε παρὰ βουκόλον τὸν ἔχοντα τὴν ἔπαυλιν πρὸϲ λίβα· λαμβάνω ϲε τῇ χαρᾷ καὶ τῷ ὀρφόντῃ (εὐφρόνῃ?). δόϲ μοι οὖν χάριν ἐργαϲίαν εἰϲ ταύτην μου τὴν πρᾶξιν, φέρε μοι ἀργύρια, χρυϲόν, ἱματιϲμόν, πλοῦτον πολύολβον ἐπ’ ἀγαθῷ.

Daß die Bittfigur nicht ein wesenloses Symbol ist, schließe ich daraus, daß sie auf der Weltkugel steht wie Isis, deren Dar stellung auf der Weltkugel, um die sich eine Schlange ringelt, den Theologen vielleicht interessant ist.²) Ob die Gestalt den Ἀγαθὸϲ δαίμων darstellt oder mit Ἀγαθὸϲ δαίμων verbunden ist, und welchen Namen wir ihr dann geben sollen, ist unsicher; Vertreter des Νοῦϲ ist der Gott jedenfalls. Er trägt die Kleidung der Armen, den Ranzen und Hirtenstab, und soll offenbar ein Abbild jenes im Westen wohnenden βουκόλοϲ, der in dem Gebet genannt wird, sein.³) Der Unterschied dieser Beschreibung und der im Hirten des Hermas be gegnenden ist nicht eben groß; die Hauptsache bleibt, daß in hellenistischer Zeit dieser leitende und offenbarende Gott tatsächlich auch als Hirt dargestellt wurde.⁴) —

1) Dem entspricht in dem Berliner Gebet an den Ἀγαθὸϲ δαίμων (Parthey Abhandl. d. Berl. Akad. 1865 S. 125) Z. 201: ὁ ἐπὶ τοῦ ἐπταμερ[ίο]υ ϲτατεὶϲ (so).

2) Der Typus ist nicht ägyptisch, er lehnt sich etwas an die hellenistischen Darstellungen der Τύχη an. Für das männliche Bild kann neben Asklepios, der im Ägyptischen ja auch Offenbarungsgott ist, die alexandrinische Dar stellung des Καιρόϲ von Einfluß gewesen sein.

3) Daß der christliche Typus des guten Hirten hiermit in irgend einer Weise zusammenhängt, ist sicher; die Einzelheiten entziehen sich meinem Urteil. Daß er bisweilen auch die rechte Hand wie ein Bittender vorstreckt, sehe ich aus Vopel, Die altchristlichen Goldgläser (Fickers Archäolog. Studien zum christl. Altertum und Mittelalter Heft V S. 71 zu No. 175, 6).

4) Daß dabei griechische Vorstellungen von Hermes oder von Apollon (Horus) mit einwirken können, ist selbstverständlich. Aber die Betrachtung

Jetzt ist in der heidnischen Poimandres-Schrift alles erklärt, sowohl daß der Noûc als Menschenhirt erscheint, wie daß er sich in
Licht verwandelt (vgl. Gebet V 3: coû γὰρ φανέντος φῶc ἐφάνη) und
daß der Prophet in diesem Licht das Werden des κόcμοc schaut. Wir
müssen annehmen, daß der Christ die Beschreibung des Hirten einem
ursprünglich vollständigeren heidnischen Text entnahm, und verstehen
unter dieser Voraussetzung leicht auch die Einzelheiten seines Be-
richtes, die Versicherung ἀπεcτάλην, ἵνα μετὰ coû οἰκήcω τὰc λοιπὰc
ἡμέραc τῆc Ζωῆc coυ (vgl. Gebet I 10), wie die Antwort γινώcκω,
ᾧ παρεδόθην (vgl. Gebet II 7), endlich die ganze Fiktion jenes Boten
des neuen Sinnes, der ja nur der ins Christliche über-
tragene Noûc ist. Da es sich ferner nicht um die beliebige,
typische Einführung einer Vision, sondern um die wesenhafte Grund-
fiktion des Poimandres handelt, müssen wir folgern, daß im Hirten
des Hermas eine ältere und ausführlichere Fassung des
Poimandres benutzt ist. Ich darf, ehe ich weitergehe, vielleicht
auf eine weitere Entlehnung aufmerksam machen.

des Sonnengottes als Hirten kehrt bei den verschiedensten Völkern wieder und
ist auch dem ägyptischen nicht fremd. In dem Buche von den unterweltlichen
Dingen erscheinen in einer bildlichen Darstellung die Vertreter der vier
Menschenrassen, die Horus wie ein Hirt zu überwachen scheint. Ihm
werden die Worte in den Mund gelegt: Also Horus zu den Herden des
Sonnengottes, die in der unteren Hemisphäre weilen: „das schwarze
(Ägypten) und das rote Land war das beste für euch, ihr Herden des
Sonnengottes .... Ihr, die Träne meines Auges unter eurem Namen
Romet (Menschen, Ägypter); ihr, denen ich eure Größe geschaffen habe unter
eurem Namen Aamu (Asiaten), welchen die Göttin Sochit als Beschützerin ihrer
Seelen geworden ist; ihr, für welche ich mich selbst befleckt habe zu meinem
Behagen wegen der Menge, die aus mir zum Vorschein kam, unter eurem
Namen Nahsu (Neger), welchen der Gott Horus als Beschützer ihrer Seelen
geworden ist; ihr, für welche ich mein Auge gesucht habe, unter eurem Namen
Thamhu (Libyer), welchen Sochit als Beschützerin ihrer Seelen geworden ist".
(Brugsch, Rel. u. Myth. d. alten Äg. 757). Das ist wichtig, weil uns Christus
im dritten Kapitel als Hirt der sieben ursprünglichen Volksstämme begegnen
wird. Daß der Sonnengott als Hirt seine Hürde im Westen hat, ist natürlich.
So läßt sich hiermit vielleicht ein Volkslied aus der V. Dynastie verbinden,
an das mich Prof. Spiegelberg erinnerte. In einem Grabe zu Sakkara spricht
ein Hirt zu seiner Herde (Erman, Ägypten 515): „euer Hirt ist im Westen
bei den Fischen; er spricht mit dem Wels, er ⟨begrüßt sich⟩ mit dem ⟨Hecht⟩
des Westens; euer Hirt ist im Westen". Freilich müßte der Maler den ursprünglichen mythologischen Kern bereits mißverstanden haben, da er die Darstellung mit Genrebildern verbindet.

Nach Abschluß des von der fünften Vision bis zum achten
Gleichnis reichenden Buches macht der christliche Verfasser einen
Nachtrag zu den Visionen, das neunte Gleichnis. Der ἄγγελος τῆς
μετανοίας führt ihn nach Arkadien auf einen Berg, ihm ein neues
Gesicht zu zeigen. Das Führen auf einen Berg ist die übliche Form
der christlichen Offenbarungsliteratur[1]), die Wahl gerade Arkadiens
aber mehr als befremdlich, da ja der Verfasser in Rom lebt und
sonst bei Rom oder bei Cumae seine Visionen sieht.[2]) Nun bezeugt
der Eingang des XIII. bezw. XIV. Kapitels des Poimandres, daß auch
in der Hermetischen Literatur derartige Situationsschilderungen vorkamen; eine Unterhaltung beim Niederstieg von einem Berge war
in einem Γενικὸς λόγος berichtet; ob ihr eine Vision vorausging, ist
nicht zu sagen. Daß Hermes auch in seiner Heimat Arkadien erscheint, kann nicht befremden. Berufen sich doch z. B. die Naassener
auf das Kultbild von Kyllene, und haben doch „christliche" Gemeinden im zweiten Jahrhundert Christus unter dem Symbol des Phallus,
also entsprechend jenem Kultbild verehrt.[3]) Aus Arkadien war
gerade der ägyptische Hermes nach griechischer Auffassung gekommen[4]); es ist durchaus möglich, daß sie in solchem Einzelzuge
die Hermetische Literatur beeinflußte.

Wie weit diese heidnischen Vorstellungen die Theologie des
christlichen Autors beeinflußt haben, d. h. wie weit die Erscheinung

---

1) Vgl. z. B. die Petros-Apokalypse, das Evangelium der Eva, die Höllenfahrt der Maria u. s. w.

2) So kam Zahn zu der unglücklichen Vermutung, es sei εἰς Ἀρικίαν zu
schreiben. Nicht nur wir, auch die römischen Leser hätten dann wohl gefragt,
wie sich die folgende allgemeine Schilderung mit der allen bekannten Örtlich-
keit in Einklang bringen lasse, und über die Torheit des Propheten gestaunt.
Die Versuche, Hermas zum gebornen Arkader zu machen oder ihn in Rom ein
Reisehandbuch über Arkadien studieren zu lassen, kenne ich nur aus Berichten.
Harnack, der an der Lösung der Frage verzweifelt, weist zugleich auf Bursians
Worte: „Je ärmer die Geschichte, desto reicher war der Sagenschatz des arka-
dischen Landes, welcher die Vorzeit desselben mit einem besonderen Schimmer
von Heiligkeit und Götterverwandtschaft umgab" — für den Verfasser einer
Hermetischen Schrift sicher, für den römischen Christen Hermas wohl weniger.

3) Vgl. Minucius 9, 4; Zwei religionsgesch. Fragen S. 96 A. 2.

4) Vgl. Cicero *De nat. deor.* III 56. Über die bis in den Anfang des zweiten
Jahrhunderts zurückreichende Quelle vgl. W. Michaelis, *De origine indicis deorum cognominum*, Berlin 1898.

des Hirten ihm Gegenstand des Glaubens oder nur literarische
Fiktion gewesen ist, wage ich zunächst nicht zu entscheiden; die
Schrift steht für uns zu isoliert, um festzustellen, ob das Zurück-
treten Christi und die Unklarheit in der Auffassung desselben etwa
dadurch zu erklären ist, daß sein heidnisches Gegenbild noch mit
übernommen ist. Daß die ganze Fiktion dieser fortlaufenden Offenbarungen und Visionen dieser Annahme günstig wäre, wird sich uns
besonders bei der Besprechung des δαίμων πάρεδρος im VII. Abschnitt zeigen. Die spätägyptische Religion trägt einen im wesentlichen ekstatischen Charakter, und schon in dieser Einleitung sei
es gestattet, ein Geschichtchen der unverdienten Vergessenheit zu
entreißen, welches in seiner Schlichtheit und Tendenzlosigkeit den
Stempel der Wahrheit an sich trägt.[1]) Es findet sich in den *Apo-
phthegmata patrum* bei Cotelerius (*Ecclesiae graecae monumenta* I 582)
und lautet: εἶπεν ὁ ἀββᾶς Ὀλύμπιος, ὅτι κατέβη ποτὲ ἱερεὺς τῶν
Ἑλλήνων (der Heiden) εἰς Σκῆτιν καὶ ἦλθεν εἰς τὸ κελλίον μου καὶ
ἐκοιμήθη. καὶ θεασάμενος τὴν διαγωγὴν τῶν μοναχῶν λέγει μοι· οὕτως διάγοντες οὐδὲν θεωρεῖτε παρὰ τῷ θεῷ ὑμῶν; καὶ λέγω αὐτῷ·
οὐχί· καὶ λέγει μοι ὁ ἱερεύς· τέως ἡμῶν ἱερουργούντων τῷ θεῷ ἡμῶν
οὐδὲν κρύπτει ἀφ᾽ ἡμῶν, ἀλλὰ ἀποκαλύπτει ἡμῖν τὰ μυστήρια αὐτοῦ.
καὶ ὑμεῖς τοσούτους κόπους ποιοῦντες ἀγρυπνίας ἡσυχίας ἀσκήσεις
λέγεις ὅτι οὐδὲν θεωροῦμεν; πάντως οὖν, εἰ οὐδὲν θεωρεῖτε, λογισμοὺς πονηροὺς ἔχετε εἰς τὰς καρδίας ὑμῶν τοὺς χωρίζοντας ὑμᾶς
ἀπὸ τοῦ θεοῦ ὑμῶν καὶ διὰ τοῦτο οὐκ ἀποκαλύπτεται ὑμῖν τὰ
μυστήρια αὐτοῦ. καὶ ἀπῆλθον καὶ ἀνήγγειλα τοῖς γέρουσι τὰ ῥήματα
τοῦ ἱερέως καὶ ἐθαύμασαν καὶ εἶπαν ὅτι οὕτως ἔστιν· οἱ γὰρ ἀκά-
θαρτοι λογισμοὶ χωρίζουσι τὸν θεὸν ἀπὸ τοῦ ἀνθρώπου. Ich gestehe
gern, daß mir kaum ein anderes Geschichtchen die Konkurrenz,
welche das Christentum wenigstens in Ägypten durchzumachen hatte
und von der es natürlich auch beeinflußt wurde[2]), besser ins Licht
zu stellen scheint. Es wäre bei der schnellen und weiten Verbreitung des ägyptischen Mystizismus durchaus möglich, daß der
Verfasser des Hirten die Lehre vom Menschenhirten in Rom kennen

---

1) Eine weitere Gewähr scheint mir die Schilderung eines fast gemüt-
lichen Verkehrs zwischen Christ und Heide zu bieten.

2) Man vergleiche z. B. die ägyptischen Wundererzählungen mit den Vorschriften der Zauberpapyri, oder die ägyptisch-christlichen Visionen mit ihren
ägyptisch-jüdischen Gegenbildern.

gelernt hat und von ihr beeinflußt später zum Christentum übergetreten ist.[1])

Aber auch wenn wir nur an eine rein literarische Einwirkung
denken, ergibt sich uns ein eigentümliches, der Beachtung wohl
wertes Bild. Der christliche Autor benutzt für die Einkleidung
seiner Lehrschrift ebenso unbefangen heidnische Vorlagen wie später
der Verfasser des christlichen Clemens-Romanes oder die Erfinder
apokrypher πράξεις eines Apostels. Das widerspricht allerdings den
Vorstellungen, die sich z. B. Zahn von diesem „Manne aus dem Volke"
machte, bei dem literarische Einflüsse unmöglich seien und der eben
seiner geringen Bildung halber seine Visionen natürlich wirklich so
geschaut haben müsse. Ich will um die tendenziöse Übertreibung,
die in der Bezeichnung „Mann aus dem Volke" liegt, nicht rechten;
das ganze Argument ist hier genau so verfehlt wie in jener anderen
Frage, in deren Behandlung es traditionell geworden scheint. Aus
der geringeren Bildung des Schreibers folgt die volle Unabhängigkeit
von literarischen Vorbildern nicht, sondern zunächst nur, daß wir
die Vorbilder in den niederen Schichten der Literatur suchen und
in der Regel ihnen gegenüber eine größere Unselbständigkeit voraussetzen müssen.[2]) Die Zusammenhänge der frühchristlichen Literatur
mit der hellenistischen Kleinliteratur ließen sich schon jetzt in vielen
Stücken nachweisen. —

Der Poimandres berichtet die Erweckung des Propheten, welcher
die Gemeinde gegründet hat, und die Hauptlehren, auf welche sie
gegründet ist. Ist er in Ägypten entstanden, wie ich in den nächsten
beiden Kapiteln näher zu erweisen hoffe, so mußte immerhin eine
gewisse Zeit vergehen, ehe er durch Mitglieder dieser Gemeinde oder
durch literarische Verbreitung in Rom bekannt werden konnte, und
die ganze Art dieser Literatur mußte jedenfalls schon Macht gewonnen
haben. Diese Erwägung bestätigt die allgemeinen Angaben über die

---

1) Daß derartige Entwicklungen in dieser Zeit vorkamen, zeigt ja die
oben (S. 33 A. 3) erwähnte Gemeinde, die Christus unter dem Symbol des Phallus
verehrte. Minucius wird ihre Schilderung bei Fronto gefunden haben.

2) Der unlängst von Cotteril und Taylor *(Journal of Philology* XXVII
und XXVIII) unternommene Versuch, Kebes als Hauptquelle des Hermas nachzuweisen, ist in dieser Form freilich gescheitert. Aber die πίνακες finden sich,
wie wir sehen werden, auch in der hellenistischen populären Theologie. Es
ist an sich nicht unmöglich, daß auch derartige Tagesliteratur auf die aus-
gearbeiteten Visionen mit einwirkte.

Hermetische Literatur und verlangt, daß die Urform des Poimandres vor den Beginn des zweiten Jahrhunderts n. Chr. fällt. Wie weit sie darüber hinaufreicht, ist noch nicht zu sagen; aber nach christlichen Gedanken in dieser Schrift zu suchen ist von vornherein aussichtslos.

II.

Ist die oben entwickelte Ansicht von dem Verhältnis des Poimandres zu dem Hirten des Hermas richtig, so muß die heidnische Schrift auch in ihrem Hauptteil Spuren der Überarbeitung zeigen. Ich muß daher versuchen, durch eine Analyse das theologische System in ihr klarzustellen. Den im Anhang gegebenen Text setze ich voraus.

Der Prophet schaut die Weltschöpfung; er sieht als der Νοῦς sich in sein göttliches Wesen zurückverwandelt, zunächst eine unendliche Fülle von Licht.[1] Danach senkt sich, ohne daß wir erfahren woher, Finsternis nieder[2], und in ihr bildet sich ein feuchter Urstoff (φύcιc τιc ὑγρά); Rauch steigt von ihm auf und ein wunderlicher, unaussprechlicher Schall, der zum unartikulierten Rufe wird. Aus dem Lichte aber erschallt ein ἅγιοc λόγοc[3], der zu dem Ur-

---

1) Vgl. Gebet V 3: cοῦ γὰρ φανέντοc . . . . φῶc ἐφάνη. Daß diesem Lichte keinerlei göttliches Wesen vorausliegen kann, ist damit nicht gesagt, wenn der Leser es auch zunächst annehmen muß. Als πλήρωμα φωτόc stellt sich die Welt übrigens auch in der seligen Schau XI (XII) 6 dem Propheten dar: θέαcαι δὲ δι' ἐμοῦ τὸν κόcμον ὑποκείμενον τῇ cῇ ὄψει τό τε κάλλοc αὐτοῦ ἀκριβῶc κατανόηcον, cῶμα μὲν ἀκήρατον καὶ οὗ παλαιότερον οὐδὲν ἔcται ἢ μᾶλλον ἀκμαιότερον, διὰ παντὸc δὲ ἀκμαῖον καὶ νέον (καὶ μᾶλλον ἀκμαιότερον nach νέον ACM). ἰδὲ καὶ τοὺc ὑποκειμένουc ἑπτὰ κόcμουc κεκοcμημένουc τάξει αἰωνίῳ κι.ὶ ἑρόμῳ διαφόρῳ τὸν αἰῶνα ἀναπληροῦνταc, φωτὸc δὲ πάντα πλήρη, πῦρ δὲ οὐδαμοῦ · ἡ γὰρ φιλία καὶ ἡ cύγκραcιc τῶν ἐναντίων καὶ τῶν ἀνομοίων φῶc γέγονε καταλαμπόμενον ὑπὸ τῆc τοῦ θεοῦ ἐνεργείαc. Auch hier bildet das Feuer den Gegensatz zu dem Licht.

2) Nur daß das Licht vor der Finsternis „erschienen" ist, wird später ausdrücklich betont. Der Dualismus von Gott und Materie bleibt, wie in vielen Theosophien der Zeit, unerklärt.

3) Dieser Zusammenhang ist allerdings erst durch Konjektur gewonnen, aber durch eine, wie ich meine, unbedingt nötige Konjektur. Die Überlieferung καὶ καπνὸν ἀποδιδοῦcαν ὡc ἀπὸ πυρὸc καί τινα ἦχον ἀποτελοῦcαν ἀνεκλάλητον γοώδη. εἶτα βοὴ ἐξ αὐτῆc ἀcυνάρθρωc ἐξεπέμπετο ὡc εἰκάcαι φωνὴν φωτόc.

stoffe niedersteigt. Sogleich ordnen sich in ihm die Elemente; das Feuer springt nach oben; ihm folgt die Luft und nimmt den zweiten Platz ein, zwischen dem Feuer einerseits, Erde und Wasser andrerseits, so daß sie wie aufgehängt erscheint (die übliche ägyptische Vorstellung). Erde und Wasser bleiben vermischt, so daß das Wasser die Erde bedeckt, und der λόγος bleibt zunächst in ihnen und bewirkt die Bewegung.

Von dem letzten Zug und der eigentümlichen Erwähnung der βοή τῆς φύσεως abgesehen, entspricht alles der Straßburger Kosmogonie. Es folgt eine Erklärung des Poimandres, er, der Gott des Propheten, sei das Licht und der Logos sei der Sohn Gottes.

Damit reißt der Zusammenhang plötzlich ab; es folgt: τί οὖν; φημί. — οὕτω γνῶθι· τὸ ἐν coì βλέπον καὶ ἀκοῦον λόγος κυρίου, ὁ δὲ νοῦς πατὴρ θεός. οὐ γὰρ διΐστανται ἀπ᾽ ἀλλήλων· ἕνωσις γὰρ τούτων ἐστὶν ἡ ζωή. Aber vom Menschen kann noch gar nicht die Rede sein[1]);

ἐκ δὲ φωτὸς . . . . ∴ λόγος ἅγιος ἐπέβη τῇ φύσει ist offenbar verdorben. Entgegengesetzt sind θεός und φύσις, φῶς und σκότος, ἐξεπέμπετο und ἐπέβη τῇ φύσει, endlich ἦχος ἀνεκλάλητος γοώδης und λόγος ἅγιος. Daß der λόγος für die stoische Auffassung nur die artikulierte Rede, der *sermo* ist, habe ich in den Zwei religionsgesch. Fragen S. 80 ff. erwiesen, falls es eines Beweises überhaupt bedürfen sollte. So ist bekanntlich auch in der hellenistischen Religionsphilosophie Hermes der Gott, welcher die verschiedenen Sprachen und Dialekte geschieden hat (für die altägyptische Auffassung vgl. z. B. den Hymnus des Hr-m-hb, im Brit. Mus. 551: *qui linguam uniuscuiusque terrae distinguit*, Breasted, *De hymnis in Solem sub rege Amenophide IV. conceptis p. 50*). Die βοή ἀσύναρθρος kann dem λόγος nur entgegengesetzt sein, also ist sie nicht φωνὴ φωτός, sondern nach der Analogie die φωνὴ πυρός (oder φύσεως?). Natürlich ist auch sie persönlich gefaßt wie der λόγος, der ja gleich ausdrücklich als υἱὸς θεοῦ bezeichnet wird, und wie die οὐρανοῦ βοή, welche den Nechepso leitet (vgl. oben S. 5). Die Kürze der Darstellung in diesem Teile des Poimandres schließt alle zwecklosen Ausmalungen aus. Dem göttlichen, aus dem Lichte stammenden λόγος steht eine dem Dunkel entsproßte βοή, dem Gottessohn ein Dämon (vgl. unten § 24 τῷ δαίμονι) entgegen, ohne daß wir zunächst Näheres über ihn hören. Ich verweise zur Erklärung schon jetzt auf Plutarch *De Is. et Os.* 46: νομίζουσι γὰρ οἱ μὲν θεοὺς εἶναι δύο καθάπερ ἀντιτέχνους, τὸν μὲν ἀγαθῶν, τὸν δὲ φαύλων δημιουργόν. οἱ δὲ τὸν μὲν ἀμείνονα θεόν, τὸν δ᾽ ἕτερον δαίμονα καλοῦσιν . . . . . . καὶ προσαπεφαίνετο (Ζωροάστρης) τὸν μὲν ἐοικέναι φωτὶ μάλιστα τῶν αἰσθητῶν, τὸν δ᾽ ἔμπαλιν σκότει καὶ ἀγνοίᾳ.

1) Der λόγος kehrt sogar noch vor der Erschaffung der ζῷα ἄλογα zum Himmel zurück; er kann also gar nicht ohne weiteres im Menschen wirken. Sind ferner die ζῷα ἄλογα ohne ihn entstanden, so kann er gar nicht die Vorbedingung des Lebens sein.

der λόγος war früher, entsprechend der βοή, das Wort; jetzt ist er
der λόγος ἐνδιάθετος im Menschen.[1]) Er kann sich von dem νοῦς
gar nicht trennen und ist mit ihm zusammen das Leben, während in
dem Hauptteil später der νοῦς allein das Leben ist. Und wunderlich
genug folgt nun eine zweite Vision, welche die erste wiederholt,
sich aber mit ihr in keiner Weise verbinden läßt. Der Prophet
schaut in dem Noῦς, der ihm gegenübersteht, das ἀρχέτυπον εἶδος
der Welt. Das Licht, das ja den Bestand des Noῦς ausmacht, breitet
sich aus in unzähligen Kräften zu einer Art κόσμος ἀπεριόριστος[2]);
die gewaltigste dieser Kräfte preßt das am meisten nach außen
strebende Element, das Feuer wie in einer Hohlkugel zusammen; so
erhält es, gebändigt, festen Bestand, und der κόσμος ist fertig.[3])

　　Freilich nur in der Idee. Nach ihr (ἰδοῦσα τὸν καλὸν κόσμον)

---

1) Freilich nicht ganz in der stoischen Bedeutung; er ist hier wie öfters
fast gleich ψυχή, vgl. XI (XII) 14: καὶ πάλιν, εἰ πάντα ζῷά ἐστι καὶ τὰ ἐν
οὐρανῷ καὶ τὰ ἐν τῇ γῇ, μία δὲ κατὰ πάντων ζωὴ ὑπὸ τοῦ θεοῦ γίνεται καὶ αὕτη
ἐστὶν θεός, ὑπὸ τοῦ θεοῦ ἄρα γίνεται πάντα. ζωὴ δέ ἐστιν ἔνωσις νοῦ καὶ ψυχῆς.

2) Vgl. Philo De conf. linguarum § 34 p. 431 M: εἷς ὢν ὁ θεὸς ἀμυθή-
τους περὶ αὐτὸν ἔχει δυνάμεις . . . . . δι' αὖ τούτων τῶν δυνάμεων ἐπάγη ὁ
ἀσώματος καὶ νοητὸς κόσμος, τὸ τοῦ φαινομένου τοῦδε ἀρχέτυπον, ἰδέαις ἀορά-
τοις συσταθείς, ὥσπερ οὗτος σώμασιν ὁρατοῖς. καταπλαγέντες οὖν τινες τὴν
ἑκατέρου τοῦ κόσμου φύσιν . . . . ὅλους ἐξεθείωσαν . . . ὧν τὴν ἐπίνοιαν κατιδὼν
Μωυσῆς φησι κτλ. Gemeint sind die Ägypter, vgl. unten S. 40 ff.

3) Die Parallele bietet (allerdings in Beziehung auf die sichtbare Welt)
das Lehrbuch des M. Messalla (Konsul 53 v. Chr.) bei Macrobius Sat. I 9, 14:
qui de Iano ita incipit: qui cuncta fingit eademque regit, aquae terraeque vim
ac naturam gravem atque pronam in profundum dilabentem, ignis atque animae
levem in immensum sublime fugientem copulavit circumdato caelo. quae vis
caeli maxima duas vis dispares colligavit. Es ist durchaus möglich, daß
Messallas Quelle mehr theologischer als philosophischer Natur war und die
δύναμις μεγίστη (= ὁ περιέχων z. B. in der Κόρη κόσμου Stobaios Ekl. I
p. 387, 6 Wachsm.) mehr persönlich als sachlich faßte (vgl. Wendland, Christentum und Hellenismus, Neue Jahrbb. f. Phil. u. Päd. VIII S. 8 A.). Janus nahm
er als den περιέχων, da sein Wesen dem Römer in keinem griechischen Gegenbilde ausgedrückt und dadurch verständlich erhalten war; vgl. Ovids charakteristische Äußerung: quem tamen esse deum te dicam, Iane biformis? nam tibi
par nullum Graecia numen habet. So entsteht römische Theologie! Die Form
des Fragmentes weist auf einem Katechismus. Das ist befremdlich. Die
katechetische Form ist zwar bei allen ὅροι naheliegend und in dem grammatischen und rhetorischen Unterricht seit Ciceros Zeit zu belegen (vgl. z. B.
die Partitiones oratoriae); aber sie setzt stets einen geordneten Unterricht
voraus.

hat die Βουλή θεοῦ die sichtbare Welt gebildet (ἐμιμήςατο), oder vielmehr ist selbst zu ihr geworden (κοςμοποιηθεῖςα), da alle Werdungen in ihrem Wesen liegen.[1]) Eine weibliche Allgottheit steht hier neben dem höchsten Gott. Schon dies zeigt, daß die unmittelbar folgenden Worte ὁ δὲ Νοῦς ὁ θεὸς ἀρρενόθηλυς ὤν nicht mehr zu dieser Theologie gehören; sie schließen in der Tat lückenlos an den Hauptteil. —

Doch bevor ich zu diesem zurückkehre, müssen wir die nunmehr ausgesonderte Einlage näher ins Auge fassen. Sie bietet die zweite Fassung orientalisch-mystischer Schöpfungssagen. In einer zwar etwas anders gewendeten, aber doch noch ähnlichen griechischen Überarbeitung bot sie die Quelle Plutarchs *De Is. et Osir.* 53—54: ἡ γὰρ Ἰςίς ἐςτι μὲν τὸ τῆς φύςεως θῆλυ καὶ δεκτικὸν ἁπάςης γενέςεως. καθὸ τιθήνη καὶ πανδεχὴς ὑπὸ τοῦ Πλάτωνος, ὑπὸ δὲ τῶν πολλῶν μυριώνυμος κέκληται, διὰ τὸ πάςας ὑπὸ τοῦ λόγου τρεπομένη μορφὰς δέχεςθαι καὶ ἰδέας .... καὶ παρέχουςα γεννᾶν ἐκείνῳ (τῷ ἀγαθῷ) καὶ καταςπείρειν εἰς ἑαυτὴν ἀπορροὰς καὶ ὁμοιότητας, αἷς

---

1) Das Wort βουλή (im Singular) kommt, wenn mir nichts entgangen ist, in den Hermetischen Schriften und Fragmenten nur noch in dem ebenfalls zur Poimandres-Literatur gehörigen Kap. XIII (XIV nach meiner Zählung) und in dem λόγος Ἴςιδος πρὸς Ὧρον vor, Stobaios Ekl. I 49 *p.* 467, 1 Wachsmuth: ἀπογεγονότων ἤδη ψυχῶν μὲν Ὄςιρις, ὁ πατήρ ςου (βαςιλεύς ἐςτι), ςωμάτων δὲ ὁ ἑκάςτου ἔθνους ἡγεμών (der Planet, welcher das einzelne Volk regiert, vgl. unten Kap. III) βουλῆς δὲ ὁ πατὴρ πάντων καὶ καθηγητής, ὁ τριςμέγιςτος Ἑρμῆς. Hier scheint βουλή die geistige Kraft, die φρόνηςις oder ςοφία. Ähnlich ist der Wortgebrauch, vielleicht mit stärkerer Betonung des Begriffes 'Willen' (für den Ägypter bedeutet das Herz den Willen wie den Verstand, und Thot oder Isis sind die Herren des Herzens), in XIII (XIV) 20: καὶ ὁ Ζητῶ, βουλῇ τῇ ςῇ ἀναπέπαυμαι. Aber in dem gewaltigen Wort XIII (XIV) 19: ςὴ βουλὴ ἀπὸ ςοῦ, ἐπὶ ςὲ τὸ πᾶν ist die Bedeutung eine andere; die βουλή entspricht dem πᾶν; dies selbst ist, wie es von Gott ausgeht, βουλή, wie es zu Gott zurückkehrt, πᾶν. Zu vergleichen ist die Aufschrift des Zauberringes bei Berthelot *Alchimistes grecs, Introduction* 133: ἓν τὸ πᾶν (die fast als Gottesbezeichnung übliche Grundformel dieser Literatur) καὶ δι' αὐτοῦ τὸ πᾶν καὶ εἰς αὐτὸ τὸ πᾶν καὶ εἰ μὴ ἔχοι τὸ πᾶν, οὐδέν ἐςτι τὸ πᾶν. Die Erklärung des verschiedenen Gebrauches bietet der Isisglaube; Isis ist wie ςοφία und βούληςις auch φύςις und γένεςις (vgl. Zwei religionsgesch. Fragen 105 ff.). Ich darf beiläufig bemerken, daß die gewaltige Grundformel des ägyptisch-griechischen Mystizismus bei Paulus fast wörtlich erscheint (Röm. 11, 36): ἐξ αὐτοῦ καὶ δι' αὐτοῦ καὶ εἰς αὐτὸν τὰ πάντα. Daß Paulus sie aus der hellenistischen Theologie übernommen hat, nicht diese aus ihm, wird hoffentlich der Fortgang der Untersuchung lehren.

χαίρει καὶ γέγηθε κυϊσκομένη καὶ ὑποπιμπλαμένη τῶν γενέσεων. εἰκὼν γάρ ἐστιν οὐσίας ἐν ὕλῃ ἡ γένεσις καὶ μίμημα τοῦ ὄντος τὸ γιγνόμενον. ὅθεν οὐκ ἀπὸ τρόπου μυθολογοῦσι τὴν Ὀσίριδος ψυχὴν ἀίδιον εἶναι καὶ ἄφθαρτον, τὸ δὲ σῶμα πολλάκις διασπᾶν καὶ ἀφανίζειν τὸν Τυφῶνα· τὴν δ' Ἶσιν πλανωμένην καὶ ζητεῖν καὶ συναρμόττειν πάλιν. τὸ γὰρ ὂν καὶ νοητὸν καὶ ἀγαθὸν φθορᾶς καὶ μεταβολῆς κρεῖττόν ἐστιν, ἃς δ' ἀπ' αὐτοῦ τὸ αἰσθητὸν καὶ σωματικὸν εἰκόνας ἐκμάττεται καὶ λόγους καὶ εἴδη καὶ ὁμοιότητας ἀναλαμβάνει, καθάπερ ἐν κηρῷ σφραγῖδες οὐκ ἀεὶ διαμένουσιν, ἀλλὰ καταλαμβάνει τὸ ἄτακτον αὐτὰς καὶ ταραχῶδες ἐνταῦθα τῆς ἄνω χώρας ἀπεληλαμένον καὶ μαχόμενον πρὸς τὸν Ὧρον, ὃν ἡ Ἶσις εἰκόνα τοῦ νοητοῦ κόσμου αἰσθητὸν ὄντα γεννᾷ. διὸ καὶ δίκην φεύγειν λέγεται νοθείας ὑπὸ Τυφῶνος ὡς οὐκ ὢν καθαρὸς οὐδ' εἰλικρινὴς οἷος ὁ πατήρ, λόγος αὐτὸς καθ' ἑαυτὸν ἀμιγὴς καὶ ἀπαθής, ἀλλὰ νενοθευμένος τῇ ὕλῃ διὰ τὸ σωματικόν.[1]) περιγίγνεται δὲ καὶ νικᾷ τοῦ Ἑρμοῦ, τουτέστι τοῦ λόγου, μαρτυροῦντος καὶ δεικνύοντος, ὅτι πρὸς τὸ νοητὸν ἡ φύσις μετασχηματιζομένη τὸν κόσμον ἀποδίδωσιν. ἡ μὲν γὰρ ἔτι τῶν θεῶν ἐν γαστρὶ τῆς Ῥέας ὄντων ἐξ Ἴσιδος καὶ Ὀσίριδος γενομένη γένεσις Ἀπόλλωνος[2]) αἰνίττεται τὸ πρὶν ἐκφανῆ γενέσθαι τόνδε τὸν κόσμον καὶ συντελεσθῆναι τῷ λόγῳ τὴν ὕλην τὴν φύσιν ἐλεγχομένην ἐφ' αὑτῆς ἀτελῆ τὴν πρώτην γένεσιν ἐξενεγκεῖν. διὸ καὶ φασι τὸν θεὸν ἐκεῖνον ἀνάπηρον ὑπὸ σκότῳ γενέσθαι, καὶ πρεσβύτερον Ὧρον καλοῦσιν[3])· οὐ γὰρ ἦν κόσμος, ἀλλ' εἴδωλόν τι καὶ κόσμου φάντασμα μέλλοντος.

---

1) Wenigstens eine Parallelstelle aus der Hermetischen Literatur sei es gestattet anzuführen, X (XI) 10: καλὸς ὁ κόσμος (ὁ καλὸς κ. MAC), οὐκ ἔστι δὲ ἀγαθός· ὑλικὸς γὰρ καὶ εὐπάθητος, καὶ πρῶτος μὲν τῶν παθητῶν, δεύτερος δὲ τῶν ὄντων, καὶ αὐτοδεής· καὶ αὐτὸς μὲν ⟨οὐδέ⟩ποτε γενόμενος, ἀεὶ δὲ ὤν, ὢν δὲ ἐν γενέσει καὶ γινόμενος ἀεί, γένεσις τῶν ποιῶν καὶ τῶν ποσῶν· κινητὸς γάρ· πᾶσα γὰρ ὑλικὴ κίνησις γένεσίς ἐστιν. ἡ δὲ νοητὴ στάσις κινεῖ τὴν ὑλικὴν κίνησιν . . . . . . ὥστε τὸ πᾶν ἔκ τε ὑλικοῦ καὶ νοητοῦ συνέστηκε. καὶ ὁ μὲν κόσμος πρῶτον (πρῶτος MAC), ὁ δὲ ἄνθρωπος δεύτερον ζῷον μετὰ τὸν κόσμον, πρῶτον δὲ τῶν θνητῶν . . οὐκέτι δὲ μόνον οὐκ ἀγαθός, ἀλλὰ καὶ κακὸς ὡς θνητός. ὁ μὲν γὰρ κόσμος οὐκ ἀγαθὸς ὡς κινητός, οὐ κακὸς δὲ ὡς ἀθάνατος, ὁ δὲ ἄνθρωπος καὶ ὡς κινητὸς ⟨οὐκ ἀγαθὸς⟩ καὶ ὡς θνητὸς κακός. Der κόσμος ist dabei in diesem Dialoge wie in IX (X) und XI (XII) beständig als persönliche Gottheit, als υἱὸς θεοῦ gefaßt; nach seinem Bilde ist der Mensch geschaffen.

2) Besser Ὧρου. Kurz vorher ist (Kap. 52) eine Schrift Γενέθλια Ὧρου zitiert.

3) Haroëris, Horus der Große, und Harpokrates, Horus der Junge, stehen sich im Ägyptischen gegenüber.

Ich habe aus den wunderlichen und keineswegs einheitlichen Deutungsversuchen etwas mehr herausgehoben, um mit ihnen Philon vergleichen zu können, der bekanntlich[1]) sagt: τὸν γοῦν τόδε τὸ πᾶν ἐργασάμενον δημιουργὸν ὁμοῦ καὶ πατέρα εἶναι τοῦ γεγονότος εὐθὺς ἐν δίκῃ φήσομεν, μητέρα δὲ τὴν τοῦ πεποιηκότος ἐπιστήμην· ᾗ συνὼν ὁ θεὸς οὐχ ὡς ἄνθρωπος[2]) ἔσπειρε γένεσιν, ἡ δὲ παραδεξαμένη τὰ τοῦ θεοῦ σπέρματα τελεσφόροις ὠδῖσι τὸν μόνον καὶ ἀγαπητὸν αἰσθητὸν υἱὸν ἀπεκύησε τόνδε τὸν κόσμον.[3])

Diese Anschauung kann Philon nicht aus den unmittelbar folgenden biblischen Lobpreisungen der σοφία gewonnen haben (*Prov.* 8, 22); vielmehr soll die allgemein verbreitete Lehre in den jüdischen heiligen Schriften wiedergefunden und aus ihnen gerechtfertigt werden. Allgemein verbreitet aber kann sie nur in Ägypten sein, wo die Welt von jeher als göttliche Person aufgefaßt ist und Sonne und Mond allgemein die Augen des Horus heißen. Ja selbst den πρεσβύτερος Ὧρος scheint Philon zu kennen, wenn er von einem älteren und jüngeren Sohne Gottes spricht[4]): ὁ μὲν γὰρ κόσμος οὗτος νεώτερος υἱὸς θεοῦ ἅτε αἰσθητὸς ὤν. τὸν γὰρ πρεσβύτερον — νοητὸς δ' ἐκεῖνος — πρεσβείων ἀξιώσας παρ' ἑαυτῷ καταμένειν διενοήθη (vgl. oben S. 38 A. 2).

Die Quelle Plutarchs identifiziert den λόγος und den κόσμος; so ist es nicht wunderbar, daß Philon auch seinem göttlichen Λόγος denselben Ursprung gibt (*De profugis* 20 p. 562 M): λέγομεν γὰρ τὸν ἀρχιερέα οὐκ ἄνθρωπον ἀλλὰ λόγον θεῖον εἶναι πάντων οὐχ ἑκουσίων μόνον, ἀλλὰ καὶ ἀκουσίων ἀδικημάτων ἀμέτοχον. οὔτε γὰρ ἐπὶ πατρί, τῷ νῷ, οὔτε ἐπὶ μητρί, τῇ αἰσθήσει, φησὶν αὐτὸν Μωυσῆς δύνασθαι μιαίνεσθαι (*Lev.* 21, 11). διότι οἶμαι γονέων ἀφθάρτων καὶ καθαρωτάτων ἔλαχεν, πατρὸς μὲν θεοῦ, ὃς καὶ τῶν συμπάντων ἐστὶ πατήρ, μητρὸς δὲ σοφίας, δι' ἧς τὰ ὅλα ἦλθεν εἰς γένεσιν.[5]) Gewiß ist der λόγος hier anders als bei Plutarch gefaßt; der Begriff des λόγος als υἱὸς θεοῦ ist ja für Philon gegeben und läßt sich nach Laune

---

1) *De ebrietate* § 30 p. 176, 3 Wendland.

2) Die Worte οὐχ ὡς ἄνθρωπος sind vielleicht wegen des Folgenden und der später zu besprechenden Parallelstellen zu tilgen.

3) Vgl. auch *De monarch.* I 6 und II 6.

4) *Quod deus sit immutabilis* § 31 p. 63, 6 Wendland.

5) Νοῦς und αἴσθησις sind die Quellen des menschlichen λόγος, vgl. *De somn.* 638 M; die Quellen des göttlichen λόγος sind θεός und σοφία.

bald zu diesem bald zu jenem Interpretationsspiel verwenden.[1]) Die
Möglichkeit, beide Stellen zu vereinigen und zu erklären, bietet
Plutarch.

Ich messe den zuerst angeführten Stellen eine große religions-
geschichtliche Bedeutung bei. Weder aus dem Judentum allein
noch aus dem Judentum und Griechentum ist Philos Lehre zu erklären; die in ihrem fast unverhüllten Anthropomorphismus doppelt
auffällige Ansicht von der Entstehung der Welt kann nicht zufällig
so genau bei Plutarch wiederkehren. Philon zeigt die ungemeine
Verbreitung und Kraft einer hellenisierten ägyptischen Theologie,
bzw. Philosophie; sie ist für ihn das Gegebene, sie muß mit
den jüdischen Anschauungen in Übereinstimmung gebracht werden.
Daß das sich gerade an Einzelzügen der Logos-Lehre erweisen läßt,
ist mir besonders wichtig.[2])

Denkt man an diese ägyptische Theorie und vergleicht man
die Behauptung unserer Schrift, der κόσμος sei entstanden ἐκ βουλῆς
θεοῦ, ἥτις λαβοῦσα τὸν λόγον κτλ., so wird man diese Worte unbefangen nur auf eine Empfängnis des Gottes Λόγος oder Κόσμος
bezeichnen können; die Ausführung entspricht dann genau den Angaben Plutarchs und Philos (παραδεξαμένη τὰ τοῦ θεοῦ σπέρματα);
der Λόγος ist das σπέρμα θεοῦ. In der Tat gibt es ja eine der

---

1) Hierdurch gewinnt auch die bekannte Stelle *De somn.* I 638 M eine
größere Bedeutung, als ihr Zeller (Philos. der Griechen III 2 IV. Aufl. S. 287
A. 2) einräumen will. Sie bezeugt wirklich, daß schon vor Philon alexandrinische Juden den ägyptischen Gott Logos übernommen haben; daß er dem
ἀσκητής begegnet, ist ebenfalls ägyptisch empfunden. Für das Fortleben der
Logos-Lehre in diesem Kreise vgl. Origenes *Contra Celsum* II 31.

2) Nicht von Philon beeinflußt und doch mit ihm oft wunderbar im Einklang ist bekanntlich die spätjüdische Mystik, die Kabbala, und besonders ihre
Hauptschrift, der Zohar. So hebe ich nach Karppe, *Étude sur les origines et
la nature du Zohar* (Paris 1901) einen Einzelzug heraus, ohne die von ihm aus
begreiflicher Scheu gewählte wunderliche Sprachmischung zu verwischen (p. 428):
le En-sof (Gott) *fait jaillir ex membro suo semen quod continet totam rerum et
hominum familiam; semen mundi va se déposer in matrix mundi.* So entstehen,
genau wie im Text des Poimandres, einerseits die στοιχεῖα, andrerseits die
ψυχαί, bezw. die ψυχή: *le Roi* (Gott) *et la Reine* (die oberste δύναμις) *symboli-
sent le grand mariage du monde idéal avec le monde réel, ils sont le grand
couple central; l'amour qui les unit est la condition indispensable de la sub-
sistance du monde. Le premier et le plus beau fruit de cet amour est l'âme
humaine* (429).

älteren Theologie nicht einmal unbekannte heidnische Tradition von der Empfängnis des Gottes Λόγος; sie findet sich bei Plutarch *De Is. et Os.* 74 in jener Rechtfertigung des Tierdienstes, die nach Wellmanns trefflichen Ausführungen (Hermes XXXI 235 ff.) aus Apion stammt: τὴν μὲν γὰρ γαλῆν ἔτι πολλοὶ νομίζουσι καὶ λέγουσι κατὰ τὸ οὖς ὀχευομένην τῷ δὲ στόματι τίκτουσαν εἴκασμα τῆς τοῦ λόγου γενέσεως εἶναι. Der Zusammenhang läßt nicht erkennen, ob diese πολλοί Ägypter oder Griechen sind; es kommt für diese Zeit auch nichts mehr darauf an. Die ältere Ansicht lehrt uns Aristoteles Περὶ ζῴων γενέσεως 6 kennen; man hatte behauptet, das Wiesel gebäre seine Jungen durch das Maul, weil man es öfters die Jungen im Maul tragen sah. Die Heiligkeit des Tieres konnte hiermit nicht begründet werden, die Behauptung κατὰ τὸ οὖς ὀχευομένην auf Beobachtung des Tieres nicht zurückgehen. Gerade sie kehrt nun wieder und zwar in ägyptischen Quellen bei der Empfängnis des Gottes Λόγος durch Maria.[1]) Es scheint mir sicher, daß schon Apion und seine Gewährsmänner an die Empfängnis des Gottes Λόγος dachten. Als σπέρμα θεοῦ ist er in einer anderen Hermetischen Schrift, die Cyrill (*Contra Iul.* I p. 552 Migne) anführt, gedacht: ὁ γὰρ Λόγος αὐτοῦ προελθὼν (nämlich aus Gottes Munde) παντέλειος ὢν καὶ γόνιμος καὶ δημιουργός, ἐν γονίμῃ Φύσει πεσὼν ἐπὶ γονίμῳ ὕδατι ἔγκυον τὸ ὕδωρ ἐποίησεν. Mit Apion hängt ferner auf das engste ein Abschnitt stoischer Theologie zusammen, welchen Johannes Lydus (*De mens.* IV p. 129 Wünsch) erhalten hat: εἰσὶ δ᾽ οἵ φασιν Διὸς καὶ Μαίας τὸν Ἑρμῆν εἶναι ἀλληγορικῶς υἱόν· νοῦν μὲν εἶναι τὸν Δία, Μαῖαν δὲ τὴν φρόνησιν, παῖδα δὲ ἐξ ἀμφοῖν Ἑρμῆν λόγον (λόγιον Cod.) αἰνιττόμενοι. Es folgt die übliche stoische Deutung der Darstellungen des jugendlichen, beflügelten, viereckigen Gottes als λόγος, dann die Besprechung der heiligen Tiere, des κέρκωψ

---

1) Zwei religionsgesch. Fragen S. 120. Ich vermag nicht zu verfolgen, durch welche Mittelquellen die Angaben Apions ins Mittelalter und in die Renaissancezeit übergegangen sind. Der Physiologus, an den man zunächst denkt, hat sie töricht entstellt (Lauchert S. 253). Aber das Wiesel ist, wie mir mein Freund J. Strzygowski nachwies, noch spät Symbol der Keuschheit und selbst auf dem Bilde von Lorenzo Lotto *Il trionfo della Castità* (Rom, Galleria Rospigliosi) darum am Halse der *Castitas* dargestellt. Zu dem Nachweis, daß in jüngerer Zeit einzelne Züge von Isis auf Maria übertragen sind, den ich a. a. O. versuchte, hat seither Boll in seiner Sphaera S. 417 und 428 hübsche Ergänzungen aus der astrologischen Literatur gegeben.

und des Ibis, welche nach Älian (Περὶ ζῴων X 29) auf Apion zurückgeht.[1])

Daß Isis in der hellenistischen Zeit allgemein als Φρόνηcιc oder Σοφία θεοῦ oder als Πρόνοια aufgefaßt wird, und daß sie zu gleicher Zeit die göttliche Φύcιc und Γένεcιc ist, von der die γεννητικαὶ ἀρχαί ausgehen, habe ich in den Zwei religionsgeschichtlichen Fragen auszuführen versucht.[2]) Die weite Verbreitung dieser hellenistischen Isis-Theologie darf nicht befremden. Seit Jahrhunderten zogen ja ihre Missionare, die Isis-Priester, durch alle Welt. Eine Einwirkung dieser Vorstellungen auch auf Palästina ist *a priori* nicht zu bestreiten. Die Münzen von Byblos zeigen uns schon in der Ptolemäerzeit Verbindungen der Isis-Symbole mit Darstellungen des phönizischen Kronos, oder den Astartetempel abwechselnd mit dem Zeichen der Isis[3]); phönizische Weihgeschenke an Isis sind in Ägypten zu Tage getreten. Auf den syrischen Münzen erscheint seit Antiochos VII. Sidetes das Abzeichen der Isis oft; sie ist also in den staatlichen Kult übernommen; nach Antiochia wird sie feierlich aus Ägypten überführt. Mit dem Kult wanderte natürlich die Lehre. Nun ist es sehr bezeichnend, daß

---

1) Näher an die Anschauungen unseres Textes führt die bei Lydus unmittelbar vorausgehende Ansicht des Aquilinus (*p.* 128, 12 Wünsch): ἡ Μαῖα ἀντὶ τῆς εἰς τοὐμφανὲς προόδου ἐcτί, κυρίωc (κυρίου Cod.) μὲν τοῦ λόγου τοῦ διὰ πάντων πεφυκότος διατακτικοῦ τῶν ὄντων· διὸ δὴ καὶ Ἑρμοῦ μητέρα φαcί· τοιαύτη γὰρ (δὲ Cod.) ἡ νοητὴ ὕλη ⟨διὰ⟩ τὸ κατακοcμεῖν τὴν εἰς τὸ ἐμφανὲς πρόοδον καὶ γένεcιν ἀπεργάζεcθαι τῶν ὄντων· ἐκ γὰρ ὕλης καὶ εἴδουc τὰ ὄντα. Von Hermes wird gesagt, daß er κυρίως μὲν ὁ λόγοc ist; notwendig war im Original angegeben, daß er in erweitertem Sinne der κόcμοc sei, der durch den λόγοc aus der ὕλη wird. Wir sehen, wie in jüngeren ägyptischen Quellen Hermes zum Sohne der Isis werden konnte.

2) Eine wichtige Stelle fehlt freilich dort, Tertullian *Adv. Valent.* 21: *interim tenendum Sophiam cognominari et terram et matrem, quasi matrem terram.* (Vgl. Irenaeus I 5, 3: ταύτην δὲ τὴν μητέρα καὶ Ὀγδοάδα καλοῦcι καὶ Σοφίαν καὶ Γῆν). Es sind die bekannten Beiworte der Isis; sie ist die Sophia der Valentinianer. Aus der Auffassung der Isis als Erde erklärt sich eine zweite Stelle des Zohar (Karppe 431): *quand la Genèse dit „la terre dont l'homme fut pris"* (3, 19), *le texte entend que Dieu, pour créer le corps de l'homme, s'unit à la terre comme à une épouse.* Eine stärker gnostische Umbildung desselben Gedankens wird uns im Haupttexte des Poimandres wieder begegnen. Einen Beleg aus der astrologischen Literatur bringt Fr. Boll, Sphaera S. 212, 4.

3) Vgl. Drexler bei Roscher, Myth. Lexikon unter Isis.

diejenige jüdisch-hellenistische Schrift, in welcher die Σοφία θεοῦ die meisten persönlichen Züge angenommen hat, die Weisheit Salomons, zugleich eine in Gott vorausliegende Welt der Ideen kennt.[1]) Freilich ist die Verbindung beider Vorstellungen aufgegeben; sie widersprach dem jüdischen Glauben noch zu hart; aber einzelnes ließ sich übernehmen und hat auf jüdische wie christliche Theologen weiter gewirkt.[2])

Doch zurück zu jener Einlage im Poimandres, deren Inhalt sich uns als hellenistische Theosophie etwa des letzten Jahrhunderts vor Christus oder des ersten nach Christus erwiesen hat. Der λόγος θεοῦ erscheint in ihr als der göttliche Same, den die Βουλὴ θεοῦ in sich zur sichtbaren Welt ausgestaltet, oder durch den sie zur sichtbaren Welt wird. Das ist denkbar nur, wenn der κόσμος aus

---

1) Charakteristisch scheint mir auch, was die πάντων τεχνῖτις coφία eigentlich lehrt (VII 17 ff.): γνῶcιc τῶν ὄντων — εἰδέναι cύcταcιν κόcμου καὶ ἐνέργειαν cτοιχείων, ἀρχὴν καὶ τέλος καὶ μεcότητα χρόνων, τροπῶν ἀλλαγὰc καὶ μεταβολὰc καιρῶν, ἐνιαυτῶν κύκλουc καὶ ἀcτέρων θέcειc, φύcειc ζῴων καὶ θυμοὺc θηρίων, πνευμάτων βίαc καὶ διαλογιcμοὺc ἀνθρώπων, διαφορὰc φυτῶν καὶ δυνάμειc ῥιζῶν ὅcα τέ ἐcτι κρυπτὰ καὶ ἐμφανῆ. Die allbekannten Parallelstellen aus dem Isiskult und Hermetischen Schriften darf ich bei seite lassen, muß aber als besonders charakteristisch noch die Worte θυμοὺc θηρίων hervorheben, die sich m. E. nicht aus I. Könige 4, 29 erklären. Wir werden später sehen, daß der ägyptische Seher, wenn er sich zu Gott erhebt, sich selbst in allen Tieren fühlt (vgl. in der XI. bezw. XII. Schrift: πάντα δυνάμενον νοῆcαι, πᾶcαν μὲν τέχνην, πᾶcαν δὲ ἐπιcτήμην, παντὸc ζῴου ἦθοc). Lehrreich ist die Beschreibung des Erlangens solches Wissens in den *Stories of the High Priests of Memphis*, Griffith p. 20 und 25: *he read from it a formula of writing; [he enchanted heaven, earth, the underworld, the] mountains and the seas; he became aware of all that the birds of the heaven, the fishes [of] the deap and the beast of the mountains spake of* (in der ersten Fassung: *thou wilt discover all that the birds of heaven and the creeping things shall say). He read another formula of writing; he saw [Ra shining forth in heaven with all his divine cycle and the moon rising and the stars in their forms]*. Man muß sich nur einmal die Frage vorlegen, welcher Begriff der Weisheit denn den zahlreichen Legenden von Salomon zu Grunde liegt, die schon Josephus (*Ant.* VIII 2, 5) voraussetzt, um zu empfinden, woher die jüdische Schilderung stammt.

2) Die allmähliche Ausbildung dieser Lehre von der coφία im Judentum widerspricht dem natürlich nicht und kann den Gedanken nimmermehr als original-jüdisch erweisen. Viele Jahrhunderte wirkt der ägyptische und später der ägyptisch-griechische Mystizismus auf Palästina ein; immer stärker wird sein Einfluß, bis er in einem letzten Ansturm selbst den jüdischen Monotheismus überwindet.

Gott, oder vielmehr, wenn er Gott ist. Nur so ist auch der Eingang zu verstehen: was in dem Menschen hört und sieht, ist der
λόγος θεοῦ; er ist untrennbar mit dem Gott selbst, dem νοῦς, verbunden; ihre Vereinigung ist das Leben, und die ganze Welt ist
belebt. Hinzu tritt als dritte Persönlichkeit der Triade die βουλὴ
θεοῦ, die nur deshalb zugleich φύσις und γένεσις sein kann, weil
Gott eben selbst die Welt ist.

Die Erwähnung des Gottes Λόγος hat die Einlage eines Stückes
einer heidnischen Logos-Lehre veranlaßt, welche aus einem ganz
pantheistischen Empfinden stammt. Dagegen steht in dem Hauptteil die Materie als aus der Finsternis stammend im Gegensatz zu
Gott. Dieselben Gegensätze einer pantheistischen und einer dualistischen Weltanschauung, und zwar einer dualistischen Weltanschauung
nach Art der persischen, finden wir in den gnostischen Systemen
wie in den weiteren Hermetischen Schriften.[1]) —

In seinem Hauptbericht fährt der Prophet fort (§ 9): der mann-
weibliche Νοῦς gebar weiter aus sich den δημιουργὸς Νοῦς, den Gott
der Luft und des Feuers, die sich ja aus der φύσις bereits ausge-
sondert hatten. Dieser Demiurg erschafft die sieben Sphärengeister,
welche mit ihren Himmelskreisen die Erde (und das Wasser) umgeben; ihre gemeinsame Wirksamkeit ist die εἱμαρμένη. Ganz ähnlich schafft Hermes in der Straßburger Kosmogonie zunächst die
sieben Planetensphären und die in ihnen wirkenden sieben Geister.
Sowie nun die oberen beiden Elemente beseelt sind, springt aus
den unteren beiden der Logos in sie zurück und vereinigt sich mit
dem δημιουργὸς Νοῦς, dem er als Sohn des höchsten Νοῦς ja wesens-
gleich ist. Erde und Wasser bleiben zunächst ohne Gott, die reine
Materie. Die beiden miteinander zu einer Person verwachsenen

---

1) Am schärfsten prägt sich dieser Dualismus im VI. (nach meiner Zählung VII.) Kapitel aus, dessen Sprache besonders oft an das Johannes-Evangelium
erinnert. Im direkten Gegensatz dazu steht die hochgestimmte pantheistische
Mystik der Traktate V (VI) und XI (XII). Vermittlungsversuche bieten X
(XI) und IX (X). Aus dem sechsten Kapitel genügt es den einen schon früher
besprochenen Satz herauszuheben (p. 51, 13 P.): ὁ γὰρ κόσμος πλήρωμά ἐστι τῆς
κακίας, ὁ δὲ θεὸς τοῦ ἀγαθοῦ. Auf ihn nimmt Kap. IX mit den Worten χωρίον
γὰρ αὐτῆς (τῆς κακίας) ἡ γῆ, οὐχ ὁ κόσμος, ὡς ἔνιοί ποτε ἐροῦσι βλασφη-
μοῦντες Bezug (vgl. oben S. 26 A.). Eine Änderung der Grundlehren hat in
der Asklepios-Theologie stattgefunden; eine Polemik gegen das Christentum
liegt natürlich nicht vor.

Gottheiten aber bewirken nun den steten Umschwung der Sphären, wie dies in der christlichen Literatur bisweilen Christus, in der heidnischen öfters Hermes tut.

Unverständlich bleibt hier zunächst, wozu der δημιουργὸϲ Νοῦϲ überhaupt eingeführt ist; der Logos konnte ja sofort zu den beiden oberen Elementen hinaufsteigen. Daß der Autor ihn erst eine Weile Erde und Wasser bewegen läßt, bezweckt scheinbar nichts anderes als die Möglichkeit, unmittelbar vor der Erschaffung der ἄλογα ζῷα in einem frostigen Wortspiel zu erwähnen, daß der Logos die Erde verläßt. Ein mythologischer Anhalt für diese Erfindung wird sich uns im folgenden Kapitel bieten; aber es wird gut sein, schon hier festzustellen, daß die Erde, wenn der Logos weiter in ihr geblieben wäre, nach der ursprünglichen Anschauung offenbar ohne weiteres ζῷα λογικά, Menschen, hervorgebracht hätte. Die sieben Planetengeister sind natürlich die ἄρχοντεϲ oder ἄρχοντεϲ κοϲμοποιοί oder κοϲμοκράτορεϲ der gnostischen, bezw. spätjüdischen Literatur. Sie sind als Untergebene des δημιουργὸϲ Νοῦϲ, bezw. jenes göttlichen Doppelwesens, das aus ihm entsteht, gedacht und beeinflussen, wie in allen astrologischen Systemen, später die Seelen der Menschen bei der Geburt.

In der folgenden Schilderung der Entstehung der ἄλογα ζῷα sind zwei Fassungen durcheinander gewirrt. Die Erzeugung der Vögel kann ursprünglich nicht der Luft zugeschrieben sein, die ja von dem Λόγοϲ und Νοῦϲ mitbeherrscht wird; nur um die beiden κατωφερῆ ϲτοιχεῖα konnte es sich zunächst handeln. Wahrscheinlich sollten sie sich erst nach der Erschaffung der ἄλογα trennen; die in Ägypten allgemein angenommene Entstehung der Tiere aus dem Nilschlamm, der Menschen aus der Erde bald nach ihrer Überflutung wurde so passend motiviert.[1]

---

1) Die Verwirrung ist schon äußerlich kenntlich; stärker gräzisiert ist natürlich die Anschauung, nach der jedes Element die ihm eigentümlichen Lebewesen schafft. Etwas anders gewendet ist die Schöpfungslehre des III. (IV.) Kapitels: καὶ ὤφθη ὁ οὐρανὸϲ ἐν κύκλοιϲ ἑπτά, καὶ θεοὶ ἐν ταῖϲ ἄϲτρων ἰδέαιϲ (ταῖϲ ἐν ἄϲτρων ἰδ. MAC) ὀπτανόμενοι ϲὺν τοῖϲ αὐτῶν ϲημείοιϲ ἅπαϲι· καὶ διηρθρώθη ⟨ἡ φύϲιϲ⟩ ϲὺν τοῖϲ ἐν αὐτῇ θεοῖϲ· καὶ περιειλίχθη τὸ περικύκλιον δρομήματι, πνεύματι θείῳ ὀχούμενον. ἀνῆκε δὲ ἕκαϲτοϲ θεὸϲ διὰ τῆϲ ἰδίαϲ δυνάμεωϲ τὸ προϲταχθὲν αὐτῷ· καὶ ἐγένετο θηρία τετράποδα καὶ ἑρπετὰ καὶ ἔνυδρα καὶ πτηνὰ κτλ. Hier läßt, wie es scheint, infolge des Umschwungs jeder Sterngott bestimmte Wesen aus der Erde hervorgehen (vgl. Beigabe II). — Sprachlich stimmt mit dem Poimandres auffällig das Κήρυγμα Πέτρου (Preuschen,

Nunmehr gebiert der Νοῦϲ aus sich als sein Lieblingskind den (πρῶτοϲ) ἄνθρωποϲ nach dem eigenen Bilde, also ebenfalls zwei-geschlechtlich.[1]) Dieser löst sich, um auch selbst schöpferisch tätig zu werden, von dem Vater los und tritt in die Sphäre des Demiurgen (νοῦϲ und λόγοϲ). Auch hier sind zwei Fassungen durcheinander gewirrt.[2]) Nach der einen scheint es, daß der Νοῦϲ seinem Sohne das Regiment alles bisher Erschaffenen überträgt; so tritt er im Auftrag des Vaters in die δημιουργικὴ ϲφαῖρα und, um die volle ἐξουϲία[3]) zu gewinnen, beobachtet er hier die Schöpfung des Bruders.

Antilegomena Fr. 3 p. 52) überein: καὶ ἃ ἔδωκεν αὐτοῖϲ εἰϲ βρῶϲιν ὁ θεὸϲ πετεινὰ τοῦ ἀέροϲ καὶ τῆϲ θαλάϲϲηϲ τὰ νηκτὰ καὶ τῆϲ γῆϲ τὰ ἑρπετὰ καὶ τὰ θηρία cὺν κτήνεϲι τετραπόδοιϲ τοῦ ἀγροῦ. Die Sprache dieser Petrus-Predigt erinnert überhaupt beständig an die Hermetischen Schriften.

1) Auf den ἄνθρωποϲ ist hier übertragen, was ursprünglich wohl von dem λόγοϲ, oder dem zweiten Gott überhaupt gesagt war. Die Worte ὡϲ ἰδίου τόκου passen nicht auf einen Gott, der schon zwei Söhne emaniert hat. Richtig verwendet finden sie sich in dem λόγοϲ τέλειοϲ an Asklepios (Lactanz IV 6, 4): ὁ κύριοϲ καὶ τῶν πάντων ποιητήϲ, ὃν θεὸν καλεῖν νενομίκαμεν, ἐπεὶ τὸν δεύτερον ἐποίηϲε θεὸν ὁρατὸν καὶ αἰϲθητόν — αἰϲθητὸν δέ φημι οὐ διὰ τὸ αἰϲθάνεϲθαι αὐτόν· περὶ γὰρ τούτου πότερον αἰϲθάνεται ⟨ἢ μή, εἰϲαῦθιϲ ῥηθήϲεται⟩, ἀλλὰ ὅτι εἰϲ αἴϲθηϲιν ὑποπέμπει καὶ εἰϲ ὅραϲιν — ἐπεὶ οὖν τοῦτον ἐποίηϲε πρῶτον καὶ μόνον καὶ ἕνα, καλὸϲ δὲ αὐτῷ ἐφάνη καὶ πληρέϲτατοϲ πάντων τῶν ἀγαθῶν, ἠγάϲθη τε καὶ πάνυ ἐφίληϲεν ὡϲ ἴδιον τόκον (vgl. Plato Tim. 37 d). Eine Benutzung des λόγοϲ τέλειοϲ folgt daraus natürlich nicht.

2) Der Widerspruch liegt ja in den Sätzen καὶ κατανοήϲαϲ δὲ τὴν τοῦ δημιουργοῦ κτίϲιν ἐν τῷ πατρί und γενόμενοϲ ἐν τῇ δημιουργικῇ ϲφαίρᾳ . . . . . κατενόηϲε τοῦ ἀδελφοῦ τὰ δημιουργήματα klar zu Tage; aber eine völlige Sonderung beider Fassungen scheint hier unmöglich.

3) Sehr eigentümlich ist in userm Dialog der Gebrauch von ἐξουϲία. Heißt es hier zunächst wohl Macht (καὶ εἶπέν ϲε ϲθένειν, ὅϲον αὐτὸϲ ϲθένει in den Papyri), so mischt sich doch fühlbar schon hier der Begriff des Wissens ein, der in dem Schluß καθὼϲ παρέδωκαϲ αὐτῷ τὴν πᾶϲαν ἐξουϲίαν durchaus überwiegt (vgl. § 26: ὡϲ πάντα παραλαβών). Einen ähnlichen Gebrauch finde ich in der Bemerkung des Markos nach der ersten Predigt Jesu (1, 22): καὶ ἐξεπλήϲϲοντο ἐπὶ τῇ διδαχῇ αὐτοῦ· ἦν γὰρ διδάϲκων αὐτοὺϲ ὡϲ ἐξουϲίαν ἔχων καὶ οὐχ ὡϲ οἱ γραμματεῖϲ (nach dem Heilwunder mit den Worten διδαχὴ καινὴ κατ' ἐξουϲίαν wieder aufgenommen; von Matthäus 7, 28 hinter die Berg-predigt gestellt). Wrede (Das Messiasgeheimnis in den Evangelien S. 78 ff.) sucht mit Volkmar den eigentümlichen Wortgebrauch, der den meisten Inter-preten offenbar kein Bedenken erregt, zu erklären: 'wie einer, dem eine über-natürliche, göttliche oder dämonische Kraft (ein δαίμων) innewohnt'. Aber der hierfür bestenfalls neutrale Ausdruck ἐξουϲία paßt schwerlich, wo wir πνεῦμα oder πνεῦμα θεῖον erwarteten. Das ἐξουϲίαν ἔχειν ist charakteristisch für den

Nach der andern schaut er die Schöpfung des Demiurgen in dem
Vater, wünscht ebenfalls zu schaffen und erhält hierzu die Erlaubnis.
Da hier jene Präexistenz einer Welt der Ideen in Gott vorausgesetzt
wird, möchte ich diese Fassung für nachträglich eingefügt halten.
Zu der ersten Fassung wird es dann gehören, daß bei dem Eintritt
des Gottmenschen in das Reich der εἱμαρμένη die sieben Planetengeister ihn liebgewinnen und jeder ihm einen Teil seines Wesens
überträgt.

Mit keiner der beiden Vorstellungen will sich der Schluß
ἠβουλήθη .... τὸ κράτος τοῦ ἐπικειμένου ἐπὶ τοῦ πυρὸς καταπονῆσαι[1])
ganz vertragen. Der Demiurg erscheint hier als der Gegner des
Gottmenschen und ist doch Sohn desselben Vaters, λόγος und νοῦς.
Es nützt auch nichts die Worte nicht auf den Demiurg, sondern auf
den Dämon, die βοὴ πυρός, zu beziehen. Immer stärker tritt im
Folgenden die Anschauung zu Tage, daß die Geister der Sphärenkreise und naturgemäß auch ihr Leiter und Herr auf seiten der
Materie, Gott aber gegenüber stehen. Der Demiurg und sein Macht-
gebiet treten in die Rolle des Dämon ein; sieht man näher zu, so
ist die ganze Einführung des (πρῶτος) ἄνθρωπος neben Λόγος und
Νοῦς nur so zu begreifen.[2])

Propheten, der mit der unmittelbaren Anschauung der Gottheit überirdische Kraft verbindet, ohne daß immer dabei an den δαίμων πάρεδρος gedacht wird; solche Propheten hat Israel nicht mehr, sondern nur γραμματεῖς.
Dieser Sprachgebrauch kann sich nur in Kreisen entwickelt haben, in denen das
geheime Wissen von der Gottheit übernatürliche Kraft verleiht. In der Tat
gehen, wie Prof. Spiegelberg mir nachwies, die Begriffe 'Wissen' und 'Können'
im Ägyptischen besonders eng ineinander über, und die Zauberer sind „Leute,
welche Dinge wissen". Für den hellenistischen Gebrauch verweise ich noch
auf Dieterich, Jahrbücher für Phil. Supplem. XVI S. 802 Z. 7.

1) Selbst wenn man diese Konjektur Candalles, die mir wegen κράτος
nötig scheint, nicht annimmt und die Überlieferung κατανοῆσαι verteidigt, wird
hieran wenig geändert. Wer Namen und Macht eines Gottes kennt, beherrscht
ihn nach ägyptischer Vorstellung.

2) Die Vorstellung von dem Demiurgen als dem bösen Gott ist uns ja
aus dem Gnosticismus bekannt. Wie hier der Gottmensch hindurch schlüpft
durch das Reich der εἱμαρμένη (διὰ τῆς ἁρμονίας παρέκυψεν § 14), so steigt sein
Spiegelbild, der Christus (ὁ υἱὸς τοῦ ἀνθρώπου), verborgen vor den Sphärengeistern zur Erde nieder (Pistis Sophia p. 12, *Ascensio Iesaiae* 11, 24 und 10, 11).
Der θεὸς τοῦ πυρὸς καὶ πνεύματος steht also parallel dem ἄρχων τῆς ἐξουσίας
τοῦ ἀέρος im Epheserbrief (2, 2: ἐν αἷς ποτε περιεπατήσατε κατὰ τὸν αἰῶνα τοῦ
κόσμου τούτου, κατὰ τὸν ἄρχοντα τῆς ἐξουσίας τοῦ ἀέρος, τοῦ πνεύματος τοῦ

Der Gottmensch zerreißt den Sphärenkreis und beugt sich zu Erde und Wasser nieder. Auf jene fällt sein Schatten, in diesem spiegelt sich sein Bild; dies Bild entflammt ihre Liebe, und ihm selbst gefällt dies Spiegelbild göttlicher Schönheit so, daß er darin Wohnung nehmen möchte[1]); aber kaum ist er herniedergestiegen, so umschlingt ihn die φύcιc in brünstiger Liebe. So wird er, der Macht über alles hat, in den Kreis der εἱμαρμένη gezogen, wird ἐναρμόνιος δοῦλος, und da er das Wesen der sieben Planetengeister und zugleich des Demiurgen in sich trägt, gebiert die φύcιc entsprechend jenen sieben Geistern sieben zweigeschlechtliche Menschen. Das zur Erschaffung der Körper nötige befruchtende und empfangende Element stammt aus Wasser und Erde; aus Feuer und Luft, dem Wesen des Demiurgen, die Wärme und der Odem, aus Leben und Licht, dem Wesen des Noῦc und daher auch des (πρῶτος) ἄνθρωπος, die Seele und der Geist. Ich werde auf die wunderliche Erfindung der Siebenzahl der ersten körperlichen Menschen noch später ausführlich eingehen müssen. Sie für zwecklos zu halten verbietet die auch hier offenbar wohldurchdachte und berechnete Fügung des Mythus.

Zur Fortsetzung verwendet der Theosoph die platonische und herakliteische Lehre von den Weltperioden.[2]) Nach Ablauf einer solchen löst der Wille Gottes alle die doppelgeschlechtlichen Wesen auf; sie werden zu Mann und Weib, und Gott[3]) spricht in einem heiligen

νῦν ἐνεργοῦντος ἐν τοῖς υἱοῖς τῆς ἀπειθείας, vgl. Everling, Die paulinische Angelologie 105 ff.).

1) Wie nach ägyptischer Anschauung der *Ka* des Gottes in dem irdischen Götterbild. Auffällig ist die Personifizierung der φύcιc, der Materie; sie tritt dem ἄνθρωπος hier ähnlich wie die Βουλή dem Noῦc, bezw. Λόγος gegenüber; daß es in anderen Fassungen die Archonten sind, die den ἄνθρωπος bewegen in das γηϊνὸν πλάςμα einzutreten, werden wir im nächsten Kapitel sehen.

2) Die Größe einer solchen war in den Γενικοὶ λόγοι des Hermes und in den ägyptische Lehren bietenden βίβλοι Κυρανίδες auf 25 Sothisperioden angegeben (Fr. Boll, Sphaera 369). So dürfen wir zum Verständnis des Poimandres die aus Hermetischen Schriften geschöpfte Lehre der Harraniter heranziehen: die Allnatur bringt in jedem von den bewohnten Klimaten am Anfang von 36525 Jahren (25 Sothisperioden) ein Paar von jeder Art von Tiergeschlecht, Männchen und Weibchen, von Menschen u. a. hervor. (Chwolsohn, Die Sabier II 443). In den Anfang dieser endlosen Folge von Weltperioden versetzt der Poimandres die Periode der doppelgeschlechtlichen Wesen.

3) Wer hier „der Gott" ist, wird nicht gesagt; daß der Noῦc von sich

Wort: αὐξάνεϲθε ἐν αὐξήϲει καὶ πληθύνεϲθε ἐν πλήθει πάντα τὰ κτί-
ϲματα καὶ δημιουργήματα· καὶ ἀναγνωριϲάτω ὁ ἔννους ἄνθρωπος ἑαυτὸν
ὄντα ἀθάνατον καὶ τὸν αἴτιον τοῦ θανάτου ἔρωτα καὶ πάντα τὰ ὄντα.[1])
Auf dieses Wort bewirkt die Πρόνοια die μίξεις und γενέϲεις, und
zwar durch den Einfluß der Sphärenmächte, also der εἱμαρμένη.
Wer die richtige Erkenntnis seines Ursprungs gewinnt, wird selig;
wer seinen Leib lieb hat, erntet aus der ἄγνοια den Tod.

Im Leben des Menschen wirken zwei Mächte, der Νοῦϲ, der von
jetzt an durchaus Diener „des Gottes" ist, und der τιμωρὸς δαίμων.
Der Νοῦϲ gesellt sich dem Frommen als Wächter und Hüter; er
offenbart ihm alles und führt ihn zu dem richtigen und erlösenden
Lobpreis „des Gottes".[2]) Der Dämon treibt den Sünder zu immer
größerer Sünde, damit er immer mehr Qual ernte.

Zuletzt lernt der Prophet noch, wie sich der Aufstieg der
Seele zu Gott vollzieht. Wieder sind zwei Fassungen durcheinander
gewirrt, die wir mit geringer Mühe sondern können. Die eine, mehr
metaphysische, lehrt: der materielle Leib verbleibt der Materie, sich
dort aufzulösen und zu verändern; das ἦθος, die individuellen und
also bösen Charaktereigenschaften, bleibt „dem Dämon"; die αἰϲθή-

---

selbst berichtet ὁ δὲ θεὸϲ εὐθὺϲ εἶπεν ἁγίῳ λόγῳ, war von vornherein undenkbar und ist durch den Wortlaut der Überlieferung des Folgenden (φηϲὶ γὰρ ὁ
θεόϲ) widerlegt. Ein Urgott, der dem Νοῦϲ vorausliegt, muß hier eingreifen.
Die Anschauung erläutert sich wieder aus dem von Lactanz *Inst.* VII 18, 4
zitierten λόγοϲ τέλειοϲ: bei dem Eintritt der neuen Weltperiode greift der
letzte und ursprünglichste Gott, ὁ κύριοϲ καὶ πατὴρ καὶ θεὸϲ καὶ τοῦ πρώτου
καὶ ἑνὸϲ θεοῦ δημιουργόϲ ein (zu ihm wird dort die βούληϲιϲ, τουτέϲτι τὸ ἀγαθόν in Beziehung gesetzt). Das bleibt freilich in unserem Traktat jetzt unklar.

1) Es sind Worte einer älteren heiligen Schrift; das zeigen die weiteren Zitate,
§ 21: ὁ ἔννους ἄνθρωπος ἀναγνωριϲάτω ἑαυτὸν ⟨ὄντα ἀθάνατον⟩ und ὁ νοήϲαϲ
ἑαυτὸν εἰς αὐτὸν χωρεῖ, sowie ferner das umschreibende Zitat in Kap. III (IV) 3
bei Parthey 32, 11: εἰς τὸ αὐξάνεϲθαι ἐν αὐξήϲει καὶ πληθύνεϲθαι ἐν πλήθει.
Damit ergibt sich gegenüber dem vorigen Bericht eine leichte Inkonsequenz,
da Gott hier offenbar auch zu den ἄλογα spricht (vgl. § 19: καὶ ἐπληθύνθη
κατὰ γένος τὰ πάντα). Anlaß war wohl die schon von Psellos bemerkte Benutzung des mosaischen Schöpfungsberichtes: αὐξάνεϲθε καὶ πληθύνεϲθε καὶ
πληρώϲατε τὰ ὕδατα ἐν ταῖϲ θαλάϲϲαιϲ καὶ τὰ πετεινὰ πληθυνέϲθωϲαν ἐπὶ τῆϲ
γῆϲ. — Auch in dem späteren Judentum finden sich Sagen, daß die μίξειϲ der
Tiere erst nach der μίξιϲ des ersten Menschenpaares begannen (vgl. Bereschit-
Rabba, übersetzt von Wünsche S. 99).

2) Aus dieser Auffassung ist die im ersten (S. 12 ff.) Kapitel besprochene

ceic gehen in ihrem Ursprung, in den ἐνέργειαι[1]), auf; auch die
beiden niederen Seelenteile, θυμός und ἐπιθυμία, gehen in die ἄλογος
φύcιc über.   So bleibt nur der νοῦc und vielleicht entsprechend
dem ὑλικὸν cῶμα ein νοητὸν oder ἀθάνατον cῶμα.[2]) Diese geben bei
ihrem Aufstieg in der ersten Sphäre, also der des Mondes, die
αὐξητικὴ καὶ μειωτικὴ ἐνέργεια auf; in den weiteren Sphären müßten
sie offenbar andere Kräfte oder Eigenschaften verlieren.[3])

Ganz im Widerspruch hierzu werden aber im folgenden die
Laster aufgezählt, welche die Seele bei dem Aufstieg vom zweiten
bis zum siebenten Sphärenkreis verliert, und die sie doch, wenn

Einleitung geflossen, vgl. hier: παραγίνομαι . . . . . τοῖc εὐcεβοῦcι . . . . . καὶ εὐθὺc
τὰ πάντα γνωρίζουcι (die γνῶcιc bringt die Erlösung).

1) Wohl den ἐνέργειαι der Elemente. In der im folgenden Abschnitt zu
betrachtenden Londoner Inschrift scheinen die αἰcθήcειc das Werk des Götterkreises, der äußeren Umhüllung des Allgotts.

2) Vgl. hierfür Kap. XIII (XIV). Daß ihm die αὐξητικὴ καὶ μειωτικὴ
ἐνέργεια freilich im Grunde nicht zukommt, zeigt XIII (XIV) § 5. So muß die
Möglichkeit betont werden, daß die Schilderung des Aufstiegs in der ersten
Sphäre doch zu der zweiten Fassung gehört, aber in ihr schon zwei verschiedene
ältere Lehren zusammengearbeitet waren.

3) Es ist allerdings schwer zu denken, daß der Autor noch sechs finden
konnte. Aber die Zahlenspielerei hat in diesen mystischen Phantasien zu
mancherlei Wunderlichkeiten geführt. Eine eigenartige Parallele zu dieser
wunderlichen Verbindung zweier verschiedener Vorstellungen bietet in den
Testamenten der XII Patriarchen Ruben Kap. 2. Mit jedem der sieben Planeten
ist ein guter Geist und ein πνεῦμα πλάνηc verbunden. Die sieben guten Geister
sind das πνεῦμα ζωῆc (der Geist des vegetativen Lebens, entsprechend der
δύναμιc μειωτικὴ καὶ αὐξητική), πνεῦμα ὁράcεωc, ἀκοῆc, ὀcφρήcεωc, λαλιᾶc,
γεύcεωc, endlich das πνεῦμα cπορᾶc καὶ cυνουcίαc. Die Einwirkung der
stoischen Lehre von den Seelenteilen erkennt man ohne weiteres. Sehr schlecht
entsprechen ihnen die sieben πνεύματα τῆc πλάνηc, nämlich πορνείαc, ἀπληcτίαc,
μάχηc, ἀρεcκείαc καὶ μαγγανείαc, ὑπερηφανίαc, ψεύδουc, ἀδικίαc. Auch diese
Vorstellung wird ursprünglich auf zwei verschiedene Vorstellungen vom Niederstieg, bezw. Aufstieg der Seele zurückgehen. — Eine ähnliche Hebdomade bildet
bei den Barbelognostikern αὐθαδία, κακία, ζῆλος, φθόνος, ἐριννύς, ἐπιθυμία zusammen mit dem προάρχων. Im *Testamentum Salomonis* erscheinen in der
einen Fassung (Fabricius, *Codex pseudepigraphus* I 1047) πνεύματα ἑπτὰ cυν-
δεδεμένα εὔμορφα τῷ εἴδει; es sind τὰ λεγόμενα cτοιχεῖα, οἱ κοcμοκράτορεc
τοῦ κόcμου τούτου, ἀπάτη, ἔριc, κλώθων (= μάχη), ζάλη, πλάνη, δύναμιc (Gewalt),
κακία. In der anderen Fassung (Fürst, Orient, Jahrgang 1844, Literaturblatt
667 und 713) sind es nicht die Planeten, sondern die Plejaden, sieben schöne
Weiber. Jeder steht ein Engel gegenüber, der ihre Tätigkeit lähmen kann
(καταργεῖν, vgl. I Kor. 2, 6; die Ausdrücke sind z. T. sehr alt).

ἦθος, θυμός und ἐπιθυμία schon abgelegt sind, gar nicht mehr haben kann. Ein anderer Typus wirkt hier ein: von den Planeten stammen die Laster und Fehler in uns. Die Erläuterung bietet Servius zur Aeneis VI 714: *docent autem philosophi, anima descendens quid per singulos circulos perdat. unde etiam mathematici fingunt, quod singulorum numinum potestatibus corpus et anima nostra conexa sunt ea ratione, quia cum descendunt animae, trahunt secum torporem Saturni, Martis iracundiam* (vgl. τὸ θράcοc τὸ ἀνόcιον), *libidinem Veneris* (vgl. τὴν ἐπιθυμητικὴν ἀπάτην), *Mercurii lucri cupiditatem* (vgl. τὰc ἀφορμὰc τὰc κακὰc τοῦ πλούτου), *Iovis regni desiderium* (vgl. τὴν ἀρχοντικὴν προθυμίαν). *quae res faciunt perturbationem animabus, ne possint uti vigore suo et viribus propriis* (vgl. γυμνωθεὶc ἀπὸ τῶν τῆc ἁρμονίαc ἐνεργημάτων . . . τὴν ἰδίαν φύcιν ἔχων). Mit Recht macht Maaß[1]), dem ich das Zitat verdanke, darauf aufmerksam, daß Servius in der Einleitung dieses Buches ausdrücklich auf die Übereinstimmung Vergils mit den ägyptischen Theologen hingewiesen hat.[2])

So kehrt die Seele zunächst in die Ὀγδοάc zurück und preist dort mit den übrigen Seelen, die über ihr Kommen jubeln, Gott; sie hört weiter sich bildend jenseits der Ὀγδοάc die δυνάμειc θεοῦ Gott preisen und darf endlich aufsteigen und selbst zur δύναμιc θεοῦ, d. h. zum Teil Gottes, werden.

Das eigentümliche Zwischenreich der Ὀγδοάc darf vielleicht noch einen Augenblick die Betrachtung auf sich lenken. Ganz ähnlich erscheint es bei den Valentinianern, deren System ja besonders viel ägyptische Elemente enthält, vgl. Clemens Alexandrinus in den

---

1) Die Tagesgötter in Rom und den Provinzen S. 33.

2) Daß der Vergil-Erklärer Sonne und Mond nicht durch Zufall ausließ, zeigt die von Prof. Spiegelberg, Orientalistische Literaturzeitung 1902 Col. 6—9 herausgegebene demotische (aus einem griechischen Text übersetzte) Sternentafel, die nur fünf „lebendige Sterne" kennt. Ähnlich finden wir in der zweiten Periode des Parsismus (Sassanidenzeit) die fünf Planeten als böse Geister und Geschöpfe Arimans; ihre Gegner sind mit den Zodiakalgestirnen Sonne und Mond (Anz Ursprung des Gnostizismus, Texte u. Unters. XV 4, 83, 4). Dem entsprechen in dem IV. Buch der Pistis Sophia die fünf Planeten Kronos, Ares, Hermes, Bubastis-Aphrodite, Zeus *(p.* 360. 366 ff.). Eine ägyptische Lehre von nur fünf Planeten kennt Sextus Empiricus *Adv. Astrol.* 31, eine babylonische Diodor II 30, 3. Auf welche Zeit in dem sehr alten *Cod. Laurentianus* X 28 *fol.* 93—94 die beiden Tafeln μῆνεc Αἰγυπτίων τῶν πέντε ἀcτέρων und ἡμέραι Αἰγύπτιαι τῶν πέντε ἀcτέρων zurückgehen, weiß ich leider nicht zu sagen.

sogenannten *Excerpta ex Theodoto* 80: ὃν γεννᾷ ἡ μήτηρ, εἰς θάνατον ἄγεται καὶ εἰς κόςμον, ὃν δὲ ἀναγεννᾷ Χριςτός, εἰς ζωὴν μετατίθεται ⟨καὶ⟩ εἰς Ὀγδοάδα.[1]) Christus entrückt ja, nach ihrer Lehre, die Seinen durch die Taufe und Wiedergeburt dem Reich und der Macht der εἱμαρμένη. So ist die Ὀγδοάς für Valentinus das himmlische Jerusalem[2]); und doch wird sie an derselben Stelle zugleich als ϲοφία und γῆ (also Isis), als ἅγιον πνεῦμα und schlechthin als κύριος, jedenfalls also als göttliche Person bezeichnet. Auch dies hat Valentinus einfach aus dem Heidentum übernommen, vgl. den Leydener Papyrus W S. 139, 45 Leem.: ἐπιγνοὺς γὰρ τῆς βίβλου τὴν δύναμιν κρύψεις, ὦ τέκνον. ἐναπόκειται γὰρ αὐτῇ τὸ κύριον ὄνομα, ὅ ἐςτιν Ὀγδοὰς ὄνομα, ὃ τὰ πάντα ἐπιτάςςων καὶ διοικῶν·[3]) τούτῳ γὰρ ὑπετάγηςαν ἄγγελοι, ἀρχάγγελοι, δαίμονες, δαιμόνιςςαι καὶ πάντα τὰ ὑπὸ τὴν κτίςιν, und 141, 5: ἐπάναγκες δὲ χρήςῃ τῷ μεγάλῳ ὀνόματι, ὅ ἐςτιν Ὀγδοὰς ὄνομα, ὃ τὰ πάντα διοικῶν τὰ κατὰ τὴν φύςιν.

Die Erklärung gibt eine Inschrift von Dêr-el-Bahari aus der Zeit der XXII. Dynastie, die Maspero[4]) soeben herausgegeben und trefflich erläutert hat. Der Verstorbene, der zum großen Urgott geworden ist, sagt von sich: *je suis un qui devient deux, je suis deux qui devient quatre, je suis quatre qui devient huit, je suis un après celui-là.* Aus dem Urgott gehen zunächst Schu und Tefnowet hervor, er wird zwei; durch sie werden weiter die vier männlichen Urgötter; sie verdoppeln sich, indem zu jedem sein weibliches Gegenbild hinzutritt. Mit dem Urgott bilden die heiligen Acht dann die Enneade; aber die Acht sind auch als der Leib des Urgottes[5]) dieser selbst.[6]) Es ist der zweite Typus ägyptischer Götterlehren, in dem immer

---

1) Vgl. 63: περὶ δὲ τὴν ϲυντέλειαν ἀναχωροῦϲι καὶ αὗται (αἱ ψυχαί) εἰς Ὀγδοάδα. So kann in Kap. XIII (XIV) § 15 von Poimandres, der über den Aufstieg der Seele Vorschriften gibt, vielleicht gesagt werden Ὀγδοάδα θεςπίζει.   2) Irenaeus I 5, 3.

3) Über die Gleichsetzung des Namens und der Person des Gottes vgl. oben S. 17. Die Änderungen Dieterichs (Abraxas S. 194) sind überflüssig.

4) *Recueil des travaux relatifs à la philologie et à l'archéologie égyptiennes et assyriennes* XXIII 196.

5) Vgl. unten die Inschrift von London S. 63 ff.

6) Vgl. z. B. den von Brugsch, Reise nach der großen Oase El-Khargeh S. 36 mitgeteilten Text von Gizeh: die Acht sind im tiefen Gewässer des Meeres; sie sind der Sonnengott Ré, welcher in seiner eigenen Gestalt dasitzt als greiser Mann.

Gott und Göttin zu einer Syzygie verbunden erscheinen. Faßte man den Gott als κόσμος, so mußten diese vier Götterpaare, die ihn ausmachen, zu den Elementen werden; schied man Gott und Welt, so mochten sie den νοητὸς κόσμος bilden; zerlegte man sein Wesen in die verschiedenen psychologischen oder moralischen Eigenschaften, so mußten sich auf Grund jener Syzygien-Theorie wieder andere griechische Begriffe substituieren, wie dies jedem Kenner der gnostischen Literatur bekannt ist. —

Der Noûc mahnt nunmehr den Propheten, den Würdigen den Weg des Heiles zu zeigen, damit Gott durch ihn das Menschengeschlecht errette, und auf Grund seiner Offenbarung und in seiner Kraft beginnt der Prophet κηρύσσειν τοῖς ἀνθρώποις τὸ τῆς εὐσεβείας καὶ γνώσεως κάλλος.[1]) Wie hier das Wort κηρύσσειν an den altchristlichen Gebrauch erinnert[2]), so erinnert auch die Predigt selbst ungemein an die christliche Bekehrungspredigt. Auf Einzelheiten werde ich später zurückkommen.

Ein Wort der Erklärung bedarf weiter in der Beschreibung des Aufstieges der Seele noch der Satz: καὶ ὁμοιωθεὶς τοῖς συνοῦσιν ἀκούει καὶ τῶν δυνάμεων ὑπὲρ τὴν Ὀγδοαδικὴν φύσιν οὐσῶν, φωνῇ τινι ἰδίᾳ (so D, ἡδείᾳ MBC) ὑμνουσῶν τὸν θεόν. Ich habe zugleich zu rechtfertigen, daß ich die Lesung des jungen *codex Vindobonensis* in den Text aufgenommen habe.

Altägyptische Anschauung ist es, daß die niederen Götter dem oberen lobsingen, so die acht φύλακες oder κυνοκέφαλοι dem Sonnengott, so die Ὀγδοάς dem Atum, die Musen dem Hermes in dem oben (S. 17) angeführten Gebet und so fort. Eine Steigerung scheinen diese Vorstellungen erhalten zu haben, als der beginnende Synkretismus Wert darauf legte, Gott πάσῃ φωνῇ καὶ πάσῃ διαλέκτῳ anzurufen[3]); mystische Formeln aus verschiedenen Sprachen treten ein,

---

1) Offenbar sind εὐσέβεια und γνῶσις identisch, vgl. die IX. (X.) Schrift § 4 (Lactanz II 15, 6): ἡ γὰρ εὐσέβεια γνῶσίς ἐστι τοῦ θεοῦ. Patricius und Parthey haben die Grundanschauungen dieser Schriften nicht erkannt.

2) Vgl. v. Dobschütz in den Texten und Untersuchungen XI 1, 16.

3) Dieterich Abraxas S. 4. Die Belegstellen für das Folgende ebenda S. 176. 198. 199. 201. 202. 203. Eine besondere Rolle spielen dabei natürlich die „ursprünglichen" Sprachen. Ist Phrygisch die älteste Sprache, so ist es selbst für den Ägypter nicht überflüssig seinen Gott Φρυγιστί zu preisen. Für den Griechen tritt die Überzeugung von dem Alter dieser Sprachen und der Weisheit der „Barbaren" hinzu. Es gibt wenig Sätze, welche die Hellenisierung

und den Katalog der Sprachen mehren besondere Aufzählungen der
Schriftarten[1]); die Deutung der z. T. frei erfundenen Buchstaben-
komplexe ist oft beigefügt. Verschiedenen Dialekt sprechen heißt
verschiedene Namen Gottes nennen. So haben die männlichen und
weiblichen Götter, Erde und Himmel, jeder der vier Winde eine
eigene φωνή, die der Gottbegnadete kennt. Diese Anschauung
überträgt das Judentum auf die Engelwelt; jede ihrer Scharen preist
Gott in einer anderen Sprache. So wird in den Papyri eine Ἀρχαγγελικὴ βίβλος des Moses angeführt[2]); sie gibt eine wunderliche Buch-
stabenverbindung als Namen Gottes.[3]) Die Reste aus diesem Buch,
die ich in handschriftlich überlieferten, ursprünglich jüdischen
Zaubern fand, bestätigen das Bild, das die Papyri geben[4]); das
Buch enthielt εὐλογίαι der Erzengel, verständlichen Text mit mystischen Namensformen, in denen ja die geheime Kraft waltet, ge-
mischt.

Dieselbe Anschauung übernahm aber auch das Christentum.
Wieder sei es gestattet, statt vieler Belege nur einen einzigen her-
auszugreifen. In den von Vassiliev[5]) herausgegebenen *Quaestiones
sancti Bartholomaei apostoli* beginnt die Jungfrau Maria ihre Offenbarungen mit ähnlichen mystischen Worten (S. 12): ἐλφουὲ ζαρεθρὰ
u. s. w. ὅ ἐστιν τῇ Ἑλληνίδι γλώσσῃ· ὁ θεὸς ὁ ὑπερμεγέθης u. s. w.
Im Kult sind diese mystischen Worte und ihre Deutung natürlich
getrennt, im Zaubertext und in den theologischen Texten niederer
Art verbinden sie sich; wo ein Werk höhere literarische Ansprüche

---

dieser ägyptischen Gebete besser illustrieren als die Versicherung des Magiers
(oben S. 20 Gebet II 6): οἶδά ϲου καὶ τὰ βαρβαρικὰ ὀνόματα, wenn auch der wahre,
der himmlische Name dazu in Gegensatz gestellt ist. Der Zweck dieser
εὐλογίαι in fremder Sprache ist natürlich weit eher, nicht verstanden, als von
Fremden verstanden zu werden. Wenn der angebliche Cyprian (*Conf. c.* 17)
in der Kirche die Sänger nach jedem Vers ein ihm unverständliches hebräisches
Epiphonem singen hört, so glaubt er Engel zu hören.

1) Die Sonne spricht ἁβραϊϲτί und ἱερογλυφιϲτί, der πρῶτος ἄγγελος
ὀρνεογλυφιϲτί, andere ἱερατιϲτί; aber daneben hat auch der heilige Sperber die
Sperbersprache und ruft ἱερακιϲτί, der κυνοκέφαλος κυνοκεφαλιϲτί u. s. w. Die
einführenden Formeln sind ἰδίᾳ διαλέκτῳ ἀϲπάζεταί ϲε oder ἰδίᾳ φωνῇ ἀϲπάζεταί ϲε (ebenda S. 6, 7 und 6, 13).

2) Dieterich, Abraxas 202, 31 ff.

3) Den Sinn zeigt trefflich der Zusatz ὡς δὲ ἐν τῷ Νόμῳ διαλύεται
ἁβραϊϲτί· Ἀβραάμ Ἰϲάκ Ἰακώβ (II Mos. 3, 6, vgl. oben S. 14 A. 1).

4) Beigabe III.   5) *Anecdota graeco-byzantina* I 10 ff.

macht, kann nach antikem Stilgesetz nur die Deutung mit dem Zusatz, in welcher Sprache die Rede geschah, geboten werden.

Zwischen Christentum und Judentum steht das sogenannte Testament des Hiob, welches uns in zwei Fassungen in einem Parisinus und einem Vaticanus erhalten ist.[1]) Ich gebe den Wunderbericht nach eigener Kollation. Die drei Töchter Hiobs empfangen vor dem Tode des Vaters je einen Gürtel als φυλακτήριον. Die erste legt ihren Gürtel an: καὶ παραχρῆμα ἔξω γέγονε τῆς ἑαυτῆς σαρκός, καθὼς εἶπεν ὁ πατὴρ αὐτῆς, καὶ ἀνέλαβεν ἄλλην καρδίαν ὡς μηκέτι φρονεῖν τὰ τῆς γῆς, ἀπεφθέγξατο ⟨δὲ⟩ τοὺς ἀγγελικοὺς ὕμνους ἐν ἀγγελικῇ φωνῇ καὶ ὕμνον ἀνέμελπε τῷ θεῷ κατὰ τὴν ἀγγελικὴν ὑμνολογίαν.[2]) Von der zweiten heißt es: καὶ ἔσχε τὴν καρδίαν ἀλλοιωθεῖσαν ὡς μηκέτι ἐνθυμηθῆναι[3]) τὰ κοσμικά. καὶ τὸ μὲν στόμα αὐτῆς ἀνέλαβε[4]) τὴν διάλεκτον τῶν ἀρχόντων[5]), ἐδοξολόγησε δὲ τοῦ ὑψηλοῦ τόπου τὸ ποίημα (die Schöpfung des Himmels), von der dritten: καὶ ἔσχε τὸ[6]) στόμα ἀποφθεγγόμενον ἐν τῇ διαλέκτῳ τῶν ἐν ὕψει, ἐπειδὴ[7]) καὶ αὐτῆς ἡ καρδία ἠλλοιοῦτο ἀφισταμένη ἀπὸ τῶν κοσμικῶν. λελάληκε δὲ[8]) ἐν τῇ διαλέκτῳ τῶν Χερουβὶμ δοξολογοῦσα τὸν δεσπότην τῶν ἀρετῶν ἐνδειξαμένη τὴν δόξαν αὐτῶν. Von allen dreien heißt es dann: ᾖδόν τε καὶ ἔψαλλον καὶ ηὐλόγησαν καὶ ἐδοξολόγησαν τὸν θεόν, ἑκάστη ἐν τῇ ἐξαιρέτῳ διαλέκτῳ. Als Inhalt ihrer Lieder wird τὰ μεγαλεῖα τοῦ θεοῦ genannt. Den Text läßt der Geist Gottes auf ihren Gewändern erscheinen[9]); er scheint in eigenen Büchern überliefert gewesen zu sein.

Das Alter derartiger Vorstellungen beweist Paulus, der in seiner Warnung vor der Überschätzung des Zungenredens (I Kor. 13, 1)

---

1) Nach dem Parisinus (P) herausgegeben von James in Robinsons *Texts and Studies* V 1; den früher von Mai benutzten Vaticanus (M) hat Conybeare (*Jewish Quarterly Review* 1901 S. 111) wieder ans Licht gezogen.

2) So M. Eine verkürzte Fassung in P lautet: καὶ εὐθέως ἀνέλαβεν ἄλλην καρδίαν, μηκέτι τὰ τῆς γῆς φρονεῖν, ἀπεφθέγξατο δὲ τῇ ἀγγελικῇ διαλέκτῳ ὕμνον ἀναπέμψασα τῷ θεῷ κατὰ τὴν ἀγγελικὴν ὑμνολογίαν.

3) ἐνθυμεῖσθαι P.   4) ἔλαβε M.   5) τῶν ἀρχῶν P, vielleicht besser.
6) τὸ fehlt M.   7) ἐπεί P.   8) γὰρ P.

9) Das erinnert an ägyptische Wundergeschichten, vgl. z. B. Damaskios bei Photios (Bibl. 242 *p.* 343 a 26 Bekker): οὕτω ζῶντι μὲν συνῆν ἀεί τι θεοειδές, ἀποθανόντι δὲ ἐπειδὴ τὰ νομιζόμενα τοῖς ἱερεῦσιν ὁ Ἀσκληπιάδης ἀποδιδόναι παρεσκευάζετο τά τε ἄλλα καὶ τὰς Ὀσιριάδας ἐπὶ τῷ σώματι περιβολάς, αὐτίκα φωτὶ κατελάμπετο πανταχῇ τῶν σινδόνων ἀπόρρητα διαγράμματα καὶ περὶ αὐτὰ καθεωρᾶτο φασμάτων εἴδη θεοπρεπῶν.

bekanntlich, nachdem er von den γένη γλωccῶν, den Graden und Arten dieser mystischen Sprache geredet hat, sagt: ἐὰν ταῖc γλώccαιc τῶν ἀνθρώπων λαλῶ καὶ τῶν ἀγγέλων, ἀγάπην δὲ μὴ ἔχω, γέγονα χαλκὸc ἠχῶν ἢ κύμβαλον ἀλαλάζον.[1])

Wer das χάριcμα der Glossolalie in jenen Beschreibungen wiedererkennt[2]) — und ich zweifle nicht, daß in der Deutung ihres Wesens Harnack das Richtige erkannt hat —, wird freilich zugeben müssen, daß diese „Wirkungen des Geistes“ dem Christentum nicht eigentümlich sind, sondern der mystischen Ekstase des Hellenismus angehören. Es ist sehr charakteristisch, daß Paulus die Gefahr, welche in der Übernahme dieser Kultform lag, so klar erkannte, ohne doch zu wagen, sie ganz zu beseitigen. Daß auch die Hermetischen Gemeinden diese Art Gott zu preisen kannten, geht aus dem Poimandres hervor. Daß das Lied dieser δυνάμειc in Kap. XIII (XIV) gleich in „griechischer Übersetzung“ mitgeteilt wird, liegt in dem literarischen Charakter des Stückes.

Der Predigt folgt die Gründung der Gemeinde und die Einführung eines bestimmten Gebetes zum Preise Gottes, das täglich von jedem Anhänger gesprochen werden muß und vielleicht mit dem gewaltigen Hymnus identisch ist, mit welchem der Prophet seinen ganzen Bericht beschließt: „Heilig ist der Gott[3]), ὃc γνωcθῆναι βούλεται καὶ γινώcκεται τοῖc ἰδίοιc.“[4]) Ihm gilt die Bitte des Frommen, μὴ cφαλῆναι τῆc γνώcεωc. Es ist wohl überflüssig, daß ich ausdrücklich hinzufüge, daß wir hier eine heidnisch-gnostische Schrift vor

---

1) Vgl. Everling, Die paulinische Angelologie und Dämonologie S. 38 ff., der freilich die hellenistischen Anschauungen nicht mit berücksichtigt. Was Paulus von dem διερμηνεύειν sagt, läßt sich am besten aus Dieterich, Abraxas S. 5 ff. belegen. Zu dem κύμβαλον ἀλαλάζον vgl. die Charakteristik Apions als κύμβαλον τοῦ κόcμου; die Instrumente des orgiastischen Kults sind natürlich mit Absicht gewählt.

2) So — allerdings mit anderer Begründung and anderen Beispielen — Harnack, Texte und Untersuchungen VII 2, 87. Die dagegen erhobenen Einwendungen glaube ich zu kennen, ohne doch von ihnen überzeugt zu sein. Harnack selbst scheint, wenn ich die Worte seines neuesten Buches (Mission und Ausbreitung des Christentums S. 249 Nr. 5) richtig deute, allerdings seinen Gegnern nachgegeben zu haben.

3) Darauf, daß ἅγιοc εἶ neunmal wiederholt wird, machte Casaubonus mit Recht aufmerksam.

4) Vgl. Kap. X (XI) 15: οὐ γὰρ ἀγνοεῖ τὸν ἄνθρωπον ὁ θεόc, ἀλλὰ καὶ πάνυ γνωρίζει καὶ θέλει γνωρίζεcθαι.

uns haben.[1]) Gerade darum wäre es von höchster Bedeutung, wenn
wir einen bestimmten Teil für jene frühe Zeit, auf welche die Einleitung uns wies, mit Sicherheit in Anspruch nehmen könnten.
Allein die Analyse hat nicht erfüllt, was wir von ihr erhofften.
Wohl hat sie große Interpolationen und doppelte Rezensionen desselben Gedankens gezeigt, und meine erste Behauptung, der uns vorliegende Text des Poimandres sei nur die Überarbeitung einer älteren
Fassung, ist durch sie zwingend erwiesen. Aber unmöglich war es
bisher, einen einheitlich gedachten Kern, ein System des Poimandres
herauszulösen. Wir müssen die Methode der Untersuchung ändern,
um uns von anderer Seite ein Verständnis des Stückes zu erschließen.

III.

Woher stammen jene eigenartigen Vorstellungen, welche uns in
dem Hauptteil des Poimandres begegnen? Die früher übliche Her-
leitung aus dem jüngeren Neuplatonismus ist zeitlich unmöglich, ihr
Ursprung aus der Philosophie unwahrscheinlich. Daß eine Reihe
von Vorstellungen sich uns als ägyptisch erwiesen, wird bei dem
Ursprung dieser Schriften niemanden befremdet haben; aber daneben
wies uns die Idee des Kampfes zweier göttlichen Wesen und Prin-
zipien auf Persien, und auch jüdische Einflüsse sind nicht zu bestreiten. Allein all solche Einzelbeobachtungen haben im Grunde
hier wie sonst wenig Wert; nicht woher diese Vorstellungen in
letzter Linie stammen, sondern in welcher Weise sie sich verbanden,
wie die Lehre erwuchs, gilt es vor allem zu untersuchen. Daß wir
so weit vordringen können, danken wir der glänzenden Entdeckung
eines jungen amerikanischen Ägyptologen, J. H. Breasted, der eine
seltsamerweise nicht einmal vollkommen unbekannte ägyptische Inschrift des Britischen Museums zum erstenmal richtig gelesen und
feinsinnig interpretiert hat. Auf seinen Aufsatz[2]) machte mich mein

---

1) Den Zusammenhang mit dem Gnostizismus erkannte auch Zeller, der
ihn freilich mit Unrecht auf die beiden Poimandres-Schriften I und XIII (XIV)
beschränken wollte; er geht stärker oder schwächer durch das ganze Corpus.

2) Zeitschr. f. äg. Sprache 1901 S. 39 ff. Breasteds Übersetzung war Prof.
Spiegelberg so gütig, für mich noch einmal durchzusehen und in ein paar

'Freund und Kollege, Prof. Spiegelberg, zu einer Zeit aufmerksam,
als ich Alter und Hauptinhalt des Poimandres schon in der oben
ausgeführten Art für mich bestimmt hatte. So war es leicht, die
nahen Beziehungen zwischen der Inschrift und dem griechischen
Text zu erkennen.

  Der Stein zeigt die Schrift etwa des VIII. Jahrhunderts v. Chr.,
aber er gibt seinen Inhalt als Wiederholung eines älteren und auf
schlechteres Material geschriebenen Textes aus dem Tempel des Ptah
zu Memphis.[1]) Den Hauptinhalt bildet die Osiris-Legende. In sie
ist eine Lehre vom Gotte Ptah eingelegt, der, ursprünglich ein Gott
der Handwerker und daher dem griechischen Hephaistos gleichgesetzt,
sehr früh schon mit den alten Himmels- und Lichtgöttern verbunden
und darum als Spender alles Lebens gefaßt war. Auch in unserm
Text wird er zunächst in echt ägyptischer Weise mit dem Urgott
Atum in Verbindung gebracht. Atum emaniert aus sich acht Gottheiten (den Götterkreis, die Ὀγδοάς). Jede von ihnen ist Ptah mit
einem andern Beiwort; an die vierte, genannt „Ptah der Große",
knüpft sich ein theologisches System, in welchem die vorausstehende
Einkleidung zwar nicht vollkommen ignoriert wird, aber doch nur
schwach mit einwirkt. Doch bevor ich zu seiner Erklärung übergehe, sei es gestattet, ein Gebet an Ptah aus der Zeit Ramses' III.

Einzelheiten zu berichtigen. Nachdem dieser Teil des Buches abgeschlossen
war, erschien Masperos Aufsatz: *Sur la toute-puissance de la parole (Recueil
de travaux relatifs à la philologie et à l'archéologie égyptiennes et assyriennes
XXIV 168).* Er gab mir zu meiner Freude in der Grundauffassung und Kritik
Breasteds nur volle Bestätigung. Einzelheiten der Übersetzung sind hierauf
nochmals von Prof. Spiegelberg durchgeprüft. Die Abweichungen von Maspero
beruhen in letzter Linie darauf, daß er dem Dogma von der Schöpfung durch
das Wort, das er so glücklich in der ägyptischen Religion entdeckt und so
glänzend zur Darstellung gebracht hat, eine m. E. für unsere Inschrift allzu-
große Bedeutung beimißt.

  1) Ganz ähnlich bezeichnet sich z. B. das zweite Loblied des Königs
Darius in dem Tempel der Oase zu El Khargeh (Brugsch, Reise nach der großen
Oase E. K. S. 48) als „die geheimnisvollen Sprüche des Amon, welche sich auf
den Tafeln vom Holze des Maulbeerbaumes befinden", d. h. als alter λόγος
ἀπόκρυφος des Gottes. Daß es sich bei der Inschrift von London nicht um
literarische Fiktion, sondern um eine wirkliche Tatsache handelt, glaubt Breasted aus den sprachlichen Formen schließen zu dürfen; er setzt das Original
etwa acht Jahrhunderte vor die Wiederholung. Die Frage ist für unsere
Zwecke unwichtig.

aus dem Papyrus Harris I 44, 3 ff. nach einer Übersetzung Prof. Spiegelbergs anzuführen, um den Vorstellungskreis, in den wir eintreten, anschaulich zu machen:

Heil dir! Du bist groß, du bist alt,
Tatenen[1]), Vater der Götter,
alter Gott von Anbeginne an,
der die Menschen gebaut,
der die Götter gemacht hat,
der mit dem Schaffen begann als der erste Schöpfer (?),
der schuf für (?) alle, die nach ihm kamen,
der den Himmel gemacht hat, wie sein Herz[2]) (ihn) schuf,
der ihn aufhängte,
als Gott Schu[3]) sich erhob,
der die Erde gegründet hat aus eigener Kraft,
der kreiste in dem Urgewässer des großen Grünen[4]),
der die Unterwelt schuf, welche die Leichen zur Ruhe bringt (?),
der den Ré kommen läßt, um sie zu beglücken,
als Fürst der Ewigkeit,
Herr der Ewigkeit,
Herr des Lebens[5]),
der die Kehle mit Luft anfüllt,
der den Odem in jede Nase gibt,
der alle Wesen mit seinen Gaben belebt.

---

1) Beiname des Ptah.

2) Das Herz ist nach ägyptischer Auffassung der Sitz des Verstandes und des Willens, wird also für beide gebraucht; vgl. Ebers, Die Körperteile im Altägyptischen, Abh. d. K. bayer. Akad. 1897 S. 98 ff. und die oben S. 23, 24 angeführten Stellen; die beste Übersetzung ist tatsächlich die älteste, φρένες. Ähnlich ist die Zunge zugleich die Stimme oder Rede, das Wort. Für die griechischen Übersetzungen genügt es auf den von Wessely, Denkschr. d. K. K. Akad. 1893 S. 13 mitgeteilten Hermeshymnus zu verweisen (λόγων ἀρχηγέτα γλώccηc). So heißt er in dem jungen orphischen Hymnus zugleich λόγου θνητοῖcι προφῆτα und γλώccηc δεινὸν ὅπλον τὸ cεβάcμιον ἀνθρώποιcιν. Da ich früher die Abhandlung von Ebers übersehen hatte, sei beiläufig bemerkt, daß auch er schon (a. a. O. 158), wie Brugsch und Breasted (Zeitschr. f. äg. Sp. 1901 S. 49), darauf hingewiesen hat, daß die christliche Logoslehre aus Ägypten stammt (vgl. auch Dümichen, Gesch. d. alt. Äg. 220).

3) Der ἀήρ.   4) Des Himmelsozeans.

5) Also Osiris.

Lebensdauer, Schicksal und Fügung[1]) sind ihm untertan;
man lebt von dem, was aus seinem Munde hervorgeht.[2])
Der allen Göttern Zufriedenheit schafft[3])
in seiner Gestalt als altes Urgewässer (?).
Herr der Ewigkeit, dem die Ewigkeit untertan ist,
Lebensodem für alle Wesen.

In ähnlichen Hymnen waren andere Götter, vor allem Thot und
Horus gepriesen. Hieraus ist das theologische System der Inschrift
von London zu verstehen. Ich teile ihren Text der Übersichtlichkeit
halber in Paragraphen. In der Aufzählung der acht Erscheinungsformen des Ptah heißt es zunächst an vierter Stelle:

Z. 52. Ptah der Große ist das Herz und die Zunge des
Götterkreises[4]) . . . .

§ 1   Z. 53. (Zwei Götter)[5]) sind der eine als Herz, der andere als Zunge Abbild[6]) des Atum. Sehr groß (?) ist Ptah,
wenn er . . . . ihre *Ka* sind also in diesem Herzen und
in dieser Zunge;

Z. 54. als Horus in ihm (Atum) als Ptah entstand und
als Thot in ihm als Ptah entstand, wurde die Macht von
Herz und Zunge durch ⟨ihn⟩. ⟨Es ist Atum⟩, der sein Wesen (?)
hervorbringt aus jedem Leib, aus jedem Mund aller Götter.[7])

---

1) So oder ähnlich zu übersetzen; für griechisches Verständnis wurde er
damit zum Herren der είμαρμένη.

2) Der Gott ist Ζωή und als Lichtgott zugleich φῶς. Daß er auch als
Noῦς gefaßt ist, wird sich uns später zeigen.

3) Denkbar wäre auch: der alle Götter in sich vereinigt in seiner Gestalt
als großes Urgewässer.

4) Ähnlich ist auch Isis für Apion (?) bei Plutarch *De Is. et Os.* 68
καρδία und γλῶττα (vgl. Wellmann, Hermes XXXI 226 A. 5). Dasselbe wird in
ägyptischen Texten oft von Thot gesagt (Zwei religionsgesch. Fragen S. 72 ff.).
Die Erklärung wird sich uns später bieten. Es folgten in der Inschrift die
Aufzählungen der vier letzten Formen des Ptah.

5) Gemeint sind, wie das Folgende zeigt, Horus und Thot.

6) Maspero: *en émission d' Atoumou*. Sie sollen als jüngere Götter, als
Teile gekennzeichnet werden.

7) Er schafft in den andern Göttern und durch sie; auf die beiden Arten
göttlicher Zeugung (Schöpfung) durch die Emission des Samens und das Wort
wird Bezug genommen.

Alle Menschen, alles Vieh, alle Reptilien leben, indem (er)[1] irgend etwas, das er will[2]), denkt und ausspricht. —

§ 2 Z. 55. Sein Götterkreis[3]) ist vor ihm; er ist Zähne, Lippen, Gefäße, Hände. Atum (ist in seinem?) Götterkreis, Atum ist in seinen Gefäßen, in seinen Fingern, während der Götterkreis Zähne und Lippen in diesem Munde ist, der den Namen jedes Dinges ausgesprochen hat[4]), und aus dem Schu und Tefnowet hervorgingen.[5])

Z. 56. Damals bildete der Götterkreis das Sehen des Auges, das Hören der Ohren, das Riechen der Nase, damit sie aufsteigen lassen den Wunsch des Herzens. Denn dieses ist es, welches jede Vollendung (?) hervorbringt, die Zunge aber ist es, welche wiederholt, was das Herz wünscht. —

§ 3 Er (Ptah)[6]) gibt Entstehen allen Göttern, Atum und seinem Götterkreis, da jedes Gotteswort (Hieroglyphe) entsteht durch den Wunsch des Herzens und den Befehl der Zunge.

Z. 57. Er macht die *Ka* .... er macht alle Nahrung[7]) und alle Opfergaben mit diesem Wort; er macht, was geliebt und was gehaßt wird. Er gibt Leben dem

---

1) Auf Grund dessen, daß er u. s. w.

2) Als Wesen des Gottes bezeichnet auch die X. (XI.) Hermetische Schrift (§ 2) und später die alexandrinische Theologie das θέλειν. Das Wollen vollzieht sich durch νοῦς und λόγος, also durch Ptah (vgl. Z. 56).

3) Die 'Ογδοάς (also Ptah?); ihr Verhältnis zu dem Hauptgott wird allgemein geschildert; sie gibt die Werkzeuge für das Schaffen durch das Wort oder durch die Emission des Samens. Die zweite, mehr archaistische Vorstellung widerspricht eigentlich dem System und wird bald fallen gelassen.

4) Also nach ägyptischer Vorstellung das Ding geschaffen hat.

5) Das erste Götterpaar in den Kosmogonien, welche Göttersyzygien kennen. Auch dies ist Rest der älteren Vorstellung; der Mythus von ihnen schließt ursprünglich an die Emission des göttlichen Samens.

6) Das männliche Pronomen im ägyptischen Text könnte sich zunächst auf Herz oder Zunge beziehen. Für ersteres trat Breasted, für letzteres ursprünglich Spiegelberg und jetzt Maspero ein. Aber Z. 57 paßt nur auf Ptah; selbst der Schluß von 56 kann nur ein Wesen preisen, das beides, νοῦς und λόγος, ist. Hierzu lenkt schon der Anfang von Z. 56 über; der übrige Götterkreis ist diesem Wesen nur dienstbar, wie die αἰσθήσεις nur dem νοῦς und λόγος dienen.

7) So oder ähnlich zu übersetzen; vgl. oben S. 20 Gebet II 2: ὁ συνάγων τὰς τροφὰς τῶν θεῶν καὶ ἀνθρώπων.

Frommen[1]), Tod dem Frevler. Er macht jedes Bauwerk und jedes Handwerk. Das Schaffen der Arme, das Gehen der Füße,

Z. 58. das Bewegen aller Glieder vollzieht sich nach seinem Befehl[2]) wegen des Wunsches des Herzens, welcher von der Zunge kommt und die Gesamtheit aller Dinge tut. So entsteht die Lehre[3]): Atum hat die Götter zu Ptah Tatenen werden lassen, sobald die Götter entstanden sind. Alle Dinge gingen von ihm hervor sowohl Opfer und Nahrung[4]) als Götteropfer und alle schönen Dinge. —

§ 4   Z. 59. Er[5]) ist Thot, der weise, dessen Kraft größer ist als die der (anderen) Götter. Er (Thot) vereinigte sich mit Ptah, nachdem er alle Dinge und alle Gottesworte (Hieroglyphen) hervorgebracht hatte, damals als er die Götter gebildet hatte, die Städte gemacht hatte, die Gaue (νομοί) besiedelt hatte, die Götter in ihre Heiligtümer gestellt hatte,

Z. 60. als er ihre Opfer festgesetzt[6]) hatte, ihre Heiligtümer gegründet und Statuen ihrer Leiber gemacht hatte zu ihrer Zufriedenheit.[7]) —

---

1) So oder ähnlich zu übersetzen.

2) Wörtlich: Ausstoßen des Wortes.

3) Wörtlich: es entstand das Sagen. Wenn Maspero hieraus (er übersetzt zunächst *est devenu le dire)* macht: *le verbe une fois produit, Toumou fait les dieux devenir Ptah Totounen,* so übersieht er, daß von einer Entstehung des Wortes nichts gesagt ist. Der theologische Satz, daß der Götterkreis im Grunde Ptah ist, wird belegt; alles Schaffen und alles Wirken geschieht durch Ptah. Da nun beides sonst auf den Götterkreis mit zurückgeführt wird, so muß er Ptah sein; Atum macht die Götter zu Ptah.

4) So oder ähnlich zu übersetzen. Da dasselbe öfters von Thot gesagt wird, ist der Gedankenübergang zu der nun folgenden Lehre von Thot leicht.

5) Auch hier setzt Maspero *elle (la langue)* ein, was mir schon dadurch widerlegt scheint, daß er nun schreiben muß: *elle se joint à Ptah.* Diese Vorstellung ist unerträglich. Auf einen Schöpfungsmythus, wie ihn die Straßburger Kosmogonie gibt, weist das Folgende zwingend. Er kann nur auf Thot gestellt sein. Das zeigt selbst die später zu besprechende Nachbildung in dem Moses-Roman des Artapanos.

6) So oder ähnlich zu übersetzen.

7) Zur Sache vgl. Griffith, *Stories of the High Priests of Memphis p.* 58 das Gebet an Thot: *Thou art he that made magic in writing, thou art he that hanged up the heaven, that etablished the earth, the underworld, that placeth the*

5   Wenn die Götter in ihren Leib eintreten, so ist er (Ptah) in jedem Holz, in jedem Edelstein, in jedem Kupfer (?). Alle Dinge gedeihen[1]) in seinem Gefolge (??), wenn sie dort werden. Ihm opfern alle Götter und ihre Ka[2]), indem sie sich vereinigen und verbinden als (?) Herr der beiden Länder.[3])

So ist der Gott von Memphis die Gottheit oder „der Gott" von ganz Ägypten. Das theologische System ist geschlossen, die Inschrift kehrt zu dem Osiris-Mythus zurück. —

Daß Breasted den Gedanken-Inhalt in begreiflicher Entdecker-freude etwas zu groß dargestellt hat, wird ihm niemand verargen. Was neu ist — wenigstens in dieser Form —, ist wohl nur der Versuch, drei verschiedene Göttermythen in einem System zu ver-einigen, den Hermopolitanischen Mythus von Thot als Weltschöpfer, der ja dabei mehrfach als Teil eines Allgottes erscheint[4]), die Lehre der Ptahpriester von Memphis, nach welcher Ptah als Urgott sich selbst und alle Götter und Menschen baut und die Welt schafft[5]), endlich die Heliopolitanische Theologie, in der Atum als erster einer Enneade von Göttern seine acht Genossen in sich vereinigt und Ur-gott und Urgrund aller Dinge ist. Der Verfasser benutzt dabei sehr früh auftretende Vorstellungen, einerseits, daß die Vielheit der Götter nur Glieder eines einzigen ist, andrerseits, daß ein schärfer um-rissener, gewissermaßen speziellerer Gott gleich einem andern all-gemeineren Gott in einer bestimmten Eigenschaft ist. So ist Atum in der Tat der Urgott, aber der Götterkreis, sein Leib (sein πλήρωμα), besteht aus acht verschiedenen Formen des Ptah; Atum hat sie aus

---

gods with the . . . . . Ein ähnlicher Mythus von Horus stand offenbar nicht zur Verfügung. So geht der Autor gleich zu dem Gesamtresultat über: durch diese Vereinigung mit Thot ist Ptah auch beteiligt an allen irdischen Göttern (Götterbildern). Er ist der Gesamtgott.

    1) D. h. wachsen. Maspero: *tout prospère sur ces terrains, où ces dieux se sont produits.*

    2) Vgl. in dem Gebet an Thot bei Dieterich, Jahrbücher für Phil. Supplem. XVI S. 800 Z. 12: Θώθ, ὅν πᾶς θεὸς προσκυνεῖ.

    3) Beiname des Ptah. Vergleiche oben im Pap. Harris: „der allen Göttern Zufriedenheit schafft (sie in sich vereinigt) in seiner Gestalt als ehrwürdiges Urgewässer".

    4) Vgl. Zwei religionsgesch. Fragen S. 53 ff. und 73 ff.

    5) Vgl. das Gebet des Papyrus Harris oben S. 61.

sich heraus hervorgehen lassen; auch er ist ja der, „der sich sich
selbst schafft"; aber ebensogut hat auch Ptah Atum und sich selbst
erbaut; er ist dessen Leib.[1]) Der wichtigste Teil dieses allgemeinen
Ptah-Wesens oder Weltgottes ist Ptah der Große, der Herz und
Zunge ist, jenes als Horus, dieses als Thot. Er ist als Zunge, als
Wort, niedergestiegen, die διακόcμηcιc zu vollbringen; aber das Wort
ist nur der aus der Person herausgetretene, gewissermaßen emanierte
Gedanke. Thot und Horus sind unlöslich in Ptah verbunden.[2]) Die
Vereinigung beider in der Osiris-Sage hat den Anlaß zur Einlage
dieser ganzen Theologie gegeben. Daß dabei Thot der einzige Gott
ist, an den eine speziellere Sage schon schloß, und daß er, bezw.
die Zunge, besonders hervortritt, so daß man das Ganze wohl noch
als Lehre von der Schöpfung durch das Wort bezeichnen kann,
empfindet der Leser von selbst.

Für den Griechen, der solche Lehre etwa hörte, mußte sich
von selbst folgende Abfolge von göttlichen Wesen bilden: θεόc (in
allgemeinster Bedeutung und völlig zurücktretend) — δημιουργόc oder
δημιουργὸc Νοῦc[3]) — endlich Νοῦc und Λόγοc. Das trifft in der Hauptsache wunderbar mit der Grundvorstellung im Poimandres zusammen;
ja diese Übereinstimmung wird noch stärker, wenn wir erwägen,
daß, wenn Thot nach der διακόcμηcιc sich wieder mit Ptah vereinigt,
er diese Ordnung von ihm getrennt, also von ihm entsendet oder emaniert, vollzogen haben muß. Der Verfasser hat die Anschauung, daß
das Wort nur der heraustretende Gedanke ist und beide unlöslich
zusammengehören, scharf zum Ausdruck gebracht. Hierdurch erklärt
sich jene in der griechischen Schrift uns früher unerklärbare Angabe,
daß der Λόγοc nach Vollziehung der διακόcμηcιc zu dem δημιουργὸc
Νοῦc zurückkehrt und mit ihm zusammen ein einziges Wesen ausmacht: ἐπήδηcεν εὐθὺc ἐκ τῶν κατωφερῶν cτοιχείων ὁ τοῦ θεοῦ

---

1) Dies scheint mir besonders aus § 3 Z. 57, verglichen mit dem Anfang,
hervorzugehen.

2) Auch die anderen Götter vereinigen sich dank ihrer Tätigkeit in Ptah-
Atum, denn Herz und Zunge regieren alles; ihnen dienen die αἰcθήcειc, durch
sie handeln die Glieder. Hieraus erklärt sich die Behauptung der Hermetischen
Schriften, daß die Vereinigung von νοῦc und λόγοc das Leben ist.

3) Diese Bezeichnung für Ptah, den Gott alles Handwerks und aller
Künste, der zugleich Weltschöpfer ist, hatte sich schon Brugsch ohne alle
theologischen Erwägungen geboten. Sie war für den hellenistischen Hörer die
einzig mögliche.

Λόγος εἰς τὸ καθαρὸν τῆς φύςεως δημιούργημα (zu dem Feuerkreis, dem eigentlichen Sitz des Ptah, der ja auch Gott des Lichtes und Feuers ist) καὶ ἡνώθη τῷ δημιουργῷ Νῷ· ὁμοούσιος γὰρ ἦν. Die Begründung, die an sich viel zu schwach wäre und ebenso für eine Vereinigung von θεός und Νοῦς, Νοῦς und δημιουργὸς Νοῦς, Ἄνθρωπος und Λόγος, Ἄνθρωπος und δημιουργὸς Νοῦς und so fort verwendet werden könnte, wird erst klar, wenn wir wissen, daß gerade diese beiden in der ägyptischen Theologie ein einziges göttliches Wesen ausmachen.

Auf ägyptische Quellen mußten wir bei dieser Schrift zuerst raten; hier finden wir eine Übereinstimmung, die sich aus einem Spiel des Zufalls gar nicht erklären läßt. Eine Lehre, welche der Theologie dieser Inschrift im wesentlichen entspricht, ist die erste Hauptquelle des Poimandres. Es ist interessant zu beobachten, wie die ägyptische Fassung noch die zu Grunde liegenden Mythen und die Art ihrer Verbindung erkennen läßt, während die hellenistische überall philosophisch geprägte Begriffe einsetzt. Noch interessanter ist mir freilich dabei, daß ein System, welches auf den ersten Blick neuplatonisch erscheinen mußte, sich kurzweg als ägyptisch herausstellt. Der Erwähnung endlich ist es wert, daß wie Casaubonus, Ménard, Keller[1] u. a. auch Zeller gerade aus den angeführten Worten schließen wollte, der Poimandres sei jung und von christlicher Theologie beeinflußt. Das ist gewiß an sich begreiflich, zeigt aber, wie vorsichtig man in der Annahme derartiger Einflüsse und den Versuchen, einen aus dem Zusammenhang gerissenen Gedanken auf eine bestimmte Quelle zurückzuführen, sein sollte.

Nehmen wir die allgemein verbreitete ägyptische Vorstellung hinzu, daß die Seele des Menschen nach dem Tode gereinigt zu Atum zurückkehrt, um als Gott mit den Göttern ewig zu leben[2]),

---

1) Hellenismus und Christentum S. 249 A.

2) So schon in den ältesten Teilen des Totenbuches, vgl. Erman, Ägypten S. 479 ff., der dem wundervollen Text freilich wohl nicht voll gerecht wird. Daß man später auch in Ägypten sieben Hallen oder Himmelsräume schied, durch welche die Seele dabei wandert, haben wir früher (S. 9—11) gesehen. Wenn ich dennoch in dem folgenden Teil des Poimandres den Aufstieg der Seele durch die sieben Sphären nicht als ägyptisch in Anspruch nehme, so geschieht das, weil sie in den beiden dort erwähnten ägyptischen Darstellungen nebeneinander, nicht übereinander liegen; sie nehmen die Fläche des Himmels

so haben wir den Hauptteil des Poimandres als hellenisierte Lehre
ägyptischer Priester erwiesen. Mit ihr läßt sich auch der Gedanke
leicht in Einklang bringen, daß der Gott Noûc in dem Frommen
lebt und wohnt.[1]) Schon in unserer Inschrift gibt ja Ptah Leben
dem Frommen und Tod dem Frevler. Er gilt in sehr frühen Berichten als Geber der Lehre von den Göttern, d. h. als Erfinder der
Philosophie.[2]) Er offenbart sich den Seinen und berät sie; ὁ Φθάς
coι λελάληκεν[3]) lautet ein griechisch-ägyptisches Sprichwort, dessen
beste Erklärung die früher angeführten[4]) Worte der Intef-Stele
bieten: die Menschen sagen von dem Herzen (dem νοῦc) des Intef:
„it is an oracle of the god, which is in every body".

Mit ungeahnter Sicherheit hat sich der eine Teil der Poiman-
dres-Lehre als ägyptisch nachweisen lassen; die Träume, welche einst
der phantasievolle Devéria ersann, die Hermetischen Schriften möchten
wirklich die Geheimlehre ägyptischer Priester enthalten, haben an
einem Punkt und in bescheidenem Umfang Leben gewonnen. Es
gilt jetzt, die nicht-ägyptischen Bestandteile zu untersuchen. Auch
hier ist das Ziel natürlich, eine zu einer bestimmten Zeit einheitliche Lehre zu finden; aber ein direktes Zeugnis ist uns bisher versagt, und nur auf mancherlei Umwegen werden wir dies Ziel annähernd erreichen können. —

Nicht-ägyptisch ist vor allem, was von dem ersten, dem himm-

---

ein. Der Begriff der sieben Sphären scheint erst mit der Bildung der astrologischen Systeme nach Ägypten zu kommen. Den Aufstieg durch sie finden
wir dann in der jüngeren Mithraslehre (Origenes *Contra Celsum* VI 22). Daß die
Umbildung der Vorstellungen für den Ägypter besonders leicht war, brauche
ich kaum hervorzuheben.

1) Vgl. die in Kap. I angeführten Gebete.

2) Diog. La. *prooem.* 1: Αἰγύπτιοι μὲν γὰρ Νείλου γενέσθαι παῖδα Ἥφαιστον,
ὃν ἄρξαι φιλοσοφίας, ἧς τοὺς προεστῶτας ἱερέας εἶναι καὶ προφήτας. Nach § 2
verglichen mit § 10 scheint der jüngere Hekataios benutzt.

3) Suidas: Φθάς· ὁ Ἥφαιστος παρὰ Μεμφίταις· καὶ παροιμία· ὁ Φθάς coι
λελάληκεν.

4) Oben S. 24 A. 1. Die zu Grunde liegende Anschauung ist hier, daß Gott
in dem Menschen denkt und spricht. Es ist eine Vorbereitung jenes Panthei-
mus, der sich in der V. (VI.) Hermetischen Schrift (Parthey *p.* 47, 13) so äußert:
διὰ τί δὲ καὶ ὑμνήcω cε; ὡc ἐμαυτοῦ ὤν; ὡc ἔχων τι ἴδιον; ὡc ἄλλοc ὤν; cù
γὰρ εἶ ὃ ἂν ὦ, cù εἶ ὃ ἂν ποιῶ, cù εἶ ὃ ἂν λέγω. cù γὰρ πάντα εἶ, καὶ ἄλλο
οὐδέν ἐcτιν, ὃ μὴ εἶ. cù εἶ τὸ γενόμενον, cù τὸ μὴ γενόμενον, νοῦc μὲν νοού-
μενος, πατὴρ δὲ δημιουργῶν, θεὸc δὲ ἐνεργῶν, ἀγαθὸc δὲ [καὶ] πάντα ποιῶν.

lischen Menschen berichtet wird.[1]) Die Vorstellung von ihm steht
offenbar eng mit der Lehre von der Macht der Planeten und der
εἱμαρμένη in Verbindung; erklärt soll werden, wie der Mensch, göttlich und irdisch, zur Freiheit und Herrschaft über alles bestimmt
und dennoch ein Sklave der εἱμαρμένη, Gottes Sohn und Ebenbild
und doch schwach und sündig sein kann. Es ist schwerlich bedeutungslos, daß gerade hierbei der Prophet seinen Lesern versichert:
τοῦτό ἐστι τὸ κεκρυμμένον μυστήριον μέχρι τῆσδε τῆς ἡμέρας. Es ist
für Ägypten in der Tat das Neue.

Ich beginne mit der Lehre von der Planeten-Herrschaft und
darf mich nach dem großen Buch von Maaß[2]), dem Aufsatz von
Kroll[3]), der wundervollen Auswahl von Belegstellen, die Diels in
seinem *Elementum* gegeben hat, endlich nach der glücklichen Darstellung der paulinischen Angelologie und Dämonologie durch Everling
wohl kurz fassen und alle Polemik vermeiden.[4])

Sternenkunde und in gewissem Sinne auch Astrologie haben
schon im alten Ägypten geblüht; ihre Ausgestaltung aber und werbende Kraft hat die letztere erst im zweiten Jahrhundert vor Christus
unter dem Einfluß babylonischer Lehren und griechischer Wissenschaft in Ägypten erhalten und hat von hier aus die Welt erobert.

---

1) Nur einen schwachen Anhalt für einen Einzelzug vermag ich in ägyptischen Texten zu finden. Als der ἄνθρωπος die Sphärenkreise durchbrochen
hat, fällt sein Bild und Schatten auf Erde und Wasser. In einem thebanischen
Hymnus, in welchem Ptah als erster Gott angerufen wird (Lepsius, Denkm. VI
118 Z. 25, übersetzt von Brugsch, Religion und Mythologie d. alt. Äg. 510 und
514), heißt es: „gegeben ist ein Bild von dir auf der Erde in ihrer Unbeweg-
lichkeit; sie hat sich für dasselbe zusammengefügt, indem du in deiner Form
Tatenen und in deiner Gestalt als Vereiniger der beiden Weltzonen erscheinst,
welche dein Wort erzeugt und deine Hände geschaffen haben". Häufiger begegnet in jüngeren Quellen die Vorstellung eines Bildes im Wasser, so z. B.
in dem stark ägyptisierten Evangelium Mariae (Schmidt, Sitzungsber. d. Berl.
Akad. 1896 S. 843): „er denkt sein Bild allein und sieht es in dem Wasser des
reinen Lichtes, das ihn umgibt". Doch das sind bestenfalls Einzelheiten, auf
die wenig ankommt.

2) Die Tagesgötter in Rom und den Provinzen.

3) Neue Jahrbücher f. Phil. u. Päd. VII 559. Die Einzelbelege bietet
Fr. Boll, Sphaera.

4) Nur daß Boussets schönes Buch Die Religion des Judentums im neutestamentlichen Zeitalter, das während des Abschlusses dieser Arbeit erschien,
diesem Glauben und seinem Einfluß auf das Judentum m. E. nicht gerecht
wird, muß ich beiläufig hervorheben.

Entstanden aus der Sternenverehrung, aus einer Religion, hat dies eigentümliche fatalistische System sich immer wieder in Religion umzusetzen versucht. Mancherlei Zugeständnisse mußte es an vorhandene Vorstellungen machen[1]), um einerseits den Widerspruch, daß der strenge Fatalismus jeden Versuch des Menschen, das Geschick zu beeinflussen, und damit Religion und Kult aufhebt, zu verdecken, andrerseits den Anschluß an eine Art natürlicher Religion zu gewinnen, die sich in verschiedenen Gegenden und Lebenskreisen in verschiedener Weise auszubilden begonnen hatte. Das gelang vollständig; die Astrologie ward binnen kurzem der Hauptteil der φυcιολογία oder *naturalis theologia*, ja sie umfaßte sie in einzelnen Systemen ganz. Die Frage, ob die Ägypter alles als „physisch" erklären, bedeutete, ob sie neben den Planeten, den Zeichen des Tierkreises, den Dekanen u. s. w. noch andere Götter begrifflicher Art, wie Νοῦc, Λόγος und ähnliche, gehabt haben.[2])

Verschiedene Systeme bildeten sich, je nachdem man den größeren Einfluß den sieben Planeten oder den zwölf Zeichen des Tier-

---

1) Ich rechne hierzu vor allem die Verbindung mit der Dämonologie, die sich in Babylonien vielleicht sehr früh, in den anderen Ländern keinesfalls spät vollzog. Für Ägypten darf ich auf Nechepso, den Begründer der neuen Astrologie verweisen, von dem Proklos sagt: ἀνὴρ παντοίαις τάξεςι θεῶν τε καὶ ἀγγέλων cυναλιςθείς (vgl. oben S. 6), für Griechenland auf Poseidonios, der wohl sicher den sublunaren Luftkreis mit Dämonen erfüllt sein ließ. Für die Ausbildung des Systems geben die Ὅροι Ἀςκληπιοῦ ein hübsches Beispiel. Daß schon der altägyptische Glaube Dämonen kannte, ist wohl bekannt, weniger bekannt ihre allmähliche Umgestaltung zu persönlich gedachten „Kräften" (vgl. Griffith *Stories of the High Priests of Memphis* p. 26: *There was sent down a Power of God from heaven*). Der Prophet oder Magier hat bald einen δαίμων in sich, bald eine δύναμις, beides ist identisch.

2) Vgl. Iamblich *De myst.* VIII 4 und öfters. Es ist charakteristisch, daß der ägyptische Priester und Stoiker Chairemon, der Lehrer Neros, wiewohl er diese Frage schroff verneint (vgl. Porphyrios bei Eusebios *Praep. ev.* III 4, 1—2), doch den Kult, der ihm ein Versuch die εἱμαρμένη „aufzulösen" ist, wie es scheint, beibehalten will, was ja auch schon Nechepso getan hatte. Wie stark die Astrologie wirklich in den Glauben der Priester eindrang, zeigt noch unser Corpus. Die θεοί sind in einer Reihe von Schriften die Sterne, so in den Ὅροι Ἀςκληπιοῦ, ferner der Κλείς, vgl. X (XI) 7: die Seelen der Menschen werden zunächst δαίμονες, εἶθ' οὕτως εἰς τὸν τῶν θεῶν χορὸν χορεύουσι· χοροὶ δὲ δύο θεῶν, ὁ μὲν τῶν πλανωμένων ὁ δὲ τῶν ἀπλανῶν (vgl. auch V bezw. VI 3: ὁ ἥλιος θεὸς μέγιστος τῶν κατ' οὐρανὸν θεῶν κτλ.).

kreises zuschrieb[1]), oder beide vereinigte.[2]) Aber die stoische wie
die vorstoische Theologie hatte ja auch die Elemente vergöttlicht[3]);
sie konnten, sobald die Astrologie versuchte, sich zu einer allgemeinen „natürlichen Religion" auszugestalten, in dem System kaum
fehlen.[4]) Als Gegenbilder der leitenden cτοιχεῖα werden sie die ge-
leiteten, beeinflußten cτοιχεῖα. In diesem Doppelsinn hat die Quelle,
welcher Varro im XVI. Buch der *Antiquitates rerum divinarum* folgt,
das Wort cτοιχεῖον und ebenso Varro die Wörter *elementum* und
pars mundi gebraucht. Wie dann in den Systemen, in welchen die
zwölf Tierzeichen die Lenker sind, diese unter sich die Dekane, in
den andern Systemen die Planeten unter sich allerart Trabanten
oder Dämonen haben, so konnten auch die Elementargeister unter
sich kleinere göttliche Wesen, etwa die Geister der Winde, des
Regens, des Taus u. a. dulden. Das System wurde damit nicht
zerstört, wenn auch dieser wohl mit alten Volksvorstellungen zusammenhängende Ausbau dem fatalistischen Grundgedanken an sich
nicht günstig war.[5])

---

1) Jenes läßt babylonische, dieses ägyptische Theorien stärker hervortreten.

2) Wichtig scheint mir, daß Varros eine Hauptquelle die Göttlichkeit der
Planeten anerkannte, die Göttlichkeit der Tierkreisbilder aber deshalb bestritt,
weil sie nicht einheitliche Wesen, sondern Gebilde aus mehreren Sternen seien
und sich nicht bewegten. Man sieht, wie die abendländische Philosophie
gegen die neue Religion ankämpft. Für Chairemon waren die ζῴδια natürlich Götter.

3) Die Ausgestaltung dieser Vorstellung in Ägypten und ihre Rückwirkung
auf Griechenland habe ich versucht in den Zwei religionsgesch. Fragen S. 78ff.
anzudeuten. Mancherlei Bestätigungen haben sich inzwischen gefunden, die
sich aber besser in einer Spezialuntersuchung über Varros Quellen darstellen
lassen. Noch hat ja niemand versucht, den Wert der *Antiquitates rerum divinarum* wirklich darzustellen.

4) Sie hatten sich früher ja schon mit den begrifflichen Göttern der
Stoa (Juppiter der oberste Äther und Herr der *primae causae*, Juno der untere
und Herrin der *secundae causae* u. s. w.) vertragen.

5) Es scheint mir möglich, daß schon Varros Quelle so weit ging. Zwar
zählt er das, was in den Ὅροι Ἀσκληπιοῦ als Werk der Dämonen genannt
wird, *fulmina, grandines, ardores, aurae pestilentes, diluvia, hiatus motusque
terrarum* in Buch I Fr. 19 einfach zu den Lebensäußerungen der cτοιχεῖα. Aber
Tertullian *Ad nationes* II 3 versichert ausdrücklich, daß Varro auch aus den
Elementen entstandene *(natos)* Götter kennt. Ich kann dem Versuch Agahds
(Jahrbb. f. Phil. Suppl. XXIV 72), dies als grobes Mißverständnis hinzustellen, nicht
folgen. Gerade Varro hatte allen Grund, auch für die Existenz von *di minuti*

Ich darf dies erweiterte System vielleicht zunächst in einer
jungen orientalischen Form dem Leser vorführen, von der ich erst
später nachweisen kann, daß sie auf Hermetische Lehren zurückgeht.
Der arabische Gelehrte Schahristânî berichtet über die Sekte der
Rû'hânîjât (der Anhänger der geistigen Wesen)[1]): „Was die Tat
betrifft, so behaupten sie: die geistigen Wesen (Planetengeister) sind
die vermittelnden Ursachen beim Hervorbringen und Schaffen, bei
der Verwandlung der Dinge aus einem Zustande in den andern und
der Weiterführung der geschaffenen Dinge vom Anfang zur Vollendung; sie rufen die Kraft von der göttlichen, heiligen Majestät zu
Hilfe und lassen die göttliche Gabe auf die niederen Existenzen her-
abströmen. Zu ihnen gehören die Leiter der sieben Wandelsterne
in ihren Himmelskreisen, und diese (Sterne) sind die Behausungen
jener. Jedes geistige Wesen hat eine Behausung, und jede Behausung
einen Himmelskreis, und die Beziehung des geistigen Wesens zu
dieser ihm eigentümlichen Behausung ist die Beziehung des Geistes
zu dem Körper: er ist ihr Herr und Leiter und Herumführer.[2]) Sie
nannten die Behausungen Herren (ἄρχοντες) und zuweilen Väter, die
Elemente aber Mütter. Die Tätigkeit der geistigen Wesen besteht
nun in der Bewegung derselben (Sterne) nach einer eigentümlichen
Bestimmung, damit aus ihren Bewegungen Wirkungen in den Natur-
substanzen und Elementen geschehen, woraus Zusammensetzungen
und Mischungen unter den zusammengesetzten Dingen entstehen und
ihnen körperliche Kräfte folgen und darnach geistige Seelen zusammengesetzt werden, gleich den Arten der Pflanzen und Tiere. Dann
aber fänden Einwirkungen statt, bald universell, indem sie von einem

---

eine Rechtfertigung zu suchen; auch für ihn wird, wie für Poseidonios, der
unterste Luftraum der Ort nicht nur für die Seelen, sondern auch für die
Dämonen gewesen sein (vgl. zu der Vorstellung Everling S. 107). Bei *natos*
braucht man durchaus nicht bloß an geschlechtliche Zeugung zu denken.

1) D. Chwolsohn, Die Ssabier und der Ssabismus II 422.

2) Vgl. die Straßburger Kosmogonie Pap. 481ʳ 28: ἑπτὰ δέ μιν (τὸν οὐρανὸν) ζώναις διεκόσ[μεεν ἑπτὰ δ' ἐπῆϲαν] ἄϲτρων ἡγεμονῆες, ἄλη ὖν [τείρεα
δινεῖ]. Nicht gesagt ist damit natürlich, daß schon ägyptischer Glaube hiermit
dieselbe Auffassung verband, die wir in der Ausgestaltung des fatalistischen
Systems finden werden. Die Isis-Lehre hat uns Hippolyt in der Schilderung
der Naassener erhalten; die sieben Gewänder der Göttin sind die sieben
Himmelsphären (zur Anschauung vgl. Philon Περὶ φυγάδων 562 M: ἐνδύεται
δὲ ὁ μὲν πρεϲβύτατος τοῦ ὄντος λόγος ὡς ἐϲθῆτα τὸν κόϲμον). Erst ein Christ
verband damit den Gedanken vom Sturz und Aufstieg der Seele.

universellen geistigen Wesen herkommen, bald partiell, indem sie von
einem partiellen geistigen Wesen herrühren, so daß mit dem *genus*
(Ganzen) des Regens ebenso ein Engel verbunden ist wie mit jedem
einzelnen Tropfen. Zu ihnen gehören ferner die Leiter der oberen
in der Luft sich zeigenden Erscheinungen, sowohl was von der
Erde aufsteigt und dann herabkommt, wie Regen, Schnee, Hagel und
Wind, als auch das, was vom Himmel herabkommt, wie Meteore und
Sternschnuppen, sowohl was in der Luft vorkommt, wie Donner und
Blitz, Wolken, Nebel, Regenbogen, Kometen, der Hof des Mondes
und die Milchstraße, wie was auf der Erde vorkommt, wie Erdbeben, Überschwemmung, Ausdünstungen u. s. w.[1]) Zu ihnen gehören
ferner die Vermittler der in allen Existenzen vorhandenen Kräfte
und die Leiter der in allem Bestehenden sich offenbarenden Leitung,
so daß du nichts Existierendes leer von Kraft und Leitung siehst,
wenn es für beide empfänglich ist."

Ich habe die sicher nicht jüdischen Einflüssen entstammende
Stelle[2]) ganz hierher gesetzt, weil sie zugleich die beste Darstellung
der Ansichten ist, die in dem hellenistisch beeinflußten Judentum
seit dem zweiten Jahrhundert vor Christus wirken. Genau so treten
sie uns bekanntlich in dem alten Buch Henoch entgegen. Es ist
nicht der Glaube des Volkes; die Gebildeten, die Philosophen sind
es zunächst, welche diese „natürliche Religion" mit dem jüdischen
Monotheismus verbinden. Das zeigt die Weisheit Salomons 13, 2,
die von den Philosophen sagt: ἀλλ' ἢ πῦρ ἢ πνεῦμα ἢ ταχινὸν ἀέρα
ἢ κύκλον ἄcτρων ἢ βίαιον ὕδωρ ἢ φωcτῆραc οὐρανοῦ, πρυτάνειc κόcμου[3]), θεοὺc ἐνόμιcαν[4]); die auffallend milde Polemik erklärt sich,
wenn wir bedenken, daß diese Philosophie schon in das Judentum
eingedrungen war. Im zweiten Jahrhundert nach Christus findet der
Verfasser des Κήρυγμα Πέτρου schon für Heidentum und Judentum

---

1) Vgl. die Ὅροι Ἀcκληπιοῦ.

2) Als Lehrer verehren auch die Rû'hânîjât die ägyptischen Offenbarungsgötter Hermes und Ἀγαθὸc δαίμων.

3) Es ist die gezierte, dichterische Umschreibung für den *terminus tech-
nicus* κοcμοκράτορεc.

4) Ich irrte, wenn ich früher (Zwei religionsgesch. Fragen 109) hier zwei
Ansichten, einen Kult der Elemente im engeren Sinn und einen Sternenkult
finden wollte. Die Fortsetzung stellt dieser Religion den Kult der Bilder
gegenüber. — Zu vergleichen ist Henoch 80, 7.

die Gesamtcharakteristik: jenes dient den ἀγάλματα, dieses den
cτοιχεῖα.[1])

Der fatalistische Grundzug dieser Religion scheint zunächst bei
der Verbindung mit dem jüdischen Monotheismus zurückzutreten,
jene Engellehre sich nur wie eine Erweiterung und Bereicherung

---

1) Den Wortlaut der Stelle sei es gestattet, da sie neuerdings von Preuschen
falsch behandelt (*Antilegomena* 52) und zugleich in ihren Anschauungen und ihrem
Sprachgebrauch interessant ist, ganz beizufügen: Τοῦτον τὸν θεὸν (er ist vorher ganz in Hermetischer Weise gepriesen) cέβεcθε μὴ κατὰ τοὺς Ἕλληνας ....
ἀγνοίᾳ φερόμενοι καὶ μὴ ἐπιcτάμενοι τὸν θεὸν ὡc ἡμεῖc κατὰ τὴν γνῶcιν τὴν
τελείαν, ὧν (ἣν Cod. verb. v. Potter) ἔδωκεν αὐτοῖc ἐξουcίαν εἰc χρῆcιν, μορφώ-
cαντεc, ξύλα καὶ λίθουc χαλκὸν καὶ cίδηρον χρυcὸν καὶ ἄργυρον, ⟨ἐπιλαθόμενοι⟩
τῆc ὕληc αὐτῶν καὶ χρήcεωc, τὰ δοῦλα τῆc ὑπάρξεωc ἀναcτήcαντεc cέβονται
καὶ ἃ ἔδωκεν αὐτοῖc εἰc βρῶcιν ὁ θεὸc πετεινὰ τοῦ ἀέροc καὶ τῆc θαλάccηc τὰ
νηκτὰ καὶ τῆc γῆc τὰ ἑρπετὰ καὶ τὰ θηρία cὺν κτήνεcι τετραπόδοιc τοῦ ἀγροῦ
(vgl. oben S. 47 A. 1; hiernach könnte ein Synonym zu cέβονται ausgefallen sein)
γαλᾶc τε καὶ μῦc αἰλούρουc τε καὶ κύναc ⟨λύκουc τε⟩ καὶ πιθήκουc, καὶ τὰ ἴδια
βρώματα βρωτοῖc θύματα θύουcιν καὶ νεκρὰ νεκροῖc προcφέροντεc ὡc θεοῖc ἀχαρι-
cτοῦcι τῷ θεῷ διὰ τούτων ἀρνούμενοι αὐτὸν εἶναι. — Μηδὲ κατὰ Ἰουδαίουc
cέβεcθε. καὶ γὰρ ἐκεῖνοι μόνοι οἰόμενοι τὸν θεὸν γινώcκειν οὐκ ἐπίcτανται
λατρεύοντεc ἀγγέλοιc καὶ ἀρχαγγέλοιc, Μηνὶ καὶ Cελήνῃ. καὶ ἐὰν μὴ cελήνη
φανῇ, cάββατον οὐκ ἄγουcι τὸ λεγόμενον πρῶτον οὐδὲ νεομηνίαν ἄγουcιν οὔτε
ἄζυμα οὔτε ⟨cκηνῶν⟩ ἑορτὴν οὔτε μεγάλην ἡμέραν. Die Konjektur Preuschens,
der im Anfang für ἣν bezw. ὧν vielmehr ἧc einsetzen und nach ἐξουcίαν in-
terpungieren will, ergibt Widersinn, da das zum Kult verwendete Silber und
Gold ja gerade der χρῆcιc entzogen wird. Im folgenden scheint mir ἐπιλαθό-
μενοι oder ἀμελήcαντεc oder ein ähnliches Wort zu fehlen. Als drittes γένοc
der Gottesverehrung wird die Verehrung Gottes durch Christus hingestellt. So
bietet sich von selbst Koloss. 2, 8 zum Vergleich: βλέπετε μή τιc ὑμᾶc ἔcται ὁ
cυλαγωγῶν διὰ τῆc φιλοcοφίαc καὶ κενῆc ἀπάτηc κατὰ τὴν παράδοcιν τῶν
ἀνθρώπων κατὰ τὰ cτοιχεῖα τοῦ κόcμου καὶ οὐ κατὰ Χριcτόν. Wer
hierzu verführt, führt in die Knechtschaft; es ist eine Religion nur des irdischen
Νοῦc, vgl. 2, 16: μὴ οὖν τιc ὑμᾶc κρινέτω ἐν βρώcει ἢ ἐν πόcει ἢ ἐν μέρει
ἑορτῆc ἢ νεομηνίαc ἢ cαββάτων ..... μηδεὶc ὑμᾶc καταβραβευέτω θέλων ἐν
ταπεινοφροcύνῃ καὶ θρηcκείᾳ τῶν ἀγγέλων, ἃ ἑώρακεν ἐμβατεύων,
εἰκῇ φυcιούμενοc ὑπὸ τοῦ νοὸc τῆc cαρκὸc αὐτοῦ .... εἰ ἀπεθάνετε
cὺν Χριcτῷ ἀπὸ τῶν cτοιχείων τοῦ κόcμου, τί ὡc ζῶντεc ἐν κόcμῳ δογμα-
τίζετε ... (auch hier sind die cτοιχεῖα τοῦ κόcμου zugleich persönlich gefaßt, sie
sind die ἄγγελοι, Everling 101). Der demütige Dienst, die Berufung auf Visionen,
die in der Polemik hervorgehobene Betonung des Νοῦc, alles scheint zu zeigen,
daß diese jüdische Mystik sich mit der „Hermetischen" eng berührt. Auch
kann Paulus das Verständnis für seine Schilderung dieser δουλεία bei Juden-
christen und Heidenchristen gleichmäßig voraussetzen.

der bisherigen Vorstellungen einzuführen. In ihren Wurzeln reicht sie ja auch über die Astrologie weit hinauf. Die Zwischenwesen erscheinen lange nur als Vollbringer des göttlichen Willens, gewissermaßen neutral, selbst weder gut noch böse. Aber allmählich bricht auch die fatalistische Auffassung durch; wir hören, daß bei den Essenern die εἱμαρμένη voll anerkannt ist[1]); ihren Zwang durch magische Einwirkung zu brechen, dient die Kenntnis der geheimen Namen der Engel. Aber Hippolyt (IX 4) und Epiphanius (I 16, 2) sprechen auch ausdrücklich von dem Schicksalsglauben und der Astrologie bei den „Pharisäern". Auch bei ihnen haben die Planeten, d. h. ihre Dämonen und Engel, bestimmte mystische Namen. Ein derartiges System mit den Namen der Planeten- und Tierkreiszeichen hat Epiphanius skizziert; von einem anderen bewahren die Evangelien eine Spur. Man hat mehrfach betont, daß der Name Beelzebul für den obersten der Dämonen in der apokryphen jüdischen Literatur nicht vorkommt.[2]) Auch in dem Neuen Testament ist seine Verwendung beschränkt; bei näherer Prüfung gehen alle Stellen auf eine Geschichte zurück. Pharisäer erheben die Anklage gegen Jesus: οὗτος οὐκ ἐκβάλλει τὰ δαιμόνια εἰ μὴ ἐν τῷ Βεελζεβοὺλ ἄρχοντι τῶν δαιμονίων.[3]) Zur Erklärung verweise ich auf die äußerst interessanten jüdischen Planetengebete des Cod. Paris. 2419 *(fol. 277ʳ)*, in welchen den verschiedenen Planeten bestimmte Engel und Dämonen zugewiesen werden. Bei allen anderen Planeten sind es mehrere gute und böse Gewalten; nur der oberste und mächtigste Planet, Saturn[4]),

---

1) Josephos XIII 5, 9: τὸ δὲ τῶν Ἐσσηνῶν γένος πάντων τὴν εἱμαρμένην κυρίαν ἀποφαίνεται καὶ μηδέν, ὃ μὴ κατ' ἐκείνης ψῆφον ἀνθρώποις ἀπαντᾷ. — Von den Pharisäern bezeugt Hippolyt (IX 4), daß sie neben der εἱμαρμένη auch dem freien Willen sein Recht zu lassen und einen mehr stoischen Mittelweg zu finden suchten.

2) Vgl. Baudissin, Realencyclop. f. prot. Theol. und Kirche II 3516. Die Eigenartigkeit der Tatsache verlangt eine Erklärung.

3) Matth. 12, 24; 27; vgl. Luk. 11, 15; 18; 19; Mark. 3, 22: καὶ οἱ γραμματεῖς οἱ ἀπὸ Ἱεροσολύμων καταβάντες ἔλεγον ὅτι Βεελζεβοὺλ ἔχει καὶ ὅτι ἐν τῷ ἄρχοντι τῶν δαιμονίων ἐκβάλλει τὰ δαιμόνια, endlich Matth. 10, 25: εἰ τῷ οἰκοδεσπότῃ Βεελζεβοὺλ ἐπεκάλεσαν, πόσῳ μᾶλλον τοῖς οἰκιακοῖς αὐτοῦ. Die allgemeinere Anklage ist δαιμόνιον ἔχεις; sie entspricht in ihrer Beziehung auf die übernatürliche Kraft und die neue, nicht der pharisäischen Auffassung entsprechende Lehre und Predigt dem allgemein hellenistischen Glauben an den δαίμων πάρεδρος, über den ich in Kap. VII handeln muß.

4) Das Gebet an ihn, oder vielmehr an seinen Engel, beginnt: κύριε ὁ

hat nur einen Engel, Ktetoël, und nur einen Dämon, Beelzebul.
Auch die mittelalterliche Astrologie, die von der jüdischen abhängt,
kennt als Sitz „des Teufels" den Saturn. Natürlich ist dann Ktetoël
in ähnlicher Weise der mächtigste der Engel; denn das System,
welches sich in diesen Gebeten ausdrückt, gibt keinem Planeten
nur gute oder nur böse Kraft; alle sind hier gleicherweise doppelt
wirksam. Ich zweifle nicht, daß Ktetoël hier die Stelle, die gewöhnlich dem Metatron zugewiesen wird, einnahm und gewissermaßen
Stellvertreter Jehovahs war.

 Wie weit der einzelne Jude mit diesen Vorstellungen von der
εἱμαρμένη und dem Walten der Sternengeister noch den Glauben an
ein persönliches Regiment Gottes zu verbinden wußte, läßt sich nicht
im allgemeinen feststellen. Doch gibt die Sprache von der Macht
und dem Druck dieser Vorstellungen einen gewissen Eindruck. Daß
die Ausdrücke κοςμοκράτορες oder ἄρχοντες τοῦ κόςμου früh übernommen wurden, zeigt die Weisheit Salomons gerade in der poetischen Umschreibung; ihre Verbreitung lehren uns die neutestamentlichen Schriften; aber sie führen in der Regel auch schon einen
Schritt weiter. Die Auflehnung gegen den drückenden Zwang läßt
den Gläubigen betonen, daß es doch nur dieses Leben, nur diese
Welt ist, über welche jene Mächte herrschen; sie heißen ἄρχοντες
τοῦ αἰῶνος τούτου, seltener auch κοςμοκράτορες τοῦ κόςμου τούτου.[1])

θεὸς ἡμῶν ὁ μέγας καὶ ὕψιςτος, ὁ ποιήςας καὶ πλάςας τὸν ἄνθρωπον; zu ver-
gleichen ist das Gebet der Ssabier an den „Gott der Juden" Saturn bei Dozy-
Goeje *(Actes du sixième Congrès international des Orientalistes, part.* II *section*
I *p.* 350). „Die Pharisäer" des Evangeliums brüsten sich mit der geheimen
Weisheit, der Kenntnis des Namens dieser höchsten, verborgenen δύναμις.
Daß Beelzebul phönizische Gottheit ist, fällt mir nicht ein zu bestreiten; aber
nicht dem Volksglauben der Juden, sondern einer astrologischen Geheim-
lehre gehört er für diese Zeit an. — Mit der Vorstellung, daß die Mehrzahl der
Planeten mehrere δαίμονες, Fixsterne wie die Plejaden deren sieben in sich haben,
hängt die Rede Jesu Matth. 12, 43—45 = Luk. 11, 24—26 zusammen; A. Jacoby,
welcher zu meiner Freude die astrologische Grundlage dieser ganzen Vorstellungen schon richtig erkannt hat (Evangelisch-protestantischer Kirchenbote f.
Elsaß-Lothringen 1902 S. 380), bringt irrig hiermit die ἑπτὰ πνεύματα πλάνης der
Patriarchentestamente zusammen, in denen jedem Planeten ein πνεῦμα entspricht.

 1) Daß ich damit nicht die gesamte Vorstellung von dem andern αἰών
aus dieser astrologischen Religion herleiten will, ist selbstverständlich; sie
wurzelt ebensowenig wie der Unsterblichkeitsglaube in ihr. Aber auch bei
letzterem muß man scharf betonen, daß er in dem hellenistischen Glauben meist
eng mit der Lehre von der εἱμαρμένη verbunden ist.

Eine weitere Verbreitung auch dieser Formel setzt die nächste Fortbildung κοςμοκράτορες τοῦ ςκότους τούτου[1]) voraus; ihr entspricht eine allgemeine Vorstellung, daß diese Herrscher furchtbare Tyrannen sind, daß die menschliche Schwachheit und Sündigkeit von ihnen herrührt, ja daß sie direkt den Menschen zwingen zu sündigen.[2]) Auch diese Anschauung wird bei den einzelnen in verschiedener Stärke vorgetreten sein; weit verbreitet war sie auch im Judentum. Ein letztes Kriterium bietet die bei den Gnostikern so oft wiederkehrende Ansicht, der Gott der Juden sei der Gott der είμαρμένη; man muß sie mit der gleichzeitigen Behauptung des Κήρυγμα Πέτρου, daß die Juden den ςτοιχεῖα dienen, verbinden, um ihre Bedeutung ganz zu verstehen. Die christliche Opposition gegen den Gottesbegriff des Alten Testaments spielt hier jedenfalls eine sehr viel geringere Rolle als die Opposition gegen die hellenistische, bezw. fatalistische Fortbildung dieses Begriffes. Wir sehen diese Fortbildung ja in Paulus, der seine Vorstellungen von Dämonen und Engeln nach Everlings schönem Nachweis ganz dem Judentum seiner Zeit entnommen hat. Wir müssen freilich noch einmal auf jene eigentümliche Auflehnung gegen den Glauben an die είμαρμένη zurückschauen, die ich soeben schon streifte.

Mit Recht hat Maaß hervorgehoben, welch furchtbaren Druck diese orientalische Schicksalsvorstellung auf die Seelen üben mußte und geübt hat. Sich diesem Zwange zu entziehen, aus dieser δουλεία in eine Art έλευθερία zu kommen, wird die allgemeine Sehnsucht der Zeit. Der chaldäische und ägyptische Zauberer bot dazu

---

1) Zuerst im Epheserbrief (6, 12), also einem ganz von den Anschauungen hellenistischer Mystik getränkten Schriftwerk: πρὸς τὰς ἀρχάς, πρὸς τὰς ἐξουςίας, πρὸς τοὺς κοςμοκράτορας τοῦ ςκότους τούτου, πρὸς τὰ πνευματικὰ τῆς πονηρίας ἐν τοῖς ἐπουρανίοις, dann formelhaft z. B. in dem Gebet von Gizeh (bei Jacoby, Ein neues Evangelienfragment S. 34): αἱ ἀρχ[αὶ καὶ ἐξ]ουςίαι καὶ κος[μο]κράτορες τοῦ [ς]κότους ἢ καὶ ἀκάθαρτον πνεῦμα, endlich verblaßt in der *Confessio Cypriani* 3: ἔγνων ἐκεῖ, πόςοι ἄρχοντες ςκότους εἰςίν (es sind die 365 Tagesgötter). Das könnte der Verfasser des Poimandres auch sagen. — Die Gewalt der Sternengötter ist hier schon allein böse, die Steigerung unverkennbar.

2) Pistis Sophia 336 (auf die Frage, woher die Sünde stammt): ἄρχοντες είμαρμένης *isti* ἀναγκάζουςιν *homines usque dum commiserint peccata*. Auf die ἑπτὰ πνεύματα τῆς πλάνης habe ich S. 52 A. 3 verwiesen; verwandt sind τὰ πνευματικὰ τῆς πονηρίας ἐν τοῖς ἐπουρανίοις Eph. 6, 12.

magische Mittel[1]), die Religionen beginnen Gott und die εἱμαρμένη
in Gegensatz zu bringen; Gott schützt die Seinen gegen ihre Macht.
Man betet[2]): ὑπεράςπιςόν μου πρὸς πᾶςαν ὑπεροχὴν ἐξουςίας, δαίμονος, θ[ρ]ό[νου][3]), ἀ[ρχῆς], εἱμαρμένης· ναί, κύριε, ὅτι ἐπικαλοῦμαί
ςου τὸ κρυ[π]τὸν ὄνομα τὸ διῆκον ἀπὸ τοῦ ςτερεώματος ἐπὶ τὴν γῆν.
Der Theologe wird die paulinische Terminologie leicht wiedererkennen. Gleichwohl richtet sich das Gebet an den Ἀγαθὸς δαίμων
und ist sicher nicht von christlichen Ideen beeinflußt.

Der fromme Jude späterer Zeit tröstet sich, daß zwar alle
Völker unter der εἱμαρμένη stehen, das Volk Gottes aber nicht.[4])
Ähnliches lehren von den Anhängern des Νοῦς die Hermetischen
Schriften, die sich überhaupt viel mit dieser Frage beschäftigen,
vgl. z. B. XII (XIII) 9: πάντων ἐπικρατεῖ ὁ νοῦς, ἡ τοῦ θεοῦ ψυχή,
καὶ εἱμαρμένης καὶ νόμου[5]) καὶ τῶν ἄλλων πάντων, καὶ οὐδὲν
αὐτῷ ἀδύνατον, οὔτε εἱμαρμένης ὑπεράνω θεῖναι (Candalle,
ὑπεράνωθεν οὖν MAC) ψυχὴν ἀνθρωπίνην, οὔτε ἀμελήςαςαν, ἅπερ
ςυμβαίνει, ὑπὸ τὴν εἱμαρμένην θεῖναι (Candalle, εἶναι A, οὖν MC).
Und wieder ähnlich ist die Ansicht der Valentinianer, daß Christus
die Seinen aus dem Reich der εἱμαρμένη in die Ὀγδοάς, aus der
δουλεία in die ἐλευθερία führt, vgl. Clemens von Alexandria *Exc. ex
Theodoto* 72: ἵνα μεταθῇ τοὺς εἰς Χριστὸν πιςτεύςαντας ἀπὸ τῆς
εἱμαρμένης εἰς τὴν ἐκείνου πρόνοιαν, und 78: μέχρι τοῦ βαπτίςματος

---

1) Für „Zoroastres" vgl. den Schluß des Kapitels. Einen Zauber zur Beeinflussung der εἱμαρμένη bietet Dieterich Abraxas 176 ff., vgl. 177, 15: ἀπάλειψόν μου
τὰ τῆς εἱμαρμένης κακά ... ἐπίβλεψόν μου τῇ γενέcει ... διαφύλαξόν με ἀπὸ πάςης
τῆς ἰδίας μου ἀςτρικῆς, ἀνάδυςόν μου (zurücknehmen, vgl. Dieterich 178) τὴν
ςκληρὰν εἱμαρμένην, μέριςόν μοι ἀγαθὰ ἐν τῇ γενέcει μου. Eine Hermetische
Lehre, daß der „Philosoph" zu solchen Mitteln nicht greifen wird, da er die
Güter und die Übel der εἱμαρμένη verachtet, wird uns später begegnen.

2) Im ersten Berliner Zauberpapyrus (Parthey, Abh. d. Berl. Akad. 1865
S. 126 Z. 215). In dem analogen Gebet bei Wessely, Denkschr. d. K. K. Akad.
1888 S. 74 Z. 1192 heißt es nur: διαφύλαξόν με τὸν δεῖνα ἀπὸ πάςης ὑπεροχῆς
ἐξουςίας καὶ πάςης ὕβρεως. Das zeigt, wie das Walten der εἱμαρμένη schon
empfunden wird.

3) Statt des ersten o las Parthey allerdings ε, doch wird sich schwerlich
eine andere Ergänzung denken lassen.

4) Karppe *Les origines du Zohar* p. 76. 77: *L'influence des astres n'a
aucun effet sur Israël.*

5) Auch Paulus verbindet den νόμος mit jenen Himmelskräften, deren
Gesamtwirkung die εἱμαρμένη ist.

οὖν ἡ εἱμαρμένη, φασίν, ἀληθής, μετὰ δὲ τοῦτο οὐκέτι ἀληθεύουσιν οἱ ἀςτρολόγοι.

Ich verzichte darauf die Zitate aus Hermetischen oder gnostischen Schriften zu häufen. Für erstere werden uns noch später zahlreiche Zeugnisse begegnen, letztere hat Anz in einer lesenswerten Studie „Zur Frage nach dem Ursprung des Gnostizismus" fast vollständig zusammengetragen.[1]) Er sucht eine einzige Zentralidee des Gnostizismus zu erkennen und sie aus der babylonischen Religion zu erklären: es ist die Lehre von der εἱμαρμένη und der Befreiung von ihr. So wenig ich dem Grundgedanken beistimmen kann[2]), so sicher scheint mir, daß eine der Hauptlehren der meisten Sekten ist, „daß sieben Archonten die Welt knechten und den Menschen nicht zur Freiheit kommen lassen, die ihm kraft seines göttlichen Adels gebührt, daß aber die γνῶcιc aus dieser Tyrannei erlösen und zu Gott führen kann". Das bildet die treibende Kraft, das werbende Element in diesen wunderlichen Theosophien. Der Fatalismus hat als sein Gegenbild den Mystizismus, die Lehre einer „natürlichen Religion" hat eine Steigerung des Strebens nach Entrückung über die Natur erzeugt; an der Stärke des einen können wir die Wirkung des andern messen.

Gewiß ist bei Paulus noch viel von der mehr allgemeinen, gewissermaßen neutralen Auffassung der Elementargeister im früheren Judentum übrig. Aber die ἄρχοντες τοῦ αἰῶνος τούτου sind doch zugleich schon die bösen Gewalten, welche z. B. die Kreuzigung Christi in gottfeindlicher Absicht veranlaßt haben; ihr Walten wird an dem Tage, wo Gott die Herrschaft wieder übernimmt, beendet

---

1) Gebhardt-Harnack, Texte und Untersuchungen XV 4.

2) Aussichtslos war von vornherein der Gedanke, die ganze geistige Bewegung des Orients lasse sich auf ein Volk zurückführen; leichtfertig und nur aus vollster Unkenntnis alles Ägyptischen und alles Hellenismus zu erklären die Begründung, mit der Anz die Berücksichtigung Ägyptens ablehnt, unglücklich die Konstruktion einer zeitlichen Abfolge von Magie, bezw. Mysterienkult, und Philosophie. Viel zu wenig werden die verwandten Vorstellungen geschieden; jede Erwähnung von sieben Planeten oder sieben Himmeln genügt, diesen Glauben nachzuweisen; ob die Sterne teils gute teils böse oder sowohl gute wie böse Gewalt haben, d. h. ob einfach die alte Astrologie vorwirkt, oder ob sie an sich böse sind, gilt für Anz gleich. Dennoch hat Anz die religiöse Empfindung der Zeit m. E. besser als mancher seiner Vorgänger getroffen, nur daß er die gewissermaßen international gewordene hellenistische

werden.[1]) Jetzt herrscht als θεὸϲ τοῦ αἰῶνοϲ τούτου, als ἄρχων τῆϲ ἐξουϲίαϲ τοῦ ἀέροϲ (also zwischen Himmel und Erde) der Fürst jener ἄρχοντεϲ, der Böse[2]), und selbst die κτίϲιϲ seufzt und sehnt sich nach der Freiheit. Aber auch ohne die Hoffnung auf jene neue Weltperiode, in welcher die ἄρχοντεϲ gestürzt und die κτίϲιϲ erneut wird, hat der Christ schon jetzt gegenüber der trostlosen Leere einer fatalistischen Religion, welche den Zusammenhang zwischen Mensch und Gott lösen muß, das beseeligende Bewußtsein einer unstörbaren Liebesvereinigung mit Gott; jene dunkeln Mächte beherrschen nur das äußere Ergehen, nur sein irdisches Teil; er aber weiß: ὅτι οὔτε θάνατοϲ οὔτε ζωή, οὔτε ἄγγελοι οὔτε ἀρχαὶ οὔτε δυνάμειϲ, οὔτε ἐνεϲτῶτα οὔτε μέλλοντα, οὔτε ὕψωμα[3]) οὔτε βάθοϲ, οὔτε κτίϲιϲ ἑτέρα δυνήϲεται ἡμᾶϲ χωρίϲαι ἀπὸ τῆϲ ἀγάπηϲ τοῦ θεοῦ τῆϲ ἐν Χριϲτῷ Ἰηϲοῦ τῷ κυρίῳ ἡμῶν (Röm. 8, 38). Das wunderbare Wort läßt sich nur aus dem innersten Erleben, nur aus der Tatsache begreifen, daß Paulus unter dem Druck einer fatalistischen Religion selbst geseufzt hat. Es vereinigt sich trefflich mit jener aus anderer Stimmung geschriebenen, vielbesprochenen Mahnung an die Galater: καὶ ἡμεῖϲ ὅτε ἦμεν νήπιοι, ὑπὸ τὰ ϲτοιχεῖα τοῦ κόϲμου ἦμεν δεδουλωμένοι .... ἀλλὰ τότε μὲν οὐκ εἰδότεϲ θεὸν ἐδουλεύϲατε τοῖϲ φύϲει μὴ οὖϲιν θεοῖϲ[4])· νῦν δὲ γνόντεϲ θεόν, μᾶλλον δὲ γνωϲθέντεϲ ὑπὸ θεοῦ, πῶϲ ἐπιϲτρέφετε πάλιν ἐπὶ τὰ ἀϲθενῆ καὶ πτωχὰ ϲτοιχεῖα[5]), οἷϲ πάλιν

Vorstellung mit dem mythologischen Kern verwechselt, der neben ihr in diesen Systemen wirkt.

1) Für den gläubigen Juden war es der Tag, an dem der Messias erscheint. Wer Christi Kommen als das erste Erscheinen des Messias betrachtete, mußte die Aufhebung der εἱμαρμένη auf seine Wiederkunft verschieben.

2) Vgl. I. Kor. 2, 6; 15, 24; Ephes. 2, 2; II Kor. 4, 4. Eine zweite, zunächst von der Astrologie unabhängige Lehre von dem Widersacher Gottes und der Seinen wirkt mit ein.

3) Die astrologische Bedeutung von ὕψωμα (Kulminationspunkt eines Sternes und seiner Macht) findet sich auch in den Zauberpapyri (vgl. besonders Dieterich, Abraxas 173, 20). Daneben empfindet Paulus es in der Bedeutung „Höhe" (vgl. etwa Wessely, Denkschr. d. K. K. Ak. 1888 S. 73 Z. 1154: ὁ τὸν αἰθέρα ἀνακρεμάϲαϲ μετεώρῳ ὑψώματι) und bildet danach der Fülle des Ausdrucks halber den Gegensatz wie z. B. Longin περὶ ὕψουϲ 2. Ähnlich Vettius Valens in gehobener Rede (oben S. 6).

4) Die *naturalis theologia* erkennt nur die Götter an, die φύϲει sind, das ist für Paulus nur der Eine.

5) Sie als Dämonen sind diesem Gott gegenüber πτωχὰ καὶ ἀϲθενῆ, während ihre Diener die τακτοὶ δρόμοι und die Allmacht dieser „Götter" preisen.

ἄνωθεν δουλεῦcαι θέλετε; ἡμέραc παρατηρεῖcθε καὶ μῆναc καὶ καιροὺc
καὶ ἐνιαυτούc.[1])

Dieselbe Grundauffassung, die Paulus ganz allgemein voraussetzt, liegt auch in der Schilderung des Menschen im Poimandres (15):
ἀθάνατοc γὰρ ὢν καὶ πάντων τὴν ἐξουcίαν ἔχων τὰ θνητοῦ πάcχει
ὑποκείμενοc τῇ εἱμαρμένῃ· ὑπεράνω οὖν ὢν τῆc ἁρμονίαc ἐναρμόνιοc
γέγονε δοῦλοc. Aus der δουλεία steigt dann die Seele des Frommen, d. h. des mit der γνῶcιc Begabten, im Tode wieder durch die
Sphären zu Gott empor. Der Mythus, in welchen dieser Gedanke
wenigstens z. T. sich hüllt, ist unvollständig wiedergegeben. Der
Gott Ἄνθρωποc entschwindet nach dem Zeugungsakte plötzlich, wir
wissen nicht wohin. Erwarten müßten wir, daß er, der vom Vater
selbst entsendet und mit aller ἐξουcία ausgerüstet ist, mittelbar oder
unmittelbar Erretter seiner Nachkommen wird und die Befreiung
von der εἱμαρμένη vollbringt. Aber zu tief ist dem Ägypter der
Glaube an den Noûc-Gott als Führer und Leiter eingewurzelt. Er
zerstört lieber den Mythus, als daß er dem eingedrungenen Gott
diese Hauptstellung einräumte. Daß er sie wirklich einmal gehabt hat,
müßten uns schon die gnostischen Systeme lehren, welche Christus
so oft mit jenem Ἄνθρωποc in irgend eine Verbindung bringen.
Aber hier wie immer dürfen wir, wenn wir den christlichen Gnostizismus verstehen wollen, nicht von ihm ausgehen; ebensowenig
freilich von dem Rätselwort des Evangeliums ὁ υἱὸc τοῦ ἀνθρώπου,
welches ja mit diesem Gott Ἄνθρωποc irgendwie zusammenhängen
muß, aber selbst nichts ergibt. Ich möchte einen neuen, m. W.
nicht betretenen Weg einschlagen, dem Mythus näher zu kommen.
Ist dieser Weg auch weit und beschwerlich, so bietet er doch vielleicht dem Philologen manchen neuen Ausblick in ihm bekannte
Gebiete. Unser Ziel ist, den hellenistischen Mythus vom Gotte
Ἄνθρωποc zu finden.

Ich habe früher[2]) darauf hingewiesen, daß sich in der von

1) Das kann sich wie der Zusammenhang und die S. 74 A. 1 angeführten
Stellen des Κήρυγμα Πέτρου und des Kolosserbriefes beweisen, nicht auf bloße
Beobachtung des Kalenders beziehen. Der Kalender enthält die Theologie;
Tag und Woche, Monat und Jahr sind göttliche Wesen von bestimmter Kraft
und bestehen aus anderen göttlichen Wesen (vgl. Beigabe II). Das tritt selbst
in der sonst farblosen Charakteristik des Briefes an Diognet (Kap. 4) noch hervor: παρεδρεύονταc ἄcτροιc καὶ cελήνῃ. 2) Zwei religionsgesch. Fragen S. 96.

Hippolyt benutzten Hauptschrift der Naassener die christlichen Zitate
und Gedanken leicht ausscheiden lassen, und daß wir einen allerdings stark verkürzten heidnischen Traktat übrig behalten. Wendland hat dies in seiner Rezension[1]) gebilligt und den Nachweis aus
den Angaben über orientalische Mysterien zu führen versprochen.
So kann ich mich kürzer fassen und nur den längst niedergeschriebenen formellen Beweis hier bieten, die Ergänzung nach der sachlichen Seite aber von ihm erhoffen.   Zum Verständnis habe ich vor-
auszuschicken, daß die Darstellung Hippolyts in drei Teile zerfällt.
Der erste beginnt mit der Erklärung des Namens (p. 130, 1 Cruice,
132, 1 Schneidewin), gibt ganz kurz einige κεφάλαια an und schließt
(p. 141, 2 Cruice, 134, 80 Schneidewin) mit der Angabe, daß sie sich
für diese Lehren auf Mariamne berufen, die dies von Jacobus, dem
Bruder Jesu, gelernt habe; der dritte beginnt (p. 178, 1 Cruice, 170, 63
Schneidewin) mit einer neuen Erklärung des Namens; eingestreut
sind in diese beiden Teile Hymnen aus einer liturgischen Sammlung.   Zwischen beiden steht ein längerer Abschnitt, der für Hippolyt
beweisen soll, daß die Naassener ihre Lehren vielmehr aus dem
Mysterienkult der Heiden entnommen haben, und der in der Behauptung gipfelt, daß sie die Mysterien der Göttermutter mitmachen
und in ihnen ihre ganze Lehre bildlich schauen.   Den Beweis soll
eine sehr genau exzerpierte Kultschrift liefern, die uns im folgenden beschäftigen muß.   Schon bei flüchtigem Lesen gewahrt man
leicht, daß in diesem Exzerpt die neutestamentlichen Zitate und Gedanken den Zusammenhang zerreißen und sich alle leicht aussondern.
Bei den alttestamentlichen Zitaten steht es etwas anders; ich habe
in der folgenden Scheidung drei in dem Text gelassen, weil sie sich
nicht lückenlos herausschneiden ließen.   Die Folgerung, daß einst
eine jüdische Gemeinde die Mysterien der Μήτηρ μεγάλη gefeiert
hat[2]), ziehe ich daraus nicht.   Was uns vorliegt, ist nach meiner
Behauptung ein heidnischer Text mit gnostisch-christlichen Scholien,
bezw. in gnostisch-christlicher Überarbeitung, exzerpiert von einem
Gegner, der dies Sachverhältnis nicht erkannte, und so erst von Hippolyt
verwendet.   Eine absolut sichere Scheidung der einzelnen Elemente ist

---

1) Berl. philol. Wochenschr. 1902 Sp. 1324.

2) Dies müßte, wenn man die Stellen näher ansieht, der Hergang sein;
an sich unmöglich wäre das, wie die Zauberpapyri zeigen, durchaus nicht, aber
stärkere Beweise müßten sich vorbringen lassen.

dabei nicht möglich. Es ist von entscheidender Bedeutung, daß
wir an vielen Stellen trotz der Verkürzung nachweisen können, daß
der christliche Zusatz den alten Zusammenhang zerreißt und fehlen
kann; daß er an manchen auch das Alte verdrängt und sich organi-
scher in den Text gefügt hat, ist nicht befremdlich. Ich werde
meine These für erwiesen halten, wenn der Abdruck der heidnischen
Partien im Text im allgemeinen einen wohlgeordneten und verständlichen Zusammenhang ergibt; einzelne Sätzchen oder Färbungen des
Ausdrucks können dem christlichen Bearbeiter gehören.[1]) Mit diesen
Einschränkungen nur wage ich den folgenden Rekonstruktionsversuch
zu bieten.

Der Anfang des ursprünglichen Stückes ist uns verloren und
durch eine Überleitung Hippolyts ersetzt:

Ἔλθωμεν ἐπὶ τὰς τελετάς, ὅθεν αὐτοῖς οὗτος ὁ μῦθος, εἰ δοκεῖ, ἐπὶ τὰς
βαρβαρικάς τε καὶ Ἑλληνικάς, καὶ ἴδωμεν ὡς τὰ κρυπτὰ καὶ ἀπόρρητα πάντων
ὁμοῦ cυνάγοντες οὗτοι μυστήρια τῶν ἐθνῶν, καταψευδόμενοι τοῦ Χριστοῦ, ἐξαπα-
τῶcι τοὺς ταῦτα οὐκ εἰδότας τὰ τῶν ἐθνῶν ὄργια. ἐπεὶ γὰρ ὑπόθεcιc αὐτοῖς
ὁ ἄνθρωπός ἐcτιν Ἀδάμας καὶ λέγουcι γεγράφθαι περὶ αὐτοῦ „τὴν γενεὰν
αὐτοῦ τίς διηγήcεται;" (Jes. 53, 8), μάθετε πῶς κατὰ μέρος παρὰ τῶν ἐθνῶν τὴν
ἀνεξεύρητον καὶ διάφορον τοῦ ἀνθρώπου γενεὰν λαβόντες ἐπιπλάccουcι τῷ Χριcτῷ. —

Γῆ[2]) δέ, φαcὶν οἱ Ἕλληνες, ἄνθρωπον ἀνέδωκε πρώτη, καλὸν 1 184,90
ἐνεγκαμένη γέρας, μὴ φυτῶν ἀναιcθήτων μηδὲ θηρίων ἀλόγων ἀλλὰ
ἡμέρου ζῴου καὶ θεοφιλοῦς ἐθέλουcα μήτηρ γενέcθαι. χαλεπὸν δέ,
φηcίν, ἐξευρεῖν εἴτε Βοιωτοῖc Ἀλαλκομενεὺc[3]) ὑπὲρ λίμνης Κηφιcίδος
ἀνέcχε πρῶτος ἀνθρώπων, εἴτε Κούρητες ἦcαν Ἰδαῖοι, θεῖον γένος,
ἢ Φρύγιοι Κορύβαντες, οὓς πρώτους[4]) ἥλιος ἐπεῖδε[5]) δενδροφυεῖc
ἀναβλαcτάνοντας, εἴτε προcεληναῖον Ἀρκαδία Πελαcγόν, ἢ Ῥαρίας
οἰκήτορα Δυcαύλην[6]) Ἐλευcίc, ἢ Λῆμνος καλλίπαιδα Κάβιρον ἀρρήτῳ[7])
ἐτέκνωcεν ὀργιαcμῷ, εἴτε Πελλήνη[8]) Φλεγραῖον Ἀλκυονέα πρεcβύτα-
τον Γιγάντων. Λίβυες δὲ Γαράμαντά[9]) φαcι πρωτόγονον αὐχμηρῶν
ἀναδύντα πεδίων γλυκείας ἀπάρξαcθαι Διὸς βαλάνου. Αἰγυπτίαν[10])

---

1) In einzelnen Fällen scheint sogar die christliche Bearbeitung nachträglich noch um eine oder die andere Bibelstelle erweitert. Die Schrift ist in der
christlichen Gemeinde eine Zeit lang gebraucht worden, ehe Hippolyt sie bekam.

2) Ich gebe nur zu dem Haupttext ausgewählte Varianten und Konjekturen.

3) Ἀλκομενεὺc Cod. verb. Miller.   4) πρῶτος Cod. verb. Schn.

5) ἐπιδε aus ἐφιδε Cod.

6) δίαυλον Cod. verb. Wilamowitz, Hermes XXXVII 331.

7) ἀρρήτων Cod. verb. Wil.   8) Φελλήνη Cod. verb. Wil.

9) τάρβαντα Cod. verb. Bergk.   10) Αἰγυπτίων Cod. verb. Wil.

δὲ Νεῖλος ἰλὺν¹) ἐπιλιπαίνων μέχρι σήμερον ζωογονῶν, φηςίν, ὑγρῷ
ςαρκούμενα θερμότητι ζῷα²) ἀναδίδωςιν. Ἀccύριοι δὲ Ὠάννην³)
2 ἰχθυοφάγον γενέςθαι παρ' αὑτοῖc, Χαλδαῖοι δὲ τὸν Ἀδάμ. καὶ τοῦτον
εἶναι φάcκουcιν τὸν ἄνθρωπον, ὃν ἀνέδωκεν ἡ γῆ ⟨cῶμα⟩ μόνον⁴)·
κεῖcθαι δὲ αὐτὸν ἄπνουν ἀκίνητον ἀcάλευτον, ὡc ἀνδριάντα⁵), εἰκόνα
ὑπάρχοντα ἐκείνου τοῦ ἄνω τοῦ ὑμνουμένου Ἀδάμαντοc ἀνθρώπου,
γενόμενον ὑπὸ δυνάμεων τῶν πολλῶν, περὶ ὧν ὁ κατὰ μέροc λόγοc
ἐcτὶ πολύc. ἵν' οὖν τελέωc ᾖ κεκρατημένοc ὁ μέγαc ἄνθρωποc,
13⁶, 17 ἄνωθεν⁶) ἐδόθη αὐτῷ καὶ ψυχή, ἵνα διὰ τῆc ψυχῆc πάcχῃ καὶ κολά-
ζηται καταδουλούμενον τὸ πλάcμα τοῦ μεγάλου καὶ καλλίcτου καὶ
136, 24 3 τελείου ἀνθρώπου.⁷) — εἶναι δέ φαcι τὴν ψυχὴν δυcεύρετον πάνυ
καὶ δυcκατανόητον· οὐ γὰρ μένει ἐπὶ cχήματοc οὐδὲ μορφῆc τῆc
αὐτῆc πάντοτε οὐδὲ πάθουc ἑνόc, ἵνα τιc αὐτὴν ἢ τύπῳ εἴπῃ ἢ
136, 29 οὐcίᾳ καταλήψεται.⁸) ἀποροῦcιν οὖν⁹), πότερόν ποτε ἐκ τοῦ προ-
όντοc ἐcτὶν ⟨ἢ⟩¹⁰) ἐκ τοῦ αὐτογενοῦc¹¹), ἢ ἐκ τοῦ ἐκκεχυμένου
4 χάουc. καὶ πρῶτον ἐπὶ τὰc Ἀccυρίων καταφεύγουcι τελετὰc τὴν
τριχῇ διαίρεcιν τοῦ ἀνθρώπου κατανοοῦντεc· πρῶτοι γὰρ Ἀccύριοι
τὴν ψυχὴν τριμερῆ νομίζουcιν εἶναι καὶ μίαν. ψυχῆc γάρ, φαcί¹²),
πᾶcα φύcιc, ἄλλη δὲ ἄλλωc ὀρέγεται. ἔcτι γὰρ ψυχὴ πάντων τῶν
γινομένων αἰτία· πάντα ⟨γὰρ⟩ ὅcα τρέφεται, φηcί, καὶ αὔξει, ψυχῆc
δεῖται. οὐδὲν γὰρ οὔτε τροφῆc, φηcίν, οὔτε αὐξήcεωc οἷόν ⟨τ'⟩ ἐcτιν

---

1) ὕλην Cod. verb. Schn.   2) ζῷα καὶ cῶμα Cod. verb. Wil.
3) ἰαννὴν Cod. verb. Schn.   4) cῶμα war verstellt, vgl. A. 2.
5) ἀνδριάντος Cod. verb. Miller.   6) ἄνωθεν zu ἐδόθη Keil, Plasberg;
vielleicht zu tilgen; ὁ ἄνωθεν Schn. Hiernach: ἀφ' οὗ, καθὼc λέγεται (Eph. 3, 15),
πᾶcα πατριὰ ὀνομαζομένη ἐπὶ γῆc καὶ ἐν τοῖc οὐρανοῖc cυνέcτηκεν.
   7) Hiernach: καὶ γὰρ οὕτωc αὐτὸν καλοῦcι. ζητοῦcιν οὖν [αὐτὸν] πάλιν,
τίc ἐcτιν ἡ ψυχὴ καὶ πόθεν καὶ ποταπὴ τὴν φύcιν, ἵν' ἐλθοῦcα εἰc τὸν ἄνθρωπον
καὶ κινήcαcα καταδουλώcῃ καὶ κολάcῃ τὸ πλάcμα τοῦ τελείου ἀνθρώπου· ζητοῦcι
δὲ οὐκ ἀπὸ τῶν γραφῶν, ἀλλὰ καὶ τοῦτο ἀπὸ τῶν μυcτικῶν. Übrigens scheint
der verkürzt angegebene „chaldäische" Mythus von Hippolyt mißverstanden.
Adam heißt hier der irdische Leib, den die δαίμονεc geschaffen haben; der
himmlische Mensch wird als Seele in ihn gebannt, um durch den Adam, den
irdischen Leib, geknechtet zu werden.
   8) Hiernach: τὰc δὲ ἐξαλλαγὰc ταύταc τὰc ποικίλαc ἐν τῷ ἐπιγραφομένῳ
κατ' Αἰγυπτίουc εὐαγγελίῳ κειμέναc ἔχουcιν. Die ἐξαλλαγαί waren im Text also
zunächst angeführt und von dem Überarbeiter dann mit Stellen aus dem
Ägypter-Evangelium belegt worden.
   9) Hiernach: καθάπερ οἱ ἄλλοι πάντεc τῶν ἐθνῶν ἄνθρωποι. Das Original
hatte die Zweifel der verschiedenen Völker wohl ausgeführt.   10) Erg. Schn.
   11) αὐτοῦ γένουc Cod. verb. Bunsen.   12) ψυχὴ γὰρ πᾶcι Cod. verb. Schn.

ἐπιτυχεῖν ψυχῆς μὴ παρούσης. καὶ γὰρ ⟨καὶ⟩ οἱ λίθοι, φηcίν, εἰcὶν
ἔμψυχοι· ἔχουcι γὰρ τὸ αὐξητικόν· αὔξηcιc δὲ οὐκ ἄν ποτε γένοιτο
χωρὶc τροφῆc· κατὰ προcθήκην γὰρ αὔξει τὰ αὐξανόμενα, ἡ δὲ
προcθήκη τροφὴ τοῦ τρεφομένου. πᾶcα οὖν φύcιc ἐπουρανίων, φηcί,
καὶ ἐπιγείων καὶ καταχθονίων ψυχῆc ὀρέγεται.[1]) — καλοῦcι δὲ Ἀccύ- 5
ριοι τὸ τοιοῦτον Ἄδωνιν ἢ Ἐνδυμίωνα. καὶ ὅταν μὲν Ἄδωνιc κα-
λῆται, Ἀφροδίτη[2]), φηcίν, ἐρᾷ καὶ ἐπιθυμεῖ τῆc ψυχῆc τοῦ τοιούτου
ὀνόματοc[3])· Ἀφροδίτη δὲ ἡ γένεcίc ἐcτι κατ' αὐτούc. ὅταν δὲ ἡ Περcε-
φόνη ἡ καὶ[4]) Κόρη ἐρᾷ τοῦ Ἀδώνιδοc, θνητή, φηcί, τὶc τῆc ⟨δὲ⟩
Ἀφροδίτηc κεχωριcμένη τῶν γενέcεών[5]) ἐcτιν ἡ ψυχή. ἐὰν δὲ ἡ Cελήνη
Ἐνδυμίωνοc εἰc ἐπιθυμίαν ἔλθῃ καὶ ἔρωτα μορφῆc, ἡ τῶν ὑψηλοτέρων,
φηcί, κτίcιc προcδεῖται καὶ ⟨αὐτὴ⟩ ψυχῆc. ἐὰν δέ, φηcίν, ἡ μήτηρ 6
τῶν θεῶν ἀποκόψῃ τὸν Ἄττιν, καὶ αὐτὴ τοῦτον ἔχουcα ἐρώμενον, ἡ
τῶν ὑπερκοcμίων, φηcί, καὶ αἰωνίων ἄνω μακαρία φύcιc τὴν ἀρρενικὴν
δύναμιν τῆc ψυχῆc ἀνακαλεῖται πρὸc αὐτήν.[6])

1) Es fehlt eine weitere Schilderung der beiden andern Teile, damit τὸ
τοιοῦτον (dies wunderliche Wesen) eine Erklärung findet.

2) Ἀφροδίτηc Cod. verb. Schn.

3) Die entsprechend benannte Seele (Keil); διὰ τοῦ τοιούτ. ὀν. Plasberg.

4) καὶ ἡ Cod. Die Kultbezeichnung τριπόθητοc wird erklärt, vgl. Schol. Theokr.
15, 86 und Apollodor III 184 ff. Wagner. Aphrodite, Persephone und Selene vertreten die ἐπίγεια καταχθόνια und ἐπουράνια. Mehr darf den Assyriern nicht zugeschrieben werden, am wenigstens ein Kult des Attis. Der Übergang von den
Assyriern zu den Phrygern ist hier verdunkelt, indem zwischen Selene und Rhea
ein räumlicher Unterschied gemacht wird; den Sachverhalt zeigt der Anfang von
§ 7. — Zum folgenden vgl. Damaskios Βίοc Ἰcιδώρου bei Photius Bibl. 345 a 5:
ἐγκαθευδήcαc ἐδόκουν ὄναρ ὁ Ἄττηc γενέcθαι καί μοι ἐπιτελεῖcθαι παρὰ τῆc μητρὸc
τῶν θεῶν τὴν τῶν ἱλαρίων καλουμένην ἑορτήν, ὅπερ ἐδήλου τὴν ἐξ Ἅιδου γεγονυῖαν ἡμῶν cωτηρίαν. Der Sinn der phrygischen Mysterien ist richtig angegeben.

5) γενέcεωc Cod. Hergestellt Keil (Κόρη ist die Unfruchtbare); τουτέcτι
τῆc γεν. Plasberg; τῆc ἄνω γενέcεωc ich.

6) Hiernach: ἔcτι γάρ, φηcίν, ἀρcενόθηλυc ὁ ἄνθρωποc. κατὰ τοῦτον οὖν
αὐτοῖc τὸν λόγον πάνυ πονηρὸν καὶ κεκωλυμένον κατὰ τὴν διδαcκαλίαν ἡ γυναικὸc
πρὸc ἄνδρα δεδειγμένη (?) καθέcτηκεν ὁμιλία. ἀπεκόπη γάρ, φηcίν, ὁ Ἄττιc,
τουτέcτιν ἀπὸ τῶν χοϊκῶν τῆc κτίcεωc κάτωθεν μερῶν ⟨ἐχωρίcθη⟩ καὶ ἐπὶ τὴν
αἰωνίαν ἄνω μετελήλυθεν οὐcίαν, ὅπου, φηcίν, οὐκ ἔcτιν οὔτε θῆλυ οὔτε ἄρcεν,
ἀλλὰ καινὴ κτίcιc, καινὸc ἄνθρωποc, ὅc ἐcτιν ἀρcενόθηλυc. ποῦ δὲ ἄνω λέγουcι,
κατὰ τὸν οἰκεῖον ἐλθὼν δείξω τόπον. μαρτυρεῖν δέ φαcιν αὐτῶν τῷ λόγῳ οὐχ ἁπλῶc
μόνην τὴν Ῥέαν, ἀλλὰ γὰρ ὡc ἔποc εἰπεῖν ὅλην τὴν κτίcιν· καὶ τοῦτο εἶναι τὸ
λεγόμενον ὑπὸ τοῦ λόγου διαcαφοῦcι (Röm. 1, 20—27): τὰ γὰρ ἀόρατα αὐτοῦ
ἀπὸ τῆc κτίcεωc τοῦ κόcμου τοῖc ποιήμαcιν αὐτοῦ νοούμενα καθορᾶται ἥ τε
ἀΐδιοc αὐτοῦ δύναμιc καὶ θειότηc, πρὸc τὸ εἶναι αὐτοὺc ἀναπολογήτουc. διότι

140,89 7   Οὐ μόνον ⟨δ'⟩ αὐτῶν ἐπιμαρτυρεῖν φαcὶ τῷ λόγῳ τὰ Ἀccupίων
μυcτήρια καὶ Φρυγῶν περὶ τὴν τῶν γεγονότων καὶ γινομένων καὶ
ἐcομένων ἔτι μακαρίαν κρυβομένην ὁμοῦ καὶ φανερουμένην φύcιν [1]),
142,4 8 ⟨ἀλλὰ καὶ τὰ Αἰγυπτίων⟩. λέγουcι γοῦν ὅτι Αἰγύπτιοι, πάντων
ἀνθρώπων μετὰ τοὺς Φρύγας ἀρχαιότεροι καθεcτῶτες καὶ πᾶcι τοῖς
ἄλλοις ἀνθρώποις ὁμολογουμένως τελετὰς καὶ ὄργια θεῶν πάντων
ὁμοῦ μετ' αὐτοὺς πρῶτον [2]) κατηγγελκότες ⟨καὶ⟩ ἰδέας καὶ ἐνεργείας ⟨θεῶν⟩, ἱερὰ καὶ cεβάcμια καὶ ἀνεξαγόρευτα τοῖς μὴ τετελε-
cμένοις τὰ Ἴcιδος ἔχουcι μυcτήρια. τὰ δ' εἰcὶν οὐκ ἄλλο τι ἢ ἡρ-
παcμένον καὶ Ζητούμενον ὑπὸ τῆς ἑπταcτόλου καὶ μελανείμονος
αἰδοῖον [3]) Ὀcίριδος· Ὄcιριν δὲ λέγουcιν ὕδωρ. ἡ δὲ Φύcις ἑπτάcτολος,

γνόντες τὸν θεὸν οὐχ ὡς θεὸν ἐδόξαcαν ἢ ηὐχαρίcτηcαν, ἀλλ' ἐματαιώθη ἡ
ἀcύνετος αὐτῶν καρδία· φάcκοντες γὰρ εἶναι cοφοὶ ἐμωράνθηcαν καὶ ἤλλαξαν
τὴν δόξαν τοῦ ἀφθάρτου θεοῦ ἐν ὁμοιώμαcιν εἰκόνος φθαρτοῦ ἀνθρώπου καὶ
πετεινῶν καὶ τετραπόδων καὶ ἑρπετῶν. διὸ καὶ παρέδωκεν αὐτοὺς ὁ θεὸς εἰς
πάθη ἀτιμίας. αἵ τε γὰρ θήλειαι αὐτῶν μετήλλαξαν τὴν φυcικὴν χρῆcιν εἰς τὴν
παρὰ φύcιν (τί δέ ἐcτιν ἡ φυcικὴ κατ' αὐτοὺς χρῆcις, ὕcτερον ἐροῦμεν)· ὁμοίως
δὲ καὶ οἱ ἄρρενες ἀφέντες τὴν φυcικὴν χρῆcιν τῆς θηλείας ἐξεκαύθηcαν ἐν τῇ
ὀρέξει αὐτῶν εἰς ἀλλήλους, ἄρρενες ἐν ἄρρεcι τὴν ἀcχημοcύνην κατεργαζόμενοι
(ἀcχημοcύνη δέ ἐcτιν ἡ πρώτη καὶ μακαρία κατ' αὐτοὺς ἀcχημάτιcτος οὐcία,
ἡ πάντων cχημάτων τοῖς cχηματιζομένοις αἰτία) καὶ τὴν ἀντιμιcθίαν ἣν ἔδει τῆς
πλάνης αὐτῶν ἐν ἑαυτοῖς ἀπολαμβάνοντες. ἐν γὰρ τούτοις τοῖς λόγοις, οἷς
εἴρηκεν ὁ Παῦλος, ὅλον φαcὶ cυνέχεcθαι τὸ κρύφιον αὐτῶν καὶ ἄρρητον τῆς
μακαρίας μυcτήριον ἡδονῆς. ἡ γὰρ ἐπαγγελία τοῦ λουτροῦ οὐκ ἄλλη τίς ἐcτι
κατ' αὐτοὺς ἢ τὸ εἰcαγαγεῖν εἰς τὴν ἀμάραντον ἡδονὴν τὸν λουόμενον κατ'
αὐτοὺς Ζῶντι ὕδατι καὶ χριόμενον ἀλάλῳ (ἄλλῳ Cod.) χρίcματι.

    1) Hiernach: ἥνπερ φηcὶ τὴν ἐντὸς ἀνθρώπου βαcιλείαν οὐρανῶν Ζητου-
μένην (Ev. Luc. 17, 21), περὶ ἧς διαρρήδην ἐν τῷ κατὰ Θωμᾶν ἐπιγραφομένῳ
εὐαγγελίῳ παραδιδόαcι λέγοντες οὕτως· „ἐμὲ ὁ Ζητῶν εὑρήcει ἐν παιδίοις ἀπὸ
ἐτῶν ἑπτά· ἐκεῖ γὰρ ἐν τῷ τεccαρεcκαιδεκάτῳ αἰῶνι κρυβόμενος φανεροῦμαι."
τοῦτο δὲ οὐκ ἔcτι Χριcτοῦ, ἀλλ' Ἱπποκράτους λέγοντος „ἑπτὰ ἐτῶν παῖς πατρὸς
ἥμιcυ"· ὅθεν οὗτοι τὴν ἀρχέγονον φύcιν τῶν ὅλων ἐν ἀρχεγόνῳ τιθέμενοι cπέρ-
ματι, τὸ Ἱπποκράτειον ἀκηκοότες, ὅτι ἔcτιν ἥμιcυ πατρὸς παιδίον ἑπτὰ ἐτῶν, ἐν
τοῖς τέccαρcι ⟨καὶ δέκα⟩ φαcὶν ἔτεcι κατὰ τὸν Θωμᾶν εἶναι φανερούμενον.
οὗτός ἐcτιν ὁ ἀπόρρητος αὐτοῖς λόγος καὶ μυcτικός.

    2) μετὰ τὸν πρῶτον Cod. verb. Keil.

    3) αἰδοῖον] αἰcχύνη Cod., ebenso § 11 Ende, vgl. § 19. Zur Gleichsetzung
des Osiris mit (Attis und) Adonis vgl. Damaskios' Leben des Isidoros (Photios
Bibl. 242 p. 342 a 21 Bekker): ὃν Ἀλεξανδρεῖς ἐτίμηcαν Ὄcιριν ὄντα καὶ Ἄδωνιν
κατὰ τὴν μυcτικὴν θεοκραcίαν. Die Gleichsetzung des Osiris mit dem befruch-
tenden Wasser des Nils ist bekannt und selbst in die Papyri übergegangen
(vgl. Dieterich, Jahrb. f. Phil. Supplem. XVI 807 Z. 23). Φύcις tritt als Namen
vollständig für Ἴcις ein, vgl. Zwei religionsgesch. Fragen 106 ff.

περὶ αὐτὴν ἔχουσα καὶ ἐστολισμένη ἑπτὰ στολὰς αἰθερίους — τοὺς πλά-
νητας γὰρ ἀστέρας οὕτω προσαγορεύουσιν ἀλληγοροῦντες καὶ αἰθερίους
.... καλοῦντες[1]) — καθὼς [ἡ] μεταβλητὴ Γένεσις ὑπὸ τοῦ ἀρρήτου
καὶ ἀνεξεικονίστου[2]) καὶ ἀνεννοήτου καὶ ἀμόρφου μεταμορφουμένη
κτίσις ἀναδείκνυται.[3]) λέγουσιν οὖν περὶ τῆς τοῦ σπέρματος[4]) οὐσίας, 9 142,20
ἥτις ἐστὶ πάντων τῶν γινομένων αἰτία, ὅτι τούτων ἐστὶν οὐδέν, γεννᾷ
δὲ καὶ ποιεῖ πάντα τὰ γινόμενα, λέγοντες[5]) οὕτως· „γίνομαι ὃ θέλω,
καὶ εἰμὶ ὃ εἰμί.“ διὰ τοῦτο φησιν[6]) ἀκίνητον εἶναι τὸ πάντα κινοῦν·
μένει γὰρ ὃ ἐστι ποιοῦν τὰ πάντα καὶ οὐδὲν τῶν γινομένων γίνεται.
τοῦτο[7]) εἶναί φησιν ⟨τὸ⟩ ἀγαθὸν [μόνον][8]), καὶ τοῦτ' εἶναι τὸ μέγα 144,82
καὶ κρύφιον τῶν ὅλων ⟨καὶ⟩ ἄγνωστον μυστήριον ⟨τὸ⟩[9]) παρὰ τοῖς
Αἰγυπτίοις κεκαλυμμένον καὶ ἀνακεκαλυμμένου. Οὐδεὶς γάρ, φησίν,
ἐστιν ἐν ⟨ᾧ⟩[10]) ναῷ πρὸ τῆς εἰσόδου οὐχ ἔστηκε γυμνὸν τὸ κεκρυμμένον[11]) κάτωθεν ἄνω βλέπον καὶ πάντας τοὺς καρποὺς τῶν αὐτοῦ[12])
γινομένων στεφανούμενον. ἑστάναι δὲ οὐ μόνον ἐν τοῖς ἁγιωτάτοις 10
πρὸ τῶν ἀγαλμάτων ναοῖς λέγουσι τὸ τοιοῦτον, ἀλλὰ γὰρ καὶ εἰς τὴν
ἁπάντων ἐπίγνωσιν[13]) ἐν πάσαις ὁδοῖς καὶ πάσαις ἀγυιαῖς καὶ παρ' 144,41

---

1) Ohne Lücke Cod.; ergänze etwa: καὶ αἰθερίους ⟨στολὰς τὰς ζώνας⟩
καλοῦντες. Weiter etwa: μεταβλητὴ καθὼς (gleich ὡς) Γένεσις ⟨οὖσα⟩. Der
Sinn scheint: die φύσις, da sie als γένεσις wandelbar ist, wird durch das σπέρμα
zur κτίσις. Zu der Vorstellung vgl. das oben S. 39 Dargelegte.

2) ἀνεξιχνιάστου Cod. v. erster Hand.

3) Hiernach: καὶ τοῦτό ἐστι τὸ εἰρημένον, φησίν, ἐν τῇ γραφῇ· „ἑπτάκις
πεσεῖται ὁ δίκαιος (der Christ denkt an die Isis-Dikaiosyne als ψυχή) καὶ ἀνα-
στήσεται.“ αὗται γὰρ αἱ πτώσεις, φησίν, αἱ τῶν ἄστρων μεταβολαὶ ὑπὸ τοῦ πάντα
κινοῦντος κινούμεναι.   4) πνεύματος Cod. verb. Schn.

5) Der Satz λέγοντες — εἰμί ist vielleicht Zusatz; doch vgl. unten S. 105.

6) φησίν] φημί Cod.

7) τοῦτον Cod. Es ist Korrektur des christlichen Bearbeiters. τὸ erg. Keil.

8) Hiernach: καὶ περὶ τούτου λελέχθαι τὸ ὑπὸ τοῦ σωτῆρος λεγόμενον· „τί
με λέγεις ἀγαθόν; εἷς ἐστιν ἀγαθός, ὁ πατήρ μου ὁ ἐν τοῖς οὐρανοῖς, ὃς ἀνατέλλει
τὸν ἥλιον αὐτοῦ ἐπὶ δικαίους καὶ ἀδίκους καὶ βρέχει ἐπὶ ὁσίους καὶ ἁμαρτωλούς“
(Marc. 10, 18; Matth. 5, 45). τίνες δέ εἰσιν οἱ ὅσιοι οἷς βρέχει καὶ οἱ ἁμαρτωλοὶ οἷς ὁ
αὐτὸς βρέχει, καὶ τοῦτο μετὰ τῶν ἄλλων ὕστερον ἐροῦμεν.   9) τὸ erg. Plasberg.

10) Erg. Keil und Plasberg (oder ναὸς ἐν ᾧ). Daß die Rede in Alexandria
gehalten ist, wird sich später zeigen.

11) τὸ κεκρυμμένον geht zugleich auf das Mysterium und das αἰδοῖον.

12) αὐτοῦ nach πάντας Cod. Vielleicht zu halten.

13) Hiernach: οἱονεὶ φῶς ⟨οὐχ⟩ ὑπὸ τὸν μόδιον, ἀλλ' ἐπὶ τὴν λυχνίαν
ἐπικείμενον ⟨καὶ⟩ κήρυγμα κηρυσσόμενον ἐπὶ τῶν δωμάτων (Matth. 5, 15; 10, 27).
Der Autor geht zur Schilderung der griechischen Hermen über, die offenbar
in Alexandria üblich waren.

αὐταῖς ταῖς οἰκίαις ὅρον τινὰ καὶ τέρμα τῆς οἰκίας προτεταγμένον. καὶ τοῦτο εἶναι τὸ ἀγαθὸν ὑπὸ πάντων λεγόμενον· ἀγαθηφόρον γὰρ αὐτὸ καλοῦσιν, ὃ λέγουσιν οὐκ εἰδότες.[1]) καὶ τοῦτο Ἕλληνες μυστικὸν ἀπὸ Αἰγυπτίων παραλαβόντες φυλάσσουσι μέχρι σήμερον. τοὺς γοῦν Ἑρμᾶς, φησί, παρ' αὐτοῖς τοιούτῳ τετιμημένους σχήματι θεω-

11 ροῦμεν. Κυλλήνιοι δὲ διαφερόντως τιμῶντες .... λόγον. φησὶ γάρ·[2]) „Ἑρμῆς ἐστι λόγος.“ ⟨ὃς⟩[3]) ἑρμηνεὺς ὢν καὶ δημιουργὸς τῶν γεγονότων ὁμοῦ καὶ γινομένων καὶ ἐσομένων παρ' αὐτοῖς τιμώμενος ἔστηκε τοιούτῳ τινὶ κεχαρακτηρισμένος σχήματι, ὅπερ ἐστὶν αἰδοῖον ἀνθρώπου

12 ἀπὸ τῶν κάτω ἐπὶ τὰ ἄνω ὁρμὴν ἔχον. καὶ ὅτι οὗτος[4]) ψυχαγωγός, φησίν, ἐστὶ καὶ ψυχοπομπὸς καὶ ψυχῶν αἴτιος, οὐδὲ τοὺς ποιητὰς[5]) λανθάνει λέγοντας οὕτως·

        Ἑρμῆς δὲ ψυχὰς Κυλλήνιος ἐξεκαλεῖτο

      ἀνδρῶν μνηστήρων —

οὐ τῶν Πηνελόπης, φησίν, ὦ κακοδαίμονες, μνηστήρων, ἀλλὰ τῶν ἐξυπνισμένων καὶ ἀνεμνησμένων, ἐξ οἵης τιμῆς καὶ μήκεος ὄλβου (Emped. 119 Diels), τουτέστιν ἀπὸ τοῦ μακαρίου ἄνωθεν ἀνθρώπου[6]), κατηνέχθησαν[7]) ὧδε εἰς πλάσμα τὸ πήλινον, ἵνα δουλεύσωσι τῷ ταύτης τῆς κτίσεως δημιουργῷ, Ἡσαλδαίῳ, θεῷ πυρίνῳ ἀριθμὸν τετάρτῳ.[8])

13   ἔχε δὲ ῥάβδον μετὰ χερσὶ

      καλὴν χρυσείην, τῇ τ' ἀνδρῶν ὄμματα θέλγει

      ὧν ἐθέλει, τοὺς δ' αὖτε καὶ ὑπνώοντας ἐγείρει.[9])

146,73 θέλγει δὲ τὰ ὄμματα τῶν νεκρῶν, ὡς φησί, τοὺς δ' αὖτε καὶ ὑπνώοντας

---

1) Das σπέρμα nennen alle ἀγαθόν, denn sie nennen das Standbild ἀγαθηφόρος. Das Wort ist uns oben (S. 30 Gebet VIII 1) im ägyptischen Kult begegnet (ὁ ἀγαθοφόρος ἄγγελος παρεστὼς τῇ Τύχῃ).

2) So die Handschrift, offenbar lückenhaft. Κυλλήνιον δ. δ. τ. λόγιον φασίν· ὁ γὰρ Ἑρμῆς Schn. Aber vgl. mit dem folgenden παρ' αὐτοῖς Pausan. VI 25, 5; Artemidor Oneir. I 45.   3) Erg. Schn.

4) Hiernach: τουτέστιν ὁ τοιοῦτος Ἑρμῆς.

5) Hiernach: τῶν ἐθνῶν; alter Text wohl τὸν ποιητήν...λέγοντα (Od. 24, 1 ff.).

6) Hiernach: ἢ ἀρχανθρώπου ἢ Ἀδάμαντος, ὡς ἐκείνοις δοκεῖ.

7) κατενεχθεισῶν Cod. verb. Roeper.

8) Hiernach: οὕτως γὰρ τὸν δημιουργὸν καὶ πατέρα τοῦ ἰδικοῦ κόσμου καλοῦσιν. Unsicher bleibt, ob die Bezeichnung im einzelnen auf den Christen zurückgeht, und wie der Gottesname gelautet hat.

9) Hiernach: οὗτος, φησίν, ἐστὶν ὁ τῆς Ζωῆς καὶ τοῦ θανάτου μόνος ἔχων ἐξουσίαν (vgl. Poim. 14). περὶ τούτου, φησί, γέγραπται „ποιμανεῖς αὐτοὺς ἐν ῥάβδῳ σιδηρᾷ“ (Ps. 2, 9). ὁ δὲ ποιητής, φησί, κοσμῆσαι βουλόμενος τὸ ἀπερινόητον τῆς μακαρίας φύσεως τοῦ λόγου οὐ σιδηρᾶν, ἀλλὰ χρυσῆν περιέθηκε τὴν ῥάβδον αὐτῷ.

ἐγείρει, τοὺς ἐξυπνισμένους καὶ γεγονότας μνηστῆρας. ¹) τοῦτο, φησίν, ἐστὶ 146,79
τὸ μέγα καὶ ἄρρητον Ἐλευσινίων μυστήριον· „Ὕε Κύε.“²) ὡς δὲ³) τὴν 14 1
ῥάβδον κινήσας ⟨ἄγει⟩ ὁ Ἑρμῆς, αἱ δὲ τρίζουσαι ἕπονται αἱ ψυχαὶ
συνεχῶς, οὕτως ὡς διὰ [τῆς] εἰκόνος ὁ ποιητὴς ἐπιδέδειχε λέγων·

ὡς δ᾽ ὅτε νυκτερίδες μυχῷ ἄντρου θεσπεσίοιο
τρίζουσαι ποτέονται, ἐπεί κέ τις ἀποπέσῃσιν
ὁρμαθοῦ ἐκ πέτρης, ἀνά τ᾽ ἀλλήλῃσιν ἔχονται.

πέτρης, φησί, τοῦ Ἀδάμαντος λέγει. οὗτος, φησίν, ἐστὶν [ὁ Ἀδάμας]
ὁ λίθος ὁ ἀκρογωνιαῖος⁴), ὃν, φησίν, „ἐντάσσω [Ἀδάμαντα] εἰς τὰ 146,92
θεμέλια Σιών“ (Jes. 28, 16). ἀλληγορῶν, φησί, τὸ πλάσμα τοῦ ἀνθρώπου λέγει. ὁ γὰρ⁵) ἐντασσόμενος Ἀδάμας ἐστὶν ⟨ὁ ἔσω ἄνθρωπος,
θεμέλια Σιὼν δὲ οἱ⟩ ὀδόντες, ὡς Ὅμηρος λέγει „ἕρκος ὀδόντων“,
τουτέστι τεῖχος καὶ χαράκωμα, ἐν ᾧ ἐστιν ὁ ἔσω ἄνθρωπος, ἐκεῖσε
ἀποπεπτωκὼς ἀπὸ τοῦ ἀρχανθρώπου ⟨τοῦ⟩ ἄνωθεν Ἀδάμαντος, „ὁ
τμηθεὶς ἄνευ χειρῶν τεμνουσῶν“ (Dan. 2, 45) καὶ κατενηνεγμένος εἰς
τὸ πλάσμα τῆς λήθης, τὸ χοϊκόν, τὸ ὀστράκινον. καὶ φησὶν ὅτι τετρι- 15
γυῖαι αὐτῷ ἠκολούθουν, αἱ ψυχαὶ τῷ λόγῳ·

ὡς αἳ⁶) τετριγυῖαι ἅμ᾽ ἤισαν ἦρχε δ᾽ ἄρα σφιν⁷)
Ἑρμείας ἀκάκητα κατ᾽ εὐρώεντα κέλευθα.

τουτέστι, φησίν, ⟨ἡγεῖτο⟩ εἰς τὰ πάσης κακίας ἀπηλλαγμένα αἰώνια
χωρία. ποῦ γάρ, φησίν, ἦλθον;

πὰρ δ᾽ ἴσαν Ὠκεανοῦ τε ῥοὰς καὶ Λευκάδα πέτρην 16
ἠδὲ παρ᾽ ἠελίοιο πύλας καὶ δῆμον ὀνείρων.

οὗτος, φησίν, ἐστὶν Ὠκεανὸς „γένεσίς ⟨τε⟩ θεῶν γένεσίς τ᾽ ἀνθρώπων“
(vgl. Il. 24, 201. 246; Hymn. Orph. 83, 2), ἐκ παλιρροίας στρεφόμενος
αἰεί, ποτὲ ἄνω ποτὲ κάτω. ἀλλ᾽ ὅταν, φησί, κάτω ῥέῃ ὁ Ὠκεανός,

---

1) Hiernach: περὶ τούτων, φησίν, ἡ γραφὴ λέγει (Eph. 5, 14) „ἔγειραι ὁ
καθεύδων καὶ ἐξεγέρθητι, καὶ ἐπιφαύσει σοι ὁ Χριστός“. οὗτός ἐστιν ὁ Χριστὸς ὁ
ἐν πᾶσι, φησίν, τοῖς γεννητοῖς υἱὸς ἀνθρώπου κεχαρακτηρισμένος ἀπὸ τοῦ ἀχαρακτη-
ρίστου Λόγου.
2) Hiernach: καὶ ὅτι, φησίν, αὐτῷ πάντα ὑποτέτακται. καὶ τοῦτ᾽ ἐστὶ τὸ
εἰρημένον „εἰς πᾶσαν τὴν γῆν ἐξῆλθεν ὁ φθόγγος αὐτῶν“ (Röm. 10, 18).
3) ὡς δὲ] ὡς τὸ Cod.
4) Hiernach: „εἰς κεφαλὴν γεγενημένος γωνίας“. ἐν κεφαλῇ γὰρ εἶναι τὸν
χαρακτηριστικὸν ἐγκέφαλον τῆς οὐσίας, ἐξ οὗ πᾶσα πατριά (Eph. 3, 15) χαρακτη-
ρίζεται. Der Zusatz nach Matth. 21, 42; Ps. 118, 22 bringt ein neues Bild:
im Gehirn ist die Seele.
5) ὁ δὲ Cod. οὐ γὰρ ἐντ. ὁ Ἀδ. ἐστίν, οἱ ὀδόντες Keil.   6) αὗται Cod.
7) Hiernach: τουτέστιν ἡγεῖτο, was Keil und Plasberg halten.

γένεcίc έcτιν άνθρώπων, όταν δὲ ἄνω ἐπὶ τὸ τεῖχος καὶ τὸ χαράκωμα
148,21 καὶ τὴν Λευκάδα πέτρην, γένεcίc ἐcτι θεῶν.[1] θνητὴ γάρ, φηcί, πᾶcα
ἡ κάτω γένεcιc, ἀθάνατος δὲ ἡ ἄνω γεννωμένη.[2] — —

51 **17**   Οὗτός ἐcτι, φηcίν, ὁ ἐν πᾶcιν ἀρcενόθηλυc ἄνθρωπος, ὃν οἱ
ἀγνοοῦντες Γηρυόνην καλοῦcι τριcώματον, ὡς ἐκ τῆς ῥέοντα Γηρυόνην,
κοινῇ δὲ Ἕλληνεc[3] „ἐπουράνιον Μηνὸc κέραc", ὅτι καταμέμιχε καὶ

---

1) γένεcίc τε θεῶν Cod. Hiernach: τοῦτό ἐcτι, φηcί, τὸ γεγραμμένον (Ps.
82, 6) „ἐγὼ εἶπα· θεοί ἐcτε καὶ υἱοὶ ὑψίcτου πάντες, ἐὰν ἀπὸ τῆς Αἰγύπτου φυ-
γεῖν cπεύδητε καὶ γένεcθε πέραν τῆς Ἐρυθρᾶc θαλάccηc εἰς τὴν ἔρημον" — τουτέcτιν ἀπὸ τῆς κάτω μίξεωc ἐπὶ τὴν ἄνω Ἰερουcαλήμ, ἥτις ἐcτὶ μήτηρ ⟨τῶν⟩
Ζώντων (Gal. 4, 26) — „ἐὰν δὲ πάλιν ἐπιcτραφῆτε ἐπὶ τὴν Αἴγυπτον" — τουτέcτιν ἐπὶ τὴν κάτω μῖξιν — ὡς ἄνθρωποι ἀποθνήcκετε".

2) Hiernach: γεννᾶται γὰρ ἐξ ὕδατος μόνου καὶ πνεύματος, πνευματικός,
οὐ cαρκικόc· ὁ δὲ κάτω cαρκικόc. τουτέcτι, φηcί, τὸ γεγραμμένον (Joh. 8, 6) „τὸ
γεγεννημένον ἐκ τῆς cαρκὸς cάρξ ἐcτι, καὶ τὸ γεγεννημένον ἐκ τοῦ πνεύματος
πνεῦμά ἐcτιν. αὕτη ἐcτὶν ἡ κατ' αὐτοὺς πνευματικὴ γένεcιc. οὗτος, φηcίν,
ἐcτὶν ὁ μέγας Ἰορδάνης, ὃν κάτω ῥέοντα καὶ κωλύοντα ἐξελθεῖν τοὺς υἱοὺς
Ἰcραὴλ ἐκ τῆς Αἰγύπτου — ἤγουν ἐκ τῆς κάτω μίξεωc· Αἴγυπτος γάρ ἐcτι τὸ
cῶμα κατ' αὐτούς — ἀνέcτειλεν Ἰηcοῦc καὶ ἐποίηcεν ἄνω ῥέειν. Es folgt nach
einer eigenen Bemerkung Hippolyts ein Zusatz, den er sicher schon in der
christlichen Quelle fand (vgl. die Bemerkung über den Jordan), und der in
seiner Polemik gegen den bekannten Satz ἓν τὸ πᾶν und der Benutzung
Homers Ähnlichkeit mit der Hauptquelle hat, hier aber in dieser Form nicht
paßt: τούτοιc καὶ τοῖc τοιούτοιc ἑπόμενοι οἱ θαυμαcιώτατοι γνωcτικοί, ἐφευρεταὶ
καινῆς τέχνης γραμματικῆς, τὸν ἑαυτῶν προφήτην Ὅμηρον ταῦτα προφαίνοντα
ἀρρήτωc δοξάζουcι καὶ τοὺς ἀμυήτους τὰς ἁγίας γραφὰς εἰς τοιαύτας ἐννοίας
cυνάγοντες ἐνυβρίζουcι. λέγουcι δέ· ὁ λέγων τὰ πάντα ἐξ ἑνὸς cυνεcτάναι πλανᾶ-
ται, ὁ λέγων ἐκ τριῶν ἀληθεύει καὶ περὶ τῶν ὅλων τὴν ἀπόδειξιν δώcει. μία γάρ
ἐcτι, φηcίν, ἡ μακαρία φύcιc τοῦ μακαρίου ἀνθρώπου τοῦ ἄνω, τοῦ Ἀδάμαντος,
μία δὲ ἡ θνητὴ κάτω, μία δὲ ἡ ἀβαcίλευτος γενεὰ ἡ ἄνω γενομένη, ὅπου, φηcίν,
ἐcτὶ Μαριὰμ ἡ Ζητουμένη καὶ Ἰοθὼρ ὁ μέγας cοφὸς καὶ Cεπφώρα ἡ βλέπουcα
καὶ Μωυcῆc, οὗ γένεcιc οὐκ ἔcτιν ἐν Αἰγύπτῳ· γεγόναcι γὰρ αὐτῷ παῖδες ἐν
Μαδιάμ. καὶ τοῦτο, φηcίν, οὐδὲ τοὺς ποιητὰς λέληθε· „τριχθὰ δὲ πάντα δέδαcται,
ἕκαcτος δ' ἔμμορε τιμῆc" (Il. 15, 189). δεῖ γάρ, φηcί, λαλεῖcθαι τὰ μεγέθη, λαλεῖcθαι δὲ οὕτως ὑπὸ πάντων πανταχῇ, „ἵνα ἀκούοντες μὴ ἀκούωcι καὶ βλέποντες
μὴ βλέπωcιν" (Matth. 13, 13). εἰ μὴ γὰρ ἐλαλεῖτο, φηcί, τὰ μεγέθη, ὁ κόcμος cυνεcτάναι οὐκ ἠδύνατο. οὗτοί εἰcιν οἱ τρεῖς ὑπέρογκοι λόγοι, Καυλακαῦ Cαυλαcαῦ
Ζεηcὰρ, Καυλακαῦ τοῦ ἄνω, τοῦ Ἀδάμαντος, Cαυλαcαῦ τοῦ κάτω, ⟨τοῦ⟩ θνητοῦ,
Ζεηcὰρ τοῦ ἐπὶ τὰ ἄνω ῥεύcαντος Ἰορδάνου.

3) κοινῇ δὲ Ἕλληνεc scheint vom Schreiber nach einer Verderbnis in dem
zu Grunde liegenden Liede (unten S. 98 Vers 6. 7) eingesetzt; man erwartet
einen Gegensatz zu οἱ ἀγνοοῦντες (etwa θεολόγοι δὲ Ἕλληνεc und später ⟨ποιη-
ταὶ⟩ Ἕλληνεc).

κεκέρακε πάντα πᾶcι.[1])   λέγουcι δὲ αὐτὸ καὶ Ἕλληνεc, φηcίν, οὕτωc 18
μαινομένῳ cτόματι·

> Φέρ' ὕδωρ, φέρ' οἶνον, ὦ παῖ,
> μέθυcόν με καὶ κάρωcον·
> τὸ ποτήριον λέγει μοι[2])
> ποδαπόν με δεῖ γενέcθαι,
> ⟨ἀλάλῳ λαλοῦν cιωπῇ⟩.[3])

τοῦτο, φηcίν, ἤρκει μόνον νοηθὲν ἀνθρώποιc τὸ τοῦ Ἀνακρέοντοc
[φηcὶ] ποτήριον ἀλάλωc λαλοῦν μυcτήριον ἄρρητον [ἄλαλον γάρ, φηcί,
τὸ Ἀνακρέοντοc ποτήριον, ὅπερ αὐτῷ, φηcὶν Ἀνακρέων, λαλεῖ ἀλάλῳ
φθέγματι] ποδαπὸν αὐτὸν δεῖ γενέcθαι, τουτέcτι πνευματικόν, οὐ
cαρκικόν, ἐὰν ἀκούcῃ τὸ κεκρυμμένον μυcτήριον ἐν cιωπῇ.[4])   τοῦτ' 19
ἔcτι, φηcί, τὸ μέγα καὶ ἄρρητον Cαμοθράκων μυcτήριον, ὃ μόνοιc
ἔξεcτιν εἰδέναι τοῖc τελείοιc, φηcίν, ἡμῖν.   διαρρήδην γὰρ οἱ Cαμό-
θρακεc τὸν Ἀδὰμ ἐκεῖνον παραδιδόαcιν ἐν τοῖc μυcτηρίοιc τοῖc ἐπι-
τελουμένοιc παρ' αὐτοῖc ἀρχάνθρωπον.   ἔcτηκε δὲ ⟨καὶ⟩ ἀγάλματα
δύο ἐν τῷ Cαμοθράκων ἀνακτόρῳ ἀνθρώπων γυμνῶν, ἄνω τεταμένας
ἐχόντων τὰc χεῖραc ἀμφοτέραc εἰc οὐρανὸν καὶ τὰ αἰδοῖα ἄνω
ἐcτραμμένα[5]), καθάπερ ἐν Κυλλήνῃ τὸ τοῦ Ἑρμοῦ.   εἰκόνες δέ εἰcι τὰ

---

1) Hiernach: πάντα γάρ, φηcί, δι' αὐτοῦ ἐγένετο καὶ χωρὶc αὐτοῦ ἐγένετο
οὐδὲ ἕν, ὃ [δὲ] γέγονεν. ἐν αὐτῷ Ζωή ἐcτιν (Joh. 1, 8—4).   αὕτη, φηcίν, ἐcτὶν
ἡ Ζωή ἡ ἄρρητοc γενεὰ τῶν τελείων ἀνθρώπων, ἣ ταῖc προτέραιc γενεαῖc οὐκ
ἐγνώcθη.   τὸ δὲ οὐδέν, ὃ χωρὶc αὐτοῦ γέγονεν, ὁ κόcμοc ⟨ὁ⟩ ἰδικόc· γέγονεν
γὰρ χωρὶc αὐτοῦ ὑπὸ τρίτου καὶ τετάρτου ⟨θεοῦ⟩.   τοῦτο, φηcίν, ἐcτὶ τὸ ποτήριον τὸ κόνδυ, ἐν ᾧ βαcιλεὺc πίνων οἰωνίζεται (Gen. 44, 2. 5).   τοῦτο, φηcί,
κεκρυμμένον εὑρέθη ἐν τοῖc καλοῖc τοῦ Βενιαμὶν cπέρμαcι.

2) μου Cod.   Denselben Gedanken behandelt in augusteischer Zeit Zonas
(Anth. XI 48): Δός μοι τοὺκ γαίηc πεπονημένον ἀδὺ κύπελλον, ἃc γενόμαν καὶ
ὑφ' ᾇ κείcομ' ἀποφθίμενοc. Das Epigramm könnte direkt Vorbild sein; für die
Übergänge vgl. Anth. IX 110. Der Schluß ist aus Theognis 1280 Bergk: τεθνη-
κὼc ζῳῷ φθεγγόμενοc cτόματι und seinen häufigen Nachbildungen, z. B. Anth.
VII 198, 4 und 641, 2: ἀγλώccῳ φθεγγόμενοc cτόματι (aus augusteischer Zeit)
zu erklären.   3) Erg. Cruice.

4) Hiernach: καὶ τοῦτ' ἔcτι τὸ ὕδωρ τὸ ἐν τοῖc καλοῖc ἐκείνοιc γάμοιc, ὃ
cτρέψαc ὁ Ἰηcοῦc ἐποίηcεν οἶνον.   αὕτη, φηcίν, ἐcτὶν ἡ μεγάλη καὶ ἀληθινὴ ἀρχὴ
τῶν cημείων, ἣν ἐποίηcεν ὁ Ἰηcοῦc ἐν Κανᾷ τῆc Γαλιλαίαc καὶ ἐφανέρωcε τὴν
βαcιλείαν τῶν οὐρανῶν (Joh. 2, 11).   αὕτη, φηcίν, ἐcτὶν ἡ βαcιλεία τῶν οὐρανῶν
ἐντὸc ἡμῶν κατακειμένη ὡc θηcαυρόc (Luk. 17, 21; Matth. 13, 44), ὡc ζύμη εἰc
ἀλεύρου τρία cάτα κεκρυμμένη (Matth. 13, 33).

5) τὰc αἰcχύναc..ἐcτραμμέναc Cod. Das Bild des Hermes ist nur das αἰδοῖον.

προειρημένα ἀγάλματα τοῦ ἀρχανθρώπου καὶ τοῦ ἀναγεννωμένου 154,3 **20** πνευματικοῦ, κατὰ πάνθ' ὁμοουσίου ἐκείνῳ τῷ ἀνθρώπῳ.[1]) τοῦτον, φηςί, Θρᾶκες οἱ περὶ τὸν Αἶμον οἰκοῦντες Κορύβαντα καλοῦςι, καὶ Θραξὶν οἱ Φρύγες παραπληςίως, ὅτι ἀπὸ τῆς κορυφῆς ἄνωθεν[2]) τὴν ἀρχὴν τῆς καταβάςεως λαμβάνων καὶ πάςας τὰς τῶν ὑποκειμένων διερχόμενος ἀρχὰς πῶς καὶ τίνα τρόπον κατέρχεται οὐ νοοῦμεν.[3])

---

1) Hiernach: τοῦτο, φηςίν, ἐςτὶ τὸ εἰρημένον ὑπὸ τοῦ ςωτῆρος (Joh. 6, 53 vgl. 8, 21; Marc. 10, 38) „ἐὰν μὴ πίνητέ μου τὸ αἷμα καὶ φάγητέ μου τὴν ςάρκα, οὐ μὴ εἰςέλθητε εἰς τὴν βαςιλείαν τῶν οὐρανῶν· ἀλλὰ κἂν πίητε", φηςί, „τὸ ποτήριον ὃ ἐγὼ πίνω, ὅπου ἐγὼ ὑπάγω, ἐκεῖ ὑμεῖς εἰςελθεῖν οὐ δύναςθε." ᾔδει γάρ, φηςίν, ἐξ ὁποίας φύςεως ἕκαςτος τῶν μαθητῶν αὐτοῦ ἐςτι καὶ ὅτι ἕκαςτον αὐτῶν εἰς τὴν ἰδίαν φύςιν ἐλθεῖν ἀνάγκη. ἀπὸ γὰρ τῶν δώδεκα, φηςί, φυλῶν μαθητὰς ἐξελέξατο δώδεκα καὶ δι' αὐτῶν ἐλάληςε πάςῃ φυλῇ· διὰ τοῦτο, φηςί, τὰ τῶν δώδεκα μαθητῶν κηρύγματα οὔτε πάντες ἀκηκόαςιν οὔτε, ἐὰν ἀκούςωςιν, παραδέξαςθαι δύνανται. ἔςτι γὰρ αὐτοῖς παρὰ φύςιν τὰ μὴ κατὰ φύςιν. Die Bemerkung bezieht sich nicht auf das samothrakische Mysterion, sondern auf die Auseinandersetzungen über das ποτήριον, ja im Grunde auf die Worte: ὅτι καταμέμιχε καὶ κεκέρακε πάντα πᾶςι.

2) Hiernach: καὶ ἀπὸ τοῦ ἀχαρακτηρίςτου ἐγκεφάλου. Vgl. den Zusatz S. 89 A. 1. 4. Κορύβαντες sind οἱ ἀπὸ κορυφῆς βάντες.

3) Die Erklärung bezieht sich auf die Etymologie κορύβαντες — κρύβαντες *Et. magn.* 531, 7. Hiernach: τοῦτ' ἔςτι, φηςί, τὸ εἰρημένον „φωνὴν μὲν αὐτοῦ ἠκούςαμεν, εἶδος δὲ αὐτοῦ οὐχ ἑωράκαμεν" (Joh. 5, 37). ἀποτεταγμένου γάρ, φηςίν, αὐτοῦ καὶ κεχαρακτηριςμένου ἀκούεται φωνή, τὸ δὲ εἶδος τὸ κατελθὸν ἄνωθεν ἀπὸ τοῦ ἀχαρακτηρίςτου ὁποῖον ἐςτιν οἶδεν οὐδείς. ἔςτι δὲ ἐν τῷ πλάςματι τῷ χοϊκῷ, γινώςκει δὲ αὐτὸ οὐδείς. οὗτος, φηςίν, ἐςτὶν ὁ τὸν κατακλυςμὸν οἰκιῶν θεὸς κατὰ τὸ· ψαλτήριον (28, 10 und 3) καὶ φθεγγόμενος ⟨καὶ⟩ κεκραγὼς ἀπὸ ὑδάτων πολλῶν. ὕδατα, φηςίν, ἐςτὶ πολλὰ ἡ πολυςχιδὴς τῶν θνητῶν γένεςις ἀνθρώπων, ἀφ' ἧς βοᾷ καὶ κέκραγε πρὸς τὸν ἀχαρακτήριςτον ἄνθρωπον, „ῥῦςαι" λέγων „ἀπὸ λεόντων τὸν μονογενῆ μου" (Ps. 84,17 und 21,21). πρὸς τοῦτον, φηςίν, ἐςτὶν εἰρημένον (Jes. 41,8. 43,1)· „παῖς μου εἶ ςύ, Ἰςραήλ, μὴ φοβοῦ· ἐὰν διὰ ποταμῶν διέλθῃς, οὐ μή ςε ςυγκλύςωςιν, ἐὰν δὲ διὰ πυρὸς διέλθῃς, οὐ μή ςε ςυγκαύςει." ποταμούς, φηςί, λέγει τὴν ὑγρὰν τῆς γενέςεως οὐςίαν, πῦρ δὲ τὴν ἐπὶ τὴν γένεςιν ὁρμὴν καὶ ἐπιθυμίαν. ⟨καὶ⟩ „ςὺ ἐμὸς εἶ, μὴ φοβοῦ." καὶ πάλιν φηςίν (Jes. 49,15)· „εἰ ἐπιλήςεται μήτηρ τῶν τέκνων αὐτῆς μὴ ἐλεῆςαι μηδὲ ἐπιδοῦναι μαςτόν, κἀγὼ ἐπιλήςομαι ὑμῶν." ὁ Ἀδάμας, φηςί, λέγει πρὸς τοὺς ἰδίους ἀνθρώπους „ἀλλὰ εἰ καὶ ἐπιλήςεται ταῦτα γυνή, ἀλλ' ἐγὼ οὐκ ἐπιλήςομαι ὑμῶν. ἐπὶ τῶν χειρῶν μου ἐζωγράφηκα ὑμᾶς." περὶ δὲ τῆς ἀνόδου αὐτοῦ, τουτέςτι τῆς ἀναγεννήςεως, ἵνα γένηται πνευματικός, οὐ ςαρκικός, λέγει, φηςίν, ἡ γραφή (Ps. 23, 7. 9)· „ἄρατε πύλας οἱ ἄρχοντες ὑμῶν, καὶ ἐπάρθητε πύλαι αἰώνιοι, καὶ εἰςελεύςεται ὁ βαςιλεὺς τῆς δόξης." τοῦτ' ἔςτι θαῦμα θαυμάτων. „τίς γάρ", φηςίν (Ps. 23, 10), „ἐςτιν οὗτος ὁ βαςιλεὺς τῆς δόξης;" „ςκώληξ καὶ οὐκ ἄνθρωπος, ὄνειδος ἀνθρώπου καὶ ἐξουθένημα λαοῦ" (Ps. 21, 7). „αὐτός ἐςτιν ὁ βαςιλεὺς τῆς δόξης ὁ ἐν πολέμῳ δυνατός" (Ps. 23, 10 und 8).

τὸν αὐτὸν δὲ τοῦτον, φησί, Φρύγες καὶ Πάπαν καλοῦσιν, ὅτι πάντα **21** 156,52
ἔπαυσεν ἀτάκτως καὶ πλημμελῶς πρὸ τῆς ἑαυτοῦ φανερώσεως κεκινημένα.
τὸ γὰρ ὄνομα, φησί, τοῦ Πάπα ⟨φωνὴ⟩ πάντων ὁμοῦ ἐστι τῶν ἐπουρανίων
καὶ ἐπιγείων καὶ καταχθονίων λεγόντων „παῦε, παῦε τὴν ἀσυμφωνίαν
τοῦ κόσμου.“[1]) λέγουσι δὲ οἱ Φρύγες ⟨τὸν⟩ αὐτὸν τοῦτον[2]) καὶ νέκυν, **22** 158,59
οἱονεὶ ἐν μνήματι καὶ τάφῳ ἐγκατωρυγμένον ἐν τῷ σώματι[3])· οἱ δὲ 158,68
αὐτοί, φησί, Φρύγες τὸν αὐτὸν τοῦτον πάλιν ἐκ μεταβολῆς λέγουσι
θεόν.[4]) καὶ ταῦτα, φησίν, ἐστὶ τὰ τοῦ πνεύματος ἄρρητα μυστήρια, ἃ 158,76

πόλεμον δὲ λέγει τὸν ἐν σώματι, ὅτι ἐκ μαχομένων στοιχείων πέπλασται τὸ
πλάσμα, καθὼς γέγραπται, φησί (Hiob 40, 27)· „μνήσθητι πόλεμον τὸν γινόμενον
ἐν σώματι.“ ταύτην, φησί, τὴν εἴσοδον καὶ ταύτην τὴν πύλην εἶδεν εἰς Μεσοπο-
ταμίαν πορευόμενος ὁ Ἰακώβ, ὅπερ ἐστὶν ἀπὸ τοῦ παιδὸς ἔφηβος ἤδη γινόμενος
καὶ ἀνήρ. ⟨ἐφάνη γὰρ αὐτῷ....⟩, τουτέστιν ἐγνωρίσθη ⟨αὐ⟩τῷ εἰς Μεσοπο-
ταμίαν πορευομένῳ· Μεσοποταμία δέ, φησίν, ἐστὶν ἡ τοῦ μεγάλου Ὠκεανοῦ ῥοή,
ἀπὸ τῶν μέσων ῥέουσα τοῦ τελείου ἀνθρώπου. καὶ ἐθαύμασε τὴν οὐράνιον πύλην
εἰπών „ὡς φοβερὸς ὁ τόπος οὗτος· οὐκ ἔστι τοῦτο ἀλλ' ἢ οἶκος θεοῦ καὶ αὕτη
ἡ πύλη τοῦ οὐρανοῦ“ (Gen. 28, 7. 17). διὰ τοῦτο, φησί, λέγει ὁ Ἰησοῦς· „ἐγώ
εἰμι ἡ πύλη ἡ ἀληθινή“ (Joh. 10, 9). ἔστι δέ ὁ ταῦτα λέγων ὁ ἀπὸ τοῦ ἀχαρα-
κτηρίστου, φησίν, ἄνωθεν κεχαρακτηρισμένος τέλειος ἄνθρωπος. οὐ δύναται οὖν,
φησί, σωθῆναι ὁ ⟨μὴ⟩ τέλειος ἄνθρωπος, ἐὰν μὴ ἀναγεννηθῇ διὰ ταύτης εἰσελ-
θὼν τῆς πύλης.

1) Zu vergleichen ist der Mythos der Κόρη κόσμου und die bekannte Ableitung des ἰὴ ⟨ἰὲ⟩ Παιάν. Es folgt: καὶ ποίησον εἰρήνην τοῖς μακράν — τουτέστι
τοῖς ὑλικοῖς καὶ χοϊκοῖς — καὶ εἰρήνην τοῖς ἐγγύς — τουτέστι τοῖς πνευματικοῖς
καὶ νοεροῖς ⟨καὶ⟩ τελείοις ἀνθρώποις (vgl. Ephes. 2, 17).
2) τοῦτον αὐτὸν Cod. Das Zerreißen der beiden Sätze hat den Wortlaut
des Folgenden beeinflußt.
3) Hiernach: τοῦτο, φησίν, ἐστὶ τὸ εἰρημένον· „τάφοι ἐστὲ κεκονιαμένοι
γέμοντες“, φησίν, „ἔσωθεν ὀστέων νεκρῶν“, (Matth. 23, 27) „ὅτι οὐκ ἔστιν ἐν ὑμῖν
ἄνθρωπος ὁ ζῶν.“ καὶ πάλιν φησίν· „ἐξαλοῦνται ἐκ τῶν μνημείων οἱ νεκροί“,
τουτέστιν ἐκ τῶν σωμάτων τῶν χοϊκῶν, ἀναγεννηθέντες πνευματικοί, οὐ σαρκικοί.
αὕτη, φησίν, ἐστὶν ἡ ἀνάστασις ἡ διὰ τῆς πύλης· γινομένη τῶν οὐρανῶν, δι' ἧς
οἱ μὴ εἰσελθόντες, φησί, πάντες μένουσι νεκροί.
4) Hiernach: γίνεται γάρ, φησί, θεός, ὅταν ἐκ νεκρῶν ἀναστὰς διὰ τῆς
τοιαύτης πύλης εἰσελεύσεται εἰς τὸν οὐρανόν. ταύτην, φησί, τὴν πύλην Παῦλος
οἶδεν ὁ ἀπόστολος παρανοίξας ἐν μυστηρίῳ καὶ εἰπών (II Kor. 12, 2) ἡρπάσθαι
ὑπὸ ἀγγέλου καὶ γεγονέναι ἕως δευτέρου καὶ τρίτου οὐρανοῦ εἰς τὸν παράδεισον
αὐτὸν καὶ ἑωρακέναι ἃ ἑώρακε, καὶ ἀκηκοέναι ῥήματα ἄρρητα, ἃ οὐκ ἐξὸν ἀνθρώπῳ εἰπεῖν. ταῦτά ἐστι, φησί, τὰ ἄρρητα ὑπὸ πάντων λεγόμενα μυστήρια, „ἃ
⟨καὶ λαλοῦμεν⟩ οὐκ ἐν διδακτοῖς ἀνθρωπίνης σοφίας λόγοις, ἀλλ' ἐν διδακτοῖς
πνεύματος, πνευματικοῖς πνευματικὰ συγκρίνοντες. ψυχικὸς δὲ ἄνθρωπος οὐ δέ-
χεται τὰ τοῦ πνεύματος τοῦ θεοῦ· μωρία γὰρ αὐτῷ ἐστιν“ (I Kor. 2, 13).

158,84 ἡμεῖς ἴςμεν μόνοι.[1])   πάνυ γάρ, φηςί, δύςκολόν ἐςτι παραδέξαςθαι καὶ
λαβεῖν τὸ μέγα τοῦτο καὶ ἄρρητον μυςτήριον.[2])

160,14 **23**   Ὁ δὲ αὐτὸς οὗτος ὑπὸ τῶν Φρυγῶν καὶ ἄκαρπος καλεῖται· ἔςτι
γὰρ ἄκαρπος, ὅταν.ᾖ ςαρκικὸς καὶ τὴν ἐπιθυμίαν τῆς ςαρκὸς ἐργάζηται.[3])

24 τὸν αὐτὸν δὲ τοῦτον, φηςίν, οἱ Φρύγες καλοῦςιν αἰπόλον, οὐχ ὅτι,
φηςίν, ἔβοςκεν αἶγας καὶ τράγους, ὡς οἱ ψυχικοὶ ὀνομάζουςιν, ἀλλ'
ὅτι, φηςίν, ἐςτὶν ἀειπόλος[4]), τουτέςτιν [ὁ] ἀεὶ πολῶν καὶ ςτρέφων

---

1) Hiernach: περὶ τούτων, φηςίν, εἴρηκεν ὁ ςωτήρ· „οὐδεὶς δύναται ἐλθεῖν
πρός με, ἐὰν μή τινα ἑλκύςῃ ὁ πατήρ μου ὁ οὐράνιος" (Joh. 6, 44).

2) Hiernach: καὶ πάλιν, φηςίν, εἴρηκεν ὁ ςωτήρ· „οὐ πᾶς ὁ λέγων μοι κύριε
κύριε εἰςελεύςεται εἰς τὴν βαςιλείαν τῶν οὐρανῶν, ἀλλ' ὁ ποιῶν τὸ θέλημα τοῦ
πατρός μου τοῦ ἐν τοῖς οὐρανοῖς" (Matth. 7, 21). ὃ δεῖ ποιήςαντας, οὐχὶ ἀκού-
ςαντας μόνον, εἰς τὴν βαςιλείαν εἰςελθεῖν τῶν οὐρανῶν. καὶ πάλιν, φηςίν, εἴ-
ρηκεν· „οἱ τελῶναι καὶ αἱ πόρναι προάγουςιν ὑμᾶς εἰς τὴν βαςιλείαν τῶν οὐρανῶν" (Matth. 21, 31). τελῶναι γάρ, φηςίν, εἰςὶν οἱ τὰ τέλη τῶν ὅλων λαμβά-
νοντες, ἡμεῖς δέ, φηςίν, ἐςμὲν οἱ τελῶναι, εἰς οὓς τὰ τέλη τῶν αἰώνων κατήντηκε
(I Kor. 10, 11). τέλη γάρ, φηςίν, εἰςὶ τὰ ἀπὸ τοῦ ἀχαρακτηρίςτου εἰς τὸν κόςμον
κατεςπαρμένα ςπέρματα, δι' ὧν ὁ πᾶς ςυνίςταται κόςμος· διὰ γὰρ αὐτῶν καὶ
ἤρξατο γενέςθαι. καὶ τοῦτ' ἔςτι, φηςὶ τὸ εἰρημένον· „ἐξῆλθεν ὁ ςπείρων τοῦ
ςπεῖραι· καὶ τὰ μὲν ἔπεςε παρὰ τὴν ὁδὸν καὶ κατεπατήθη, τὰ δὲ ἐπὶ τὰ πετρώδη,
καὶ ἐξανέτειλε, φηςί, καὶ διὰ τὸ μὴ ἔχειν βάθος ἐξηράνθη καὶ ἀπέθανε· τὰ δὲ
ἔπεςε, φηςίν, ἐπὶ τὴν γῆν τὴν καλὴν καὶ ἀγαθὴν καὶ ἐποίει καρπόν, ὁ μὲν ἑκατόν,
ὁ δὲ ἑξήκοντα, ὁ δὲ τριάκοντα. ὁ ἔχων", φηςίν, „ὦτα ἀκούειν ἀκουέτω" (Matth.
13, 3; Marc. 4, 3; Luc. 8, 5). τουτέςτι, φηςίν, οὐδεὶς τούτων τῶν μυςτηρίων
ἀκροατὴς γέγονεν εἰ μὴ μόνοι ⟨οἱ⟩ γνωςτικοὶ τέλειοι. αὕτη, φηςίν ἐςτιν ἡ γῆ ἡ
καλὴ καὶ ἀγαθή, ἣν λέγει Μωϋςῆς (Deut. 31, 20) „εἰςάξω ὑμᾶς εἰς γῆν καλὴν καὶ
ἀγαθήν, εἰς γῆν ῥέουςαν γάλα καὶ μέλι". τοῦτο, φηςίν, ἐςτὶ τὸ μέλι καὶ τὸ γάλα,
οὗ γευςαμένους τοὺς τελείους ἀβαςιλεύτους γενέςθαι καὶ μεταςχεῖν τοῦ πληρώματος. τοῦτο, φηςίν, ἐςτὶ τὸ πλήρωμα, δι' οὗ πάντα ⟨τὰ⟩ γινόμενα γεννητὰ
ἀπὸ τοῦ ἀγεννήτου γέγονέ τε καὶ πεπλήρωται.

3) Hiernach: τοῦτο, φηςίν, ἐςτὶ τὸ εἰρημένον· „πᾶν δένδρον μὴ ποιοῦν
καρπὸν καλὸν ἐκκόπτεται καὶ εἰς πῦρ βάλλεται" (Matth. 3, 10; Luc. 3, 9). καρ-
ποὶ γὰρ οὗτοι, φηςίν, εἰςὶ μόνοι οἱ λογικοί, ⟨οἱ⟩ ζῶντες ἄνθρωποι, οἱ διὰ τῆς πύλης
εἰςερχόμενοι τῆς τρίτης. λέγουςι γοῦν· „εἰ νεκρὰ ἐφάγετε καὶ ζῶντα ἐποιήςατε,
τί, ἂν ζῶντα φάγητε, ποιήςετε;" ζῶντα δὲ λέγουςι καὶ λόγους καὶ νόας καὶ ἀνθρώπους, τοὺς μαργαρίτας ἐκείνου τοῦ ἀχαρακτηρίςτου ἐρριμμένους εἰς τὸ πλάςμα
κάτω. τοῦτ' ἔςτιν ὃ λέγει, φηςί, „μὴ βάλητε τὸ ἅγιον τοῖς κυςὶ μηδὲ τοὺς μαργαρίτας τοῖς χοίροις" (Matth. 7,6), χοίρων καὶ κυνῶν ἔργον λέγοντες εἶναι τὴν γυναικὸς
πρὸς ἄνδρα ὁμιλίαν. Ich glaube, daß trotz der Abfolge der Lemmata in dem
Liede (unten S. 98) hier die versprengte Notiz καλοῦςι δὲ αὐτὸν καὶ πολύκαρπον
(§ 25) anschloß; νέκυς und θεός, ἄκαρπος und πολύκαρπος entsprechen sich.

4) αἰπόλος Cod. Benutzt ist Platon Kratylos 408cd, wo Pan, der Bruder
des Logos, als ἀεὶ πολῶν erklärt wird.

καὶ περιελαύνων τὸν κόςμον ὅλον ςτροφῆ· πολεῖν γάρ ἐςτι τὸ ςτρέφειν
καὶ μεταβάλλειν τὰ πράγματα· ἔνθεν, φηςί, καὶ τὰ δύο κέντρα τοῦ οὐρανοῦ ἅπαντες προςαγορεύουςι πόλους· καὶ ὁ ποιητὴς δέ, φηςί, ⟨λέγων⟩
(Od. 4, 384) „πωλεῖταί τις δεῦρο γέρων ἅλιος νημερτής, ἀθάνατος Πρω-
τεὺς Αἰγύπτιος“ οὐ πιπράςκεται, φηςίν, ἀλλὰ ςτρέφεται αὐτοῦ, οἱονεὶ
⟨δινεῖται⟩ καὶ περιέρχεται λέγει, καὶ πόλεις, ἐν αἷς οἰκοῦμεν, ὅτι ςτρε-
φόμεθα καὶ πολούμεθα[1]) ἐν αὐταῖς, καλοῦνται [πόλεις]. οὕτως, φηςίν,
⟨καὶ⟩ οἱ Φρύγες αἰπόλον τοῦτον καλοῦςι τὸν πάντοτε ⟨πάντα⟩[2]) παν-
ταχῆ ςτρέφοντα καὶ μεταβάλλοντα πρὸς τὰ οἰκεῖα. καλοῦςι δὲ αὐτόν, 25
φηςί, καὶ πολύκαρπον οἱ Φρύγες, ὅτι „πλείονα, φηςί, τὰ τέκνα τῆς ἐρήμου
μᾶλλον ἢ τῆς ἐχούςης τὸν ἄνδρα“ (Jes. 54, 1), τουτέςτι τὰ ἀναγεννώ-
μενα ἀθάνατα καὶ ἀεὶ διαμένοντά ἐςτι πολλά, κἂν ὀλίγα ᾖ τὰ γεννώμενα.
τὰ δὲ ςαρκικά, φηςί, φθαρτὰ πάντα, κἂν ᾖ πολλὰ ⟨τὰ⟩ γεννώμενα.[3])

Λέγουςι δὲ αὐτόν, φηςί, Φρύγες καὶ „χλοερὸν ςτάχυν τεθεριςμένον“, 26 162,
καὶ μετὰ τοὺς Φρύγας Ἀθηναῖοι μυοῦντες Ἐλευςίνια καὶ ἐπιδεικνύντες
τοῖς ἐποπτεύουςι τὸ μέγα καὶ θαυμαςτὸν καὶ τελειότατον ἐποπτικὸν
ἐκεῖ μυςτήριον ἐν ςιωπῆ, τεθεριςμένον ςτάχυν. ὁ δὲ ςτάχυς οὗτός
ἐςτι καὶ παρὰ Ἀθηναίοις ὁ παρὰ τοῦ ἀχαρακτηρίςτου[4]) φωςτὴρ τέλειος μέγας, καθάπερ αὐτὸς ὁ ἱεροφάντης, οὐκ ἀποκεκομμένος μὲν ὡς
ὁ Ἄττις, εὐνουχιςμένος δὲ διὰ κωνείου καὶ πᾶςαν ἀπηρτημένος[5]) τὴν
ςαρκικὴν γένεςιν[6]), νυκτὸς ἐν Ἐλευςῖνι ὑπὸ πολλῷ πυρὶ τελῶν τὰ
μεγάλα καὶ ἄρρητα μυςτήρια βοᾷ καὶ κέκραγε λέγων „ἱερὸν ἔτεκε
πότνια κοῦρον Βριμὼ Βριμόν“, τουτέςτιν ἰςχυρὰ ἰςχυρόν. πότνια δὲ 27
ἐςτι, φηςίν, ἡ γένεςις ἡ πνευματική, ἡ ἐπουράνιος, ἡ ἄνω· ἰςχυρὸς δὲ
ἐςτιν ὁ οὕτω γεννώμενος. ἔςτι γὰρ τὸ λεγόμενον μυςτήριον ⟨καὶ⟩
Ἐλευςὶν καὶ ἀνακτόρειον[7])· Ἐλευςίν, ὅτι ἤλθομεν οἱ πνευματικοὶ ἄνω-

---

1) πολοῦμεν Cod. verb. Roeper. καὶ αἱ πόλεις — πόλεις Keil.   2) Erg. Schn.
    3) Die Erklärung scheint späterer Zusatz. Hiernach: διὰ τοῦτο, φηςίν,
„ἔκλαιε Ῥαχὴλ τὰ τέκνα καὶ οὐκ ἤθελε, φηςί, παρακαλεῖςθαι κλαίουςα ἐπ’ αὐτοῖς.
ᾔδει γάρ, φηςίν, ὅτι οὐκ εἰςί“ (Matth. 2, 18; Jerem. 31, 15). θρηνεῖ δὲ καὶ Ἱερεμίας τὴν κάτω Ἱερουςαλήμ, οὐ τὴν ἐν Φοινίκη πόλιν, ἀλλὰ τὴν κάτω γένεςιν τὴν
φθαρτήν. ἔγνω γάρ, φηςί, καὶ Ἱερεμίας τὸν τέλειον ἄνθρωπον τὸν ἀναγεννώ-
μενον ἐξ ὕδατος καὶ πνεύματος, οὐ ςαρκικόν. αὐτὸς γοῦν ὁ Ἱερεμίας ἔλεγεν (17, 9)·
„ἄνθρωπός ἐςτι καὶ τίς γνώςεται αὐτόν;“ οὕτως, φηςίν, ἐςτὶ πάνυ βαθεῖα καὶ
δυςκατάληπτος ἡ τοῦ τελείου ἀνθρώπου γνῶςις. ἀρχὴ γάρ, φηςίν, τελειώςεως
γνῶςις ἀνθρώπου, θεοῦ δὲ γνῶςις ἀπηρτιςμένη τελείωςις.
    4) Die Worte παρὰ τοῦ ἀχαρακτηρίςτου scheinen Zusatz.
    5) So Keil, ἀπηργμένος Plasberg, ἀπηρτιςμένος Cod.
    6) Die Worte οὐκ ἀποκεκομμένος — γένεςιν scheinen Zusatz.
    7) Der Satz scheint von Hippolyt entstellt; ἔχει γάρ und τὸ ἀνακτόρειον Keil.

θεν ἀπὸ τοῦ Ἀδάμαντος ῥυέντες κάτω· ἐλεύςεςθαι γάρ, φηςίν, ἐςτὶν
ἐλθεῖν· τὸ δὲ ἀνακτόρειον ⟨διὰ⟩ τὸ ἀνελθεῖν[1]) ἄνω.   τοῦτο[2]), φηςίν,
ἐςτὶν ὃ λέγουςιν οἱ κατωργιαςμένοι τῶν Ἐλευςινίων τὰ ⟨μεγάλα⟩
28 μυςτήρια.   θέςμιον δέ ἐςτι τὰ μικρὰ μεμυημένους αὖθις τὰ μεγάλα
μυεῖςθαι.   μόροι γὰρ μείζονες μείζονας μοίρας λαγχάνουςι (Heracl. Fr.
25 Diels).   μικρὰ δέ, φηςίν, ἐςτὶ τὰ μυςτήρια τὰ τῆς Περσεφόνης
κάτω, περὶ ὧν μυςτηρίων καὶ τῆς ὁδοῦ τῆς ἀγούςης ἐκεῖ[3]) καὶ φερούςης
[τοὺς ἀπολλυμένους] ἐπὶ τὴν Περσεφόνην καὶ ὁ ποιητής [δὲ] φηςιν·

>   αὐτὰρ ὑπ᾽ αὐτήν ἐςτιν ἀταρπιτὸς ὀκρυόεσσα
>   κοίλη πηλώδης. ἡ δ᾽[4]) ἡγήςαςθαι ἀρίςτη
>   ἄλσος ἐς ἱμερόεν πολυτιμήτου Ἀφροδίτης.

ταῦτ᾽ ἐςτί, φηςί, τὰ μικρὰ μυςτήρια τὰ τῆς ςαρκικῆς γενέςεως, ἃ
μυηθέντες οἱ ἄνθρωποι μικρὸν παύςαςθαι ὀφείλουςι ⟨πρὶν⟩[5]) καὶ μυεῖςθαι
τὰ μεγάλα, τὰ ἐπουράνια.   οἱ γὰρ τοὺς ἐκεῖ, φηςί, λαχόντες μόρους
166,1 29 μείζονας μοίρας λαμβάνουςιν.[6])   ἔτι δὲ οἱ Φρύγες λέγουςι τὸν πατέρα
τῶν ὅλων εἶναι ἀμύγδαλον, οὐχὶ δένδρον, φηςίν, ἀλλὰ εἶναι ἀμύγδαλον ἐκεῖνον τὸν προόντα, ὃς ἔχων ἐν ἑαυτῷ τὸν τέλειον καρπὸν
οἱονεὶ διαςφύζοντα[7]) καὶ κινούμενον ἐν βάθει, διήμυξε τοὺς κόλπους
αὐτοῦ καὶ ἐγέννηςε τὸν ἀόρατον καὶ ἀκατονόμαςτον καὶ ἄρρητον
παῖδα ἑαυτοῦ, περὶ οὗ λαλοῦμεν.   ἀμύξαι γάρ ἐςτιν οἱονεὶ ῥῆξαι καὶ
διατεμεῖν, καθάπερ, φηςίν, ἐπὶ τῶν φλεγμαινόντων ςωμάτων καὶ ἐχόντων ἐν ἑαυτοῖς τινα ςυςτροφὴν [ἃς] ἀμυχὰς οἱ ἰατροὶ λέγουςιν ⟨ποιεῖν⟩
ἀνατέμνοντες.[8])   οὕτως, φηςί, Φρύγες τὸν ⟨προόντα⟩ ἀμύγδαλον καλοῦςιν.[9])

---

1) ⟨διὰ τὸ ἀνάγεςθαι τουτέςτι⟩ τὸ ἀν. Keil.   2) τοῦτο, nämlich τὸ ἀνελθεῖν.
3) Hiernach: οὔςης πλατείας καὶ εὐρυχώρου (Matth. 7, 13). Auch τοὺς
ἀπολλυμένους scheint daher zu stammen.
4) ἡ δὲ: der andere; nur das erste geht auf den Weg zu Persephone.
5) μικρὰ Cod. μικρὸν und πρὶν Keil.
6) Hiernach: αὕτη γάρ, φηςίν, ἐςτὶν ἡ πύλη τοῦ οὐρανοῦ καὶ οὗτος ὁ οἶκος
θεοῦ, ὅπου ὁ ἀγαθὸς θεὸς κατοικεῖ μόνος, εἰς ὃν οὐκ εἰςελεύςεται, φηςίν, ἀκά-
θαρτος οὐδείς, οὐ ψυχικός, οὐ ςαρκικός, ἀλλὰ τηρεῖται πνευματικοῖς μόνοις· ὅπου
δεῖ γενομένους βαλεῖν τὰ ἐνδύματα καὶ πάντας γενέςθαι νυμφίους ἀπηρςενωμέ-
νους διὰ τοῦ παρθενικοῦ πνεύματος. αὕτη γάρ ἐςτιν ἡ παρθένος ἡ ἐν γαςτρὶ
ἔχουςα καὶ ςυλλαμβάνουςα καὶ τίκτουςα υἱόν (Jes. 7, 14), οὐ ψυχικόν, οὐ ςωμα-
τικόν, ἀλλὰ μακάριον Αἰῶνα Αἰώνων. περὶ τούτων, φηςί, διαρρήδην εἴρηκεν ὁ
ςωτὴρ ὅτι „ςτενὴ καὶ τεθλιμμένη ἐςτὶν ἡ ὁδὸς ἡ ἀπάγουςα εἰς τὴν ζωήν, καὶ ὀλίγοι
εἰςὶν οἱ εἰςερχόμενοι εἰς αὐτήν, πλατεῖα δὲ καὶ εὐρύχωρος ἡ ὁδὸς ἡ ἀπάγουςα
εἰς τὴν ἀπώλειαν, καὶ πολλοί εἰςιν οἱ διερχόμενοι δι᾽ αὐτῆς" (Matth. 7, 13).
7) οἷον ἰδίᾳ ςφύζοντα Cod. verb. Schn.   8) ἀνατεμόντες Cod. verb. Keil.
9) Hiernach: ἀφ᾽ οὗ προῆλθε καὶ ἐγεννήθη ὁ ἀόρατος, δι᾽ οὗ τὰ πάντα
ἐγένετο καὶ χωρὶς αὐτοῦ ἐγένετο οὐδέν (Joh. 1, 3).

cυρικτὰν δέ φαcιν εἶναι Φρύγεc τὸ ἐκεῖθεν γεγεννημένον, ὅτι πνεῦμα **30** ἐναρμόνιόν ἐcτι τὸ γεγεννημένον.[1]) οὗτος, φηcίν, ἐcτὶν ὁ πολυώνυμος 166,: μυριόμματος ἀκατάληπτος, οὗ πᾶcα φύcιc ἄλλη δὲ ἄλλωc ὀρέγεται.[2])

Der Anschluß des Nächsten ist uns verloren, da Hippolyt mit den Worten ταῦθ' οὕτωc cχεδιάζουcι τὰ ὑπὸ πάντων ἀνθρώπων λεγόμενά τε καὶ γινόμενα πρὸc ἴδιον νοῦν ⟨ἑρμηνεύοντεc⟩, πνευματικῶc[3]) φάcκοντεc πάντα γίνεcθαι abbricht. Nur ahnen können wir, daß der Autor erklärte: von dieser Lehre legen alle Menschen Zeugnis ab, wenn auch oft ohne zu wissen, was sie sagen. Denn alle Religionsüberlieferungen und alle Kulthandlungen haben einen geheimen Sinn. Überall offenbart sich dieser Gott, waltet seine πρόνοια:

Ὅθεν[4]) καὶ τοὺc θεάτροιc ἐπιδεικνυμένουc λέγουcι μηδ' αὐτοὺc **31** ἀπρονοήτωc τι λέγειν ἢ ποιεῖν. τοιγαροῦν, φηcίν, ἐπὰν cυνέλθῃ[5]) ὁ δῆμος ἐν τοῖc θεάτροιc, εἰcιών[6]) τιc ἠμφιεcμένοc cτολὴν ἔξαλλον, κιθάραν φέρων καὶ ψάλλων, οὕτωc λέγει ᾄδων τὰ μεγάλα μυcτήρια, οὐκ εἰδὼc ἃ λέγει·

---

1) Hiernach: πνεῦμα γάρ, φηcίν, ἐcτὶν ὁ θεόc· διό, φηcίν, οὔτε ἐν τῷ ὄρει τούτῳ προcκυνοῦcιν οὔτε ἐν Ἰερουcαλὴμ οἱ ἀληθινοὶ προcκυνηταί, ἀλλὰ ἐν πνεύματι (Joh. 4, 21). πνευματικὴ γάρ, φηcίν, ἐcτὶ τῶν τελείων ἡ προcκύνηcιc, οὐ cαρκική. τὸ δὲ πνεῦμα, φηcίν, ἐκεῖ ⟨ἐcτιν⟩, ὅπου καὶ ὁ πατὴρ ὀνομάζεται καὶ ὁ υἱόc, ἐκ τούτου ⟨καὶ⟩ τοῦ πατρὸc ἐκεῖ γεννώμενον. — Vgl. Poim. § 15: ἐναρμόνιοc δοῦλοc und Orpheus Hymn. 8, 11: cυρικτά (Keil).

2) Hiernach: τοῦτο, φηcίν, ἐcτὶ τὸ ῥῆμα τοῦ θεοῦ, ὅ, φηcίν, ἐcτὶν ῥῆμα ἀποφάcεωc τῆc μεγάληc δυνάμεωc. διὸ ἔcται ἐcφραγιcμένον καὶ κεκρυμμένον καὶ κεκαλυμμένον, κείμενον ἐν τῷ οἰκητηρίῳ, οὗ ἡ ῥίζα τῶν ὅλων τεθεμελίωται, Αἰώνων Δυνάμεων Ἐπινοιῶν, Θεῶν Ἀγγέλων πνευμάτων ἀπεcταλμένων, ὄντων μὴ ὄντων, γεννητῶν ἀγεννήτων, ἀκαταλήπτων καταληπτῶν, ἐνιαυτῶν μηνῶν ἡμερῶν ὡρῶν cτιγμῆc ἀορίcτου, ἐξ ἧc ἐξάρχεται τὸ ἐλάχιcτον αὐξῆcαι κατὰ μέροc. ἡ ⟨γὰρ⟩ μηδὲν οὖcα, φηcί, καὶ ἐκ μηδενὸc cυνεcτῶcα cτιγμὴ ἀμέριcτοc οὖcα γενήcεται ἑαυτῆc ἐπινοίᾳ μέγεθόc τι ἀκατάληπτον. — αὕτη, φηcίν, ἐcτὶν ἡ βαcιλεία τῶν οὐρανῶν, ὁ κόκκοc τοῦ cινάπεωc (Matth. 13, 31), ἡ ἀμέριcτοc ἐνυπάρχουcα τῷ cώματι cτιγμή, ἣν οἶδε, φηcίν, οὐδεὶc ἢ οἱ πνευματικοὶ μόνοι. τοῦτο, φηcίν, ἐcτὶ τὸ εἰρημένον „οὐκ εἰcὶ λόγοι οὐδὲ λαλιαί, ὧν οὐχὶ ἀκούονται αἱ φωναὶ αὐτῶν" (Ps. 18, 4).

3) πνευματικὰ Cod. Gegensatz ἀπρονοήτωc.

4) Das folgende Stück hat Wilamowitz (Hermes XXXVII 328) behandelt; ich gebe das Lied in seiner Fassung.

5) cυνελθὼν Cod. verb. Wil.

6) εἰcίοι Cod. verb. Keil. Im Original scheint eine lebhafte rhetorische Schilderung gestanden zu haben, wie bei Clemens im Protreptikos 1: Πανήγυριc Ἑλληνικὴ κτλ.

εἴτε Κρόνου γένος εἴτε Διὸς μάκαρ[1])
εἴτε Ῥέας μεγάλας, χαῖρε ⟨ὦ⟩ τὸ κα-
τηφὲς ἄκουσμα Ῥέας Ἄττι· σὲ καλοῦσι μὲν Ἀσσύριοι τριπόθητον Ἄ-
5　　δωνιν, ὅλη δ' Αἴγυπτος Ὄσιριν, ἐπουράνιον Μηνὸς κέρας Ἕλλη-
νος σοφία[2]), Σαμόθρᾳκες Ἄδαμνα[3]) σε-
βάσμιον, Αἱμόνιοι Κορύβαντα, καὶ
οἱ Φρύγες ἄλλοτε μὲν Πάπαν, ποτὲ
10　　δὲ ⟨αὖ⟩ νεκὺν ἢ θεὸν ἢ τὸν ἄκαρπον ἢ
αἴπολον ἢ χλοερὸν σταχὺν ἀμη-
θέντα ἢ τὸν πολύκαρπος[4]) ἔτικτεν ἀ-
μύγδαλος ἀνέρα συρικτὰν . . . . ⟨Ἄττιν⟩.[5])

Mit einem kurzen zweiten Liedchen geht Hippolyt dann zu
einer Schilderung der Beziehungen der Naassener zu den phrygischen Mysterien über. Seine Quelle, die uns hier einzig interessiert, ist zu Ende.

Man hat längst die Schrift von § 20 an (τοῦτον, φησί, Θρᾷκες
οἱ περὶ τὸν Αἷμον οἰκοῦντες Κορύβαντα καλοῦσι) als Kommentar oder
Paraphrase des den Schluß bildenden Liedes bezeichnet; aber auch der
erste Teil trägt genau den gleichen Charakter. Die Abhandlung
περὶ ἀνθρώπου, wie Hippolyt unser Stück richtig bezeichnet, geht
natürlich von der Scheidung von Leib und Seele aus; schon beim

---

1) So hat, wie ich mich überzeugt habe, die Handschrift.
2) Ἕλληνες σοφίαν Cod. verb. Wil.　　　　3) ἀδαμ̄' Cod. verb. Bergk.
4) ὂν Cod. Der Verfasser der Rede scheint πολύκαρπον gelesen zu haben:
„den als fruchtreichen gebar".
5) Es fehlt eine Klausel, die sich aus der Fortsetzung des Hippolyt erraten läßt: τοῦτόν φησιν εἶναι πολύμορφον Ἄττιν, ὃν ὑμνοῦντες λέγουσιν οὕτως·

Ἄττιν ὑμνήσω τὸν Ῥείης
οὐ κωδώνων σὺμ βόμβοις
οὐδ' αὐλῷ
Ἰδαίων
Κουρήτων
μυκητᾷ,
ἀλλ' εἰς Φοιβείαν μῖξω
μοῦσαν φορμίγγων· εὐοῖ,
εὐάν, ὡς Πάν, ὡς Βακχεύς,
ὡς ποιμὴν λευκῶν ἄστρων.

Leib ist der Ursprung ἀνεξεύρητος καὶ διάφορος; sicher brachte ihn
die Erde hervor, χαλεπὸν δὲ ἐξευρεῖν εἴτε . . . εἴτε . . . ἤ. Genau so
ist die Seele ein δυςεύρετον πάνυ καὶ δυςκατανόητον; in strengstem
Parallelismus wird gesagt: ἀποροῦσιν οὖν πότερόν ποτε ἐκ τοῦ προ-
όντος ἐςτὶν ἢ ἐκ τοῦ αὐτογενοῦς ἢ ἐκ τοῦ ἐκκεχυμένου χάους. Dem
entspricht, da die ψυχή für den Autor im Grunde der himmlische
Mensch ist[1]), in dem Liede: εἴτε Κρόνου γένος εἴτε Διὸς μάκαρ εἴτε
Ῥέας μεγάλας. Ist doch der oberste Gott immer der unerschaffene und
Rhea für die stoische Deutung das Chaos, die ὑγρὰ φύσις.[2]) Wie das
Lied, so geht auch der Kommentar sofort zu den Assyriern über, und
§ 5 zeigt mit dem Anfang καλοῦσι δὲ Ἀσσύριοι τὸ τοιοῦτον Ἄδωνιν ἢ
Ἐνδυμίωνα (vgl. Vers 4) die im folgenden immer wiederkehrende typische
Form. Die Hinzunahme des Endymion ist durch das Beiwort τριπόθητος
und die Erwähnung der drei φύσεις notwendig geworden. Aber Sinn und
Zusammenhang zerreist, wer den Assyriern auch noch den Attis zu-
schreiben will. Eine Nebenbemerkung ist es, wenn die phrygische Lehre
in § 7 schon erwähnt wird; sie führt lediglich zur Erwähnung der
ägyptischen (§ 8) über[3]), die nach dem Liede jetzt folgen muß. Die
christlichen Erweiterungen sondern sich hier prächtig ab; vor οὐ μόνον
δ' αὐτῶν ἐπιμαρτυρεῖν φασι τῷ λόγῳ τὰ Ἀσσυρίων μυστήρια καὶ Φρυγῶν ist der Satz (S. 85, 6) μαρτυρεῖν δέ φασιν αὐτῶν τῷ λόγῳ οὐχ
ἁπλῶς μόνην τὴν Ῥέαν (die phrygische Göttin), ἀλλὰ γὰρ ὡς ἔπος

---

1) Vgl. § 4 Schluß: πᾶσα οὖν φύσις ἐπουρανίων καὶ ἐπιγείων καὶ καταχθονίων ψυχῆς ὀρέγεται mit § 30: οὗτός ἐστιν ὁ πολυώνυμος μυριόμματος ἀκατάληπτος, οὗ πᾶσα φύσις ἄλλη δὲ ἄλλως ὀρέγεται. Auch hier ist die Responsion
gewollt. Eine Personifikation der ψυχή begegnet als Gottheit oft in der Hermetischen Literatur.

2) Arnim, *Fragm. Stoic.* II 1084/85. Schol. Hes. Theog. 135: Ῥεία κατὰ τὸν
Χρύσιππον ἡ ἐξ ὄμβρων χύσις. ἔστι δὲ ἡ γῆ Ῥέα κτλ. *Etym. magn.* 701, 24: Χρύσιππος δὲ λέγει τὴν γῆν Ῥέαν κεκλῆσθαι, ἐπειδὴ ἐπ' αὐτὴν (αὐτῆς *gen.* AB) ῥεῖ τὰ ὕδατα.
Eine dritte aus demselben, einst umfänglichen Hesiod-Scholion stammende Fassung bietet Tzetzes in den Ἀλληγορίαι ἐκ τῆς χρονικῆς μετρικῆς βίβλου. Der einzige
Druck (von Morellius, vgl. Krumbacher, Byz. Lit.[2] 534) ist mir unzugänglich; ich
zitiere nach dem Codex 107 des alexandrinischen Patriarchats in Kairo (vom Ende
des XII. Jahrhunderts): στοιχειακῶς γῆν τὴν Ῥέαν πάλιν νόει, γῆν πλὴν ἐκείνην
τὴν ἀκόσμητον λέγω, τὴν ὑλικήν, σῴζουσαν ὡς Κρόνος λόγον. Hierzu bemerkt
ein auf Tzetzes selbst zurückgehendes Scholion: Χρύσιππος αὐτὴν ὑδάτων λέγει
φύσιν (χύσιν?). Arnims Textgestaltung ist also verfehlt.

3) Die Μήτηρ μεγάλη und Isis, beide längst angeglichen, sind eben die
κρυβομένη ὁμοῦ καὶ φανερουμένη φύσις.

εἰπεῖν ὅλην τὴν κτίςιν ganz unmöglich; fällt er, so muß er auch die
vorausstehende Betrachtung über die Verstümmelung des Attis nach
sich ziehen. Ebenso deutlich zerreißt den Übergang von der Μήτηρ
μεγάλη zur Isis der christliche Satz von der βαςιλεία οὐρανῶν und
dem in dem Kind von 7 bis 14 Jahren sich entwickelnden Christus.[1]
Die ägyptische Lehre wird besonders hervorgehoben; in ihr ist
Osiris der himmlische Ἄνθρωπος; das zeigt die ithyphallische Darstellung in dem Kultbild (zur Deutung vgl. Plutarch *De Is. et
Osir.* 51). So ist der Hermes, der bei den Griechen in dieser Gestalt in den Häusern und auf den Gassen steht, einfach aus Ägypten
übernommen.[2] Er ist der Ἄνθρωπος. Das bietet Gelegenheit ein
langes Kapitel stoischer Hermes-Lehre anknüpfend an das Kultbild
zu Kyllene und an Homer (Od. 24, 1—14) einzulegen; Hermes (für
unseren Autor also der Ἄνθρωπος) ist ψυχαγωγός, ψυχοπομπός und
ψυχῶν αἴτιος. Der Autor faßt das alles geschickt hier zusammen,
weil ihm sein Text als „griechische Lehre" nur (cὲ καλεῖ) ἐπουράνιον Μηνὸς[3] κέρας Ἕλληνος coφία bietet. Zu diesem Text geht er
in § 17 über, ohne mit ihm viel anfangen zu können. Das Horn
ist ihm das Trinkhorn, entsprechend jenem κρατήρ, in dem Gott
nach Platos Timaios καταμέμιχε καὶ κεκέρακε πάντα πᾶϲι; auf ihn
wird das etwa in augusteischer Zeit entstandene *Anacreonteum* umgedeutet.[4] Die Beziehung der nächsten Abschnitte auf das Lied

1) S. 86, 1. Mit 14 Jahren wird das Kind in Ägypten fähig, Priester zu
werden, vgl. Zwei religionsgesch. Fragen S. 14 ff.

2) Der Autor hat ja mit Vorbedacht eben gesagt, daß die Ägypter alle
Menschen den Kult gelehrt haben und Form und Bedeutung der Götter verkündet haben. Die Angabe beruht auf alter Gelehrsamkeit, gegen die schon
Herodot polemisiert (II 51: τοῦ δὲ Ἑρμέω τὰ ἀγάλματα ὀρθὰ ἔχειν τὰ αἰδοῖα
ποιεῦντες οὐκ ἀπ' Αἰγυπτίων μεμαθήκαςι, ἀλλ' ἀπὸ Πελαςγῶν πρῶτοι μὲν Ἑλλήνων ἁπάντων Ἀθηναῖοι παραλαβόντες, παρὰ δὲ τούτων ὤλλοι). Wieder ans
Licht gezogen war sie durch die ägyptisch-stoische Theologie, die in Hermes
den λόγος sah (vgl. Cornutus Kap. 16 und Eustathios 1249, 8; Zwei religions-
geschichtliche Fragen 96). So erwähnt unser Autor denn, daß die Griechen
auch die Bedeutung des Gottes von den Ägyptern gelernt haben; in seiner Heimat
Kyllene wird er als αἰδοῖον dargestellt und als λόγος bezeichnet, und dem kylle-
nischen Hermes schreibt Homer die Tätigkeit des λόγος zu. Die Heranziehung
der samothrakischen Mysterien beruht dann wieder auf Herodot.

3) Vgl. Orpheus Hymn. Prooem. 40: Μητέρα τ' ἀθανάτων Ἄττιν καὶ Μῆνα
κικλήςκω. Orpheus ist offenbar „der Grieche".

4) Die Einschaltungen sind auch hier lehrreich und zeigen, daß der Christ

sind ohne weiteres klar; die christlichen Einlagen nehmen hier
mächtig zu, und da längere Deduktionen kaum noch versucht
werden, läßt sich natürlich seltener nachweisen, daß sie Zusammenhänge unterbrechen; doch verweise ich auch hier auf § 22, wo ein
ursprünglicher Zusammenhang λέγουϲι δὲ οἱ Φρύγεϲ τοῦτον καὶ νέκυν,
οἱονεὶ ἐν μνήματι καὶ τάφῳ ἐγκατωρυγμένον ἐν τῷ ϲώματι¹)· οἱ δὲ
αὐτοὶ Φρύγεϲ τὸν αὐτὸν τοῦτον πάλιν ἐκ μεταβολῆϲ λέγουϲι θεόν,
οἱονεὶ....... durch diese Einschiebungen kläglich verdorben ist, und
auf § 28, wo eine falsche Deutung der Verse zu den biblischen Zusätzen führte, wie in § 2 die falsche Beziehung des Wortes ἄνωθεν.

Deutlicher als derartige Beispiele, die sich ja leicht vermehren
ließen, spricht die Betrachtung des Ganzen. Es ist wunderlich, daß
erst Wilamowitz den ersten Paragraphen als Prosa erweisen mußte;
so wenig hatte man sich um Sinn und Komposition des Stückes
gekümmert. Es ist eine Rede, eine Predigt wenn man will, in ihrer
äußeren Form eine lehrreiche Parallele zu dem Protreptikos des
Clemens von Alexandrien. Die Lehre vom Ἄνθρωποϲ ist nach ihr
die älteste und allgemeinste Offenbarung, sie ist der Kern aller Mysterien, und noch heutzutage verkünden sie, ohne zu wissen, was
sie singen, die Sänger, die Gott begeistert. Die Rede lenkt von
Anfang an auf das Lied zu, das vor kurzem wirklich vorgetragen
sein muß. Es bildet dann den wirkungsvollen Schluß, falls man
nicht annehmen will, daß der Redner nach dem Schluß ἀνέρα ϲυρι-
κτᾶν...... ⟨Ἄττιν⟩ noch jenes zweite Liedchen Ἄττιν ὑμνήϲω
τὸν Ῥείηϲ in irgend einer Verbindung anschloß.²) Als Zeit des

---

gar nicht mehr verstand, was er las. Die Erwähnung des samothrakischen
Mysteriums hat mit dem Becher des Anakreon nichts zu tun; nur wegen der
Abfolge der Lemmata ist sie von der Erwähnung des ithyphallischen Hermes
und Osiris losgerissen. Dennoch findet sich erst hier der Zusatz über das ποτήριον
Christi (S. 92, 1). Der Anschluß von § 19 an § 18 wird durch die Worte πο-
δαπόν με δεῖ γενέϲθαι gegeben; darauf weisen jene samothrakischen Standbilder.
Der Christ fügt wegen der Erwähnung von Wein und Wasser in den Versen
den übel gelungenen Verweis auf die Hochzeit zu Kana ein (S. 91, 4). Das
καταμέμιχε καὶ κεκέρακε aber versteht er von der Verbindung der Elemente
zum κόϲμοϲ und setzt so einen Verweis auf das Johannes-Proömium hinzu.

1) Vgl. Platon Kratylos 400c: καὶ γὰρ ϲῆμά φαϲιν αὐτὸ (τὸ ϲῶμα) εἶναι τῆϲ
ψυχῆϲ, ὡϲ τεθαμμένηϲ ἐν τῷ νῦν παρόντι.

2) Ich glaube eher, daß es von Hippolyt oder von dem christlichen Bearbeiter zugesetzt ist. Gewiß spielen die phrygisch-ägyptischen Mysterien die

Liedes hat Wilamowitz, allerdings mit Vorbehalt, etwa Hadrians Herrschaft vermutet; viel später kann auch die Rede nicht fallen. Sie zeigt uns eine heidnische Ἄνθρωπος-Lehre, allerdings nicht in der Reinheit, wie etwa die Inschrift von London die Lehre von Ptah. Sie hat sich der Interpretation eines Textes anschmiegen müssen und ist dadurch undeutlich geworden. Die εἱμαρμένη wird nicht besonders erwähnt, aber die δουλεία des Menschen wird so eindringlich betont, daß wir den Schicksalsglauben als eine Hauptlehre des Systems dennoch erkennen. Dieselbe heidnische Ἄνθρωπος-Lehre begegnet in den Offenbarungen eines Propheten Bitys(?) und in der letzten heidnischen Ausgestaltung der Poimandreslehre bei Zosimos (vgl. S. 8). Beide lassen sich nicht voneinander trennen.

Zosimos beginnt sein mit Ω bezeichnetes Buch, das unter Namen und Hut des Gottes Okeanos als der θεῶν πάντων γένεσις καὶ σπορά steht, mit einem Angriff auf seine Gegner; ihre Torheit und ihr Unvermögen seiner Offenbarung zu folgen läßt sie rein als Gefolge der εἱμαρμένη erscheinen. Hiermit ist das theologische Thema angeschlagen, dem er nun vor dem eigentlich alchemistischen Teil eine Weile nachgeht (Berthelot S. 229 ff.): τοὺς τοιούτους δὲ ἀνθρώπους ὁ Ἑρμῆς[1]) ἐν τῷ περὶ φύσεων ἐκάλει ἄνοας, τῆς εἱμαρμένης μόνον[2]) ὄντας πομπάς, μηδὲν τῶν ἀσωμάτων φανταζομένους, μηδὲ[3]) αὐτὴν τὴν εἱμαρμένην τὴν[4]) αὐτοὺς ἄγουσαν δικαίως, ἀλλὰ [τοὺς]

Hauptrolle, aber der Redner benutzt sie doch nur, um in ihnen seine Ἄνθρωπος-Religion wiederzufinden; ein Bild, das nicht dazu dient, ist für ihn zwecklos.

1) Von Hermetischen Stellen über die εἱμαρμένη hebe ich noch einmal aus der XII. (XIII.) Schrift unseres Corpus p. 104, 12 Parthey hervor: πάντων ἐπικρατεῖ ὁ νοῦς, ἡ τοῦ θεοῦ ψυχή, καὶ εἱμαρμένης καὶ νόμου καὶ τῶν ἄλλων πάντων, καὶ οὐδὲν αὐτῷ ἀδύνατον, οὔτε εἱμαρμένης ὑπεράνω θεῖναι ψυχὴν ἀνθρωπίνην οὔτε ἀμελήσασαν, ἅπερ συμβαίνει, ὑπὸ τὴν εἱμαρμένην θεῖναι. Ähnlich ist in dem von Cyrill (*Contra Iul.* II p. 701 Migne) und Lactanz II 15, 6 angeführten Bruchstück einer an Asklepios gerichteten Schrift die εὐσέβεια das einzige Mittel gegen die εἱμαρμένη, das Walten der κακοὶ δαίμονες. Weiteres bieten die Ὅροι Ἀσκληπιοῦ und das Bruchstück bei Stobaios Ekl. I 5 p. 82, 1 Wachsm.

2) μόνους Codd. (MK). Das der griechischen Philosophie entnommene Bild findet sich auch in unserem Corpus IV (V) 7: καθάπερ αἱ πομπαὶ μέσον παρέρχονται, μήτε αὐταὶ (αὗται MAC) ἐνεργῆσαί τι δυνάμεναι, τούς τε (δὲ MAC) ἐμποδίζουσαι, τὸν αὐτὸν τρόπον καὶ οὗτοι μόνον πομπεύουσιν ἐν τῷ κόσμῳ παραγόμενοι (Patr. παραγενόμενοι MAC) ὑπὸ τῶν σωματικῶν ἡδονῶν. Das Bild ist bei Zosimos durch die unmittelbar vorausgehenden Worte πάντοτε τῇ εἱμαρμένῃ ἀκολουθοῦντες eingeleitet.   3) μήτε Codd. περὶ αὐτὴν ... δικαίους Keil.   4) τοὺς Codd.

δυcφημοῦντας αὐτῆς τὰ cωματικὰ παιδευτήρια καὶ τῶν εὐδαιμόνων
αὐτῆς ἐκτὸς ⟨μηδὲν⟩ ἄλλο φανταζομένους. ὁ δὲ Ἑρμῆς καὶ ὁ Ζωροάcτρης τὸ φιλοcόφων γένος ἀνώτερον τῆς εἱμαρμένης εἶπον τῷ
μήτε τῇ εὐδαιμονίᾳ αὐτῆς χαίρειν — ἡδονῶν γὰρ κρατοῦcιν — μήτε
τοῖς κακοῖς αὐτῆς βάλλεcθαι, πάντοτε ⟨ἐν⟩ ἐναυλίᾳ ἄγοντας¹), μήτε τὰ
καλὰ δῶρα παρ' αὐτῆς καταδέχεcθαι²), ἐπείπερ εἰς πέρας κακὸν³)
βλέπουcιν. διὰ τοῦτο καὶ ὁ Ἡcίοδος τὸν Προμηθέα εἰcάγει τῷ Ἐπι-
μηθεῖ παραγγέλλοντα⁴) καὶ φηcί (Erga 86) μήτε δῶρον δέξαcθαι
παρὰ Ζηνὸς Ὀλυμπίου, ἀλλ' ἀποπέμπειν ἐξοπίcω, διδάcκων τὸν ἴδιον
ἀδελφὸν διὰ φιλοcοφίας ἀποπέμπειν τὰ τοῦ Διός, τουτέcτι τῆς εἱμαρμένης, δῶρα.

Ζωροάcτρης δὲ εἰδήcει τῶν ἄνω πάντων καὶ μαγείᾳ αὐχῶν τῆς
ἐνcώμου φράcεως φάcκει ἀποcτρέφεcθαι πάντα τῆς εἱμαρμένης κακὰ
καὶ μερικὰ καὶ καθολικά. ὁ μέντοι Ἑρμῆς ἐν τῷ περὶ ἐναυλίας⁵)
διαβάλλει καὶ τὴν μαγείαν λέγων ὅτι οὐ δεῖ τὸν πνευματικὸν
ἄνθρωπον τὸν ἐπιγνόντα ἑαυτὸν⁶) οὔτε διὰ μαγείας κατορθοῦν τι,
ἐὰν καὶ καλὸν νομίζηται, μήτε⁷) βιάζεcθαι τὴν Ἀνάγκην, ἀλλ' ἐᾶν ὡς
ἔχει φύcεως καὶ κρίcεως. πορεύεcθαι δὲ διὰ μόνου τοῦ ζητεῖν ἑαυτὸν
καὶ θεὸν ἐπιγνόντα κρατεῖν τὴν ἀκατονόμαcτον τριάδα, καὶ ἐᾶν τὴν
εἱμαρμένην ὃ θέλει ποιεῖν τῷ ἑαυτῆς πηλῷ⁸), τουτέcτι τῷ cώματι. καὶ οὕτως, φηcί, νοήcας καὶ πολιτευcάμενος θεάcῃ τὸν θεοῦ
υἱὸν πάντα γινόμενον τῶν ὁcίων ψυχῶν ἕνεκεν, ἵνα αὐτὴν ἐκcπάcῃ
ἐκ τοῦ χώρου τῆς εἱμαρμένης ἐπὶ τὸν ἀcώματον.⁹) πάντα
γὰρ δυνάμενος πάντα ὅcα θέλει γίνεται, καὶ πατρὶ ὑπακούει διὰ
παντὸς cώματος διήκων, ⟨καὶ⟩ φωτίζων τὸν ἑκάcτου¹⁰) νοῦν εἰς τὸν
εὐδαίμονα χῶρον ἀνώρμηcεν, ὅπουπερ ἦν καὶ πρὸ τοῦ cωματικὸν
γενέcθαι¹¹), αὐτῷ ἀκολουθοῦντα καὶ ὑπ' αὐτοῦ ὀρεγόμενον καὶ ὁδηγού-

1) ἄγοντες Codd. ἐν ἐν. Keil. 2) καταδεχόμενοι Codd. 3) κακῶν Codd.
4) Hiernach: τίνα οἴονται οἱ ἄνθρωποι παcῶν μείζονα εὐδαιμονίαν; γυναῖκα
εὔμορφον, φηcί, cὺν πλούτῳ πολλῷ Codd. 5) ἀναυλίας Codd. verb. Keil.
6) Vgl. das Gotteswort im Poimandres 21: ὁ νοήcας ἑαυτὸν εἰς αὐτὸ (τὸ
θεῖον) χωρεῖ.
7) μηδὲ Codd.
8) τῷ ἑαυτῆς πηλῷ Codex K (also auch M) nach meiner Kollation.
9) Es folgt ὅρα αὐτὸν γινόμενον πάντα θεὸν ἄγγελον ἄνθρωπον παθητόν.
Die christliche Anmerkung verrät sich durch die Einleitung. Der Text bietet
eine Erklärung zu dem später zitierten Wort des Poimandres S. 105.
10) ἑκάcτης Codd. ἑκάcτης ψυχῆς?
11) Auf den νοῦς, nicht auf den υἱὸς θεοῦ bezüglich.

μενον εἰς ἐκεῖνο τὸ φῶς. καὶ βλέψαι τὸν πίνακα, ὃν καὶ Βίτος
γράψας[1]) καὶ ὁ τρισμέγας Πλάτων καὶ ὁ μυριομέγας Ἑρμῆς, ὅτι
Θώυθος ἑρμηνεύεται τῇ ἱερατικῇ [πρώτῃ] φωνῇ ὁ πρῶτος ἄνθρωπος
⟨ὁ⟩ ἑρμηνεὺς πάντων τῶν ὄντων καὶ ὀνοματοποιὸς πάντων τῶν cωματικῶν. οἱ δὲ Χαλδαῖοι καὶ Πάρθοι καὶ Μῆδοι καὶ Ἑβραῖοι καλοῦσιν
αὐτὸν Ἀδάμ, ᾧ ἐστιν ἑρμηνεία γῆ παρθένος καὶ γῆ αἱματώδης καὶ γῆ
πυρὰ (?) καὶ γῆ σαρκίνη.[2]) ταῦτα δὲ ἐν ταῖς βιβλιοθήκαις τῶν Πτολε-
μαίων ηὕρηνται, ὧν[3]) ἀπέθεντο εἰς ἕκαστον ἱερόν, μάλιστα τῷ Σαρα-
πείῳ, ὅτε παρεκάλεσαν[4]) Ἀσενᾶν τὸν ἀρχιερέα Ἱεροσολύμων[5]) πέμψαντα
Ἑρμῆν (?), ὃς ἡρμήνευσε πᾶσαν τὴν Ἑβραΐδα Ἑλληνιστὶ καὶ Αἰγυπτιστί.

    Οὕτως οὖν καλεῖται ὁ πρῶτος ἄνθρωπος ὁ παρ' ἡμῖν Θωὺθ καὶ
παρ' ἐκείνοις Ἀδάμ — τῇ ⟨γὰρ⟩ τῶν ἀγγέλων φωνῇ αὐτὸν καλέσαντες·
οὐ μὴν δὲ ἀλλὰ καὶ συμβολικῶς διὰ τεσσάρων στοιχείων ἐκ πάσης τῆς
cφαίρας αὐτὸν εἰπόντες κατὰ τὸ σῶμα[6]) — ὁ δὲ ἔσω αὐτοῦ ἄνθρωπος
ὁ πνευματικὸς καὶ κύριον ⟨ἔχει ὄνομα⟩ καὶ προσηγορικόν. τὸ μὲν
οὖν κύριον ἀγνοῶ[7]) διὰ τὸ τέως· μόνος γὰρ Νικόθεος ὁ ἀνεύρετος
ταῦτα οἶδεν· τὸ δὲ προσηγορικὸν αὐτοῦ ὄνομα φῶξ καλεῖται, ἀφ' οὗ
καὶ φῶτας παρηκολούθησε λέγεσθαι τοὺς ἀνθρώπους.

    Ὅτε ἦν Φῶς ἐν τῷ παραδείσῳ διαπνεομένῳ[8]) ὑπὸ τῆς εἱμαρμένης,
ἔπεισαν ⟨οἱ ἄρχοντες⟩ αὐτὸν ὡς ἄκακον καὶ ἀνενέργητον ἐνδύσασθαι τὸν
παρ' αὐτῶν[9]) Ἀδάμ, τὸν ἐκ τῆς εἱμαρμένης, τὸν[10]) ἐκ τῶν τεσσάρων στοι-

---

    1) Das Partizip tritt bei Zosimos wie in jungen Papyri mehrfach für das
Verbum finitum ein; sonst wäre es leicht nach Ἑρμῆς ein Wort wie μαρτυροῦσιν
zu ergänzen oder mit Keil ἔγραψεν zu schreiben. Der Autor des Gemäldes, das
mit dem berühmten Diagramm der Ophiten bei Origenes zu vergleichen wäre,
hatte sich auf Hermes und dieser auf Platon berufen, der im Philebos (18b)
Thoyt als Gott oder als θεῖος ἄνθρωπος bezeichnete. Das faßte der Autor als
Charakteristik des ἄνωθεν ἄνθρωπος. Auch in dem von Laurentius Lydus benutzten λόγος τέλειος des Hermes an Asklepios war Platon mit Namen angeführt
(*De mensibus* IV 32 *p.* 91, 7 vgl. mit IV 148 *p.* 167, 20 Wünsch); ebenso in einer
anderen ebenda IV 52 *p.* 109, 15 angeführten Schrift.

    2) Vgl. Olympiodor bei Berthelot *p.* 89.

    3) ὃν Codd.   4) παρεκάλεcεν Codd.   5) τῶν ἀρχιεροcολύμων Codd.

    6) Es folgt: τὸ γὰρ ἄλφα αὐτοῦ στοιχεῖον ἀνατολὴν δηλοῖ ⟨καὶ⟩ τὸν ἀέρα,
τὸ δὲ δέλτα αὐτοῦ στοιχεῖον δύσιν δηλοῖ ⟨καὶ⟩ γῆν (τὴν Codd.) κάτω καταδύ-
cαcαν διὰ τὸ βάρος . . . τὸ δὲ μῦ στοιχεῖον μεσημβρίαν δηλοῖ ⟨καὶ⟩ τὸ μέσον τούτων τῶν cωμάτων πεπαντικὸν πῦρ τὸ εἰς τὴν μέσην τετάρτην ζώνην. οὕτως οὖν
ὁ cάρκινος Ἀδὰμ κατὰ τὴν φαινομένην περίπλασιν Θωὺθ καλεῖται. Die Erklärung
paßt nicht.   7) ἀγνοῶν Codd.

    8) διαπνεόμενος Codd. verb. Keil.   9) αὐτοῦ Codd.   10) τῶν Codd.

χείων· ὁ δὲ διὰ τὸ ἄκακον οὐκ ἀπεστράφη· οἱ δὲ ἐκαυχῶντο ὡς δε-
δουλαγωγημένου αὐτοῦ. τὸν ⟨γὰρ⟩ ἔξω ἄνθρωπον δεσμὸν εἶπεν ὁ
Ἡσίοδος (Theog. 614), ᾧ[1]) ἔδησεν ὁ Ζεὺς τὸν Προμηθέα. εἶτα μετὰ
τὸν δεσμὸν ἄλλον αὐτῷ δεσμὸν ἐπιπέμπει τὴν Πανδώραν, ἣν οἱ Ἑβραῖοι
καλοῦσιν Εὔαν. ὁ γὰρ Προμηθεὺς καὶ Ἐπιμηθεὺς εἷς ἄνθρωπός ἐστι
κατὰ τὸν ἀλληγορικὸν λόγον, τουτέστι ψυχὴ καὶ σῶμα. καὶ ποτὲ μὲν
ψυχῆς ἔχει εἰκόνα [ὁ Προμηθεύς], ποτὲ δὲ νοός, ποτὲ δὲ σαρκὸς διὰ τὴν
παρακοὴν τοῦ Ἐπιμηθέως, ἣν παρήκουσεν τοῦ Προμηθέως τοῦ ἰδίου ⟨νοῦ⟩.
φησὶ γὰρ ὁ Νοῦς ἡμῶν[2])· „ὁ δὲ υἱὸς τοῦ θεοῦ πάντα δυνάμενος
καὶ πάντα γινόμενος ὅτι[3]) θέλει ὡς θέλει φαίνει ἑκάστῳ".[4])
καὶ ἕως ἄρτι καὶ τοῦ τέλους τοῦ κόσμου ἔπεισι[5]) λάθρᾳ καὶ φανερὰ
συνὼν[6]) τοῖς ἑαυτοῦ, συμβουλεύων αὐτοῖς λάθρᾳ καὶ διὰ τοῦ νοὸς αὐτῶν
καταλλαγὴν ἔχειν τοῦ [παρ'] αὐτῶν Ἀδὰμ [κοπτομένου καὶ φονευο-
μένου παρ' αὐτῶν] τυφληγοροῦντος καὶ διαζηλουμένου τῷ πνευματικῷ
καὶ φωτεινῷ ἀνθρώπῳ [τὸν ἑαυτῶν Ἀδὰμ ἀποκτείνουσι]. ταῦτα δὲ γίνεται, ἕως οὗ ἔλθῃ ὁ ἀντίμιμος δαίμων διαζηλούμενος[7]) αὐτοῖς καὶ θέλων
[ὡς τὸ πρῴην] πλανῆσαι λέγων ἑαυτὸν υἱὸν θεοῦ, ἄμορφος ὢν καὶ
ψυχῇ καὶ σώματι. οἱ δὲ φρονιμώτεροι[8]) γενόμενοι ἐκ τῆς καταλήψεως
τοῦ ὄντως υἱοῦ τοῦ θεοῦ διδόασιν[9]) αὐτῷ τὸν ἴδιον Ἀδὰμ εἰς φόνον,
τὰ ἑαυτῶν φωτεινὰ πνεύματα σῴζοντες ⟨εἰς⟩ ἴδιον χῶρον, ὅπου καὶ
πρὸ κόσμου ἦσαν. πρὶν ἢ δὲ ταῦτα τολμῆσαι τὸν ἀντίμιμον, τὸν Ζη-
λωτήν, πρῶτον ἀποστέλλει αὐτοῦ πρόδρομον ἀπὸ τῆς Περσίδος μυθο-
πλάνους λόγους λαλοῦντα καὶ περὶ τὴν εἱμαρμένην ἄγοντα τοὺς
ἀνθρώπους· εἰσὶ δὲ τὰ στοιχεῖα τοῦ ὀνόματος αὐτοῦ ἐννέα, τῆς
διφθόγγου σῳζομένης, κατὰ τὸν τῆς εἱμαρμένης ὅρον.[10]) εἶτα μετὰ

---

1) ὃν Codd.

2) Als Νοῦς faßt Zosimos den Poimandres, vgl. unten Kap. VII; der υἱὸς
θεοῦ ist der λόγος.   3) ὅτε Codd.

4) Es folgt: Ἀδὰμ προσῆν Ἰησοῦς Χριστὸς ⟨ὃς αὐτὸν⟩ ἀνήνεγκεν ὅπου καὶ
πρότερον διῆγον φῶτες καλούμενοι. Wieder paßt die Erwähnung Christi nicht
in den Zusammenhang. Daß die Werke des Zosimos christlich gedeutet wurden
sagt Photios Bibl. cod. 170. Dann gehört zu derselben Interpolation auch das
Folgende: ἐφάνη δὲ καὶ τοῖς πάνυ ἀδυνάτοις ἀνθρώποις ἄνθρωπος γεγονὼς παθη-
τὸς καὶ ῥαπιζόμενος καὶ λάθρᾳ τοὺς ἰδίους φῶτας συλήσας (συλλήσας Codd.), ἅτε
μηδὲν παθὼν, τὸν δὲ θάνατον δείξας καταπατεῖσθαι καὶ ἐῶσθαι.   5) τόποισι Codd.

6) συλλῶν Codd. Auch das Folgende scheint durch christliche Interpolation völlig verdorben. Dagegen kann die Vorstellung eines ἀντίμιμος δαίμων
durch jüdische Vermittlung in den echten Zosimos gekommen sein.

7) δι' οὗ ζηλούμενος Codd.   8) φρονιμώτερον Codd.   9) δίδωσιν Codd.

10) Vielleicht λόγον. Der Sinn muß sein: Μανιχαῖος hat, wie εἱμαρμένη,

περιόδουϲ[1]) πλέον ἢ ἔλαττον ἑπτὰ καὶ αὐτὸϲ ⟨τῇ⟩ ἑαυτοῦ[2]) φύϲει ἐλεύϲεται.

Καὶ ταῦτα μόνοι Ἑβραῖοι καὶ αἱ ἱεραὶ Ἑρμοῦ βίβλοι περὶ τοῦ φωτεινοῦ ἀνθρώπου καὶ τοῦ ὁδηγοῦ αὐτοῦ υἱοῦ θεοῦ καὶ τοῦ γηΐνου Ἀδὰμ καὶ τοῦ ὁδηγοῦ αὐτοῦ ἀντιμίμου τοῦ δυϲφημίᾳ λέγοντοϲ ἑαυτὸν εἶναι υἱὸν θεοῦ ⟨καὶ⟩[3]) πλάνη· οἱ δὲ Ἕλληνεϲ καλοῦϲι ⟨τὸν⟩ γήϊνον Ἀδὰμ Ἐπιμηθέα ϲυμβουλευόμενον ὑπὸ τοῦ ἰδίου νοῦ, τουτέϲτι τοῦ ἀδελφοῦ αὐτοῦ, μὴ λαβεῖν τὰ δῶρα τοῦ Διόϲ. ὅμωϲ καὶ ϲφαλεὶϲ καὶ μετανοήϲαϲ καὶ τὸν εὐδαίμονα χῶρον ζητήϲαϲ .... ⟨ὁ δὲ Προμηθεύϲ, τουτέϲτιν ὁ νοῦϲ,⟩ πάντα ἑρμηνεύει καὶ πάντα ϲυμβουλεύει τοῖϲ ἔχουϲιν ἀκοὰϲ νοεράϲ· οἱ δὲ τὰϲ ϲωματικὰϲ ἔχοντεϲ μόνον ἀκοὰϲ τῆϲ εἱμαρμένηϲ εἰϲὶ ⟨πομπαί⟩, μηδὲν ἄλλο καταδεχόμενοι ἢ ὁμολογοῦντεϲ.[4])

Das Stück ist außerordentlich unerfreulich. Der Synkretismus hat gegenüber dem Poimandres stark zugenommen; das Christentum wirkt wohl schon mit ein, wenn auch m. E. halb unbewußt; die Hermetischen und jüdischen Lehren sind im Begriff zu verschmelzen.[5]) Für die Ausführungen über die εἱμαρμένη sind mehrere Schriften des Hermes benutzt, für die hiermit eng verbundene Lehre vom Ἄνθρωποϲ außer den Πτολεμαϊκαὶ βίβλοι[6]) nur der πίναξ des Bitos, der aber

---

wenn man den Diphthong richtig zählt, neun Buchstaben. Ob der Verweis auf Mani dem Zosimos oder dem christlichen Interpolator gehört, wird kaum zu sagen sein. Unmöglich ist das erstere durchaus nicht.

1) περίοδον Codd.   2) ἑαυτῷ Codd.   3) Erg. Keil.

4) Zosimos ist damit wieder auf seine zweifelsüchtigen Gegner gekommen und geht nun zur Sache über.

5) In einem zweiten religiösen Fragment nimmt Zosimos auf Apokrypha unter dem Namen des Salomon und Mambres Bezug (vgl. Kap. VII).

6) Sie begegnen uns zusammen mit der Ἀρχαγγελικὴ βίβλοϲ des Moses in dem VIII. Buch Moses (Dieterich, Abraxas 203, 5 ff.): ὡϲ δὲ ἐν τῇ εʹ τῶν Πτολεμαϊκῶν „ἐν [καὶ] τὸ πᾶν" ἐπιγραφομένῃ Παναρέτῳ βίβλῳ, ⟨ἢ⟩ περιέχει γέννηϲιν πνεύματοϲ πυρὸϲ καὶ ϲκότουϲ. Die keinesfalls junge Schrift enthielt neben einer Kosmogonie Gebete und Beschwörungen, von denen im folgenden eine stark jüdisch gefärbte mitgeteilt wird. Das Buch gab sich als Hermetisch(?) und doch als Übersetzung aus dem Jüdischen und knüpfte an die Sage vom Entstehen der Septuaginta. Nach der Anführung Olympiodors (Berthelot p. 89) wird nur die Deutung des Namens Adam ihm entnommen sein. Sie geht auf dieselbe jüdische Spekulation zurück wie z. B. Pirke Rabbi Elieser, Abschn. 11: Gott sammelt den Staub aus den vier Ecken der Welt, und zwar roten, schwarzen, weißen und grünen; aus ihnen stammen Blut, Eingeweide, Knochen und Fleisch (vgl. über die Verbreitung dieser Lehre J. Dreyfus, Adam

mit den Hermetischen Schriften auf eine Stufe gestellt wird. Die Erklärung bietet Iamblich im achten Buch *De mysteriis*, das ganz der Hermetischen Lehre gewidmet ist. Er führt die Ansicht Chairemons an, daß nach ägytischem Glauben die Sterne allein die Welt regieren und die wahren Götter sind, und stellt dieser *naturalis theologia* die Lehren einer anderen älteren Quelle gegenüber (VIII 4): φυcικὰ δὲ οὐ λέγουcιν εἶναι πάντα Αἰγύπτιοι, ἀλλὰ καὶ τὴν τῆc ψυχῆc ζωὴν καὶ τὴν νοερὰν ἀπὸ τῆc φύcεωc διακρίνουcιν ⟨καὶ⟩ οὐκ ἐπὶ τοῦ παντὸc μόνου, ἀλλὰ καὶ ἐφ' ἡμῶν νοῦν τε καὶ λόγον προcτηcάμενοι καθ' ἑαυτοὺc ὄντac, οὕτωc δημιουργεῖcθαί φαcι τὰ γιγνόμενα· προπάτορά τε τῶν ἐν γενέcει δημιουργὸν προτάττουcι καὶ τὴν πρὸ τοῦ οὐρανοῦ καὶ τὴν ἐν τῷ οὐρανῷ ζωτικὴν δύναμιν γιγνώcκουcιν· καθαρόν τε νοῦν ὑπὲρ τὸν κόcμον προτιθέαcι καὶ ἕνα ἀμέριcτον ἐν ὅλῳ τῷ κόcμῳ, καὶ διῃρημένον ἐπὶ πάcαc τὰc cφαίραc ἕτερον. καὶ ταῦτα οὐδ' ὅλωc ψιλῷ λόγῳ θεωροῦcιν. ἀλλὰ καὶ διὰ τῆc ἱερατικῆc θεουργίαc ἀναβαίνειν ἐπὶ τὰ ὑψηλότερα καὶ καθολικώτερα καὶ τῆc εἱμαρμένηc ὑπερκείμενα παραγγέλλουcι πρὸc τὸν θεὸν καὶ δημιουργόν, μήτε ὕλην προcποιουμένουc μήτε ἄλλο τι προcπαραλαμβάνονταc ἢ μόνον καιροῦ παρατήρηcιν. ὑφηγήcατο δὲ καὶ ταύτην τὴν ὁδὸν Ἑρμῆc Ἄμμωνι βαcιλεῖ, ἡρμήνευcε δὲ Βίτυc προφήτηc[1]) ἐν ἀδύτοιc εὑρὼν ἀναγεγραμμένην ἐν ἱερογλυφικοῖc γράμμαcιν κατὰ Cάϊν τὴν ἐν Αἰγύπτῳ, τό τε τοῦ θεοῦ ὄνομα παρέδωκε τὸ διῆκον δι' ὅλου τοῦ κόcμου· εἰcὶ δὲ καὶ ἄλλαι πολλαὶ περὶ αὐτῶν cυντάξειc. Iamblich begründet dies dann (Kap. 6) ἀπὸ τῶν Ἑρμαϊκῶν νοημάτων: δύο γὰρ ἔχει ψυχάc, ὡc ταυτά φηcι τὰ γράμματα, ὁ ἄνθρωποc· καὶ ἡ μέν ἐcτιν ἀπὸ τοῦ πρώτου νοητοῦ μετέχουcα καὶ τῆc τοῦ δημιουργοῦ δυνάμεωc, ἡ δὲ ἐνδιδομένη ἐκ τῆc τῶν οὐρανίων περιφορᾶc, εἰc ἣν εἰcέρπει ἡ θεοπτικὴ ψυχή. τούτων δὴ οὕτωc ἐχόντων ἡ μὲν ἀπὸ τῶν κόcμων εἰc ἡμᾶc καθήκουcα ψυχὴ ταῖc περιόδοιc cυνακολουθεῖ τῶν κόcμων· ἡ δὲ ἀπὸ τοῦ νοητοῦ νοητῶc παροῦcα τῆc γενεcιουργοῦ κινήcεωc ὑπερέχει, καὶ κατ' αὐτὴν

---

u. Eva i. d. Auffassung des Midrasch S. 12). Zum Titel Πανάρετοc vgl. jetzt *Catal. cod. astrol. graec.* IV 81.

1) Ἑρμῆc ἡρμήνευcε δὲ Βίτυc προφήτηc Ἄμμωνι βαcιλεῖ Edd. Dem Gott und König Amon kann nach dem festen Stil dieser Literatur, der uns im nächsten Kapitel näher beschäftigen wird, nur ein Gott, also Hermes selbst, eine Schrift widmen. Der Erklärer Bitys will sie in Sais gefunden haben. Zu vergleichen ist die Einleitung des Philon von Byblos.

ἥ τε λύcιc γίνεται τῆc εἱμαρμένηc καὶ ἡ πρὸc τοὺc νοητοὺc
θεοὺc ἄνοδοc, θεουργία τε, ὅcη πρὸc τὸ ἀγέννητον ἀνάγεται, κατὰ
τὴν τοιαύτην ζωὴν ἀποτελεῖται. Auf dies Aufsteigen bezieht sich auch
das zweite Zitat aus Bitys (X 7): αὐτὸ δὲ τὸ ἀγαθὸν τὸ μὲν θεῖον
ἡγοῦνται τὸν προεννοούμενον θεόν, τὸ δὲ ἀνθρώπινον τὴν πρὸc αὐτὸν
ἕνωcιν, ὅπερ Βίτυc ἐκ τῶν Ἑρμαϊκῶν βίβλων μεθηρμήνευcεν. Die
griechisch geschriebenen Schriften des Bitys waren die eine Quelle
Iamblichs.

　　Für die Befreiung der Seele von der εἱμαρμένη und für ihren
Aufstieg zu Gott beruft sich also Zosimos auf Βίτοc, Iamblich auf
Βίτυc; die schon von Hoffmann und Rieß[1]) angenommene Identität
beider Namen steht vollkommen sicher. Ägyptisch ist keine seiner
beiden Namensformen; dagegen ist seine Identität mit dem „Thessaler
Pitys" der Papyri[2]) von Dieterich richtig erkannt. Es wäre sehr
möglich, daß er, wie Dieterich weiter vermutet, mit dem von Plinius
im XXVIII. Buch benutzten Bithus von Dyrrachium identisch ist; aber
ich wage die Datierung des Eindringens der so wichtigen Lehre vom
Gotte Mensch in Ägypten nicht auf eine immerhin anfechtbare Namens-
ähnlichkeit zu bauen.

　　Denn um das Eindringen der Lehre handelt es sich; das zeigt
die Form der Einkleidung, die Bitys wählt, die Auffindung einer
bisher ganz unbekannten cτήλη des Hermes. Was er ihr angeblich
entnimmt, stimmt auffällig mit der Naassener-Predigt überein; von
dem Mythos vom Menschen, den uns der Poimandres bietet, weicht
es etwas ab, berührt sich aber in der Tendenz mit ihm aufs engste.
Wir dürfen aus den drei unabhängigen Zeugen die Existenz einer
hellenistischen Ἄνθρωποc-Lehre mit Sicherheit erschließen. —

　　Die Naassener-Predigt gibt, leider an der Hauptstelle fast unverständlich, einen ausführlichen λόγοc Χαλδαϊκόc wieder, der an den
Namen Adam (oder einen ähnlichen Namen) schließt. An der Echtheit der Angabe zu zweifeln, fehlt, da die andern Mythen aus bester

---

1) Pauly-Wissowa, Realencyklopädie I 1347.
2) Dieterich, Jahrb. f. Phil. Suppl. XVI 753; Wessely, Denkschr. d. K. K.
Akad. 1888, S. 95, 92, 98: Πίτυοc ἀγωγή — βαcιλεῖ Ὀcτάνῃ Πίτυc χαίρειν —
ἀγωγή Πίτυοc βαcιλέωc — Πίτυοc Θεccαλοῦ. Das zeigt, daß er schon im zweiten
oder dritten Jahrhundert unter die sagenhaften Theologen und Magier gekommen ist. Ihn nicht zu spät anzusetzen rät auch die Gegenüberstellung von
Chairemon und Bitys bei Iamblich.

Kenntnis stammen, jeder stichhaltige Grund. Eine Bestätigung gibt
Bitys, der die Ἄνθρωπος-Lehre bei Chaldäern, Parthern und Medern,
allerdings auch bei den Hebräern gefunden haben will. Daß diese
Lehre ungefähr zu derselben Zeit wie die Lehre von der εἱμαρμένη
in das Judentum eindrang[1]), brauche ich nach den überzeugenden
Darlegungen Boussets[2]) nicht mehr mit eigenen, doch nur unzulänglichen Sammlungen zu belegen. Ich lege Gewicht darauf, daß theologische und philologische Untersuchungen ganz unabhängig voneinander zu genau dem gleichen Resultate geführt haben, und halte
die Frage, ob echt chaldäische oder in Babylonien angenommene
persische Vorstellungen zu Grunde liegen, für nebensächlich; es
scheint nicht nur eine Form dieses Mythus gegeben zu haben.

Die Naassener-Predigt erwähnt als „assyrische" Fassung derselben Sage einen Mythus von Oanes, dem babylonischen Spiegel-
bilde des ägyptischen Thot.[3]) So schildert ihn wenigstens Berossos
(Fr. 1 Dübner); er lehrte die Menschen γραμμάτων καὶ μαθημάτων
καὶ τεχνῶν παντοδαπῶν ἐμπειρίαν καὶ πόλεων cυνοικιcμοὺc καὶ ἱερῶν
ἱδρύcειc καὶ νόμων εἰcηγήcειc καὶ γεωμετρίαν. Wenn wir weiter
hören, daß er auch Offenbarungsgott war und bestimmte Nachfolger
hatte, die das von ihm kurz Verkündete weiter erklärten, werden
wir kein Bedenken tragen, die Ausgestaltung der Oanes-Lehre, die
m. W. in Babylonien in älterer Zeit nicht nachzuweisen ist, auf
ägyptische Einflüsse zurückzuführen, die schon vor Alexanders Zeit
nach Babylon hinübergewirkt haben müssen. Wenn eine Form der
Ἄνθρωπος-Lehre sich an Oanes heftete[4]), so ist besonders leicht
verständlich, daß sie sich nun in einer Art von Gegenströmung auch
auf sein ägyptisches Urbild Thot übertrug.

Wichtig ist ferner, daß für diesen hellenistischen Mythus die

---

1) Vorher findet sich allerdings schon eine Anspielung bei Ezechiel 28, 12.
2) Die Religion des Judentums im neutestamentlichen Zeitalter S. 248 ff.
und 346 ff.
3) Es ist charakteristisch, daß schon Philon (*Vit. Mos.* I 5) seinen Helden
außer der Weisheit der Ägypter und der ἐγκύκλιος παιδεία der Hellenen auch
τά τε Ἀccύρια γράμματα καὶ τὴν τῶν οὐρανίων Χαλδαϊκὴν ἐπιcτήμην
lernen läßt.
4) Hierauf weist vielleicht auch die Bezeichnung des „Menschen" im
IV. Esra-Buch als *vir ascendens de corde maris* oder *homo qui ascenderat de
mari*. Aus dem Meere steigt ja Oanes auf.

Vorstellung der Doppelgeschlechtlichkeit des „Menschen" erwiesen ist.
Sie tritt uns bekanntlich sehr stark im Talmud[1]) und dem jüdischen
Mystizismus entgegen, ohne daß wir in ersterem Einwirkungen Platons
annehmen dürfen. Bei einem hellenistisch-babylonischen Mythus
dürfen wir es ebenso unbedenklich wie bei den hellenistisch-ägyptischen Mythen tun; irgendwelche mythologische Vorstellungen werden
natürlich mitgewirkt haben.[2]) Das ist wichtig für die Beurteilung
der Stellen, an welchen Philon von dem πρῶτος ἄνθρωπος spricht.[3])
Eine Benutzung des hellenistischen Mythus scheint um so weniger
zu bestreiten, als Philon nicht nur die Doppelgeschlechtlichkeit, sondern
auch die Scheidung des himmlischen und irdischen Adam und die
Gleichsetzung des ersteren mit dem Noûc (bezw. dem Λόγος) angenommen hat.[4]) Vielleicht läßt sich der dem Poimandres vorausliegende Mythus sogar noch weiter in Andeutungen bei ihm verfolgen.

Die Einheit des Menschengeschlechtes war für den Stoiker durch
den allen gemeinsamen Besitz des ὀρθὸς λόγος, für die jüdische
Überlieferung durch die Abstammung aller Menschen von dem einen
Menschenpaare Adam und Eva gegeben. Es ist sehr beachtenswert,
daß Philon einmal, indem er gegen die Annahme eines verschiedenen
Ursprunges der verschiedenen Völker Einspruch erhebt, sich nicht
auf Adam, sondern auf jenen Gottmenschen beruft[5]): ἕνα καὶ τὸν
αὐτὸν ἐπιγεγραμμένοι πατέρα οὐ θνητόν, ἀλλ' ἀθάνατον, ἄνθρωπον
θεοῦ, ὃς τοῦ ἀϊδίου λόγος ὢν ἐξ ἀνάγκης καὶ αὐτός ἐστιν ἄφθαρτος

---

1) Vgl. z. B. Bereschit Rabba (übers. v. Wünsche S. 30): Nach Rabbi
Samuel bar Nachman hatte der erste Mensch bei seiner Erschaffung zwei Ge-
sichter; Gott zersägte ihn aber in zwei Hälften und bildete zwei Rücken aus
ihm, einen nach dieser und einen nach jener Seite hin. Weitere Stellen bei
Dreyfus a. a. O. S. 15.

2) So erwähnt Berossos (Fr. 1), freilich in anderer Verbindung, die Vorstellung von menschenartigen Fabelwesen: cῶμα ἔχοντας ἕν, κεφαλὰς δὲ δύο,
ἀνδρείαν καὶ θήλειαν καὶ αἰδοῖα διccά, ἄρρεν τε καὶ θῆλυ.

3) Vgl. besonders *De opif. mundi* § 134. Der Unterschied, daß Philon οὔτ'
ἄρρεν οὔτε θῆλυ sagt, also eher von Geschlechtslosigkeit als von Doppelgeschlechtlichkeit spricht, dünkt mir kleiner, als er Wendland (Jahrb. f. Phil.
Suppl. XXII S. 705) schien. Auch Attis ist ja mit diesem πρῶτος ἄνθρωπος
identifiziert worden, und nicht um eine einfache Übernahme, sondern um eine
Anlehnung an einen Begriff der hellenistischen Theologie handelt es sich; zur
Sache vgl. Bousset a. a. O. 347.

4) *Leg. alleg.* I 88—96; 53 Cohn.

5) *De conf. lingu.* 411 und 427 M.

.... ἕνα πατέρα τὸν ὀρθὸν τιμῶντες λόγον und später κἂν μηδέπω
μέντοι τυγχάνῃ τις ἀξιόχρεως ὢν υἱὸς θεοῦ προσαγορεύεσθαι, σπου-
δαζέτω κοσμεῖσθαι κατὰ τὸν πρωτόγονον αὐτοῦ λόγον, τὸν ἀγγέλων πρεσβύτατον, ὡς ἀρχάγγελον, πολυώνυμον ὑπάρχοντα· καὶ
γὰρ ἀρχὴ καὶ ὄνομα θεοῦ καὶ λόγος καὶ ὁ κατ' εἰκόνα ἄνθρωπος
καὶ ὁρῶν Ἰσραὴλ προσαγορεύεται.... καὶ γὰρ εἰ μήπω ἱκανοὶ θεοῦ
παῖδες νομίζεσθαι γεγόναμεν, ἀλλά τοι τῆς ἀϊδίου εἰκόνος αὐτοῦ, λόγου
τοῦ ἱερωτάτου. θεοῦ γὰρ εἰκὼν λόγος ὁ πρεσβύτατος. Ich möchte
bezweifeln, daß Philon sich die Idee eines πολυώνυμος ἀρχάγγελος
aus den bei ihm folgenden Bezeichnungen der Schrift gebildet hat;
der Naassener-Text (30) legt es mindestens nahe, in seinen Worten eine
judaisierende Berücksichtigung der hellenistischen Lehre vom Gottmenschen zu erblicken.[1]) Philon sagt dabei natürlich nicht, daß in
jener Lehre die irdischen Menschen von sieben Elternpaaren ab-
stammen, aber er nimmt, indem er auf ihren gemeinsamen göttlichen
Erzeuger zurückgeht, auf sie, wie ich glaube, Rücksicht.

Dies führt mich noch zu jenem eigenartigen Einzelzug in der
Lehre des Poimandres zurück, den ich früher unerklärt gelassen
habe. Wohl stammen die Menschen alle von dem einen göttlichen
Erzeuger und der einen Mutter, der φύσις oder ὕλη. Aber mindestens
ebenso schroff wie die Einheit ist die Verschiedenheit betont. Sieben
Völker sind mit den sieben Planeten in engste Verbindung gebracht,
so daß diese nicht nur ihre Herrscher, sondern auch in gewissem
Sinne ihre Väter sind.[2]) So werden die Volksgötter nicht mehr
verschiedene Namen für den einen Gott der Philosophie[3]), sie bleiben
verschiedene, einander feindliche oder freundliche Wesen, die Planetengötter, welche die Geschicke leiten. Der judenfeindliche Zug, den

1) Ganz verblaßt ist dann die Lehre in einer Anzahl Hermetischer
Schriften, in denen die Götterfolge θεός κόσμος ἄνθρωπος begegnet. Zu vergleichen ist jene eine göttliche ψυχή, von der die andern stammen.

2) Der Einfluß der Sterne auf die geistigen und leiblichen Anlagen wird
in mythische Form gekleidet. Der Anlaß ist z.T. wohl älter als die astrologische Spekulation. Daß nach ägyptischen Anschauungen die verschiedenen
Rassen verschiedene göttliche Schöpfer und Hüter haben, zeigt die oben S. 31 A.4
angeführte Stelle. Ähnliche Anschauungen mögen auch in anderen Gegenden
des Orients bestanden haben. Sie entwickeln sich fast notwendig in nationalen
Religionen.

3) Wie für Varro Juppiter (für seine Quelle also Zeus) der Jehovah der
Juden ist, so ist umgekehrt für Aristeas der Judengott der Zeus der Griechen.

diese astrologischen Systeme in ihrer Mehrzahl tragen, zeigt sich
dabei in der Überweisung des Volkes, dem man das *odium generis
humani* vorwarf, an den finsteren Schadengott Saturn.[1]) Es ist
wunderlich, daß man zu der bekannten Stelle des Tacitus (*Hist.* V 4):
alii honorem eum (die Sabbatfeier) *Saturno haberi, seu principia
religionis tradentibus Idaeis, quos cum Saturno pulsos et conditores
gentis accepimus, seu quod de septem sideribus, quis mortales reguntur,
altissimo orbe et praecipua potentia stella Saturni feratur*[2]) *ac pleraque
caelestium viam suam et cursus septenos per numeros commeent*[3]) noch
nicht mit der Parallelstelle verbunden hat, die selbst die Lesung *mortales* erklärt, der Lehre des Basileides (bei Irenaeus I 24, 4): *eos autem
qui posterius caelum continent angelos, quod etiam a nobis videtur, con-
stistituisse ea quae sunt in mundo omnia et partes sibi fecisse terrae et
earum, quae super eam sunt, gentium. esse autem principem ipsorum
eum, qui Iudaeorum putatur esse deus. et quoniam hic suis hominibus,
id est Iudaeis, voluit subicere reliquas gentes, reliquos omnes principes
contra stetisse et ei contra egisse; quapropter et reliquae resiluerunt
gentes eius genti.*[4])

Die Vorstellung von den sieben Völkern begegnet uns dann

----

1) Ich glaube mir den Hergang nur so erklären zu können, wenn ich
auch zugeben muß, daß jüdische Astrologen diese Festsetzung später angenommen haben (vgl. S. 75). Sie] spiegelt zunächst die Auffassung des Judengottes bei den benachbarten Hellenen und zugleich das starke Vordringen des
Judentums in der letzten Zeit. Die Gleichsetzung des Judengottes mit Saturn
kehrt dann bei Kaiser Julian und in den Lehren der Harraniter wieder (Dozy-
Goeje, *Actes du sixième Congrès international des Orientalistes part.* II sect. I 350).

2) So Epigenes (Seneca *Nat. quaest.* VII 4). Varros Quelle (Augustin
De civ. dei VII 15) hielt Zeus für stärker, andere Helios.

3) Daß schon die erste Ansicht (die Verbindung der Ἰδαῖοι und Ἰουδαῖοι)
von der Identifizierung des Judengottes mit Κρόνος, also von einer Planeten-
lehre und der Ordnung der Woche ausgeht, scheint sicher. Die zweite ist von
Tacitus kurz dargestellt: die Juden haben sich diesen Stern als Gott erwählt,
weil er der mächtigste ist; ihm feiern sie den siebenten Tag, weil die
Siebenzahl astrologisch begründet ist.

4) Die Parallelisierung des Gottes und des Volkes tritt noch stärker bei
Epiphanius XXIV 2 hervor: ἐληλυθέναι δὲ τοὺς Ἰουδαίους εἰς κλῆρον αὐτοῦ· καὶ
τὸν αὐτὸν ὑπὲρ ἀγγέλων αὐθαδέστερον· ἐξαγαγεῖν δὲ τοὺς υἱοὺς Ἰσραὴλ ἐξ Αἰγύπτου αὐθαδείᾳ βραχίονος τοῦ ἰδίου, διὰ τὸ εἶναι αὐτὸν ἰταμώτερον τῶν ἄλλων καὶ
αὐθαδέστερον. ὅθεν διὰ τὴν αὐθάδειαν αὐτοῦ . . . . . βεβουλεῦσθαι τὸν αὐτὸν
αὐτῶν θεὸν καθυποτάξαι τῷ γένει τοῦ Ἰσραὴλ πάντα τὰ ἄλλα ἔθνη καὶ διὰ τοῦτο
παρεσκευακέναι πολέμους.

wieder in der frühchristlichen Kunst, und zwar in einer so charakteristischen, für die gesamte Beurteilung des Druckes, den der Glaube
an die είμαρμένη übte, so wichtigen Darstellung, daß es gestattet
sei, auf sie etwas näher einzugehen. Sie findet sich in besserer Erhaltung, aber willkürlicherer Ausgestaltung auf einer christlichen
Lampe[1]), minder deutlich, aber in älterer Form auf einer Gemme[2]);
die Darstellung mag bis ins dritte Jahrhundert n. Chr. zurückgehen[3]);
die Kenntnis beider Bildwerke danke ich einem gütigen Hinweis von
Prof. J. Ficker. Den Mittelpunkt des Rundes der Lampe bildet
Christus, als guter Hirt nach dem Typus des Hermes dargestellt,
ein Lamm auf der Schulter. Über seinem Haupte stehen die sieben
Planeten, die Herren der είμαρμένη, denen hier freilich inkonsequent
noch die Bilder von Sonne und Mond an beiden Seiten beigegeben
sind[4]); um seine Füße drängen sich sieben Lämmer, die Vertreter
der sieben Völker; rechts und links typische Darstellungen der
Errettung des Gläubigen, rechts Noahs Taube und Arche und
Jonas, der von dem Fisch verschlungen wird, links wieder Jonas,
der ans Land gespieen friedlich unter der Kürbislaube ruht.[5]) Von
diesen Darstellungen muß die Deutung ausgehen. Christus, der als
τὸ πνεῦμα τὸ διῆκον ἀπὸ οὐρανοῦ μέχρι γῆς gefaßt ist, steht ἐν
μέcῳ τῷ κόcμῳ zwischen den bösen Sternenherrschern und den
Völkern, die sich um ihn als um ihren Befreier von der είμαρμένη
scharen. Die Gemme zeigt uns ebenfalls in der Mitte den guten
Hirten, ihm zu Häupten die sieben Sterne, zu seinen Füßen sechs
Lämmer, das siebente trägt er. Die Darstellungen rechts und links
sind undeutlich geworden, doch glaube ich einerseits die Arche,
andrerseits den Baum zu erkennen, der auf dem größeren Bildwerke
vor der Laube des Jonas steht. Ich halte diese Darstellung, schon
weil die unpassenden Wiederholungen von Sonne und Mond fehlen,
für älter. Der gute Hirt hat hier ein Volk sich besonders erwählt;

---

1) Garucci, *Storia della Arte christiana* VI *tav.* 474; Perret, *Catacombes
de Rome, tab.* 17 No. 5.

2) Perret a. a. O. *tab.* 16 No. 80.

3) So Ficker und Mitius, Archäolog. Studien zum christlichen Altertum
und Mittelalter Heft IV S. 64.

4) Ähnlich oft in Darstellungen der Mithrasreligion.

5) Über Jonas als Typus des durch Christus geretteten Gläubigen vgl.
Mitius a. a. O. S. 5.

das paßt für die heidnische Darstellung, die wir ja sicher als Vorbild annehmen müssen; in ihr wird der Gott, der als Hirt dargestellt war (vgl. S. 31), sein Volk der εἱμαρμένη entrückt haben.

Den Glauben an einen siebenfachen Ursprung des Menschengeschlechtes kann ich mit meiner geringen Kenntnis astrologischer Literatur nicht weiter verfolgen. Seine Einwirkung ließe sich vielleicht schon in einer allerdings nicht mehr verstandenen Angabe des vorchristlichen Buches der Jubiläen wiederfinden, nach welcher Adam vierzehn Kinder gehabt hat. Ja es scheint mir bei der eigentümlichen Beharrungskraft astrologisch-abergläubischer Anschauungen nicht unmöglich, daß von hier irgend eine Entwicklungsreihe bis herüber zu unserem Kinderliedchen von den sieben Söhnen Adams führt. —

So unklar die Einzelheiten hier bleiben, auf die mir im Grunde wenig ankommt, so sicher scheint mir erwiesen, daß auch der nichtägyptische Teil der Poimandreslehre eine Einheit bildet, und damit zugleich dargelegt, wie das älteste gnostische System, das wir kennen, entstand. Seine Grundlage bildete zunächst eine Volksreligion, oder genauer, die hellenisierte Lehre der Ptahpriester in Memphis. Aber mit ihr verband der Gründer der Gemeinde eine ähnlich hellenisierte, aus einem andern Volk nach Ägypten dringende Lehre, welche in dem Anschluß an die Astrologie und in dem Sehnen weiter Kreise nach Befreiung von ihrem Druck die werbende Kraft besaß. Ohne eine gewisse Inkonsequenz ging es dabei nicht ab, nicht die Spekulation eines Philosophen, sondern die Phantasie des Propheten und das Sehnen der Zeit hat die Lehre gestaltet, und nicht an einzelne Denker, sondern an eine heilsbedürftige Gemeinde, ja im Grunde an die ganze heilsbedürftige Menschheit wendet sie sich. Ihr Urheber fühlt, obwohl er in der Form an die hellenisierte Offenbarungsliteratur seines Volkes schließt, dennoch, daß er über die Grenzen seines Volkstums hinausgeht und etwas Neues, Eigenes bietet. So konnte es keiner der bekannten, in jener Literatur schon fest umrissenen Götter sein, den er verkündet und der sich ihm offenbart hat.[1])

---

1) Der Hermes-Priester, welcher die Straßburger Kosmogonie verfaßt hat, sagt bei der ersten Erwähnung seines Gottes (*Pap.* 481ʳ 2): κεῖνος δὴ νέος ἐστὶν ἐμὸς πατρώϊος Ἑρμῆς. Damit ist die Selbstvorstellung des Poimandres (§ 2 und 6) zu vergleichen: ἐγὼ μέν, φησίν, εἰμὶ ὁ Ποιμάνδρης ὁ τῆς αὐθεντίας νοῦς und ἐγώ, νοῦς, ὁ σὸς θεός. Predigt und Dichtung sind sich in dieser Zeit

Daß er für die Wahl des Namens des „Menschenhirten" an vorhandene Volksvorstellungen von dem Offenbarungsgott schließen konnte, hat sich uns im ersten Kapitel (S. 31) gezeigt. Auch Aberkios nennt sich ja:

μαθητὴς ποιμένος ἁγνοῦ
ὃς βόσκει προβάτων ἀγέλας ὄρεσιν πεδίοις τε
ὀφθαλμοὺς ὃς ἔχει μεγάλους πάντη καθορῶντας·
οὗτος γάρ μ' ἐδίδαξε .... γράμματα πιστά.[1])

und in dieser Literatur schon sehr nahe getreten und gestatten aufeinander Schlüsse. Daß die Straßburger Kosmogonie nur die Probe einer reichen, schon in der älteren Alexandrinerzeit beginnenden theologischen Dichtung ist, habe ich bei der ersten Herausgabe vor allem daraus erschlossen, daß die Wendung (481ʳ 26): παλινδίνητον ἀνάγκην sich bei Nonnos II 265: αἰθέρος ὀχλίζοντα παλινδίνητον ἀνάγκην, bei Claudian Ep. 6, 2: ἐμβεβαὼς κόσμοιο παλινδίνητον ἀνάγκην, endlich Anthol. IV 505, 14: ἀστρψην ἐδίδαξα παλινδίνητον ἀνάγκην wiederfindet und unser Lied das Wort in seinem ursprünglichen Zusammenhang gibt. Weitere Spuren dieser Literatur bietet das von Kroll (*Analecta graeca* Greifsw. 1901) entdeckte kleine Berliner Fragment, die verkürzende Nachbildung *Orac. Sibyll.* VIII 445 ff. und vor allem des Paulinus von Nola Gedicht XXXII 165 ff., das zugleich trefflich lehren kann, wie stark die christliche Anschauung von hier beeinflußt ist. Ein direktes Zeugnis bietet ferner Lagarde, *Clementina* p. 79, 16: αὐτίκα γοῦν ἐπὶ τῆς διακοσμήσεως τῶν ὅλων ποτὲ μὲν Φύσιν λέγουσιν ποιηταί, ποτὲ δὲ Νοῦν ἀρχηγὸν γενέσθαι τῆς ὅλης δημιουργίας κτλ. Das zeigt vielleicht, daß ich recht hatte, Ovids Metamorphosen mit heranzuziehen. In dem Gedicht selbst, das wohl jedem zunächst ganz griechisch erscheint, habe ich die ägyptischen Elemente noch zu wenig hervorgehoben. Zu den beiden Versen αὐτὰρ ὁ θεσπεσίην φορέων τετράζυγα μορφὴν ὀφθαλμοὺς κάμμυσε κεδαζομένης ὑπὲρ αἴγλης ist die oben S. 20 Gebet II 6 erwiesene Vorstellung, daß Hermes in jedem der vier Himmelsteile eine andere Gestalt hat, und die für den Sonnengott übliche Formel: „der sich selbst verhüllt in seiner Pupille und dessen Geist aus seinen Augen hellstrahlend leuchtet" (Brugsch, *Reise nach d. gr. Oase El-Khargbe* S. 28) zu vergleichen. Man kann das Lied in Wahrheit ebensowohl ganz ägyptisch nennen. Es gibt zusammen mit der prosaischen Hermes-Literatur den besten Maßstab für die Hellenisierung der ägyptischen Religion.

1) Auch der Poimandres hat nach dem XIII. (XIV.) Kapitel seinem Propheten ein geschriebenes Buch gegeben. Ein φυλακτήριον des Paris. 2361 (fol. 482ʳ) teile ich beiläufig für theologische Leser mit, ohne es freilich emendieren zu können: ἔπαρε τὸ ἅγιον σκοτέλιον ἡμέρα σαββάτων καὶ γράφε μέσα τὸ τρόπαριν ἐτοῦτο· ἀρχιερεῦ ὅσιε παμμακάριστε πάτερ θαυματουργὲ θεράπων χριστοῦ, ἀβέρκιε, ὁ προφητικὸν ἐκλάμψας βίο· καὶ ἀποστολικῶν ἠξιωθ(εὶς) χαρισμάτων, τὸ σωτῆρι λειτουργέ· πρέσβευε σωθῆναι τὰς ψυχὰς ἡμῶν. στόμεν καλὸς στῶμεν μετὰ φόβου (übliches Epiphonem in diesen Gebeten). εἰς τὸ ὄνομα τοῦ πατρὸς καὶ τοῦ υἱοῦ καὶ τοῦ ἁγίου πνεύματος. καὶ ἃς λειτουργοίσοι ὁ ἱερεὺς ἀπάνω τῶν

In ähnlicher Weise beschreibt Philon (*De agric.* 50 Wendl.) Gott, oder vielmehr den Sohn Gottes, als Hirten: οὕτωc μέντοι τὸ ποιμαίνειν ἐcτὶν ἀγαθόν, ὥcτε οὐ βαcιλεῦcι μόνον καὶ cοφοῖc ἀνδράcι καὶ ψυχαῖc τέλεια κεκαθαρμέναιc ἀλλὰ καὶ θεῷ τῷ πανηγεμόνι δικαίωc ἀνατίθεται[1] .... καθάπερ γάρ τινα ποίμνην γῆν καὶ ὕδωρ καὶ ἀέρα καὶ πῦρ καὶ ὅcα ἐν τούτοιc φυτά τε αὖ καὶ ζῷα, τὰ μὲν θνητά, τὰ δὲ θεῖα, ἔτι δὲ οὐρανοῦ φύcιν καὶ ἡλίου καὶ cελήνηc περιόδουc καὶ τῶν ἄλλων ἀcτέρων τροπάc τε αὖ καὶ χορείαc ἐναρμονίουc ὁ ποιμὴν καὶ βαcιλεὺc θεὸc ἄγει κατὰ δίκην καὶ νόμον, προcτηcάμενοc τὸν ὀρθὸν αὐτοῦ λόγον καὶ πρωτόγονον υἱόν, ὃc τὴν ἐπιμέλειαν τῆc ἱερᾶc ταύτηc ἀγέληc οἷά τιc μεγάλου βαcιλέωc ὕπαρχοc διαδέξεται.[2]   Das zeigt, aus welchem Empfinden der Verfasser des Poimandres, der zeitlich sehr wohl dem Philon nahe stehen könnte, Namen und Begriff seines Gottes schuf.

Allein um ganz zu verstehen, daß die Schöpfung eines neuen Gottes auch die Schöpfung einer neuen Religion bedeutet, und um von hier aus den Anspruch zu würdigen, welchen der Prophet erhebt, ein Heiland des ganzen Menschengeschlechtes geworden zu sein, müssen wir die Formen der ägyptischen Offenbarungsliteratur näher ins Auge fassen. Ich tue es um so lieber, als der Philologe dabei wieder in bekannteres Gebiet zurückkehren und sein Handwerkszeug verwenden kann.

γραμμάτων καὶ ἀc λειτουργ(ήcει) εἰc τὸ ὄνομα τοῦ ἁγίου ἀποcτόλου ἀβερκίου καὶ μετὰ τὸ τέλοc τῆc λειτουργίαc ἀc θέc(ει) ἁγίαcμα τῶν ἁγίων θεοφανιῶν καὶ ἀc τοπλη̆ τὰ γράμματα καὶ ἀc τοπί· ὁ ἀcθενῶν. Aberkios und der Verfasser des Poimandres sind ähnliche Erscheinungen, nur daß der phrygische Prophet und Wundertäter nicht zum Gott, sondern zum christlichen Heiligen wurde.

1) Vgl. die nähere Ausführung in der Fortsetzung.

2) Ménard, der auf diese Ausführungen zuerst verwies, benutzt sie, um den Poimandres als jüdisch-gnostische Schrift zu charakterisieren. Von jüdischen Anklängen ist in Wahrheit nur die Formulierung des Gotteswortes in § 18 anzuerkennen, und gerade sie widerstreitet dem Zusammenhang, ist also wohl in jüngerer Zeit entstanden und genügt nicht einmal, für die Lehre vom Ἄνθρωποc jüdische Vermittlung irgendwie wahrscheinlich zu machen. Prüft man die Einzelheiten bei Philon näher, so findet man, daß die scheinbar dem Alten Testament abgewonnene Ausführung bald an die hellenisierte Lehre von Ptah und Hermes, bald an die von Attis, dem Hirten der weißen Sterne, erinnert, der in der Naassener-Predigt ja auch zugleich ἄνθρωποc und λόγοc ist. Wieder zeigt sich, daß Philon die Bilder und Anschauungen der hellenistischen Mystik nicht geschaffen, sondern sich ihnen nur angepaßt hat.

IV.

Die Frage, wie weit die Hermetische Literatur an bestimmte Kulte und Kultvorstellungen schließt, läßt sich bei der Eigentümlichkeit der ägyptischen Religionsvorstellungen und bei unserer immer noch geringen Kenntnis ihrer lokalen Verschiedenheiten, fast nur aus den äußeren Formen beurteilen. Sie zeigen eine merkwürdige Festigkeit und geben zum Teil sehr alte und sehr wertvolle Notizen.[1]

Die offenbar verbreitetste Form, in welche ja auch die Literatur der Poimandresgemeinde in Kap. XIII (XIV) überlenkt, ist die, daß Hermes seinem Sohne Tat[2] Unterweisungen gibt. Zwei Corpora wurden in relativ früher Zeit gebildet und geschieden, die Γενικοὶ λόγοι und die Διεξοδικοὶ λόγοι. Die Verbindung des Tat mit Hermes befremdet zunächst, da Tat ja selbst der ägyptische Hermes ist. Eine Verdoppelung hat mit dem Eindringen des neuen Namens in hellenistischer Zeit stattgefunden, ein uns auf griechischem Boden ja in früher Zeit öfters begegnender Vorgang. Daß er wirklich teilweise auch im Kult durchgedrungen ist, scheint ein merkwürdiges Zaubergebet zu lehren, welches Wessely[3] und Kenyon[4] veröffentlicht haben: φάνηθί μοι ἐν τῇ μαντείᾳ ὁ μεγαλόφρων θεὸς τρισμέγας Ἑρμῆς· φανήτω ὁ τὰ τέσσερα μέρη τοῦ οὐρανοῦ καὶ τὰ τέσσερα θεμέλια τῆς γῆς ⟨κατέχων⟩ . . . . . . ἧκέ μοι ὁ ἐν τῷ οὐρανῷ, ἧκέ μοι ὁ ἐκ τοῦ ᾠοῦ[5] . . . . . . λέγε οἱ δύο θεοὶ οἱ περὶ cὲ θαθ καλεῖται ὁ εἷς θεὸς ὁ ἐcώτεροc[6] αφ καλου κατὼ ηι· cεcοφηι · βαινχωωωχ. Der Name des

---

1) Das hat soeben auch K. Sethe in den Untersuchungen zur Geschichte und Altertumskunde Ägyptens II 4 (Imhotep, der Asklepios der Ägypter) an trefflichen Beispielen erwiesen. Da meine Darstellung geschrieben war, ehe Sethes Buch erschien, lasse ich sie, wo wir beide zusammentreffen, ungeändert und erwähne nur die Abweichungen.

2) Über die Schreibung des Namens (Thoyth, Thath, Thot, Tat u. s. w.) vgl. Spiegelberg, *Recueil des travaux relatifs à la philologie et à l'archéologie égyptiennes et assyriennes* XXIII 199. Tenuis und Aspirata wechseln unterschiedslos.

3) Denkschr. d. K. K. Ak. 1893 S. 38 Z. 550 ff.

4) *Cat. of Greek Pap.* p. 102.

5) Hermes als Urgott.

6) So Kenyon; οε ο ετεροc las Wessely. Er mußte danach οε als Namen fassen und annehmen, daß der den Eigennamen bezeichnende Strich aus Versehen fortgelassen sei. Dadurch wurde er gezwungen, θαθ als Vokativ zu

einen Gottes entspricht nach Prof. Spiegelberg dem des Totengenius *hpj*. Sein Name erscheint mit dem des Thot verbunden in dem koptischen Zauberpapyrus des zweiten Jahrhunderts n. Chr., den Griffith in der Zeitschrift für ägyptische Sprache 1900 S. 90 publiziert hat; Isis sagt: *my father Ape-Thot*. Die Verbindung beider Gottheiten zeigt ja auch die griechische Mißdeutung Hermanubis.[1] Auch in unserem Gebet scheint *hpj* mit dem vorher als Diener des Hermes erwähnten Anubis identisch zu sein.

Dem Ägypter wurde eine Differenzierung ursprünglich identischer Götter wie Tat und Hermes besonders in der theologischen Literatur noch durch eine eigentümliche Anschauung erleichtert, welche Sethe richtig erkannt hat.[2] Der weise Priester erscheint als Inkarnation des Thot und wird nach seinem Tode als Thot verehrt. So steht bei Medinet Habu ein in der Zeit des Ptolemaios IX. Euergetes II. errichtetes Tempelchen des memphitischen Hohenpriesters Teos; er ist der „Teos der Ibis“, d. h. des Thot[3]), (Τεεφῖβιc) und zugleich Thot selbst. Ob Sethe recht tut, den Hermes von Theben, der zusammen mit dem gleich zu be-

---

fassen und eine wirre, dem Stil dieser Formeln ganz widersprechende Konstruktion anzunehmen. Ob wirklich ὁ ἑcώτεροc oder ὁ δὲ ἕτεροc dasteht, weiß ich nicht; zu schreiben ist immer οἱ δύο θεοὶ οἱ περὶ cέ, θάθ καλεῖται ὁ εἷc θεὸc ὁ δὲ ἕτεροc ἄφ, κἀγὼ καλοῦμαι ἥϊ cεcοφηι βαινχωωχ. Zur Sache bemerke ich, daß zwei δορυφόροι eines Gottes, wie auf bildlichen Darstellungen, so in der Literatur nicht selten begegnen; ich verweise, da ich leider die Stellen nicht notiert habe, für jetzt nur auf Wessely, Denkschr. d. K. K. Akad. 1893 S. 60 Z. 2, auf Philon, *De sacr. Ab.* § 59 Cohn: ὁ θεὸc δορυφορούμενοc ὑπὸ δυεῖν τῶν ἀνωτάτω δυνάμεων ἀρχῆc τε αὖ καὶ ἀγαθότητοc, und auf den λόγοc Ἴcιδοc πρὸc Ὧρον Stobaios, Ekl. I 49 *p.* 464, 9 Wachsm. Damit zusammen hängt m. E. der Name des Thot „der Große, der Große“; denn in den *Stories of the High Priests of Memphis* (Griffith *p.* 58) wird Thot der achtmal Große genannt, weil die acht Hundskopfaffen seine δορυφόροι sind. Bei einer anderen Auffassung mußte freilich gerade hieraus der τριcμέγαc oder τριcμέγιcτοc Ἑρμῆc werden, wie der Urgott mit den acht Wächtern die Enneade ausmacht.

1) Ursprünglich *harmanup*, Horus als Anubis; weiteres bei Pietschmann, Pauly-Wissowa I 2647 und 2649. Auch als Verfasser heiliger Schriften scheint Anubis für Hermes-Tat eingetreten. Eine Erinnerung an sie scheint aus Manetho bis in die *Excerpta Barbari* gedrungen (Manetho Fragm. 4 bei Müller): *deinceps mitheorum regna sic: prota* (πρῶτα) *Anubes [Amusin], qui etiam Aegyptiorum scripturas composuit* (vgl. Müller zu der Stelle und Tatian 39).

2) A. a. O. S. 8; vgl. Bissing, Deutsche Literaturzeitung 1902 Sp. 2329.

3) Vgl. *Catal. cod. astrol. graec.* I 167: Ἑρμῆc Φιβὶ ὁ Τριcμέγιcτοc.

trachtenden Asklepios von Memphis als Orakelspender und vergött-
lichter Mensch bei Clemens von Alexandrien (Strom. I 21, 134 *p.* 399)
erscheint, als diesen Τεεφῖβις zu betrachten, lasse ich dahingestellt.[1]
Die ganze Auffassung erklärt uns, wie die im Kult rezipierten
heiligen Bücher, obgleich von bestimmten Priestern verfaßt, doch
dem einen Thot oder Hermes zugeschrieben werden; sie erklärt eine
gewisse Neigung ältere und jüngere Träger desselben Götternamens
zu scheiden[2]); sie erklärt endlich das Schwanken in der Auffassung
des Offenbarungsgottes, der daneben auch als Mensch gefaßt wird.
Es ist gute ägyptische Anschauung, wenn Platon in der berühmten
Stelle des Philebos (18*b*) nicht weiß, ob er Thot als Mensch oder
Gott bezeichnen soll. Aus diesem Empfinden glaube ich die in so
junger Zeit vollzogene Scheidung von Hermes und Tat am besten
erklären zu können.

In der ältesten Erwähnung dieser Literatur sind beide noch
nicht getrennt. Wohl geben auch Nechepso und Petosiris dem
lehrenden Hermes zwei jüngere göttliche Begleiter; aber es sind
Anubis und Asklepios. Über Nechepso und Petosiris gibt uns ein
für das erste Jahr des Kaisers Antonius von den Priestern des
Hermes in Theben aufgestelltes Horoskop[3]) den besten Aufschluß:
cκεψάμενος ἀπὸ πολλῶν βιβλίων, ὡς παρεδόθη ἡμεῖν ἀπὸ cοφῶν
ἀρχαίων, τουτέcτιν Χαλδαϊκῶν καὶ Πετόcιρις, μάλιcτα δὲ καὶ ὁ βαcιλεὺc Νεχεύc (so), ὥcπερ καὶ αὐτοὶ cυνήδρευcαν ἀπὸ τοῦ κυρίου ἡμῶν
Ἑρμοῦ καὶ Ἀcκληπιοῦ, ὅ ἐcτιν Ἰμούθου υἱὸς Ἡφήcτου. Der Schreiber,
dem Nominative und Genitive wild durcheinander gehen, verrät uns
zunächst, daß im zweiten Jahrhundert n. Chr. die Schriften des
Petosiris und Nechepso zusammen mit den „chaldäischen" Büchern

---

1) Der Thot-Kult zu Theben stammt sicher nicht von diesem einen Heroen-
kult her, und die Worte des Clemens lassen sich kaum so pressen. Zu seiner
Zeit gibt, wie das gleich zu besprechende Horoskop zeigt, die Priesterschaft
des Hermes zu Theben Prophezeiungen; mehr sagt im Grunde auch Clemens nicht.

2) So werden eine ältere und jüngere Isis in der Κόρη κόcμου und bei
Pseudo-Apulejus, ein älterer und jüngerer Äskulap bei letzterem geschieden.
Sethe sucht darin vielleicht etwas zuviel echte Geschichte; ähnlich scheidet
z. B. Hekataios bei Diodor I 15 den König Amon von dem Gott.

3) *Pap. du Louvre* 19 *bis, Notices et Extraits* XVIII 2, 136. Die von Rieß
(Philol. Suppl. VI 331) arg mißdeutete Stelle hat Drexler (Jahrbb. f. Phil. u.
Päd. 145, 545) richtig erklärt.

die Tempelbibliothek ausmachten, sodann, daß in den erstgenannten
Schriften der angebliche Petosiris und Nechepso sich über eine ältere
Literatur miteinander beraten, bezw. sie kommentieren.   Sie
geht einerseits auf Asklepios oder Imuthes, den Sohn des Ptah,
andererseits auf Hermes zurück. Die Erklärung gibt Fr. 25 Rieß,
in welchem einerseits des Asklepios Μοιρογένεcιc, andererseits Dialoge erwähnt werden, in welchen Hermes den Asklepios und Anubis
über die Geheimnisse der Astrologie belehrt.   Diese müssen also
mindestens in den Anfang des zweiten Jahrhunderts v. Chr. fallen.

Daß der ägyptische Asklepios oder Imuth (Imhotp) ursprünglich
Mensch war und göttlichen Kult erst etwa in der Zeit des Amasis
empfing, scheint Sethe a. a. O. erwiesen zu haben. Ob man seine Zeit
wirklich datieren kann, mag dabei dahingestellt bleiben. Die in ihrer
heutigen Form der späten Ptolemäerzeit angehörige Inschrift von
den sieben Hungerjahren und vor ihr jedenfalls schon Manetho verbinden ihn mit einem Könige der dritten Dynastie Dośer (Τοcόθροc);
den Text hat Sethe im allgemeinen überzeugend hergestellt:. Τοcόθροc, ⟨ἐφ’ οὗ ’Ἰμούθης⟩. οὗτοc[1]) ’Αcκληπιὸc ⟨παρὰ⟩ Αἰγυπτίοιc κατὰ
τὴν ἰατρικὴν νενόμιcται καὶ τὴν διὰ ξεcτῶν λίθων οἰκοδομίαν εὕρατο,
ἀλλὰ καὶ γραφῆc ἐπεμελήθη. Es gab also schon vor Manetho Bücher,
die sich auf ihn zurückführten, zunächst medizinische Schriften.
Überzeugend hat Sethe außerdem ihm ein Buch über den Tempelbau
zugeschrieben, ein „Buch, das vom Himmel herabgekommen war
nördlich von Memphis“; nach ihm haben Ptolemaios X. Soter II. und
Ptolemaios XI. Alexandros I. den Bau ihrer Ahnen zu Edfu erweitert,
„wie es entsprach der Schrift von der Anlage des Horustempels, die
der oberste Vorlesepriester Imhotp, der Sohn des Ptah, verfaßt hatte“.
Auf sehr viel ältere Sprüche (bezw. Lieder) des Imhotp bezieht Sethe
eine Stelle aus dem „Liede aus dem Hause des König Intf“: „ich
habe die Worte des Imhotp und Hardadaf gehört; man spricht noch
viel von ihnen, aber wo sind ihre Stätten?“. Das erklärt die Angabe des λόγοc ᾽Ιcιδοc πρὸc ῾Ωρον (Stobaios Ekl. I 49 p. 467, 4
Wachsmuth), Asklepios-Imuthes sei der Erfinder der Poesie.   Bei
den Griechen war es Orpheus, Linos oder Musaios; danach ist die
Angabe zu beurteilen.   Die Zusammenhänge der altägyptischen und

---

1) Sethe streicht dies οὗτοc (oder ὅc), verdirbt aber damit die in dieser
Literatur übliche Formel.

hellenistischen Literatur treten hier besonders gut zu Tage. In hellenistischer Zeit steigt das Ansehen des göttlichen Sohnes des Ptah von Memphis[1]) und seines bei Memphis gelegenen Hauptheiligtums. Sein Kult wird nach Theben, ja selbst nach Philae übertragen[2]); in ersterem erscheint er mit dem thebanischen Thot und seinem eigenen jüngeren Spiegelbild Amenhotep verbunden.[3]) Der Haupttempel in Memphis blieb bis in späte Zeit gefeiert[4]), und seine Priesterschaft stand noch zu Hieronymus' Zeit in dem Ruf geheimer Weisheit.[5]) Auf sie wird die Asklepiosliteratur zunächst zurückzuführen sein.

Von theologischen Schriften des Asklepios erwähnt Lactanz (*Inst. div.* II 15, 7) einen λόγος τέλειος an König Amon, und eine reiche ältere Literatur, die an denselben gerichtet war, setzen die mit jenem vielleicht identischen Ὅροι Ἀσκληπιοῦ voraus. Da sich uns Ptah selbst als Offenbarungsgott erwiesen hat[6]), müssen wir nach den festen Formen dieser Literatur annehmen, daß Asklepios, sein Sohn und sein Priester, ursprünglich sein Wissen von ihm erhielt; seine Verbindung mit Hermes ist jünger. Eine Spur hiervon hat sich uns in der späteren Schrift Κόρη κόσμου erhalten, eine Spur, die wir

---

1) Vgl. die ägyptischen Inschriften bei Sethe S. 4 Anm. 2 und S. 6.

2) Letronne, *Recueil des Inscript.* 2 p. 7.

3) So in dem Tempelchen hinter Medinet Habu (Sethe, *Aegyptiaca*, Festschrift für Ebers S. 114).

4) Ammian. Marc. XXII 14, 7: *Memphim, urbem frequentem praesentiaque numinis Asclepii claram.*

5) *Vit. Hilar.* 21: *perrexit Memphim, ut confesso vulnere suo magicis artibus rediret armatus ad virginem. igitur post annum doctus ab Aesculapii vatibus ... venit.* Wenn Pseudo-Cyprian in seinen Bekenntnissen (§ 3) einen Tempel zu Memphis erwähnt, in dem er ägyptische Zauberkunst erlernt habe, so meint er wohl ebenfalls das Ἀσκληπιεῖον.

6) Vgl. S. 68. Auch Heilmittel werden auf ihn zurückgeführt. In dem *Cod. Antinori* 101, einer für die Laurentiana in späterer Zeit erworbenen jungen Handschrift (vgl. Rostagno, *Studi Italiani* I 213) findet sich z. B. *fol.* 361[v] ein Mittel: ἀντίδοτος ἐκ τῶν Ἡφαίστου ἀδύτων τοῦ ἐν Μεμφίτιδι μεταληφθεῖσα κρίσει καὶ φιλανθρωπίᾳ, φασί, τοῦ Τρισμεγίστου Ἑρμοῦ· οὗτος γὰρ ἔκρινεν ἐκδοθῆναι ταύτην (ταύτης Cod.) τῆς ἀνθρωπίνης φροντίζων σωτηρίας, εὑρέθη δὲ αὕτη ἐν χρυσῇ στήλῃ γράμμασιν Αἰγυπτίοις ἀναγεγραμμένη, ᾗ συνετέγραπτο φρικώδης ἀρά, μηδενὶ βεβήλῳ τοὺς ἱεροφύλακας τολμᾶν ταύτην μεταδοῦναι· ἐξεδόθη δὲ ἀπὸ Αἰγύπτου ἐνταῦθα ἐπὶ βασιλέως ἀρθρίτιδι καὶ ποδάγρᾳ πικρῶς διοχλουμένου κτλ. Auch hier sind alte hellenistische Formeln nachgebildet.

freilich erst den Handschriften abgewinnen müssen. Nach einem
sehr interessanten Bericht über die Himmelfahrt des Hermes heißt
es (Stob. Ekl. I 49 *p.* 387, 1 Wachsm.): ἀλλ' ἦν αὐτῷ διάδοχος ὁ
Τάτ, υἱὸς ὁμοῦ καὶ παραλήπτωρ τῶν μαθημάτων τούτων, οὐκ εἰς
μακρὰν δὲ καὶ Ἀσκληπιὸς ὁ Ἰμούθης σπανὸς καὶ ἡφαίστου βουλαῖς.
So die Handschriften; wenn die unglückliche Humanistenkonjektur
Πανὸς καὶ Ἡφαιστοβούλης auch in modernen Texten prangt, so zeigt
das nur, wie gedankenlos wir Philologen orientalische Tradition behandeln; daß Ptah Hephaistos ist, sagt doch schon Herodot, und in
einer der Κόρη κόσμου eng verwandten Schrift, dem Λόγος Ἴσιδος
πρὸς Ὧρον (Stob. Ekl. I *p.* 467, 2 Wachsm.) heißt Ἀσκληπιὸς ὁ Ἰμούθης
ausdrücklich ὁ Ἡφαίστου. Der Name des Ptah lautet in den wenigen
Stellen, wo er in griechischen Texten vorkommt, allerdings Φθαέ,
Φθάς oder Φθάν, aber koptisch πταρ; wie willkürlich Aspirata und
Tenuis in diesen Transscriptionen wechseln, zeigt der Name des
Thot. Also ist einfach Πτανὸς καὶ Ἡφαίστου[1]), oder, wenn man
viel tun will, Πτανὸς ⟨τοῦ⟩ καὶ Ἡφαίστου βουλαῖς[2]) zu schreiben.
Der Plural in dem letztem Wort ist aus dem Ägyptischen zu erklären; es ist die allgemeine Bezeichnung für Willen oder Leitung.
Stobaios fügt hinzu, daß auch andere Schüler nach dem Willen
der göttlichen Vorsehung hinzutraten. Daß der Offenbarungsgott
von Memphis seinen Sohn selbst zum Schüler des Hermes macht,
hat natürlich ein Priester des Hermes, nicht ein Diener des Ptah
oder Asklepios erfunden; hierzu paßt die auf alte Sakraltradition
zurückgehende Bemerkung, daß Asklepios doch erst später hinzutrat.
Eine Anzahl von Schriften, in denen er zusammen mit Tat die
Lehren des Hermes empfängt, setzen die Ὅροι Ἀσκληπιοῦ und
Pseudo-Apuleius voraus. Wenn er bei letzterem stärker hervortritt,
und wenn er in den erhaltenen Schriften an einzelne Schüler als
der ältere und reifere erscheint, so sehen wir, wie der Typus später
von der memphitischen Priesterschaft übernommen und ausgebaut
wurde. Erfunden ist er von den Hermespriestern, vielleicht zu
Theben.

---

1) Vgl. z. B. in der unten (S. 187) zitierten Stelle des Töpferorakels τὸν
Ἀγαθὸν δαίμονα καὶ Κνῆφιν: Agathodaimon, das heißt Knephis.

2) Wie ungeniert diese Form der Doppelnamigkeit von den Menschen
auf die Götter übertragen wird, zeigt z. B. die ziemlich alte Inschrift C. I. Gr.
4893: Χνούβει τῷ καὶ Ἄμμωνι, Σάτει τῇ καὶ Ἥρᾳ, Ἀνούκει τῇ καὶ Ἑστίᾳ, Πε-

Schriften auch des Tat an König Amon setzt das vorletzte Kapitel des Poimandres-Corpus voraus; ein direktes Zeugnis wird uns in der orientalischen Hermes-Literatur noch begegnen.

. Aber auch Hermes selbst richtete theologische Schriften an Amon, deren Reste uns ja bei Stobaios bewahrt sind. Eine andere Literatur der Art wird in der Einleitung des Pseudo-Apuleius vorausgesetzt. Ein Rest liegt uns in des Hermes Ἰατρομαθηματικὰ πρὸς Ἄμμωνα vor.[1]) Es wirkt hier ein zweiter in dieser Literatur sehr alter Typus, in welchem dem König der weise Priester und Prophet als Lehrer oder als Erfinder gegenübergestellt wird; ganz ähnlich müssen der König Nechepso und der Priester Petosiris zu einander stehen.[2]) Wir können diesen zweiten Typus vielleicht bis in vorgriechische Zeit verfolgen. Als Erfinder erscheint Imuthes-Asklepios bei Manetho, und als Erfinder tritt in dem reizenden Geschichtchen in Platons Phaidros Thot vor den weisen König Amon. Bei Hekataios[3]) läßt Osiris, der König von Theben, sich alle Erfindungen vorlegen und erweist dem Hermes, dessen Erfindungen weitläufig angegeben werden, besondere Ehre. Ganz ähnlich läßt Euhemeros[4]) Jupiter alle Erfindungen prüfen, und Leon von Pella läßt König Osiris dem Amon, weil er die Hirtenkunst erfunden hat, das Land bei Theben schenken.[5]) So ist es durchaus möglich, daß Platon, etwa durch ionische Ver-

---

τεμπαμέντει τῷ καὶ Διονύςῳ, Πετενςήτει τῷ καὶ Κρόνῳ, Πετενςήνει τῷ καὶ Ἑρμεῖ. Die Liste zeigt allerliebst, wie rasch Amon als griechischer Gott empfunden wurde.

1) Camerarius *Astrologica* Nürnberg 1537; *Hermetis Iatromathematica ed.* Hoeschel 1597; Ideler, *Physici et medici graeci minores* I 387 und 430.

2) Vgl. Fragment 38—41 Rieß; ähnlich sind die angeblichen Briefe des Astrampsychos oder des Manetho an Ptolemaios; weitere Beispiele bieten die Papyri in Fülle.

3) Diodor I 15. 16. Es ist für die Beurteilung der Erzählung nicht unwesentlich, daß Thot im thebanischen Kult Stellvertreter des Königs und Lichtgottes Ré (bezw. Amon) ist. Dieser spricht auf der Inschrift im Grabe Seti's I. zu Thot: „Du sei an meiner Stelle mein Stellvertreter. Wozu hießest du sonst Thot, Stellvertreter des Lichtgottes Ré" (Brugsch, Religion u. Myth. d. alt. Äg. 451, vgl. Diodor I 17).

4) Fr. XXVIII Némethy (p. 61).

5) Hygin *Astron.* II 20 (*quo facilius eius gratia uteretur et aliquid primus invenisse diceretur*). Anlaß für die wunderliche Erfindung ist vielleicht ein ägyptisches etymologisches Spiel, vgl. Brugsch, Rel. u. Myth. d. alt. Äg. S. 681.

mittlung, einen wirklichen Aἰγύπτιος λόγος benutzt hat, der sehr frühzeitig schon in schriftlichen Lehren des Gottes an den König sein Gegenbild fand.[1])

Wie früh diese Literatur sich zu hellenisieren begann, zeigt der Zwillingsbruder des Imhotp (Asklepios) Amenhotep, Sohn des Hapu, der unter König Amenophis III. als Mensch gelebt hat und uns selbst erzählt, wie er mit dem Gottesbuche bekannt wurde und „die Vortrefflichkeit des Thot" schaute.[2]) Als Lehrer der Weisheit, als Finder magischer Bücher, wahrscheinlich auch als Verfasser eigener Schriften ward er weiter verehrt, verschmolz allmählich mit dem Gott Imhotp und empfing in der Ptolemäerzeit zu Theben göttlichen Kult. Wir haben hier wirklich einmal einen älteren und jüngeren Asklepios, wie sie ja bei Pseudo-Apuleius (c. 37) erscheinen.

Von seinen Sprüchen gibt uns eine griechische Scherbe aus dem dritten Jahrhundert v. Chr., die Wilcken in der Festschrift für Ebers 142 ff. veröffentlicht hat, eine Vorstellung. Die drei ersten Sprüche sind einfach den Sprüchen der sieben griechischen Weisen entnommen; was dann folgt, kann z. T. ägyptisch sein.[3])

---

1) Die Lehre oder Erzählung des Priesters an den König bildet mehrfach den Kern ägyptischer Unterhaltungsliteratur. Priesterliche Literatur hat Leon nicht nur angeblich benutzt; er hat sie mit Glück kopiert, vgl. Augustin *De civ. dei* XII 11: *narrationem cuiusdam Aegyptii sacerdotis .... quam protulit ex litteris, quae sacrae apud illos haberentur* (aus der Hieroglyphenschrift; vgl. den Eingang des Philon von Byblos) und Augustin VIII 12 die Beschwörung: Alexander möge diese Offenbarungen nur seiner Mutter zeigen und dann verbrennen. Ähnliches kommt schon in dem Totenbuch und mehrfach in den Zauberpapyri vor und wird uns sofort in der Isis-Literatur wieder begegnen. Leon stellt an den Anfang der Götterkönige richtig Ptah (Minucius Felix 21, 3). Ich zweifle nicht, daß er wirklich einen ἱερὸς λόγος benutzt hat. — Die „euhemeristischen" Göttergenealogien und Göttergeschichten gehen in Ägypten friedlich neben den theologischen Systemen her. Wenn ein Grieche freilich aus dem alten „Liede aus dem Hause des Königs Intf" (mittleres Reich 2200—1800 v. Chr.) sich übersetzen ließ: „die Götter, die vordem gewesen sind, ruhen in ihren Pyramiden" (Sethe S. 10), mußte diese altheilige Überlieferung auf ihn einen anderen Eindruck machen.

2) Über ihn vgl. Sethe, *Aegyptiaca*, Festschrift für G. Ebers 106 ff.

3) Die Entlehnung ist derart auch in der sprachlichen Form augenfällig, daß ich die Überkritik nicht verstehe, mit der Wiedemann (Urquell VII 294 A.) einwendet, Lebensregeln wie: „verehre die Götter und Eltern" seien zu allgemein und hätten zu viel Parallelen in der Literatur aller Völker, um etwas zu beweisen. Daß gerade diese Sprüche so früh übertragen wurden, versteht,

Gewiß ist ein weiter Weg von der Übernahme einzelner Sprüche bis zur Nachbildung eines philosophischen Traktates[1]); aber die Entwicklung war notwendig, sobald die griechische Bildung etwas weiter um sich griff. —

So viel von der ersten Gruppe dieser Schriften. Wir wenden den Blick zunächst auf den Gott Chnum, Chnubis oder Chnuphis (Knuphis), der in dem südlichsten Teile Ägyptens durchaus als Gegenbild des Ptah von Memphis erscheint. Ist dieser Herr Ägyptens, aber doch speziell des Nordlandes, so ist Chnum der Herrscher Ägyptens, besonders des Südlandes; formt Ptah die Welt und den Menschen als Baumeister oder gießt ihn wie ein Erzgießer, so bildet sie Chnum wie der Töpfer auf der Töpferscheibe. Wie Ptah ist Chnum also δημιουργός und Gott des Herzens.[2]) Seine Hauptkultstätte ist Syene und die Insel Elephantine; er erscheint hier als Vater des Osiris.[3]) So ist es kein Wunder, daß wir von astrologischen Dialogen zwischen Chnum und Osiris hören, vgl. Cramer, *Anecd. Ox.* III 171, 20: καὶ ὅσα Κνοῦφις ὁ παρ' ἐκείνοις Ἀγαθὸς δαίμων παρέδωκε καὶ ὁ τούτου μαθητὴς ἐφιλοσόφησεν Ὄσιρις. Die Schriften werden mit denen des Nechepso zusammengestellt. Ein weiteres Zeugnis müssen wir aus Firmicus Maternus IV *prooem.* 5[4]) erst gewinnen: *omnia enim, quae Aesculapio Mercurius einhnusuix tradiderunt, quae Petosiris excogitavit et Nechepso.* Da in dem verdorbenen Wort zunächst *et,* sodann ein Göttername stecken muß[5]),

wer bedenkt, daß die Spruchweisheit auch in Ägypten sehr beliebt ist. Zum Vergleich bieten sich demotische Scherben, wie die in der Straßburger Dissertation von Heß (Der demotische Teil der dreisprachigen Inschrift von Rosette 1902 S. 56) publizierte oder der mir nur aus Proben bekannte Papyrus Insinger, den man manchmal mit der Weisheit des Sirach vergleichen möchte. Die theologischen φωναί, wie z. B. die des Ἀγαθὸς δαίμων sind gewiß jünger, aber sie zeigen dieselbe Mischung. Schon mit dem dritten Jahrhundert scheint ja das Bestreben zu beginnen, die orphischen Lehren ägyptisch zu überarbeiten. Die hellenistische Religion beginnt sich zu bilden.

1) Auf den Gegensatz der griechischen λόγοι und der ägyptischen φωναί macht der Verfasser der Ὄροι Ἀσκληπιοῦ mit Recht aufmerksam.

2) Brugsch a. a. O. S. 502 ff. 290 ff.

3) Brugsch a. a. O. S. 296. Da sich uns als seine Gattin später Isis erweisen wird, darf ich darauf hinweisen, daß im späteren Mysterienkult Isis auch als Mutter des Osiris erscheint (vgl. Minucius Felix c. 22; Lactanz *Inst. div.* I 21, 20). 4) Bei Skutsch und Kroll *p.* 196, 21.

5) Die Konjektur *et Hanubius* war an sich schlecht und ließ sich durch

so ist offenbar *etchnuuis* = *et Chnubis* zu schreiben. Eine Bestätigung bietet die religiöse Literatur, in der Osiris und Hermes selbst als Schüler des Chnubis erscheinen.[1]) Weiter stimmt hierzu, daß in der chemischen Literatur der Gott Ἀγαθὸς δαίμων eine große Rolle spielt; eine Schrift von ihm an Osiris ist erhalten, andere werden erwähnt und vorausgesetzt[2]); seine Lehren berühren sich oft mit denen des Hermes, ja dieser beruft sich einmal auf sie, scheint also auch selbst Schüler des Ἀγαθὸς δαίμων zu sein.[3]) Von ihm leitet sich die Schule der Agathodaimoniten ab.

Der von Cyrill erwähnten religiösen Schrift, in welcher Hermes dem Asklepios die Lehren des Ἀγαθὸς δαίμων berichtet, entspricht in gewisser Weise die XII. (XIII.) Hermetische Schrift. Hermes ist

---

einen Hinweis auf III 1 = p. 91, 11 um so weniger stützen, als Anubis dort neben Äskulap als Schüler des Hermes genannt ist.

1) Vgl. Cyrill gegen Iulian II (Cyrill IX 588 Migne): διαμεμνήϲομαι δὲ τῶν Ἑρμοῦ τοῦ τριϲμεγίϲτου λόγων· ἔφη γὰρ οὗτος ἐν τῷ πρὸς Ἀϲκληπιόν· καὶ εἶπε, φηϲίν, ὁ Ὄϲιρις· εἶτα, ὦ ⟨τρις⟩μέγιϲτε Ἀγαθὸς δαίμων, πῶς ὅλη ἡ γῆ ἐφάνη; καὶ εἶπεν ὁ μέγας Ἀγαθὸς δαίμων· κατὰ τάξιν καὶ ἀναξήρανϲιν, ὡς εἶπον, καὶ τῶν πολλῶν ὑδάτων κελευϲθέντων ἀπὸ τοῦ .... εἰς ἑαυτὰ ἀναχωρῆϲαι ἐφάνη ὅλη ἡ γῆ ἔμπηλος καὶ τρέμουϲα· ἡλίου [δὲ] λοιπὸν ἀναλάμψαντος καὶ ἀδιαλείπτως διακαίοντος καὶ ξηραίνοντος ἡ γῆ ἐϲτηρίζετο ἐν τοῖς ὕδαϲιν ἐμπεριεχομένη ὑπὸ τοῦ ὕδατος. — — ὁ πάντων δημιουργὸς καὶ κύριος ἐφώνηϲεν οὕτως „ἔϲτω γῆ καὶ φανήτω ϲτερέωμα", καὶ εὐθέως ἀρχὴ τῆς δημιουργίας γῆ ἐγένετο. — — καὶ εἶπεν Ὄϲιρις· ὦ τριϲμέγιϲτε Ἀγαθὸς δαίμων, πόθεν ἀνεφάνη οὗτος ὁ μέγας; καὶ εἶπεν ὁ μέγας Ἀγαθὸς δαίμων· Ὄϲιρις, ἡλίου γένναν βούλει ἡμᾶς καταλέξαι πόθεν ἐφάνη; ἐφάνη προνοίᾳ τοῦ πάντων δεσπότου. ἔϲτι δὲ ἡ γένεσις τοῦ ἡλίου ἀπὸ τοῦ πάντων δεσπότου διὰ τοῦ ἁγίου καὶ δημιουργικοῦ λόγου αὐτοῦ γενομένη. Osiris stellte die Fragen, war aber nicht der einzige Schüler Hermes war dabei und berichtet von diesem Gespräch dem Äskulap (vgl. *quae Aesculapio Mercurius et Chnubis tradiderunt*). — Die Zitate bei Cyrill sind deswegen so interessant, weil er die Schriften bevorzugt, in denen ein rein theologischer Schöpfungsbericht, der dem mosaischen nachgebildet war, vorausgesetzt wird, wie im Poimandres (vgl. oben S. 51). Wir können wichtige Stücke aus dieser frühen Nachahmung wiedergewinnen, vgl. Cyrill ebenda: ὁμοίως καὶ αὐτὸς ἐν τῷ πρὸς τὸν Τάτ διεξοδικῷ λόγῳ πρώτῳ φηϲίν· ὁ δὲ πάντων κύριος εὐθέως ἐφώνηϲε τῷ ἑαυτοῦ ἁγίῳ καὶ νοητῷ καὶ δημιουργικῷ λόγῳ· „ἔϲτω ἥλιος" καὶ ἅμα τῷ φάναι τὸ πῦρ τὸ φύϲεως ἀνωφεροῦς ἐχόμενον, λέγω δὴ τὸ ἄκρατον καὶ φωτεινότατον καὶ δραϲτικώτατον καὶ γονιμώτατον, ἐπεϲπάϲατο ἡ Φύϲις τῷ ἑαυτῆς πνεύματι καὶ ἤγειρεν εἰς ὕψος ἀπὸ ὕδατος.

2) Berthelot, *Les alchimistes grecs, Texte* p. 268.   3) Ebenda p. 125; 155—263. Er wird p. 80 für einen Engel (vgl. oben S. 18 A. 8) oder den Himmelsgott oder den Nationalgott der Ägypter oder den ältesten Philosophen erklärt.

hier Schüler des 'Αγαθὸς δαίμων und lehrt seinerseits den Tat. Er beruft sich auf mündliche Lehren, vgl. § 8: διὸ καὶ τοῦ 'Αγαθοῦ δαί- μονος, ὦ τέκνον, ἐγὼ ἤκουσα λέγοντος ἀεί — καὶ εἰ ἐγγράφως ἐκδε- δώκει (MC, ἐδεδώκει A), πάνυ ἂν τὸ τῶν ἀνθρώπων γένος ὠφελήκει· ἐκεῖνος γὰρ μόνος[1]), ὦ τέκνον, ἀληθῶς, ὡς πρωτόγονος θεός, τὰ πάντα κατιδών, θείους λόγους ἐφθέγξατο — ἤκουσα γοῦν ποτε αὐτοῦ λέγοντος, ὅτι ἕν ἐστι τὰ πάντα καὶ μάλιστα ⟨τὰ⟩ νοητὰ σώματα.[2]) ζῶμεν δὲ δυνάμει καὶ ἐνεργείᾳ καὶ αἰῶνι. Die Quelle ist klar: οὐκ ἐμοῦ ἀλλὰ τοῦ λόγου ἀκούσαντας ὁμολογεῖν σοφόν ἐστιν ἓν πάντα εἶναι sagt Heraklit (Fr. 50 Diels, 1 Byw.). Sein Wort ist durch den Zusatz καὶ μάλιστα τὰ νοητὰ σώματα Anschauungen angeglichen, die sich uns später als ägyptisch erweisen werden; die Fortsetzung ζῶμεν ... αἰῶνι berührt ebenfalls ägyptisch.[3]) Daß diese Beziehung richtig ist, zeigt uns das dritte Zitat in derselben Schrift (§ 1): καὶ γὰρ ὁ 'Αγαθὸς δαίμων τοὺς μὲν θεοὺς εἶπεν ⟨ἀνθρώπους⟩ ἀθανάτους, τοὺς δὲ ἀνθρώπους θεοὺς θνητούς. Das Fragment Hera- klits (62 Diels, 67 Byw.) lautet vollständig: 'Αθάνατοι θνητοί, θνητοὶ ἀθάνατοι, ζῶντες τὸν ἐκείνων θάνατον, τὸν δὲ ἐκείνων βίον τεθνεῶτες. Es gestaltete sich um zu θεοὶ θνητοί, ἄνθρωποι ἀθάνατοι oder ἄνθρωποι θεοί, θεοὶ ἄνθρωποι, und ganz in der Hermetischen Fassung bietet es Lukian (βίων πρᾶσις 14), dessen Heraklit auf die Frage: τί δὲ οἱ ἄνθρω- ποι antwortet: θεοὶ θνητοί, und auf die weitere: τί δὲ οἱ θεοί; sofort: ἄνθρωποι ἀθάνατοι. Also lasen Lukian und der Verfasser des XII. (XIII.) Hermetischen Stückes, oder richtiger der Verfasser einer Sammlung von Sprüchen des 'Αγαθὸς δαίμων, die diesem Stücke weit voraus- liegt, dieselbe Sammlung zurechtgestutzter Heraklitsprüche. Wie trefflich auch dieser Spruch für ägyptische Religionsanschauungen

---

[1]) Vgl. XI (XII) 1: ἐπεὶ πολλὰ πολλῶν καὶ ταῦτα διάφορα περὶ τοῦ παντὸς καὶ τοῦ θεοῦ εἰπόντων, ἐγὼ τὸ ἀληθὲς οὐκ ἔμαθον, σύ μοι περὶ τούτου, δέσποτα (es ist der Νοῦς), διασάφησον· σοὶ γὰρ ἂν μόνῳ πιστεύσαιμι τὴν περὶ τούτων φανέρωσιν.

[2]) Es sind die ἀθάνατα σώματα in dem νοητὸς κόσμος, der νοητὴ ὕλη.

[3]) Für das Alter der Übertragung spricht der Buchtitel Ἕν [καὶ] τὸ πᾶν (Dieterich, Abraxas 203, 6). Vgl. die Ὅροι Ἀσκληπιοῦ § 8 und oben S. 89 A. 1; 106 A. 5. Nicht mit Heraklit berührt sich, wie es scheint, das zweite Zitat (§ 13): ὁ γὰρ μακάριος θεὸς 'Αγαθὸς δαίμων ψυχὴν μὲν ἐν σώματι ἔφη εἶναι, νοῦν δὲ ἐν ψυχῇ, λόγον δὲ ἐν τῷ νῷ, τὸν δὲ θεὸν τούτων πατέρα. Auch die Lehre von der εἱμαρμένη, über welche der Mensch sich erheben oder unter welche er herab- sinken kann, gehört nach § 9 (καὶ ταῦτα μὲν ἐπὶ τοσοῦτον λελέχθω τὰ τοῦ 'Αγαθοῦ δαίμονος ἄριστα) der Quellschrift an.

paßte, wird sich uns bei der Besprechung der zweiten Poimandres-Schrift zeigen. Ich weise schon jetzt darauf hin, daß diese Sammlung der Sprüche des Ἀγαθὸς δαίμων, in welche Heraklitisches Gut so unbefangen übernommen war, in der Form mehrfachem Wechsel unterworfen war. Der Verfasser des X. (XI.) Stückes der Sammlung, das ebenfalls in die Chnuphis-Literatur gehört[1]), zitiert den Spruch § 25: διὸ τολμητέον ἐστὶν εἰπεῖν τὸν μὲν ἄνθρωπον ⟨τὸν⟩ ἐπίγειον εἶναι θεὸν θνητόν, τὸν δὲ οὐράνιον εἶναι θεὸν ἀθάνατον ἄνθρωπον. Dio Cassius bietet (Fr. 30 I *p.* 87 Boiss.) eine so ähnliche Fassung, daß ich nicht an eine bei beiden unabhängige Weiterbildung glaube.

Das Gegenbild zu diesen „Sprüchen des Agathodaimon" bietet eine Sammlung von Sprüchen des Hermes bei Stobaios (Ekl. I 61 *p.* 274, 23 Wachsm.). Sie war in dem Corpus der an Tat gerichteten Schriften ungeschickt mit einer zusammenhängenden Darstellung verbunden und als Wiederholung der Hauptpunkte nach Art der κύριαι δόξαι eingeführt.[2]) Ähnliche Sammlungen begegnen in der syrisch-arabischen Literatur[3]); wir werden bei der Neigung des Ägypters für solche Spruchweisheit annehmen dürfen, daß sie früher weit verbreitet waren.

Die Tatsache, daß die Sprüche Heraklits den ägyptischen Offenbarungsgöttern in den Mund gelegt werden, scheint mir wichtig genug, um bei ihr einen Augenblick zu verweilen. Gerade diese Sprüche treffen wir ja auch im Neuen Testament, ja vielleicht selbst in den letzten Schriften des Alten wieder. Benutzung des Heraklit wirft Hippolyt dem Simon von Gitta und so manchem Gnostiker vor — gewiß oft mit Unrecht, wie die angeblichen Entlehnungen aus Empedokles zeigen. Der krankhaften Sucht zu entlehnen, die sich naturgemäß gerade den ältesten und dunkelsten Schriften zu-

---

1) Vgl. § 23: τοῦ ⟨γὰρ⟩ Νοῦ οὐδέν ἐστι θειότερον καὶ ἐνεργέστερον καὶ ἑνικώτερον ἀνθρώπων μὲν πρὸς θεούς, θεῶν δὲ πρὸς τοὺς ἀνθρώπους. οὗτός ἐστιν ὁ Ἀγαθὸς δαίμων. μακαρία ψυχὴ ἡ τούτου πληρεστάτη, κακοδαίμων δὲ ἡ ψυχὴ ἡ τούτου κενή. Er ist der μεσίτης wie der Poimandres. Auch Kapitel XI (XII) gehört in diese Reihe. Das scheinbar abweichende Zitat bei Cyrill (*Adv. Iulian.* II 580 Migne): Ἑρμῆς πρὸς τὸν ἑαυτοῦ νοῦν beruht auf Mißverständnis.

2) Derartige Einführungen begegnen in unserem kurzen Corpus in Kapitel X (XI), XIV (XV) und in den Ὅροι Ἀσκληποῦ.

3) In der astrologischen Literatur finden sich später *Centum dicta Hermetis Trismegisti.*

wendet, entspricht ein nicht minder krankhaftes Streben, Entlehnungen aufzuspüren. Aber wir dürfen darum nicht allzu skeptisch
werden. Einzelne Anschauungen und Worte griechischer Philosophen sind durch die hellenistische theologische Literatur zweifellos in Kreise gedrungen, die nie von der Existenz eines Heraklit
oder Sokrates und Platon Kunde empfangen hatten. Es ist *a priori*
kaum festzustellen, welche Gebiete ganz unberührt von den einzelnen
Samenkörnern geblieben sind, die der Sturm dieser Zeit mit sich
über die Lande führte.

Daß Hermes in die Agathodaimon-Literatur erst nachträglich
eingetreten ist und Osiris, den Sohn des Offenbarungsgottes, verdrängt
hat, zeigen die früher angeführten Fragmente. Dennoch scheinen
auch Kultverbindungen frühzeitig eingetreten, wie m. E. die im
ersten Kapitel angeführten Gebete, deren erstes ja Hermes geradezu
mit ’Αγαθὸς δαίμων identifiziert, fast zwingend erweisen. Die Vorstellungen von den verschiedenen Göttern, welche im praktischen
Leben oder im Suchen nach theoretischer Erkenntnis Erfolg geben,
fließen ineinander, und die übliche Verbindung je zweier Götter,
eines leitenden und eines dienenden oder eines lehrenden und eines
lernenden, führt zu mannigfaltigen Kombinationen der beiden bisher
besprochenen Typen.

Unter diesen Voraussetzungen müssen wir die in spätptolemäi-
scher Zeit eingegrabene Felsinschrift von den sieben Hungerjahren
auf der Katarakteninsel Sehêl noch einmal betrachten.[1]) Bei einer
großen Hungersnot, als der Nil gar nicht steigen will, befragt König
Doser den weisen Imhotp (Asklepios) nach der „Geburtsstätte des
Nil“. Asklepios befragt die heiligen Bücher[2]) und eilt, dem König
„die verborgenen Wunder zu enthüllen, zu denen seit undenklichen
Zeiten keinem König der Weg gewiesen worden war“. Es gebe ein
Stadtgebiet inmitten des Wassers, in dem der Nil zu Tage trete;
es heiße Elephantine....., das Wasser heiße „die beiden Löcher“;
das sei die Schlafstätte des Nils. Chnum walte dort als Gott;
sein Tempel öffne sich nach Südosten. Der König opfert diesem

---

1) Vgl. Sethe, Untersuchungen zur Geschichte und Altertumskunde
Ägyptens II 1, Dodekaschoinos.

2) Auch in der Bibliothek des Horus-Tempels von Edfu (Bergmann,
Hieroglyphische Inschriften S. 48) begegnet ein Buch unter dem Titel „Aufzählung aller Orte und Kenntnis dessen, was daselbst ist“.

Gotte und sieht in der folgenden Nacht einen Traum: er schaut den
Gott Chnum vor sich stehen; als er ihm seine Ehrfurcht bezeugt,
offenbart sich ihm der Gott und spricht: „Ich bin Chnum, dein
Schöpfer und Beschützer...... Ich bin der Schöpfer, der sich selbst
geschaffen hat, der große Nun (Ozean), der zuerst entstanden ist,
der Nil¹), der steigt nach seinem Belieben...., der jeden Menschen
zu seiner Tätigkeit leitet, Tanon²), der Vater der Götter, Schu³), der
Große, der über dem Boden ist." Sollte es zufällig sein, daß gerade
der Offenbarungsgott Asklepios⁴) die Macht des Ἀγαθὸς δαίμων zunächst enthüllt, und daß Lukan, der ja durch den ägyptischen
Priester Chairemon vorzüglich unterrichtet sein konnte und in diesem
Zusammenhange dessen religiöse Anschauungen vorträgt⁵), X 172 ff.
Caesar ähnlich den weisen Priester nach dem Wesen der Götter
und den Quellen des Nils fragen läßt? Die z. T. von Seneca ent-
lehnte Antwort zersprengt freilich den Kern der Geschichte und
läßt im Nil nicht mehr den Urgott Chnubis erscheinen, auf den
doch die Frage noch mit zu gehen scheint. Das würde auf eine
literarische Vorlage der Inschrift von Sehêl weisen, wenn auch diese
Vorlage dann vor Manethos Zeit fallen und noch älteren Urkunden
entlehnt sein müßte.⁶) Doch ich bin nicht berechtigt, über diese
Frage mitzureden.

Eine weitere Form der religiösen Chnuphis-Literatur zeigt uns
— entsprechend dieser ägyptischen Erzählung — den Gott, wie er
sich dem einzelnen ungenannten Priester offenbart. Es wird nicht

---

1) Dasselbe ist ja bei Plutarch und dem Autor der Naassenerpredigt
Osiris. Hieraus erklärt sich der Name Ἀγαθὸς δαίμων für einen Nilarm oder
vielmehr für den Nil (vgl. auch Schiff, Festschr. f. Hirschfeld S. 374 ff.).

2) Beiname des Ptah zu Memphis.

3) Der Himmel. Er wird öfters mit Chnum identifiziert.

4) Er hat seit dem zweiten Jahrhundert v. Chr. in Philae seinen Tempel.

5) Auf die Berührungen Lukans mit Leon von Pella habe ich früher
(Zwei religionsgesch. Fragen 97 A. 1) verwiesen.

6) Die literarische Bearbeitung würde dann unseren Hermetischen Schriften
in der Form sehr nahe gekommen sein müssen. — Daß die Worte des S. 16
angeführten Hermes-Gebetes: cὺ εἶ ὁ Ἀγαθὸς δαίμων die Erklärung zu Lukans
(d. h. Chairemons) Lehre von den Planeten: *immensae Cyllenius arbiter undae
est* (X 209, vgl. 214: *dominus aquarum*) bietet, sei beiläufig bemerkt. Daß auf
späten Gemmen vereinzelt auch Chnum mit Asklepios verbunden wird (Drexler,
Mythol. Beiträge I 64 A.), wage ich nicht zum Beweis zu benutzen; Chnum ist
zu dieser Zeit auch selbst Heilgott.

zu kühn sein, wenn ich annehme, daß gerade diese Form für den
Verfasser des Poimandres vorbildlich gewesen ist. Das einzige erhaltene Bruchstück läßt Chnubis eine ähnliche Lehre vom Λόγος als
Inbegriff aller Zeugungs- und Schöpfungstätigkeit vortragen, wie wir
sie in der Einlage des Poimandres, bei Plutarch und Philon fanden,
vgl. Cyrill gegen Iulian I (*p.* 553 Migne): καὶ πάλιν ὁ αὐτὸς ὡς ἐρο-
μένου τινὸς τῶν ἐν Αἰγύπτῳ τεμενιτῶν καὶ λέγοντος· „διὰ τί
δέ, ὦ μέγιστε Ἀγαθὸς δαίμων, τούτῳ τῷ ὀνόματι ἐκλήθη ἀπὸ τοῦ πάντων
κυρίου“; φησίν· „καὶ ἐν τοῖς ἔμπροσθεν εἶπον, σὺ δὲ οὐ συνῆκας. φύσις
τοῦ νοεροῦ αὐτοῦ λόγου, φύσις ἐστὶ γεννητικὴ καὶ δημιουργική. τοῦτο
ὥσπερ ... αὐτοῦ ἢ γένεσις ἢ φύσις ἢ ἔθος, ἢ ὃ θέλεις αὐτὸ καλεῖν
κάλει, τοῦτο μόνον νοῶν, ὅτι τέλειός ἐστιν ἐν τελείῳ καὶ ἀπὸ τελείου
τέλεια ἀγαθὰ ἐργάζεται καὶ δημιουργεῖ καὶ ζωοποιεῖ. ἐπειδὴ οὖν
τοιαύτης ἔχεται φύσεως, καλῶς τοῦτο προσηγόρευται“.[1] —

　　Es wäre wichtig, wenn wir das Alter dieses Typus einigermaßen bestimmen könnten. Einen gewissen Anhalt dafür bietet
eine allerdings unsichere Vermutung. Tertullian berichtet *De anima* 2
(aus Soranos?), Platon habe in Ägypten besonders mit Hermes verkehrt. Plutarch (*De genio Socratis* 7 *p.* 578*f.*) läßt Simmias, Platon
und Ellopios in Memphis bei dem Propheten Χονοῦφις weilen συμ-
φιλοσοφοῦντας. Favorinus (bei Diog. La. VIII 8, 90) weiß von Eudoxos:
ὅτε δὲ συνεγένετο ἐν Αἰγύπτῳ Χονούφιδι τῷ Ἡλιοπολίτῃ, ὁ Ἆπις
αὐτοῦ θοἰμάτιον περιελιχμήσατο. Endlich berichtet wieder Plutarch (*De
Is. et Osir.* 10), Solon, Thales, Platon, Eudoxos, Pythagoras, ja nach
einigen auch Lykurg, hätten ihre Weisheit von ägyptischen Priestern:
Εὔδοξον μὲν οὖν Χονούφεως φασι Μεμφίτου διακοῦσαι, Σόλωνα δὲ
Σόγχιτος Σαΐτου, Πυθαγόραν δὲ Οἰνούφεως (Ὀννόφρεως? Χονούφεως?)
Ἡλιοπολίτου.[2] Chonuphis ist also ein berühmter ägyptischer Lehrer
der Philosophie und Astronomie, seine Vaterstadt unbestimmt. Der
Name ist als Eigenname, wie Prof. Spiegelberg mir nachweist, zwar

---

　　1) Die Stelle, die ich nicht völlig verbessern kann, scheint sich auf den
mit der Ψυχή identifizierten Λόγος zu beziehen; denn ψυχή deutet Platon
(Kratylos 400*b*) als φυσέχη. Daß sie eng mit der γένεσις, ja selbst der φύσις
verbunden ist, wird sich noch später zeigen. — Der Zusammenhang zeigt, daß
Cyrill dieses Gespräch eines Ungenannten in einem größeren Corpus Hermetischer Schriften fand, wie wir jetzt den Poimandres.

　　2) Von einer Benutzung der Stelen des Herakles (ursprünglich also, wie
wir sehen werden, des Chnuphis) durch Pythagoras weiß noch Theophilus
Ad Autol. III 2.

sehr selten, aber richtig gebildet[1]); dennoch weist der Charakter
dieser ganzen Geschichte, die Parallele, welche der Bericht Tertul-
lians uns bietet, und die Lautspielereien, die wir in dieser Literatur
gleich in dem Namen des Κνῆφιϲ oder Καμῆφιϲ-Κμῆφιϲ wiederfinden
werden, uns eher darauf, daß Chonuphis das menschliche Gegenbild
des göttlichen Chnuphis ist. Man fand bei Platon wie bei Eudoxos
Anklänge an eine schon vor Christi Geburt vorhandene Chnuphis-
Literatur und schuf danach die Sage. Der Hergang ist umgekehrt
und doch ähnlich wie bei Amenhotep, Imhotp und dem thebanischen
Hermes, die aus Lehrern zu Göttern geworden sind.

Weiter dürfte eine andere Erwägung führen. Porphyrios, der
über ägyptische Religion vorzüglich unterrichtet ist, berichtet bei
Eusebios (*Praep. ev.* III 12 *p.* 116): κατὰ δὲ τὴν Ἐλεφαντίνην πόλιν
τετίμηται ἄγαλμα πεπλαϲμένον μέν, ἀλλ᾽ ἀνδρείκελον καὶ καθήμενον,
κυανοῦν τε τὴν χροιάν, κεφαλὴν δὲ κριοῦ κεκτημένον καὶ βαϲίλειον,
κέρατα τράγεια ἔχον, οἷϲ ἔπεϲτι κύκλοϲ διϲκοειδήϲ. κάθηται δὲ παρακει-
μένου κεραμέου ἀγγείου, ἐφ᾽ οὗ ἄνθρωπον ἀναπλάϲϲειν(?). δηλοῖ δὲ ἀπὸ
μὲν τοῦ κριοῦ πρόϲωπον ἔχειν καὶ αἰγὸϲ κέρατα τὴν ἐν κριῷ ϲύνοδον
ἡλίου καὶ ϲελήνηϲ· τὸ δὲ κυανοῦν χρῶμα, ὅτι ὑδραγωγὸϲ ἐν ϲυνόδῳ
ἡ ϲελήνη. Die Beschreibung wird Zug für Zug durch die Monumente bestätigt, an denen sich ursprünglich noch die dunkelblaue
Farbe fand. Auch die Deutung ist nicht übel; Porphyrios kennt
noch die Beziehung des Gottes zum Wasser, und seine Quelle wußte,
daß das Verbum *chnum* im Ägyptischen „sich vereinigen" bedeutet.
Wird aber der Offenbarungsgott so dargestellt, so kann ja kaum ein
Zweifel sein, daß er in der früher (S. 5) besprochenen Vision des
Nechepso gemeint ist:

καί μοί τιϲ ἐξήχηϲεν οὐρανοῦ βοή,

τῇ ϲάρκαϲ ἀμφέκειτο πέπλοϲ κυανόχρουϲ

κνέφαϲ προτείνων.

Die Farben der Götter sind für den Ägypter nicht gleichgiltig; es ist
z. B. ein Frevel die Farbe des Amon einem anderen Gott zu geben.[2])
Wenn ich im folgenden nachweisen kann, daß auch die letzten
Worte κνέφαϲ προτείνων zwingend auf diesen Gott, der mit Κνῆφιϲ
identifiziert wurde, hinweisen, so hoffe ich endgiltig bewiesen zu

---

1) Er begegnet z. B. im Pap. Taurin. XIII.
2) Sethe, Berl. philol. Wochenschr. 1896 Sp. 1529.

haben, daß Chnuphis bei Nechepso seinen Priester durch die Himmel
führte, wie in den hellenistischen Liedern Hermes, und wie der
Engel in den jüdischen Apokalypsen. Damit aber ist der Beweis
erbracht, daß auch dieser Typus weit über die Wende des zweiten
vorchristlichen Jahrhunderts heraufreicht.

Die Verehrung des Chnuphis scheint sich in hellenistischer Zeit —
offenbar unter dem Eindruck, daß er der Urgott und der Offenbarungsgott sei — weit verbreitet und zum Teil auch umgestaltet
zu haben; auch das Bild des Gottes ändert sich; er nimmt Schlangen-
gestalt an. Offenbar ward dies der Anlaß, den griechischen Namen
Ἀγαθὸς δαίμων auf ihn zu übertragen; höchstens kann die Bedeutung des Gottes als Erdgott und befruchtendes Prinzip (Nil)
dabei mitgewirkt haben. So nimmt denn schon in ptolemäischer
Zeit auch Isis, seine Gattin, dieselbe Gestalt, an und beide werden
häufig als Schlangen mit Menschenhäuptern oder mit Göttersymbolen
dargestellt.[1]) Seine Verbindung mit Horus führt dazu, der Schlange
den Sperberkopf dieses Gottes zu geben.[2]) In seiner Eigenschaft
als Sonnengott, dem der Löwe heilig ist, ward er als Schlange mit
dem strahlenumkränzten Löwenhaupt dargestellt. Dieses Bild, das
uns aus späteren Zaubervorschriften und Amuletten geläufig ist, erwähnt schon Nechepso in dem interessanten Fragment 29[3]), welches

---

1) Die Schlangengestalt des Ἀγαθὸς δαίμων wird öfters in den Zaubergebeten erwähnt, vgl. oben S. 31 und 27 und besonders S. 29, wo er als Sonnengott ὁ μέγας ὄφις ἡγούμενος πάντων τῶν θεῶν ὁ τὴν ἀρχὴν τῆς Αἰγύπτου (Elephantine) ἔχων genannt wird.

2) So feiert ihn bei Philon von Byblos, der diesen Ἀγαθὸς δαίμων ausdrücklich mit dem „ägyptischen Kneph" identifiziert (Eusebios, *Praep. ev.* I 10
p. 41), der μέγιστος ἱεροφάντης καὶ ἱερογραμματεὺς Ἐπήεις, dessen ägyptische
Schriften schon von Areios von Herakleopolis (der Stadt des Chnum) ins Griechische übertragen waren. Philon zeigt zugleich, daß der ägyptische Offenbarungsgott in Phönikien mit einer altheimischen Gottheit verbunden und allgemein verehrt war. Auch zu den Persern scheint der Name ziemlich früh gedrungen, vgl. Diodor I 94: παρὰ μὲν γὰρ τοῖς Ἀριανοῖς Ζαθραύστην ἱστοροῦσι τὸν
Ἀγαθὸν δαίμονα προσποιήσασθαι τοὺς νόμους αὐτῷ διδόναι. Das ist begreiflich;
aber die Übernahme des Namens mußte die Rezeption der theologischen Literatur
begünstigen, die wir später wenigstens in Mesopotamien nachweisen können.
Es wäre bei dieser Sachlage an sich nicht ausgeschlossen, daß auch fremde Vorstellungen das Bild des Gottes mit beeinflussen (vgl. Zoroaster bei Philon a. a. O.).

3) Rieß a. a. O. 379. Die alte offizielle Darstellung des Gottes bleibt von
der Zauberdarstellung unberührt. Die Zaubergebete zeigen uns, daß nach

durch Galen und indirekt durch Hephaistion bezeugt ist. Es geht
m. E. viel zu weit, wenn selbst Ägyptologen wie Sethe den „gnostischen Aion" Chnuphis, der diese Gestalt trägt, ganz von dem ägyptischen Gotte scheiden wollen. Allerdings hat die eindringende
Astrologie manchen Einfluß auf die ägyptischen Religionsvorstellungen geübt, wie dies Bolls treffliches Buch Sphaera z. T. ja beweist;
aber es bleiben doch die ägyptischen Götter. Wer sie „gnostisch"
nennen will, spielt mit dem vieldeutigen Wort und verwirrt den Leser.

Die Fülle der Monumente, die sich auf die Chnuphis-Verehrung
beziehen, hat für ein beschränktes Gebiet, die Donauländer, Drexler
in seinen Mythologischen Beiträgen I gesammelt. Man wird nicht
jeden, der gegen Magenleiden ein Chnuphis-Amulett trägt, als Anhänger dieser Religion bezeichnen dürfen. Ihre Verbreitung ist dennoch auch durch diese Amulette einigermaßen zu erkennen, und die
seit Septimius Severus erscheinenden Münzen beweisen sie. —

Es bleibt ein dritter Typus dieser Literatur, der sich an Isis,
die alte Herrin aller Weisheit und Lehrerin allen Zaubers, schließt.
Wie sie als Ordnerin des κόcμοc in frühhellenistischer Zeit für
Hermes eingetreten ist[1]), so wird sie bei Plutarch auch ausdrücklich als Herrin von Herz und Zunge bezeichnet, wie Hermes.[2]) So
möchten wir nach Geist und Form dieser Literatur annehmen, daß
sie ursprünglich auch selbst ihre Lehren „geschaut" oder ersonnen
hat. Als ihr Schüler erscheint im Florilegium des Stobaios (XIII
65 Wachsmuth) ein König, also wohl Amon.[3]) Als Lehrerin des

---

ägyptischer Vorstellung die Götter in verschiedenen Teilen des Himmels verschiedene Gestalten haben, daß die „wahre Gestalt" auch solcher Götter, für
die typische Kultbilder längst bestehen, verborgen und nur dem Magier bekannt ist, und daß das Wissen oder Zeigen dieser Gestalt einen Zwang über
die Götter übt.

1) Vgl. Zwei religionsgesch. Fragen S. 104 ff. Auch hier ließe sich das Be-
weismaterial schon jetzt sehr vermehren. Es genügt vielleicht auf die hellenistische Darstellung der Isis auf der schlangenumwundenen Weltkugel und
auf das entsprechende Bild des Hermes zu verweisen (oben S. 31).

2) Plutarch, *De Is. et Os.* 68: τῶν δ' ἐν Αἰγύπτῳ φυτῶν μάλιστα τῇ θεῷ
καθιερῶcθαι λέγουcι τὴν περcέαν, ὅτι καρδίᾳ μὲν ὁ καρπὸc αὐτῆc, γλώττῃ δὲ τὸ
φύλλον ἔοικεν. οὐδὲν γὰρ ὧν ἄνθρωποc ἔχειν πέφυκε θειότερον λόγου καὶ μάλιστα τοῦ περὶ θεῶν. Sie ist Offenbarungsgöttin.

3) Als Titel bietet der eine Zweig der Überlieferung allerdings Ἑρμοῦ ἐκ
τοῦ Ἴcιδοc πρὸc Ὥρον, aber das letzte Wort fehlt im Vindobonensis und scheint
aus der in den Eklogen erwähnten Schrift ergänzt. Das Zitat: ἔλεγχοc γὰρ

Asklepios scheint sie uns in einem Zauberpapyrus[1]) zu begegnen; selbst eine Belehrung des Hermes, der ja vereinzelt auch als ihr Sohn erscheint, wäre an sich nicht undenkbar.[2]) Der nächstliegende Typus aber ist natürlich, daß Isis ihren Sohn Horus unterrichtet, der dann diese Lehren weiterverkündet. In der Tat erwähnt Lukian (Ἀλεκτρύων 18) solche Schriften und läßt seinen Pythagoras sagen: ἀπεδήμηϲα δὲ καὶ εἰϲ Αἴγυπτον ὡϲ ϲυγγενοίμην τοῖϲ προφήταιϲ ἐπὶ ϲοφίᾳ, καὶ ἐϲ τὰ ἄδυτα κατελθὼν ἐξέμαθον τὰϲ βίβλουϲ τὰϲ Ὥρου καὶ Ἴϲιδοϲ. Zu diesem Typus könnten die bei Stobaios[3]) erhaltenen Bruchstücke eines Dialoges der Isis und des Horus gehören; nur ist die Einkleidung uns nicht voll bekannt. Isis konnte sich dabei ebenso wie in der erhaltenen Literatur auf Offenbarungen des Ἀγαθὸϲ δαίμων berufen haben. Beachtenswert ist, daß gerade diese Schrift als Gott der „Philosophie" den Ἀρνεβεϲχῆνιϲ nennt (*p.* 467, 4 Wachsmuth); es ist, wie Spiegelberg, Demotische Studien I, Agyptische und griechische Eigennamen S. 28* (vgl. 41) erwiesen hat, Horus, der Herr von Letopolis, einer Stadt im Delta, die einst hohe Bedeutung hatte. Horus als Offenbarungsgott ist uns in Kapitel I mehrfach begegnet; wieder sehen wir, daß bestimmte Kulte auf die Bildung dieser Typen Einfluß genommen haben. —

Als Verfasser heiliger Schriften begegnet, um dies gleich vorauszunehmen, Horus noch in der alchemistischen Literatur (Berthelot *p.* 103): Ὧροϲ ὁ χρυϲωρυχίτηϲ πρὸϲ Κρονάμμωνα, d. h. an Kronos, der Amon ist. Gemeint ist er sicher auch unter dem Apollon, dessen Vorschriften ab und an erwähnt werden. Ein Traumbuch des Horus, der ja als Spender der Träume mehrfach in den Zauberpapyri erscheint, wollte Scaliger in dem Τρωϊκόϲ Dions von Prusa erwähnt finden (Dio I *p.* 148, 17 Arnim); doch hat Arnim diese Konjektur wohl mit Recht zurückgewiesen. —

ἐπιγνωϲθείϲ, ὦ μέγιϲτε βαϲιλεῦ, εἰϲ ἐπιθυμίαν φέρει τὸν ἐλεγχθέντα ὧν πρότερον οὐκ ᾔδει weist auf eine Schrift, welche den besprochenen Lehren des Hermes, Asklepios, Tat und Horus an Amon entsprach.

1) Wessely, Denkschr. d. K. K. Akad. 1893 S. 41 Z. 633.

2) Vgl. Dieterich, Jahrbb. f. Phil. Supplem. XVI S. 802 und 773, sowie für die Gleichsetzung des Horus und Hermes die in Kap. I erläuterten Gebete.

3) Ekl. I 49 *p.* 458, 22 Wachsmuth; Überschrift: Ἑρμοῦ λόγοϲ Ἴϲιδοϲ πρὸϲ Ὧρον. Titel und Einzelheiten des Systems machen es unmöglich, die Schrift mit der gleich zu besprechenden Κόρη κόϲμου zu identifizieren.

Isis verdankt in den beiden an Horus gerichteten Lehrschriften, deren Einkleidung wir beurteilen können, in den von Stobaios erhaltenen großen Fragmenten der Κόρη κόcμου und in der Einleitung einer alchemistischen Schrift[1]), ihre Weisheit selbst einem anderen Gotte. Es ist der Typus, den wir im XII. (XIII.) Stück (Hermes, Schüler des ᾿Αγαθὸc δαίμων, belehrt den Tat) schon gefunden haben; ihm entspricht, wie später zu zeigen ist, das XIII. (XIV.) Kapitel, in dem Hermes, der Schüler des Poimandres, Tat belehrt. Da der Schöpfungsbericht der Κόρη κόcμου zweifellos aus zwei älteren Fassungen kontaminiert ist, darf es uns nicht verwundern, wenn wir zwei (eigentlich vier) verschiedene Einleitungen finden. Als Lehrer der Isis erscheint zunächst[2]) Hermes, der die ganze Schöpfung mitangesehen hat; seine Geheimbücher scheint Isis gefunden oder seine Erzählungen gehört zu haben.[3]) Daneben steht unvermittelt ein zweiter S. 122 besprochener Bericht, nach welchem Hermes bei seinem Aufstieg zum Himmel zwar seine göttlichen δορυφόροι mitnimmt, als Erben seiner Lehren aber Tat auf Erden zurückläßt (ihm hat sich, von Ptah-Hephaistos geleitet, Asklepios angeschlossen). Daß Hermes sich nach dem Aufstieg vor dem περιέχων (der δύναμιc μεγίcτη) entschuldigt, er habe seinem Sohne wegen seiner Jugend nicht alles offenbaren können, dient natürlich in der üblichen Form dazu, die von Isis weitergegebenen Hermes-Offenbarungen höher als die in den Dialogen des Hermes, Tat und Asklepios verbreiteten zu stellen.

Der Typus ist ziemlich alt. Er begegnet uns nicht nur in dem ältesten koptischen Zauberpapyrus.[4]) Schon in der ägyptischen Vor-

---

1) Berthelot, *Les alchimistes grecs, Texte* p. 28—85, in doppelter Fassung. Das Stück scheint ziemlich alt. Gegenbild der Isis ist in dieser Literatur die Jüdin Maria, also Mirjam, die Schwester des Moses, die ja auch in der gnostischen Literatur eine Rolle spielt (Rieß, Pauly-Wissowa I 1350). Daß sie als Prophetin neben dem Propheten Moses im Kult der Therapeuten begegnet, ist bekannt. Daß auch sie als Verkünderin geheimer Weisheit erscheint, läßt auf eine gewisse Dauer und Wirksamkeit solchen Kultes schließen.

2) Stobaios I 49 *p.* 386 ff. Wachsmuth.

3) Jenes würde der Fiktion des XIII. (XIV.), dieses der des XII. (XIII.) Stückes entsprechen.

4) Aus dem zweiten Jahrhundert n. Chr. vgl. Griffith, Zeitschr. f. äg. Sprache 1900 S. 90. Isis erscheint hier als Tochter des Hermes; sie steht zu ihm also wie Horus zu ihr, Tat zu Hermes, Asklepios zu Ptah, Osiris zu Chnuphis. Tochter des Hermes ist sie auch in den Zauberhymnen, vgl. Her-

lage, welche der bekannten Inschrift von Ios[1]) und der von Diodor
I 27 verkürzt mitgeteilten Inschrift von Nysa gemeinsam ist, sagt
Isis, die Geberin des ἱερὸс λόγοс, von sich: καὶ ἐπαιδεύθην ὑπὸ Ἑρμοῦ.
Das weist uns also in ptolemäische Zeit.

In vollem Gegensatze hierzu steht in der Mitte der Schöpfungsgeschichte[2]) eine neue Einleitung und Einkleidung: πρόcεχε, τέκνον
Ὦρε, κρυπτῆс γὰρ ἐπακούειс θεωρίαс, ἧс ὁ μὲν προπάτωρ Καμῆφιс
ἔτυχεν ἐπακούсαс παρὰ Ἑρμοῦ τοῦ πάντων ἔργων ὑπομνηματογράφου,
⟨ἐγὼ δὲ⟩ παρὰ τοῦ πάντων προγενεстέρου Καμήφεωс, ὁπότ' ἐμὲ
καὶ τῷ τελείῳ μέλανι ἐτίμηсεν. νῦν δὲ αὐτὸс cὺ παρ' ἐμοῦ. Man
empfindet sofort, daß der älteste aller Götter, der die Schöpfung
miterlebt hat, ihre Geschichte ursprünglich nicht von Hermes gelernt haben darf. Wieder sind zwei Typen roh miteinander verbunden. Nach dem einen ist Kamephis jüngerer Gott und Schüler
des Hermes, nach dem anderen ältester Gott und Lehrer der Isis.

Der erste Typus ist eigentlich schon S. 123 besprochen. Von
jeher haben die Ägyptologen Kamephis oder Kmephis, bezw. Kmeph
mit Kneph verbunden, der nach Plutarch (*De Is. et Osir.* 21) als der
ἀγέννητοс καὶ ἀθάνατοс θεόс in der Thebais verehrt wurde. Kneph aber
ist, wie Sethe[3]) erwiesen hat, nur ein Beiname des Gottes Amon; seine
Bedeutung (Stier seiner Mutter) bezeichnet den Gott in der üblichen
Bildersprache als αὐτογέννητοс, „der zuerst geworden, als noch kein
Gott geworden war und noch keinem Dinge sein Name erdacht
war", oder, wie Chnum in seiner Offenbarung an König Dośer von
sich sagt, als „den Schöpfer, der sich selbst geschaffen hat". Der
Kneph-Amon von Theben und Chnubis von Elephantine, ähnlich in
den Darstellungen und bald auch im Wesen, sind frühzeitig ineinander übergegangen; Χνούβει τῷ καὶ Ἄμμωνι sagt die noch der
Ptolemäerzeit angehörige Inschrift C. I. G. 4893[4]), und das Töpfer-
orakel[5]) διὰ τὸ τὸν Ἀγαθὸν δαίμονα καὶ Κνῆφιν εἰс Μέμφιν πεπο-

werden, Mnemosyne 1888 S. 339. Vgl. ferner Brugsch, Rel. d. Äg. 644 und
Plutarch, *De Is. et Os.* 8.

1) C. I. G. Ins. V 14 (vgl. *p.* 217); ein eng verwandter Text ist in dem
Hymnus von Andros (ebenda 739, aus dem ersten Jahrhundert v. Chr.) benutzt.

2) *p.* 394, 25 ff. Wachsmuth.

3) Berl. philol. Wochenschr. 1896 S. 1528. Mit dem Ἀγαθὸс δαίμων und
Χνοῦφιс wird Κμῆφ in dem oben S. 29 angeführten Gebet identifiziert.

4) Vgl. oben S. 122 A. 2.

5) Wessely, Denkschr. d. K. K. Akad. 1893 S. 3—6. Daß das Schriftchen

ῥεῦϲθαι, ὥϲτε τινὰϲ διερχομένουϲ λέγειν αὐτὴν Ἴϲιν πάντροφον, εἰϲ ἣν μετῳκίϲθη πᾶν γένοϲ ἀνδρῶν. Ist hier der thebanische Kneph mit der Isis-Sochit als Erdgöttin verbunden, wie es eigentlich nur dem Erdgott ᾽Αγαθὸϲ δαίμων zukommt, so ist umgekehrt an der oben angeführten Stelle des Philon von Byblos ᾽Αγαθὸϲ δαίμων, „den die Ägypter Knephis nennen", der Sonnen- und Himmelsgott Amon; von ihm heißt es ὃϲ εἰ ἀναβλέψειε, φωτὸϲ τὸ πᾶν ἐπλήρου ἐν τῇ πρωτογόνῳ χώρᾳ αὐτοῦ· εἰ δὲ καμμύϲειε, ϲκότοϲ ἐγένετο.[1]) Diese Übertragung, die für die hellenistische Zeit unbestreitbar ist, kann sehr gut älter sein.[2]) Ich vermute, daß sie es ist, welche nun auch den thebanischen Amon zum Offenbarungsgott gemacht hat. So faßt ihn Porphyrios, der ihn übrigens von Chnubis unterscheidet (bei Eusebios *Praep. ev.* III 11, 45 *p.* 115): τὸν δημιουργόν, ὃν Κνὴφ οἱ Αἰγύπτιοι προϲαγορεύουϲιν, ἀνθρωποειδῆ, τὴν δὲ χροιὰν ἐκ κυανοῦ μέλανοϲ ἔχοντα, κρατοῦντα ζώνην καὶ ϲκῆπτρον, ἐπὶ δὲ τῆϲ κεφαλῆϲ πτερὸν βαϲίλειον περικείμενον, ὅτι λόγοϲ δυϲεύρετοϲ καὶ ἐγκεκρυμμένοϲ καὶ οὐ φανόϲ, καὶ ὅτι ζωοποιόϲ, καὶ ὅτι βαϲιλεύϲ, καὶ ὅτι νοερῶϲ κινεῖται· διὸ ἡ τοῦ πτεροῦ φύϲιϲ ἐν τῇ κεφαλῇ κεῖται. Als Offenbarungsgott erscheint er in der Hermetischen Literatur in dem freilich nur bei Pseudo-Justin (*Cohort. ad. gent.* 38) erscheinenden Zitat ῎Αμμωνοϲ ἐν τοῖϲ περὶ αὐτοῦ λόγοιϲ πάγκρυφον τὸν θεὸν ὀνομάζοντοϲ. Die Form ist alt; das zeigen die aus der persischen Zeit stammenden Hymnen der Oase von El-Khargeh mit dem Titel: „Die geheimnisvollen Sprüche des Amon, welche sich auf den Tafeln vom Holze des Maulbeer-

---

dem Ende des zweiten Jahrhunderts v. Chr. entstammt, hoffe ich demnächst nachzuweisen.

1) Epeios bei Eusebios, *Praep. ev.* I 10 *p.* 41*d.* Vgl. Sethe, Berl. philol. Wochenschrift 1896 Sp. 1529.

2) Für ihr Alter spricht vielleicht schon die Darstellung der Geschichte der Zeugung Alexanders bei Onesikritos, indem sie dem Amon die Schlangen-gestalt des ᾽Αγαθὸϲ δαίμων gibt (Beigabe V). Ob Brugsch und Wiedemann recht hatten eine ursprüngliche Identität beider Götter ohne weiteres voraus-zusetzen, wage ich nicht zu entscheiden. Erwähnung mag bei der Gelegen-heit die von Iamblich (*De myst.* VIII 4) benutzte Hermetische Schrift finden, in der nach einem ersten Wesen Eikton(?) Kneph als der νοῦϲ ἑαυτὸν νοῶν und nach ihm als δημιουργὸϲ νοῦϲ, der zugleich Herr der ἀλήθεια und ϲοφία ist, Amon mit Ptah vereinigt erscheint. Das entspricht etwas der Inschrift von London und dem Poimandres. Es ist verfehlt, es als neuplatonisch zu betrachten.

baumes befinden". Wir sehen hier die hellenistische Literatur direkt aus der ägyptischen hervorwachsen.[1])

Aus diesem Typus, in dem Ἀγαθὸς δαίμων als Schüler des Hermes erscheint, ist dann der Bericht des Pseudo-Manetho bei Syncellus (I p. 72 Dind.) zu erklären: χρηματίcαc ἐκ τῶν ἐν τῇ Cηριαδικῇ γῇ (so) κειμένων cτηλῶν ἱερᾷ φηcι διαλέκτῳ καὶ ἱερογραφικοῖc γράμμαcι κεχαρακτηριcμένων ὑπὸ Θὼθ τοῦ πρώτου Ἑρμοῦ καὶ ἑρμηνευθειcῶν μετὰ τὸν κατακλυcμὸν [ἐκ τῆc ἱερᾶc διαλέκτου εἰc τὴν Ἑλληνίδα φωνὴν] γράμμαcιν ἱερογλυφικοῖc καὶ ἀποτεθειcῶν ἐν βίβλοιc ὑπὸ τοῦ Ἀγαθοδαίμονοc υἱοῦ τοῦ δευτέρου Ἑρμοῦ πατρὸc δὲ τοῦ Τὰτ ἐν τοῖc ἀδύτοιc τῶν ἱερῶν Αἰγύπτου.[2]) Die kunstvoll durchgeführte Genealogie der Offenbarungsgötter ist der Hauptsache nach alt.[3])

So bleibt der zweite Typus zu verfolgen, und mancherlei Umwege muß ich dem Leser zumuten, da das ägyptische religiöse Denken dem unseren so wenig entspricht. Die Worte ὁπότ' ἐμὲ καὶ τῷ τελείῳ μέλανι ἐτίμηcε, die man noch immer drolligerweise auf die Tinte, mit der die Hermetischen Bücher geschrieben waren, bezieht, haben ihre Erklärung in einem Zauberpapyrus gefunden[4]): ἐπικαλοῦμαί cε, κυρία Ἶcι, ᾗ cυνεχώρηcεν ὁ Ἀγαθὸc δαίμων βαcιλεύων ἐν τῷ τελείῳ μέλανι. Das seltsame Verbum cυνεχώρηcεν für cυνεγένετο scheint zunächst einem etymologischen Spiel zu Liebe ge-

---

1) Brugsch, Reise nach der großen Oase El-Khargeh S. 48. Auch hier handelt es sich um ein etymologisches Spiel, vgl. Moret, *Annales du Musée Guimet t. XIV Le culte divin journalier* 182: *Amon, dont le nom est caché (amen) plus que ses naissances.*

2) Das unsinnige Glossem hat den sonst verständlichen Text verdorben. Zu vergleichen sind die Berichte des Josephos über die Schriften des Seth und seiner Nachkommen, κατὰ γῆν τὴν Cειριάδα (Josephos *Ant.* I 71), sowie das, was Philon von Byblos über die Inschriften des ältesten Tat in τοῖc ἀπὸ τῶν ἀδύτων εὑρεθεῖcιν ἀποκρύφοιc Ἀμμουνείων (ἀμμουνέων Edd.) γράμμαcι cυγκειμένοιc berichtet. Hiermit wieder ist die Aufschrift der Hymnen von El-Khargeh zu vergleichen.

3) Für die Genealogie vgl. unter anderem Varro *De gente pop. Rom.* bei Augustin *De civ. dei* XVIII 3 und 8: Isis, Tochter des Inachus oder aus Äthiopien stammend, lehrt die Schrift (vgl. 39. 40); jünger ist der erste Mercurius, Enkel des Astrologen Atlas und Großneffe des Philosophen Prometheus; sein Enkel ist der Mercurius Trismegistus, der bei den Ägyptern als Erfinder der Philosophie gilt (89). Älter oder nach anderen jünger ist Herkules. Hiermit läßt sich leicht ein Schema: Isis—Hermes I.—Ἀγαθὸc δαίμων—Hermes II. in Einklang bringen.

4) Wessely, Denkschr. d. K. K. Akademie 1893 S. 37 Z. 500.

wählt, weil das Zeitwort *chnum*, wie erwähnt, „sich vereinigen,. sich gesellen" bedeutet.[1]) Von Chnum wird βαcιλεύων ἐν τῷ τελείῳ μέλανι zunächst gesagt, weil er der König Ägyptens ist, wie Isis die Königin. Bekannt ist ja die durch die Sprachforschung bestätigte Angabe Plutarchs (*De Is. et Os.* 33): ἔτι τὴν Αἴγυπτον ἐν ταῖc μά-λιcτα μελάγγειον οὖcαν ὥcπερ τὸ μέλαν τοῦ ὀφθαλμοῦ χημίαν καλοῦcι καὶ καρδίᾳ παρεικάζουcι.[2]) Darum ist in der Κόρη κόcμου die Form Καμῆφιc gewählt; denn der Stamm *kam* bedeutet „schwarz sein". In Syene, dessen Töpferwaren noch heutzutage den Reisenden erfreuen, herrscht Chnubis, der Gott der schwarzen Töpfererde und des Töpferhandwerks, zugleich mit Isis-Sochit, der Göttin der schwarzen Fruchterde, genau wie dasselbe Paar stromabwärts den Ort Sochit oder Χνουβιc (Pichnum) beherrscht.[3]) Die Inseln Elephantine und Philae gehören dem Chnum und der Isis; auf Philae ist das Isis-Orakel bis in späteste Zeit gefeiert; ihr Tempel ist eine Zentralstätte aller geheimen Weisheit. Aber wir dürfen vielleicht noch weiter gehen. Die Inschrift von den sieben Jahren der Hungersnot, die uns schon mehrfach beschäftigt hat, erwähnt die Schenkung des Zwölfmeilenlandes (der berühmten Dodekaschoinos von Syene bis Takompso) an Chnum. König Doser soll es dem Chnum geschenkt haben und der Gott erhält das Gebiet „mit den Steinen und den Strecken Fruchtland, die es enthält"[4]); nur in das „Haus des Chnum" sollen die Abgaben gegeben werden. Aber dasselbe Gebiet gehört seit Beginn der Ptolemäerzeit der Isis, und natürlich muß der Gott es ihr freiwillig überlassen, sich mit ihr vereinigt haben.[5]) Von

---

1) Die Vorliebe für etymologische Spiele ist in der ägyptischen Priester-lehre außerordentlich groß. Ähnliche Spiele knüpfen sich z. B. an die Namen Schu und Tefnowet.

2) Vgl. hiermit Hephästion ᾽Αποτελέcματα *p.* 53 Eng.: Χνοῦμιν ὡc κύριον ὄντα τοῦ cτήθουc τοῦ κόcμου. Herz oder Brust der οἰκουμένη ist zugleich Ägypten (vgl. in der Κόρη κόcμου Stobaios Ekl. I 49 *p.* 411, 3 Wachsm.). Auch Osiris ist als der Schwarze zugleich Herr Ägyptens und Herr der Fruchterde.

3) Sethe, Pauly-Wissowa III 2352. In einer unveröffentlichten Inschrift von Dêr-el-Bahari, auf die mich Prof. Spiegelberg hinweist, begegnet „ein Chnum vom Felde" (Sochit).

4) Sethe, Dodekaschoinos S. 20. 21. Das Wort „Feld" (Sochit) spielt eine besondere Rolle.

5) Die Fiktion der Isispriester, die hier die Erbschaft ihrer Kollegen vom Tempel des Chnuphis übernahmen, ist in diesem Falle besonders klar.

hier müssen wir die Worte ὁπότ' ἐμὲ καὶ τῷ τελείῳ μέλανι ἐτίμηcε und ἢ cυνεχώρηcεν ὁ Ἀγαθὸc δαίμων ὁ βαcιλεύων ἐν τῷ τελείῳ μέλανι zunächst verstehen. Es ist die priesterliche Tradition von Syene. Sie findet eine wunderliche Bestätigung in der alchemistischen Tradition, besonders in der Schrift der Isis an ihren Sohn Horus[1]), wenn sie auch schon synkretistisch überarbeitet ist.[2]) Isis ist, um die geheime Weisheit zu erlangen, εἰc Ὀρμανουθί, ὅπου ἡ ἱερὰ τέχνη τῆc Αἰγύπτου μυcτικῶc καταcκευάζεται, gegangen (S. 33). Es ist klar, daß es sich um die ἱερὰ τέχνη τῆc χημίαc, wie Plutarch sagen müßte, handelt, und daß mit den Worten εἰc Ὀρμανουθί ein Heiligtum bezeichnet ist.[3]) Dort begehrt zuerst ein niederer Gott, dann „der Engel Amnaël" sich ihr zu vereinigen; sie aber verlangt als Preis ihrer Liebe τὴν τῶν ζητουμένων μυcτηρίων παράδοcιν. Amnaël, der sich in allem als Chnum erweist[4]), bewilligt dies, läßt sie aber

---

1) Berthelot a. a. O. 28 ff. und 33 ff.

2) Die geheime Weisheit wird nach jüngerer jüdischer Vorstellung (z. B. im Buch Henoch) dem Frommen von Engeln gelehrt.

3) Am nächsten läge es εἰc Ὡρμαχουθί zu schreiben. Hormaḥudti, der Horus von Edfu, scheint schon zu Dendera von dem Horus schlechthin geschieden (Brugsch, Rel. d. Äg. 188), und Edfu scheint Pflegestätte der Chemie; wenigstens findet sich in der Bibliothek des Horustempels schon zur Zeit der Ptolemäer ein Buch unter dem Titel „Die Verrichtung jedes Geheimnisses des Laboratoriums" (Bergmann, Hieroglyphische Inschriften 47). Eine weitere Bestätigung bietet ein von Berthelot a. a. O. 26 gedruckter Text, den ich zunächst nach dem Wortlaut der Handschrift (Paris. gr. 2327) biete: χρὴ γὰρ γινώcκειν ὅτι ἐν τῇ θήβα ἴδα γῇ ἐν ᾗ τόπῳ εἰcίν, ἐνῇ τὸ ψῆγμα cκευάζεται κλειόπολιc ἀλυκόπριοc ἀφροδίτη ἀπόλενοc καὶ ἐλεφάντινα. Daß Θηβαῖc hier ganz Oberägypten im Gegensatz zum Delta bezeichnet, erkannte B. Keil, den Ausgangspunkt Ἡλιόπολιc und die Reihenfolge der Aufzählung von Norden nach Süden W. Spiegelberg. So lautet das Stück also: ἐν τῇ Θηβαΐδι γῇ εʹ τόποι εἰcίν, ἐν οἷc τὸ ψῆγμα cκευάζεται· Ἡλιόπολιc, Λυκόπολιc (Siut, so schon Berthelot), Ἀφροδιτόπολιc (Itfu), Ἀπολλωνόπολιc (Edfu) καὶ Ἐλεφάντινα. Der Gebrauch des Gottesnamens für die Stadt wird zugleich durch ein treffliches Beispiel erläutert: ἀπόλενοc ist völlig gleich ὡρμαχουθί. Daß Isis in das Heiligtum des Horus geht, erklärt sich vielleicht daraus, daß Horus, der ja oft als Sohn des Chnuphis erscheint, sogleich mit Chnuphis selbst identifiziert wird. Das Heiligtum zu Edfu ist dabei nur eine Art Dependenz des Chnuphistempels zu Elephantine, wo also wirklich auch die Alchemie betrieben wurde.

4) Der sitzende Chnuphis trägt nach Porphyrios auf dem Haupte den κύκλοc διcκοειδήc; neben ihm steht, den Töpfergott bezeichnend, das κεράμεον ἀγγεῖον. Der Engel Amnaël trägt beim Niederschweben als Abzeichen ein κεράμιον ἀπίccωτον ὕδατοc διαυγοῦc πλῆρεc auf dem Haupte (Berthelot 29).

schwören, diese Geheimnisse nur ihrem Sohne zu verraten, mit dem
er dadurch eins werden will: ἵνα ᾖ αὐτὸς cὺ καὶ cὺ αὐτόc, wie
sie ihrem Sohne schreibt.[1]) Wir sehen, daß das Judentum sich
dieser Mythen bemächtigte[2]); aber wir erkennen auch leicht den
ägyptischen Kern, in dem ursprünglich Osiris der Sohn des Chnum
und der Isis und zugleich wieder der Nil ist. Für die Lehre der
geheimen Weisheit hat Chnum die Liebe der Isis erkauft und sie
zu seiner Gattin und zur Herrin des schwarzen Fruchtlandes, der
Dodekaschoinos, bezw. Ägyptens, erhoben. Es sei gestattet noch auf
einen Nebenzug einzugehen.

Ich werde im siebenten Abschnitt dieses Buches des näheren nachzuweisen haben, daß dieser Sage eine alte religiöse Anschauung von
der geschlechtlichen Vereinigung des Gottes mit dem Menschen entspricht. In ihr, also in der höchsten Ekstase, empfängt der Mensch
die oberste Weihe und das geheime Wissen, oder besser, die göttliche δύναμιc; die Seele empfängt das cπέρμα θεοῦ. Nun liegt der
Vergleich der Zeugung mit der Tätigkeit des Landmannes ja allen
Völkern nahe; in Ägypten hat er besondere Ausbildung erfahren.

Chnuphis ist ja auch der Nil. Daß ᾿Αγαθὸc δαίμων als ᾿Αγαθοήλ in den jüdi-
schen Zauber übergegangen ist, sehen wir in der Betrachtung christlicher
Amulette (S. 18 A. 8); kein Wunder, daß er dann weiter zu Amnaël wird (vgl.
S. 126 A. 3).

1) Ich lege den höchsten Wert darauf, daß die uns schon bekannte Gebets-
formel cὺ γὰρ ἐγὼ καὶ ἐγὼ cὺ in einer „Hermetischen" Schrift und in einem
Zusammenhang wiederkehrt, der sich ebensowohl in theologischen Texten
finden konnte. Der Geist der Erfindung ist echt ägyptisch: die volle Gnosis
bewirkt die volle Einheit des Menschen mit Gott (vgl. S. 17 und 21).

2) Ich erwähne beiläufig eine spätjüdische Nachbildung, um das wunderliche
Getriebe dieses Synkretismus zu beleuchten. Der Midrasch Abchir (Grünbaum, Ge-
sammelte Aufsätze zur Sprach- und Sagenkunde S. 59 ff. und 444 ff.) berichtet die
Sage: Zwei Engel, die zur Erde gesendet sind, bewerben sich um die Gunst
einer Jungfrau; sie verspricht dem einen, ihn zu erhören, wenn er ihr den geheimnisvollen Namen Gottes mitteilen will, vermittels dessen er zum Himmel
emporfliegen kann. Aber im Besitz dieses Geheimnisses versagt sie sich ihm,
schwebt zum Himmel empor und wird von Gott unter die Sterne versetzt (Isis
ist ja auch das Sternbild der Jungfrau). Die Einleitung der Erzählung erinnert
merkwürdig an die Κόρη κόcμου. Daß in jüngeren jüdischen Fassungen die Jungfrau zur Göttin Istar wird, wie in anderen Versionen zur Eva, beweist für den
Ursprung der Sage so wenig wie der Name des Amnaël in dem alchemistischen Text, wirft aber auf das Wesen und Wachsen dieses Austausches religiöser Sagen im Oriente weiteres Licht.

Der Berliner Papyrus, welcher die geschlechtliche Vereinigung des Menschen mit Gott schildert, ruft den Offenbarungsgott Ἀγαθὸς δαίμων an[1]): ἧκέ μοι Ἀγαθὲ γεωργέ[2]), Ἀγαθὸς δαίμων, Ἁρπό(κρατες)[3]), Χνοῦφι — — — ὁ ἐπικυλινδούμενος [τὰ τοῦ Νε]ίλου ῥεύματα καὶ ἐπιμιγνύων τῇ θαλάσσῃ καὶ αλ........ καθώσπερ ἀνδρὸς ἐπὶ τῆς ϲυνουϲίαϲ τῆϲ .... Der zeugende Gott bringt der Erde die ϲπέρματα, wie das der Nil nach ägyptischer Auffassung tut. So ist Osiris, für den hier ja Ἀγαθὸς δαίμων eintritt, der Sämann, der den Samen in die Erde streut, und Chnuphis wird in der Inschrift von Sehêl ausdrücklich als „Grundbesitzer auf seinem Ackerlande" bezeichnet[4]); Ἀγαθὸς δαίμων ist der ἀγαθὸς γεωργόϲ.

Hieraus wird die Fortsetzung des alchemistischen Stückes (Berthelot p. 30) zu erklären sein: παρελθὼν οὖν ϲκόπηϲον καὶ ἐρώτηϲον Ἀχάραντον (?) γεωργὸν καὶ μάθε ⟨παρ'⟩ αὐτοῦ, τί μέν ἐϲτι τὸ ϲπειρόμενον, τί δὲ καὶ τὸ θεριζόμενον, καὶ μαθήϲῃ ὅτι ⟨ὁ⟩ ϲπείρων τὸν ϲῖτον καὶ ⟨τὸν ϲῖτον⟩ θερίϲει καὶ ὁ ϲπείρων τὴν κριθὴν ὁμοίως τὴν κριθὴν θερίϲει.[5]) Das Bild kehrt mehrfach in der Hermetischen Literatur wieder, z. B. XIV (XV) 10 p. 133, 4 Parthey: ἔξεϲτί ϲοι ἰδεῖν εἰκόνα καλλίϲτην καὶ ὁμοιοτάτην· ἰδὲ γεωργὸν ϲπέρμα καταβάλλοντα εἰϲ γῆν, ὅπου μὲν πυρόν, ὅπου δὲ κριθήν, ὅπου δὲ ἄλλο τι τῶν ϲπερμάτων· ἰδὲ τὸν αὐτὸν ἄμπελον φυτεύοντα καὶ μηλέαν καὶ τὰ ἄλλα τῶν δένδρων· οὕτωϲ ὁ θεόϲ κτλ.[6]) Aus derselben Anschauung ist auch

---

1) Abhandl. d. Berl. Akad. 1865 S. 120 Z. 26.

2) Die wunderlich viel behandelte Stelle (vgl. Wilcken, Archiv f. d. Papyrusforschung I 427) erledigt sich, sobald man die religiösen Anschauungen verfolgt, von selbst.

3) αρπον Parthey; die Abkürzung begegnet auch sonst; es ist der Sohn der Isis. Im folgenden scheint Ἀγαθὸς δαίμων ausdrücklich mit Horus identifiziert zu werden; auch dies trägt zur Erläuterung des alchemistischen Textes bei.

4) Brugsch, Die biblischen sieben Jahre der Hungersnot S. 135.

5) Vgl. Berthelot p. 89: καὶ Ζώϲιμοϲ ἐν τῷ κατ' ἐνέργειαν βίβλῳ ⟨περὶ?⟩ τοῦ λόγου· ὅτι ἀληθῆ ϲοι προϲφωνῶ μάρτυρα καλῶ Ἑρμῆν λέγοντα· ἄπελθε πρὸϲ Ἀχαάβ (?) τὸν γεωργόν, καὶ μαθήϲῃ ὡϲ ὁ ϲπείρων ϲῖτον ϲῖτον γεννᾷ. Sollte dies ursprünglich rechtfertigen, daß Ἀγαθὸς δαίμων, indem er das göttliche ϲπέρμα in Isis senkt, selbst zum Horus wird?

6) Der Verfasser verwendet das Bild, um zu zeigen, πῶϲ μὲν αὐτόϲ (ὁ θεόϲ) ποιεῖ, πῶϲ δὲ τὰ γινόμενα γίνεται. Die ϲπέρματα θεοῦ sind hier ἀθαναϲία, μεταβολή, ζωή und κίνηϲιϲ (vgl. IX bezw. X 3 und 6). Doch ist das Bild ursprünglich nicht hierauf berechnet. Von der Schöpfung verwendet das gleiche Bild

Poimandres § 29 zu erklären ἔϲπειρα αὐτοῖϲ τοὺϲ τῆϲ ϲοφίαϲ λόγουϲ. Ist doch ursprünglich der λόγοϲ selbst das göttliche ϲπέρμα. Es wäre verkehrt, im Poimandres eine Benutzung des Evangelienwortes ὁ ϲπείρων λόγουϲ ϲπείρει zu suchen.

Doch zurück zu den Typen der Hermetischen Literatur. Wir müssen bei dieser Verbindung der beiden Gottheiten Schriften des Ἀγαθὸϲ δαίμων an seine Schülerin Isis voraussetzen und können solche wirklich in der alchemistischen Literatur nachweisen. So zitiert Zosimos (bei Berthelot a. a. O. 214) τὴν Ἴϲιδα, ἣν προϲφωνεῖ ὁ Ἥρων. Natürlich kann Ἥρων in dieser Verbindung kein Personenname sein. In der Tat begegnet er als ägyptischer Göttername in einer Zauberformel des Papyrus 46 des Britischen Museums[1]): ἐγώ εἰμι Ἥρων ἔνδοξοϲ, ᾠὸν ἴβεωϲ ᾠὸν ἱέρακοϲ κτλ. Nun haben Spiegelberg und Keil gezeigt[2]), daß der Name eines ägyptischen Erntegottes Psai und der Eigenname Ψάιϲ griechisch durch Ἀγαθὸϲ δαίμων wiedergegeben wird; da nun Psai zugleich den unsichtbaren Doppelgänger in uns, den *ka*, bedeutet und Ἀγαθὸϲ δαίμων eine chthonische Gottheit ist, so trat für den Personennamen auch Ἥρων (== ἥρωϲ) ein. Daß es auch für den Götternamen Ἀγαθὸϲ δαίμων geschehen ist, bezeugt der Papyrus von London.[3]) Auch dies bestätigt die bisherigen Deutungen.

Allein in den Worten, von denen wir ausgingen, ist bisher nur das Wort μέλαν, nicht aber das τέλειον μέλαν erklärt. Ich darf hiermit zugleich die Erklärung des wunderlichen und noch nicht gedeuteten Titels Κόρη κόϲμου verbinden. Plutarch bezeugte, daß χημία die Erde Ägyptens, das Land selbst und zugleich das Schwarze

---

Philon und überträgt es dann auf Verschiedenes in den Schriften *De agricultura* und *De plantatione Noae;* aber nirgends sind die Übereinstimmungen mit der ägyptischen Anschauung so stark, daß man bestimmte Schlüsse ziehen kann.

1) Kenyon, *Catal.* I *p.* 72 Z. 240. Voraus geht ἐγώ εἰμι Θωύθ; auch hier sind Hermes und Ἀγαθὸϲ δαίμων eins. An den thrakischen Gott ist nicht zu denken.

2) Spiegelberg, Demotische Namen I, Ägyptische Namen auf Mumienetiketten S. 57* und 14*. Bestätigungen boten sich bald in reicher Fülle.

3) Es waltet dabei dasselbe eigentümliche Bestreben, die Götternamen zu Personennamen umzugestalten, das in späterer Zeit mehrfach auftritt, vgl. Gutschmid, Zeitschrift d. deutsch. morgenl. Ges. XV 47 ff. Kl. Schr. II 631 (Herakleios für Herakles, Poseidonios für Poseidon, Asklepiades für Asklepios, Asterios für Zeus). Das Motiv hat freilich Gutschmid kaum richtig erkannt.

des Auges (die Pupille) bedeutet, und in einem Texte von Edfu[1]) heißt es „Ägypten (wörtlich: das Schwarze), das benannt ist nach dem Auge des Osiris, denn es ist seine Pupille". Für Osiris tritt auch in diesen Wendungen Amon ein, dessen Farbe das Schwarze ist.[2]) Amon ist in der Auffassung der thebanischen Priesterschaft, die in jüngerer Zeit auf Syene hinüber wirkte, der verborgene, mysteriöse Gott.[3]) So können wir begreifen, daß gerade bei ihm das Schwarze des Auges den Sinn des Geheimnisvollen, Mysteriösen empfängt. Heißt doch der Gott in den oben angeführten Stellen: „der sich verborgen hält in seinem Auge" oder: „der sich selbst verhüllt in seiner Pupille". Sie ist das τέλειον μέλαν und sie ist Ägypten.[4]) Nun ist Isis, die Göttin der schwarzen Erde, auch zu-

---

1) Ebers, Die Körperteile im Altägyptischen, Abh. d. K. bayr. Akad. 1897 S. 111. Weiteres Material ebenda.

2) Vgl. Porphyrios: τὴν δὲ χροιὰν ἐκ κυανοῦ μέλανος ἔχοντα.

3) Vgl. Brugsch, Rel. u. Myth. d. alt. Äg. 680 ff., oben S. 189 A. 1. Die priesterliche Tradition gibt Manetho weiter, vgl. Plutarch De Is. et Os. 9: Ἀμοῦν ... Μανέθωϲ ... ὁ Σεβεννύθηϲ τὸ κεκρυμμένον οἴεται καὶ τὴν κρύψιν ὑπὸ ταύτηϲ δηλοῦϲθαι τῆϲ φωνῆϲ. Die Erklärung geben die im Text angeführten Stellen. Ein anderes Manetho-Fragment, das der Erläuterung bedarf, füge ich beiläufig an. Das Zitat in der Orthographie des Choiroboskos (Cramer, Anecd. Ox. II 235, 32 = Etym. genuinum): ἀπὸ τούτου τοῦ λάω γέγονε λέων· ὀξυδερκέϲτατον γὰρ τὸ θηρίον, ὥϲ φηϲιν ὁ Μανέθων ἐν τῷ πρὸς Ἡρόδοτον· φαϲὶ γὰρ ὅτι οὐδέποτε καθεύδει ὁ λέων empfängt sein Licht aus der Κόρη κόϲμου, in der es p. 398, 21 Wachsm. heißt: die reinsten Seelen werden Adler, Löwen, Schlangen oder Delphine: λέοντεϲ· ἰϲχυρὸν γὰρ τὸ ζῷον καὶ φύϲεωϲ ἔτυχεν ἀκοιμήτου τρόπῳ τινὶ καὶ φθαρτῷ ϲώματι τὴν ἀθάνατον γυμναζόμενον φύϲιν· οὔτε γὰρ κάμνουϲιν οὔτε κοιμῶνται. Hiermit ist Aelian H. a. V 39 zu vergleichen, der alle von Wellmann (Hermes 31, 248) aufgezählten Eigenschaften des Apion zeigt: Αἰγυπτίουϲ ὑπὲρ αὐτοῦ κομπάζειν φαϲὶ λέγονταϲ ὅτι κρείϲϲων ὕπνου λέων ἐϲτὶν ἀγρυπνῶν ἀεί. Apion kann sehr wohl Manetho benutzt haben. Die Schrift, deren Echtheit zu bezweifeln nicht der geringste Grund vorliegt, bezieht sich also wohl auf Herodots Angaben über den ägyptischen Tierdienst (II 65 ff.). Unbestimmbar ist für mich die Quelle von Aelian H. a. XII 7 (vgl. Brugsch, Zweiter Hymnus des Darius, a. a. O. S. 49 Z. 8: ein Löwengott ist er, der Anch-hir im Tempel dem großen von On) und das Verhältnis des dort mitgeteilten Empedokles-Spruches zu der Stelle der Κόρη κόϲμου.

4) Ich hoffe hiermit zugleich Rieß widerlegt zu haben, der (bei Pauly-Wissowa I 1339), ohne Eigenes bieten zu können, gegen Hoffmanns glänzende Ableitung der Namen Alchemie und Chemie von der χημία, dem μέλαν, einwendet, die stehende Bezeichnung als θεία oder ἱερὰ τέχνη lasse auf eine andere Bedeutung des Wortes schließen. Entscheidend ist der oben zitierte

gleich das Auge des Osiris[1]), also auch des mit ihm in Syene identifizierten Chnum oder Amon.[2])   Sie ist selbst die Κόρη κόϲμου.
Wir sehen schon aus dem Titel, daß dieser letzte Typus, der die
Mysteriengöttin Isis zur Schülerin und Gattin des geheimnisvollen
Chnum macht, für diese Schrift der ursprüngliche war. —

Schauen wir zurück auf diese eigentümliche Literatur, deren
Verzeichnis und Erläuterung so viel Umwege notwendig machte, so
gewahrt der Leser leicht, daß ein gemeinsamer Typus überall innegehalten ist. Immer ist die Gottheit, welche die Schöpfung oder die
διακόϲμηϲιϲ vollbringt, zugleich die Urquelle aller Offenbarung; ein
Sohn oder Schüler gibt in der Regel ihre Lehre weiter; der Wechsel
der Personen hängt mit der priesterlichen Tradition verschiedener
Gegenden zusammen. Aber der Leser empfindet auch, wenn er auf
die im ersten Kapitel angeführten Gebete zurückschaut, welche nicht
theologische Lehren, sondern Rat und Leitung im praktischen Leben
erstreben, die vollste Übereinstimmung in der Auswahl der Götter
wie in der Grundauffassung. Die Hermetischen Schriften und jene
zunächst wenig erfreulichen Denkmäler des „Aberglaubens" sind
Zweige desselben Baumes. Beide entsprießen der ägyptischen Volksreligion in hellenistischer Zeit. Um so eigenartiger berührt es, wenn
in dem weiten Kreise der Hermetischen Literatur ein einziger neuer
Gott erscheint, eben der Poimandres[3]); eine neue Religion und eine
neue Gemeinde ist mit ihm ins Leben getreten. Es lohnt vielleicht,
bei der seltsamen Tatsache einen Augenblick zu verweilen und noch
einmal zu fragen, wie sie auf diesem Boden entstehen und sich verbreiten konnte. Das Verhältnis von Lehrer und Schüler, Prophet
und Gemeinde wird dabei besonders ins Auge zu fassen sein.

Das wundervolle Schlußgebet des Poimandres hat eine gewisse
Ähnlichkeit mit einem in dem Pariser Papyrus Mimaut angeführten
Gebete, dessen Wichtigkeit Wessely erkannt hat, ohne doch durch

---

Satz: ὅπου ἡ ἱερά τέχνη τῆϲ Αἰγύπτου καταϲκευάζεται. Hier steht ἡ Αἴγυπτοϲ
für ἡ χημία, und das Schwarze bezeichnet als κόρη τοῦ ὀφθαλμοῦ auch Zosimos
bei Berthelot 92, 6.

1) Ebers a. a. O. 143.

2) So verstehen wir, wie Nechepso von dieser geheimnisvollen Gottheit
Κνῆφιϲ sagen kann: τῇ ϲάρκαϲ ἀμφέκειτο πέπλοϲ κυανόχρουϲ κνέφαϲ προ
τείνων.

3) Es ist etwas ganz anderes, wenn in den magischen Formeln unter den
βαρβαρικά oder οὐράνια ὀνόματα neue Kombinationen erscheinen.

genaue Angabe der Lücken anderen die Bearbeitung zu ermöglichen. Der ungewöhnlichen Güte und Liebenswürdigkeit Revillouts danke ich es, daß ich ein wenig weiter kommen konnte.[1] Ich muß natürlich die ganze Zaubervorschrift, oder besser das ganze Mysterium, anführen. Zeilen- und Kolumnenzahl gebe ich nach Wessely. Unter unsichere Buchstaben ist ein Punkt, über sie bisweilen ein auch noch möglicher Buchstabe gesetzt.

Kol. VIII:

```
. . . . . . ωϲ δ περιπα . . . . . . . . ωϲ και περι . . . . .
. . . . . περι ων εαν θ[ελη]ϲ τ . . . . επικαλουμαι
[ϲε· δε]υρο²) μοι εκ των τεϲϲαρων ανεμων του κοϲμου
```

190
```
[ηλ]ιοδρομο[ν]³) μεγαν θεον επα[κ]ουϲον μου εν παντι ω⁴)
[ϲε παρακαλω] πρα[γμ]ατι και ποιηϲον παντα τα τηϲ ευ
χηϲ [μου ακριβ]εϲ[τα]τα οτι οιδα ϲου τα ϲημια και τα
[παρ]αϲ[ημα] [ϲου] ο[ιδα] και καθ ωραν τιϲ ει και τη ορονο (ϲο)
μ . . . . . . . μορφην εχειϲ και τυπον πεδοϲ πιθηκου
```

195
```
γεννα[ϲ δενδρον] ελατα λιθον αφανον ορνεον
γ[υπ]α ε[πι γηϲ . . . . .] ονομα ϲοι φρουερ ωρα β μορφην
εχειϲ μονο[κ]ε[ρου⁵) γ]εννας δενδρων περϲεαν λιθον
                  δ
[κερ]αμιτην ορνεον αλθυχατον επι γηϲ ιχνευμονα
```

---

1) Wesselys großes Verdienst, den Wert dieser Literatur zuerst erkannt und die Texte im allgemeinen richtig veröffentlicht zu haben, wird nicht geschmälert, wenn ich im folgenden eine Anzahl schwerer Versehen berichtigen muß, die ihm auch bei der Revision (vgl. XV. Jahresbericht von Hernals, Zu den griech. Papyri des Louvre und der Bibliothèque nationale, 1889) entgangen sind. Abschließend ist auch meine Arbeit nicht, denn ein unglücklicher Zufall ließ mich erst am letzten Tage des knapp bemessenen Pariser Aufenthaltes an den Papyrus kommen. Die Zauberworte habe ich bei der Hast der Arbeit nur geringer Mühe würdigen und die letzten zwei Kolumnen nach der ersten Abschrift nicht mehr revidieren können; die Nachträge Wesselys in jenem Jahresbericht waren mir damals unzugänglich. Aber endlich wird ja wohl ein Semitist jener nach Wesselys Zeugnis nichtgriechischen, aber in griechischer Schrift niedergeschriebenen Abschnitte sich annehmen und hierbei den gesamten Papyrus neu vergleichen.

2) Die Ergänzung ist sicher, die Verteilung der Buchstaben wahrscheinlich; nach επικαλουμαι scheint nichts mehr gestanden zu haben; vor υπο ist Raum für 3—4 Buchstaben.   3) Für das erste ι scheint auch ρ denkbar.

4) Es folgt kein weiterer Buchstabe.

5) μονοπεδοϲ glaubte Wessely bei seiner Revision zu erkennen.

ονομα coι βαζητοφωc¹) ωρα τριτη μορφην εχειc

200 ε[λου]ρου γεννac δενδρον cυκων λιθον cαμουχον

ορνεον [cι]ττακον επι γηc βατραχον ονομα cοι αηραμ

ωρα τετ[αρ]τη μορφην εχειc ταυρου γεννac δενδρων

. . . .²) λι[θ]ον παιδεερωτα ορνεων τρυγωναι επι γηc

τ[α]υρον [ον]ομα cοι δαμι ωρα πεμπτη μορφην εχειc

205 λεοντος [γεν]νac δενδρων ραμνον λιθον μαγνητα

επι γηc κ[ρο]κοδιλον ονομα cοι φωκεντεψευαρεταθου

μιcοιηια οκτ˘ ωρα ϛ μορφην εχειc ονου δενδρου⁸)

[γ]ε[ννα]c ακανθα λιθον cαππιρον εν θαλ[α]ccη εχον

επι [γηc] . . . [λευ]κομετω[πο]ν ονομα cοι αυιαηρι⁴)

210 ιγε . . [ωρα εβδ]ομη μορφην εχειc καμ[ηλου τε]ν

211 νac   ιλιο⁵)

211* εcι

212   προ . .   [λι]θον

213   ον επι γηc [παγ]|ουρον ον[ομα cοι

214   [ωρα ογ]δοη μορ[φ]|ην εχειc

215   ατορον|ον . . ιον

       [επι γηc ι]ππορο[τα]|μον ονομ[α cοι

          [ωρ]α θ μορ[φη]|ν εχειc ϊ[βεωc γεννac]

              αλμογ| . . ονδοραρ

              ην επι γ[ηc]| . . . αι δε

220   ωρα δε[κατ]|η μορφη[ν εχειc

              ων λιθ[ω]|ν ιερακιτη[ν

              αρκων|λ π κερκω[πα

                     |εφωρατε⁶)

                     |ελων

225 |μβμ

226 |ρ|οιααων

---

1) βαζητοφωθ Wessely in der Revision.

2) ιν. ν Wess. Rev.

8) Lies ὅνου γεννᾳ̑c δένδρον ἄκανθαν.

4) θαυcαηρι Wess. Rev.

5) Es folgen zwei fälschlich aneinander gerückte Streifen, zwischen denen in Wahrheit 1—3 Buchstaben verloren sind. Der Zusammenhang nach oben ist unsicher, 211 und 211* könnten zu derselben Zeile gehören.

6) c φωτος γε Wess. Rev. Mir schien εφωρατε oder cφωγατε möglich.

Kol. IX:

... γαβριηλ αιχωεα¹) ... υρην αυδιεθ ραβραχι

.. γξ ιαρβαθα χραμνηφιδ .. ωχνιμεω καμπυκριλ

ελαμμαρη ειρηκα σου τα ςη[μ]εια και τα παρασημα

230 διο κυριε ποιησον²) το △ πρα[γμ]α αναγκη μοι τον ου

[ρ]ανον κινησω³) ποιησον το △ πραγμα εμοι ο τυπος

ο συνολον τω κοσμω ο κατ. κριθεις εφυλαξα του

μεγαλου βασιλεως ιερων πο[ι]ησον το △ πραγμα ε

μοι τω κλιδοφυλακι του τρ[ιγ]ωνου⁴) παραδισου της

235 [γ]ης της βασιλειας ποιησον το △ πραγμα εμοι το της

χηρας ωρφανω κατα τ (80) επι[ταγ]ην μενηβω ιαθυριθ ϊ

να μη αφελως με την κυριακην πατριδα και παν

τα τα αγαθα εμπεςη⁵) κατ επιταγην φωκεν ... τευ⁶)

αυβτα θουμισον ισταικι μασκελλι μασκελλω

240 φνουκεω (ς)αβαω⁷) αωριω ζαιρα ρη[ξι]χων⁸) ιππο

χθων ι πυρος παριστησαν ...⁹) και λαμ[β]αλμιω

λιλιμου ληαλαβα ην ερεδεμω⁻ δευρο μοι εν

τη αγια σου περιστροφη του αγιου πνευματος παν

τος κτιςκτα θεων θεε κυραννε πανοζιαστησας¹⁰)

245 τον κοσμον τω σεαυτω πνευματι θεω¹¹) πρωτος

ὁ εξεφανης εκ πρωτοις¹²) νουφυνευμεδωδως

υδατος βιεου ο τα παντα κτιςκτας αβυσσον γεαν

πυρ υδωρ αερα και παλιν αιθρα και ποταμου και

λαδοντα εις γην ον ιδη δε σεληνη αστερας αεριου

250 εως υπερ ια .. πλανητα ... ταις σες βουλαις δορυ

φορουσιν απαντα συ [ει ο] παρακαλων ..... σιν¹³)

---

1) αιλωεα Wess. Rev.   2) So klar ausgeschrieben und absolut sicher.
3) Lies ἀνάγκη μὴ τὸν οὐρανὸν κινήςω (Plasberg).
4) τριγώνου vermutet Wess. Rev.   5) ειςπεςη Wess. Rev.
6) φνουκενταβαω Wess. Rev. wohl richtiger, vgl. 240.
7) ς ganz schwach nachgetragen (τ Wess. Rev.).
8) Wohl verschrieben für ρηξιχθων; αωτιωζαγραρηχαων Wess. Rev.
9) παριπηγανυξ Wess. Rev.   10) Lies παντὸς διαστήσας.
11) Lies θείψ.   12) Lies πρώτου.
13) Von dem Rest der Kolumne sind nur drei Streifen erhalten, die im allgemeinen richtig angeklebt sind; doch lassen sich ihre Abstände nicht genau berechnen. Ich notiere den Schluß der Streifen durch Striche.

αγοχ | .... φοδοφ | ... ω .. ρφθω ... εβιϲ

ψουφιϲ | .... θιωθω | ωρ ουερχμηιβ αρηο [1]

κνουφι | .... τατ[α]νω ρηδριϲκυαμα αρουαρ [2]

255 ξαρβα | .... ριφιν η | θουμι χμουμ αωφ

ιαωαη | ... [α]ϲτραπτηϲαˈι χεαο κιρτα καθαϲζαλ

λεαϲ | .... ουβριθε ϲτομα αναξ δευρο μοι [3]

κυριε ο | [ποτε το] φωϲ ανα|[γ]ων ποτε το ϲκοτοϲ κατα

γων τη|[ν ϲεαυ]του δυνα|μιν επακουϲον μοι κυριε

260 εμου | [του Δ ιλ]εωϲ κα|[ι αϲ]μενωϲ και επ αγαθω

εκ πα|[ντοϲ τοπ]ου εκ παντοϲ ανεμου εν τη ϲημερο⁻ [3]

ημερα | .... [τ]ουτω .. | . ̣ωπω [4] τη αρτι ωρα οτι επι

καλουμ|[αι το] αγιον ο|[ν]ομα παντοθεν ο γεν

νηθεˈι | ... π . ̣αλ ̣α .. | τι [5] ανθρωπινων εν πνε[υ] [6]

265 ματˈι | ...... μαϲο̅ | εγλιενδεξ . ο . αξων [7]

ιαωα | .... ωω|ω ωωω ααααα ι υ

Kol. X:

. ω αι . καϲ . ωι υ ωναξ .. αω⁻ αυωιωα γ

ηπιωωωωωε . ααιιιαυω . ωαι ελθε μοι

ιλαρωϲ τω πρ[ο]ϲω[πωι] παγτεϲε ..... η [8] διδουϲ εμοι

270 τωˈι Δ ζωην υγιαν ϲωτηριαν πλο[υτ]ον ευτεκνιαν

γνω[ϲ]ιν ευ .. οι[αν] [9] ευμενιαν ˙ευβουλιαν ευδο

ξιαν μνημην [χ]αριν μορφην καλλοϲ προϲ [10]

πανταϲ ανθρωπουϲ τουϲ ορωνταϲ με ω παν οτιουν

---

1) ουερχμηιβ αρηο für mich nicht deutlich leserlich.

2) Enthält wohl sicher, die Namen κνοθφιϲ, τατανών (Beiwort des Ptah) auf Knuphis übertragen), ἀρουῆρις (der große Horus).

3) Das Ende des zweiten Streifen habe ich zu notieren vergessen.

4) [εν τ]ουτω τω τοπω Wessely.

5) γεννηθεν .. πλαϲματι Wess. Rev. Zu lesen ist sicher γεννηθεὶϲ ἐν πλάϲματι ἀνθρωπίνῳ.

6) Nach πνε könnten nur ganz wenige klein geschriebene Buchstaben verloren sein; jedenfalls ist Wesselys Ergänzung unmöglich.

7) Hiernach vielleicht wenige Buchstaben verloren; vorher ἐκ μὲν δεξιοῦ Wess.

8) Wohl πάντοϲε πανταχῇ.

9) 2—3 Buchstaben (drei Grundstriche) verloschen; ευχροιαν (W.) ist kaum möglich, ευκραϲιαν (Dieterich) undenkbar; eher ein Wort wie ευγνοιαν.

10) πρὸϲ ist nicht wiederholt. Zu der Formel vgl. oben S. 20 A. 4.

ακ[ου]ων μου τω[ν] λογων δος πιςμονην εις εμε

275 ιϲ το[ν.] υαηω αιεω ιαω ωαι ωιω ηαυι τας ερχιϲ

276 αυξανου αρϲαμωϲι λιϲϲομαι αναξ προϲδεξαι

276* μου την λι[τ]ανιαν την προς ϲε αναφοραν προϲτα

277 ξαϲ ινα με νυ ... ρατων[1]) προϲ ϲε τηνδε αξωϲιν (so)

278 τὴν λῑτ[2]) ἐχο ..... και μετα τ[ην] του ηλικο ϲωμα

279 τος[3]) ευμεν[ιαν κα]ταϲταϲιν δεομαι κυριε προϲδε

280 ξαι μου την α..[4]) αξιωϲιν λιτανιαν την προϲυ

[ψ]ωϲιν τη[ν] ανα[φ]οραν του πνευματος[5]) λεκτικου

[κ]αι φθαϲατω πρ[ος] ϲε τω παντων δεϲποτην οπως

[π]οιηϲηϲ παντ[α τ]α της ευχης με θεων γενηται

[χ]αριν ϲοι οιδαμεν ψυχη παϲα και καρδιαν προϲ

285 [ϲε] ανατεταμενην αφραϲτον ονομα τετιμημενον

[τη] του θεου προϲηγορια και ευλογουμενον τη του

[θε]ου οϲ.[6]) π[ρο]ϲ παντας και προς παντας πατρικην

[ευ]νοιαν και [ϲτ]οργην και φιλιαν και επιγλυκυτα

[τη]ν ενεργ[ειαν] ενδιξω χαριϲαμενος υμιν νουν

290 [λογ]ον γνωϲιν νουν με ινα ϲε νοηϲωμεν λογον

[δὲ ιν]α ϲε επικαλεϲωμεν γνωϲιν ινα ϲε επιγνω

ϲωμεν κα[....]ν[7]) οτι ϲεαυτον ημιν εδιξ[α]ϲ

και το μεν ο[νομ]α αϲμαϲιν . μαϲοντας[8]) απ[ε]θεω

[ϲ]αϲ τη ϲεαυτο[υ ...] χαρις ανθρωπου προς ϲε μετα

295 γνωριϲαι εγν .... ενω της ανθρωπινης ζωης

[ε]γνωριϲαμ[ενω] απαϲης γ[ν]ωϲεως εγνωριϲμε

νων μητρα[ϲ ...] φρεεμ π[α]τρος φυτιαι[9]) εγνω

---

1) νυν κρατων Wess. Rev.

2) την λι expungiert; über δε αξωϲιν sind engere Punkte, die sicher keine Tilgung bedeuten. 3) Lies τὴν τοῦ ὑλικοῦ ϲώματος.

4) Denkbar wäre δε τ = δε την, vgl. 236.

5) πνεύματος τοῦ λεκτικοῦ Wess. Rev.

6) οϲ Wess. Rev. Auch ich glaubte erst ϲ zu gewahren, doch fehlt danach sicher ein Buchstabe; die Ergänzung ὁπί scheint möglich.

7) Die Lücken von 292 an sind nach der jetzigen Lage der beiden Teile der Kolumne angegeben; ich vermute, daß sie zu nahe aneinander gerückt sind. So ist an unserer Stelle κατὰ νοῦν (so Keil) wohl die kleinste denkbare Ergänzung. In der folgenden Zeile wäre τα μεν ο[νοματ]α besser.

8) Etwa ἡμᾶς (ᾄδ)οντας. Die Ergänzung ἀπεθέωϲαϲ ist sicher.

9) προφυτιαι Wess. Rev. Ich glaube für meine Lesung einstehen zu können.

ϲαμενω¹) τα .,.. φορουν[τ]οϲ αιωνιο . διαμο

νη ουτοϲ ου[ν ϲε π]ροϲκυνηϲαντεϲ μ[η]δεμιαν

300   ητηϲαμεν ..... [θ]ελη[ϲ[ο]ν ημαϲ δια[τ]ηρηθηναι

εν τη ϲη γν[ωϲει] .... ͬτη ... το μη ϲφαλ[η]ναι

του τοιουτου [αγαθ]ο[υ] .. αλιον μεταγατω

.. ν²) εχει π̣ι .... οικουντα θεϲ ..

εν παρεργω .... μεγαϲ ημεραϲ ......

Kol. XI:

305   ουϲα .... αλο̣υ ...... ε .. ιαϲυϲτη . η ...

και ϲι .... γο̣κ ...... ειον απυ ....

ενιοχε ... ει π̣ ... [τη]ϲ ιδιαϲ ϲκιαϲ³) ..

ωϲτε ϲεαυ[τον] π̣ι .... ε ... ωρα εκτη⁴)

τηϲ ημε[ραϲ π]ροϲ[κυνει]ν εν ερημω το

310   πω περιπ̣[ατ] .... ννινον α̣ρ̣ρ̣χ

και εν τ .... ον ϲφενδονηϲ

κοκκιν[ον και επι του δεξι]ου ωτιου πτε

ραν ιερα[κο]ϲ επι [δε τ]ου ευωνυμου ιβεωϲ

πατων ...... γε̣ι ανατιναϲ ταϲ χει

315   ραϲ και λ[εγε] το[ν] λογον οτι ποιηϲον με

υπηρετ[η̄ τ]ω[ν ανα] ϲκιαν μου οτι οιδα

ϲου τα α[γ]ι̣[α ον]ομ[ατα κα]ι τα ϲημια και τα παρα

ϲημα κ̣[αι την ουϲι]αν [κ]αι τιϲ ει ονομα

του ταμ .... ͭονα π̣οντον επανω

320   και ο[τ]αν .... ο̣ιρ̄ κλωπαλη ..

---

1) Nach ω etwas über der Zeile Züge eines undeutlichen ϲ.

2) Die Lesung κην unwahrscheinlich. Die Lesung der letzten beiden Zeilen ist durch Zufall in meinen Aufzeichnungen lückenhaft geworden. Ich ergänze nach Wessely.

3) Vielleicht zu erklären aus dem Zauber bei Kenyon, *Greek Pap. Cat.* I S. 111 Z. 854: ταῦτα εἰπὼν ὄψη ϲκιὰν ἐν ἡλίῳ καὶ καμμύϲαϲ ἀναβλέψαϲ ὄψη ἔμπροϲθέν ϲου ϲκιὰν ἑϲτῶϲαν καὶ πυνθάνου ὃ θέλειϲ. Es ist ebenfalls eine λῆψιϲ δαίμονοϲ, eine Art Licht- oder Sonnenzauber. Zu sondern hiervon ist Z. 315 ff. Der Schatten des Betenden scheint hier metaphorisch für andere Personen (Begleiter) zu stehen. Aus dem Ägyptischen vergleicht Professor Spiegelberg Wendungen wie: „die im Schatten des Königs" für seine Schützlinge, sein Gefolge. Die Ergänzung scheint danach sicher.

4) ἐν τῇ ὥρᾳ ἕκτῃ Wess. Rev.

ονομ[ατα και cημια] και τα παραcημ[α]

διο κ . . . . . τη . . . . τηρ εcτιν μετηγ .

μην . . . . [ε]βδομην ελευcεται coι

εΞ αν[ατοληc] . . . . . . ων αυτη ακολουθι

325 μοι . . ν . . . . [μ]η cε καταλιψη

Nur wenig ist zu Anfang verloren. Denn mit voller Sicherheit glaube ich aus dem Eingang des VII. Gebetes[1]) ergänzen zu können: ⟨ἔcτιν δὲ κατὰ πάντων τελετὴ⟩

[ἤδε πρ]ὸc ἥλιον· περιπάτ[ει ἔξω πόλε]ωc καὶ περι[πατῶν]
[εὔχου] περὶ ὧν ἐὰν θ[έληc] τ[ῷ θεῷ]· ἐπικαλοῦμαι

Dieser Einführung entsprechen im Schluß (Z. 308 ff): ὥρᾳ ἕκτη τῆc ἡμέ[ραc π]ροc[κυνεῖ]ν ἐν ἐρήμῳ τόπῳ περιπ[ατῶν ἔχων ἐβέ]ννινον ἄρριχον (?) καὶ ἐν τ[ῇ κεφαλῇ cτροφί]ον cφενδόνηc κόκκιν[ον καὶ ἐπὶ τοῦ δεξι]οῦ ὠτίου πτέραν ἱέρα[κο]c ἐπὶ [δὲ τ]οῦ εὐωνύμου ἴβεωc· (οὕτωc περι)πατῶν [προcκύ]νει ἀνατείναc τὰc χεῖράc καὶ λ[έγε] τὸ[ν] λόγον ὅτι ποίηcόν με ὑπηρέτ[ην τ]ῶ[ν ἀνὰ] cκιάν μου, ὅτι οἶδά cου τὰ ἅ[γ]ι[α ὀν]όμ[ατα κα]ὶ τὰ cημεῖα καὶ τὰ παράcημα κ[αὶ τὴν οὐcί]αν [κ]αὶ τίc εἶ. Daß es sich um Gewinnung eines δαίμων πάρεδρος handelt, zeigt der Schluß (324), für den ich voll einstehe [περὶ τὴν ἑ]βδόμην ἐλεύcεταί coι ἐξ ἀν[ατολῆc καὶ εἰπ]ὼν αὐτῇ[2]) „ἀκολούθει μοι“ [cυ]ν[πορεύου (?) μ]ή cε καταλείψη. Die vorgeschriebene Tracht ist die des ägyptischen ἱερογραμματεύc[3]); dennoch handelt es sich schwerlich um einen solchen. Ein beliebiger Priester nimmt für die bestimmte Handlung diese Tracht, wie dem Magier an anderen Stellen

---

1) Oben S. 28, Wessely, Denkschr. d. K. K. Akad. 1888 S. 84 Z. 1595 ff.

2) Vielleicht αὐτῷ. Wenigstens kenne ich keine Anrufung weiblicher δαιμόνια. Aber vielleicht war die Gottheit vorher bezeichnet (vgl. Wessely, ebenda S. 74 Z. 1205: coφία δ ἐcτιν Αἰών).

3) Vgl. Clemens Alexandrinus Strom. VI 4, 36: ἑξῆc δὲ ὁ ἱερογραμματεὺc προέρχεται ἔχων πτερὰ ἐπὶ τῆc κεφαλῆc βιβλίον τε ἐν χερcίν, vgl. Diodor I 87: τινὲc δέ φαcιν ἐν τοῖc ἀρχαίοιc χρόνοιc ἱέρακα βιβλίον ἐνεγκεῖν εἰc Θήβαc τοῖc ἱερεῦcι φοινικῷ ῥάμματι περιειλημένον ἔχον γεγραμμέναc τὰc τῶν θεῶν θεραπείαc τε καὶ τιμάc. διόπερ καὶ τοὺc ἱερογραμματεῖc φορεῖν φοινικοῦν ῥάμμα καὶ πτερὸν ἱέρακοc ἐπὶ τῆc κεφαλῆc. Diodor erwähnt hier nur die Sperberschwinge, hat aber unmittelbar vorher die Heiligkeit der Ibis und des Sperbers erklärt. Über das πτερόν vgl. auch Porphyrios bei Eusebios *Praep. ev.* III 11, 45.

„Prophetentracht" vorgeschrieben wird.[1])   Er hat eine bestimmte
Gemeinde und betet jene eigentümlichen Worte, die dem Theologen
wohl eine Überraschung bringen: „mache mich zum Diener derer,
die in meinem Schatten sind" (d. h. „meiner Jünger"). Sie setzen ein
ganz eigentümliches Verhältnis zwischen Lehrer und Schüler, Priester
und Gemeinde voraus; es entspricht durchaus der Schilderung der
Seelsorge im Poimandres. Vergleichen könnte man weiter vielleicht
noch jene eigentümlichen Gemeinden des θεὸς ὕψιστος, über welche
Schürer unlängst gehandelt hat.[2]) Ihr Glaube wurzelt wohl in
der weitverbreiteten Überzeugung, daß der höchste Gott der verschiedenen Völker · unter verschiedenen Namen doch derselbe ist;
jüdische Einwirkungen scheinen nachweisbar; die Formen des Kults
sind heidnisch. Verschiedene Gemeinden stehen trotz der gemeinsamen Verehrung desselben Gottes nebeneinander, die sich jede um
einen Priester scharen und nach ihm benennen[3]); sie stehen in
engster Lebensgemeinschaft; ihre Mitglieder sind ἀδελφοί und ἀδελφαί
wie in der Poimandresgemeinde. Es scheint mir von höchster Wichtigkeit, daß wir durch den Papyrus Mimaut ein einzigartiges Doku-
ment aus einer solchen Gemeinde gewinnen.

Er bietet uns das priesterliche Gebet eines solchen Gemeinde-
hauptes, allerdings umgewandelt zur Zauberformel; es erstreckt sich
zunächst in seiner volleren Fassung von Z. 188 bis etwa 308; dann
in einer kürzeren Wiederholung und Zusammenfassung, der ich die
obigen Worte entnommen habe, von 315 bis zum Schluß. Das

---

1) Pap. Berol. I 278 (Abh. d. Berl. Ak. 1865 S. 128, wo auch die ῥάβδος
ἐβεννίνη begegnet). Die Stelle zeigt trefflich das Eigentümliche unserer Beschreibung.

2) Sitzungsber. d. Berl. Ak. 1897 S. 200, vgl. die Bemerkung von Wila-
mowitz, Sitzungsber. 1902 S. 1094. Bei dem Namen mochte der Ägypter an
Chnuphis oder Sarapis, der Kleinasiat an Mithras, der Jude an Jahve denken.
Er ist mit Absicht universell gewählt, wie der Name Ποιμάνδρης. Mit Recht
verweist Schürer auf die Angaben Cyrills über die θεοσεβεῖς in Phönizien und
Palästina; ebenso wie das Christentum verband sich auch der Mithras-Kult
mit der Verehrung des θεὸς ὕψιστος, vgl. die Inschrift von Sahin (Cumont,
Textes et Monuments relatifs aux mystères de Mithra II 95).

3) Die Bezeichnung ἡ σύνοδος ἡ περὶ τὸν ἱερέα ... καὶ πατέρα συνόδου ...
erinnert unwillkürlich an die Worte des I. Korintherbriefes (3, 3): κατὰ ἄνθρωπον περιπατεῖτε. ὅταν γὰρ λέγῃ τις „ἐγὼ μέν εἰμι Παύλου", ἕτερος δὲ „ἐγὼ
Ἀπολλῶ", οὐκ ἄνθρωποί ἐστε;

längere Gebet gliedert sich wieder in zwei Teile, deren erster den uns aus dem ersten Kapitel bekannten Typus zeigt und in die Formel διδοὺς ἐμοὶ ζωὴν ὑγείαν cωτηρίαν πλοῦτον εὐτεκνίαν γνῶcιν εὐ.. οιαν εὐμενίαν εὐβουλίαν εὐδοξίαν μνήμην χάριν μορφὴν κάλλος πρὸς πάντας ἀνθρώπους τοὺς ὁρῶντάς με ausläuft (269 ff.). Aber schon diese rein auf das äußere Gelingen bezügliche Bitte ist von dem Leiter der Gemeinde, dem Lehrer, durch die charakteristischen Worte ὦ πᾶν ὁτιοῦν ἀκούων μου τῶν λόγων δὸc πεισμονὴν εἰc ἐμέ erweitert, die von dem Geiste dieser Formeln abweichen. Die Überarbeitung für den Zauberzweck ist besonders klar; töricht ist (245) zwischen die Worte πρῶτοc δ' ἐξεφάνηc ἐκ πρώτου βιαίου ὕδατος der mystische Buchstabenkomplex eingeschoben. Aber auch Zusätze wie die Aufzählung der cημεῖα und παράcημα (192—229) scheinen nachträglich hereingekommen. Zu diesen Zusätzen gehören weiter die Verse eines orphischen Hymnus 242 ff. und wahrscheinlich auch die Anspielungen auf das alte Testament, so Z. 235: ἐμοὶ τῷ τῆc χήραc ὀρφανῷ (1 Kön. 17, 9. 17; es ist in späterer Auffassung Jonas, der Vertreter aller Erretteten und Erlösten) und τῷ κλειδοφύλακι τοῦ τριγώνου(?) παραδείcου τῆc γῆc τῆc βαcιλείαc; als Erzengel scheint sich der Prophet damit zu bezeichnen. In diesen Zusammenhang scheinen die Worte ἐφύλαξα τοῦ μεγάλου βαcιλέωc ἱερόν zu gehören, und auch ἵνα μὴ ἀφέλωcί με τὴν κυριακὴν πατρίδα paßt hierzu. Ganz eigentümlich ist die Anrede ὁ τύποc ὁ cύνολον (lies cυνόλῳ) τῷ κόcμῳ [ὁ] κατεγκριθείc[1]); sie erinnert an den Ὅροc der gnostischen Systeme. An christliche Einwirkung könnte man an zwei Stellen denken, 263: ὁ γεννηθεὶc ἐν πλάcματι ἀνθρωπίνῳ ἐν πνεύματι ... und 285 ἄφραcτον ὄνομα τετιμημένον τῇ τοῦ θεοῦ προcηγορίᾳ καὶ εὐλογούμενον τῇ τοῦ θεοῦ ὀπί.[2])

---

1) So Keil (den Beginn der Verstrümmer in 242 erkannte Plasberg). Zur Sache vgl. die Zauberformel bei Wessely, Denkschr. d. K. K. Akad. 1893 S. 47 Z. 825: ὁ ποιήcαc τὸν cύμπαντα κόcμον Ἰαὼ ὁ cχηματίcαc εἰc τὰ εἴκοcι καὶ ὀκτὼ cχήματα τοῦ κόcμου, ἵνα πᾶcαν ἰδέαν ἀποτελέcῃc, vgl. auch Damaskios bei Photius Bibl. 335 a 28 Bekker: ὅτι οἱ Αἰγύπτιοι ἐcέβοντο θεῶν μάλιcτά φηcιν Ὄcιρίν τε καὶ Ἴcιν, τὸν μὲν ἅπαντα δημιουργεῖν νομίζοντεc, εἰδεί τε καὶ ἀριθμοῖc τὴν ὕλην διακοcμοῦντα κτλ., und Aquilinus bei Lydus De mens. 128, 17 Wünsch: ἐκ γὰρ ὕληc καὶ εἴδουc τὰ ὄντα (vgl. oben S. 44 A. 1).

2) Die Worte ὄνομα τετιμημένον τῇ τοῦ θεοῦ προcηγορίᾳ erinnern an unser Corpus II (III) 16: ἀλλ' ἀγνοίᾳ καὶ τοὺς θεοὺς (die Sterngötter) καί τιναc τῶν ἀνθρώπων ἀγαθοὺς ὀνομάζουcι μηδέποτε δυναμένουc μήτε εἶναι μήτε γενέcθαι ἄν. ἀλλοτριώτατον γάρ ἐcτι τοῦ θεοῦ ⟨τὸ ὑλικόν, τὸ δὲ ἀγαθὸν ὁμοιότα-

Allein letztere Stelle findet ihre Erklärung wohl auch in der Ent-
sendung des Gottes, welcher die διακόcμηcιc vollzieht durch einen
älteren, höheren Gott[1]); erstere kann auch auf Thot als πρῶτοc
ἄνθρωποc bezogen werden.[2]) Man wird kaum unterscheiden können,
wieviel hier auf die Überarbeitung zum Zauberzweck, wieviel auf
den Verfasser des Gebetes zurückgeht. Sicher letzterem gehört die
Überleitung zum zweiten Teil Z. 276: λίccομαι, ἄναξ, προcδέξαι μου
τὴν λιτανείαν, τὴν πρόc ce ἀναφοράν, προcτάξαc ἵνα μὲ νῦν ⟨ὁ⟩
κρατῶν πρόc ce τήνδε ⟨τὴν⟩ ἀξίωcιν ὀχετεύῃ(?). Hieran schließt dieser
selbst, etwa: καὶ μετὰ τὴν τοῦ ὑλικοῦ cώματοc εὐμενίαν κατάcταcιν δέο-
μαι, κύριε, προcδέξαι μου ⟨καὶ⟩ τήνδε τὴν ἀξίωcιν ⟨τὴν⟩ λιτανείαν, τὴν
προcύψωcιν τὴν ἀναφορὰν τοῦ πνεύματοc τοῦ λεκτικοῦ, καὶ φθαcάτω
πρὸc cὲ τὸν πάντων δεcπότην, ὅπωc ποιήcῃc πάντα τὰ τῆc εὐχῆc μοι
ἐκ θεῶν γενέcθαι.[3]) χάριν coι οἴδαμεν ψυχὴ πᾶcα καὶ καρδίαν πρόc
ce ἀνατεταμένην[4]), ἄφραcτον ὄνομα τετιμημένον τῇ τοῦ θεοῦ προcηγορίᾳ καὶ εὐλογούμενον τῇ τοῦ θεοῦ ὀπί(?). πρὸc πάνταc καὶ πρὸc
πάcαc[5]) πατρικὴν εὔνοιαν καὶ cτοργὴν καὶ φιλίαν καὶ ἐπιγλυκυτάτην
ἐνέργειαν ἐνεδείξω χαριcάμενοc ἡμῖν νοῦν λόγον γνῶcιν· νοῦν μέν,
ἵνα ce νοήcωμεν, λόγον δὲ ἵνα ce ἐπικαλέcωμεν, γνῶcιν ἵνα ce ἐπι-
γνώcωμεν κατὰ νοῦν (?) ὅτι cεαυτὸν ἡμῖν ἔδειξαc καὶ τὸ μὲν ὄνομα
ἄcμαcιν ἡμᾶc ᾄδονταc ἀπεθέωcαc τῇ cεαυτοῦ [ὀπί].[6]) χάριc ἀνθρώπῳ

τον⟩ καὶ ἀχώριcτον, ὡc αὐτὸc ὁ θεὸc ὄν (ὤν MAC). θεοὶ μὲν οὖν οἱ ἄλλοι
πάντεc ἀθάνατοι ⟨ὡc⟩ τετιμημένοι τῇ τοῦ θεοῦ προcηγορίᾳ, ὁ δὲ θεόc,
⟨τουτέcτι⟩ τὸ ἀγαθόν, οὐ κατὰ τιμήν, ἀλλὰ κατὰ φύcιν. Die Formel ist in
unserem Papyrus schon verblaßt.

1) Hierauf beziehe ich z. B. Wessely, Denkschr. d. K. K. Akad. 1888 S. 74
Z. 1205: ὁ κύριοc ἐπεμαρτύρηcέ cου τῇ Cοφίᾳ, ὅ ἐcτιν Αἰών, καὶ εἶπέν ce cθένειν
ὅcον καὶ αὐτὸc cθένει.

2) Selbst an die γέννηcιc des Logos im Menschen könnte man denken
(vgl. Kap. VII). Es fällt mir nicht ein, eine ganz singuläre Benutzung christlicher Formeln in unserem Papyrus für unmöglich zu erklären; nur für bewiesen
halte ich sie nicht. Liegt sie wirklich vor, so bleibt der rein heidnische
Charakter des Hauptteils doch unbestreitbar.

3) Die Worte ὅπωc bis γενέcθαι können bei der Überarbeitung für den
Zauber zugefügt sein.

4) Vgl. Poimandres § 31: δέξαι λογικὰc θυcίαc ἀγνὰc ἀπὸ ψυχῆc καὶ καρδίαc πρόc ce ἀνατεταμένηc.

5) πάνταc Pap. Die Verbindung des Masculinum und Femininum ist
im Ägyptischen in solchen Wendungen außerordentlich häufig (vgl. oben
S. 18 Gebet I 14).

6) Ich finde keine andere dem Raum entsprechende Ergänzung; zur

πρὸc cὲ μεταγνωριc⟨θῆν⟩αι ἐγνωριcμένῳ τῆc ἀνθρωπίνηc ζωῆc, ἐγνωριcμένῳ ἁπάcηc γνώcεωc, ἐγνωριcμένῳ μήτραc .... ρεεμ πατρὸc φυτείᾳ,
ἐγνωριcμένῳ τ[οῦ πάντα] φοροῦντοc αἰωνίῳ διαμονῇ (?).[1]) οὕτωc
οὖν cε προcκυνήcαντεc μηδεμίαν ᾐτήcαμεν [δέηcιν].[2]) θέληcον ἡμᾶc
διατηρηθῆναι ἐν τῇ cῇ γνώcει [cυγχω]ρή[cαc] (?) τὸ μὴ cφαλῆναι τοῦ
τοιούτου ἀγαθοῦ.[3])

Der Zusammenhang der Zauberpapyri mit der theologischen
Literatur tritt uns hier besonders deutlich entgegen. Strebt der
Magier nach übernatürlicher Kraft, so strebt der Theologe nach
einem übernatürlichen Wissen. Das in der Volksreligion Gebotene
ist nur die Hülle, durch welche die γνῶcιc zum Wesen der Dinge

---

Sache vgl. Kap. VII. Einen ähnlichen Gedanken bietet auch das Hermetische
Corpus XII (XIII) 12: κἀκεῖνο δὲ ὅρα, ὦ τέκνον, ὅτι δύο ταῦτα τῷ ἀνθρώπῳ
ὁ θεὸc παρὰ (περὶ C) πάντα τὰ θνητὰ ζῷα ἐχαρίcατο, τόν τε νοῦν καὶ
τὸν λόγον, ἰcότιμα τῇ ἀθαναcίᾳ (d. h. den Unsterblichen). ⟨καὶ τὸν μὲν νοῦν
εἰc νόηcιν θεοῦ⟩, τὸν δὲ προφορικὸν λόγον ⟨εἰc εὐλογίαν θεοῦ⟩ ἔχει. τούτοιc
δὲ εἴ τιc χρήcαιτο εἰc ἃ δεῖ, οὐδὲν τῶν ἀθανάτων διοίcει. Die lückenhaft
überlieferte Stelle, welche erst Patricius, dann Parthey arg entstellt haben,
glaube ich nach dem Sinn dieser Literatur ergänzt zu haben, ohne auf den
Wortlaut Gewicht zu legen. Sicher ist nur, daß νοῦc und λόγοc das für den
Ägypter untrennbare Paar bilden (vgl. oben S. 66) und λόγοc hier nur die
Rede bedeutet. Erst der Verfasser des Papyrus fügt in die offenbar alte
Formel die γνῶcιc hinein.

1) Hergestellt von Keil.

2) Auch dies scheint dem Raume einzig zu entsprechen. Aber die Überleitung zu dem folgenden fehlt, die doch nur in dem Begriff „Bitte um irdische
Gaben" oder „Fehlbitte" liegen könnte.

3) Vgl. Poimandres § 32: αἰτουμένῳ τὸ μὴ cφαλῆναι τῆc γνώcεωc τῆc
κατ' οὐcίαν ἡμῶν ἐπίνευcόν μοι. Ich darf beiläufig vielleicht das allgemeine
Dankgebet der Apostellehre zum Vergleich heranziehen (X 2): εὐχαριcτοῦμέν
cοι, πάτερ ἅγιε, ὑπὲρ τοῦ ἁγίου ὀνόματόc cου, οὗ κατεcκήνωcαc ἐν ταῖc
καρδίαιc ἡμῶν (vgl. oben Gebet I 11 S. 17), καὶ ὑπὲρ τῆc γνώcεωc καὶ
πίcτεωc καὶ ἀθαναcίαc, ἧc ἐγνώριcαc ἡμῖν διὰ Ἰηcοῦ τοῦ παιδόc cου·
cοὶ ἡ δόξα εἰc τοὺc αἰῶναc. cύ, δέcποτα παντοκράτορ, ἔκτιcαc τὰ πάντα ἕνεκεν
τοῦ ὀνόματόc cου, τροφήν τε καὶ ποτὸν ἔδωκαc τοῖc ἀνθρώποιc εἰc ἀπόλαυcιν,
ἵνα cοι εὐχαριcτῶμεν (vgl. Gebet I 4; II 2 oben S. 16; 20) ἡμῖν δὲ ἐχαρίcω πνευ-
ματικὴν τροφὴν καὶ ποτὸν καὶ ζωὴν αἰώνιον διὰ τοῦ παιδόc cου. πρὸ πάντων
εὐχαριcτοῦμέν cοι, ὅτι δυνατὸc εἶ (vgl. Gebet IV 3: ὅτι δυνατὸc εἶ, oben
S. 22; die Parallele spricht gegen Harnacks Textgestaltung, Texte und Untersuchungen II 33), vgl. auch IX 3: ὑπὲρ τῆc ζωῆc καὶ γνώcεωc, ἧc ἐγνώριcαc
ἡμῖν διὰ Ἰηcοῦ τοῦ παιδόc. Auch hier möchte ich an direkte Einwirkung
der heidnischen Formeln glauben.

vordringen muß.[1])   Daß an der Ausgestaltung dieser Vorstellung in
Ägypten wie in dem übrigen Orient griechisches Denken hervorragenden
Anteil hat, ist klar.[2])   Aber im Grunde führt jede Verschmelzung zweier
Volksreligionen und Denkweisen zu derartigem „Allegorisieren", das Eindringen jüdischer Vorstellungen in Ägypten ebenso wie das ägyptischer
Vorstellungen in Judäa. Die symbolische Deutung der verschiedenen
Volksüberlieferungen stellt sich von selbst und an den verschiedensten Punkten unabhängig ein, oder entwickelt sich weiter, wo sie wie
in Griechenland schon vorhanden war. Daß sie in einzelnen Kreisen
selbst des Orients zu einer Verflüchtigung der religiösen Energie führte,
wissen wir z. B. aus Philon[3]); im ganzen leitete sie diese Energie nur
auf ein neues Gebiet, den Mystizismus. Denn die γνῶcιc θεοῦ, um
welche Christ und Heide betet, ist weit weniger ein Wissen als ein
inneres Schauen oder Fühlen.[4])   Der Begriff der Offenbarung ist

---

1) Vgl. die formelhaften Wendungen μαθεῖν τὰ ὄντα — τὰ πάντα γνωρί-
Ζουcιν — πάντα παραλαβὼν — ἐγνωριcμένος πάcης γνώcεως.

2) Die Grundvorstellung ist in Ägypten sehr alt; die Ausgestaltung beginnt schon mit Leon von Pella; sie zeigt sich am schärfsten bei Chairemon;
ihre Stärke lehrt am besten Plutarch und einzelne Stellen wie Origenes *Contra
Celsum* I 12.

3) Näheres bietet das in seinem Hauptteil freilich durchaus verfehlte
Buch M. Friedländers, Der vorchristliche jüdische Gnostizismus, Göttingen 1898.

4) Nur an der äußersten hellenistischen Peripherie wirkt der Gegensatz
von Gebildet und Ungebildet mit ein, der die stoische Scheidung der *civilis*
und *naturalis theologia* beherrscht. Daß sie der Philosoph Chairemon annimmt,
ist nicht wunderbar; bei Philon ist der Gegensatz der des Geweihten zum Nicht-
geweihten; ein anderer Begriff der γνῶcιc wirkt ein. Daß das Wort γνῶcιc im
Poimandres und im Papyrus Mimaut fast den Sinn des ekstatischen Schauens
annimmt, scheint mir wichtig für die Deutung des vielbehandelten Wortes des
Paulus (I. Kor. 12, 8): ᾧ μὲν γὰρ διὰ τοῦ πνεύματος δίδοται λόγος cοφίας,
ἄλλῳ δὲ λόγος γνώcεως κατὰ τὸ αὐτὸ πνεῦμα, ἑτέρῳ πίcτις ἐν τῷ αὐτῷ πνεύματι. Die Deutung Weizsäckers, daß die γνῶcιc im Gegensatz zur cοφία ein
intuitives Schauen sei, scheint mir durch den hellenistischen Sprachgebrauch
erwiesen; sehr gut paßt zu ihr die Fortsetzung 13, 2: καὶ ἐὰν ἔχω προφητείαν
καὶ εἰδῶ τὰ μυστήρια πάντα καὶ πᾶcαν τὴν γνῶcιν κἂν ἔχω πᾶcαν τὴν πίcτιν und
ἀγάπη οὐδέποτε ἐκπίπτει, εἴτε προφητεία καταργηθήσεται, εἴτε γλῶccαι παύcον-
ται, εἴτε γνῶcιc καταργηθήσεται. ἐκ μέρους γὰρ γινώcκομεν καὶ ἐκ μέρους προ-
φητεύομεν· ὅταν δὲ ἔλθῃ τὸ τέλειον, τὸ ἐκ μέρους καταργηθήσεται. — Für den
Sprachgebrauch ist interessant, daß im XIII. (XIV.) Kapitel der Hermetischen
Schriften neben der γνῶcιc θεοῦ die γνῶcιc χαρᾶc steht (inneres Erleben, fast
gleich Empfinden; der Gegensatz ist einfach λύπη). Beiläufig weise ich darauf

tief in der Volksvorstellung eingewurzelt, und der Charakter der
orientalischen Religionen als Offenbarungsreligionen verleugnet sich
selbst in den „gnostischen" Systemen nicht. Aber entscheidend für
die Bildung des Begriffes γνῶcιc ist der in Ägypten wenigstens allgemein verbreitete Glaube an eine fortwirkende Betätigung der
göttlichen Kraft, eine fortlaufende Offenbarung. Er gibt dem
einzelnen ἱερεύc oder διδάcκαλοc Recht und Kraft, eine Gemeinde um
sich zu versammeln oder gar als cωτήρ τοῦ γένουc aufzutreten.

Schließt der Priester, der solche Offenbarung empfangen hat,
seine Lehre noch an die Gottheiten des Volksglaubens (᾿Αγαθὸc
δαίμων, Hermes, Isis u. a.), so wird eine Trennung seiner Gemeinde
vom allgemeinen Kult wenigstens in Ägypten kaum stattgefunden
haben; um so leichter konnte, was er an Neuem hinzunahm, auf die
Allgemeinheit wirken. So ist das Dogma von dem Gotte Mensch
durch Bitys in die Hermes-Gemeinden eingeführt, und diese Einführung hat später das Zurückfließen der Poimandres-Gemeinde in
die Allgemeinheit befördert. Ihrem Gründer schien sie noch so neu
und eigenartig, daß er sich gedrungen fand, einen eigenen Gott zu
verkünden und eine eigene Religion zu stiften. Seine Lehre ist
dann von Nachfolgern mannigfach erweitert und umgestaltet worden.
Denn mit dem Begriff dieser γνῶcιc ist eine beständige Umbildung
und Erweiterung des Religionsinhalts verbunden (vgl. Irenaeus I 18, 1).

Ich fasse, ehe ich auf diese Umbildungen eingehe, noch einmal das
Resultat zusammen: in der Hauptmasse dieser Literatur hat sich uns
die theologische Schriftstellerei ägyptischer Priester aus verschiedenen
Epochen der Kaiserzeit erhalten. Verschieden stark erscheint in ihr
das griechische Element, je nachdem Spruch oder Darlegung, Vision
oder Philosophie stärker hervortreten; aber etwas von griechischem
Geistesleben trägt jede dieser Schriften in sich und trägt es hinaus in
die mancherlei Länder, in welche der Kult der ägyptischen Gottheiten
dringt.[1]) Wie stark die Wirkung dieser Literatur war, können wir nicht

hin, daß auch im hellenistischen Gebrauch πίcτιc vereinzelt an Stellen begegnet, wo es sich um eine dem Prophetentum eng verwandte besondere δύναμιc handelt, vgl. Dieterich, Jahrb. f. Phil. Supplem. XVI S. 809 Z. 17: ἐγὼ
ἡ πίcτιc ἡ εἰc ἀνθρώπουc εὑρεθεῖcα καὶ προφήτηc τῶν ἁγίων ὀνομάτων εἰμί, ὁ ἅγιοc
ὁ ἐκπεφυκὼc ἐκ τοῦ βυθοῦ (vielleicht der ἄνθρωποc); vgl. auch S. 27 Gebet VI 8.

1) Wie weit es dabei zu einem Zusammenschluß der verschiedenen aus-
wärtigen Gemeinden kam (vgl. Wissowa, Religion und Kultus der Römer 298),

bloß an der Beeinflußung der christlichen Literatur, sondern auch
an der Tatsache ermessen, daß die Hermetischen Gemeinden zum
mindesten an den Grenzen des Reiches dem Christentum dauernden
Widerstand geleistet[1]), ja sogar an einer besonders wichtigen Stelle
die Herrschaft des Christentums überdauert und dem Islam so lange
getrotzt haben, bis sie ihre weltgeschichtliche Aufgabe, mit dazu
beizutragen, daß der Orient sich griechischem Denken erschlösse,
voll erfüllt hatten. Es sei gestattet, auf diese wenig bekannte Fort-
wirkung der hellenistisch-ägyptischen Theologie zunächst noch einen
Blick zu werfen.

V.

Die Stärke der Einwirkung der Hermetischen Literatur auf die
außerägyptischen Länder läßt sich schwerlich schon jetzt abschätzen.
Naturgemäß wird sie zugleich mit dem Kult ägyptischer Gottheiten
eingewandert sein und sich wegen ihrer philosophischen Bestandteile
zum Teil sogar länger als der Kult behauptet haben. So ist an ihrer
raschen Übertragung z. B. nach Rom[2]) ebensowenig Anstoß zu nehmen
wie an ihrem langen Fortwirken z. B. in der Provinz Afrika. Wichtiger scheint mir, ihre Einflüsse im Orient so weit zu verfolgen, als
dies dem Laien möglich ist, und wenigstens die Probleme zu bezeichnen, für welche ich mir die Hilfe der Fachmänner erbitten
möchte.

Athenagoras kannte, wie ich früher (S. 2) erwähnte, eine weit verbreitete euhemeristische Schrift des Hermes Trismegistos; ähnliche
Schriften hat nach der Behauptung Philons von Byblos der angebliche

---

ist kaum zu sagen. Wo er sich bildete, mußte die Schätzung und Wirksamkeit dieser Schriften natürlich wachsen.

1) Vgl. für den Isis-Kult zu Philae und das Fortleben heidnischer Kol-
legien Wilcken, Archiv f. Papyrus-Forschung I 396 ff.

2) Für Rom dürfte die früheste, allerdings wohl noch indirekte Einwirkung
wohl schon in den angeblichen „Büchern des Numa" zu suchen sein, und vielleicht darf man betonen, daß die sicher aus dem Orient entlehnten Baccha-
nalien in der Betonung des Prophetentums und der religiösen Bedeutung der
ϲυνουϲία auch an Ägyptisches erinnern. Für Messalla, Nigidius Figulus u. a.
ist ägyptischer Einfluß selbstverständlich. Einzelnes in Beilage II.

Sanchuniathon benutzt. Wir müssen seine Angaben etwas näher betrachten. Als gesichertes Resultat neuerer Forschungen darf ich vorausschicken, daß Philon wirklich Reste phönizischer Kosmogonien bietet, und daß Phönizien in hellenistischer Zeit noch stärker als früher von ägyptischer Kultur und Religion beeinflußt ist.

Philon, der nach bekannter Methode seine eigene religiöse Überzeugung bei den ältesten Lehrern aller Religion, den Ägyptern und Phöniziern, wiederfinden will, schickt voraus, diese hätten ursprünglich die „physischen Götter", Sonne, Mond und die Planeten, außerdem die Elemente und τὰ τούτοις συναφῆ göttlich verehrt, daneben dann Menschen τοὺς τὰ πρὸς τὴν βιωτικὴν χρείαν εὑρόντας ἢ καὶ κατά τι εὖ ποιήσαντας τὰ ἔθνη (*Praep. ev.* I 9, 29).[1] Dies Geheimnis entdeckte Sanchuniathon, der Priester, der, um den Ursprung aller Dinge zu erkennen, ἐξεμάστευσε τὰ Τααύτου, εἰδὼς ὅτι τῶν ὑφ᾽ ἡλίῳ γεγονότων πρῶτός ἐστι Τάαυτος ὁ τῶν γραμμάτων τὴν εὕρεσιν ἐπινοήσας καὶ τῆς τῶν ὑπομνημάτων γραφῆς κατάρξας, καὶ ἀπὸ τοῦδε ὥσπερ κρηπῖδα βαλόμενος τοῦ λόγου, ὃν Αἰγύπτιοι μὲν ἐκάλεσαν Θωύθ, Ἀλεξανδρεῖς δὲ Θώθ, Ἑρμῆν δὲ Ἕλληνες μετέφρασαν (ebenda 24). ὁ δὲ συμβαλὼν τοῖς ἀπὸ τῶν ἀδύτων εὑρεθεῖσιν ἀποκρύφοις Ἀμμουνείων[2] γράμμασι συγκειμένοις, ἃ δὴ οὐκ ἦν πᾶσι γνώριμα, τὴν μάθησιν ἁπάντων αὐτὸς ἤσκησε (26). Nach Tat haben freilich die νεώτεροι[3] τῶν ἱερολόγων in Allegorie und Mysterien die einfache Wahrheit verborgen, und auch als Sanchuniathon sie ans Licht gezogen hatte, haben wieder die späteren phönizischen Priester in derselben Weise diese Wahrheit verdunkelt. Es folgt nach der ersten Auseinandersetzung über die Entstehung der Welt: ταῦθ᾽ ηὑρέθη ἐν τῇ κοσμογονίᾳ γεγραμμένα Τααύτου καὶ τοῖς ἐκείνου ὑπομνήμασιν (10, 5).[4]

Eine andere Erzählung, in welcher der Gott Tauthos die Schriftzeichen und Götterbilder erfindet und von Kronos (Amon) zum

---

1) Die Einzelheiten der Ausführung sind mit Euhemeros zu vergleichen. Die Tendenz ist die gleiche wie bei Chairemon; es handelt sich auch hier um das Vordringen der *naturalis theologia*.

2) Ἀμμουνέων Cod. Die Fiktion, daß die Lehre gerade im Heiligtum des „verborgenen" Gottes Amon gefunden sei, kehrt bei Bitys und dem Verfasser der Ὅροι Ἀσκληπιοῦ wieder.

3) So in der Paraphrase (25); im Text (26) falsch νεώτατοι.

4) Analogien zu der Kosmogonie bietet Kap. III (IV) des Hermetischen Corpus.

König von Ägypten eingesetzt wird, begegnet 10, 36 — 39.
Quelle ist Thabion, der „älteste Hierophant" der Phönizier, der eine
Schrift der Kabiren und des Asklepios, der Schüler des Tauthos,
benutzt haben soll.[1])

Eine dritte Sakraltradition läßt Tauthos oder Thot in „heiligen
Schriften" die Verehrung der Schlange erklären und rechtfertigen;
sie ist der Kneph(is) der Ägypter und wird von den Phöniziern
Ἀγαθὸς δαίμων benannt (10, 46 ff. vgl. 43).

Endlich hören wir, daß alle „Physiologien" auf Tauthos zurückgehen, und daß die von ihm erfundenen heiligen Zeichen in Tempeln
göttlich verehrt werden (10, 53).[2]) Zu beachten ist, wie völlig in
diesem ganzen letzten Teil der Ἀγαθὸς δαίμων in den Mittelpunkt
tritt. Eine reiche Literatur nachgeahmter Hermetischer Schriften liegt
voraus und die phönizische Kosmogonie beruht auf den Lehren des
ägyptischen Gottes. Phönizier und Ägypter sind die ältesten Völker,
und letztere haben die Gottesverehrung über die Erde verbreitet.[3]) —

Ähnlich heißt es bekanntlich von den Phrygern in der Naassener-
Predigt, sie seien das älteste Volk, aber nicht von ihnen, sondern
von den Ägyptern sei der Kult der bei beiden im Grunde gemeinsamen
Götter zu allen Völkern gedrungen. Das Kultlied, welches dabei kom-
mentiert wird und ägyptische und phrygische Lehren verbindet, ist im
Theater beim Fest der Μήτηρ θεῶν gesungen. Ihm entspricht genau
jene Verkündigung der Isis bei Apuleius *Metam.* XI 5: *cuius numen
unicum multiformi specie, ritu vario, nomine multiiugo totus veneratur
orbis. inde primigenii Phryges Pessinuntiam deam Matrem, hinc
autochthones Attici Cecropeiam Minervam, illinc fluctuantes Cyprii*

---

1) Verschieden scheint der Hermes Trismegistos, der als Magier und zugleich als Berater und γραμματεύς des Kronos 10, 17 erwähnt wird.

2) Es ist m. W. die älteste und eigenartigste Erwähnung der Buchstaben-
verehrung: καὶ τὰ μὲν πρῶτα στοιχεῖα τὰ διὰ τῶν ὄφεων ναοὺς κατασκευασά-
μενοι ἐν ἀδύτοις ἀφιέρωσαν καὶ τούτοις ἑορτὰς καὶ θυσίας ἐπετέλουν καὶ ὄργια,
θεοὺς τοὺς μεγίστους νομίζοντες καὶ ἀρχηγοὺς τῶν ὅλων. Es scheinen das die
geheimen γράμματα der Ἀμμώνεια.

3) Zu vergleichen ist in der Einleitung des Pseudo-Demokritos an Leu-
kippos (Berthelot S. 53): ἰδοὺ μὲν ὃ ἦν, ὦ Λεύκιππε, περὶ τούτων τῶν τεχνῶν
τῶν Αἰγυπτίων ⟨ἐν⟩ προφητῶν Περσικῶν βίβλοις ἔγραψα τῇ κοινῇ διαλέκτῳ,
πρὸς ἣν δὴ μάλιστα ἁρμόζονται. ἡ δὲ βίβλος οὐκ ἔστι κοινή· αἰνίγματα γὰρ ἔχει
μυστικὰ παλαιά τε καὶ ὑγύγια (Diels ὅσα ὑγιᾶ Cod.), ἅπερ οἱ πρόγονοι καὶ θείας
Αἰγύπτου βασιλεῖς τοῖς Φοίνιξι ἀνέθεντο.

*Paphiam Venerem, Cretes sagittiferi Dictynnam Dianam, Siculi tri-
lingues Stygiam Proserpinam, Eleusini vetustam deam Cererem, Iunonem
alii, Bellonam alii, Hecatam isti, Rhamnusiam illi, sed (?) qui nascentis
dei Solis inchoantibus inlustrantur radiis Aethiopes Arique priscaque
doctrina pollentes Aegyptii, caerimoniis me propriis perco-
lentes, appellant vero nomine reginam Isidem.*[1]) Im zweiten
Jahrhundert n. Chr. ist die μυστικὴ θεοκρασία, wie es Damaskios
nennt[2]), im ägyptischen Kult in Griechenland sowohl wie im Mutter-
lande durchgedrungen; Isis und die Göttermutter, Osiris und Attis
sind ineinander aufgegangen. Es ist nur begreiflich, daß in Pompeji
schon zur Zeit des Augustus ein πολίτευμα τῶν Φρυγῶν begegnet,
das nach dem ägyptischen Kalender rechnet.[3]) Wir dürfen bei dem
Zusammenhang zwischen Theologie und Magie nicht befremdet sein,
wenn Dardanos, der Begründer der Mysterien der Göttermutter, in
der ägyptischen Zauberliteratur um dieselbe Zeit eine Rolle spielt.[4])

---

1) Die eigenartige Rhetorik erinnert an den so lange für ein Gedicht
erklärten Eingang der Predigt.   2) Bei Photius, Bibl. 343 a 22 Bekker.

3) *Inscr. Gr. Sic. It.* 701, vgl. Zwei religionsgesch. Fragen 104 A. 3. Das
Kultbild des Ζεὺς Φρύγιος ist wohl das des Πάπας (vgl. Diodor III 58 und
Eustathios 565,3), also des im Naassener-Text gefeierten Hirten der weißen Sterne.

4) Apuleius *Apol.* 90, vgl. Clemens Alexandrinus Protrept. 2, 13 *p.* 5 S.:
Δάρδανος ὁ μητρὸς θεῶν καταδείξας μυστήρια. Auf ihn müssen wir zunächst
die *Dardaniae artes* (so Columella X 358) beziehen. Von Pseudo-Demokrit
berichtet bekanntlich Plinius XXX 9: *Democritus Apollobechen Coptiten et Dar-
danum et Phoenicem inlustravit, voluminibus Dardani in sepulcrum* (lies *sepulcro*)
eius petitis, suis vero ex disciplina eorum editis. Daß die Fälschung auf ägyptischem Boden entstand, zeigt die Fiktion, daß die Bücher des Dardanos in
dessen Grabe gefunden wurden, vgl. die *Stories of the High priests of Memphis.*
Phrygische, phönizische und ägyptische Zauberformeln waren also schon in
dem von Plinius benutzten Pseudepigraph verbunden (vgl. über den λόγος
Φρύγιος des angeblichen Demokrit Susemihl, Gesch. d. griech. Literatur d.
Alexandrinerzeit I 483—485). Die jüdische Zaubersage bemächtigte sich ebenfalls des Dardanos, und es scheint, daß er dabei, wie Ostanes und andere
Zauberer, seine Heimat verlor; man kannte einen Wettstreit Salomons mit ihm,
vgl. Josephos *Ant.* VIII 43: ὑπερῆρε δὲ καὶ διήνεγκε σοφίᾳ καὶ τῶν κατὰ τὸν
αὐτὸν χρόνον δόξαν ἐχόντων παρὰ τῶν Ἑβραίων ἐπὶ δεινότητι . . . ἦσαν δὲ
Ἄθανος καὶ Αἰμανὸς καὶ Χάλκεος καὶ Δάρδανος υἱοὶ Ἡμάονος. Auch Mambres,
ursprünglich der ägyptische Gegner des Moses, wird ja mit Salomon in Verbindung gebracht und widmet ihm Bücher (Berthelot 245). Aus einem ähnlichen Buche des Dardanos stammt das in dem großen Pariser Papyrus enthaltene
Ξίφος Δαρδάνου (Wessely, Denkschr. d. K. K. Akad. 1888 S. 87 Z. 1716) mit seiner

11*

Seine Nachfolger, die Γάλλοι, erscheinen noch in späten ursprünglich jüdischen Amuletten als Zauberer.[1])

Wann Isis in Ägypten offiziell mit der Μήτηρ θεῶν identifiziert wurde, weiß ich nicht.[2]) Wohl verbindet schon Kleopatra III. mit dem offiziellen Titel Ἰcιc Δικαιοcύνη den weiteren Μήτηρ θεῶν, aber sie tut es, wie Br. Keil mir nachwies, nur in den Jahren, wo sie Mutter zweier Götter, d. h. Könige, ist. Immerhin kann der Titel mit Rücksicht auf eine beginnende Vermischung der Kulte gewählt sein. Daß diese Vermischung tatsächlich begonnen hatte, beweisen ja die Φρύγια γράμματα.

Aus ihnen zitiert Plutarch *De Is. et Os.* 29: οὐ γὰρ ἄξιον προcέχειν τοῖc Φρυγίοιc γράμμαcιν, ἐν οἷc λέγεται Χάροποc μὲν τοῦ Ἡρακλέουc γενέcθαι θυγάτηρ Ἰcιc, Αἰακοῦ δὲ τοῦ Ἡρακλέουc ὁ Τυφών und charakterisiert sie (bei Eusebios *Praep. ev.* III 1, 1): ὅτι μὲν οὖν ἡ παλαιὰ φυcιολογία καὶ παρ' Ἕλληcι καὶ βαρβάροιc λόγοc ἦν φυcικὸc ἐγκεκρυμμένοc μύθοιc, τὰ πολλὰ δι' αἰνιγμάτων καὶ ὑπονοιῶν ἐπίκρυφοc καὶ μυcτηριώδηc θεολογία, τά τε λαλούμενα τῶν cιγωμένων ⟨ἀ⟩cαφέcτερα τοῖc πολλοῖc ἔχοντα καὶ τὰ cιγώμενα τῶν λαλουμένων ὑποπτότερα, δῆλόν ἐcτιν ἐν τοῖc Ὀρφικοῖc ἔπεcιν καὶ τοῖc Αἰγυπτιακοῖc καὶ Φρυγίοιc λόγοιc. μάλιcτα δὲ οἱ περὶ τὰc τελετὰc ὀργιαcμοὶ καὶ τὰ δρώμενα cυμβολικῶc ἐν ταῖc ἱερουργίαιc τὴν τῶν παλαιῶν ἐμφαίνει διάνοιαν. Die Schriften erwähnt Cicero in dem Verzeichnis der Götter *De deor. nat.* III 42: *alter (Hercules) traditur Nilo natus Aegyptius, quem aiunt Phrygias litteras conscripsisse*, offenbar ohne die griechischen Worte seiner Quelle zu verstehen. Ist diese, wie Michaelis[3]) sehr wahrscheinlich gemacht hat, im zweiten Jahrhundert v. Chr. außerhalb Ägyptens verfaßt, so müssen die Schriften des ägyptischen Herakles, des Großvaters der Isis oder der Μήτηρ

---

eigentümlichen Mischung jüdischer, griechisch-stoischer und orientalischer Vorstellungen. Der Titel ist in dem spätjüdischen „Schwert des Moses" nachgeahmt.

1) Vgl. die Aufzählung der Magier in einem Amulett des *Parisin. graecus* 2316 *fol.* 435: ἢ μάγοc ἢ μάγιccα ἢ Γάλλοc ἢ Γάλλαινα ἢ Πέρcηc ἢ Πέρcιccα ἢ Αἰγύπτιοc ἢ Αἰγύπτιccα ἢ Βαβυλώνιοc ἢ Βαβυλώνιccα ἢ Cύροc ἢ Cύριccα ἢ Ἑβραῖοc ἢ Ἑβράϊccα ἢ Ἀτζιγκανὸc ἢ Ἀτζιγκάνιccα ἢ Παυλικιανὸc ἢ Παυλικιά-

νιccα (παυλιανὸc ἢ παυλιωνί Cod.) ἢ Ἀρμένιοc ἢ Ἀρμένιccα ἢ Κύπριοc ἢ Κύπριccα, ἢ ὅcουc οἴδαμεν καὶ ὅcουc ἠκούcαμεν.

2) Das erste Denkmal phrygischen Kults in Ägypten reicht bis in die Zeit des Ptolemaios Philadelphos zurück, vgl. *Bull. de Corr. Hell.* XX 398.

3) *De origine indicis deorum cognominum*, Berlin 1898.

θεῶν, damals schon eine gewisse Verbreitung gehabt haben. Sie stehen
in der Tendenz offenbar zwischen denen des Euhemeros und des Philon
von Byblos und erinnern an die von Athenagoras erwähnte Schrift
des Hermes. Einen Schritt weiter führt vielleicht die Frage, wer dieser
ägyptische Herakles ist; ihn, wie ich früher tat, in Gott Chonsu zu
suchen, dessen Tempel in Theben als Ἡράκλειον bezeichnet wird, ist
unmöglich, seit wir wissen, daß Chonsu nicht zu der beschränkten
Zahl der Offenbarungsgötter gehört. Um so wichtiger sind die Angaben über den Kult des Chnuphis in der Stadt Chinensu oder
Groß-Herakleopolis; er ist tatsächlich dem griechischen Herakles
gleichgesetzt worden.[1]) Hierdurch erklären sich zugleich die cτῆλαι
Ἡρακλέουc, denen Pythagoras nach Theophilos von Antiochien seine
Weisheit verdanken soll.[2]) Herakles ist der προπάτωρ Καμῆφιc, von
welchem Isis in der Κόρη κόcμου spricht. Wir kommen mit dieser
in Ägypten offenbarten und in die Formen der ägyptischen Offenbarungsliteratur gekleideten phrygischen Lehre etwa in dieselbe Zeit,
in welcher derselbe Ἀγαθὸc δαίμων dem angeblichen Nechepso
babylonisch-ägyptische Weisheit lehrt, wahrscheinlich sogar noch
etwas höher hinauf. Daß die euhemeristische Angleichung zweier
Gottheiten wie Isis und die Μήτηρ θεῶν die theologische voraussetzt,
scheint mir sicher. Die Grundanschauungen jenes in der Naassener-
Predigt behandelten Kultliedes sind schon im zweiten Jahrhundert
v. Chr. möglich. —

Weniger bekannt dürfte den meisten Fachgenossen die Einwirkung der Hermetischen Literatur auf Mesopotamien sein, und
doch ist gerade sie für die Weltkultur von höchster Bedeutung. So
sei eine etwas breitere Darstellung gestattet.[3])

---

1) Brugsch, Rel. u. Myth. d. alt. Äg. 303 ff. Wichtig ist, daß er auch
hier in jüngerer Zeit dem Amon gleichgesetzt wird.

2) Vgl. oben S. 131 A. 2 Theophilos *Ad Autol.* III 2: ἣ (τί ὠφέληcαν) Πυθαγόραν τὰ ἄδυτα καὶ Ἡρακλέουc cτῆλαι. Ungeschickte Fortbildung ist es, wenn
Philostratos seinen Apollonios die Stelen des Herakles im Tempel von Gades entziffern läßt. Die Gleichung des Ἀγαθὸc δαίμων (Ἥρων) und Ἡρακλῆc erklärt
vielleicht in der Aufzählung der chemischen Schriftsteller (Berthelot *p.* 25) den
Ἡράκλειοc βαcιλεύc, der neben Agathodaimon genannt wird. Von dem später
zu betrachtenden Propheten der Ssabier Ion sagt der Patriarch Eutychios, er
sei der Sohn des Ieraqlius; andere Propheten derselben sind Söhne des Hermes
(Chwolsohn, Die Ssabier II 507).

3) Grundlage derselben ist das große Werk von D. Chwolsohn Die

Arabische Schriftsteller berichten uns fast seit den Anfängen
der Herrschaft des Islam von einer Religionsgemeinschaft in Mesopotamien, besonders um Harran (Karrhae)[1]), deren Mitglieder weder
Mohammedaner noch Christen, weder Juden noch Magier sein wollten,
sich aber ebenfalls zum Monotheismus und zu einer Offenbarung
bekannten. Syrisch waren ihre religiösen Schriften, aber sie selbst
fühlten sich als Ἕλληνες, als Fortsetzer der hellenistischen heidnischen
Gemeinden; einzelne Gebete beim Opfer sind noch bis in späte Zeit
griechisch (D. G. 363); griechische Formeln fanden sich an den
Tempeln, so ein angeblich dem Platon entnommener Hermetischer
Spruch, welcher die γνῶcιc und εὐcέβεια identifiziert.[2]) Ihre Propheten, die Stifter der Lehre, sind Ἀγαθὸc δαίμων und Hermes,
deren „reine Leiber" in den großen Pyramiden bei Memphis ruhen

---

Ssabier und der Ssabismus, und zwar besonders der zweite, die Quellen ent-
haltende Teil. Daß der erste Aufgaben zu lösen versucht, denen der Verfasser
in keiner Weise gewachsen war, wird der Philologe ja leicht erkennen und
bei den auf den Hellenismus bezüglichen Partien das Lächeln oft kaum unter-
drücken können. Aber den Ursprung der Bezeichnung Ssabier und den Haupt-
punkt der geschichtlichen Entwicklung hat Chwolsohn doch richtig erkannt,
und seine Quellen bieten, mit Vorsicht benutzt, das hinreichende Material. Hin-
zugenommen sind Dozys und Goejes (D. G.) *Nouveaux documents pour l'étude de
la religion des Harraniens (Actes de la sixième session du Congrès international
des Orientalistes à Leide, part.* II *sect.* I *p.* 281). Einzelne weitere Notizen danke
ich der Güte meines Kollegen, Prof. Landauer. Daß ich die klangreichen
Namen arabischer Autoren in der Regel unterdrückt und nach Möglichkeit
versucht habe, ohne Zitate auszukommen, möge der Leser verzeihen.

1) Karrhae als religiös wichtiger Ort erscheint schon im zweiten Jahrhundert v. Chr. bei dem Autor der Götterverzeichnisse (Michaelis, *De origine
indicis deorum cognominum p.* 85 aus Clemens Rom. V 23 und VI 21); hier
liegt Σελήνη begraben. — Die Bezeichnung Harraniter ist ursprünglicher; natürlich ist sie in späterer Zeit nicht auf ein geographisches Gebiet beschränkt.

2) Charakteristisch ist auch das in unserer ältesten Quelle (En-Nedim
Chw. II 34) angeführte Kirchengebet des Oberpriesters: „Er spricht darauf eine
Rede, in welcher er für die ganze Gemeinde betet um langes Leben, viele
Nachkommen, Macht und Erhabenheit über alle Völker, um Zurückgabe ihres
Reiches und der Tage ihrer Herrschaft an sie, um die Zerstörung der Haupt-
moschee in Harran, der griechischen Kirche und des Marktes, genannt der
Frauenmarkt. Denn an diesen Orten hatten sie ihre Götzenbilder, welche die
römischen Kaiser niederrissen, nachdem sie zum Christentum übergetreten
waren. (Ferner betet er) um die Wiederherstellung des Kultus der Azûz (?),
welcher auf jenen von uns geschilderten Örtlichkeiten ausgeübt wurde."

sollen.[1]) Hermes, der in der Regel als Schüler des Ἀγαθὸς δαίμων, vereinzelt auch als sein Lehrer erscheint, hat die Gesetze gegeben, den Kult begründet und das Opferritual festgestellt.[2]) Aber er hat auch theoretische Schriften geschrieben und die Einheit Gottes in einer Reihe von Abhandlungen an seinen Sohn philosophisch nachgewiesen.[3]) Ähnliche Schriften werden dem Ἀγαθὸς δαίμων zugeschrieben; die ersten στοιχεῖα (?) waren nach ihm fünf: der Schöpfer, die Vernunft, die Seele, der Raum und die Leerheit[4]); danach seien die zusammengesetzten Dinge entstanden. Schahristânî, der dies berichtet[5]), bemerkt dazu, bei Hermes finde sich hiervon nichts: es bestanden also nebeneinander verschiedene heilige Schriften mit verschiedenen Systemen.

Aber es handelt sich auch nicht um philosophische Systeme. Die Ssabier bilden feste, kirchlich geordnete Gemeinden, welche die heiligen Lehren verborgen halten; verschiedene Grade und Stufen bestehen; in einzelnen Gemeinden scheint geradezu Mysterienkult zu

---

1) Daß Hermes in Ägypten (in Hermopolis) begraben liegt, sagt schon der Verfasser des Clemens-Romanes, also wohl auch der Verfasser des *Index deorum cognominum*. Die angeblichen Wallfahrten der Ssabier zu den Pyramiden mögen jüngere Nachahmung mohammedanischen Brauches sein.

2) D. G. 362. Einzelheiten, wie die Prüfung des Opfertieres, muten durchaus ägyptisch an.

3) Chw. II 13 (älteste Quelle).

4) Die Stelle ist verdorben, Raum und Leerheit sind natürlich identisch; es fehlt die Zeit, wie dies aus der von hier übernommenen Lehre der treuen Brüder von Basra und aus einem jüngeren Parallelbericht über die „Harraniter" (Chw. II 492) hervorgeht: *Les Hernanites prétendent qu'il y a cinq êtres primitifs, dont deux vivants et actifs, un passif, et deux ni vivants, ni actifs, ni passifs. Les deux êtres vivants et actifs sont Dieu et l'âme. L'âme est le principe de vie des corps matériels et célestes, la cause de l'apparition du monde. Le troisième être primitif est la matière qui est passive, par cela seulement qu'elle reçoit les formes du distributeur des formes. Les deux derniers êtres primitifs sont le temps et l'espace.* Einen gewissen Anklang bietet das XI. (XII.) Hermetische Kapitel p. 87, 8: ὁ μὲν θεὸς ἐν τῷ νῷ, ὁ δὲ νοῦς ἐν τῇ ψυχῇ, ἡ δὲ ψυχὴ ἐν τῇ ὕλῃ, πάντα δὲ ταῦτα διὰ τοῦ αἰῶνος. τὸ δὲ πᾶν τοῦτο σῶμα, ἐν ᾧ τὰ πάντα ἐστὶ σώματα ⟨ψυχῆς πλῆρές ἐστιν, ἡ δὲ⟩ ψυχὴ πλήρης τοῦ νοῦ καὶ τοῦ θεοῦ, vgl. X (XI) p. 71, 7: οὐκ ἤκουσας ἐν τοῖς Γενικοῖς, ὅτι ἀπὸ μιᾶς ψυχῆς τῆς τοῦ παντὸς πᾶσαι αἱ ψυχαί εἰσιν αἵ τε ⟨ἐν τῷ θεῷ καὶ αἱ⟩ ἐν τῷ παντὶ κόσμῳ κυλινδούμεναι ὥσπερ ἀπονενεμημέναι (ihre mythologische Darstellung findet diese Lehre von der einen Seele in dem VIII. Buch Mosis: Dieterich, Abraxas S. 12,11).

5) Chw. II 439.

bestehen.[1]) Allerhand Zauberspuk und Theurgie spielt, wie in Ägypten, eine große Rolle, und die aus den Papyrus bekannten Zauberer, wie Ostanes, begegnen auch hier.[2])

Im Mittelpunkt der Verehrung stehen, wie auf diesem Boden zu erwarten war, die sieben Sterngötter, welche die Geschicke der Menschen lenken.[3]) In jedem Planeten wohnt ein Geist oder Engel; er ist die Seele des Sterns, und der Stern ist seine Behausung. „Sie erforschten", wie Schahristânî (Chw. II 439) berichtet, „zuerst ihre Häuser und Stationen, zweitens ihren Auf- und Untergang, drittens ihre Verbindungen nach den Figuren der Konjunktion und Opposition geordnet nach ihren natürlichen Eigenschaften, viertens die Einteilung der Tage, der Nächte und der Stunden nach ihnen, fünftens die An-ordnung der Bilder und Figuren, der Klimate und der Ortschaften nach ihnen. Demnach verfertigten sie Siegelringe und lernten Zauber-sprüche und Anrufungen. Sie bestimmten einen Tag dem Saturn, nämlich den Sabbat, und gaben an ihm acht auf seine erste Stunde und siegelten mit seinem Siegelringe, welcher seiner Gestalt und Kunst gemäß angefertigt war, und zogen die ihm eigentümlichen Kleider an, räucherten mit dem ihm eigentümlichen Räucherwerk, stimmten die ihm eigentümlichen Anrufungen an und erbaten als ihr Bedürfnis von ihm das, was vom Saturn von seiten der ihm eigentümlichen Taten und Einwirkungen zu fordern ist".[4])

Daneben erscheinen auch die stoisch-hermetischen Götterwesen; es gibt Tempel der ersten Ursache, der ersten Vernunft, der Welt-

---

1) Chw. II 45 ff. D. G. 361 ff. Die Geweihten sind alle Brüder; die ein-zelnen Klassen heißen nach Tieren. Wir hören von unterkellerten Tempeln und mancherlei Vorrichtungen, durch göttliche Erscheinungen und Stimmen den Einzuweihenden zu schrecken. Ihr Oberhaupt heißt „der Hirt" (Chw. II 628).

2) Vgl. Kitâb al Fihrist ed. G. Flügel p. 189. Auch Zoroaster begegnet öfters.

3) Man kann diese Sternenverehrung geradezu als das Charakteristische für diese Sekten bezeichnen. Sie spielen die Hauptrolle auch in den ältesten Nachrichten über den Festkalender der Harraniter (Chw. II 22 ff.). Neben ihnen erscheinen in ihm freilich auch die alten Volksgötter. Der praktische Polytheismus verträgt sich, wie überall, friedlich mit dem theoretischen Mono-theismus der *naturalis theologia*. Daß ich mehr den theoretischen Teil, der sich ja ausschließlicher auf „Hermetische Schriften" gründet, verfolge, liegt in der Natur meiner Aufgabe.

4) Die näheren Ausführungen bietet D. G. 349 ff. Es folgen die anderen Planeten.

ordnung (λόγος oder νόμος?), der Notwendigkeit, der Seele. Die Ssabier bilden keine Einheit, weder geographisch, noch in ihrer Lehre; es sind Reste vieler Gemeinden, Paganen-Vereine, wie wir sie jetzt aus Ägypten kennen[1]), die sich gerade im Kampf mit dem Islam individuell ausgestalten, bald treuer alte Überlieferung wahrend, bald Neues hinzufügend.[2]) Allen gemeinsam ist die Berufung auf eine Offenbarung, die Verehrung des Ἀγαθὸς δαίμων und Hermes, sowie endlich die Betonung der γνῶσις, des geheimen mystischen Wissens.

Von den Lehren der Harranier teilt Schahristânî, offenbar nach schriftlichen Quellen, die auf die religiösen Streitigkeiten der Harranier und Rechtgläubigen in Bagdad zurückgehen werden, u. a. folgendes mit[3]):

„Sie behaupten, der angebetete Schöpfer sei einzig und vielfach. Einzig sei er vermöge der Essenz, Primitivität, Ursprünglichkeit und Ewigkeit. Vielfach sei er aber, weil er sich durch die körperlichen Gestalten vor den Augen der Menschen vervielfache. Diese körperlichen Gestalten seien die sieben leitenden Planeten und die irdischen guten, wissenden, ausgezeichneten Körper; er manifestiere sich nämlich durch sie und personifiziere sich durch ihre Körper; aber seine Einheit in seinem Wesen werde (dadurch) nicht vernichtet. Sie sagen, er hat den Himmelskreis geschaffen und alles, was in ihm von Körpern und Sternen vorhanden ist, und er hat diese zu Leitern der Welt eingesetzt. Sie sind die Väter, und die Elementarstoffe sind die Mütter, und die Zusammensetzungen sind die Geburten. Die Väter sind lebendige, vernunftbegabte Wesen, welche die Einwirkungen (ἀπόρροιαι) zu den Elementarstoffen gelangen lassen, und diese nehmen sie in ihre Mutterleiber auf, so daß daraus die Geburten hervorgehen.[4]) Dann kann es sich treffen, daß von den Geburten ein Wesen aus den reinen Teilen jener (Elementarstoffe) ohne die unreinen Teile derselben zusammengesetzt ist, und daß zu diesem Wesen ein in Betreff der Zubereitung vollkommenes Temperament hinzukommt, so daß Gott sich durch dasselbe (Wesen) in der Welt personifiziert.

„Die Allnatur, behaupten sie ferner, bringt in jedem Klima von

---

1) Vgl. Wilcken, Archiv für Papyrusforschung I 410.
2) Selbst buddhistische Einflüsse scheinen vereinzelt nachweisbar.
3) Chw. II 442 ff. Die auf den Koran bezüglichen polemischen Ausführungen lasse ich zum großen Teil fort.   4) Vgl. den Poimandres.

den bewohnten Klimaten am Anfang von je 36 425 Jahren[1]) ein
Paar von jeder Art von Tiergeschlecht, Männchen und Weibchen,
von Menschen u. a. hervor, so daß diese Art jenen Zeitraum aus-
dauert; wenn dann aber die Periode durch ihren Ablauf vollendet
ist, hört die Fortpflanzung und die Fortzeugung der Arten auf, es
beginnt eine andere Periode und es entsteht ein anderes Geschlecht
von Menschen, Tieren und Pflanzen, und so fort, die endlose Dauer
der Zeit hindurch. — — Die Inwohnung ist die Personifikation
(Gottes), wie wir angegeben haben. Zuweilen geschieht dies durch
Inwohnung seines (ganzen) Wesens[2]) und zuweilen durch Inwohnung
eines Teils desselben nach Maßgabe der Verrichtung des Temperaments
des Körpers (in dem Gott sich verkörpert). Zuweilen sagen sie, Gott
personifiziere sich nur vermittelst der himmlischen Behausungen
(Körper) insgesamt, wobei er aber Eins bleibt; denn nur sein Tun
kommt in jeder einzelnen Behausung zur Erscheinung nach Maßgabe
seiner Einwirkungen auf sie und seiner Personifikation durch dieselbe;
wie wenn die sieben Behausungen seine sieben Glieder wären und
wie wenn unsere sieben Glieder seine sieben Behausungen
wären[3]), worin er zur Erscheinung kommt, so daß er vermittelst unserer Zunge spricht, vermittelst unserer Augen
sieht, vermittelst unserer Ohren hört, vermittelst unserer
Hände greift und (die Hand) ausstreckt, vermittelst unserer
Füße kommt und geht und vermittelst unserer Glieder
handelt.[4])

Stärker orientalisiert erscheint die Lehre der „Anhänger der
geistigen Wesen" (Rû'hânîjât)[5]), welche ebenfalls den 'Αγαθὸς δαίμων
und Hermes als die Geber der Offenbarung verehren und neben
den sieben Planeten noch eine Unzahl geistiger Wesen (δυνάμεις
oder Engel) für alles Tun und Geschehen annehmen und von dem

---

1) Die Zahl ist, wie schon Chwolsohn sah, ägyptisch, sobald man mit
leichter Änderung 36 525 einsetzt (25 Sothisperioden = 25 × 1461 = 36 525),
vgl. oben S. 50 A. 2.   2) Vgl. im Anhang Kap. XIII (XIV).

3) Auch der Mensch ist ja nach ägyptischer Auffassung der κόσμος.

4) Vgl. S. 64 und 68 A. 4, sowie den siebenten Abschnitt. Es folgt eine
Darlegung, daß das Häßliche und Böse nicht aus Gott, sondern der Natur-
notwendigkeit stammt. Eine Seelenwanderung wird an anderer Stelle vorausgesetzt, ebenso eine Vergeltung der guten und bösen Handlungen.

5) Chw. II 420 ff.; vgl. oben S. 72.

Menschen Askese und Bezähmung der niederen Triebe verlangen,
damit dann durch die geistigen Wesen, „die Mittler", die Inspiration
eintreten kann.   Die schlagendsten Parallelen zu den Hermetischen
Schriften aber gibt das Streitgespäch der Ssabier, der Verehrer des
Ἀγαθὸς δαίμων und Hermes, mit den Rechtgläubigen, das wieder
Schahristânî berichtet (Chw. II 424 ff.).   Ich hebe einige Sätze heraus.

Die Ssabier sagen: die geistigen Wesen sind durch eine Schöpfung
aus dem Nichts hervorgebracht, weder aus einem Stoff, noch aus
einer Materie (ὕλη), und sie sind alle eine Substanz von einer und
derselben Wurzel.[1])   Ihre Substanzen sind reine Lichter ohne alles
Dunkel, und wegen der Stärke ihres Lichtes kann der Sinn dieselben
nicht erfassen und der Blick sie nicht wahrnehmen, und wegen der
äußersten Feinheit(?) derselben kommt der Verstand bei ihnen in
Verwirrung und hat die Phantasie an ihnen kein Feld der Tätigkeit.[2]) — Die Rechtgläubigen wenden ein: Wie habt ihr sie dann
erkannt?   Die Ssabier erwidern: Durch die Offenbarung des
Ἀγαθὸς δαίμων und Hermes.   Schon darin liegt ein Widerspruch,
wie die Rechtgläubigen betonen.   Auch wenn die Ssabier gegen
Mohammeds Prophetentum einwenden, Gott oder ein Engel könne
nicht zu einem Menschen reden oder sich zu ihm herablassen, so
widerstreiten sie ihrer eigenen Lehre, daß Hermes der Große zur
Geisterwelt emporgestiegen ist, so daß er in ihre Reihen
aufgenommen wurde.[3]) — Der sichtbaren Körperwelt steht nach
der Lehre der Ssabier jene Geisterwelt so gegenüber, daß sie allein
vollendete Wirklichkeit und vollkommene Existenz hat, die körperliche aber nur bedingte Wesenhaftigkeit; sie gibt nur das Abbild
der geistigen und steht zu ihr wie der Schatten zu der Person.   Die
geistigen Wesen sind κατ' ἐνέργειαν, nicht κατὰ δύναμιν vollkommen; zu
ihnen muß also der Mittler gehören, der andere vollkommen machen

---

1) Vgl. oben S. 127: ἓν τὰ πάντα καὶ μάλιστα τὰ νοητὰ cώματα (Ἀγαθὸς δαίμων aus Heraklit).

2) Sie sind ἀκατάληπτοι τῷ νῷ oder ἀνόητοι, vgl. IX (X) p. 65, 14 Parthey: ὁ δὲ θεὸς οὐχ ὥcπερ ἐνίοιc δόξει (d. h. wie in einer Hermetischen Schrift steht) ἀναίcθητόc ἐcτι καὶ ἀνόητοc. ὑπὸ γὰρ δειcιδαιμονίαc βλαcφημοῦcι.

3) Von der Himmelfahrt des Hermes wird in diesen Quellen mehrfach berichtet; sie vollzieht sich in einer Säule von Licht (vgl. S. 122; 136). Hermes ist in der Lehrschrift, die hier vorausgesetzt wird, offenbar zunächst Mensch, der Ἀγαθὸς δαίμων, der Νοῦc, also Gott.

soll, nicht zu den Menschen.[1]) Die Menschengattung ist aus den
vier Elementen zusammengesetzt und aus der Verbindung von
Stoff und Form gebildet.[2]) So steht sie in Widerspruch zu den
geistigen Wesen, die reine Form sind. Die Elemente sind unter
sich nur zum Teil vereinbar, zum Teil uneinig. Daher die Zerstörung
und Verderbnis. Der Stoff, die Materie, ist die Wurzel des Bösen
und die Quelle der Verderbnis; sie hat defektive Natur; ihr entspringt Torheit, Unwissenheit, Mangel; die geistigen Wesen haben
positive Natur; ihnen entspringt das Gute, Weisheit und Erkenntnis.
Die Menschenseele hat die beiden Vermögen des θυμός und der ἐπιθυμία; sie fehlen den geistigen Wesen, die nur zu Gott streben und
um ihn sind. Ihre Welt ist der Ort der Rückkehr der Geister;
denn von ihm gehen die Seelen aus, und zu ihm kehren sie gereinigt zurück. Die Vollkommenheit liegt in dem Abtun jeder Hülle
(alles Materiellen). Wenn Hermes dennoch für die schwachen irdischen
Menschen die Verfertigung von Götterbildern, die nur die Behausung
der Geister sind, befohlen und ihren Kult gezeigt hat, so erkennen
wir deutlich den Einfluß der hellenistischen Literatur und vergleichen
die früher besprochene Inschrift von London und die Lehre des Tat
an König Amon (vgl. im Anhang Kap. XVII).

Hiermit ist m. E. im Grunde schon erwiesen, daß die arabische
Hermes-Literatur, von der bisher wenig bekannt ist[3]), eine Fort-

---

1) Als „der Mittler" tritt in dem ganzen Gespräch Hermes auf. Einwirkungen christlicher Ideen wird man zugeben können. Aber „der Mittler"
ist im Grunde auch der Anonymus im Poimandres und Hermes im XIII. (XIV.)
Stück. Die frühzeitige Angleichung des Hermes und Christus beruht darauf.
Der Mittler (μεcίτηc) ist ferner Mithras (Plut. *De Is. et Os.* 46). Die Vorstellung
von einem göttlichen Mittler und Erlöser findet sich auch im Hellenismus.

2) Ebenso offenbar der αἰcθητὸc κόcμοc, vgl. oben S. 44 A. 1.

3) Außer der von Bardenhewer mit erstaunlich minderwertigen Gründen als
christlich bezeichneten Unterhaltung des Hermes mit der Seele (vgl. S 23 A. 5)
ist mir noch eine kurze Erwähnung einer arabischen Handschrift des XI. Jahrhunderts aus der Bibliothek der syrischen Gesellschaft in Beyrut No. 601 bekannt
(Sprenger, Hebr. Bibliographie V 90). Der Titel lautet: „Das Buch des Wundervollen, der Gnade (Barmherzigkeit) und das goldene von Idris"; der Anfang:
„Es wanderten meine Gedanken in der Größe Gottes" läßt sich mit dem Anfang des Poimandres und mit Hermas Vis. I 1, 3: δοξάζοντος τὰc κτίcειc τοῦ
θεοῦ ὡc μεγάλαι καὶ ἐκπρεπεῖc καὶ δυναταί εἰcιν vergleichen; den Schluß bilden
sieben „Reden". Auf christlichen Ursprung hat man — wohl etwas vorschnell —
aus einer Erwähnung der Schlingen des Satan (Dämon) geschlossen. Schwieriger

setzung und Weiterbildung der hellenistischen sein muß. Das beweisen zunächst ja die Namen Ἀγαθὸς δαίμων, Hermes, Tat, Asklepios,
Amon.[1]) Wenn Barhebraeus berichtet, daß die Dialoge des Hermes
und Tat ins Syrische übertragen wurden, so erkennen wir unschwer
die Abhandlungen des Hermes an seinen Sohn über die Einheit
Gottes, die El-Kindî bei den Ssabiern gesehen haben will.[2]) Wenn
später ganz allgemein Hermes mit Henoch, Ἀγαθὸς δαίμων mit Seth,
dem Sohne Adams, identifiziert wurde, so ist der Grund sicher nicht,
wie Chwolsohn wollte, darin zu suchen, daß die Harraniter aus Vorsicht willkürlich zwei auch im Koran anerkannte Propheten auf-
gegriffen hätten. Schon seit dem zweiten Jahrhundert v. Chr. ist
Henoch als Besitzer und Lehrer geheimer Weisheit zum Gegenbilde
des hellenistischen Hermes geworden. In nachchristlicher Zeit wird
er auf den sogenannten „gnostischen" Gemmen[3]) mit Ἀγαθὸς δαίμων
in genau derselben Weise wie Hermes vereinigt; seine Bedeutung
wächst dann in der ersten jüdischen Mystik; der Koran hat nur
einer allgemeinen Überzeugung nachgegeben. Für Seth genügt es
vorläufig auf Josephos *Antiquitat.* I 71 zu verweisen. Wenn endlich
Ἀγαθὸς δαίμων und Hermes auch mit Orpheus dem ersten und
zweiten identifiziert werden[4]) und in der alchemistischen Literatur
Ägyptens der Ἀγαθὸς δαίμων einen Kommentar zu orphischen Versen
schreibt[5]), so scheint mir auch dies zu beweisen, daß eine fort-
lebende hellenistische Tradition in diesen syrischen Gemeinden wirkt.

------

ist die Spruchliteratur zu beurteilen; doch findet sich in Knusts *Bocados de
Oro* S. 114 ein Spruch des Tat (der ja nach Kap. XVII unseres Corpus ebenfalls als
Prophet auftritt) an Amon, der durchaus echt erscheint, und ebenda S. 196 Z. 2
ein Spruch des Hermes an König Amon (= Honein Ibn Ishâk, übers. von
Löwenthal 144), der sich auch bei Stobaios wiederfindet. Christliche, jüdische
oder mohammedanische Überarbeitungen werden natürlich nicht fehlen;
lassen doch jüngere Quellen über den Kult der Ssabier Hermes-Idris sogar den
heiligen Krieg gegen die Ungläubigen verkünden.

    1) Chw. I 787A. Interessant ist, daß Asklepios, obwohl Lehrer aller
Philosophie und im nächsten Verhältnis zu Hermes, doch nicht zu dessen Sohne
wird. Die alten Formen scheinen gewahrt.

    2) Chw. II 13/14.   3) Drexler, Mythologische Beiträge S. 65A.

    4) Chw. II 624.

    5) Berthelot *p.* 268. Ganz ähnlich ist es, wenn unter den Religions-
gründern der Ssabier auch Iûnân (= Ἴων, zugleich allgemeine Bezeichnung
für den Griechen) erscheint (Chw. I 796, vgl. 205). Der Patriarch Eutychios
(Chw. II 507) machte ihn zum Sohn des Ἀγαθὸς δαίμων und versetzte ihn unter

Demnach können auch die mannigfachen arabischen Versuche,
die Verbindung chaldäischer und ägyptischer Sternenkunde in der
Geschichte des Kultgründers widerzuspiegeln, sehr wohl auf ältere
hellenistische Tradition zurückgehen, zumal die ägyptischen Formeln
in ihnen oft fast unverändert wieder begegnen. So berichtet z. B.
El-Qifṭī (Chw. II 529; 531; 753): Hermes stammte aus Babylon; sein
Lehrer war Seth, der Sohn des Adam; von Babylon zog er nach Ägypten
und lehrte die Menschen Gott zu verehren; er unterwies sie in Philosophie und Astrologie; er teilte sie in drei Klassen: Könige, Priester
und Gemeine; er gründete die Städte und lehrte sie verwalten u. s. w.
Ziehen wir den ägyptischen Hermes-Bericht ab, so bleibt ein auf-
fallendes Gegenbild zu der samaritanischen(?) Erzählung des Eupolemos bei Eusebios *Praep. ev.* IX 17, nach der Abraham die
Astrologie und „das andere" aus Babylonien nach Ägypten gebracht
und die Priester von Memphis unterrichtet hat; als erster „Erfinder"
wird Henoch (Atlas), der Nachkomme des Seth, genannt.[1]) Man muß
sich gegenwärtig halten, daß kurz vorher tatsächlich die babylonische
Astrologie nach Ägypten übertragen war, um den Charakter derartiger „naheliegender" Erfindungen voll zu würdigen.

Daneben begegnen uns in zahlreichen arabischen Quellen Scheidungen dreier verschiedener Persönlichkeiten des Namens Hermes

---

die Giganten, welche den Turm von Babylon bauten; andere sahen in ihm den
Sohn des Hermes. Auch diese Erfindung ist relativ alt, wie der ἱερεὺς τῶν
ἀδύτων Ἴων bei Zosimos erweist (vgl. oben S. 9). Nach anderer Seite interessiert uns die harranitische Tradition, welche dem Hermes außer Ssabi, dem
mythischen Gründer der Religion, noch Aschmun, Athrib und Qofth (Koptos)
zu Söhnen gibt, also die Eponymen dreier ägyptischer Hauptstädte (Chw. I 788;
Harran als Eponym der syrischen Stadt schließt sich später an). Die Tradition kann nur in ägyptisch-hellenistischen Kreisen entstanden sein; von den
mancherlei Parallelen (z. B. Babylon von dem gleichnamigen Sohne des Bel,
bei Stephanos von Byzanz) hat besondere Wichtigkeit die Angabe des vor
Alexander Polyhistor lebenden Samaritaners Theodotos, der Eponym der heiligen
Stadt Sichem sei der Sohn des Hermes gewesen (Eusebios *Praep. ev.* IX 22).
Unsere Theologen haben die Angabe wohl doch zu leicht genommen; Hermes
ist in dieser Gegend natürlich der ägyptisch-phönizische Lehrer und Herrscher
Thot, der ja auch in Ägypten die heilige Stadt gründet. Hermetische Ein-
flüsse werden uns in Samarien noch später begegnen.

1) Das Gegenbild bietet Diodor I 81, 6: die „Chaldäer" in Babylon sind
ἄποικοι der Ägypter und haben ihre astrologischen Spekulationen von ägyptischen Priestern erlernt.

Der erste war der Erfinder der Philosophie und Theologie; er lebte in Oberägypten (Hermopolis), erbaute die ersten Tempel, ordnete den Kult, gründete die Städte, errichtete die Pyramiden und schrieb die heiligen Stelen. Der zweite wohnte zu Babylon; sein Schüler war Pythagoras. Der dritte endlich erstand zu Memphis, und sein Schüler war Asklepios in Syrien.[1]) Oder Hermes läßt, von Indien kommend, seinen Schüler Asklepios in Babylon, um selbst nach Ägypten zu ziehen. Am eigentümlichsten berührt ein Bericht, nach dem die Chaldäer Hermes, den dreifach wohltätigen, verehren, weil er einerseits Prophet, andrerseits König, endlich Philosoph und Arzt gewesen sei.[2]) Auch von den Harranitern, bezw. Ssabiern wird ja berichtet, daß sie ihren Hermes als τρισμέγιστος verehren, weil er König, Prophet und Philosoph war.[3]) Ich glaube, daß auch hier eine hellenistische Tradition vorliegt. Josephos nimmt mehrfach auf eine Vereinigung der drei höchsten Ämter in Johannes Hyrkanos Bezug; er war König, Oberpriester und Prophet[4]); eine ähnliche, offenbar allgemein übliche Scheidung beinflußt Philon in dem Leben des Moses, wenn er auch aus anderen Gründen zugleich eine Vierteilung durchzuführen sucht.[5]) Die Vorstellung von Hermes als König oder Stellvertreter eines Königs scheint in Ägypten sehr alt[6]); sie muß, wie Philon von Byblos

---

1) Ein phönizischer „Asklepios", der Züge des phrygischen Attis angenommen hat, begegnet bei Damaskios βίος Ἰσιδώρου Photius Bibl. 352b 11 Bekker. — Zu der Angabe über Hermes bietet ein Gegenstück Iulian bei Cyrill (*Contra Iul.* V 770 Migne, Neumann S. 193): ἔχουσι μὲν εἰπεῖν καὶ Αἰγύπτιοι παρ' ἑαυτοῖς ἀπαριθμούμενοι σοφῶν οὐκ ὀλίγων ὀνόματα, πολλοὺς ἐσχηκέναι τοὺς ἀπὸ τῆς Ἑρμοῦ διαδοχῆς, Ἑρμοῦ δέ φημι τοῦ τρίτου ⟨τοῦ⟩ ἐπιφοιτήσαντος τῇ Αἰγύπτῳ, Χαλδαῖοι δὲ καὶ Ἀσσύριοι τοὺς ἀπ' Ὠάννου καὶ Βήλου. Der Zug des Hermes scheint später, als auch ein Apollonios die geheime Weisheit des Ostens erforschen mußte, die Gemüter ähnlich beschäftigt zu haben, wie einst der Zug des Osiris.

2) Sanguinetti, *Journal asiatique* sér. V tom. IV p. 187. Es folgt eine Aufzählung der astrologischen Schriften des chaldäischen, von Adam stammenden Hermes.   3) D. G. 360.

4) *B. I.* I 68: τρία γοῦν τὰ κρατιστεύοντα μόνος εἶχεν, τήν τε ἀρχὴν τοῦ ἔθνους καὶ τὴν ἀρχιερωσύνην καὶ προφητείαν. ὡμίλει γὰρ αὐτῷ τὸ δαιμόνιον (= *Ant.* XIII 299: ςυνῆν γὰρ αὐτῷ τὸ θεῖον, vgl. ebenda 282).

5) Die Vierteilung begegnet in Buch II Anfang, III 23, *De praem. et poen.* 417 M. (βασιλεύς, νομοθέτης, προφήτης, ἀρχιερεύς). Die Dreiteilung tritt besonders im Ende des ersten und Anfang des dritten Buches hervor. Daß Philon in seinem Moses-Bild fühlbar von dem des Hermes beeinflußt ist, habe ich Zwei religionsgesch. Fragen S. 102 zu zeigen versucht.

6) Vgl. die S. 128 A. 3 mitgeteilte Inschrift aus dem Grabe Seti's I.

zeigt, in hellenistischer Zeit stark wieder aufgelebt sein. Die Ptolemäer haben tatsächlich als irdische Abbilder des Königs Hermes gelten
wollen[1]), vielleicht, weil man zu aller Zeit dem ägyptischen Könige
nachrühmte, daß seine Gebote unverbrüchlich seien wie die des Thot.

Es ist gewiß mehr, wenn Augustus, ihr Nachfolger, an der
nördlichen Wand des Tempels von Dendera selbst als „Helmîs
Kaisar, Liebling des Ptah und der Isis“ dargestellt wird[2]), aber mehr
als eine Steigerung vorhandener Ideen braucht nicht vorzuliegen.
Daß der Begriff des cωτήρ als des Lehrers mit der jüngeren Hermes-
Anschauung eng verwachsen ist, zeigen die Hermetischen Schriften.
Eine Einwirkung dieser Vorstellungen sahen wir im Poimandres.
Aber auch die Vorstellungen von einem βαcιλεὺc cωτήρ sind im
Orient alt; auch an sie konnte und mußte der Hermeskult an-
schließen. Ihre bekannteste Ausbildung haben sie freilich in dem
Kult des Osiris als Weltheiland gefunden, wie er sich uns in den
alten Verkündigungen der Isis und der jungen Schrift Κόρη κόcμου
darstellt. Vom Himmel hernieder bringt er Ordnung und Frieden,
Gesittung und richtige Gottesverehrung und steigt nach der διακόcμηcιc wieder zum Himmel empor (den Schluß des Heilsberichts
bildet wieder die Himmelfahrt). Aber auch König Hermes hat die
Gerechtigkeit auf Erden begründet, auch er den Kult gelehrt, auch
er durch seine Erfindungen den βίοc erst zum βίοc gemacht. Auch
an ihn konnten, zumal in einer Zeit, deren Sehnen nach einer neuen
διακόcμηcιc, nach Entsühnung von all dem Frevel und nach Frieden
für den müden Erdkreis ging, die Vorstellungen vom βαcιλεὺc cωτήρ
schließen.

Daß es tatsächlich geschehen ist, zeigt uns vielleicht Horaz in
den bekannten Versen:

sive mutata iuvenem figura
ales in terris imitaris, almae
filius Maiae, patiens vocari
Caesaris ultor,
serus in caelum redeas diuque
laetus intersis populo Quirini,
neve te nostris vitiis iniquum

1) Bergmann, Hieroglyphische Inschriften S. 36 und 49.
2) Krall, Wiener Studien V 315A.

ocior aura

tollat; hic magnos potius triumphos,

hic ames dici pater atque princeps,

neu sinas Medos equitare inultos

te duce, Caesar.[1])

Allbekannt und von allen Erklärern angenommen ist die Deutung zweier großen Philologen, der italische Mercurius, der Gott der gewerbtreibenden kleinen Leute sei hier gemeint; sie hätten sich zuerst an Oktavian angeschlossen, ihr Gott sei er geworden. Der Gedanke ist wunderhübsch — aber paßt er zu den Versen des Horaz? Und ist es überhaupt eine italische oder griechische Vorstellung, daß ein bestimmter Gott niedersteigt, die Gestalt eines bestimmten Menschen annimmt und dann nach Entsühnung der Erde zum Himmel zurückkehrt?[2]) Orientalisch ist dieser

---

1) Die drei Strophen treten als feste Einheit den drei vorhergehenden gegenüber. Welches Gebet, welche Sühnung kann retten? So hatte der Dichter gefragt; die Antwort geht von dem Staatskult aus. Der Sühngott ist nach griechisch-römischer Vorstellung Apollo; ihm kommt die Aufgabe *scelus expiandi* zunächst zu. Unsichtbar (das heißt νεφέλῃ εἰλυμένος ὤμους Il. 5, 186) soll er niedersteigen und selbst die heilige Handlung vollziehen. Von hier aus ist auch Tibulls Flehen (II 5, 79) zu verstehen: *sed tu iam mitis, Apollo, prodigia indomitis merge sub aequoribus* (mit Absicht sind vorher die Prodigien erwähnt, welche dem Bürgerkrieg tatsächlich vorhergegangen sind; das neue *saeculum* stand bevor). Unsichtbar hat nach der Verkündigung der Sibylle Apollo ja bereits die Schicksalslenkung über dieses Geschlecht übernommen (*tuus iam regnat Apollo*). Dieser Apollo aber ist auch der Schutzgott des Kaisers; so deutet Horaz auch auf die Möglichkeit, daß die göttliche Stammmutter des julischen Geschlechtes die Leitung übernimmt (daß *Venus Erycina* als Sühnerin und Helferin in der Not nach Rom gerufen war, mochte einen Anhalt mit bieten, war aber nicht bestimmend). Der Venus wird als Ahnherr des Volkes Mars beigefügt, dem als *Ultor sceleris* Octavian den Tempel gelobt hat und der nun gesättigt sein kann an dem grausigen Schauspiel und Frieden geben (auch er hat seinen Tempel *extra portam Capenam* auf Befehl der Sibylle empfangen). Auf den Kaiser ist bereits hingedeutet, soweit dies in dem Anschauungskreise heimischen Glaubens geschehen konnte. Wenn jetzt Horaz in drei weiteren Strophen eine diesem Kreise völlig fernstehende Gottheit einführt und einen Wechsel der Anschauung in den Worten *mutata figura iuvenem imitaris* so stark hervorhebt, so sind wir berechtigt, eine neue Grundauffassung, eine neue Theorie der Erlösung in seinen Worten zu suchen.

2) Selbst der Kult eines Ἀντίοχος Ἀπόλλων Σωτήρ oder Ἐπιφανὴς Διόνυσος, Σέλευκος Ζεὺς Νικάτωρ u. s. w drückt schwerlich ganz diese Empfindung aus.

Gedanke allerdings, und es lohnt vielleicht gerade im Hinblick auf
Horaz den sicher alten Grundgedanken der Κόρη κόcμου sich zu
vergegenwärtigen. Ruchlosigkeit und Verbrechen haben auf der Erde
überhand genommen; da nahen die Elemente selbst bittend dem
Throne des Höchsten. Das Feuer fleht: ἀνάτειλον ἤδη cεαυτὸν χρη-
ματίζοντι τῷ κόcμῳ καὶ τοῦ βίου τὸ ἄγριον μύηcον εἰρήνη· χάριcαι
νόμουc τῷ βίῳ... πλήρωcον καλῶν ἐλπίδων πάντα. φοβείcθωcαν ἄνθρωποι τὴν ἀπὸ θεῶν ἐκδικίαν... μαθέτωcαν εὐεργετηθέντεc εὐχαρι-
cτῆcαι. Luft und Wasser klagen, und die am schwersten gekränkte
Erde fleht: χωρῆcαι θέλω μεθ’ ὧν φέρω πάντων καὶ θεόν. χάριcαι τῇ
γῇ κἄν οὐ cεαυτόν, οὐ γάρ cε χωρεῖν ὑπομένω, ⟨ἀλλὰ⟩ cαυτοῦ τινα
ἱερὰν ἀπόρροιαν. cτοιχείων τιμιωτέραν τῶν ἄλλων τὴν γῆν μεταποίηcον.
Da sendet Gott Osiris und Isis als Menschen zur Erde nieder; sie
vermenschlichen den βίοc, hemmen den Mord, begründen Tempel
und Kult, geben die Gesetze und steigen endlich als Götter wieder
zum Himmel empor. Wir erinnern uns, daß in dem Naassener-Text
Osiris mit Hermes und zugleich mit dem phrygischen Papas identifiziert wird, der diesen Namen empfangen hat, weil alle himmlischen,
irdischen und unterirdischen Gewalten zu Gott flehten: παῦε παῦε
τὴν ἀcυμφωνίαν τοῦ κόcμου καὶ ποίηcον εἰρήνην.

Den Orient hatte Augustus durchzogen, Recht und Ordnung
überall hergestellt, Bürgerkrieg und Aufruhr gebändigt; als Gesetzgeber trat er in Rom wieder auf, und seine Sittengesetzgebung wie
seine Tempelgründungen und Kultvorschriften bezweckten, wie man
laut verkündete, die Widerkehr ähnlicher Frevel, des Kampfes aller
gegen alle, zu verhindern. Ist es da so wunderbar, wenn er im
Orient und in den Gegenden Italiens, die sich nachweislich schon
orientalisch-mystischem Kult geöffnet hatten[1]), als dieser göttliche
cωτήρ, ist es befremdlich, wenn er, der Ordner des κόcμοc, als Hermes
empfunden wurde? Von Augustus heißt es ja in der berühmten
Inschrift von Priene[2]): ἐπε[ιδὴ ἡ πάντα] διατάξαca τοῦ βίου ἡμῶν
πρόνοια cπουδὴν εἰcεν[ενκαμ]ένη καὶ φιλοτιμίαν τὸ τεληότατον τῷ βίῳ
διεκόcμη[cεν] ἐνεγκαμένη τὸν Cεβαcτόν, ὃν εἰc εὐεργεcίαν ἀνθρώ[πων]
ἐπλήρωcεν ἀρετῆc [ὥ]cπερ ἡμεῖν καὶ τοῖc μεθ’ ἡ[μᾶc cωτῆρα πέμψαca]
τὸν παύcοντα τὸν πόλεμον κοcμήcοντα [δὲ πάντα].[3]) Die

---

1) Für Pompeji vgl. oben S. 163.

2) Mommsen-Wilamowitz, Athen. Mitteilungen XXIV 289.

3) Wenn von dem Tage, an dem Augustus geboren ist, und der ja selbst

merkwürdige Übereinstimmung mit den eben erwähnten Texten läßt
wohl auf eine religiöse Grundlage dieser Formeln schließen, die freilich in stoischem Sinne abgeschwächt ist.   Jedenfalls würde diese
Deutung dem Gedichte des Horaz gerecht, was ich von der bisher
giltigen nicht ganz zu sagen wage.[1])

eine Art göttliches Wesen ist (wie die spätere Lehre von den 365 Archonten
zeigt), gesagt wird: ἦρξεν δὲ τῷ κόσμῳ τῶν δι' αὐτὸν εὐαγγελίων, so hat dies
Dieterich (Zeitschr. f. d. neutestam. Wissenschaft und Kunde des Urchristen-
tums 1900 S. 336) mit dem Kult des Εὐάγγελος in Verbindung gebracht; er ist nach
Hesych und den Darstellungen der Vibia-Katakombe Hermes (vgl. Beigabe II).

1) Nur so scheint mir der Gegensatz zu den Worten *patiens vocari
Caesaris ultor*, nur so der Schlußvers (*inultos*) voll zur Geltung zu kommen.   Eine
Berücksichtigung hellenistischer Theologie ist bei Horaz an sich nicht befremd-
licher wie bei Ovid. Ich benutze die Gelegenheit, um den früher in den Zwei
religionsgesch. Fragen (S. 69) aus alexandrinischen Anschauungen erklärten
Gedichten des Horaz ein weiteres beizufügen.   Zu dem reizenden Liede *Vixi
puellis nuper idoneus* (III 26) bemerkt Kießling, um die Schlußstrophe

> *O quae beatam diva tenes Cyprum et*
> *Memphin carentem Sithonia nive,*
> *regina, sublimi flagello*
> *tange Chloen semel arrogantem*

zu erklären: „Warum Venus so nachdrücklich als Herrin von Memphis angerufen wird, ist unklar; ein angebliches Heiligtum der Aphrodite daselbst
erwähnen Herodot II 112 (!) und Strabo XVII 807; ἀχείμαντος (*Sithonia nive
carentem*) heißt Memphis bei Bakchylides fr. 39.   Vielleicht liegt eine Remini-
szenz aus Sappho oder Alkaios zu Grunde.“ Es ist die seit Kießling ja übliche
Erklärung des besonders Gelungenen oder besonders Mißratenen.   Ich gestehe,
daß sie mir hier Horaz als den erbärmlichsten aller Verseschmiede erscheinen
läßt; *quae Cyprum tenes* ist eine so einfache Umschreibung des Namens Kypris,
daß neben ihr die Erwähnung eines mit erlesenster Gelehrsamkeit glücklich
herausgefischten Fremdkultes zu Memphis abscheulich wirkt.   Die göttliche
Herrin von Memphis ist bekanntlich Isis (vgl. S. 138); sie sagt von sich selbst
im Hymnus von Andros (C. I. Gr. Ins. V 739, 37): ἀνδρὶ γυναῖκα cυνάγαγον,
und schon Eudoxos hat sie mit Aphrodite identifiziert; als solche empfand sie
in Rom die Jugend.   So sagt Horaz nur: O Göttin, die du Aphrodite und Isis
bist. Sein Instrument aber weiht er in einer Isiskapelle; Isis ist ja die πελαγία,
d. h. *marina*, Isis die *regina* (Wissowa, Religion und Kultus der Römer S. 295
und 297; die Geißel paßt für Aphrodite — auf Pindar Pyth. 4, 219 verweist
Plasberg — wie für die Herrscherin Ägyptens, vgl. Dieterich, Abraxas S. 138 A.).
Ein Liedchen an Isis, wie wir es im Epigramm erwarten würden, ist in den
Ton der Ode steigernd übertragen. Zu den Steigerungsmitteln gehört das eine
Epitheton von Memphis ἀχείμαντος, welches die Stadt ähnlich wie den Olymp
als Sitz seliger Götter erscheinen lassen soll.   Das ist wirklich übersetzt und
infolge der von Horaz gegen das Original beliebten poetischen Individualisie-

Doch genug von der Vorstellung von dem βαςιλεύς als ςωτήρ; weit wichtiger ist ja, daß sich in einem eng mit Judäa verbundenen Lande die Vorstellung von dem διδάςκαλος oder προφήτης als ςωτήρ nachweisen läßt. Auch hier konnte das Christentum an Vorhandenes anschließen.[1]) —

So hat die Betrachtung jener späten Nachwirkungen des Hermetismus doch auch für die frühere Zeit einiges ergeben. Daß ich in der Schilderung der Ssabier ausführlicher geworden bin, möge der Leser damit entschuldigen, daß es unmöglich ist, auf Chwolsohns Werk einfach zu verweisen, und daß es interessant zu beobachten ist, daß an dieser Stelle das Fortleben der hellenistischen Religion auch kulturhistorische Bedeutung hatte. Denn aus dem Kreise der Ssabier, die sich bis in das zwölfte Jahrhundert hielten, ist, wie man aus Chwolsohns biographischen Notizen ersieht, eine besonders große Zahl der Übersetzer hervorgegangen, welche den Arabern griechisches Geistesleben erschlossen. Ja, vielleicht reicht dieser Einfluß noch weiter. Wer auch nur De Boers kurze Geschichte der arabischen Philosophie liest und darin so manchmal ohne jede Erklärung gnostische Ein-

rung sogar wenig glücklich übersetzt; alles übrige ist fein und individuell empfunden.

1) Daß die jüdische Messiasvorstellung in einzelnen Kreisen von hier aus mit beeinflußt werden konnte, wird man nicht von vornherein bestreiten können. — Nicht in der ςωτήρ-Lehre an sich liegt die Eigenheit des Christentums, und noch weniger in der Hervorhebung der Heilwunder oder der Parallelisierung der körperlichen und geistigen Heilung, wie ich für Philologen nicht auszuführen brauche. Daß diese Erlösung nicht eine bloße Vertreibung der bösen Leidenschaften oder Laster, eine Befreiung vom Tode und Sicherung ewigen Lebens bei Gott, sondern zunächst eine Vergebung der Sünden ist, scheint mir das Neue. Der furchtbare Ernst der Predigt von der Schuld und Versöhnung fehlt, soweit ich sehe, dem Hellenismus. Man darf das Totengericht, von dem die γνῶςις befreit, oder die Hades-Strafen, von denen Weihen entheben, ja selbst das Streben nach Reinheit in der Askese nicht im Ernst mit jener Wiederbelebung der ursprünglich ja den meisten Religionen eigenen Anschauungen von Schuld und Sühne vergleichen, die sich im Judentum allmählich vollzogen und die gewaltigsten und tiefsten Gedanken der jüdischen Prophetie verallgemeinert und erweitert hatte. Als die erste Gemeinde dann den Tod Jesu mit diesem tiefen Gefühl der Schuld und dem Glauben an die Vergebung auch der schwersten Sünde in Verbindung brachte, da, aber auch erst da, hat die christliche ςωτήρ-Lehre ihr Eigenstes, ihre welterobernde Kraft gewonnen, und ihre hellenistischen Rivalen konnten ihr nur noch den Weg durch eine Welt bereiten, die eben wieder die Sünde zu empfinden gelernt hatte.

flüsse konstatiert findet oder beobachtet, wie stark der Neuplatonismus die gesamte Entwicklung beeinflussen soll, wird es bedauern, daß De Boer auf den unter dem Islam weiterlebenden Hermetismus nähere Rücksicht nicht genommen hat. Die Einwirkungen scheinen z. B. bei der Sekte der treuen Brüder von Basra nicht gering, und der Eindruck, daß es sich hier mehr um die Ausgestaltung einer vorhandenen Religion als eines philosophischen Systemes handelt, ist fast zwingend. Doch das zu entscheiden ist Sache des Fachgelehrten. Ihm muß ich natürlich auch eine weitere Frage zur Beurteilung übertragen, die ich nicht ganz mit Stillschweigen zu übergehen vermag.

Tiedemann, dessen Verdienste um den Text des uns erhaltenen Hermetischen Corpus später zu würdigen sind, scheint zu seiner Beschäftigung mit ihm dadurch gekommen, daß er sich mühte, die Stellung der Kabbala in der Geschichte der Philosophie zu ermitteln. Überall glaubte er in den Hermetischen Schriften ihre Spuren zu sehen, und die Übereinstimmungen sind in der Tat groß. Nun kann man jene spät-jüdische Mystik weder direkt aus Philon ableiten, der in der religiösen Literatur der Juden nie genannt und schwerlich viel benutzt ist, noch die lange Zeit in ihrer Bedeutung überschätzten Essener für diese gewaltige Entwicklung verantwortlich machen oder mit Franck alles aus babylonisch-persischen Einflüssen erklären. Auch das Zauberwort „Gnostizismus" hilft uns zu einem geschichtlichen Verstehen nicht viel, so überraschend oft die Ähnlichkeiten sind. Denn schlagend scheint Karppe[1]) erwiesen zu haben, daß die Hauptschrift der Kabbala, der Zohar, erst im XIII. Jahrhundert entstanden ist[2]), und sicher mit Recht sucht derselbe Autor das allmähliche Anwachsen dieser mystischen Richtung im Judentum selbst zu verfolgen. Fraglich aber erscheint, ob seine Erklärung, die den jüdischen Mystizismus vollständig isoliert, genügen kann.

So sei es gestattet, die Wechselwirkungen zwischen ägyptischer und jüdischer Theologie, die ich mehrfach schon hervorgehoben habe, noch einmal in ihrem Zusammenhang, soweit ich kann, zu verfolgen. Würde doch ohne einen, wenn auch noch so ungenügenden

---

1) *Étude sur les origines et la nature du Zohar*, Paris 1901.

2) Freilich scheint er weder eine Fälschung des Moses von Leon noch überhaupt das Werk eines Mannes. Auf orientalischen Ursprung weist die Geschichte des jüdischen Mystizismus, die Karppe näher verfolgt.

Versuch hierzu die Aufgabe, welche dieser Abschnitt mir stellte, ungelöst und vieles in der vorausgehenden Darstellung unverständlich bleiben.

Ich beginne damit, frühere Behauptungen zu erweitern und zu ergänzen.

Die Lehre vom Thot-Hermes lautet in der Inschrift von London (IV Z. 59 oben S. 64): „Er ist Thot, der weise, dessen Kraft größer ist als die der anderen Götter. Er vereinigte sich mit Ptah, nachdem er alle Dinge und alle Gottesworte hervorgebracht hatte, damals, als er die Götter gebildet hatte, die Gaue besiedelt hatte, die Götter in ihre Heiligtümer gestellt hatte, als er ihre Opfer festgesetzt, ihre Heiligtümer gegründet und Statuen ihrer Leiber gemacht hatte zu ihrer Zufriedenheit." Hiermit vergleiche man den Bericht des Artapanos[1]) über Moses: ἔτι δὲ τὴν πόλιν εἰς λϛ′ νομοὺς διελεῖν καὶ ἑκάστῳ τῶν νομῶν ἀποτάξαι τὸν θεὸν ϲεφθήϲεϲθαι, τά τε ἱερὰ γράμματα τοῖϲ ἱερεῦϲιν· εἶναι δὲ καὶ αἰλούρουϲ καὶ κύναϲ καὶ ἴβειϲ[2])· ἀπονεῖμαι δὲ καὶ τοῖϲ ἱερεῦϲιν ἐξαίρετον χώραν . . . . διὰ ταῦτα οὖν τὸν Μώϲον ὑπὸ τῶν ὄχλων ἀγαπηθῆναι καὶ ὑπὸ τῶν ἱερέων ἰϲοθέου τιμῆϲ καταξιωθέντα προϲαγορευθῆναι Ἑρμῆν διὰ τὴν τῶν ἱερῶν γραμμάτων ἑρμηνείαν. Sehen wir nun, daß Moses auch Verfasser einer rein ägyptischen Schöpfungsgeschichte wird[3]), und daß er bei Artapanos Erfinder der Philosophie wie Hermes, Horus u. a. heißt[4]), so folgt für mich zwingend, daß der jüdische Gesetzgeber in der Tat schon im zweiten Jahrhundert v. Chr. in bestimmten Kreisen Ägyptens Verehrung genoß[5]); Artapanos wird für mich dadurch zum weiteren

---

1) Aus dem Ende des zweiten Jahrhunderts v. Chr. (Eusebios *Praep. ev.* IX 27 *p.* 432); Moses wird zugleich mit Musaios, dem Lehrer des Orpheus identifiziert (vgl. oben S. 120).

2) Es sind die heiligen Tiere. Der Ibis als heiliges Tier des Moses begegnet noch bei Iosephos (*Ant.* II 246, vgl. Zwei religionsgesch. Fragen S. 101). Bei Philon von Byblos erfindet Taautes die „Schlangenschrift" und lehrt den Kult der Schlange.

3) Im Papyrus *W* von Leiden, herausgegeben von Dieterich im Abraxas. In der üblichen Formelsprache dieser Literatur wird ihre Übereinstimmung mit den Hermetischen Schriften und dem Bericht des Manetho hervorgehoben und erklärt: Manetho und Hermes haben sie geplündert. Die Titel der Mosesbücher Μονάϲ und Κλείϲ kehren in den Hermetischen Schriften wieder.

4) Er erfindet auch die Maschinen für Bauten; er ist Baumeister wie Asklepios bei Manetho.

5) Ein Jude konnte nicht erfinden, daß Moses den Tierdienst begründet

Zeugen für Alter und Art auch der Hermetischen Literatur. Das Gegenbild bietet die alchemistische Literatur in dem jüdischen Moses und seiner Schwester Mirjam, die für Isis eingetreten ist.

Ich erwähnte schon oben jene wichtige Stelle des Josephos (*Ant.* I 71), nach welcher der fromme Seth und seine Nachkommen ihre Erkenntnisse auf zwei cτῆλαι schreiben: μένει δ' ἄχρι δεῦρο κατὰ γῆν τὴν Ceιριάδα.[1]) Das erinnert, wie schon Plew (Jahrb. f. Phil. 1868 S. 839) sah, selbst in der Form an die Hermetische Lehre bei Pseudo-Manetho (oben S. 139): χρηματίcαc ἐκ τῶν ἐν τῇ Cηριαδικῇ γῇ κειμένων cτηλῶν. Sie hat der erste Hermes vor der Sintflut errichtet und ’Αγαθὸc δαίμων, der Sohn des zweiten Hermes, nach ihr gedeutet.[2]) Die Ceιριάc γῆ ist als Heimat der Isis durch eine Inschrift bezeugt; die Göttin selbst wird als Νειλῶτιc oder Ceιριάc bezeichnet[3]); sie ist die Fruchterde und ist Ägypten. Es ist nicht nötig, mit Plew an Äthiopien zu denken[4]); es handelt sich offenbar zunächst um eine sakrale Formel; Josephos wird schwerlich nachgedacht haben, wo das in seiner Quelle erwähnte Land lag. Aber daß diese Quelle die Nachkommen des frommen Seth in Ägypten — oder Äthiopien — wohnen und dort ihr geheimes Wissen auf Stelen schreiben läßt, ist wichtig. Sie wird Adams späteren Wohnsitz ebendahin verlegt haben, weil die Ägypter angeblich die ersten

---

hat; nur wenn ihm dies gegeben war, konnte er ihn durch eine neue Offenbarung Gottes den reinen Kult lernen lassen. Hierdurch erklärt sich die Berücksichtigung des mosaischen Schöpfungsberichtes in Stücken wie der Poimandres.

1) Ceιρίδα Niese, cιριάδα und cηιρειάδ einzelne Zweige der Überlieferung.

2) Zum Vergleich zitiere ich den Anfang einer astrologischen Schrift aus dem *Paris. graec.* 2419: Ὁ Cὴθ ἐφεῦρε τὸ μάθημα τῆc ἀcτρονομίαc δι’ ἀγγέλου κυρίου, ὅθεν καὶ προγνοὺc τὰ μέλλοντα γενέcθαι, κατακλυcμοὺc διὰ πυρὸc ἢ (καὶ Cod.) ὕδατοc, δύο πύργουc ἀνψκοδόμηcεν λίθινον καὶ πλίνθινον, ἐν οἷc καὶ τὸ μάθημα τῆc ἀcτρονομίαc cυνέγραψεν, ἵνα εἰ μὲν διὰ πυρὸc γένηται ὁ κατακλυcμόc, μένει ὁ λίθινοc κτλ.

3) Drexler in Roschers Lex. d. Myth. II S. 388, 408, 455. Ceίριοc heißt der Nil.

4) Möglich wäre es allerdings, da mehrfach (z. B. bei Augustin *De civ. dei* XVIII 8) die Behauptung auftritt, Isis stamme aus Äthiopien. Sie wird sich kaum trennen lassen von dem Anspruch der Äthiopen, das älteste Volk zu sein (Diodor III 2). Die Sage ist ganz der ägyptischen nachgebildet. — Wenn ich im Text zunächst der Deutung gefolgt bin, die den Landesnamen von dem Namen des Nil ableitet, muß ich hinzufügen, daß die Ableitung von dem Namen des Sterns, welcher der Isis eigen ist, mir ebenso möglich scheint. Dann ist die Beziehung auf Äthiopien sogar ausgeschlossen.

Menschen sind und alle Völker den Kult der Götter gelehrt· haben. Daß die Ägypter einen Gott Seth kannten, mag mitgewirkt haben.[1])

Wieder auf andere Wege weist uns das von Laurentius Lydus angeführte Fragment einer Hermetischen Schrift[2]): ὅτι πολλὴ τοῖς θεολόγοις διαφωνὴ περὶ τοῦ παρ' Ἑβραίων τιμωμένου θεοῦ καὶ γέγονε καὶ ἔστιν· Αἰγύπτιοι γὰρ καὶ πρῶτος Ἑρμῆς Ὄσιριν τὸν ὄντα θεολογοῦσιν αὐτόν, περὶ οὗ Πλάτων ἐν Τιμαίῳ (27 d) λέγει· τί τὸ ὂν μὲν ἀεί, γένεσιν δὲ οὐκ ἔχον, τί δὲ τὸ γινόμενον, ὂν δὲ οὐδέποτε. Das weist auf eine Schrift, welche die ägyptischen Epitheta des höchsten Gottes bei Platon einerseits, in der jüdischen Literatur andererseits wiederfinden und Osiris zum allgemeinen Gott machen wollte. Ich würde bei diesem Charakter der Schrift auf die Angabe gar kein Gewicht legen, wenn sie nicht durch eine ziemlich alte Zauberformel, die Dämonenaustreibung des Schreibers Jeû[3]), eine überraschende Bestätigung gewänne: cτήλη τοῦ Ἰεοῦ τοῦ Ζωγράφου εἰς τὴν ἐπιcτολήν[4]) Cὲ καλῶ τὸν ἀκέφαλον, τὸν κτίσαντα γῆν καὶ οὐρανόν, τὸν κτίσαντα νύκτα καὶ ἡμέραν, cὲ τὸν κτίσαντα φῶς καὶ σκότος· cὺ εἶ Ὀcορόννωφρις[5]), ὂν οὐδεὶς εἶδε πώποτε, cὺ εἶ Ἰάβας[6]), cὺ εἶ Ἰάπως. cὺ διέκρινας τὸ δίκαιον καὶ τὸ ἄδικον, cὺ ἐποίηcας θῆλυ καὶ ἄρρεν, cὺ ἔδειξας cπορὰν καὶ καρπούς, cὺ ἐποίηcας τοὺς ἀνθρώπους ἀλληλοφιλεῖν καὶ ἀλληλομιcεῖν.[7]) ἐγώ εἰμι Μούcης ὁ προφήτης cου, ᾧ παρέδωκας τὰ μυcτήριά cου τὰ cυντελούμενα Ἰcτραήλ. cὺ ἔδειξας ὑγρὸν καὶ Ξηρὸν καὶ πᾶcαν τροφήν. ἐπάκουcόν μου· ἐγώ εἰμι ἄγγελος

1) Wie sich in Ägypten der jüdische Seth mit dem Bruder des Osiris verschmolz, der ja auch als mächtiger Gott verehrt wird, ist z. T. noch dunkel (vgl. den besonders lehrreichen Zauber bei Wessely, Denkschr. d. K. K. Akad. 1893 S. 54). Für die späteren Sethianer ergibt wenigstens einiges Preuschen, Festgruß f. Bernh. Stade 240 ff., doch muß die Frage wohl in weiterem Zusammenhang noch einmal behandelt werden.

2) *De mensibus* IV 53 p. 109, 13 Wünsch.

3) Wessely, Denkschr. d. K. K. Akad. 1888 S. 129 Z. 96, vgl. Kenyon, *Greek Pap. Cat.* I p. 68. Dämonenaustreibungen begegnen wir in Ägypten bekanntlich sehr früh. Die jüdischen Magier übernahmen sie; vgl. Josephos *Ant.* VIII 46.

4) Ein Buch Jeû in Briefform wird also bezeugt.

5) Der gute Osiris, Kultname.

6) Den Namen deutet Blau (Das altjüd. Zauberwesen 131) aus der samaritanischen Aussprache des Tetragrammaton (ιαβε, ιαβα). Für Samarien würde in der Tat der Zauber passen.

7) Es sind die an Isis, bezw. Osiris, regelmäßig gerühmten Werke.

τοῦ φαπρω Ὀcορόννωφρις· τοῦτό ἐcτίν cου τὸ ὄνομα τὸ ἀληθινὸν τὸ
παραδιδόμενον τοῖς προφήταις Ἰcτραήλ. ἐπάκουcόν μου[1]) ... εἰcάκουcόν
μου καὶ ἀπόcτρεψον τὸ δαιμόνιον τοῦτο. ἐπικαλοῦμαί cε τὸν ἐν κενῷ
πνεύματι δεινὸν καὶ ἀόρατον θεόν[1]) ... ἀκέφαλε ἀπάλλαξον τὸν δεῖνα
ἀπὸ τοῦ cυνέχοντος αὐτὸν δαίμονος[2]) ...... οὗτός ἐcτιν ὁ κύριος
τῶν θεῶν, οὗτός ἐcτιν ὁ κύριος τῆς οἰκουμένης, οὗτός ἐcτιν ὃν οἱ
ἄνεμοι φοβοῦνται, οὗτός ἐcτιν ὁ ποιήcας φωνῇ[3]) προcτάγματι ἑαυτοῦ
πάντα. κύριε βαcιλεῦ δυνάcτα βοηθέ, cῶcον ψυχὴν Ἰεοῦ .... ⟨ἐγώ
εἰμι⟩ ἄγγελος τοῦ θεοῦ .... ἐγώ εἰμι ὁ ἀκέφαλος δαίμων ἐν τοῖς
ποcὶν ἔχων τὴν ὅραcιν, ⟨ὁ⟩ ἰcχυρός, τὸ πῦρ τὸ ἀθάνατον. ἐγώ εἰμι
ἡ Ἀλήθεια, ὁ μιcῶν ἀδικήματα γίνεcθαι ἐν τῷ κόcμῳ. ἐγώ εἰμι ὁ
ἀcτράπτων καὶ βροντῶν, ἐγώ εἰμι οὗ ἐcτιν ὁ ἴδρως ὄμβρος ἐπιπίπτων
ἐπὶ τὴν γῆν, ἵνα ὀχεύῃ[4]), ἐγώ εἰμι οὗ τὸ cτόμα καίεται δι' ὅλου, ἐγώ
εἰμι ὁ γεννῶν καὶ ἀπογεννῶν, ἐγώ εἰμι ἡ Χάρις τοῦ Αἰῶνος· ὄνομά
μοι καρδία περιεζωcμένη ὄφιν.[5]) ἔξελθε καὶ ἀκολούθηcον.

Der Glaube, daß der geheimnisvolle Gott der Juden, dessen
Name nicht ausgesprochen werden darf, Osiris sei, läßt sich herauf
verfolgen bis zu Manetho, der Moses zum Priester des Osiris macht,
Es ist durchaus möglich, daß es in dem Grenzgebiet Gemeinden gab.
die wirklich Osiris als den Gott Israels verehrten.[6]) Umgekehrt zählte
das Judentum nicht nur unter den hellenistischen, sondern auch unter
den nationalägyptischen Bewohnern des Niltales zahlreiche Anhänger.
Erman hat unlängst[7]) hervorgehoben, daß nach dem Talmud mindestens im zweiten Jahrhundert n. Chr. biblische Handschriften demo-
tisch geschrieben und wohl in ägyptischer Sprache umliefen. Ihr

---

1) Es folgen magische Worte.

2) Die Formel wird mit magischen Worten dreimal wiederholt; beim
dritten mal schließen die magischen Worte ἰcὰκ cαβαωθ ιαώ.

3) φωνην Pap. Auf Wünsch, Defix. tab. Att. p. XVII l. 24 verweist Plasberg.

4) Vgl. die Nomen-Liste aus Philae (Brugsch, Die biblischen sieben Jahre
der Hungersnot 139): „es sprudelt der Nil als seine Schweißtropfen".

5) Es scheint, daß der Name in ägyptischen Zeichen geschrieben war.

6) Αἰγύπτιοι Cύροι nennt der Magier Euenos (Dieterich, Abraxas S. 202, 28),
und Poseidonios (bei Strabon XVI 760, vgl. 764) wollte in Galiläa, Samaria
und am Toten Meere ägyptische Bevölkerungselemente gewahrt haben.

7) Zeitschr. f. äg. Spr. 1897 S. 109 auf Grund von Baraitha Sabbath 115a
und Megilla 18a. Die Sprachen, in welche die Thora übersetzt ist, sind Ägyptisch,
Medisch, Hebräisch(?), Elamitisch, Griechisch. Es sind, wie Erman richtig hervorhebt, die Sprachen, die z. T. auch Apostelgesch. 2, 9 wiederbegegnen

Gegenbild boten jene Πτολεμαϊκαὶ βίβλοι (vgl. oben S. 106 A. 6), welche in
griechischer Sprache ägyptische und jüdische Theologie und Theurgie
in bunter Vereinigung enthielten und die Existenz ähnlicher Schriften
in ägyptischer Sprache bezeugten. Im vierten Jahrhundert sehen wir
dann im Gebrauch der Poimandres-Gemeinde apokryphe Schriften
des Salomon und des angeblichen Mambres[1]), und in dem Talmud
begegnen mehrfach koptische Proselyten als Schriftgelehrte.[2]) Die
Wechselwirkungen scheinen immer stärker zu werden. Theologie
und Magie lassen sich in dieser Zeit nicht trennen; so läßt auch die
Ausgestaltung der jüdischen Magie Schlüsse auf die allgemeinen
Einwirkungen Ägyptens zu, die m. E. noch lange nicht scharf genug
gezogen sind, zum Teil wohl, weil uns das Material bisher so ungenügend erschlossen ist.[3]) Noch immer bilden Papyri oder Blei-
täfelchen einerseits, die handschriftliche Überlieferung andererseits
für unsere Vorstellungen und unsere Arbeitsmethode getrennte Gebiete. Und doch wird dieselbe ἀρχαγγελικὴ βίβλος des Moses in den
Papyri wie in den φυλακτήρια des *Parisin. graec.* 2316 benutzt, und
diese φυλακτήρια selbst bieten die trefflichsten Parallelen zu den
Zaubergebeten der Papyri und den Gebeten der christlichen Gnostiker.[4])

Den Zusammenhang mit der Theologie erkennen wir am deutlichsten in dem astrologischen Element des jüdischen Zaubers. Von
ihm gibt ja schon das Testament Salomons eine gewisse Anschauung;
mehr noch eine leider unveröffentlichte Schrift Salomons an seinen

---

1) Berthelot *p.* 245.

2) Blau, Das altjüdische Zauberwesen S. 43. Daß das Judentum in Ägypten,
auch unter der Herrschaft des Islam, eine bedeutende Rolle spielt, ist bekannt;
eine direkte Beeinflussung des Judentums durch spät-ägyptische Tradition scheint
hiernach möglich, war aber schwerlich stark genug, die Entwicklung jüdischer
Mystik in der später zu schildernden Weise zu beeinflussen.

3) Blaus oben erwähntes Buch kann natürlich nicht genügen; der Verfasser scheint von der Fülle des in griechischer Sprache handschriftlich erhaltenen Materials keine Ahnung zu haben. Aber der Nachweis, daß der
Talmud die Magie überall auf Ägypten zurückführt, und daß die jüdische
Magie auf das stärkste von Ägypten beeinflußt ist, scheint in der Tat gelungen.

4) Zu den früher erwähnten Beispielen füge ich noch ein relativ junges
(aus *fol.* 435ʳ): ἐπικαλούμεθά ϲε, δέϲποτα, θεὲ θεῶν, ⟨κύριε⟩ τῶν ἄνω δυνάμεων,
ἄχραντε, ἄφθαρτε, ἀμίαντε, ἀψηλάφητε [ἀμίαντε], ἀχειροποίητε, ἀκατασκεύαστε,
ἔνδοξε, ἐνδοξότατε, ὁ ἐπὶ ⟨τῶν⟩ πόλων ἔχων τὴν ἐξουσίαν (vgl. Beigabe II),
ὁ μόνος πατήρ, ὁ κύριος ἡμῶν Ἰηϲοῦς Χριϲτός. ἐπικαλούμεθά ϲε, κύριε ὁ θεὸς
ἡμῶν, ὑγίαν καὶ ϲωτηρίαν παράϲχου.

Sohn Rehabeam, welche genau verzeichnet, welche Planeten und Zodiakalzeichen man für bestimmte Zwecke anrufen muß.[1]) Weiter führt die ebenfalls unveröffentlichte Sammlung jüdischer Planetengebete im *Parisinus graecus* 2419 *fol.* 177, welche für jeden Planeten zunächst angibt, wieviel ἄγγελοι und wieviel δαίμονες in ihm walten, wie sie heißen und wie sie anzurufen sind.[2]) Ich darf auf die früheren Ausführungen über den Glauben an die εἱμαρμένη bei den Juden verweisen (S. 78 ff.); sie empfangen durch solchen Zauber ihr Licht, und umgekehrt, der Zauber gewinnt für uns an Wichtigkeit, wenn wir uns erinnern, daß schon unsere Evangelien voraussetzen, daß Männer, welche in dieser Weise Dämonen beschworen, schon in Jesu Zeit auch im eigentlichen Judäa herumzogen.[3])

Ähnlich mit der Theologie verbunden ist die Alchemie; ich brauche nach den mannichfachen Ausführungen des vorigen Kapitels nur auf die Rolle des Moses und der Mirjam in diesen Schriften sowie vielleicht noch auf den Buchanfang (Berthelot a. a. O. 213) zu verweisen: Λόγος ἀληθὴς Σοφὲ Αἰγυπτίου καὶ θεοῦ Ἑβραίων κυρίου τῶν δυνάμεων Σαβαώθ. δύο γὰρ ἐπιστῆμαι καὶ σοφίαι εἰσὶν ἡ τῶν Αἰγυπτίων καὶ ἡ τῶν Ἑβραίων.

Daß wir aus diesem für mehr als sechs Jahrhunderte nachweis-

---

1) Mir bekannt aus *Parisin. graec.* 2419 *fol.* 218. Schon der Anfang: πρόσεχε ἀκριβῶς μου υἱὲ Ῥοβοὰμ εἰς τὴν ἀκρίβειαν τῆς τέχνης (vgl. in der Κόρη κόσμου Stob. Ekl. *p.* 394, 25: πρόσεχε, τέκνον Ὧρε· κρυπτῆς γὰρ ἐπακούεις θεωρίας) und mehr noch die Mahnung, diese Schrift niemandem zu zeigen, charakterisiert sie als Nachbildung Hermetischer Schriften. Daß auch Dämonenaustreibungen, welche dem ägyptischen Zauber besonders eigen sind, darin vorkommen, interessiert wegen Josephus *Ant.* VIII 46.

2) Vgl. S. 75. Ähnliche Planetengebete der Harraniter bietet Dozy-Goeje 349 ff.

3) Zum Beweise genügt Matth. 12, 27 = Luk. 11, 19: εἰ ἐγὼ ἐν Βεελζεβοὺλ ἐκβάλλω τὰ δαιμόνια, οἱ υἱοὶ ὑμῶν ἐν τίνι ἐκβάλλουσιν. Die eigentümliche Fortbildung zeigt Apostelgesch. 19, 13: ἐπεχείρησαν δέ τινες καὶ τῶν περιερχομένων Ἰουδαίων ἐξορκιστῶν ὀνομάζειν ἐπὶ τοὺς ἔχοντας τὰ πνεύματα τὰ πονηρὰ τὸ ὄνομα τοῦ κυρίου Ἰησοῦ λέγοντες· ὁρκίζω ὑμᾶς τὸν Ἰησοῦν, ὃν ὁ Παῦλος κηρύσσει. Die Bestätigung bietet die im Papyrus erhaltene Beschwörung bei Jesus, dem Gott der Juden (S. 14 A. 1). Die uns erhaltenen exorcistischen Formeln sind hier gewahrt. Um so bedenklicher stimmt die Angabe, daß noch bei Lebzeiten Jesu auch solche, die nicht seine Jünger sind, in seinem Namen Teufel austreiben (Mark. 9, 38). Es scheint, daß eine spätere Entscheidung über das Verhalten der Christen zu solchen Männern nachträglich Jesu in den Mund gelegt ist. Zur Sache vgl. auch Harnack, Mission und Ausbreitung des Christentums 92 ff.

baren Zusammenhang eine Erscheinung wie Philon erklären müssen, ist
gewiß eine Binsenwahrheit, aber wohl selten voll gewürdigt. Wohl
trennt ihn eine tiefe Kluft von jenen Magiern einerseits, von Roman-
schreibern wie Artapanos andererseits; dennoch ist er ihnen verwandt. Wenn er Moses als Νοῦς τέλειος bezeichnet (De agric. 312 M.)
oder ihn bei seiner Rückkehr zu Gott zum Νοῦς ἡλιοειδέστατος werden
läßt (Vit. Mos. III p. 179 M.), so gleicht er ihn damit ebenso dem
ägyptischen Thot an wie Artapanos oder der Verfasser des VIII. Buches
Mosis. Von seiner Logos-Lehre habe ich S. 41 ff. gesprochen. Wir
dürfen, auch wenn wir uns mühen, bei ihm ein einheitliches System
zu finden, nie vergessen, daß Philon in erster Linie Apologet ist, und
daß der Apologet den Gedankeninhalt, den er in der Überlieferung
seines Glaubens wiederfinden will, zunächst von der umgebenden
Welt empfängt. Es sind in Wahrheit die Grundgedanken der
ägyptisch-griechischen Mystik, die Philon mit wunderbarem Geschick
in die Überlieferung seines Volkes hineinzulesen versteht; sie werden
mit Virtuosenkunst bald so, bald so gewendet, wie es dem augenblicklichen Zweck und der augenblicklichen Stimmung entspricht;
immer sind sie zugleich jüdische Offenbarung. Daß Philon sich dabei
als Prophet, und zwar als Prophet im Sinne jener ägyptisch-
griechischen Mystik fühlt, wird uns später noch beschäftigen. Aber
schon jetzt dürfen wir betonen, daß die Verfasser Hermetischer
Schriften seine Kollegen, die Erfinder jener Zaubergebete und Sprüche
niedere Genossen desselben Standes sind. Daß es nicht an Nachfolgern fehlte, auch solchen, die das Christentum nicht in den
allgemeinen Ausgleichsprozeß mit hineinzogen, sondern nur die
ägyptisch-griechische Mystik mit dem Judentum verbanden, lehren
die Zauberpapyri und lehrt die Entwicklung z. B. der Poimandres-
gemeinde. Wir dürfen, seit wir das Fortwirken dieser Mystik bis ins
späte Mittelalter erwiesen haben, für ihre Arbeit einen viel weiteren
Spielraum annehmen, als man ihn bisher vorauszusetzen zu dürfen wähnte.
Sollte sich von hier aus die Entwicklung der jüdischen Mystik vielleicht leichter begreifen lassen? Das Eigentümliche an ihr ist ja,
daß es sich offenbar nicht um eine einmalige Entlehnung und unabhängige Ausgestaltung einiger in hellenistischer Zeit empfangener
Ideen handelt, sondern daß die Übereinstimmungen mit ägyptischen
und besonders mit Hermetischen Vorstellungen im Laufe der Jahrhunderte immer stärker werden. Das weist m. E. auf einen lang an-

dauernden Einfluß dieser Vorstellungen, der ganz allmählich die
widerstrebenden Faktoren im Judentum überwand.[1])

Wir können in der alchemistischen und astrologischen Literatur
das fortdauernde Herüberwirken Hermetischer Schriften noch verfolgen.[2]) Man braucht in der Tat nur die von Pitra[3]) veröffentlichten
Exzerpte Hermetischer Schriften mit einem jener spätjüdischen
Büchlein zu vergleichen, in welchen die Sterne und ihre Namen
hebräisch, arabisch, griechisch und lateinisch angegeben werden und
zu jedem Stern die Pflanze und der Stein, welcher ihm entspricht,

---

[1]) Charakteristisch dafür sind weniger die Steigerung der astrologischen
Anschauungen und der eng mit ihnen verbundenen Dämonologie, die Ausgestaltung der Lehre von dem zweigeschlechtlichen ersten Menschen oder von
dem „zweiten Gott" Metatron, dem Logos, die Ausbildung der Theorie der
Ekstase bis zu jener eigentümlichen Lehre vom Propheten bei Abulafia (XIII. Jahr-
hundert) und derartiges mehr, als vor allem das Entstehen von Schriften, wie die
Hechaloth, welche darlegen, wie der Mensch sich durch Eulogien und Hymnen
geeignet macht, die sieben himmlischen Paläste zu durchwandern, und welcher
Formeln und Amulette er gegenüber den Engeln und Hütern der einzelnen
Tore bedarf; das ägyptische Element scheint, wenn auf Karppes Darstellung
einiger Verlaß ist, sehr viel stärker geworden, als es in den Apokalypsen war.
Es ist ähnlich mit dem Buchstabenzauber, der in dem Sefer Jezirah zur Ausgestaltung kommt. Erst im XIII. Jahrhundert scheint ferner die Ansicht voll
ausgebildet, daß der wahrhaft Gottbegnadete, ähnlich wie der πρῶτος ἄνθρωπος (die Form, in der sich Gott zur Erde niederneigt und unter der er verehrt
werden will) ganz aus den zehn Sefiroth Gottes bestehe; ihr Gegenstück bietet
das XIII. (XIV.) Hermetische Stück. Die eigentümlichen Vorstellungen von einer
geschlechtlichen Vereinigung Gottes mit der Φύσις, die uns in derselben Zeit begegnen, habe ich S. 42 A. 2; 44 A. 2 erwähnt; der Stier erscheint dabei als Symbol
der männlichen Kraft. Die Gleichsetzung des Menschen und des κόσμος wird
echt ägyptisch durchgeführt. Sonne und Mond sind die Augen „des Menschen",
das Sternbild des Löwen (in welchem Ἀγαθὸς δαίμων der eine Dekan ist) sein
Herz. Selbst die ägyptische Vorstellung vom *ka* kehrt wieder. Vor der Zeugung des Menschen modelt Gott ein Abbild seiner äußeren Gestalt und sendet
es im Moment der geschlechtlichen Vereinigung der Eltern nieder; ein erleuch-
tetes Auge würde über ihren Häuptern jenen geistigen Doppelgänger des zukünftigen Menschen gewahren. Man glaubt in dem Tempel von Luxor zu
stehen, in dem die Zeugung des Königs so dargestellt ist, daß der Gott auf der
Töpferscheibe zunächst seinen *ka* formt.

[2]) Auch in der Zauberliteratur wird der Philologe z. B. in den Amuletten
aus der Schule des Eleazar von Worms (XIII. Jahrhundert, Karppe, *Les origines
du Zohar* 285. 286) auf den ersten Blick das starke Hervortreten der ägyptischen
Zauberzeichen erkennen.

[3]) *Analecta sacra et classica part.* II p. 279—299.

sowie die magischen Worte, die man auf ihn zu schreiben hat, verzeichnet werden, um selbst als Laie eine Empfindung von dem Fortleben dieser Traditionen zu bekommen. Vielleicht genügt selbst die
Vorrede des einen, mir aus dem *Cod. Basil.* F II 15 *fol.* 31 und *Paris.
lat.* 7440 *fol.* 13 bekannten: *Inter multa alia bona, quae antiqui patres
sapientissimi narraverunt philosophi, Hermes Agathodaemon*[1]*) pater
philosophorum, antiquissimus sapiens et quasi unus ex benedictis a deo
philosophis, librum Lunae edidit e. q. s.*[2]*)* In ähnlicher Weise scheinen
die theologischen Schriften der fortlebenden Hermes-Gemeinden eingewirkt zu haben. —

Doch das sind Träume, nicht wissenschaftliche Behauptungen,
die ich auf diesem Gebiet gar nicht wagen könnte. Die Tatsache,
daß die ägyptisch-griechische Mystik als Religion weiter Kreise bis
ins XII. Jahrhundert fortgelebt hat, wird hoffentlich bald bessere
Kenner bewegen, ihren Einwirkungen nachzugehen. Zu meiner
eigenen Arbeit kehre ich zurück.

Um die Geschichte der Poimandres-Gemeinde zu verfolgen
müssen wir zunächst die Zeit des XIII. (XIV.) Kapitels des Hermetischen Corpus wenigstens annähernd zu bestimmen suchen. Hierzu
bietet sich, da äußere Indizien, soweit ich sehe, fehlen, nur der eine
Weg, die Zeit der Zusammenstellung des Corpus zu bestimmen.
Erst, wenn dies geschehen ist, kann eine Analyse des Inhalts zeigen,
ob innere Gründe die bisherigen Ansätze zu stützen geeignet sind.
Es gilt den Gang der Untersuchung an dem zweiten Stück von
neuem aufzunehmen.

VI.

Die uns erhaltene Sammlung Hermetischer Schriften besteht aus
achtzehn von einander unabhängigen Stücken, die verschiedenen theologischen Systemen und, wie ich jetzt wohl sagen darf, sehr verschiedenen
Zeiten angehören. Dennoch nimmt mehrfach die Einleitung eines

---

1) *ayderymon* Bas., *abydymon* Paris.

2) Dem *liber Lunae* des Hermes entspricht die βίβλος σεληνιακή des Moses
(Dieterich, Abraxas 205), ähnlich wie die Κλείς des einen der des anderen.
Nichts hindert, das Original wirklich in hellenistische oder römische Zeit zu
versetzen.

Stückes auf das unmittelbar vorausgehende Bezug, freilich nur in
oberflächlicher und dem Sinne selten genügender Weise.[1]) Das zeigt,
daß diese Stücke später planmäßig zu einem Corpus verbunden
worden sind. Den Plan und die Anlage des Ganzen erklärt die
Heilsgeschichte in der Κόρη κόσμου Stobaios Ekl. I 49 *p.* 386, 24
Wachsm., die ich hier noch einmal wiederhole; von Hermes wird
erzählt: καὶ οὕτως τοὺς cυγγενεῖc θεοὺς δορυφορεῖν ⟨εἰπὼν⟩ ἀνέβαινεν
εἰς ἄςτρα. ἀλλ' ἦν αὐτῷ διάδοχος ὁ Τάτ, υἱὸς ὁμοῦ καὶ παραλήπτωρ
τῶν μαθημάτων τούτου, οὐκ εἰς μακρὰν δὲ καὶ Ἀςκληπιὸς ὁ ⟨καὶ⟩
Ἰμούθης, Πτανὸς ⟨τοῦ⟩ καὶ Ἡφαίςτου βουλαῖc ...... Ἑρμῆc μὲν
οὖν ἀπελογεῖτο τῷ περιέχοντι ὡς οὐδὲ τῷ παιδὶ παρέδωκεν ὁλοτελῆ
θεωρίαν διὰ τὸ ἔτι τῆς ἡλικίας νεοειδέc.[2]) Wir sehen in Stück XIII (XIV),
daß der Anfang unseres Corpus nach späterer Auffassung die
Berufung des Hermes zum Propheten und Erlöser enthielt; in
einem der letzten Stücke, XIII (XIV), erinnert Tat den Hermes

---

1) Das Musterbeispiel hierfür bietet der Eingang des XIV. (bezw. XV.)
Stückes. Auf die Prophetenweihe des Tat XIII (bezw. XIV) wird mit den
Worten Bezug genommen: ἐπεὶ ὁ υἱός μου Τὰτ ἀπόντος cου τὴν τῶν ὄντων
(ὅλων MC) ἠθέληcε φύcιν μαθεῖν, ὑπερθέcθαι δέ μοι οὐκ ἐπέτρεπεν (ἔπρεπεν M¹)
ὡc υἱὸc (ὁ υἱὸc CA) καὶ νεώτεροc ἄρτι παρελθὼν ἐπὶ τὴν γνῶcιν [τῶν], περὶ
ἑνὸc ἑκάcτου ἠναγκάcθην πλείονα εἰπεῖν, ὅπωc εὐπαρακολούθητοc αὐτῷ γένηται
ἡ θεωρία. cοὶ δὲ ἐγὼ τῶν λεχθέντων τὰ κυριώτατα κεφάλαια ἐκλεξάμενοc δι'
ὀλίγων ἠθέληcα ἐπιcτεῖλαι, μυcτικώτερον αὐτὰ ἑρμηνεύcαc ὡc ἂν τηλικούτῳ καὶ
ἐπιcτήμονι τῆς φύcεωc. Allein die folgende Darlegung hat mit dem vorausgehenden Kapitel überhaupt nichts zu tun und ist zum Überfluß sehr viel elemen-
tarer, weit weniger mystisch. Also hat diese Einleitung und dies Stück in einem
Corpus von Dialogen gestanden, die beide Schüler im Gespräch vorführten, wie
dies bei Pseudo-Apuleius geschieht (die Einleitung eines Stücks als Epitome eines
andern ist typisch, vgl. die Ὅροι Ἀcκληπιοῦ und die Κλείc). Aber der Anfang dieser Vorrede paßt in der Tat auf den vorausgehenden Dialog; τὴν τῶν
ὄντων φύcιν μαθεῖν ist auch im Poimandres (§ 27) der Ausdruck für die vollkommene und höchste Offenbarung, wie sie in der παλιγγενεcία vermittelt
wird; Tat drängt stürmisch sie zu empfangen; erschließt sie der Vater ihm
nicht sogleich, so ist er nicht dessen echter Sohn. Entweder spielt hier ein
wunderlicher Zufall, oder der Redaktor des Corpus hat die ersten Worte seiner
Vorlage leicht umgestaltet, um einen äußeren Anschluß zu gewinnen, ohne
sich darum zu kümmern, wie wenig das Folgende dazu paßte.

2) Isis muß so sagen, um zu rechtfertigen, daß Hermes ihr tiefere Weisheit überliefert hat; aber einen Anhalt bot die Hermetische Literatur sicher,
da auch die oben zitierte Einleitung von Kap. XIV (XV) dieselbe Fiktion kennt
und auch in den Ὅροι Ἀcκληπιοῦ Tat als nur ab und an zugelassen erscheint.

nach unserer jetzigen Tradition (§ 1): ἔφης, ὅταν μέλλῃς κόσμου
ἀπαλλοτριοῦσθαι, παραδιδόναι μοι (τὸν τῆς παλιγγενεσίας λόγον), und
Hermes sagt von seinem Hymnus (§ 16): ὃν οὐκ ἔκρινα οὕτως εὐκόλως
ἐκφάναι, εἰ μὴ σοὶ ἐπὶ τέλει τοῦ παντός.[1]) Es folgt noch ein Brief
des Hermes an Asklepios, dann verschwindet Hermes aus dem Corpus
und die Lehrschriften seiner beiden Schüler Asklepios und Tat setzen
ein. Das kann nur Absicht sein. Sehen wir, wie der Redaktor das dem
Heilsbericht entnommene Schema im einzelnen ausgestaltet. Wir müssen
dabei bedenken, daß in den Titeln, wie die Überlieferung sie bietet, alte
und junge Elemente deutlich sich scheiden. Ganz byzantinische Erfindung ist, wie wir sehen werden, der Titel des letzten Stückes; in Kap. XVI
kann alt höchstens der Titel Ὅροι Ἀσκληπιοῦ πρὸς Ἄμμωνα βασιλέα
sein; die weiteren Zusätze der Inhaltsangabe stammen sicher von
einem byzantinischen Schreiber, der sogar das aus Kap. XVII an-
gehängte Stück töricht mit berücksichtigte. Aber auch der Titel
Ὅροι paßt nicht auf den erhaltenen Teil, den Lactanz als *sermo
perfectus ad regem*, d. h. als λόγος τέλειος Ἀσκληπιοῦ πρὸς Ἄμμωνα
zu bezeichnen scheint.[2]) Ob die Bezeichnung Ὅροι von dem Re-

---

1) Nicht darauf, wie die Worte ursprünglich gemeint waren, sondern wie
der Redaktor sie auffassen konnte, kommt es hier an.

2) Man vergleiche Lactanz II 15: *denique affirmat Hermes eos qui cognoverint deum, non tantum ab incursibus daemonum tutos esse, verum etiam ne
fato quidem teneri*. μία, inquit, φυλακὴ εὐσέβεια. εὐσεβοῦς γὰρ ἀνθρώπου οὔτε
δαίμων κακὸς οὔτε εἱμαρμένη κρατεῖ. θεὸς γὰρ ῥύεται τὸν εὐσεβῆ ἐκ παντὸς
κακοῦ. τὸ γὰρ ἓν καὶ μόνον ἐν ἀνθρώποις ἐστὶν ἀγαθὸν εὐσέβεια. *quid sit autem*
εὐσέβεια, *ostendit alio loco his verbis*: ἡ γὰρ εὐσέβεια γνῶσίς ἐστιν τοῦ θεοῦ (Corp.
Herm. IX 4). *Asclepius quoque auditor eius eandem sententiam latius explicavit
in illo sermone perfecto, quem scripsit ad regem*. Mit den Worten *eandem sententiam*
kann nicht der Ausspruch: ἡ γὰρ εὐσέβεια γνῶσίς ἐστιν τοῦ θεοῦ gemeint sein,
den Lactanz nur einführt, um das erste Zitat mit der Behauptung, Hermes lehre
qui cognoverint deum fato non teneri, in Einklang zu bringen. Es ist vielmehr
diese Lehre selbst, die Asklepios ausgeführt hat. Das geschieht im Schluß
der Ὅροι. Ebenso paßt zu diesem Schluß die Fortsetzung des Lactanz: *uter-
que vero daemones esse affirmat inimicos et vexatores hominum*. Daß Asklepios
dabei die δαίμονες nicht direkt als böse bezeichnet hatte, geht daraus hervor,
daß Lactanz dies nur den Hermes sagen läßt: *quos ideo Trismegistus* ἀγγέλους πο-
νηρούς *appellat*. Das stammt aus derselben Schrift wie der Satz: εὐσεβοῦς γὰρ
ἀνθρώπου οὔτε δαίμων κακὸς οὔτε εἱμαρμένη κρατεῖ, also wahrscheinlich entweder
aus der von Zosimos zitierten Schrift Περὶ φύσεως (φύσεων? vgl. oben S. 102)
oder dem von Cyrill (*Contra Iulian*. IV 701 Migne und I 556 Migne) benutzten
dritten Traktat an Asklepios.

daktor der Sammlung oder einem frühbyzantinischen Schreiber herrührt, ist nicht zu entscheiden. In Kap. XIII (XIV) ist der aus
Mißverständnis entstandene Titel ἐν ὄρει λόγος ἀπόκρυφος sogar
erst von dem Urheber einer Überlieferungsklasse zugefügt, die verfehlte Inhaltsangabe περὶ παλιγγενεσίας καὶ σιγῆς ἐπαγγελίας zwar
der ganzen Tradition gemeinsam, aber sicher byzantinisch wie m. E.
sämtliche Inhaltsangaben.

    Betrachten wir nun die einzelnen Stücke. Über den Poimandres
habe ich gesprochen; der Titel scheint durch ein Zitat bei Fulgentius
bezeugt. — Es folgt in allen Handschriften als Überschrift Ἑρμοῦ
πρὸς Τάτ λόγος καθολικός und darauf mitten im Satz beginnend
ein Dialog zwischen Hermes und Asklepios.[1]) Patricius fand, daß der
Anfang der philosophischen Darlegung sich bei Stobaios[2]) findet.
Die Überschrift lautet bei ihm Ἑρμοῦ ἐκ τῶν πρὸς Ασκληπιόν. Daß
der Dialog ursprünglich ebenso wie bei Stobaios begann, ist natürlich
nicht gesagt; Stobaios kann sehr wohl eine allgemeinere Einleitung
weggelassen haben. Eine durch nichts zu rechtfertigende Interpolation
war es, wenn auch Parthey, der diesen Sachverhalt kannte, sein
zweites Kapitel Ἑρμοῦ τοῦ τρισμεγίστου πρὸς Ἀσκληπιὸν λόγος καθο
λικός überschrieb. Wir müssen annehmen, daß durch den Verlust
eines oder mehrerer Quaternionen der Urhandschrift der ganze λόγος
καθολικὸς πρὸς Τάτ zusammen mit dem Anfang des Asklepios-
Dialoges ausgefallen ist. Sehr wohl konnten in Einleitungen die
beiden Schüler etwas charakterisiert und eingeführt werden; der
Titel λόγος καθολικός — gleichviel ob er ursprünglich oder frühbyzantinisch ist — gibt wenigstens eine Ahnung davon, daß ein
möglichst allgemeiner als Einführung in diese Theologien und in
die Belehrung des Tat geeigneter Stoff gewählt war; der letzte
Dialog an Tat (XIII bezw. XIV) gibt dann in der höchsten Weihe des
Tat das beabsichtigte Gegenstück. Das dritte, oder in Wahrheit
vierte Kapitel (der λόγος ἱερός) bietet die Predigt irgend eines Propheten, die von dem Redaktor offenbar auf Hermes übertragen ist
(handschriftlicher Titel: Ἑρμοῦ λόγος ἱερός). Das IV. (V.) Kapitel
trägt jetzt einen doppelten Titel: Ἑρμοῦ πρὸς Τάτ, ὁ Κρατὴρ ἢ Μονάς;
welchen Titel Stobaios las, wissen wir leider nicht. Es richtet sich

---

    1) Der Korrektor der Handschrift B hat daher den Namen Asklepios
überall in Tat geändert, genau wie er es in Kap. XVII tat.

    2) Ekl. I 18 *p.* 157, 6 Wachsmuth.

an Tat, und eng mit seinem Schluß (p. 40, 10 Parthey: αὕτη οὖν
coι, ὦ Τάτ, κατὰ τὸ δυνατὸν ὑπογέγραπται τοῦ θεοῦ εἰκών) verbindet sich der Anfang eines zweiten im Grunde nur Ἑρμοῦ πρὸς
Τάτ zu überschreibenden Kapitels (V, bezw. VI): καὶ τόνδε coι τὸν
λόγον, ὦ Τάτ, διεξελεύcομαι, ὅπωc (πῶc MCA) μὴ ἀμύητοc ἧc τοῦ
κρείττονοc θεοῦ ὀνόματοc. Der Inhalt entspricht freilich dieser
Verknüpfung wenig, und Κρατὴρ ἢ Μονάc mag ursprünglich eine
außer allen Reihen stehende Sonderschrift gewesen sein. Die handschriftliche Überschrift des V. (VI.) Kapitels ist Ἑρμοῦ πρὸς Τὰτ
υἱόν, ὅτι ⟨ὁ δοκῶν⟩ ἀφανὴς θεὸς φανερώτατόc ἐcτιν; die Inhaltsangabe ist offenbar aus § 1 gebildet. —

Der Redaktor wendet sich nun wieder zu Asklepios zurück; an
ihn richtet sich der ebenfalls überschriftslose VI. (VII.) Traktat[1]), der,
wenn wir näher zusehen, auf das allerengste an den ersten Asklepios-
Dialog (Kap. II, bezw. III) anschließt. Beide Traktate müssen sich
einmal in nächster Nähe gefolgt sein, ja sie könnten fast Stücke eines
ursprünglichen Ganzen ausmachen. Es folgt (VII, bezw. VIII) eine neue
Prophetenpredigt, die nicht einmal in den Handschriften auf Hermes
gestellt ist; der Titel lautet möglichst unpassend: ὅτι μέγιcτον κακὸν
ἐν τοῖc ἀνθρώποιc ἡ περὶ τοῦ θεοῦ ἀγνωcία. Hieran schließt (VIII,
bezw. IX) ein Dialog an Tat, der sich schon äußerlich durch seinen
Anfang (περὶ ψυχῆς καὶ cώματος, ὦ παῖ, νῦν λεκτέον) als Teil eines
größeren Ganzen, aber nicht als Teil dieses Ganzen kennzeichnet
(Titel: ὅτι οὐδὲν τῶν ὄντων ἀπόλλυται, ἀλλὰ τὰc μεταβολὰc ἀπωλείαc
καὶ θανάτουc πλανώμενοι λέγουcιν). Das folgende IX. (bezw. X.)
Stück trägt ohne jede Verfasserbezeichnung einen Doppeltitel: περὶ
νοήcεωc καὶ αἰcθήcεωc. ὅτι ἐν μόνῳ τῷ θεῷ τὸ καλὸν καὶ ἀγαθόν
ἐcτι, ἀλλαχόθι δὲ οὐδαμοῦ. Daß der zweite Teil eine törichte Wiederholung der Aufschrift des VI. (bezw. VII.) Traktates ist, bedarf keines
Beweises. Auch der erste Teil des Titels ist kaum alt. Gar zu leicht
konnte er entweder aus dem Schluß ταῦτα καὶ τοcαῦτα περὶ νοήcεωc
καὶ αἰcθήcεωc (καὶ αἰcθ. fehlt AC) λεγέcθω oder aus dem Eingang gebildet werden: χθέc, ὦ Ἀcκληπιέ, τὸν τέλειον ἀποδέδωκα λόγον, νῦν
δὲ ἀναγκαῖον ἡγοῦμαι ἀκόλουθον ἐκείνῳ καὶ τὸν περὶ αἰcθήcεωc λόγον
διεξελθεῖν. Das paßt für ein nur an Asklepios sich wendendes
Corpus, schwerlich aber auf eine Sammlung, in der in planvollem

---

1) Der handschriftliche Titel ist nur: ὅτι ἐν μόνῳ τῷ θεῷ τὸ ἀγαθόν ἐcτιν,
ἀλλαχόθι δὲ οὐδαμοῦ.

Wechsel Lehren an Tat mit solchen an Asklepios vereinigt sind. Auf die bisher angeführten Asklepios-Dialoge kann der erste Verfasser sicher nicht verweisen, da in § 4 aufs bitterste gegen den vorausgehenden Asklepios-Dialog (VI, bezw. VII) polemisiert wird.

So wird Bernays[1]) recht haben, wenn er in jenem λόγοϲ τέλειοϲ die von Lactanz IV 6 und VII 18 unter diesem Titel angeführte Lehrschrift an Asklepios erkennen will. Eine lateinische Übersetzung und Bearbeitung dieser Schrift ist uns bekanntlich unter dem Namen des Apuleius erhalten.[2]) Hierzu paßt, daß Lactanz II 15 auch einen kurzen Satz aus der Fortsetzung, d. h. eben aus unserer IX. (X.) Schrift anzuführen scheint (vgl. S. 192 A. 2). Nur müssen wir annehmen, daß das uns erhaltene Stück (IX, bezw. X) aus einem längeren Traktat herausgelöst ist. Unmöglich scheint es mir, daß eine so kurze Einzeldarstellung jemals als gleichberechtigter Dialog neben jenem umfangreichen und vielumfassenden Stücke stehen konnte. Die Zeitbestimmungen und religionsgeschichtlichen Schlüsse, die Bernays und ihn überbietend Zeller[3]) aus der lateinischen Bearbeitung gewonnen zu haben glauben, sind alle mehr als unsicher, da diese Bearbeitung durchaus frei ist und auf die Zeit des Originales einen Schluß ebensowenig gestattet wie die angebliche Abhängigkeit dieser ganzen Literatur von dem Neu-Platonismus.[4]) Die Zusammenhänge der

---

1) Monatsberichte d. Berl. Ak. 1871 S. 500 = Ges. Abh. I 327 ff.

2) Dieselbe Schrift wird außerdem von Laurentius Lydus an drei Stellen zitiert; *De mensibus* IV 7 *p.* 70, 22 Wünsch entspricht in dem ersten Satz wörtlich Asclepius 19; die Fortsetzung ist im wesentlichen gleich Asclepius 39, doch zeigt der lateinische Text Erweiterungen und Abkürzungen. Dem zweiten Zitat *De mens.* IV 149 *p.* 167, 15 Wünsch entspricht Asclepius 28, doch ist der lateinische Text stark verkürzt und die charakteristische Verweisung auf die griechischen Dichter und Platons Phaidon fehlt. Auf dieselbe Stelle nimmt endlich das Referat *De mens.* IV 31 *p.* 90, 24 Wünsch Bezug, verbindet sie aber mit einer allgemeinen Auseinandersetzung über die Dämonen, der jetzt im Asclepius nur noch flüchtige Andeutungen (c. 4. 5. 27 u. a.) entsprechen. Die starken Abweichungen können der Mehrzahl nach nicht einmal von dem lateinischen Übersetzer herrühren; im Asclepius 19 hatte z. B. das griechische Original das Wort οὐϲιάρχηϲ, wo die von Lydus zitierte Fassung ἀρχή las. Das Altertum kannte also verschiedene griechische Rezensionen dieses λόγοϲ τέλειοϲ; wir können nicht mehr entscheiden, welches die ursprüngliche war.

3) Zeller, Vorträge und Abh. III 52 ff. und erheblich weitergehend Philosophie d. Griechen Vierte Aufl. III 2 S. 244 A. 2.

4) Man vergleiche etwa die im zweiten Abschnitt erwiesene nachträgliche Überarbeitung des Poimandres. — Daß die IX. (X) Schrift unseres Corpus in

beiden Schriften hat der Redaktor unserer Sammlung nicht mehr
verstanden und daher die Worte der Einleitung nicht geändert; er
scheint geglaubt zu haben, man könne sie auch auf Kap. VI (VII)
beziehen. Wahrscheinlich nahm er sie sogar für die Einleitung des
nächsten Kapitels (X, bezw. XI) zum Vorbild: τὸν ·χθὲς λόγον, ὦ
Ἀσκληπιέ, σοὶ ἀνέθηκα, τὸν δὲ σήμερον δίκαιόν ἐστι τῷ Τὰτ ἀναθεῖναι·
ἐπεὶ καὶ τῶν Γενικῶν (ενικῶν MAC) λόγων τῶν πρὸς αὐτὸν λελαλη-
μένων ἐστὶν ἐπιτομή.[1]) Die Schrift selbst hatte nach dem Titel
Ἑρμοῦ τρισμεγίστου Κλείς ursprünglich wohl eine gesonderte Überlieferung und wird mit diesen Worten nur dem Corpus eingepaßt.[2])
Eine ähnliche Sonderstellung muß nach dem Zeugnis Cyrills auch
die folgende XI. (XII.) Schrift gehabt haben, die Νοῦς πρὸς Ἑρμῆν
betitelt ist.[3]) Ein Versuch, sie in das Corpus einzupassen, war
offenbar ohne große Änderungen nicht möglich. Zu den Schüler-
Dialogen kehrt Kapitel XII (XIII) zurück und wendet sich natürlich
an Tat; demselben ist auch das später zu besprechende XIII. (bezw.
XIV.) Kapitel gewidmet. Aber Hermes entschuldigt das sofort in
der Einleitung des XIV. (bezw. XV.) Schriftchens[4]): Asklepios war
zufällig abwesend. Inhaltlich ist das Stück in keiner Weise geeignet,
den Abschluß des Corpus zu bilden, wie es dies in unserer einen
Handschriftenklasse tut. Es setzt in einfachster Form auseinander,
daß der Begriff des Werdens ein ποιοῦν und ein ποιούμενον ver-
lange, die unlöslich miteinander verbunden sind; so bilden sie eins,
die Schöpfung ist der Leib der Gottheit.[5]) Wenigstens an diese

---

§ 4 auf eine Zeit weise, in welcher die Mitglieder der Gemeinde bereits in
einer gedrückten Lage waren, ist eine durchaus haltlose Behauptung Zellers.
Daß die wahrhaft gottbegeisterten Männer, οἱ ἐν γνώσει ὄντες, von der Masse
(den πολλοί) nicht verstanden werden, ihr zu rasen scheinen oder lächerlich
vorkommen oder gar verfolgt werden, haben Propheten und Philosophen zu
aller Zeit gesagt und sagen können.

1) Vgl. § 7 p. 71, 7 Parthey: οὐκ ἤκουσας ἐν τοῖς Γενικοῖς.

2) Daß sie stark überarbeitet ist, sah schon Heeren; bezüglich der Seelenwanderung, über die beständig in diesen Schriften gestritten wird, widersprechen sich § 7 und § 19 aufs schärfste.

3) Cyrill Contra Iul. II p. 580 Migne. Irrtümlich nennt er als Titel:
Ἑρμῆς πρὸς τὸν ἑαυτοῦ νοῦν. Die Schrift ist die einzige, welche sich dem
Rahmen der Heilsgeschichte nicht recht fügen will.

4) Sein Titel ist in der kürzeren Handschriftenklasse A) einfach: Ἑρμοῦ
πρὸς Ἀσκληπιόν, in der volleren (MC): Ἑρμοῦ τρισμεγίστου Ἀσκληπιῷ εὖ φρονεῖν.

5) Die Schrift nimmt eine scharfe Wendung gegen die in gnostischen

Hauptsätze schließt inhaltlich passend der in unserer zweiten Klasse folgende Traktat, die Ὅροι Ἀσκληπιοῦ. Auch der Einkleidung nach paßt er trefflich als Fortsetzung; der eben als älter und fortgeschrittener bezeichnete Schüler trägt nun die Lehre weiter an den Königshof. Ihm folgt in dem Rest des nächsten Dialoges der zweite Schüler, der ebenfalls einem Könige die Lehre verkündet. Also müssen wir annehmen, daß unsere eine Handschriftenklasse nur aus Zufall oder weil ein Schreiber die jetzt folgende ausgesprochen heidnische Lehre nicht mit überliefern wollte, das Original verkürzt hat. Die andere Klasse bietet das Corpus in seinem ursprünglichen Umfang.

Die Ausgabe des Turnebus beruht, wie wir sehen werden, auf einer vollständigen Handschrift. Es war ungeschickt, daß er nach dem letzten Stück, das Hermes redend einführt, und vor diesem Schluß einige Fragmente aus Stobaios einschob. Patricius, der jene Fragmentsammlung reich vermehrte, stellte den ganzen Schluß in ein eigenes Buch. Parthey lies ihn fort. So finden sich diese zum Verständnis unbedingt nötigen Stücke nur in den Ausgaben des Turnebus und Patricius vollständig; Candalle hat nur noch eins aufgenommen. Ich habe daher geglaubt sie im Anhang abdrucken zu sollen, damit der Leser sich selbst ein Urteil bilde.

Die Ὅροι Ἀσκληπιοῦ, bezw. der Λόγος τέλειος πρὸς Ἄμμωνα (Kap. XVI), dem ich mich zunächst zuwende, deutet durch seine Einkleidung, die ähnlich bei Philon von Byblos und Bitys begegnete (S. 161 und 107), selbst an, daß er etwas Neues bringe, das zu den sonstigen Schriften des Asklepios an Amon sogar in Widerspruch steht: Amon hat die Schrift verborgen; erst jetzt ist sie entdeckt und übersetzt worden. Nun bietet sie im allgemeinen nur die in diesen Schriften übliche Lehre ἓν τὸ πᾶν, daneben eine *naturalis theologia* und eine mit einer ausgebildeten Dämonologie verbundene Lehre von der εἱμαρμένη und dem ihr nicht unterworfenen νοῦς. Auch dies ist nicht neu.[1] Neu aber und diesem System ganz widersprechend ist die Auffassung der Sonne als Allgott. Man fühlt, wie der Verfasser,

---

Systemen übliche Annahme mehrerer Schöpfer (§ 8) und den Dualismus (§ 7). Zum Vergleich mit den Ὅροι Ἀσκληπιοῦ hebe ich den Satz (§ 10): ὁ θεὸς ἐν μὲν οὐρανῷ ἀθανασίαν σπείρει, ἐν δὲ τῇ μεταβολήν, ἐν δὲ τῷ παντὶ ζωὴν καὶ κίνησιν hervor.

1) Die Dämonologie z. B. ist schon bei Nechepso ausgebildet.

der sichtlich· kein Philosoph ist, sich quält, den traditionellen Begriff
der νοητὴ οὐσία hiermit in Verbindung zu bringen: εἰ δέ τις ἔστι καὶ
νοητὴ οὐσία, αὕτη ἐστὶν ὁ τούτου ὄγκος, ἧς ὑποδοχὴ ἂν εἴη τὸ τούτου
φῶς· πόθεν δὲ αὕτη cυνίcταται ἢ ἐπιρρεῖ, αὐτὸς μόνος οἶδεν.[1]) Und
dieser Helios trägt den Strahlenkranz und erscheint als Wagenlenker,
entspricht also den Abbildungen des aurelianischen Sonnengottes.
Es ist der römische Reichsgott des dritten Jahrhunderts, dessen Kult
hier aus der ägyptischen Heilslehre gerechtfertigt werden soll.

Der Schluß dieser Schrift, sowie der ganze Hauptteil der nunmehr folgenden Lehre des Tat ist durch den Verlust eines oder
mehrerer Quaternionen der Urhandschrift verloren, wie zu Anfang
der λόγος καθολικὸς πρὸς Τάτ. Die Summe des ganzen Dialoges
zieht der Satz: διὸ προσκύνει τὰ ἀγάλματα, ὦ βασιλεῦ, ὡς καὶ αὐτὰ
ἰδέας ἔχοντα ἀπὸ τοῦ νοητοῦ κόσμου. Von dem νοητὸς κόσμος, der

---

1) Ägyptisch ist eine derartige pantheistische Verehrung der Sonne als
Allgott allerdings wenigstens seit der Zeit Amenophis IV. gewesen, und wir
werden im folgenden Kapitel noch sehen, daß der an den Sonnenkult schlie-
ßende Pantheismus sich gerade in der letzten vorhellenistischen Zeit gesteigert
hatte. Von der dort zu besprechenden Inschrift aus der Oase El-Khargeh
könnte ein direkter Weg zu den Ὅροι Ἀcκληπιοῦ führen. Aber die uns erhaltenen Hermetischen Schriften haben sämtlich die *naturalis theologia* nur in-
soweit angenommen, daß sie über die Sternengötter die Begriffsgötter stellen,
offenbar unter Einwirkung der griechischen Philosophie. Am klarsten tritt
dies in V (VI) 3 hervor: ὁ ἥλιος θεὸς μέγιστος τῶν κατ' οὐρανὸν θεῶν, ᾧ πάντες
εἴκουcιν οἱ οὐράνιοι θεοὶ ὡcανεὶ βαcιλεῖ καὶ δυνάcτῃ. Die Fortsetzung sagt ausdrücklich, daß auch er unter Befehl und Leitung „des Gottes" steht. Einer
alten Erinnerung an den Sonnengott als den Gott der Zeugung und des Lebens
entstammt X (XI) 2. 3: αἴτιος δὲ ὁ πατὴρ τῶν τέκνων καὶ τῆς cπορᾶς καὶ τῆς
τροφῆς τὴν ὄρεξιν λαβὼν τοῦ ἀγαθοῦ διὰ τοῦ ἡλίου· τὸ γὰρ ἀγαθόν ἐcτι τὸ
ποιητικόν (auch in der heidnischen Naassenerpredigt ist das cπέρμα das ἀγαθόν, der ithyphallische Gott, oder besser das αἰδοῖον, das ἀγαθηφόρον), aber
unmittelbar vorher ist der Hauptgott von ihm unterschieden und zugefügt:
ὁ μὲν γὰρ κόσμος καὶ ὁ ἥλιος τῶν κατὰ μετουσίαν καὶ αὐτὸς πατήρ· οὐκέτι δὲ
τοῦ ἀγαθοῦ τοῖς ζῴοις ἴcωc αἴτιός ἐcτιν οὐδὲ τοῦ ζῆν. Der Hauptgott ist der
Wille. Einer ähnlichen Erinnerung an die alten Lehre entstammt II (III) 17
die Angabe, daß der Kinderlose verflucht ist von dem Sonnengott; aber wieder ist
der Hauptgott nicht ἥλιος. Wenn der Verfasser der Ὅροι selbst diesen Widerspruch merkt und bewußt auf die altnationale Anschauung zurückgreift, so
entspricht dies dem Angriff auf die griechische Philosophie, welchen er in die
Einleitung einflicht. Benutzt hat er sie darum nicht minder, wie hoffentlich
schon die wenigen Anmerkungen zeigen.

in den Ὅροι Ἀσκληπιοῦ so dürftig weg kam, war also ausführlich die Rede gewesen. Von ihm gehen ἰδέαι, d. h. hier wohl zugleich in dem späteren erweiterten Sinne δυνάμεις, aus, die sowohl in einem uns unbekannten Objekt des Kultes wie in den ἀγάλματα wohnen. Den Gegensatz und die Ergänzung zu dem Kult der ἀγάλματα (εἴδωλα) bildet nun immer der Kult der στοιχεῖα; jener entspricht der *civilis*, dieser der *naturalis theologia*. Die Stellen aus der Weisheit Salomons und dem Κήρυγμα Πέτρου sind oben (S. 73) angeführt. Ich füge aus Diels' *Elementum* noch Theophilus *Ad Autol.* II 35 hinzu: ὁ μὲν οὖν θεῖος νόμος οὐ μόνον κωλύει τὸ εἰδώλοις προσκυνεῖν, ἀλλὰ καὶ τοῖς στοιχείοις, ἡλίῳ ⟨ἢ⟩ σελήνῃ ἢ τοῖς λοιποῖς ἄστροις. In dem ἄγαλμα wohnt nach ägyptischer Vorstellung das Spiegelbild, der *ka* des Gottes, und die Seelen, d. h. die *ka* der Götter wohnen nach Hermetischer Lehre in den Sternen.[1]) So vereinen und ergänzen sich beide Reden an den König, um ihm den damaligen heidnischen Kult zu empfehlen.[2]) Daß auch der Rest der Rede des Tat trotz der Benutzung Platos nicht den Eindruck macht von einem Philosophen zu stammen, sei beiläufig erwähnt.

Von selbst folgt hieraus meines Erachtens, daß König Amon uns auf einen anderen König hinweisen soll, dem dieser Kult gerechtfertigt und empfohlen werden soll. An ihn wendet sich unmittelbar das letzte Stück, der Rest einer religiös gefärbten Preisrede auf den König, oder vielmehr auf die τιμιώτατοι βασιλεῖς, d. h. die Kaiser des römischen Weltreiches. Auch sie ist arg verstümmelt, nur Anfang und Mitte erhalten und von byzantinischen Schreibern mit Sondertiteln versehen, deren Torheit so handgreiflich ist, daß es nicht lohnt ein Wort über sie zu verlieren. Man darf sich nur wundern, daß Turnebus diese Stücke dem Asklepios zuwies, und wird mit Ergötzen verfolgen, wie Patricius sich mühte, diese Zuweisung zu rechtfertigen. Es ist eine Preisrede auf bestimmte, gegenwärtige oder gegenwärtig gedachte Kaiser, gehalten nicht von einer mythischen Persönlichkeit, sondern von einem mäßigen Redner später Zeit, der in eigenem Namen und doch zugleich als προφήτης redet. Nur

---

1) Etwas anders und doch ähnlich ist die Lehre in den Ὅροι Ἀσκληπιοῦ, daß die νοητὴ οὐσία gewissermaßen die Seele der Sonne, ihre ὑποδοχή das Sonnenlicht ist.

2) Beide Dialoge sind einheitlich entworfen oder durch starke Überarbeitung nachträglich zur Einheit gebracht.

dies und damit zugleich der Zusammenhang dieses Stückes mit dem vorausgehenden Corpus bedarf der Ausführung. Wir müssen auf die Theorie des ἐνθουςιαςμός achten, die in der Rede angedeutet wird.

Es wäre eine lockende, aber meine Kraft übersteigende Aufgabe, den Wirkungen der Platonischen Lehre vom ἐνθουςιαςμός auf religiösem und ästhetischem Gebiete nachzugehen. Daß sie stärker wurden, als in den hellenistischen Reichen die Ekstase im Götterkult in ganz anderer Lebhaftigkeit den Griechen wieder vor Augen trat, scheint mir sicher. Die zahlreichen Beschreibungen religiöser Verzückung in der römischen Poesie werden ihre Vorbilder in der hellenistischen Dichtung gehabt haben.[1]) Schon Kallimachos bildet ja die poetische Vision der prophetischen nach; ein Traum entrückt ihn auf den Helikon, und er trinkt aus der heiligen Quelle wie der Prophet vor der Offenbarung.[2]) Aber derselbe Kallimachos hat auch dem Gegenbilde, der „Besessenheit" in üblem Sinne, Interesse entgegengebracht[3]),

---

1) Vgl. die Beschreibung der Ekstase in der griechischen Übersetzung von Daniel 4, 16 z. B. mit Statius *Achilleis* I 514 ff., Seneca *Agam.* 710 ff., Lukan V 169 ff. Völlig verfehlt urteilt Bousset a. a. O. 375.

2) Oder wie z. B. in der Κόρη κόςμου Horus, vgl. Poim. § 29 und Anmerkung. Ganz aus Hermetischen Vorstellungen schöpft Philon *De somn.* II 691 M.

3) Das ist freilich noch wenig beachtet, aber m. E. sicher, seit Wilamowitz (Hermes XXXVII 314) Fragment 525 verbessert hat: χολῇ δ' ἴςα γέντα πάςαιο. Allbekannt ist ja Tibulls Schilderung der wahnsinnig gewordenen *saga* (I 5, 49 ff.):

> *sanguineas edat illa dapes atque ore cruento*
> *tristia cum multo pocula felle bibat;*
> *hanc volitent animae circum sua fata querentes*
> *semper, et e tectis strix violenta canat;*
> *ipsa fame stimulante furens herbasque sepulcris*
> *quaerat et a saevis ossa relicta lupis,*
> *currat et inguinibus nudis ululetque per urbes,*
> *post agat e triviis aspera turba canum.*

Ich würde mit keinem Worte ausführen, daß wir hier eine Schilderung der Besessenheit haben, die den neutestamentlichen Beschreibungen entspricht, wenn nicht Belling (Tibullus S. 106) gerade unsere Schilderung als literarische Stoppelese sogar aus Horaz Sat. I 8, 22 ff. bezeichnet hätte. Weil Canidia mit nackten Füßen und gelöstem Haar Zauberkräuter und Totengebein sammeln geht (nicht aus Hunger!), will Tibull ihn überbieten: *currat et inguinibus nudis,* und weil Hekate von Hunden begleitet der Zauberin erscheint (Tib. I 2, 52), soll Tibull anstatt der Nachbarn, der *turba vicinorum,* die bei Horaz Epod. 5, 97 die Hexe steinigen wollen, die *turba canum* eingesetzt haben, ja endlich selbst mit einer dem Griechentum vielleicht nicht fremden, dem Ägyptertum aber sogar geläufigen Vorstellung von *Revenants* gespielt (Fr. 92. 85): ἀκούσαθ' Ἱππώνακτος, οὐ γὰρ ἀλλ' ἥκω ἐκ τῶν ὅκου βοῦν κολλύβου πιπρήσκουσιν.[1]) Eine Steigerung zeigt die Einleitung des Ennius, der zwei Vorstellungen verbindend nach der Entrückung auf den Helikon und dem Trunk aus der Quelle die Seele Homers erscheinen und ihm offenbaren läßt, daß sie in ihm wieder aufgelebt sei. Wenn ich auch dies als eine nicht individuell empfundene, sondern typische Form hellenistischer Poesie fasse, so bestimmt mich dabei im wesentlichen Theophilos, der (*Ad Autolycum* II 8) von den griechischen Dichtern zu berichten weiß: καὶ μὴ θέλοντες ὁμολογοῦσιν τὸ ἀληθὲς μὴ ἐπίστασθαι· ὑπὸ δαιμόνων δὲ ἐμπνευσθέντες καὶ ὑπ' αὐτῶν φυσιωθέντες ἃ εἶπον δι' αὐτῶν εἶπον. ἤτοι γὰρ οἱ ποιηταί, Ὅμηρος δὴ καὶ Ἡσίοδος, ὥς φασιν, ὑπὸ Μουσῶν ἐμπνευσθέντες φαντασίᾳ καὶ πλάνῃ ἐλάλησαν, καὶ οὐ καθαρῷ πνεύματι ἀλλὰ πλάνῳ. ἐκ τούτου δὲ σαφῶς δείκνυται, εἰ καὶ οἱ δαιμονῶντες ἐνίοτε καὶ μέχρι τοῦ δεῦρο ἐξορκίζονται κατὰ τοῦ ὀνόματος τοῦ ὄντως θεοῦ καὶ ὁμολογεῖ αὐτὰ τὰ πλάνα πνεύματα εἶναι δαίμονες οἱ καὶ τότε εἰς ἐκείνους ἐνεργήσαντες.[2]) Eine poetische Form scheint ähnlich in das

natürlich mit Rücksicht darauf, daß derselbe Horaz schon früher einmal Hunde erwähnt hat (Epod. 5,57): *senem, quod omnes rideant, adulterum latrent Suburanae canes.* Das heißt jetzt Dichter erklären! Den Wahnsinn schildert schon das erste Distichon: blutiges Fleisch schlingt sie hinab und trinkt Galle mit Genuß (oder: jeder Trank wird in ihrem Munde zu Galle; mit V. 53 beginnt eine zweite Reihe der Schilderungen). Der Grund ist klar; der Zauberer, der den Gott herbeiruft, trägt ein φυλακτήριον, er betet: διαφύλαξόν με ὑγιῆ ἀσινῆ ἀνειδωλόπληκτον (vgl. *larvatus*) ἀθάμβητον (Wessely, Denkschr. d. K. K. Akad. 1888 S. 71 Z. 1062 und 1078); zwingt er den Gott nicht, oder ist dieser schon von anderem Gebet oder Fluch beeinflußt (hier von dem des Liebenden: *sunt numina amanti*), so wird er wahnsinnig; all die Dämonen der ἄωροι umgeben ihn (vgl. den Liebeszauber ebenda S. 113). — Es ist längst beachtet, daß Tibull nur dieses grandiosen Bildes halber die Kupplerin zur *saga* macht, und daß dies Bild in beabsichtigtem Gegensatz zu der Schilderung der verzückten Prophetin I 6, 45 ff. steht. Daß man Nachahmungen des Kallimachos auch bei Tibull, und zwar kaum in geringerem Grade als bei Properz, suchen darf, weiß hoffentlich, wer I 3 und I 7 nachdenklich gelesen hat.

1) Zu vergleichen ist die Grundvorstellung der „Geschichten der Hohenpriester von Memphis", welche einem E. T. A. Hoffmann Freude bereitet hätten.

2) Der Satz: ἐκ τούτου δὲ σαφῶς δείκνυται schließt eng an den ersten: ὑπ' αὐτῶν φυσιωθέντες κτλ., wie schon die Fortsetzung: πλὴν ἐνίοτέ τινες τῇ ψυχῇ ἐκνήψαντες ἐξ αὐτῶν zeigt. So scheint mir Harnacks Deutung (Mission und

allgemeine religiöse Empfinden übergetreten, wie aus der Vision des
Nechepso ein öfters vorkommender Traum geworden ist.[1]) Die später
zu besprechende allgemeine Vorstellung von dem δαίμων πάρεδρος
der heidnischen Propheten wirkt außerdem mit ein. Homer und
Hesiod sind tatsächlich in die Stellung der „Propheten" gekommen.
Das beruhte zunächst auf der Geschichte des Unterrichtes und der
παιδεία, scheint aber schon in der allegorischen Deutung der Stoa
sich so zu steigern, daß wir an einen gewissen Einfluß des Orients
und des Begriffes der Offenbarung denken können.

　　Als der Redner wieder mit dem Poeten zu wetteifern begann,
überträgt sich diese halbästhetische Theorie auch auf ihn. Ihren
Einfluß zeigt die reizende Anekdote bei Seneca Vater (*Suas.* III 6):
Nicetes suo impetu valde Graecis placuerat. quaerebat a Gallione Mes-
sala, quid illi visus esset Nicetes. Gallio ait „plena deo". quotiens
audierat aliquem ex his declamatoribus, quos scholastici caldos vocant,
statim dicebat „plena deo". ipse Messala numquam aliter illum ab novi
hominis auditione venientem interrogavit, quam ut diceret: „numquid plena
deo?"[2]) Ernster wird der Anspruch des Redners θεοῦ ὑποφήτης zu
sein, als Rhetoren in ἱεροὶ λόγοι für die älteren epideiktischen Reden
der Philosophen bei Festen eintraten.[3]) Aristides, der sich den An-
schein zu geben sucht, als ob er derartige rhetorische ἐπιδείξεις auf-
gebracht habe, hebt öfters sorgsam hervor, daß die Rede auf Ein-
gebung des Gottes oder gar im Zustande des ἐνθουσιασμός gehalten

---

Ausbreitung des Christentums 103) minder wahrscheinlich, die Besessenen
möchten bei den Exorzismen manchmal den Namen „Apollo" oder den der
Musen ausgestoßen haben. — Das Ineinanderfließen religiöser und ästhetischer
Vorstellungen zeigt sich besonders gut in der Verallgemeinerung der Vorstellung der μυστήρια und τελεταί der Musen, die der Dichter dem Reinen erschließt. Auch sie wird später von den Rhetoren aufgenommen, freilich meist
zur inhaltleeren Phrase verblaßt. Wieder nach anderer Seite führt Horaz' berühmter Ausspruch: *spiritum Phoebus, mihi Phoebus artem carminis nomenque*
dedit poetae. Die Verweisung auf Od. II 16, 37: *parva rura et spiritum Graiae*
tenuem Camenae genügt nicht ganz; die Vorstellung von dem πνεῦμα (θεῖον)
wirkt, wenn auch verdunkelt, mit ein.

　　1) Vgl. S. 5 A. 1. Zur poetischen Formel verblaßt zeigen sie die *Fasti* Ovids.
　　2) Auch bei Horaz sind sich ja *spiritus* und *ars* entgegengesetzt.
　　3) Als charakteristisch für den hellenistischen Betrieb hebe ich den schon
von Philon aus der Alexandergeschichte entnommenen Brief des Kalanos hervor (*Quod omn. prob. l.* 460 M): Ἑλλήνων δὲ φιλοσόφοις οὐκ ἐξομοιούμεθα ὅσοι
αὐτῶν εἰς πανήγυριν λόγους ἐμελέτησαν.

ist. Daß er selbst das ägyptische Prophetentum kennt und jene ekstatischen Träume und Visionen des ägyptischen Heilkults durchgemacht hat, darf man immerhin betonen. Im ganzen bleibt die Theorie selbst in dieser Steigerung noch halbästhetisch; nur zur Hälfte nimmt sie die religiösen Vorstellungen, die sich inzwischen entwickelt haben, in sich auf. Es ist doch noch etwas anderes, wenn nach der Überzeugung der heidnischen Naassener der Sänger, der beim Fest im Theater auftritt, unter Einwirkung der Vorsehung, οὐκ εἰδὼς ἃ λέγει, göttliche Offenbarung verkündet und ein Prediger nun ein derartiges Lied als heiligen Text erklärt.[1]) Hier scheint mir eine weitere Steigerung der griechischen Begriffe vorzuliegen, die sich nur aus einem orientalischen Glauben an eine fortwirkende Offenbarung erklären läßt. Der ᾠδός und der προφήτης, beide müssen in dem Kult eine stärkere Rolle gespielt haben; die Predigt muß ein fester Bestandteil des Gottesdienstes gewesen sein.[2]) Man vergleiche mit jener Theorie der heidnischen Naassener die Schilderung des christlichen χάρισμα im Hirten des Hermas (*Mand.* XI 9): ὅταν οὖν ἔλθῃ ὁ ἄνθρωπος ὁ ἔχων τὸ πνεῦμα τὸ θεῖον εἰς συναγωγὴν ἀνδρῶν δικαίων τῶν ἐχόντων πίστιν θείου πνεύματος καὶ ἔντευξις γένηται πρὸς τὸν θεὸν τῆς συναγωγῆς τῶν ἀνδρῶν ἐκείνων, τότε ὁ ἄγγελος τοῦ προφητικοῦ πνεύματος ὁ κείμενος πρὸς αὐτὸν πληροῖ τὸν ἄνθρωπον, καὶ πληρωθεὶς ὁ ἄνθρωπος τῷ πνεύματι τῷ ἁγίῳ λαλεῖ εἰς τὸ πλῆθος, καθὼς ὁ κύριος βούλεται. In christlicher wie heidnischer Anschauung ist dabei der Prophet nur das Instrument, auf dem Gott spielt. Dasselbe Gleichnis, welches die ganze uns vorliegende Rede beherrscht, verwendet Montanus (*Epiphan. Haer.* XLVIII 4): ἰδοὺ ὁ ἄνθρωπος ὡσεὶ λύρα κἀγὼ ἐφίπταμαι ὡσεὶ πλῆκτρον, und eben dies Gleichnis verwendet mit

---

1) Der Unterschied ist natürlich sehr viel geringer als etwa der zwischen der kirchlichen Inspirationslehre und Schillers Auffassung des ἐνθουσιασμός im Grafen Rudolf von Habsburg oder der Macht des Gesanges; aber ganz überflüssig ist der Vergleich nicht.

2) Hierauf weisen ja auch die „Predigten" des Hermetischen Corpus. Ohne „Walten der Vorsehung" vollzieht sich freilich auch der Unterricht des Einzelnen nicht. Der Lehrer darf nur, wenn der Gott es ihm befiehlt, seine Geheimnisse enthüllen (Apuleius *Metam.* XI 21. 22), oder er erkennt in den Fragen des Schülers den Willen der Vorsehung; vgl. Hermes bei Cyrill *Contra Iul.* I 556 Migne: εἰ μὴ πρόνοιά τις ἦν τοῦ πάντων κυρίου ὥστε με τὸν λόγον τοῦτον ἀποκαλύψαι, οὐδὲ ὑμᾶς νῦν ἔρως τοιοῦτος κατεῖχεν, ἵνα περὶ τούτου ζητήσητε (vgl. die Fortsetzung mit der Naassenerpredigt) und vgl. Pseudo-Apuleius *Ascl.* 1.

Vorliebe Philon[1]), der beständig mit einem Begriff des Prophetentums spielt, der weder rein griechisch noch jüdisch sein kann. Da ich

1) Vgl. die bekannte Stelle *Quis rer. div. her.* 52 *p.* 510 M.: προφήτης γὰρ ἴδιον μὲν οὐδὲν ἀποφθέγγεται, ἀλλότρια δὲ πάντα ὑπηχοῦντος ἑτέρου — — ὄργανον θεοῦ ἐστιν ἠχεῖον κρουόμενον καὶ πληττόμενον ἀοράτως ὑπ᾽ αὐτοῦ. 53 *p.* 511 M.: ὄντως γὰρ ὁ προφήτης καὶ ὁπότε λέγειν δοκεῖ, πρὸς ἀλήθειαν ἡσυχάζει· καταχρῆται δὲ ἕτερος αὐτοῦ τοῖς φωνητηρίοις ὀργάνοις, στόματι καὶ γλώττῃ, πρὸς μήνυσιν ὧν ἂν θέλῃ. τέχνῃ δ᾽ ἀοράτῳ καὶ παμμούσῳ ταῦτα κρούων εὔηχα καὶ παναρμόνια καὶ γέμοντα συμφωνίας τῆς πάσης ἀποτελεῖ. Ich hebe die Stelle besonders hervor, weil sie zugleich eine ähnliche Übertragung des ästhetischen Begriffes des ἐνθουσιασμός ins Religiöse zeigt wie das letzte Stück des Hermetischen Corpus. Durchaus ähnlich wird ferner das Verlassen des eigenen Leibes in dem XIII. (XIV.) Traktat und von Philon geschildert, *Quis rer. div. her.* 14 *p.* 482 M.: μὴ μόνον γῆν, τὸ σῶμα, καὶ συγγένειαν, ⟨τὴν⟩ αἴσθησιν, καὶ οἶκον πατρός, τὸν λόγον, καταλίπῃς, ἀλλὰ καὶ σαυτὴν ἀπόδραθι καὶ ἔκστηθι σεαυτῆς — *p.* 483 M. τὸν αὐτὸν δὴ τρόπον ὅνπερ τῶν ἄλλων ὑπεξελήλυθας ὑπέξελθε καὶ μετανάστηθι καὶ σεαυτῆς (Hermes: εἴθε καὶ σὺ σεαυτὸν διεξελήλυθας); vgl. *Fr.* II *p.* 654 M.; *Leg. alleg. p.* 96 M.; *De migr. Abr.* 466 M. Auch Philon erwähnt hierbei jene beseligende Schau der den Himmel durchwandernden Seele, die in Hermetischen Schriften so oft vorkommt (*De opif. m.* § 70 Cohn *p.* 16 M.; *Leg. alleg.* III 99 *p.* 107 M.) und Stellen, wie *De Cher.* § 27 *p.* 143 M.: ἤκουσα δέ ποτε καὶ σπουδαιοτέρου λόγου παρὰ ψυχῆς ἐμῆς εἰωθυίας τὰ πολλὰ θεοληπτεῖσθαι καὶ περὶ ὧν οὐκ οἶδε μαντεύεσθαι, ὃν ἐὰν δύνωμαι ἀπομνημονεύσας ἐρῶ und *De Somn.* II 38 *p.* 692 M.: ὑπηχεῖ δέ μοι πάλιν τὸ εἰωθὸς ἀφανῶς ἐνομιλεῖν πνεῦμα ἀόρατον zeigen ein bewußtes Spiel mit einer Form, die dem Leser ganz bekannt sein muß. Daß es zu der Zeit jüdische Wahrsager und Dämonenbeschwörer gegeben hat, habe ich früher hervorgehoben und wird uns noch öfter beschäftigen; aber eine Berufung auf sie gab Philon sicher nicht die Stellung, die er auf Grund seines „Prophetentums" seinem hellenistischen Publikum gegenüber beansprucht. Die Zustände im eigentlichen Judentum schildert Bousset (Religion des Judentums im neutestam. Zeitalter 374 ff.): das wirkliche Prophetentum ist erstorben; wer jetzt noch μυστήρια zu künden hat, wählt als Träger der Offenbarung einen der alten „Propheten". Das Schriftgelehrtentum herrscht, und wenn es später auch eine Art von ἐνθουσιασμός für sich in Anspruch nimmt, so genügt das nicht zur Erklärung der Philonischen Lehre von der Ekstase. Dagegen läßt sie sich aus dem Hellenismus, wie wir ihn fassen, voll erklären (vgl. besonders *Fr.* II oder *De somn.* II 38). Mit ihr hängt die beständige Einführung Philonischer Lehren als μυστήρια, die nur dem Geweihten zugänglich sein sollen, zusammen. Boussets Erklärung (a. a. O. 426 ff.) scheint mir nicht ganz zu genügen. Nicht die Einwirkung von Mysteriengemeinden, sondern eine ausgebildete literarische Form und Manier scheint das Bestimmende. Freilich verbindet Philon mit ihr religiöses Empfinden, so gut wie Horaz mit seinem *Odi profanum vulgus et arceo.* Auf die vereinzelten Anknüpfungspunkte im älteren Griechischen brauche ich kaum einzugehen. Die beständige Wiederkehr der Form bei Philon läßt zu-

auf die Auffassung des Prophetentums noch im nächsten Kapitel eingehen muß, beschränke ich mich hier darauf, den Grundgedanken unserer Rede weiter zu verfolgen.

In dem Eingang seines Protreptikos ahmt Clemens eine der üblichen ἐπιδείξεις im Theater nach. Er beginnt, offenbar in Anlehnung an eine feste Form, mit der „Macht des Gesanges" und den Mythen von Amphion, Arion, Orpheus und dem Lokrer Eunomos. Plötzlich bricht der Redner um; er schilt den Musik-Enthusiasmus des alexandrinischen Publikums[1]); etwas Neues will er bringen (1, 3): ἐκ γὰρ Cιὼν ἐξελεύσεται νόμος καὶ λόγος κυρίου ἐξ Ἱερουσαλήμ, λόγος οὐράνιος ὁ γνήσιος ἀγωνιστὴς ἐπὶ τῷ παντὸς κόσμου θεάτρῳ στεφανούμενος· ᾄδει δέ γε ὁ Εὔνομος ὁ ἐμὸς οὐ τὸν Τερπάνδρου νόμον κτλ. Empfinden wir in dem Ton des Eingangs, den Norden sehr mit Unrecht als charakteristisch für Clemens selbst hervorhebt, die übertreibende Nachbildung solcher Reden wie die heidnische Naassener-Predigt, so wird die Parodie noch deutlicher im folgenden (1, 6): εἴτ' οὖν ἀρχαίους τοὺς Φρύγας διδάσκουσιν αἶγες μυθικαί, εἴτε αὖ τοὺς Ἀρκάδας οἱ προσελήνους ἀναγράφοντες ποιηταί, εἴτε μὴν αὖ τοὺς Αἰγυπτίους οἱ καὶ πρώτην ταύτην ἀναφῆναι τὴν γῆν θεούς τε καὶ ἀνθρώπους ὀνειρώς-cοντες. Das zeigt, was das alexandrinische Publikum in seinen λόγοι ἱεροί zu hören gewöhnt war.

Gegen den eigentlichen Plan seiner Einleitung hat Clemens das Geschichtchen des Lokrers Eunomos mit hereingezogen, weil es ihm ein gefälliges Spiel mit dem Namen und zugleich in den Einzelzügen der Schilderung besonders scharfe Ausfälle gegen diesen ἀγών

---

nächst wohl daran denken, daß die ägyptisch-griechische Theologie seit Jahrhunderten versucht, das, was in der alten Zeit wirklich Geheimlehre war, zu ergründen oder zu erfinden, und dabei die Form festhält, daß der Adressat des Buches die Lehre geheimhalten, nur dem eigenen Sohne verkünden oder nur dem Würdigen überliefern darf. Das entspringt nicht wirklichem Mysterienkult, sondern dem Drang, sie öffentlich zu verkünden und Anhänger zu werben.

1) Einen lehrreichen Vergleich bieten die von A. Bohler, *Sophistae anonymi protreptici fragmenta*, Leipzig 1903, zuerst richtig gewürdigten Fragmente einer philosophisch-rhetorischen ἐπίδειξις aus wenig jüngerer Zeit (Cramer, *An. Par.* I 165 ff.). Der Philosoph schilt die Alexandriner wegen dieses Enthusiasmus: δεινὸν γὰρ αὐτῷ δοκεῖ εἶναι, τοὺς μὲν κιθαρῳδούς, οἳ πρότερον τὴν πόλιν ἐπτόηςαν, πάλαι ποτὲ τεθνηκέναι, τὴν δ' ἐπ' ἐκείνοις ἀφροσύνην ζῆν ἔτι, καὶ τοὺς ἀπ' Ἀλεξάνδρου τοῦ Ἄμμωνος ὠνομασμένους χαίρειν μετονομαζομένους ἀπό τινος ἀγύρτου καὶ ἑτέρου τοιούτου βαράθρου.

gestattet (1, 1): πανήγυρις Ἑλληνική ...... ἀγὼν δὲ ἦν καὶ ἐκιθάριζεν ὥρᾳ
καύματος Εὔνομος, ὁπηνίκα οἱ τέττιγες ὑπὸ τοῖς πετάλοις ᾖδον ἀνὰ
τὰ ὄρη θερόμενοι ἡλίῳ ...... ῥήγνυται χορδὴ τῷ Λοκρῷ. ἐφίπταται
ὁ τέττιξ τῷ ζυγῷ. ἐτερέτιζεν ὡς ἐπὶ κλάδῳ ⟨ἐπὶ⟩ τῷ ὀργάνῳ, καὶ τοῦ
τέττιγος τῷ ᾄσματι ἁρμοσάμενος ὁ ψδὸς τὴν λείπουσαν ἀνε-
πλήρωσε χορδήν. Von allen Erzählungen des Geschichtchens kommt
diese unserer Rede, die ich im Anhang zu vergleichen bitte, am nächsten,
ja ihre Worte τὴν νευρὰν ἀνεπλήρωσεν αὐτῷ lassen fast an direkte
Benutzung denken. Der Gedanke wäre natürlich falsch; weder kann
der heidnische Autor, dem es durchaus ernst ist, hier aus der christlichen Parodie schöpfen, noch können wir — ganz abgesehen davon,
daß Clemens mehr Einzelheiten bietet — seine Rede vor die Zeit
des Clemens rücken. Es ist offenbar eine beliebte Glanzstelle derartiger Reden, die sich leicht durch die Grundauffassung des Propheten, als des Instrumentes Gottes erklärt. Wo er aus mensch-
licher Schwäche versagt, da „ergänzt" der Höchste selbst sein
Instrument.[1])

Daß bei den Festen auch Lobreden auf die Herrscher üblich
waren, ist bekannt. Auf Alexandria weist in unserer Rede die beständige Heranziehung der Musik und des Virtuosentums; als Instrument wird die ägyptische Rohrflöte erwähnt; die Empfindung des
Verhältnisses von Untertan und Herrscher ist ägyptisch. Die Epitheta der Gottheit stehen durchaus im Einklang mit dem Hermetischen

---

1) Diesen Zusammenhang der Prophetie mit der Rhetorik, den wir hier
auf hellenistischem Boden verfolgt haben, und die Bedeutung des rhetorischen
Elementes auch in der frühchristlichen Prophetie scheint mir Norden in seiner
sonst trefflichen Darstellung (Kunstprosa 537 ff.) zu wenig berücksichtigt und
sich zu eng an Hatch geschlossen zu haben, dessen Darstellung hier stärker,
als es sonst in dem wundervollen Buch geschieht, von der Tendenz, das erste
Christentum zu idealisieren, beeinflußt ist. Den Charakter der heidnischen
Predigt können wir an den Hermetischen Stücken, besonders an Kap. III (IV)
und VII (VIII) einigermaßen kennen lernen; die Berührungen z. B. mit dem
Κήρυγμα Πέτρου habe ich schon früher hervorgehoben. Wir werden wenigstens auf griechischem Boden, wo die halbreligiöse Schätzung der improvi-
sierten Rede weit verbreitet ist, kaum das Recht haben, jeden Einfluß der
Rhetorik zu leugnen. Die Schrift des Hermas gestattet auf die Predigt überhaupt keinen Schluß, und wenn ich auch gern zugebe, daß mit dem Vortreten
des διδάσκαλος und der exegetischen Predigt die Einwirkung der Rhetorik sich
in der Hauptkirche eine Zeitlang verringerte, wird es doch kaum berechtigt
sein, zwischen ihr und dem Gnostizismus prinzipielle Unterschiede zu suchen.

Gebrauch [1]); eine Stelle scheint auf dieselbe Verehrung des Allgottes
Helios zu verweisen, die Asklepios in den Ὅροι lehrt. Hermetisch
ist vor allem die Betonung der γνῶcιc und das Hervorheben der
gottgewollten, erlösenden Kraft des Hymnus, des Lobpreises Gottes.
Wenn der Redner schildert, daß das Preisen des Herrschers die notwendige Vorübung und Ergänzung des Preises Gottes und daher
religiöse Pflicht ist, so erklärt dies mir die Stellung dieser Predigt
am Schluß des Corpus. Ihr Zweck ist, zu erweisen, daß die ägyptisch-
mystische Religion notwendig zur höchsten Loyalität gegen den
Herrscher führt; sie paßt zur Reichsreligion. Beachtet man nun,
daß die vorausgehende Darstellung der Heilslehre mit den beiden
Lehren der Propheten an den König schließt, die ihm den Kult der
naturalis und *civilis theologia* rechtfertigen und ans Herz legen, und
erinnert man sich der Eigentümlichkeiten der Asklepios-Schrift, so
wird man zu dem Schluß gedrängt, daß hier eine beabsichtigte Neben-
einanderstellung und Beziehung vorliegt, daß ein ägyptischer Redner
und Verehrer des Hermes römischen Kaisern diese eigentümliche
Zusammenstellung Hermetischer Schriften überreichte, die uns ein
Zufall erhalten hat.

Ohne weiteres ergibt sich nun aus dem Charakter des Corpus,
das sich uns als einheitlich und planmäßig geordnet erwiesen hat,
daß es nicht christliche Herrscher sein können, denen diese Sammlung überreicht ist. Die Zeit nach Constantin ist ebenso ausgeschlossen
wie die Zeit vor Elagabal und der ersten offiziellen Einführung des
Sonnenkultes. Das Weltreich hat mehrere Herrscher, die miteinander in Eintracht leben; siegreiche Kriege mit den Barbaren sind
geführt worden, aber Ägypten genießt jetzt tiefen Frieden, und dieser
Frieden ist das Werk der Kaiser. Diese Angaben würden m. E. am
besten auf Diokletian und seine Genossen passen. Gerade bei ihnen
hätte es auch besonderen Sinn, daß mit offenbarem Bezug auf die
βαcιλεῖc die Gottheit gepriesen wird: οὐκ ἔcτιν οὖν ἐκεῖcε πρὸc ἀλλήλουc διαφορά, οὐκ ἔcτι τὸ ἀλλοπρόcαλλον ἐκεῖcε, ἀλλὰ πάντεc ἓν
φρονοῦcιν, μία δὲ πάντων πρόγνωcιc, εἷc αὐτοῖc νοῦc [ὁ πατήρ], μία
αἴcθηcιc δι' αὐτῶν ἐργαζομένη[2]), ἓν τὸ εἰc ἀλλήλουc φίλτρον ὁ ἔρωc
ὁ αὐτὸc μίαν ἐργαζόμενοc ἁρμονίαν τῶν πάντων. Das erweckt den

---

1) Man vergleiche besonders Kap. XIV (XV).
2) Der Götterkreis schafft die αἴcθηcειc (vgl. oben S. 68).

Eindruck, daß auch auf Erden mehrere nicht völlig gleichgestellte
Herrscher den einen überragenden umgeben, geeint durch die bei
allen gleiche Liebe zu ihm. Für eine bloß zwischen Vater und
Sohn waltende Einigkeit mußte gerade die Hermetische Theologie
ganz andere Bilder bieten. Wir kämen damit in die Zeit, in welcher
der Verfasser der Straßburger Kosmogonie schreibt, der ja auch
Diokletian, die ihn umgebenden ὁπλότεροι βαcιλῆεc und den Perser-
sieg feiert. Man hatte damals in Ägypten allen Grund die eigene
Loyalität hervorzuheben und die römische Staatsreligion als Offenbarung der ägyptischen Götter darzustellen.[1]) Es ist fast dieselbe Zeit,
in der Arnobius sich so ganz von Hermetischen Ansichten beeinflußt
zeigt und sein Schüler Lactanz dem Hermetismus starke Einwirkungen
auf sich gestattet.

Ich halte diesen Ansatz für sehr wahrscheinlich, ohne zu ver-
kennen, daß bei der schillernden Natur der meisten Angaben auch
ein früherer nicht völlig ausgeschlossen ist. Für sämtliche Schriften
des Corpus ergibt sich danach, daß sie vor dem Ausgang des dritten
Jahrhunderts entstanden sind. Vielleicht sogar noch etwas mehr.
Wenn der IX. (X.) Dialog mit dem Urbild der lateinischen Schrift
zusammen in einem Corpus stand, das doch ebenfalls erst in der
Gemeinde sich durchsetzen mußte, ehe es einerseits von Lactanz,
andererseits von dem Redaktor unserer Sammlung benutzt werden
konnte, so muß der einzelne Dialog erheblich vor den Abschluß
dieser Sammlung fallen. Noch weiter müssen wir dann mit der
Sammlung an Asklepios gerichteter Schriften heraufgehen, welcher
Schrift II (III) und VI (VII) entnommen sind. Für die an Tat
gerichteten Schriften habe ich nur die eine Bestimmung, daß die
Γενικοὶ λόγοι öfters erwähnt werden, aber nicht selbst benutzt
scheinen. Sie fielen, wie wir S. 33 vermuteten, vor die Zeit des
Hirten des Hermas. Die schon von anderer Seite aufgestellte Behauptung, die Mehrzahl der Schriften unseres Corpus möchten im
zweiten Jahrhundert n. Chr. entstanden sein, scheint durchaus glaublich.

Es bleiben einige Nebenfragen, die am besten gleich hier ihre
Erledigung finden. Daß Cyrill und Lactanz unsere Sammlung nicht

---

1) Wir dürfen nicht vergessen, daß das dritte Jahrhundert die Vergött-
lichung des lebenden Herrschers gebracht hat, daß Aurelian der menschgeborene
Gott (deus natus) ist, und daß Diokletian und seine Genossen sich als diis
geniti et deorum creatores empfanden.

benutzt haben, bedarf keines Wortes.[1]) Aber auch Stobaios hat sie
sicher nicht gelesen; er zitiert vier Einzelstücke: Ἀφροδίτη, λόγος
Ἴσιδος πρὸς Ὧρον, λόγος Ἴσιδος πρὸς Ἄμμωνα[2]) und Κόρη κόσμου
(alle zur Isis-Literatur gehörig); ferner drei Hermetische Corpora,
in denen er offenbar keine Untertitel fand, nämlich: 1) ἐκ τῶν πρὸς
Ἄμμωνα (bezw. Ἀμοῦν), 2) ἐκ τῶν πρὸς Ἀσκληπιόν (in den Eklogen
nur den II. bezw. III. Traktat, im Florilegium noch einen verlorenen
Abschnitt), 3) ἐκ τῶν πρὸς Τάτ (bezw. πρὸς τὸν υἱόν). Die Bruchstücke aus dem letzten Corpus gehören sogar überwiegend verlorenen Dialogen an; von den uns erhaltenen sind nur die beiden
früher gesondert überlieferten X bezw. XI (Κλείς) und IV bezw. V
(Κρατὴρ ἢ Μονάς)[3]), im ganzen also mit dem einen an Asklepios
gerichteten Dialog nur drei von siebzehn erhaltenen Schriften benutzt. Die Zitate des Stobaios bieten also zunächst ein Mittel, die
Tätigkeit des Redaktors unserer Sammlung zu bestimmen. Sie ist,
wie nach dem oben Ausgeführten zu erwarten war, gering; ein paar
Sätze hat er allerdings geändert; es war unrecht, wenn Parthey in
diesen Fällen durch mechanisches Zusammenarbeiten beider Textes-
quellen einen dritten herzustellen suchte. Man vergleiche etwa:

Herm. II (III) 10:	Stob. I 18 *p.* 158 Wachsm.:
Ἐν κενῷ δὲ δεῖ κινεῖσθαι τὰ κι-νούμενα, ὦ τρισμέγιστε. — Εὖ φῄς, ὦ Ἀσκληπιέ. οὐδὲν δὲ τῶν ὄντων ἐστὶ κενόν. μόνον δὲ τὸ μὴ ὂν κενόν ἐστι ⟦ξένον⟧ τῆς ὑπάρ-ξεως.	Οὐδὲ ἓν τῶν ὄντων ἐστὶ κενὸν τῷ τῆς ὑπάρξεως λόγῳ. τὸ δὲ ὂν οὐκ ἂν ἠδύνατο εἶναι ὄν, εἰ μὴ μεστὸν τῆς ὑπάρξεως ἦν.
τὸ γὰρ ὑπάρχον κενὸν οὐδέποτε γενέσθαι δύναται. —	τὸ γὰρ ὑπάρχον κενὸν οὐδέποτε γενέσθαι δύναται. —
Οὐκ ἔστιν οὖν τινά, ὦ τρισμέγιστε,	Οὐκ ἔστιν οὖν κενά τινα, ὦ τρισ-

1) Allerdings führt der Index der Laubmann-Brandtschen Ausgabe eine
Reihe aus unserem Corpus zitierter Stellen an; allein bei näherer Prüfung
bleiben nur die Zitate aus Kap. XII (XIII) 23 bei Lactanz VI 25, 10 und vielleicht aus Kap. IX (X) 4 bei Lactanz II 15, 6 und V 14, 11 bestehen. Hinzu
tritt der von den Herausgebern nicht bemerkte Verweis auf die Ὅροι Ἀσκληπιοῦ
(vgl. S. 192).   2) Vgl. oben S. 134 A. 3.
3) Der Titel ist beidemal verloren, die Anrede an Tat wenigstens *p.* 127,
13 erhalten.

[ἔϲτι] τοιαῦτα, οἷον κάδδοϲ κενὸϲ καὶ κέραμοϲ κενόϲ, καὶ ποτήριον καὶ ληνόϲ[1]) καὶ τὰ ἄλλα πάντα τὰ παραπλήϲια;

μέγιϲτε, οἷον κάδοϲ καὶ κέραμοϲ καὶ ληνόϲ, καὶ τὰ ἄλλα τὰ παραπλήϲια;

Hieraus macht Parthey: οὐδὲν δὲ τῶν ὄντων ἐϲτὶ κενόν· μόνον δὲ τὸ μὴ ὂν κενόν ἐϲτι καὶ ξένον τῆϲ ὑπάρξεωϲ· τὸ δὲ ὂν οὐκ ἂν ἠδύνατο εἶναι ὄν, εἰ μὴ μεϲτὸν τῆϲ ὑπάρξεωϲ ἦν. τὸ γὰρ ὑπάρχον κενὸν οὐδέποτε γενέϲθαι δύναται. — Οὐκ ἔϲτιν οὖν κενά τινα, ὦ τριϲμέγιϲτε, οἷον κάδδοϲ κενὸϲ καὶ κέραμοϲ κενὸϲ καὶ φρέαρ κενὸν καὶ ληνὸϲ καὶ τὰ ἄλλα τὰ παραπλήϲια; Allein die überflüssigen Häufungen verderben mehr als sie nutzen. Wir müssen die Existenz verschiedener Rezensionen ja auch im λόγοϲ τέλειοϲ anerkennen.

Sicher benutzt hat unser Corpus der Verfasser des Dialogs Ἕρμιππος περὶ ἀϲτρολογίαϲ. Er benutzt *p. 9, 3 (ed. Kroll et Viereck)* Schrift I § 5; ferner 21, 5 Schrift X (XI) § 12; 70, 17 Schrift X (XI) § 6; weiter von *p. 24, 25* an in umfassender Weise die Ὅροι Ἀϲκληπιοῦ, endlich an einzelnen Stellen wie 12, 21 und 14, 13 Wendungen aus der Schlußrede.[2]) Allein, so sehr ich wünschte, den Beweis dafür, daß die vollere Handschriftenklasse das Corpus in seiner ursprünglichen Ausdehnung bietet, auch aus der Überlieferungsgeschichte erbringen zu können, so wenig genügt dieser Dialog, der vielleicht selbst erst in frühhumanistischer Zeit entstanden ist, um dies zu erweisen.

Benutzt haben könnte unser Corpus in älterer Zeit höchstens der Mythograph Fulgentius. Er zitiert (*p. 26, 18* Helm) die erste Schrift, den Poimandres *(Hermes in Opimandre libro)*; er führt ferner — allerdings, nach seiner lüderlichen Art, unter dem Namen des Platon — einige Worte aus dem XII. bezw. XIII. Traktat an (*p. 88, 3* Helm); er könnte vielleicht mit dem allgemeinen Verweis *p. 85, 21* verlorene Teile der Ὅροι Ἀϲκληπιοῦ meinen und berichtet endlich *p. 74, 11* Helm, daß es drei Arten der Musik gebe, *ut Ermes Trismegistus ait, id est adomenon, psallomenon, aulumenon.* Diese Worte stehen allerdings jetzt nicht in der Schlußrede, aber sie könnten vielleicht aus

---

1) καὶ ποτήριον καὶ ληνόϲ] καὶ ποταμὸϲ ὅλοϲ MAC. Aus ποταμόϲ hat Patricius sich keck sein φρέαρ κενόν erfunden.

2) Vgl. besonders 12, 21: καὶ τὸ ϲέβαϲ ἀπένεμον ὡϲ εἰκόϲ mit ἀλλὰ τῷ μὲν ἀποδίδωϲι πρέπον τὸ ϲέβαϲ.

deren Eingang gebildet sein oder in den verlorenen Abschnitten gestanden haben.

Für eine Benutzung unseres Corpus fehlt also in älterer Zeit
jedes sichere Zeugnis. Aber die Hermetischen Schriften waren bis
etwa ins VI. Jahrhundert in vielen Händen; erst seit dieser Zeit
beginnen sie im Innern des Reiches allmählich zu verschwinden, die
Kenntnis ihrer Lehren sich auf die Zitate zu beschränken.[1] Ein Zufall führte dann eine lückenhafte und schwer beschädigte Handschrift
unserer Sammlung im XI. Jahrhundert dem Michael Psellos in die
Hände. Es ist mehr als wahrscheinlich, daß das neu erwachte Interesse an Platon ihrer Weiterüberlieferung zu gute kam.[2] Mit dem
Anbruch des XIV. Jahrhunderts beginnt dann die Reihe der uns erhaltenen Handschriften. —

Ich ziehe hieraus die Folgerungen. Die starken Interpolationen
und jene Umgestaltung des ursprünglichen Textes, die wir im zweiten
und dritten Kapitel für den Poimandres glaubten nachweisen zu
können, lassen sich nicht auf Rechnung des Redaktors unserer
Sammlung stellen. Vielmehr müssen in der Gemeinde Umbildungen
und Neuentwicklungen stattgefunden haben, welche eine Umarbeitung

---

1) Daß ihre Erhaltung bis zu dieser Zeit mit dem Fortleben des Neuplatonismus zusammenhängt, ist sehr glaublich. Benutzt doch der Philosoph Harpokration diese Schriften ebenso wie Iamblich. Von Theon heißt es bei
Johannes Malalas (343, 14): ἡρμήνευσε τὰ ἀστρονομικὰ καὶ τὰ Ἑρμοῦ τοῦ τρισμεγίστου συγγράμματα καὶ τὰ Ὀρφέως, und Cyrill (Contra Iul. I p. 548 Migne)
weiß von einem Neuplatoniker seiner Zeit: πεποίηται δὲ καὶ τούτου (der Übereinstimmung zwischen Moses und Hermes) μνήμην ἐν ἰδίαις συγγραφαῖς ὁ συν-
τεθεικὼς Ἀθήνῃσι τὰ ἐπίκλην Ἑρμαϊκὰ πεντεκαίδεκα βιβλία. γράφει δὲ οὕτως
ἐν τῷ πρώτῳ περὶ αὐτοῦ, εἰσκεκόμικε δέ τινα τῶν ἱερουργῶν λέγοντα· ἵν' οὖν
ἔλθωμεν εἰς τὰς ὁμοίας, ἆρ' οὐχὶ καὶ τὸν ἡμέτερον Ἑρμῆν ἀκούεις τήν τε
Αἴγυπτον εἰς λῆξιν καὶ κλήρους ἅπασαν τεμεῖν σχοίνῳ τὰς ἀρούρας καταμετροῦντα
καὶ διώρυχας τεμέσθαι ταῖς ἐπαρδεύσεσι καὶ νόμους θεῖναι καὶ τὰς χώρας ἀπ'
αὐτῶν προσειπεῖν καὶ καταστήσασθαι τὰς συναλλάξεις τῶν συμβολαίων καὶ νεωστὶ
φύσασθαι κατάλογον τῆς τῶν ἄστρων ἐπιτολῆς, καὶ βοτάνας τεμεῖν καὶ πρός γε
ἀριθμοὺς καὶ λογισμοὺς καὶ γεωμετρίαν ἀστρονομίαν τε καὶ ἀστρολογίαν καὶ τὴν
μουσικὴν καὶ τὴν γραμματικὴν ἅπασαν εὑρόντα παραδοῦναι. Aber gerade diese
Zitate zeigte auch, daß die uns vorliegende Hermetische Literatur nicht in diesen
Kreisen entstanden oder namhaft beeinflußt ist.

2) Eine starke kirchliche Opposition zeigen freilich die zahlreichen Rand-
notizen wie λῆρος, φλυαρία und dergleichen, die im Cod. Paris. 1220 (B) von
jüngerer Hand am Rande nachgetragen sind.

der Gründungsgeschichte und Lehrdarstellung notwendig machten.[1])
Die Einlagen selbst geben hierfür einen gewissen Anhalt. Die erste
und größte (§ 6—8, vgl. S. 33 ff.) bringt den ägyptischen Pantheismus
und eine Form der Logos-Lehre zum Ausdruck, die wir allerdings bis
über die Grenze unserer Zeitrechnung hinauf verfolgen können, die aber
auch in jüngeren Hermetischen Schriften stark hervortritt. Besonders
zeigt die zweite, jüngere Schrift der Poimandres-Gemeinde (Kap. XIII,
bezw. XIV), zu deren Betrachtung wir im nächsten Abschnitt übergehen werden, eine ausgebildete Logos-Lehre. Der Logos ist der
Mittler zwischen Gott und dem Menschen; jedes rechte Gebet muß
durch ihn Gott dargebracht werden (§ 21); er ist der Sohn Gottes und
zugleich das überirdische Wesen, das bei der Wiedergeburt in dem
Menschen entsteht, d. h. aus den einzelnen δυνάμεις θεοῦ zusammengesetzt wird. Diese jüngere Schrift wurzelt ferner ganz in dem
ägyptischen Pantheismus. Die Spuren des Dualismus sind fast völlig
beseitigt.[2]) Ferner erscheint als eine Art Hypostase die βουλὴ θεοῦ,
die als Person der Gottheit auch in jener Einlage des Poimandres begegnet. Der Abschwächung des Dualismus dient auch die zweite Einlage (§ 24, vgl. S. 51), welche zugleich die Verbindung der Laster mit
den Planeten- bezw. Sphärengeistern aufhebt. Endlich ist aus der
Erscheinung des Poimandres-Noûc die rein menschliche Beschreibung
gestrichen; er ist ὑπερμεγέθης μέτρῳ ἀπεριορίστῳ τυγχάνων geworden,
genau wie im XIII. (XIV.) Kapitel der vergöttlichte Mensch ἀκατάληπτος und ἀσχημάτιστος wird. Seine Aufgabe ist nicht mehr den
einzelnen Menschen zu führen und zu hüten; nur als Spender der
göttlichen Offenbarung steht er noch an der Spitze der Reihe, wie
die ägyptischen Offenbarungsgötter; aber durchaus nicht alles hat er
offenbart (§ 15); er weiß, daß sein Schüler aus eigener Kraft vermögen wird πάντα νοεῖν καὶ ἀκούειν ὧν βούλεται καὶ ὁρᾶν τὰ πάντα.

---

1) Daß Ähnliches mit der Κλείς geschehen sein muß, habe ich oben
S. 196 A. 2 betont; von der Κόρη κόσμου gilt das Gleiche.

2) Nur daß die Sterne, und zwar hier die im Ägyptischen stärker hervor-
tretenden ζῴδια, Urheber des Schlechten im Menschen sind, ist als Rest jener
rein dualistischen, nicht-ägyptischen Ἄνθρωπος-Lehre geblieben. Wir sehen,
daß Zosimos, dessen Zeit ja nach den obigen Darlegungen sicher nach dem
Entstehen der XIII. (XIV.) Schrift fällt, zwar die Ἄνθρωπος-Lehre wieder übernimmt (übrigens nicht aus dem Poimandres, sondern aus anderen Hermetischen Schriften), aber dem dualistischen Systeme des Mani glühendsten Haß
entgegen zu bringen scheint (vgl. oben S. 105).

Eine fortwirkende Offenbarung, welche die Gemeinde allmählich umgestaltet hat, wird hier vorausgesetzt.

Es scheint mir klar, daß jene Umgestaltung der Poimandres-
Schrift sich in der Gemeinde vollzogen hat. Eine gewisse Parallele
bietet die Erweiterung des λόγος τέλειος, wie er uns in der lateinischen
Fassung vorliegt. Der Anlaß ist deutlich; der Gott mußte die Bedrängnis,
in welche die Gemeinde im Laufe des IV. Jahrhunderts geriet, schon
vorausgesagt haben; an einzelne aus allgemeinstem Empfinden hervor-
gegangene Andeutungen[1]) setzten sich nun bestimmte Prophezeiungen
an. Die Parallele hierzu bieten die eschatologischen Reden Christi,
wie zu den Erweiterungen des Poimandres etwa die Anfügung der
Kindheitsgeschichte oder der Sprüche, in denen Christus bei den
Synoptikern die Missionspredigt in aller Welt befiehlt. Beide Ver-
gleichungen treffen freilich nicht ganz zu; rein stilistische Änderungen
wie im Poimandres § 11 zeigen, daß diese Schriften viel stärkeren
Änderungen ausgesetzt sind, daß ihre Haupttexte gegenüber unmittelbaren Gottesworten wie αὐξάνεσθε ἐν αὐξήσει oder ὁ νοήσας ἑαυτὸν
εἰς αὐτὸν χωρεῖ oder den φωναί des Poimandres doch auch mehr
den Charakter schriftstellerischer Leistungen tragen, an denen jeder
neue Prophet ändern und modeln kann. Der Charakter der Schrift
als Offenbarung schließt ihre literarische Behandlung nicht aus.[2])
Noch stärker wird diese naturgemäß bei den philosophischen Darlegungen oder bei der eigentlichen Predigt hervorgetreten sein.[3])

---

1) Wie etwa Schrift IX (X) 4.

2) Die Übertragung einer jüdischen Apokalypse ins Christliche — ein
Vorgang, der ja für die Apokalypse des Johannes nach dem Urteil bester
Kenner erwiesen scheint — läßt sich einigermaßen mit der Übertragung der
Ἄνθρωπος-Lehre ins Ägyptische durch den Verfasser des Poimandres ver-
gleichen. Weiter ab steht die Anpassung der heidnischen Naassener-Predigt
an das Christentum.

3) Auch im Christentum bildet die mündliche oder schriftliche Predigt
ja lange Zeit eine Art „Gotteswort zweiter Klasse". Einen letzten Nachhall
dieser Auffassung bietet die reizende Auseinandersetzung Augustins (*De doctr.
christ.* IV 29, 62. 30, 63), auf die ich beiläufig einmal aufmerksam machen möchte.
Man streitet, ob die Predigt geistiges Eigentum ist oder „weitergepredigt" werden
darf. Augustin, welcher den Geistlichen, die eine schöne Stimme, aber sonst
geringe Gaben haben, sogar befiehlt, fremde Predigten auswendig zu lernen,
sucht dies gerade durch die Inspirationslehre zu verteidigen: der Prediger darf
unbedenklich nehmen, was er findet. Denn die Predigt ist immer Gottes Wort, und
an dem kann ein frommer Mann keinen Diebstahl begehen Es ist allen zu eigen,

Die Erklärung bietet jener eigentümliche Begriff des Prophetentums, dem wir bei der Betrachtung der XIII. (XIV.) Schrift vielleicht am nächsten kommen.

VII.

Wir haben im vorigen Abschnitt einen gewissen Anhalt für die Erklärung und Datierung des XIII. bezw. XIV. Kapitels gewonnen. Der Begründer der Gemeinde ist hier schon Hermes, der allgemeine Offenbarungsgott dieser Literatur; die Person des Stifters war also verblaßt und der Erinnerung entschwunden. Als heilige Schriften gelten die λόγοι γενικοί des Hermes an Tat. Die ganz individuelle Gottesbezeichnung Ποιμάνδρης hat ihre Bedeutung verloren; fast wie ein Appellativum und völlig gleich νοῦς wird sie ja auch später von Zosimos verwendet.[1]) Die Gemeinde hat eine heilige Schrift,

---

1) Ich füge die charakteristische Stelle (Berthelot 244) ganz hier bei, da sie ein lehrreiches Gegenbild zu dem ganzen XIII. (XIV.) Kapitel bietet. Nach einem Ausfall gegen die ψευδοπροφῆται, durch welche die Dämonen wirken und nicht bloß Opfer verlangen, sondern selbst die Seelen verderben, fährt Zosimos fort: cὺ γοῦν μὴ περιέλκου ὡc γυνή (Berth. ὦ γ.), ὡc καὶ ἐν τοῖc κατ' ἐνέργειαν ἐξεῖπόν coι, καὶ μὴ περιρρέμβου Ζητοῦcα θεόν, ἀλλ' οἴκαδε καθέζου, καὶ θεὸc ἥξει πρὸc cὲ ὁ πανταχοῦ ὢν καὶ οὐκ ἐν τόπῳ ἐλαχίcτῳ ὡc τὰ δαιμόνια· καθεζομένη δὲ τῷ cώματι καθέζου καὶ τοῖc πάθεcιν, ἐπιθυμίᾳ ἡδονῇ θυμῷ λύπῃ, καὶ ταῖc δώδεκα Μοίραιc τοῦ θανάτου (μύραιc Cod. verb. v. Berthelot; es sind die zwölf τιμωροὶ δαίμονεc unseres Kapitels)· καὶ οὕτωc αὐτὴν διευθύνουcα (cαυτὴν διευθύναcα die zweite Fassung, Berthelot S. 84) προcκαλέcῃ πρὸc ἑαυτὴν τὸ θεῖον καὶ ὄντωc (so S. 84, οὕτωc hier Cod.) ἥξει (πρὸc cὲ S. 84) τὸ πανταχοῦ ὂν καὶ οὐδαμοῦ. καὶ μὴ καλουμένη πρόcφερε θυcίαc τοῖc δαίμοcιν, μὴ τὰc προcφόρουc μὴ τὰc θρεπτικὰc αὐτῶν καὶ προcηνεῖc, ἀλλὰ τὰc ἀποτρεπτικὰc αὐτῶν καὶ ἀναιρετικάc, ἃc προcεφώνηcεν Μαμβρῆc (der ägyptische Zauberer, auf dessen Namen ein auch bei Christen oft gebrauchtes Apokryphon geht) τῷ Ἱεροcολύμων βαcιλεῖ Coλομῶντι, αὐτὸc δὲ μάλιcτα Coλομῶν ὅcαc ἔγραψεν ἀπὸ τῆc ἑαυτοῦ coφίαc· καὶ οὕτωc ἐνεργοῦcα ἐπιτεύξῃ τῶν γνηcίων καὶ φυcικῶν καιρικῶν. ταῦτα δὲ ποίει ἕωc ἂν παντελειωθῇc τὴν ψυχήν. ὅταν δὲ ἐπιγνῷc cαυτήν (so S. 84, ἐπιγνοῦcα αὐτὴν hier Cod.) τελειωθεῖcαν, τότε καὶ τῶν φυcικῶν τῆc ὕλης κατάπτυcον (κατάπτηcον Cod., vgl. S. 84) καὶ καταδραμοῦcα ἐπὶ τὸν Ποιμένανδρα (so) καὶ βαπτιcθεῖcα τῷ κρατῆρι ἀνάδραμε ἐπὶ τὸ γένοc τὸ cόν. Vorausgesetzt wird als heilige Schrift hier das IV. (V.) Kapitel unseres Corpus (§ 4): Gott hat nicht allen Menschen den νοῦc, also den Poimandres, erteilt, sondern κρατῆρα μέγαν πληρώcαc τούτου κατέπεμψε δοὺc κήρυκα καὶ ἐκέλευcεν αὐτῷ κηρύξαι ταῖc τῶν ἀνθρώπων καρ-

die Sprüche des Ποιμάνδρης, die etwa den Sprüchen des Ἀγαθὸς δαίμων entsprochen haben müssen. Den einen, etwa ὁ τετελειωμένος cπευcάτω λύειν τὸ cκῆνοc, bietet unser Kapitel, den anderen Zosimos (Berthelot 231, vgl. oben S. 105): ὁ δὲ υἱὸc τοῦ θεοῦ πάντα δυνάμενοc καὶ πάντα γινόμενοc ὅτι (ὅτε Cod.) θέλει ὡc θέλει φαίνει ἑκάcτῳ. Als eine Ergänzung zu dieser Schrift, deren mystischer Charakter selbst in den zwei Zitaten hervortritt, gibt sich unser Kapitel in den Worten (§ 15): ὁ Ποιμάνδρης, ὁ τῆc αὐθεντίαc νοῦc, πλέον μοι τῶν ἐγγεγραμμένων οὐ παρέδωκεν εἰδώc, ὅτι ἀπ' ἐμαυτοῦ δυνήcομαι πάντα νοεῖν καὶ ἀκούειν ὧν βούλομαι καὶ ὁρᾶν τὰ πάντα. Aber es knüpft zugleich an eine Stelle der Γενικοὶ λόγοι, in welcher die Rettung von der Wiedergeburt, der παλιγγενεcία, abhängig gemacht war. Hermes hat damals αἰνιγματωδῶc καὶ οὐ τηλαυγῶc gesprochen und trotz alles Bittens des Jüngers keine Erklärung beigefügt. Er begründet das jetzt (§ 13): ἵνα μὴ ὦμεν διάβολοι τοῦ παντὸc εἰc τοὺc πολλούc, ⟨ἀλλὰ διαδῶμεν⟩ εἰc οὓc ὁ θεὸc αὐτὸc θέλει.[1]) Auch jetzt soll die Erklärung geheim bleiben; der Begriff des Mysteriums ist klar ausgebildet. So darf ich gleich hier darauf verweisen, daß die παλιγγενεcία den Inhalt des ägyptischen Mithrasmysteriums und ferner jener Isis-Mysterien bildet, welche Apuleius beschreibt.[2])

δίαιc τάδε· βάπτιcον ceαυτὴν ἡ δυναμένη εἰc τοῦτον τὸν κρατῆρα, ἡ πιcτεύουcα, ὅτι ἀνελεύcῃ πρὸc τὸν καταπέμψαντα τὸν κρατῆρα, ἡ γνωρίζουcα, ἐπὶ τί γέγοναc. ὅcοι μὲν οὖν cυνῆκαν τοῦ κηρύγματοc καὶ ἐβαπτίcαντο τοῦ νοόc, οὗτοι μετέcχον τῆc γνώcεωc καὶ τέλειοι ἐγένοντο ἄνθρωποι .... (§ 5) οὗτοι κατὰ cύγκριcιν τῶν ἔργων ἀθάνατοι ἀντὶ θνητῶν εἰcι, πάντα ἐμπεριλαβόντεc τῷ ἑαυτῶν νοῖ τὰ ἐπὶ τῆc τὰ ἐν οὐρανῷ καὶ εἴ τί ἐcτιν ὑπὲρ τὸν οὐρανόν. τοcοῦτον ἑαυτοὺc ὑψώcαντεc εἶδον τὸ ἀγαθόν, καὶ ἰδόντεc cυμφορὰν ἡγήcαντο τὴν ἐνθάδε διατριβὴν ⟨καὶ⟩ καταφρονήcαντεc πάντων τῶν cωματικῶν καὶ ἀcωμάτων ἐπὶ τὸ ἓν καὶ μόνον cπεύδουcιν. Der vollkommene Alchemist hat die γνῶcιc und ist der wahre Prophet; Magie und Theologie berühren sich auch hier. Die Worte des Zosimos ἀνάδραμε ἐπὶ τὸ γένοc τὸ cόν erklären sich aus Poim. § 26: καθοδηγὸc γίνῃ τοῖc ἀξίοιc, ὅπωc τὸ γένοc τῆc ἀνθρωπότητοc διὰ cοῦ ὑπὸ θεοῦ cωθῇ und § 29: καθοδηγὸc ἐγενόμην τοῦ γένουc. Der Prophet wendet sich zu den Menschen zurück.

1) Der Verfasser scheint sich den Hermes als Lehrer einer größeren Zahl von Schülern vorzustellen; ihr gelten die Rätselworte, den von Gott Erwählten die Erklärung. Hieraus wird auch die Frage des Tat verständlich (§ 2): προθέμενοc ἢ κρύβων. Hermes könnte die Lehre auch öffentlich verkünden.

2) Auch in ihnen ist die Wirkung *quodammodo renatos* (XI 21); auch in

Wir werden annehmen müssen, daß zu dieser Verdunkelung des
Religionsstifters und dem Einsetzen des Hermes eine nicht un-
beträchtliche Zeit erforderlich war, wenn auch die im Eingang des
vierten Abschnittes besprochene Neigung des Ägypters, auch in der
historischen Person die Wirkung oder gar Verkörperung eines Gottes
zu sehen, dies erleichtern mochte. Aber eine gewisse Zeit war unbedingt auch notwendig, ehe man in den weiteren Kreisen der
Hermes-Gläubigen die ursprüngliche Sonderexistenz der Poimandres-
Gemeinde vergessen und ihre Schriften so unbefangen mit unter die
sonstigen Gottes-Offenbarungen aufnehmen konnte, wie das in unserem
Corpus geschehen ist. Ist dies gegen das Ende des dritten Jahrhunderts zusammengestellt und fällt die Abfassung des Poimandres
und des erwähnten Teiles der Γενικοὶ λόγοι vor den Hirten des
Hermas, so werden wir unser Kapitel etwa in die zweite Hälfte des
zweiten Jahrhunderts setzen dürfen.[1]) Die Unsicherheit dieser Datierung empfinde ich selbst und füge hinzu, daß der, dem es gelänge
die Zeit dieser Schrift sicherer zu bestimmen, eines der wichtigsten
Daten der gesamten Religionsgeschichte gewinnen würde. —

Der Gang des Dialoges ist wohl klar, zumal größere Interpolationen nicht vorliegen. Der Leser darf sich davon nicht befremden lassen, daß Tat die ersten allgemeinen Andeutungen des
Hermes so gar nicht begreifen kann; der Verfasser will ja hervorheben, daß das Verständnis dieser Geheimlehre nur von Gott gegeben
werden kann, und vermag die vorangehende Blindheit und Verständnis-

---

ihnen vertröstet der Priester den drängenden Mysten lange auf spätere Zeit,
bis der Wille der Gottheit (τὸ θέλημα in unserem Kapitel) sich dem Hiero-
phanten wie dem Mysten offenbart habe (21. 22); auch in ihnen gibt es einen
γενεσιουργὸς τῆς παλιγγενεσίας (26: *complexus Mithram sacerdotem et meum
iam parentem*). Das XIII. (XIV.) Kapitel gibt nur das theologische, von der
Kulthandlung losgelöste Spiegelbild. Von christlichen Einflüssen wird auch
hier nicht die Rede sein können. So gibt jenes Zitat aus den Γενικοὶ λόγοι,
das ja auch schon durch sein Alter gegen diese Vermutung gesichert sein
müßte, μηδένα δύνασθαι σωθῆναι πρὸ τῆς παλιγγενεσίας das Gegenstück zu
dem Johanneischen Herrenwort (3, 3): ἐὰν μή τις γεννηθῇ ἄνωθεν, οὐ δύναται
ἰδεῖν τὴν βασιλείαν τοῦ θεοῦ.

1) Daß die Auffassung der Prophetie bei dem Redaktor der Sammlung
und bei Zosimos wieder sehr viel nüchterner geworden ist, mag ebenfalls für
einen längeren Zwischenraum zwischen unserem Kapitel und dem Abschluß
der Sammlung sprechen.

losigkeit des Schülers kaum stark genug zu schildern. Das Wunder selbst soll sich dann ganz allmählich während der Reden des Hermes vollziehen, die einzelnen Äußerungen des Tat uns von dem Fortschritte Kunde geben. Die Andeutungen beginnen schon in § 4: ἐμαυτὸν γὰρ νῦν οὐχ ὁρῶ — Tat, der ja alle Sinneswahrnehmungen verlieren muß, vermag zunächst das Körperliche nicht mehr zu schauen. Eine Beziehung hierauf scheint die zweite Äußerung (§ 5): τὸ γὰρ μέγεθος βλέπω τὸ αὐτὸ cὺν τῷ χαρακτῆρι zu haben. Eine befriedigende Deutung weiß ich freilich nicht zu geben. Nur erinnern möchte ich an einen eigentümlichen Gebrauch des Wortes im Ägyptischen, z. B. im *Papyrus Insinger* XXXV 17: „erkenne die Größe Gottes, um sie in deinem Herzen werden zu lassen" oder XXXVI 3: „der Fromme mit der Größe Gottes im Herzen". Aus ihm sind Hermetische Stellen wie XI. (XII.) 20 zu erklären: cυναύξηcον cεαυτὸν τῷ ἀμετρήτῳ μεγέθει παντὸς cώματος ἐκπηδήcας καὶ πάντα χρόνον ὑπεράρας Αἰὼν γενοῦ, καὶ νοήcεις τὸν θεόν, aus ihm aber auch gnostische Aussprüche wie das bald in seinem Zusammenhange zu betrachtende Wort des Markos: ὁ δὲ τόπος τοῦ μεγέθους ἐν ἡμῖν ἐcτιν.[1]) Es ist Gott selbst und die göttliche Macht (ἐξουcία). Ich vermute, daß Tat an unserer Stelle das Göttliche zu sehen glaubt, aber noch mit der äußeren Gestalt, dem χαρακτήρ oder εἶδος, verbunden.[2]) Hermes mahnt ihn, daß dies noch kein Schauen Gottes sei. Aus der hieran schließenden Aufforderung, sich mit aller Kraft des Geistes zur Anschauung des Immateriellen zu erheben (§ 6 und 7), entwickelt sich ein Gespräch über die bösen Mächte im Menschen; während Tat in schweigender Andacht den Lehren über die einzelnen Gotteskräfte zuhört, steigen sie offenbar in ihn nieder und bilden sein neues Ich. So schließt unmittelbar an die Belehrung die erste Schilderung seiner Verzückung (§ 11). Es ist ungeschickt, daß der Schriftsteller unmittelbar mit ihr die spitzfindige Seitenfrage, wie

---

1) Ist es hier zunächst die göttliche Kraft (ähnlich wie bei Irenäus I 14, 7: κέχρηται δὲ διακόνῳ τῷ τῶν ἑπτὰ ἀριθμῶν μεγέθει), so wird es an anderen Stellen fast gleich μυcτήριον, so in der christlichen Überarbeitung der Naassenerpredigt (oben S. 90 A. 2): δεῖ γὰρ λαλεῖcθαι τὰ μεγέθη, an anderen direkt gleich πνεῦμα θεῖον oder im Plural πνεύματα, ἄγγελοι oder ἐξουcίαι.

2) Sollte vielleicht zu schreiben sein: τὸ γὰρ μέγεθος βλέπω ⟨τὸ μένον⟩ τὸ αὐτὸ cὺν τῷ χαρακτῆρι? Daß er das μέγεθος in Hermes schaut, ist klar, auch ohne daß wir τὸ cὸν hinzufügen; die Schwierigkeit liegt in τὸ αὐτό.

denn zehn Mächte Gottes die zwölf bösen Mächte vertreiben können,
verbindet; aber er braucht, um das allmähliche Werden der Wiedergeburt zur Empfindung zu bringen, retardierende Motive. So kann
ich es auch verstehen, daß nach der neuen Schilderung der Verzückung (13: τὸ πᾶν ὁρῶ καὶ ἐμαυτὸν ἐν τῷ νοΐ) Tat, der sich
seines göttlichen Wesens noch nicht voll bewußt ist, noch fragen
muß, ob dieses neue Ich auch vergänglich sei. Den Schluß bildet
der Hymnus, den einst Hermes, als er zum Gotte wurde, nicht vom
Poimandres, sondern unmittelbar von den δυνάμεις Gottes, die ja
auch seine eigenen δυνάμεις sind, gehört haben will. Tat nimmt
bei seiner Bitte offenbar auf die zu Anfang erwähnten kurzen Andeutungen in dem Γενικὸς λόγος Bezug. Erst der Hymnus bringt
die Befreiung von dem irdischen Leibe (vgl. § 15: καλῶς σπεύδεις
λῦσαι τὸ σκῆνος). Zum Vergleich verweise ich auf die Κόρη κόσμου,
in der Osiris und Isis, trotzdem sie Götter sind, nicht eher von der
Erde wieder zu dem Urgott aufsteigen dürfen, bis sie einen geheimen
Lobgesang Gott dargebracht haben, den Isis dann ihrem Sohne Horus
lehrt. Ob der Hymnus in unserem Kapitel auch ursprünglich das
tägliche Gebet für den Wiedergeborenen sein sollte, wie jetzt in
§ 16 gesagt ist, wage ich nicht zu entscheiden. Er ist das Gott
wohlgefällige Opfer, der Lobpreis, dessen erlösende Kraft noch in
dem letzten (XVIII.) Kapitel betont wird.[1]) Die Wirkung beschreibt Tat in dem mir unverständlichen Wort τέθεικα καὶ ἐν κόσμῳ
τῷ ἐμῷ[2]), dann bittet er selbst in eigenen Worten Gott preisen zu
dürfen; die Worte selbst sind gegenüber dem großen Hymnus des
Hermes matt und unbedeutend, die reine Formel: θεὲ καὶ πάτερ, σὺ
ὁ κύριος, σὺ ὁ νοῦς. δέξαι λογικὰς θυσίας ἃς θέλεις ἀπ' ἐμοῦ· σοῦ
γὰρ βουλομένου πάντα τελεῖται. Schon der zweite Satz enthält im
Grunde nur ein Versprechen für die Zukunft. Mit einem kurzen
Dank an den Mystagogen oder, um Hermetische Worte zu ge-

---

1) Das Gegenbild bietet auch hier der Zauber; Eulogien und Amulette
stehen z. B. in der jüdischen Betrachtung gleich (Blau, Das altjüdische Zauberwesen S. 93); die in Kap. I angeführten Zaubertexte zeigen den Grund.

2) Eine Änderung zu τέθειμαι ἐν κόσμῳ τῷ ἐμῷ möchte ich nicht
empfehlen; dann brächte der Satz gegenüber der früheren Schilderung τὸ πᾶν
ὁρῶ καὶ ἐμαυτὸν ἐν τῷ νῷ (§ 13) keine Steigerung; auch weist das folgende
δύναμαι, ἐκ τοῦ σοῦ ὕμνου καὶ τῆς σῆς εὐλογίας ἐπιπεφώτισταί μου ὁ νοῦς
darauf, daß von einer Handlung des Tat die Rede war. An τέθυκα oder
ἀνατέθεικα κἀμὲ denkt Plasberg.

brauchen, an den γενεcιουργός τῆc παλιγγενεcίαc und der Mahnung
das Geheimnis zu wahren schließt — an sich recht unbefriedigend —
die im Hauptteile großartig angelegte Schrift.

Wenn der Verfasser sich durch diesen Schluß die Wirkung des
großen Hymnus selbst zerstört, so kann der Grund m. E. nur der
sein, daß noch etwas zu der Handlung des Mysteriums fehlt,
eben jene εὐλογία ἐξ ἰδίαc φρενόc. Sie kann so dürftig sein, wie
sie will; fehlen darf sie nicht. Sie wird in dem Dialog in jeder
Weise hervorgehoben. Da warnt erst Hermes und fragt (§ 20), ob sie
jetzt schon möglich sei. Da leitet Tat das armselige Sätzchen
pomphaft ein (§ 21): ἐν τῷ νῷ, ὦ πάτερ, ἃ θεωρῶ λέγω. coί, γενάρχα
τῆc γενεcιουργίαc, Τὰτ θεῷ πέμπω λογικὰc θυcίαc. Da gibt Hermes
einen Rat für zukünftige Gebete derart und versichert, daß sie Gott
wohlgefällig sein werden, und Tat faßt den Sinn der ganzen heiligen
Handlung dahin zusammen, daß das Gebet des Hermes ihm solchen
Lobpreis ermöglicht habe (?). Auf die εὐλογία kommt alles an.
Um ihre Bedeutung zu verstehen, müssen wir uns freilich erinnern,
welchen Sinn der Redaktor des Corpus mit unserem Dialoge verband: er ist ihm der Schluß der Offenbarungen an Tat und die
Einleitung der eigenen Lehren des Tat, der nun in Kap. XVII von
Amon als προφήτηc bezeichnet wird. Aber ähnlich, ja noch mystischer, hat auch schon der Verfasser das Geschehnis verstanden: die
Wiedergeburt ist der Schluß und das Ziel aller Offenbarung; sie
macht den Begnadeten eins mit Gott, oder vielmehr zu Gott. Die
zehn δυνάμειc fügen sich in ihm zu dem göttlichen λόγοc zusammen[1]), und doch ist dieser λόγοc zugleich eine göttliche Person[2]);
so ist der Wiedergeborene notwendig eines jener menschlichen und
göttlichen Wesen wie Hermes oder Asklepios und wie diese Offenbarungsgötter υἱὸc θεοῦ. Es ist bekannt, daß schon im zweiten
Jahrhundert das christliche Bad der Wiedergeburt, die Taufe, immer
mehr zum Mysterium wird; geheime Kräfte und geheimes Wissen
werden durch sie, die ja am Ende des Unterrichtes, in einzelnen
Fällen am Ende des Lebens steht, verliehen; taufen heißt φωτίζειν.[3])
Wichtiger noch ist die andere Vorstellung, daß sich mit der Taufe

---

1) Vgl. § 8: εἰc cυνάρθρωcιν τοῦ λόγου, § 2: ἐκ παcῶν δυνάμεων cυνεcτώc.
Die Markosier taufen: εἰc ἕνωcιν καὶ ἀπολύτρωcιν καὶ κοινωνίαν τῶν δυνάμεων.

2) Vgl. § 21: ἀλλὰ καὶ πρόcθεc· διὰ τοῦ λόγου. Es ist der υἱὸc θεοῦ.

3) Hatch-Preuschen, Griechentum und Christentum, Vortrag X S. 220 ff.

unmittelbar der Empfang des πνεῦμα verbindet, ja daß diese Begabung der Beweis für die richtige Taufe ist; so fragt Paulus zu Ephesus εἰ πνεῦμα ἅγιον ἐλάβετε πιστεύσαντες, und nach seiner Taufe ἦλθεν τὸ·πνεῦμα τὸ ἅγιον ἐπ' αὐτοὺς ἐλάλουν τε γλώσσαις καὶ ἐπροφήτευον.[1]) Bei Petri Predigt im Hause des Cornelius fällt der Geist auch auf die Heiden; er hört ihre Worte λαλούντων γλώσσαις καὶ μεγαλυνόντων τὸν θεόν und erkennt daraus, daß sie notwendig getauft werden müssen. Auch in unserem Stück ist das Mysterium der Wiedergeburt zugleich das der Propheten-Weihe.[2])

Der Begriff des Prophetentums ist uns schon im Poimandres entgegengetreten. Gott selbst beruft den Propheten; eine innere Erfahrung, die μεγίστη θέα gibt ihm das Recht und Gott selbst den Auftrag und die Kraft, den Guten ein Leiter zu werden und allen die Erlösung zu predigen. Er lehrt die Gemeinde das Dankgebet an Gott, das sie morgens und abends zu sprechen hat; der Kult besteht in dem εὐχαριστεῖν τῷ θεῷ. Das Gegenbild bietet unsere Schrift, nur stärker ins Mystische übertragen; die Berufung des Tat bildet natürlich das Gegenstück zu der eigenen Berufung des Hermes, aber der Prophet ist hier Gottes Sohn oder Gott, seine Berufung die Wiedergeburt. Der Zeugende ist das persönlich gefaßte Θέλημα τοῦ θεοῦ, aber daneben bedarf es, wie z. B. im Mithrasmysterium, noch eines menschlichen γενεσιουργός. Das weist auf eine reicher entwickelte Kultordnung und ein fortlebendes Prophetenamt. Der Abschluß des Mysteriums ist die εὐλογία ἐξ ἰδίας φρενός.

Auch die christliche Gemeinde hat bekanntlich eine Zeit gehabt, in welcher der Prophet hoch über den Gläubigen stand: οἱ προφῆταί εἰσιν οἱ ἀρχιερεῖς ὑμῶν heißt es in der Apostellehre (XIII 3); sie allein sind an keine Liturgie gebunden, mit eigenen Worten dürfen sie Gott preisen: τοῖς προφήταις ἐπιτρέπετε εὐχαριστεῖν ὅσα θέλουσιν (X 7). Dankgebete bilden im wesentlichen den Gottesdienst, und die Propheten sind die „Virtuosen des Dankgebets".[3]) Selbst ein Urteil über ihre Gebete steht der Gemeinde nicht zu, falls ihr Wandel christlich ist.

Wir haben das Ritual einer Prophetenberufung aus einer gnostisch-christlichen Gemeinde, allerdings in gehässigster Entstel-

---

1) Vgl. Apostelgesch. 19, 2 ff. 10, 44 ff. 8, 15 ff.
2) Ähnlich ist die älteste Auffassung der Taufe Jesu.
3) Harnack, Texte und Untersuchungen II 1 S. 119.

lung, bei Irenäus I 13, 3. Markos, der in Ägypten Magie getrieben hat, ist selbst Prophet und vermag anderen die Gabe der Prophetie mitzuteilen: εἰκὸς δὲ αὐτὸν καὶ δαίμονά τινα πάρεδρον ἔχειν, δι᾽ οὗ αὐτός τε προφητεύειν δοκεῖ καὶ ὅσας ἀξίας ἡγεῖται μετόχους τῆς χάριτος αὐτοῦ προφητεύειν ποιεῖ. μάλιστα γὰρ περὶ γυναῖκας ἀσχολεῖται καὶ τούτων τὰς εὐπαρύφους καὶ περιπορφύρους καὶ πλουσιωτάτας, ἃς πολλάκις ὑπάγεσθαι πειρώμενος κολακεύων φησὶν αὐταῖς· „μεταδοῦναί σοι θέλω τῆς ἐμῆς χάριτος, ἐπειδὴ ὁ πατὴρ τῶν ὅλων τὸν ἄγγελόν σου διὰ παντὸς βλέπει πρὸ προσώπου αὐτοῦ. ὁ δὲ τόπος τοῦ μεγέθους ἐν ἡμῖν ἐστι· δι᾽ ἡμᾶς ἐγκαταστήσῃ (?). λάμβανε πρῶτον ἀπ᾽ ἐμοῦ καὶ δι᾽ ἐμοῦ τὴν χάριν· εὐτρέπισον σεαυτὴν ὡς νύμφη ἐκδεχομένη τὸν νυμφίον ἑαυτῆς, ἵνα ἔσῃ ὃ ἐγώ, καὶ ἐγὼ ὃ σύ. καθίδρυσον ἐν τῷ νυμφῶνί σου τὸ σπέρμα τοῦ φωτός· λαβὲ παρ᾽ ἐμοῦ τὸν νυμφίον καὶ χώρησον αὐτὸν καὶ χωρήθητι ἐν αὐτῷ.[1] — ἰδοὺ ἡ χάρις κατῆλθεν ἐπὶ σέ· ἄνοιξον τὸ στόμα σου, καὶ προφήτευσον.“ τῆς δὲ γυναικὸς ἀποκρινομένης· „οὐ προεφήτευσα πώποτε καὶ οὐκ οἶδα προφητεύειν“ ἐπικλήσεις τινὰς ποιούμενος ἐκ δευτέρου εἰς κατάπληξιν τῆς ἀπατωμένης φησὶν αὐτῇ· „ἄνοιξον τὸ στόμα σου, λάλησον ὅτι δήποτε, καὶ προφητεύσεις.“ ἡ δὲ χαυνωθεῖσα καὶ κεπφωθεῖσα, ὑπὸ τῶν προειρημένων διαθερμανθεῖσα τὴν ψυχήν, ὑπὸ τῆς προσδοκίας τοῦ μέλλειν αὐτὴν προφητεύειν τῆς καρδίας πλέον τοῦ δέοντος παλλούσης, ἀποτολμᾷ λαλεῖν ληρώδη καὶ τὰ τυχόντα πάντα κενῶς καὶ τολμηρῶς ἅτε ὑπὸ κενοῦ τεθερμαμένη πνεύματος — — — καὶ ἀπὸ τούτου λοιπὸν προφῆτιδα ἑαυτὴν μεταλαμβάνει (?) καὶ εὐχαριστεῖ Μάρκῳ τῷ ἐπιδιδόντι τῆς ἰδίας χάριτος αὐτῇ.

Irenäus, der wie so oft auch hier die allgemein-christliche Ansicht vertritt, hat theoretisch nur gegen die Bestallung der Prophetinnen durch einen Menschen Einwände. Er lobt jene anderen Frauen, die sich vor Markos hüten: ἀκριβῶς εἰδυῖαι, ὅτι προφητεύειν οὐχ ὑπὸ Μάρκου τοῦ μάγου ἐγγίνεται τοῖς ἀνθρώποις, ἀλλ᾽ οἷς ἂν ὁ θεὸς ἄνωθεν ἐπιπέμψῃ τὴν χάριν αὐτοῦ, οὗτοι θεόσδοτον ἔχουσι τὴν προφητείαν καὶ τότε λαλοῦσιν, ἔνθα καὶ ὁπότε θεὸς βούλεται, ἀλλ᾽ οὐχ ὁ Μάρκος κελεύει. Der Hergang bei den Markosiern ist also fol-

---

1) Das Bild von der Innewohnung Gottes ist hellenistisch (vgl. Anhang Kap. XIII, bezw. XIV 8), ursprünglich bezieht es sich auf die Empfängnis; der Λόγος ist als σπέρμα θεοῦ gefaßt; zugleich wirkt die Vorstellung von dem μέγεθος θεοῦ ein. Die besten Parallelen geben die Anreden an Maria in den *Quaestiones sancti Bartholomaei* bei Vassiliev, *Anecdota graeco-byzantina* p. 11.

gender: das mit göttlichen Kräften begabte Haupt der Gemeinde
spricht zu dem Erkornen, heißt ihn sich bereiten und erkennt im
Sprechen, daß die göttliche Kraft schon herniedergestiegen ist. Die
Probe ist auch hier, daß der Begnadete selbst etwas spricht, aller-
dings hier auf Befehl des Mystagogen. Ist die Begnadung noch
nicht gleich vollendet, so spricht der einführende Priester noch ein-
mal bestimmte Formeln, und nun vollendet sich das Wunder: der
Gottbegnadete „prophezeit".[1]) Den Schluß bildet sein Dank an den
Priester. Die Schilderung entspricht genau der des Hermetischen
Stückes, nur daß dort die Prophetenweihe zugleich die Geburt aus
Gott ist.

Den Zusammenhang beider Vorstellungen lehrt uns Celsus in
einer bekannten Stelle, die jetzt erst volle Wichtigkeit gewinnt, seit
wir uns von dem Treiben der heidnischen Propheten ein klareres
Bild machen können.[2]) Die Christen verachten die altberühmten
Orakel der Hellenen und verehren τὰ ὑπὸ τῶν ἐν Ἰουδαίᾳ τῷ ἐκείνων τρόπῳ λεχθέντα ἢ μὴ λεχθέντα ... τὸν τρόπον τοῦτον, ὃν εἰώ-
θασιν ἔτι νῦν οἱ περὶ Φοινίκην τε καὶ Παλαιστίνην. Celsus
spricht aus eigener Anschauung; er hat solche „Propheten" selbst
gesprochen, und sie haben ihm schließlich gestanden: οὕτινος ἐδέ-
οντο καὶ ὅτι ἐπλάσσοντο λέγοντες ἀλλοπρόσαλλα. Mit ihnen bringt
er einerseits die Propheten des alten Bundes, andererseits Jesus in
Vergleich; die Beschreibung ist tendenziös und gehässig, wie etwa
des Irenäus Schilderung der Prophetenweihe der Markosier, aber
nichts berechtigt, sie für erlogen zu halten. Er erwähnt πλείονα
εἶναι εἴδη τῶν προφητειῶν, aber er schildert nur τὸ τελεώτατον παρὰ
τοῖς τῇδε ἀνδράσιν: πολλοὶ καὶ ἀνώνυμοι ῥᾷστα ἐκ τῆς προστυχούσης
αἰτίας καὶ ἐν ἱεροῖς καὶ ἔξω ἱερῶν, οἱ δὲ καὶ ἀγείροντες καὶ ἐπι-
φοιτῶντες πόλεσιν ἢ στρατοπέδοις κινοῦνται δῆθεν ὡς θεσπίζοντες.

---

1) Es handelt sich offenbar auch hier nicht um Weissagungen, sondern
um eine bestimmte Art erbaulicher Rede. Wenn Bonwetsch (Zeitschr. f. kirchl.
Wissenschaft u. kirchl. Leben 1884 S. 471 A. 1) urteilt, „das Verfahren des
Markos beruht auf einer Identifikation von Mantik und Prophetie, obschon
eine Anlehnung an die kirchliche Übung der Prophetie nicht wird verkannt
werden können", so beweist er nur, wie wenig man bisher auf den hellenistischen Begriff der Prophetie und die heidnischen Gegenbilder gnostisch-christlicher Mysterien geachtet hat.

2) Origenes *Contra Celsum* VII 8 = II p. 160 Kötschau.

πρόχειρον δ' ἑκάστῳ καὶ cύνηθεc εἰπεῖν· „ἐγὼ ὁ θεόc εἰμι ἢ θεοῦ
παῖc ἢ πνεῦμα θεῖον. ἥκω δέ· ἤδη γὰρ ὁ κόcμοc ἀπόλλυται καὶ
ὑμεῖc, ὦ ἄνθρωποι, διὰ τὰc ἀδικίαc οἴχεcθε. ἐγὼ δὲ cῶcαι θέλω, καὶ
ὄψεcθέ με αὖθιc μετ' οὐρανίου δυνάμεωc ἐπανιόντα.¹) μακάριοc ὁ
νῦν με θρηcκεύcαc, τοῖc δ' ἄλλοιc ἅπαcι πῦρ αἰώνιον ἐπιβαλῶ, καὶ
πόλεcι καὶ χώραιc. καὶ ἄνθρωποι, οἳ μὴ τὰc ἑαυτῶν ποινὰc ἴcαcι,
μεταγνώcονται μάτην καὶ cτενάξουcι· τοὺc δ' ἐμοὶ πειcθένταc αἰωνίουc
φυλάξω.“²) ταῦτ' ἐπανατεινάμενοι προcτιθέαcιν ἐφεξῆc ἄγνωcτα καὶ
πάροιcτρα καὶ πάντῃ ἄδηλα, ὧν τὸ μὲν γνώριcμα οὐδεὶc ἂν ἔχων
νοῦν εὑρεῖν δύναιτο — ἀcαφῆ γὰρ καὶ τὸ μηδέν — ἀνοήτῳ δὲ ἢ
γόητι παντὶ περὶ παντὸc ἀφορμὴν ἐνδίδωcιν, ὅπῃ βούλεται τὸ λεχθὲν
cφετερίζεcθαι.

In unserem Dialoge weiß Tat von Anfang an, daß der Wiedergeborene θεόc und θεοῦ παῖc wird; das stand also wohl schon in
dem Γενικὸc λόγοc; nur ob er dann auch die eigene Persönlichkeit
behalten kann, ist ihm zweifelhaft.³) Ähnliches hat Celsus gehört,

1) Auch Hermes führt mit allen seinen δορυφόροι zum Himmel (Κόρη κόcμου Stob. Ekl. I 49 p. 386, 24 Wachsm.).

2) Im Johannes-Evangelium antworten die Juden auf die Versicherung Jesu: ἐάν τιc τὸν ἐμὸν λόγον τηρήcῃ, θάνατον οὐ μὴ θεωρήcῃ εἰc τὸν αἰῶνα mit den Worten: νῦν ἐγνώκαμεν ὅτι δαιμόνιον ἔχειc (8, 51). Unmittelbar vorher gehen ähnlich große Worte: ἐγὼ ἐκ θεοῦ ἐξῆλθον καὶ ἥκω verbunden mit der Scheltrede: ὑμεῖc ἐκ τοῦ πατρὸc τοῦ διαβόλου ἐcτὲ καὶ τὰc ἐπιθυμίαc τοῦ πατρὸc ὑμῶν θέλετε ποιεῖν. Die Antwort ist: οὐ καλῶc λέγομεν ἡμεῖc, ὅτι Cαμαρείτηc εἶ cὺ καὶ δαιμόνιον ἔχειc; Aus Samaria kommen derartige Pseudopropheten, die dem strengen Juden etwas Wohlbekanntes aber doch Fremdartiges und Anstößiges sind; das ἔχειν πάρεδρον δαίμονα, was jener Männer Ruhm ist, gilt bei ihm als Schimpf. Dem Bilde, das wir hieraus gewinnen, fügt sich auch Joh. 10, 17 ff.: ἐξουcίαν ἔχω θεῖναι αὐτὴν (τὴν ψυχήν) καὶ ἐξουcίαν ἔχω πάλιν λαβεῖν αὐτήν — δαιμόνιον ἔχει καὶ μαίνεται. Etwas anders ist 7, 19: τί με ζητεῖτε ἀποκτεῖναι; — ἀπεκρίθη ὁ ὄχλοc· δαιμόνιον ἔχειc. τίc cε ζητεῖ ἀπο-κτεῖναι; Aber auch hier lehrt ein Blick auf 8, 37 und die Zusammenhänge, daß der Grundgedanke ähnlich ist. In den synoptischen Evangelien hören wir nur beiläufig, daß die Vertreter der „Schriftgelehrsamkeit" von der aske-tischen Strenge Johannes des Täufers befremdet sagen: δαιμόνιον ἔχει (Matth. 11, 18 = Luk. 7, 33). Der Verfasser des Johannes-Evangeliums läßt die Ähn-lichkeit des Auftretens Jesu mit dem solcher Pseudopropheten so nachdrück-lich betonen, um sie zugleich durch das ganze erhabene Bild Jesu, das er zeichnet, zu widerlegen.

3) Vgl. § 2: ἄμοιροc γὰρ τῆc ἐν ἐμοὶ οὐcίαc, ἄλλοc ἔcται ὁ γεννώμενοc θεοῦ θεὸc παῖc. Die Worte des Hermes (§ 14): ἀγνοεῖc ὅτι θεὸc πέφυκαc καὶ

ja vielleicht darf man bei ihm direkt die Formel ἐγὼ θεός εἰμι καὶ θεοῦ παῖς einsetzen.[1]) Es ist auch für das Verständnis des Hermetischen Stückes wichtig, daß dies nach Celsus die oberste Stufe des Prophetentums bedeutet.

Daß Celsus wirklich glaubte, Männer gesehen zu haben, die das von sich sagten, was nach seiner Ansicht Jesus von Nazareth von sich gesagt hatte, und auf die man daher die Weissagungen der alttestamentlichen Propheten seiner Meinung nach ebensogut beziehen konnte, geht klar aus Origenes I 50 und 57 hervor. Ob sie Christen, Juden oder Heiden waren, hatte Celsus — wie Origenes ausdrücklich feststellt — nicht gesagt, sondern nur die Erscheinung einer ekstatischen Prophetie auf Grund eines Bewußtseins der eigenen überirdischen Natur aus dem Volkstum der Phönizier und Palästinenser erklären wollen. Darf man seine Worte pressen, so spricht er auch von Heiden (vgl. ἐν τοῖς ἱεροῖς und ἀγείροντες), und die Hermetischen Schriften, die ja auch in Asien verbreitet waren, geben eine Bestätigung und Erklärung. Mit Recht hat man von theologischer Seite Einspruch gegen Ritschls oft wieder aufgenommene Behauptung erhoben, Celsus spreche von den Montanisten. Er macht keine Scheidung, weil er eine solche gar nicht machen kann.

Origenes, der im siebenten Buch den Gegner nicht verstehen will, hat im ersten Buche selbst an den Magier Simon von Gitta und an Dositheos erinnert; auch wir werden zunächst an Männer dieser Art denken müssen.[2]) Schwerlich wird man sie alle kurzweg als Gaukler und Betrüger bezeichnen dürfen; ihr Selbstbewußtsein oder Gottesbewußtsein zu erklären hilft uns unsere Schrift. Sie zeigt zugleich, daß jene Fortbildung des Prophetenbegriffes, jene Betonung der fortwirkenden Offenbarung, die ihre Spitze im Montanismus findet, sich in den heidnischen und christlichen Gemeinden

---

τοῦ ἑνὸς παῖς ὃ κἀγώ stützen und erklären die Stelle. Zusammen gehören Gott und Sohn Gottes, wie in den ägyptischen Gebeten: „ich bin ein Prophet und Sohn eines Propheten".

1) Daß er hinzufügt: ἢ πνεῦμα θεῖον, erklärt sich aus einer zweiten allgemeineren Formel. Zum πνεῦμα θεῖον wird der Mensch mit dem Tode und mit der Wiedergeburt (vgl. unten S. 231; vgl. die alchemistische Umbildung S. 9). In gewissem Sinne entspricht dem πνεῦμα θεῖον die δύναμις θεοῦ, und die Erzählungen von Simon von Gitta erläutern die Celsus-Stelle.

2) An Namen könnte man noch Kleobios (?) und Menandros hinzufügen.

gleichzeitig vollzieht. Auch in den Hermetischen Gemeinden folgt ihr, wie es scheint, eine Periode der Ernüchterung. Man vergleiche die Schilderung des Zosimos (oben S. 214 A. 1) mit der Darstellung unserer Schrift. Wir können wenigstens ahnen, daß es sich hier um große Strömungen handelt, die nicht ausschließlich aus der Entwicklung der christlichen Kirche erklärt werden sollten. —

Auffällig ist, daß Celsus in jener Schilderung der Propheten weder Ägypten noch Jesus erwähnt; so dürfen wir als Ergänzung seine Auffassung Jesu mit hinzunehmen (Orig. I 28): οὗτος διὰ πενίαν εἰς Αἴγυπτον μισθαρνήσας κἀκεῖ δυνάμεών τινων πειραθείς, ἐφ' αἷς Αἰγύπτιοι σεμνύνονται, ἐπανῆλθεν ἐν ταῖς δυνάμεσι μέγα φρονῶν καὶ δι' αὐτὰς θεὸν αὐτὸν ἀνηγόρευσεν.[1] Ob Celsus hierfür in einer jüdischen Erfindung den Anhalt fand, mag dahingestellt bleiben. Es ist ja nur die allgemeine Ansicht der Zeit, daß, wer eine übernatürliche δύναμις in sich trägt, sie in Ägypten erworben hat. Diese Auffassung begegnet uns bei den Kirchenvätern, die in der Charakteristik der einzelnen „Magier" wie in den mancherlei Anekdoten Ägypten als Heimat der Zauberei betrachten; sie begegnet uns im Talmud, wenn der Pharao höhnend zu Moses und seinem Bruder sagt: „Das ist die Kraft eures Gottes? Von Ägypten stammt ja das Zauberwesen der ganzen Welt" und fünfjährige Knaben die Wunder des Moses wiederholen[2]); sie begegnet uns im griechischen Roman wie bei dem Spötter Lukian. Ob sich jene δύναμις in dem Heil-

---

1) Vgl. für seine Auffassung der Heilwunder Orig. VIII 58: ὅτι μὴν ἐν τοῖσδε μέχρι τῶν ἐλαχίστων ἐστίν ὅτῳ δέδοται ἐξουσία, μάθοι τις ἂν ἐξ ὧν Αἰγύπτιοι λέγουσιν, ὅτι ἄρα τοῦ ἀνθρώπου τὸ σῶμα ἓξ καὶ τριάκοντα διειληφότες δαίμονες ἢ θεοί τινες αἰθέριοι (Dekane) εἰς τοσαῦτα μέρη νενεμημένον — οἱ δὲ καὶ πολὺ πλείους (Dämonen unter den Dekanen) λέγουσιν — ἄλλος ἄλλο τι αὐτοῦ νέμειν ἐπιτέτακται. καὶ τῶν δαιμόνων ἴσασι τὰ ὀνόματα ἐπιχωρίᾳ φωνῇ, ὥσπερ Χνούμην καὶ Χναχούμην ... καὶ δὴ ἐπικαλοῦντες αὐτοὺς ἰῶνται τῶν μερῶν τὰ παθήματα. Dieselbe Anschauung kennt und bekämpft Galen.

2) Blau, Das altjüdische Zauberwesen 38 ff. Besonders charakteristisch ist auch der Satz des Talmud: „zehn Maß Zauberei kam herunter auf diese Welt; neun nahm sich Ägypten und eins die ganze übrige Welt". Ich erwähne die bekannte Sache nicht nur, weil Anz gerade die Zusammenhänge der Zauberei und des Gnostizismus benutzt, um letzteren für Babylonien in Anspruch zu nehmen, sondern auch, weil sie der so bequemen und daher beliebten Zurückführung des Gnostizismus auf Syrien widerspricht. Freilich würde zum vollen Nachweis ein Verfolgen der Wunder in gnostisch gefärbten Apostelgeschichten und Zauberpapyri gehören.

wunder oder in dem Übertragen des göttlichen πνεῦμα oder nur in
der mystischen γνῶcιc äußert, der Grundcharakter bleibt gleich. Es
ist nicht zufällig, daß auch in der Ausgestaltung des Wunder- oder
Zauberglaubens Heidentum und Christentum eine ähnliche Entwicklung durchmachen. —

Ich habe die Prophetenweihe des Markos bisher ohne Erklärung
gelassen. Eine solche bietet ein heidnisches Mysterium, auf welches
die einleitenden Worte des Irenäus (εἰκὸc δὲ αὐτὸν καὶ δαίμονα
πάρεδρον ἔχειν) längst hätten aufmerksam machen müssen: die ἱερὰ
λῆψιc τοῦ παρέδρου in dem ersten Berliner Zauberpapyrus, der leider
schlecht gelesen und noch schlechter herausgegeben ist.[1]) Daß in
diesem Mysterium jetzt verschiedene Vorstellungen durcheinandergewirrt sind, darf nicht befremden. Die eine prägt sich in dem
Gebet an Ἀγαθὸc δαίμων, der zugleich Horus ist[2]), Z. 26 ff. aus:
ἡκέ μοι ἀγαθὲ γεωργέ, Ἀγαθὸc δαίμων, Ἁρπό(κρατεc), [Χνοῦ]φι..
ἡκέ μοι ὁ ἅγιοc Ὡρι..[3]) [ὁ κατακ]είμενοc ἐν τῷ βορείῳ, ὁ ἐπικυλινδούμενοc [τὰ τοῦ Νε]ίλου ῥεύματα καὶ ἐπιμιγνύων τῇ θαλάccῃ καὶ
.........καθώcπερ ἀνδρὸc ἐπὶ τῆc cυνουcίαc τῆc [γυναι]κ[όc]. Die
Fluten des Nil sind dem Ägypter besonders oft Bild des be-
fruchtenden Samens, und um eine cυνουcία Gottes und des Menschen
handelt es sich zunächst. Das zeigt der Eingang (Z. 1): τὰ πάντα
μηνύcει coι ῥητῶc καὶ [τῇ νυκτὶ ταύτῃ cυν]αριcτῶν ἔcται καὶ cυγκοι-
μώμενοc. Der Myste hat ein Lager zu bereiten und davor einen
Tisch mit Wein und ἄψυχα φαγήματα[4]) zu setzen, dann legt er sich

---

1) Parthey, Abhandlungen der Berl. Akad. 1865 S. 109 ff., vgl. dort S. 122
Z. 96: αὕτη ἡ ἱερὰ λῆψιc τοῦ παρέδρου. — Als Titel erwähnt das z. B. Irenäus
I 23, 4: *amatoria quoque et agogima et qui dicuntur paredri et oniropompi* und
I 25, 3 = Eusebios, Kirchengesch. IV 7, 9: φίλτροιc ὀνειροπομποῖc τε καὶ παρέ-
δροιc τιcὶ δαίμοcι. Nicht aus dieser Stelle, sondern dem Volksgebrauch entnimmt Rufin in der Übersetzung II 14, 5: *utens adminiculo adsistentis sibi et
adhaerentis daemonicae virtutis,* quam πάρεδρον vocant.

2) Das ist hier nicht unwichtig. In der alchemistischen Lehre der Isis
vereinigt sich Ἀγαθὸc δαίμων mit der betenden Isis und wird zugleich Horus
(ἵνα ᾖ αὐτὸc cύ, καὶ cὺ αὐτόc, vgl. oben S. 142).

3) Ὡρί[ων] Parthey; der Name tritt öfters für Ὡροc ein, aber auch
andere Ergänzungen, wie Ὡραπόλλων wären vielleicht denkbar.

4) Es ist der sakrale Ausdruck im Isiskult, vgl. Apuleius *Met.* XI 28: *inanimis
contentus cibis.* Daß die Ankündigung der Weihe auch bei ihm *religionis
amplae denuntiare epulas* heißt (XI 27), sei schon hier hervorgehoben.

nieder den Gott zu erwarten.[1]) Kommt dieser, so heißt es (Z. 168): cù δὲ τῆc χειρὸc αὐτοῦ λαβὼν κάθελκε καὶ κατάκλινον αὐτόν, ὡc προεῖπον. Der Verweis bezieht sich auf die leider verstümmelten Zeilen 37 ff.: καὶ τίθει cεαυτὸν πρὸc χρῆcιν τῆc βρώ[cεωc τοῦ] δείπνου καὶ τῆc προκειμένηc παραθέcεωc ... cτόμα πρὸc cτόμα cυνομί[λει] ... [ἐν] cυνουc[ίαιc αἱ] γυναῖκ[εc]. In dieser Liebesvereinigung redet der Gott zu der Seele und teilt ihr sein Wissen mit. Wir haben erst jetzt die volle Erklärung für den im vierten Kapitel besprochenen Mythus, nach welchem Isis in solcher Liebesvereinigung mit 'Αγαθὸc δαίμων ihr geheimes Wissen empfängt.

Doch ehe ich auf die ägyptischen Quellen dieser Vorstellung näher eingehe, dürfen vielleicht ein paar anschließende aber nicht ganz hinein-passende Einzelzüge des Papyrus erläutert werden. Nach der Unter-redung des Gottes mit der Seele heißt es (Z. 177): τελευτήcαντόc cου τὸ cῶμα περιcτελεῖ, ὡc πρέπον θεῷ[2]), cοῦ δὲ τὸ πνεῦμα βαcτάξαc εἰc ἀέρα ἄξει cὺν ἑαυτῷ· εἰc γὰρ Ἅιδην οὐ χωρήcει ἀέριον πνεῦμα cυcταθὲν κραταιῷ παρέδρῳ· τούτῳ γὰρ πάντα ὑπόκειται. Ähnlich wie hier ist die Hoffnung auf den Aufstieg der Seele nach dem Tode im Poimandres an die Vereinigung mit dem göttlichen Noûc ge-knüpft. Aber aus den Todesvorstellungen bildet der Ägypter auch seine Zaubervorstellungen; so heißt es Z. 117 ff.: μεταμορφοῖ δὲ εἰc ἣν ἐὰν βούλῃ μορφὴν θ[ηρὸc] .... πετηνοῦ, ἐνύδρου, τετραπόδου, ἑρπετοῦ[3])· βαcτάξει c[ε εἰc] ἀέρα.[4]) Auch diese Vorstellung scheint verbunden mit der eigenartigen religiösen Betrachtung der cυνουcία in gnostischen Kreisen weitergewirkt zu haben. Der menschliche γενεcιουργὸc τῆc παλιγγενεcίαc tritt in ihnen stärker hervor. So be-richtet z. B. Epiphanios (XXVI 9) von einem Zweige seiner Γνωcτικοί: καὶ οἱ μὲν αὐτῶν Φιβιονῖται καλούμενοι ἀναφέρουcι τὰc αἰcχρὰc αὐτῶν θυcίαc τὰc τῆc πορνείαc, τὰc ὑφ' ἡμῶν ἐνταῦθα προειρημέναc, ὀνόμαcι τριακοcίοιc ἑξήκοντα πέντε, οἷc αὐτοὶ ἔπλαcαν, ἀρχόντων δῆθεν, ἐμ-παίζοντεc τοῖc γυναικαρίοιc καὶ λέγοντεc· μίγηθι μετ' ἐμοῦ, ἵνα cε ἐνέγκω πρὸc τὸν ἄρχοντα. καθ' ἑκάcτην δὲ μῖξιν ὀνομάζουcιν ἑνὸc ὄνομά τινοc βάρβαρον τῶν παρ' αὐτοῖc πεπλαcμένων, καὶ δῆθεν εὔχονται

---

1) Z. 24: πρὶν τοῦ cε ἀναπεcεῖν.   2) Vgl. die jüdische Mosessage.

3) Aus einer Todesvorstellung, vgl. oben S. 22 A. 2.

4) Die folgende Schilderung ῥίψει cε εἰc κλυδῶνα ποντίων ποταμῶν κτλ. hätte De Jong mit der Beschreibung der Isis-Mysterien bei Apuleius (*per omnia vectus elementa remeavi*) vergleichen müssen.

λέγοντεϲ· προϲφέρω ϲε τῷ δεῖνι, ἵνα προϲενέγκῃϲ ⟨με⟩ τῷ δεῖνι. τῇ δὲ ἄλλῃ μίξει πάλιν ἄλλῳ ὑποτίθεται ὡϲαύτωϲ προϲφέρειν, ἵνα καὶ αὐτὸϲ τῷ ἄλλῳ. Das scheint eine Fortbildung der alten sakralen Auffassung der ϲυνουϲία, welche mit einem gewissen „Libertinismus" zusammenhängt, aber nicht bloß als „Libertinismus" erklärt werden darf.[1])

Anders gewendet ist die Vorstellung von dem Trank, der nach der Vorschrift Z. 4 ff. getrunken werden soll, Milch von einer schwarzen Kuh und attischer Honig: καὶ λαβὼν τὸ γάλα ϲὺν τῷ [μέλι]τι ἀπόπιε πρὶν ἀνατολῆϲ ἡλίου, καὶ ἔϲται τι ἔνθεον ἐν τῇ ϲῇ καρδίᾳ. Auch hier waltet die Vorstellung von der Geburt des Gottes in uns, nur fehlt der Gedanke an die ϲυνουϲία dabei. Daß hieraus ein in der christlichen Kirche weit verbreiteter Taufbrauch geworden ist, hat Usener unlängst überzeugend nachgewiesen.[2])

Aber auch die Vorstellung von der ϲυνουϲία ist schon damals mit der christlichen Taufe verbunden worden. Irenäus berichtet I 21, 3 von einem Teil der Markosier: νυμφῶνα καταϲκευάζουϲι καὶ μυϲταγωγίαν ἐπιτελοῦϲι μετ᾽ ἐπιρρήϲεών τινων τοῖϲ τελειουμένοιϲ, καὶ πνευματικὸν γάμον φάϲκουϲιν εἶναι τὸ ὑπ᾽ αὐτῶν γινόμενον κατὰ τὴν ὁμοιότητα τῶν ἄνω ϲυζυγιῶν. Die „Wiedergeburt" mußte sich ja notwendig mit der Taufe verbinden; ihre Identifizierung mit der Prophetenweihe war in den ägyptischen Religionsvorstellungen begründet. Zu ihnen führt mich eine Geschichte bei Josephos (Ant. XVIII 65 ff. Niese) zurück, deren Bedeutung bisher meines Wissens nirgends hervorgehoben ist.

Im Jahre 19 n. Chr. wurde in Rom der Tempel der Isis aus folgendem Anlaß zerstört. Der junge Mundus, der in eine vornehme und ebenso schöne als keusche Frau verliebt war, hatte, als alle anderen Anschläge gegen sie scheiterten, den Oberpriester der Isis bestochen, deren Kult die junge Frau ergeben war. Dieser übernahm es, das Opfer für eine Nacht in den Tempel zu locken (72):

---

1) Derselben Sekte schreibt Epiphanios (XXVI 3) die Benutzung des unten zu besprechenden Evangeliums der Eva zu, dessen ägyptische Färbung unverkennbar ist. Die Kosmogonie einer verwandten Richtung, von der er (XXV 5) berichtet: ἄλλοι δέ τινεϲ ἐξ αὐτῶν κενά τινα ὀνόματα ἀναπλάττουϲι λέγοντεϲ ὅτι ϲκότοϲ ἦν καὶ βυθὸϲ καὶ ὕδωρ, τὸ δὲ πνεῦμα ἀνὰ μέϲον τούτων διοριϲμὸν ἐποιήϲατο αὐτῶν, erinnert in ihrem Anfang lebhaft an das III. (IV.) Hermetische Stück: ἦν γὰρ ϲκότοϲ ἄπειρον ἐν ἀβύϲϲῳ καὶ ὕδωρ καὶ πνεῦμα λεπτὸν νοερόν, δυνάμει θείᾳ ὄντα ἐν χάει. Ähnliches ließe sich noch mehr zusammenbringen.

2) Rhein. Mus. 57, 177 ff. (vgl. 192 A. 59).

πεμφθεὶc ἔλεγεν ἥκειν ὑπὸ τοῦ ’Ανούβιδος, ἔρωτι αὐτῆς ἡccημένου τοῦ
θεοῦ κελεύοντός τε ὡς αὐτὸν ἐλθεῖν. τῇ δὲ εὐκτὸc ὁ λόγος ἦν καὶ
ταῖc τε φίλαιc ἐνεκαλλωπίζετο τῇ ἐπὶ τοιούτοις ἀξιώσει τοῦ ’Ανούβιδος
καὶ φράζει πρὸς τὸν ἄνδρα δεῖπνόν τε αὐτῇ καὶ εὐνὴν τοῦ ’Ανούβιδος εἰcηγγέλθαι — — χωρεῖ οὖν εἰς τὸ τέμενος. καὶ δειπνήcαcα,
ὡς ὕπνου καιρὸc ἦν, κλειcθειcῶν τῶν θυρῶν ὑπὸ τοῦ ἱερέως ἔνδον
ἐν τῷ νεῷ καὶ τὰ λύχνα ἐκποδὼν ἦν καὶ ὁ Μοῦνδοc, προεκέκρυπτο
γὰρ τῇδε, οὐχ ἥμαρτεν ὁμιλιῶν τῶν πρὸς αὐτὴν παννύχιόν τε αὐτῷ
διεκονήcατο ὑπειληφυῖα θεὸν εἶναι. Die Frau rühmt sich am folgenden
Tage ruhig der genossenen Gunst, bis der freche Hohn des Mundus
ihr den Sachverhalt enthüllt. Eine Anzeige an den Kaiser Tiberius führt
dann die augenblickliche Unterdrückung des Kultes herbei. Es ist,
denke ich, klar, daß das Verhalten der betrogenen Frau wie ihres
Gatten voraussetzt, daß in dem Isiskult ein Mysterium der Vereinigung des Offenbarungsgottes Anubis[1]) mit dem anbetenden Weibe
bestand, welches dieses zu höherer Erkenntnis und höheren Weihen
emporheben sollte. Es ist kulturhistorisch interessant und wirft auf
den religiösen Verfall in jener Zeit ein eigenartiges Licht, daß diese
brutalen Vorstellungen von der Vereinigung Gottes mit dem Menschen
in dieser Zeit den gebildeten Kreisen Roms gepredigt werden konnten.[2])
Aus einer theologischen Rechtfertigung hat Plutarch (*Vit. Numae* 4)
die Angabe erhalten: καίτοι δοκοῦcιν οὐκ ἀπιθάνως Αἰγύπτιοι διαιρεῖν,
ὡς γυναικὶ μὲν οὐκ ἀδύνατον πνεῦμα πληcιάcαι θεοῦ καί
τινας ἐντεκεῖν ἀρχὰς γενέcεως, ἀνδρὶ δ’ οὐκ ἔcτι cύμμειξιc πρὸς
θεὸν οὐδ’ ὁμιλία cώματος (ähnlich, doch verblaßter, *Quaest. conv.* VIII 1).
Es handelt sich hier nicht um die Geburt eines Heros, wie aus dem
beschränkenden Ausdruck ἀρχάc τιναc γενέcεως klar hervorgeht,
ebensowenig aber um ein bloßes Spiel der Phantasie, eine mystische
Seelenbrautschaft, wie sie in dem Berliner Papyrus auch dem Manne

---

1) Vgl. oben S. 118. 119.

2) Daß ähnliche Vorstellungen ursprünglich in fast allen Religionen begegnen, verfolge ich hier nicht, wo es sich darum handelt, eine in Ägypten
entstandene Literatur zunächst auf ihre heimischen Elemente zu prüfen.
Daß dieselben Vorstellungen auch für die Betrachtung des Königs als Gottes
Sohn gelten, habe ich in Beigabe V weiter ausgeführt. Wie verbreitet diese
Art Mysterien noch in hellenistischer Zeit in Ägypten waren, zeigt eine Inschrift im Tempel von Edfu (Bergmann, Hieroglyphische Inschriften 43), welche
die Priester ermahnt: „Nicht berühret den Ort der Weiber, noch tut an
dem Orte, was daselbst nicht getan werden soll.“

zugemutet wird; es ist die Erklärung des in zahllosen Inschriften
bezeugten Brauches, daß die Gattinnen des Königs, der höchsten
Beamten und der Priester die Gemahlinnen, bezw. Kebsweiber eines
Gottes sind. Die Folge kann nur eine sakrale Stellung ihrer Söhne
sein, die doch zugleich nach dem irdischen Vater heißen und auch als
dessen Kinder gelten. Hieraus ist der eigenartige Ausdruck ἀρχαί τινεc
γενέcεωc, welcher Theologen vielleicht interessiert, zu erklären.[1])

Daß später die Vorstellungen von der παλιγγενεcία eine andere
Wendung nahmen, ist leicht zu begreifen; bei Apuleius ist die allgemeine Mysterienvorstellung, nach welcher mit der Weihe das alte
Leben beendet ist und ein neues begonnen hat, eingetreten. Aber
auch bei ihm erkennt man noch unschwer Reste einer stark sinn-
lichen Ekstase. Auch in unserer Hermetischen Schrift ist die Vorstellung der cυνουcία aufgegeben, aber die Frage des Tat, ob der in
ihm geborene Gottessohn denn ein anderer sei als er selbst, zeigt
noch die Nachwirkung einer alten Anschauung, die sich auch in dem
Gebet (II 1, oben S. 20): ἐλθέ μοι, κύριε Ἑρμῆ, ὡc τὰ βρέφη εἰc τὰc
κοιλίαc τῶν γυναικῶν verrät.

Ganz aufgegeben ist der Gedanke an die cυνουcία in jener ἱερὰ
λῆψιc παρέδρου δαίμονοc, die ich aus dem Papyrus Mimaut im
Schluß des vierten Kapitels angeführt habe, und in dem Poimandres.
Dennoch ist die Erkenntnis der Verbindung der λῆψιc παρέδρου mit
dem Prophetentum nicht unwichtig für die Beurteilung jener Gebete
um Erhaltung der γνῶcιc oder jenes großartigen Wortes: ποίηcόν με
ὑπηρέτην τῶν ἀνὰ cκιάν μου, und selbst auf die Einleitung des Hermas,
in der wir ja die ältere Fassung des Poimandres wiederzufinden meinten,
fällt von hier neues Licht. Die Worte προcευξαμένου μου ἐν τῷ
οἴκῳ καὶ καθίcαντοc εἰc τὴν κλίνην εἰcῆλθεν ἀνήρ τιc wie die Verkündigung: ἀπεcτάλην, ἵνα μετὰ coῦ οἰκήcω τὰc λοιπὰc ἡμέραc τῆc
ζωῆc cου erinnern durchaus an die λῆψιc δαίμονοc, ja der Berliner

---

1) Die Frage läßt sich wenigstens aufwerfen, ob nicht schon in das neutestamentliche Judentum einzelnes aus diesen Vorstellungen übergegangen ist.
Wenn Paulus verlangt, daß das Weib beim Beten und „Prophezeien" das
Haupt verhüllen soll διὰ τοὺc ἀγγέλουc (I Kor. 11, 10), so scheint er zu meinen,
daß es in der Ekstase dem Angriff der πνεύματα besonders ausgesetzt ist. Die
richtige Deutung scheint Everling (a. a. O. S. 32 ff.) begonnen zu haben; doch
muß ich bei der großen Wichtigkeit, welche der Nachweis einer Bekanntschaft
des Paulus mit diesen Vorstellungen haben würde, selbst zufügen, daß das
Rätselwort auch dann noch Schwierigkeiten macht.

Papyrus bietet (Z. 165) sogar ein ähnliches Gebet: ἀκίνητός μου γίνου ἀπὸ τῆς cήμερον ἡμέρας ἐπὶ τὸν ἅπαντα χρόνον τῆς ζωῆς μου. —

Ich kehre zur Erklärung der Hermetischen Schrift und ihrer Einzelheiten zurück. Im Poimandres vollzieht sich die Reinigung der Seele von den Lastern und ihr Aufstieg zu Gott beim Tode, in unserer Schrift bei der Wiedergeburt; sie ist in gewisser Weise schon eine λύcιc τοῦ cκήνους, Das kann nach den obigen Ausführungen nicht befremden; ich darf auf die Auffassung der Isis-Mysterien bei Apuleius und auf das Mithrasmysterium verweisen. Dieselbe Gleichsetzung der ἀναγέννηcιc mit dem Tode fanden wir in der christlichen Bearbeitung der Naassenerpredigt (S. 93 A. 3. 4) und finden sie klarer noch z. B. bei den Valentinianern (Clemens Alexandrinus *Exc. ex Theodoto* 76): ὁ γὰρ εἰς θεὸν βαπτιcθεὶς εἰς θεὸν ἐχώρηcε und: εἰς οὓς (Vater, Sohn und Geist) ἀναγεννώμεθα τῶν λοιπῶν δυνάμεων ὑπεράνω γινόμενοι.[1]) Ähnlich betrachten die Markosier sich als ἐν ὕψει ὑπὲρ πᾶcαν δύναμιν und als εἰς τὴν ὑπὲρ πάντα δύναμιν ἀναγεγεννημένοι. — Festgehalten ist dabei in unserem Traktat, daß die Laster von außen in die Menschenseele hineingebracht sind[2]), und zwar durch den Einfluß der Gestirne. Aber während im Poimandres die sieben Planeten Urheber der Laster sind, werden in unserer Schrift die zwölf Zeichen des Tierkreises, die eigentlichen Schicksalsherren nach ägyptischer Lehre, für sie eingesetzt. Ihre Geister wohnen in dem natürlichen Menschen, wie die δυνάμεις θεοῦ in dem neuen wohnen, ja ihn ausmachen.[3]) Daß ursprünglich jedem τιμωρὸς δαίμων eine δύναμιc θεοῦ gegenüberstand, erkennen wir deutlich und brauchen uns nicht auf die mancherlei gnostischen Parallelen z. B. in dem berühmten διάγραμμα der Ophiten bei Celsus zu berufen, wo den sieben bösen Geistern die sieben guten gegenüberstehen. Die Liste der δυνάμεις ist charakteristisch: γνῶcιc θεοῦ, γνῶcιc χαρᾶς, ἐγκράτεια, καρτερία, δικαιοcύνη, κοινωνία, ἀλήθεια — ἀγαθόν, ζωή, φῶc. Es ist

---

1) Dieselben Worte (εἰς θεὸν χωρεῖν) bezeichnen im Poimandres den Tod. — Ob vielleicht der Nachweis des Alters dieser hellenistischen Vorstellungen auch auf die Bildung der Paulinischen Begriffe Licht wirft, müssen die Theologen entscheiden.

2) Auch dies lehrt Valentinus ebenfalls, vgl. die schönen Erläuterungen von Schwartz, Hermes XXXVIII 95 ff.

3) Die Vorstellung von dem Mikrokosmos und Makrokosmos waltet dabei natürlich mit; die Tierzeichen oder die Planeten entsprechen ja den Teilen des Menschen.

klar, daß die drei letzten in den Hermetischen Schriften sonst das
Wesen der Gottheit ausmachenden δυνάμεις nur einem mystischen
Zahlenspiel zu Liebe eingesetzt sind. Der Verfasser weiß in der
Einzelausführung auch nichts mit ihnen anzufangen. Ob er die
Zehnzahl, die vereinzelt auch in ägyptischen Theosophien hervortritt, etwa angenommen hat, um im ganzen 22 δυνάμεις entsprechend
den 22 στοιχεῖα des hebräischen Alphabetes zu gewinnen, d. h. ob er
auch unter jüdischem Einfluß steht, wird sich kaum ganz entscheiden
lassen.[1]) Ziehen wir jene drei δυνάμεις ab, so bleiben sieben Tugenden, welche den sieben Lastern des Poimandres entsprechen. Fünf
darf man sich direkt gegenüberstellen: ἐγκράτεια — ἐπιθυμητικὴ
ἀπάτη; δικαιοσύνη — ἀρχοντικὴ προθυμία; καρτερία — ἀνόσιον θράσος
καὶ τόλμης προπέτεια; κοινωνία — κακαὶ ἀφορμαὶ τοῦ πλούτου;
ἀλήθεια — ψεῦδος. Die zwölf Laster nennt unser Kapitel ἄγνοια,
λύπη, ἀκρασία, ἐπιθυμία, ἀδικία, πλεονεξία, ἀπάτη, φθόνος, δόλος, ὀργή, προπέτεια, κακία. Die Ausgestaltung hat dem Autor
Mühe gemacht; er räumt selbst ein, daß ὀργή und προπέτεια kaum
zu trennen sind; aber auch das wird astrologisch gerechtfertigt.
Unter jedem Hauptdämon steht eine größere Zahl kleinerer; so kann
es nicht befremden, wenn in der Beichte des angeblichen Cyprian
(c. 3) 365 solcher Dämonen aufgeführt werden.[2]) Den allmählichen
Übergang der Hermetischen in die kirchlichen Lehren zeigt trefflich
der Hirt des Hermas, der in der dritten Vision (III 8, 7) die sieben
Frauen aufzählt, deren eine die Mutter der anderen ist: πίστις, ἐγκράτεια, ἁπλότης, ἀκακία, σεμνότης, ἐπιστήμη, ἀγάπη. Diese Tugenden
bedingen sich gegenseitig, wie die δυνάμεις der Hermetischen Schrift.
Aber auch das zweite System kennt Hermas und benutzt es im
IX. Gleichnis (15, 1—3): den zwölf Jungfrauen πίστις, ἐγκράτεια, δύναμις, μακροθυμία, ἁπλότης, ἀκακία, ἁγνεία, ἱλαρότης, ἀλήθεια, σύνεσις,
ὁμόνοια, ἀγάπη stehen die zwölf schwarzgekleideten Weiber ἀπιστία,
ἀκρασία, ἀπείθεια, ἀπάτη, λύπη, πονηρία, ἀσέλγεια, ὀξυχολία, ψεῦδος,
ἀφροσύνη, καταλαλιά, μῖσος gegenüber. Wie dabei der γνῶσις χαρᾶς
die ἱλαρότης, der γνῶσις θεοῦ die πίστις entspricht, brauche ich nicht
auszuführen; die Stellung der λύπη im Lasterkatalog, die man als

---

1) Vgl. hierüber Beigabe II.

2) Die überall begegnende astrologische Begründung zeigt wohl ohne
weitere Ausführungen, woher die katholische Kirche die Annahme einer
Siebenzahl der schweren Laster überkommen hat.

spezifisch christlich bezeichnet hat, beweist nur, daß auch hierin das Christentum der hellenistischen Mystik gefolgt ist.[1])

Unklar bleibt, wie in dem System die fünf Begriffe Νοῦς, Λόγος, Βουλή, Αἰὼν θεοῦ und Θέλημα θεοῦ zu den δυνάμεις stehen; sie werden bald wie reine Appellativa, bald wie Personenbezeichnungen gebraucht. Das Θέλημα wird dabei als männlich, als ὁ σπείρας, Αἰών vielleicht als weiblich (ἀπὸ σοῦ Αἰῶνος εὐλογίαν εὗρον καὶ ὃ Ζητῶ Βουλῇ τῇ σῇ ἀναπέπαυμαι) gebraucht.[2]) Das erinnert etwas an die Lehren der Barbelo-Gnostiker; doch können wir nicht mehr erraten, wieviel derartiger Hypostasen Gottes die damalige Poimandresgemeinde gelten ließ. Daß die Barbelo-Gnostiker in Ägypten weiterleben, ja vielleicht in Ägypten ihre Heimat haben, haben ihre in die koptische Sprache übersetzten heiligen Schriften erwiesen.[3])

Wichtiger wäre es, wenn sich erweisen ließe, daß Simon von Gitta, der samaritanische „Zauberer", von Ägypten beeinflußt ist.[4]) Nur unter dieser Voraussetzung wäre ja auch die Abhängigkeit der Barbelo-Gnostiker von der ägyptischen Theologie wahrscheinlich zu machen. Die romanhafte Darstellung läßt ihn bekanntlich in Ägypten die Magie erlernen und in den Streitgesprächen beständig „Hermetische" Sätze, also Sätze der hellenistischen Mystik vortragen. Die nur von Hippolyt benutzte ἀπόφασις μεγάλη Simons weicht hiervon insofern ab, als sie nach unsern Exzerpten nur sechs derartige Hypostasen zu bieten scheint, während wir in einem ausgebildeten ägyptischen System eine Ogdoas erwarten würden.[5]) Jedenfalls weist auf ägyp-

---

1) Vgl. in dem Hermetischen Corpus VI (VII) 1: λύπη γὰρ κακίας μέρος.

2) Vgl. in dem mehrfach angeführten heidnischen Gebet bei Wessely, Denkschr. d. K. K. Akad. 1888 S. 74 Z. 1201 ff.: ὁ κύριος ἐπεμαρτύρησέ σου τῇ Σοφίᾳ, ὅ ἐστιν Αἰῶνι und mit diesem XI (XII) 8: ἡ δὲ θεοῦ Σοφία τίς ἐστιν; — τὸ ἀγαθὸν καὶ τὸ καλὸν καὶ ⟨ἡ⟩ εὐδαιμονία καὶ ἡ πᾶσα ἀρετὴ καὶ ὁ Αἰών. κοσμεῖ οὖν τὴν ἀθανασίαν καὶ διαμονὴν ἐνθεὶς ὁ Αἰὼν τῇ ὕλῃ. Die Wurzel der Vorstellung scheint der Isis-Glaube.

3) Vgl. Schmidt, Sitzungsber. d. Berl. Akad. 1896 S. 839 ff.

4) An der Geschichtlichkeit der Person zu zweifeln, ist gewiß kein Grund; ob sein Bild in der Apostelgeschichte irgendwie durch antipaulinische Polemik beeinflußt ist, scheint mehr als zweifelhaft, die Echtheit der von Hippolyt benutzten Schrift zu behaupten wie zu verneinen gleich willkürlich. Aber so wenig wir Positives über ihn aussagen können, so wichtig ist die Tatsache, daß in Christi Zeit ein derartiger Lehrer und Wundertäter in Samarien erstehen und weithin Anerkennung finden konnte.

5) Daß Hippolyts Auszug unvollständig ist, wäre an sich ebenso möglich

tische Einflüsse die Vorstellung von einem Erlöserpaare, zumal Helena noch in den späten Berichten ganz an Isis erinnert.[1]) —

So viel von den Einzelheiten. Ein Wort der Erklärung verlangt nur noch jene eigentümliche Ausgestaltung des Pantheismus, welcher, wie ich schon früher erwähnte, in unserer Schrift den nicht-ägyptischen Dualismus fast ganz verdrängt hat. Es liegt dem Philologen ja besonders nahe, für ihn griechischen Ursprung anzunehmen; gerade hier würde es am wenigsten berechtigt sein. Einen ausgebildeten Pantheismus zeigte im Grunde schon die Londoner Inschrift und jenes ältere Lied auf Ptah, welches ich oben S. 61 angeführt habe. Sein Werden zeigen die unter Amenophis IV. gedichteten Hymnen auf den Sonnengott als den Allgott, der das Kind im Mutterschoße belebt und ihm die Seele gibt, der die Erde und alle Wesen nach seinem Willen geschaffen hat. Man lebt nur durch ihn, und sein Ratschluß ist herrlich und erhaben. Er ist schön; er ist stark in seiner Liebe. Er lebt in dem Herzen des anbetenden Königs; denn niemand kennt ihn als dieser, sein Sohn; des Gottes Rat macht ihn weise.[2]) Es ist eine philosophische Ausgestaltung eines Lokalkultes, die eben darum den für Ägypten so seltsamen Anspruch auf Allgemeingiltigkeit macht und sich kurzweg als „die Lehre" bezeichnet.

Die letzte vorgriechische Fortbildung zeigen uns die beiden Hymnen persischer Könige in dem Tempel der Oase El-Khargeh, die Brugsch[3]) leider sogar in Versen und mit so häufigem Gebrauch moderner philosophischer Bezeichnungen übersetzt hat, daß er das

---

wie eine freiere Ausgestaltung ägyptischer Ideen. Einwirkung persischer Lehren, auf die Bousset, Religion d. Judentums 490 ff. hinweisen könnte, würde mir dabei von Anfang an minder glaublich erscheinen.

1) Vgl. *Recogn.* II 12: *Lunam vero, quae secum est, esse de superioribus caelis deductam, eandemque cunctorum genetricem asserit esse Sapientiam;* *Clem.* II 25 p. 29, 1 Lag.: αὐτὴν δὲ τὴν Ἑλένην ἀπὸ τῶν ἀνωτάτων οὐρανῶν κατενηνοχέναι λέγει τῷ κόςμῳ κυρίαν οὖςαν, ὡς παμμήτορα οὐςίαν καὶ Σοφίαν (vgl. Plut. *De Is. et Os.* 52 und 43). Es ist das Erlöserpaar der Κόρη κόςμου, an das uns auch Angaben in dem Martyrium des Petrus erinnern werden. Sollte diese Vorstellung von einem Erlöserpaare zu der Hervorhebung der Mirjam im Kulte der Therapeuten geführt haben (Philon *Therap.* p. 902, Dieterich, Abraxas 147)? θεραπευταί und μελανηφόροι erwähnt im Kulte der Isis die Inschrift C. I. Gr. II 2295.   2) Breasted, *De hymnis in Solem sub rege Amenophide IV. conceptis.* Berlin 1894.

3) Reise nach der großen Oase El-Khargeh S. 27 ff.

Verfahren der ersten hellenistischen Verfasser Hermetischer Schriften trefflich und drollig veranschaulicht.[1]) Der Sonnengott wird als der große Eine unter den verschiedensten Namen gepriesen:

I. „Der da ist als Rê das Sein an sich selbst — der gütige Gott, der ruhend weilt in seinem Leibe und sich erzeugt, ohne herauszutreten aus dem Mutterleibe. Dies sein Heraustreten, das sind die Dinge(?). — Der sich offenbart(?) in allem, was da ist, und benannte ⟨jedes Ding⟩ vom Berge zum Strom. Das Bleibende in allen Dingen ist Amon(?). Dieser herrliche Gott war von Anbeginn an. Nach seinem Ermessen ward die Welt. Er ist Ptah, der älteste der Götter. Er wird zum Greise und verjüngt sich zum Kinde im kreisenden Laufe der ewigen Zeit. Den Menschen verborgen, scharfsichtigen Auges durcheilt seine Haine(??) sein Körper als Lufthauch. — Die Erde steht unter deinen Plänen (βουλαί); es sind die Götter unter deinen Armen, es sind die Menschen unter deinen Füßen. — Was du ausgeworfen, es ward zum Gott Schu, was du ausgespieen, zur Göttin Tefnowet[2]); du schufest also den Götterkreis als Anfang des Seins. — Du fügtest zusammen die Leiber der göttlichen Scharen; du verteiltest die Gaue mit ihrem Reichtum; sie feiern dir Feste in ihren Tempeln. — Du bist der Himmel, du bist die Erde, die Tiefe bist du, du bist das Wasser; du bist die Luft zwischen ihnen (Himmel und Erde).“ — —

II. „Er gießet aus des Odems Lüfte für alles was atmet in seinem Namen als göttlicher Amon, der das Bleibende ist in allen Dingen, die Seele des Schu für alle Götter. Er ist der Leib des lebenden Menschen, der Schöpfer des Baumes mit nährender Frucht — der Freund des Skorpiones in seinem Gange(?). — Der große Baumeister, der da ist von Anbeginn, ein Ebenbild, das selber modelt seine eigene Gestalt mit eigenen Händen in allen Formen nach seinem Belieben. — Bleibend, dauernd vergeht er nie

---

1) Ich gebe nur einen Auszug. Einiges ist nach gütigen Mitteilungen von Prof. Spiegelberg berichtigt; es kommt mir mehr auf den Eindruck des Ganzen als auf bestimmte Einzelheiten an.

2) Etymologisches Spiel mit den Namen (vgl. S. 140 A. 1). Über den Götterkreis vgl. oben S. 63 und 53. Der König verehrt, indem er diesem Gott huldigt, „die vier Paare der uranfänglichen Götter“, ja sein Preislied ist ihr Preislied zu Ehren ihres Vaters. So werden sie zum Schluß genannt.

in Millionen und aber Millionen Jahren der Ewigkeit. — In den
Wolken lebend, hoch über Gott Schu, läßt er kreisen den Himmel.
Er tritt hinein in alles Gehölz; er spendet Gedeihen den Früchten
der Bäume(?); er öffnet das Sehen(?), offenbart seine Macht in allem
Getiere von mächtiger Kraft. — Aller Seelen Schöpfer ist er. —
Man hört seine Stimme, doch unsichtbar bleibt er allen Wesen, die
Odem einziehen. — Amon, die Seele des Schu, der in der Wolken-
region wanderte bei (seit?) der Trennung von Himmel und Erde.
Siehe, er ist fest in allen Dingen, das Leben, von dem man
lebt in Ewigkeit."

Denken wir uns diese Lieder in griechische Sprache und griechische Begriffe übertragen, wobei die alten Kultformeln notwendig
einen Teil ihrer Kraft verlieren und die Grundanschauung sich ein-
heitlicher durchbilden mußte, so sind wir dem Pantheismus der
Hermetischen Stücke ganz nahe gekommen. Auch das Verhältnis
Gottes zu dem Menschen entspricht in ihnen altägyptischen Vorstellungen.

Ich muß noch einmal an Bekanntes erinnern. Von jeher hat
der fromme Ägypter geglaubt, nach dem Tode zu Gott zurück-
zukehren, selbst Gott zu werden. Von jeher hat er ferner in dem
lebenden König den Gott oder Gottes Sohn gesehen. Daß der
Totenkult einzelner Lehrer und Priester sich dazu erweiterte, daß
man sie als Götter oder als Inkarnationen eines bestimmten Gottes
empfand, haben wir früher (S. 118) gesehen. Seit ältester Zeit hat aber
auch der ägyptische Zauberer sich als den oder jenen Gott bezeichnet[1]), ihn in sich waltend oder wohnend und sich nur als dessen
εἴδωλον gefühlt. Es wird altägyptischer Vorstellung entsprechen,
wenn in den Zauberpapyri behauptet wird, daß selbst der Leib des
Menschen, in den der Gott eintritt, diesem ähnlich wird.[2]) Um diese

---

1) Vgl. oben S. 28. Ägyptische Texte bietet z. B. Brugsch, Rel. u. Myth.
d. alt. Äg. 722 ff.

2) Vgl. oben S. 21 Gebet III 11 und die Beschwörung des Hermes bei
Wessely, Denkschr. d. K. K. Akad. 1893 S. 39 Z. 570: καὶ ἔμβηθι αὐτοῦ εἰς
τὴν ψυχήν (es handelt sich um einen Knaben), ἵνα τυπώσηται τὴν ἀθάνατον μορφὴν ἐν φωτὶ κραταιῷ καὶ ἀφθάρτῳ. Auch diese Anschauung hat auf
die hellenistische Mystik weiter gewirkt. — Daß von den oben angeführten
Vorstellungen viele sich auch bei anderen Völkern finden, verfolge ich wieder
nicht; von Ägypten muß man bei Erklärung der Hermetischen Vorstellungen

ἀποθέωcιc zu erlangen, bedarf es eines geheimen Wissens vom Namen
und Wesen des Gottes; in festen Formeln wird es überliefert, und
ein Mysterium ist es, in welchem der Gott sich dem Menschen verbindet. In einem altägyptischen Zaubertext wird als magisches Buch
erwähnt „das Buch zu sein wie Gott".[1] Den Zaubervorschriften
entspricht wieder die theologische, ja selbst die eigentlich erbauliche
Literatur. In dem *Papyrus Insinger*, dessen Schrift Prof. Spiegelberg etwa in das erste Jahrhundert der römischen Herrschaft setzen
möchte, soll in Col. XXXV und XXXVI Gottes Weisheit und Vorsehung gepriesen werden. Die Überschrift des Abschnittes lautet
(XXXV 17): „Die vierundzwanzigste Lehre: die Unterweisung: erkenne die Größe Gottes[2], um sie in deinem Herzen werden zu lassen", und von Gott heißt es später (XXXVI 3—5): „er
kennt den Frevler, der Schlechtigkeit denkt, er kennt den Frommen
mit der Größe des Gottes in seinem Herzen; die Zunge, noch
ehe sie gefragt ist, ihre Worte kennt der Gott". Das letztere erklärt sich uns, wenn wir XXXV 19 lesen: „Thot(?)[3] ist(?) Herz
und Zunge des Frommen (bezw. Weisen); siehe(?) sein Haus
ist der Gott." Da Thot auch Herz und Zunge des Allgottes ist,
so sind Gedanken und Worte des Frommen zugleich die Gedanken
und Worte Gottes, wie schon die Inschrift von London sagte und
die Hermetischen Schriften wiederholen.[4] So ist der Fromme in
Gott und Gott in ihm.

---

ausgehen, und wieder handelt es sich darum, einen ganzen Komplex von Vorstellungen gleicher Herkunft nachzuweisen.

1) Aus einem magischen Papyrus des Britischen Museums (Coll. Salt 825)
aus der Zeit zwischen der XXI. und XXVI. Dynastie, übersetzt von Birch
(*Records from the Past* VI 122): *These are the titles of the four Books: the Old
Book, the Book to Destroy Men, the Great Book, the Book to be as God.*

2) Vgl. oben S. 217 über μέγεθος θεοῦ.

3) Prof. Spiegelberg, dem ich die Kenntnis und Übersetzung der lehrreichen Stelle verdanke, bezeichnet die Lesung Thot als nicht ganz sicher; an
sich sei die Deutung auf einen Gott richtig, doch werde der Name des Thot
in unserem Papyrus sonst anders geschrieben. Zur Charakteristik des religions-
geschichtlich wichtigen Textes führe ich noch XXXV 23 an: „die Lebenszeit
des Frevlers wird gewährt, um ihn mit der Vergeltung leben zu lassen".
XXXVI 15: „er gibt Gesetz(?) und Recht ohne Gericht" (vgl. Herm. XIII, bezw.
XIV § 9: χωρὶς γὰρ κρίσεως ἐδικαιώθημεν); XXXVI 17: „er schafft den Armen,
der den Großen anfleht, um sein (des Reichen) Herz zu erkennen".

4) Vgl. oben S. 64 A. 4.

Echt ägyptischer Empfindung entspricht es also, wenn Tat (§ 11) von sich sagt: ἀκλινὴς γενόμενος ὑπὸ τοῦ θεοῦ, ὦ πάτερ, φαντάζομαι, οὐχ ὁράcει ὀφθαλμῶν, ἀλλὰ τῇ διὰ δυνάμεων νοητικῇ ἐνεργείᾳ·[1] ἐν οὐρανῷ εἰμι, ἐν γῇ, ἐν ὕδατι, ἐν ἀέρι· ἐν ζῴοις εἰμί, ἐν φυτοῖς, ἐν γαστρί, πρὸ γαστρός, μετὰ γαστέρα, πανταχοῦ. Er ist wie Gott, außer Zeit und Raum. Die beste Parallele bietet das schon früher angeführte XI. (bezw. XII.) Stück § 20: cυναύξηcον cεαυτὸν τῷ ἀμετρήτῳ μεγέθει παντὸς cώματος ἐκπηδήcας, καὶ πάντα χρόνον ὑπεράρας Αἰὼν γενοῦ, καὶ νοήcεις τὸν θεόν. μηδὲν ἀδύνατον cεαυτῷ (ἐν cεαυτῷ A) ὑποcτηcάμενος cεαυτὸν ἥγηcαι ἀθάνατον καὶ πάντα δυνάμενον νοῆcαι, πᾶσαν μὲν τέχνην, πᾶσαν δὲ ἐπιστήμην, παντὸς ζῴου ἦθος. παντὸς δὲ ὕψους ὑψηλότερος γενοῦ (ὑψηλότατος MAC γένους MC) καὶ παντὸς βάθους ταπεινότερος. πάσας δὲ τὰς αἰcθήcεις τῶν ποιητῶν cύλλαβε ἐν cεαυτῷ, πυρὸς ὕδατος, ξηροῦ καὶ ὑγροῦ· καὶ ὁμοῦ πανταχῇ εἶναι, ἐν γῇ, ἐν θαλάττῃ, ἐν οὐρανῷ, μηδέπω γεγενῆcθαι, ἐν τῇ γαστρὶ εἶναι, νέος, γέρων, τεθνηκέναι, τὰ μετὰ τὸν θάνατον· καὶ ταῦτα πάντα ὁμοῦ νοήcας (νοήcεις MAC), χρόνους, τόπους, πράγματα (πρᾶγμα MAC), ποιότητας, ποcότητας, δύναcαι νοῆcαι θεόν.[2] Es handelt sich hier freilich zunächst nur um die Erkenntnis des Wesens Gottes; aber sie ist für den Mystiker zugleich die ἀποθέωcιc.[3] Ich hebe

---

1) Vgl. § 13: αὕτη ἐcτὶν ἡ παλιγγενεcία, ὦ τέκνον, τὸ μηκέτι φαντάζεcθαι εἰc τὸ cῶμα τὸ τριχῇ διάcτατον.

2) Stärker von Platon beeinflußt ist dieselbe Vorstellung im X. (bezw. XI.) Traktat § 6: περιλάμψαν δὲ (τὸ κάλλος τοῦ ἀγαθοῦ) πάντα τὸν νοῦν καὶ τὴν ὅλην ψυχὴν ἀναλάμπει καὶ ἀνέλκει διὰ τοῦ cώματος καὶ ὅλον αὐτὸν εἰc οὐcίαν (d. h. Gott) μεταβάλλει. δυνατὸν (ἀδύνατον MAC) γάρ, ὦ τέκνον, ψυχὴν ἀποθεωθῆναι, ἐν cώματι ἀνθρώπου (bei Lebzeiten des Menschen), θεαcαμένην τοῦ ἀγαθοῦ ⟨τὸ⟩ κάλλος. Es handelt sich immer um die μεγίcτη θέα, wie es im Poimandres heißt.

3) Auch die Vorbedingungen dieser Ekstase sind immer die gleichen. Dem Befehl: κατάργηcον τοῦ cώματος τὰρ αἰcθήcεις entspricht z. B. in X 5 die Versicherung: ἡ γὰρ γνῶcιc αὐτοῦ καὶ θεία (θέα Plasberg) cιωπῇ ἐcτι (die Cιγή und Cοφία sind sich verwandt) καὶ καταργία παcῶν τῶν αἰcθήcεων. οὔτε γὰρ ἄλλο τι δύναται νοῆcαι ὁ τοῦτο νοήcας οὔτε ἄλλο τι θεάcαcθαι ὁ τοῦτο θεαcάμενος οὔτε περὶ ἄλλου τινὸς ἀκοῦcαι οὔτε τὸ cύνολον (τὸ fügt M ein) cῶμα κινῆcαι. παcῶν γὰρ τῶν cωματικῶν αἰcθήcεών τε καὶ κινήcεων ἐπιλαβόμενος(?) ἀτρεμεῖ. Auch diese hellenistischen Theorien hat Philon, wie wir oben sahen (S. 204 A. 1), aufgenommen. Wenn er die Kenntnis des Wesens und der Hypostasen Gottes so besonders oft als Mysterien bezeichnet und im Mysterientone von ihnen redet (vgl. Bousset, Die Religion des Judentums 428), so gibt dafür die wirkliche Existenz derartiger Weihen und ihre Verkündigung in Ägypten die beste Erklärung.

des folgenden halber schon jetzt hervor, daß sich unmittelbar hiermit der Gedanke verbindet, daß Gott dem nach der γνῶϲιϲ Strebenden überall erscheint: πανταχοῦ ϲυναντήϲει, (καὶ fügt CA ein) πανταχοῦ ὀφθήϲεται, ὅπου καὶ ὅτε οὐ προϲδοκᾷϲ, γρηγοροῦντι (γρηγορητί MC Lücke A) κοιμωμένῳ, πλέοντι ὁδεύοντι, νυκτὸϲ ἡμέραϲ, λαλοῦντι ϲιωπῶντι· οὐδὲν γάρ ἐϲτιν ὃ οὐκ ἔϲτιν. —

Soll der Nachweis, daß dieser pantheistische Mystizismus ägyptisch ist, wirklich überzeugen, so müssen wir freilich auch einigermaßen wahrscheinlich machen können, daß, wo er sonst erscheint, ägyptische Einwirkungen vorliegen. Wieder müssen wir einen Umweg machen, dürfen aber hoffen, Bedeutung und Wirkung der Hermetischen Theologie noch klarer als bisher zu erkennen.

Am auffälligsten tritt die pantheistische Auffassung uns wohl in dem viel besprochenen Λόγιον Ἰηϲοῦ von Behnesa entgegen, das nach sicherer Ergänzung folgendermaßen lautet:

[Λέγ]ει ['Ιηϲοῦϲ· ὅπ]ου ἐὰν ὦϲιν [δύο, οὐκ] ε[ἰϲὶν] ἄθεοι¹), καὶ [ὅ]πο[υ] ε[ἷ]ϲ ἐϲτιν μόνοϲ [αὐ]τῷ, ἐγώ εἰμι μετ' αὐτ[οῦ]. ἔγειρον τὸν λίθον κἀκεῖ εὑρήϲειϲ με, ϲχίϲον τὸ ξύλον κἀγὼ ἐκεῖ εἰμι.

Man hat mehrfach darauf hingewiesen, daß der Spruch, in welchem Jesus der Gemeinschaft seiner Jünger seine Gegenwart verheißt, Matth. 18, 20: οὗ γάρ εἰϲιν δύο ἢ τρεῖϲ ϲυνηγμένοι εἰϲ τὸ ἐμὸν ὄνομα, ἐκεῖ εἰμι ἐν μέϲῳ αὐτῶν frühzeitig dahin umgedeutet wurde, daß auch der Einzelne stets mit ihm verbunden bleibt, ja daß der Spruch sogar umgestaltet wurde: *ubi unus est, ibi et ego sum, et ubi duo sunt, ibi et ego ero.*²) Die erste Hälfte des λόγιον von Behnesa zeigt die ursprüngliche Fassung und ihre Fortsetzung noch in richtigerer Folge. Zur Begründung dieser Fortsetzung dient jener seltsame Satz: „hebe den Stein und darunter findest du mich, spalte das Holz und ich bin darin".³) Das auffälligste ist, daß es sich bei diesem „von Gott auf Christus übertragenen Pantheismus, dieser auf

---

1) Vgl. für den Ausdruck Poimandres § 10: καὶ κατελείφθη ἄλογα τὰ κατωφερῆ τῆϲ φύϲεωϲ ϲτοιχεῖα, Hermes in dem oben S. 102 angeführten Fragment (Berthelot 229): τοὺϲ τοιούτουϲ δὲ ἀνθρώπουϲ ὁ Ἑρμῆϲ ἐν τῷ περὶ φύϲεων ἐκάλει ἄνοαϲ (der Νοῦϲ hat sich ihnen nicht als Leiter gesellt, vgl. Poimandres § 21, 22).

2) Ephraem, Kommentar zum Diatessaron; vgl. Resch, Agrapha 295.

3) Die entgegenstehende, allzu moderne Deutung von Harnack ist mir natürlich bekannt.

die Spitze getriebenen Ubiquität Christi, diesem Panchristismus"[1])
um den auf Erden weilenden und mit seinen Jüngern redenden
Christus handelt. Die Parallele bietet der Hymnus von El-Khargeh
und unser Hermetisches Stück. Nicht genug, daß Gott überall ist
und den Seinen überall begegnet, daß er „hineintritt in alles Gehölz"
und in der Erde (bezw. unter dem Stein), bei dem Skorpion in
seinem Gang(?) ist[2]); auch sein Diener darf, wenn er noch bei Lebzeiten mit ihm vereinigt und zum Sohne Gottes geworden ist, von
sich sagen: ἐν οὐρανῷ εἰμι, ἐν γῇ, ἐν ὕδατι, ἐν ἀέρι· ἐν ζῴοις εἰμί,
ἐν φυτοῖς — πανταχοῦ. Wir sehen hier, wie die Erweiterung des
echten Herrenwortes καὶ ὅπου εἶς ἐστιν μόνος αὐτῷ ἐγώ εἰμι μετ'
αὐτοῦ von selbst in den anderen Gedankenkreis führt und nun die
ägyptische Formel sich ansetzt.

Einwirkung ägyptischer Formeln zeigt auch der dritte Spruch:
λέγει Ἰησοῦς· ἔστην ἐν μέσῳ τοῦ κόσμου καὶ ἐν σαρκὶ ὤφθην αὐτοῖς
καὶ εὗρον πάντας μεθύοντας καὶ οὐδένα εὗρον διψῶντα ἐν αὐτοῖς,
καὶ πονεῖ ἡ ψυχή μου ἐπὶ τοῖς υἱοῖς τῶν ἀνθρώπων, ὅτι τυφλοί εἰσιν
τῇ καρδίᾳ αὐτῶν καὶ οὐ βλέ[πουσιν] ..... Man hat zum Vergleich
mit den Eingangsworten auf Luk. 24, 36: ταῦτα δὲ αὐτῶν λαλούντων
αὐτὸς ἔστη ἐν μέσῳ αὐτῶν und Joh. 1, 26: ἀπεκρίθη Ἰωάννης λέγων·
ἐγὼ βαπτίζω ἐν ὕδατι· μέσος ὑμῶν στήκει, ὃν ὑμεῖς οὐκ οἴδατε verwiesen,
aber diese Stellen belegen im Grunde nur das Wort μέσος, nicht
die Vorstellung, daß Gott mitten in die Welt hineintritt, wie die
hellenistische Theologie lehrt.[3]) Klarer wird die Verwendung ägyptischer Formeln in dem Bilde: εὗρον πάντας μεθύοντας. Gewiß

---

1) Zahn, Theolog. Literaturblatt 1897 S. 428. Es ist die eine Auffassung
des Begriffes des „Gottmenschen", der, wie wir ja längst wissen, nicht spezifisch christlich ist. Selbst die Formeln übertragen sich. Wenn Hermes seinem
Sohne in unserem Stücke sagt (§ 3): ὁρᾷς με, ὦ τέκνον, ὀφθαλμοῖς, ὅτι δέ
⟨εἰμι οὐ⟩ κατανοεῖς ἀτενίζων σώματι καὶ ὁράσει· οὐκ ὀφθαλμοῖς τούτοις θεωροῦμαι
νῦν, ὦ τέκνον, so entspricht aufs genaueste Christi Lied in den *Acta Iohannis* 11
(Robinson, *Texts and Studies* V 1 *p.* 14): τίς εἰμι ἐγώ, γνώσῃ, ὅταν ἀπέλθω.
ὃ νῦν ὁρῶμαι τοῦτο οὐκ εἰμί· ⟨ὃ δὲ εἰμι⟩ ὄψει, ὅταν σὺ ἔλθῃς.

2) Vgl. auch den älteren Sonnenhymnus bei Brugsch, Rel. u. Myth. d.
alt. Äg. 693: „der dem Ei den Odem spendet, die Spinne (?) ernährt in ihren
Löchern und die Tarantel darin ernährt".

3) Vgl. die bildliche Darstellung oben S. 113; etwas anders gewendet ist
das angeblich Platonische Wort bei Plutarch *De sera numinis vindicta* 5 *p.* 550 *d*:
ὅτι κατὰ Πλάτωνα πάντων καλῶν ὁ θεὸς ἑαυτὸν ἐν μέσῳ παράδειγμα θέμενος.

heißt es in der Schilderung der Sintflut und des Untergangs von
Sodom Matth. 24, 38 und Luk. 17, 27: τρώγοντεc καὶ πίνοντεc γαμοῦντεc
καὶ γαμίζοντεc und ἤcθιον ἔπινον ἐγάμουν ἐγαμίζοντο und ferner
Matth. 24, 49 und Luk. 12, 45 von dem schlechten Sklaven: ἐcθίῃ δὲ
καὶ πίνῃ μετὰ τῶν μεθυόντων und ἄρξηται .. ἐcθίειν τε καὶ πίνειν
καὶ μεθύcκεcθαι, und beide Male ist zwar nicht von der ersten Erscheinung, wohl aber von der Wiederkunft Christi die Rede. Dennoch glaube ich nicht, daß unser λόγιον aus diesen Stellen gebildet
oder beeinflußt ist; seine Erklärung bietet die Predigt des Propheten
im Poimandres (§ 27): ὦ λαοί, ἄνδρεc γηγενεῖc, οἱ μέθῃ καὶ ὕπνῳ
ἑαυτοὺc ἐκδεδωκότεc καὶ τῇ ἀγνωcίᾳ τοῦ θεοῦ, νήψατε, παύcαcθε δὲ
κραιπαλῶντεc, θελγόμενοι ὕπνῳ ἀλόγῳ — (§ 29) καὶ ἐτράφηcαν ἐκ
τοῦ ἀμβροcίου ὕδατοc. Hiermit berührt sich, wie früher erwähnt, das
VII. (bezw. VIII.) Stück (§ 1): ποῖ φέρεcθε, ὦ ἄνθρωποι, μεθύοντεc,
τὸν τῆc ἀγνωcίαc ἄκρατον [λόγον] ἐκπιόντεc, ὃν οὐδὲ φέρειν δύναcθε,
ἀλλ' ἤδη αὐτὸν καὶ ἐμεῖτε· cτῆτε νήψαντεc[1]), ἀναβλέψατε τοῖc ὀφθαλ-
μοῖc τῆc καρδίαc — (§ 2) ὅπου οὐδὲ εἷc μεθύει, ἀλλὰ πάντεc νήφουcιν
ἀφορῶντεc τῇ καρδίᾳ εἰc τὸν ὁραθῆναι θέλοντα — (§ 3) ἵνα μήτε ἀκούῃc,
περὶ ὧν ἀκούειν cε δεῖ, μήτε βλέπῃc, περὶ ὧν βλέπειν cε δεῖ. Am
nächsten dem Geist der Evangelien kommt wohl der Kern des λόγιον:
πονεῖ ἡ ψυχή μου ἐπὶ τοῖc υἱοῖc τῶν ἀνθρώπων; aber fremdartiges
Rankenwerk hat sich auch hier angesetzt, wie in dem vorigen Spruch.

Entscheidend scheint mir die literarische Form, die bisher
rätselhaft bleiben mußte. Uns sind Sprüche des Hermes wie des
Ἀγαθὸc δαίμων in Ägypten im Gemeindegebrauch begegnet, und gerade die letzteren zeigten ähnliche Erweiterungen und Umbildungen
Herakliteischer Sprüche, wie sie im fünften Spruch (ἔγειρον τὸν
λίθον) nachweislich an einem Worte Jesu vorgenommen sind. Es
ist unter solchen Umständen wohl etwas gefährlich, das Evangelium bestimmen zu wollen, aus dem diese Sprüche entlehnt sind,
noch gefährlicher freilich, in diesem Evangelium die johanneische
Sprache suchen zu wollen. Ist doch, was man als johanneisches

---

1) Vgl. in den Χαλδαϊκὰ λόγια, die zwar aus anderen Kreisen stammen,
in Sprache und Bild aber oft übereinstimmen (Kroll *p.* 15): ὦ ταλαεργοί, νήψατε. —
Die Übereinstimmung mit Joël 1, 5: ἐκνήψατε οἱ μεθύοντεc ἐξ οἴνου αὐτῶν καὶ
κλαύcατε· θρηνήcατε πάντεc οἱ πίνοντεc εἰc μέθην scheint mir zu äußerlich, um
eine Beeinflussung der Hermetischen Stellen durch die Septuaginta hier anzunehmen.

Gut in unsern λόγια in Anspruch nimmt, nichts anderes als Hermetische Formel, Allgemeingut der hellenistischen Mystik. Ihre Verbreitung ist so weit, ihre Berührungen mit christlichen Lehren so zahlreich, daß es vollkommene Willkür wäre, die Vermittelung jeder sprachlichen Entlehnung auf das Johannesevangelium zurückzuführen. —

Mit dem λόγιον von Behnesa, von welchem wir ausgingen, haben Grenfell und Zahn zwei Stellen des ophitischen Eva-Evangeliums und des Petrusmartyriums zusammengestellt, welche ähnlichen Pantheismus zeigen. In jenem heißt es: ἔcτην ἐπὶ ὄρουc ὑψηλοῦ καὶ εἶδον ἄνθρωπον μακρὸν καὶ ἄλλον κολοβόν, καὶ ἤκουcα ὡcεὶ φωνὴν βροντῆc καὶ ἤγγιcα τοῦ ἀκοῦcαι, καὶ ἐλάληcε πρόc με καὶ εἶπεν· „ἐγὼ cὺ καὶ cὺ ἐγώ, καὶ ὅπου ἐὰν ᾖc, ἐγὼ ἐκεῖ εἰμι, καὶ ἐν ἅπαcίν εἰμι ἐcπαρμένοc, καὶ ὅθεν ἐὰν θέλῃc, cυλλέγειc με, ἐμὲ δὲ cυλλέγων ἑαυτὸν cυλλέγειc." Die Vision selbst scheint verkürzt vorzuliegen; wir erfahren nicht, was das seltsame Paar tut, dürfen aber vielleicht darauf verweisen, daß Zosimos, der in seinen Visionen die Hermetische Literatur nachbildet (oben S. 9 ff.), zunächst den ἱερεὺc τῶν ἀδύτων sieht, wie er das eigene Fleisch wieder ausbricht, und im Gegensatze zu ihm ἀνθρωπάριον κολοβὸν καὶ τοῖc ὀδοῦcιν ἑαυτοῦ ἑαυτὸν μαcώμενον καὶ cυμπίπτοντα. Die grausige Erfindung mag durch den alchemistischen Stoff und eine Erinnerung an Pred. Sal. 4, 5: ὁ ἄφρων περιέβαλε τὰc χεῖραc αὐτοῦ καὶ ἔφαγε τὰc cάρκαc αὐτοῦ beeinflußt sein [1]); das Paar selbst wird der ägyptisch-theologischen Literatur angehören. Die Verkündigung des Λόγοc, der hier echt ägyptisch als Stimme erscheint, ist in ihrem ersten Teil ganz unbefangen den in Kapitel I betrachteten ägyptischen Gebetsformeln entnommen, die ja auch in Hermetische Schriften übergingen (vgl. S. 142). Die Vorstellung von dem cυλλέγειν ἑαυτόν erinnert an die Worte des Hermes cυνετέθη ἡ νοερὰ γένεcιc und εἰc cυνάρθρωcιν τοῦ λόγου. Der Wiedergeborene ist ja selbst der Λόγοc θεοῦ. Die Vorstellung ist anders gewendet und doch noch ähnlich. Daß ein ophitisches Evangelium ägyptische Gedanken zeigt, wird nicht befremden.

In dem *Martyrium Petri*[2]) gibt der Apostel zunächst in seiner großen Abschiedsrede Vorschriften, wie man die γνῶcιc erlangen

---

1) Falls das schwerverständliche jüdische Wort nicht etwa selbst auf eine ältere ägyptische Quelle zurückgeht.

2) *Acta Apostolorum apocrypha* ed. Bonnet (Lipsius) I 90 *sqq.*

kann: παντὸϲ αἰϲθητηρίου χωρίϲατε τὰϲ ἑαυτῶν ψυχάϲ, παντὸϲ φαινομένου μὴ ὄντοϲ ἀληθοῦϲ· πηρώϲατε ὑμῶν τὰϲ ὄψειϲ ταύταϲ, πηρώϲατε
ὑμῶν τὰϲ ἀκοὰϲ ταύταϲ, ⟨χωρίϲατε⟩ τὰϲ πράξειϲ τὰϲ ἐν φανερῷ, καὶ
γνώϲεϲθε τὰ περὶ Χριϲτοῦ γεγονότα καὶ τὸ ὅλον τῆϲ ϲωτηρίαϲ ὑμῶν
μυϲτήριον. Das könnte bis auf den Schlußsatz wörtlich auch in
einer Hermetischen Schrift stehen. Petrus rechtfertigt dann seinen
Wunsch, das Haupt nach unten gekreuzigt zu werden: γινώϲκετε
τῆϲ ἁπάϲηϲ φύϲεωϲ τὸ μυϲτήριον καὶ τὴν τῶν πάντων ἀρχὴν ἥτιϲ
γέγονεν. ὁ γὰρ πρῶτοϲ ἄνθρωποϲ, οὗ γένοϲ ἐν εἴδει ἔχω ἐγώ, κατὰ
κεφαλὴν ἐνεχθεὶϲ[1]) ἔδειξεν γένεϲιν τὴν οὐκ οὖϲαν πάλαι· νεκρὰ γὰρ
ἦν αὐτὴ μὴ κίνϲιν ἔχουϲα. καταϲυρεὶϲ οὖν ἐκεῖνοϲ ὁ καὶ τὴν ἀρχὴν
τὴν αὐτοῦ εἰϲ γῆν ῥίψαϲ τὸ πᾶν τοῦτο τῆϲ διακοϲμήϲεωϲ ϲυνεϲτήϲατο.
Über die Vorstellung vom πρῶτοϲ ἄνθρωποϲ, der in Ägypten mit Osiris
oder Hermes identifiziert wird, habe ich früher (Kap. III) gehandelt.
In der Κόρη κόϲμου finden wir einen doppelten Schöpfungsbericht; zunächst ist die Materie, die φύϲιϲ, unfruchtbar und bewegungslos, bis
Gott durch sein Wort die Göttin des Werdens schafft[2]); dann aber
hören wir noch einmal, daß sich die διακόϲμηϲιϲ erst nach der Erschaffung des πρῶτοϲ ἄνθρωποϲ vollzieht und erst jetzt Bewegung
in das Chaos kommt.[3])

Es folgt in dem Martyrium der Preis des Kreuzes Christi und
das Zitat: τί γάρ ἐϲτιν Χριϲτὸϲ ἀλλ᾽ ὁ λόγοϲ, ἦχοϲ τοῦ θεοῦ, die am
stärksten an ägyptische Formeln erinnernde Fassung der Logoslehre.
Von diesem λόγοϲ heißt es: ϲὺ τὸ πᾶν καὶ τὸ πᾶν ἐν ϲοί, καὶ τὸ
ὂν ϲύ, καὶ οὐκ ἔϲτιν ἄλλο, ὃ ἔϲτιν, εἰ μὴ μόνοϲ ϲύ. Wieder erkennen

1) Er ist also der Κορύβαϲ wie in der Naassener-Predigt (oben S. 92).
2) Sie heißt hier auch Φύϲιϲ in dem Sinne von Γένεϲιϲ; es ist Isis, die
ἔμψυχοϲ κίνηϲιϲ, vgl. Zwei religionsgesch. Fragen S. 106, 107.
3) Sprachlich interessant ist die regelmäßige Verwendung der Worte
προκύπτειν, παρακύπτειν u. s. w. So sei beiläufig auf das Hermetische Fragment bei Cyrill (*Contra Iul.* I *p.* 552 Migne) verwiesen: ἡ οὖν πυραμίϲ, φηϲίν,
ὑποκειμένη τῇ Φύϲει καὶ τῷ νοερῷ κόϲμῳ (der νοερὸϲ κόϲμοϲ ist der Λόγοϲ,
vgl. oben S. 41)· ἔχει γὰρ ἄρχοντα ἐπικείμενον δημιουργὸν λόγον τοῦ πάντων
δεϲπότου, ὃϲ μετ᾽ ἐκεῖνον πρώτη δύναμιϲ, ἀγέννητοϲ, ἀπέραντοϲ, ἐξ ἐκείνου προ-
κύψαϲα καὶ ἐπίκειται καὶ ἄρχει τῶν δι᾽ αὐτοῦ δημιουργηθέντων· ἔϲτι δὲ τοῦ παν-
τελείου πρωτόγονοϲ (πρόγονοϲ *Codd.*) καὶ τέλειοϲ καὶ γόνιμοϲ ⟨καὶ⟩ γνήϲιοϲ υἱόϲ.
Das scheint eine Erklärung der ägyptischen Darstellung der Pyramide (bezw.
des Obelisken) mit der Sonnenscheibe darauf (Brugsch, Rel. u. Myth. d. alt.
Äg. 256 und 261). Aber auch hier ist die Göttin Φύϲιϲ mit dem Λόγοϲ verbunden; wahrscheinlich war sie im folgenden erwähnt.

16*

wir unschwer die Hermetische Formel, vgl. z. B. V (VI) 9: οὐδὲν γάρ
ἐστιν ἐν παντὶ ἐκείνῳ (dem κόσμος) ὃ οὐκ ἔστιν αὐτός (nämlich ὁ θεός).
ἔστιν αὐτὸς καὶ τὰ ὄντα, αὐτὸς καὶ τὰ μὴ ὄντα· τὰ μὲν γὰρ
ὄντα ἐφανέρωσε, τὰ δὲ μὴ ὄντα ἔχει ἐν ἑαυτῷ und weiter § 10: οὐδέν
ἐστιν, οὗτος δ᾽ οὐκ ἔστιν· πάντα γὰρ ⟨οὗτός⟩ ἐστι καὶ οὗτός ἐστιν ⟨πάντα⟩,
endlich § 11: σὺ γὰρ εἶ ὃ ἂν (ἐὰν MAC) ὦ, σὺ εἶ ὃ ἂν ποιῶ, σὺ εἶ
ὃ ἂν λέγω. σὺ γὰρ πάντα εἶ καὶ ἄλλο οὐδέν ἐστιν, ὃ μὴ [[ἔστιν]]
σὺ εἶ. σὺ πᾶν τὸ γενόμενον, σὺ τὸ μὴ γενόμενον. Woher diese
Formeln stammen, zeigt die Verbindung τὰ ὄντα καὶ τὰ μὴ ὄντα,
bezw. τὸ γενόμενον καὶ τὸ μὴ γενόμενον. Es ist, wie Prof. Spiegelberg
mich belehrt, die Formel, durch welche schon in den ältesten ägyptischen Texten die Gesamtheit bezeichnet wird. Dem Autor des
Traktates hat sie Not bereitet; er deutet τὰ μὴ ὄντα als τὰ ἐσόμενα
und gewinnt so eine Parallele zu der bekannten Inschrift von Sais:
ἐγώ εἰμι πᾶν τὸ γεγονὸς καὶ ὂν καὶ ἐσόμενον. Die ganze Predigt
des Petrus ist durchtränkt mit den Gedanken dieser hellenistischen
Mystik.

Aber steht dann nicht auch das große Evangelienwort πάντα
δι᾽ αὐτοῦ ἐγένετο καὶ χωρὶς αὐτοῦ ἐγένετο οὐδὲ ἓν ὃ γέγονεν mit
dieser Formelsprache in irgend einem Zusammenhang? Nach meiner
Auffassung allerdings, und es wäre feige, wenn ich die Konsequenzen
für das Johannesevangelium nicht wenigstens andeuten wollte. Nicht
nur durch den Prolog, für den ich dies früher zu erweisen versuchte[1]),
auch durch das ganze Evangelium geht die eigentümliche Formelsprache dieser Mystik, ja sie bestimmt bis zu einem gewissen Grade
die Wahl der wenigen Themata, die immer wieder behandelt werden
und die den Verfasser offenbar aufs tiefste beschäftigen. Sie drängt
sich dem, der die Hermesgebete und die Hermesliteratur ein wenig
kennt, so mächtig auf, daß ich, statt lange Aufzählungen für diese
Behauptung zu geben, lieber vor einer Überschätzung der Tatsache
warnen möchte. Zu Kreyenbühls „Evangelium der Wahrheit" wird
auch das vierte Evangelium damit noch lange nicht. Gerade wenn

---

1) Zwei religionsgesch. Fragen S. 71 ff. Daß sich gerade in der Logos-
lehre die Hellenisierung durch die Stoa am stärksten zeigt und daß keine Lehre
durch sie so weit über die hellenistische Welt hingetragen ist, darf den Blick
nicht von dem ägyptischen Grundelement in ihr ablenken. Wir empfinden es
wieder, sobald wir die Logoslehre nicht aus ihren Zusammenhängen lösen und
das Evangelium als Ganzes betrachten.

man das Verfahren des Verfassers der λόγια von Behnesa vergleicht,
empfindet man, wie anders der Autor des Johannesevangeliums denkt
und fühlt. Sind doch diese Formeln in der Regel in einen ganz
anderen Geist und Zusammenhang gerückt, und durchdringen sich
doch diese Gedanken so innig mit den übrigen die Vorstellungen
des Verfassers beeinflussenden Elementen, daß man an der einzelnen
Stelle immer wieder zweifeln müßte, wenn nicht eben die Fülle der
Übereinstimmungen uns zwänge, einen wirklichen Zusammenhang anzunehmen. Ein Beispiel für viele. Wenn Jesus in seinem Gleichnis
10, 11 sagt: ἐγώ εἰμι ὁ ποιμὴν ὁ καλός, so ist der Grundgedanke
selbstverständlich nicht aus der Hermetischen Literatur, sondern aus
dem Alten Testament und den jüdischen Messiasvorstellungen er-
wachsen; er nimmt gleich in den nächsten Worten individuelle, nur
auf Jesus passende Färbung an: ὁ ποιμὴν ὁ καλὸς τὴν ψυχὴν αὐτοῦ
τίθησιν ὑπὲρ τῶν προβάτων. Nur wenn sich mitten in der Ausführung nun die Wiederholung findet (14): ἐγώ εἰμι ὁ ποιμὴν ὁ καλὸς καὶ
γινώσκω τὰ ἐμὰ καὶ γινώσκουσίν με τὰ ἐμά, καθὼς γινώσκει
με ὁ πατὴρ κἀγὼ γινώσκω τὸν πατέρα, kann man überhaupt
fragen, ob die Formelsprache der hellenistischen Mystik berücksichtigt ist (vgl. S. 20); am Platz sind die Worte auch hier, und
gleich die Fortsetzung lenkt mit den Worten καὶ τὴν ψυχήν
μου τίθημι ὑπὲρ τῶν προβάτων in den Kreis des individuell Emp-
fundenen zurück. Ganz durchdrungen von diesen Formeln zeigen
sich die Abschiedsreden; aber wie ist z. B. 17, 10: καὶ τὰ ἐμὰ πάντα
σά ἐστιν καὶ τὰ σὰ ἐμά, καὶ δεδόξασμαι[1]) ἐν αὐτοῖς für diesen Zusammenhang umgestaltet; wie ist V. 21 das ἵνα πάντες ἓν ὦσιν,
καθὼς σύ, πάτερ, ἐν ἐμοὶ κἀγὼ ἐν σοί, ἵνα καὶ αὐτοὶ ἐν ἡμῖν ὦσιν …
(23) ἐγὼ ἐν αὐτοῖς καὶ σὺ ἐν ἐμοί[2]), ἵνα ὦσιν τετελειωμένοι εἰς
τὸ ἕν so eigenartig mit der im Grunde doch neuen Empfindung
der ἀγάπη θεοῦ verschmolzen, so der Situation angepaßt, daß jeder
Leser Bedenken tragen wird, den Blick überhaupt auf die Hermetischen Schriften und Gebete zu lenken. Und doch, wenn man auf
den Prolog zurückschaut und das immer wiederholte „wer mich
kennt, kennt den Vater“, „wer mich sieht, sieht den Vater“[3]) auf

---

1) Zum Gebrauch des Wortes vgl. oben S. 28 A. 3 (vgl. auch S. 21 Gebet III 11).

2) Auch in den Hermetischen Schriften wird der Wiedergeborene „in
Gott geboren“, schaut sich in ihm und empfindet den Gott in sich.

3) Im fünften Hermetischen Stück (11) preist der Gottbegnadete: διὰ τί

sich wirken läßt, wird man wieder hierzu neigen. Sicher erscheinen
mir die Einwirkungen in dem Gespräch Jesu mit der Samariterin
und besonders in den beiden parallelen Erzählungen von Nathanael
und Nikodemos, deren eine hervorhebt, wie der Νοῦс die Gedanken
des Menschen kennt[1]), während die andere ihn als Lehrer der παλιγ-
γενεсία zeigt. Gibt man eine solche Einwirkung einmal zu, so erheben sich weitere Fragen, wie weit diese Anschauungen die Art der
Darstellung beeinflußt haben.

Lange ehe ich das ernste Buch von Wrede „Das Messiasgeheimnis
in den Evangelien" las, hatte ich mir die Stellen angemerkt, in
welchen ein an sich klares, selbstverständliches Herrenwort den
Jüngern rätselhaft erscheint, und in den beständigen törichten Miß-
verständnissen[2]) eine Manier, die Anlehnung an einen literarischen
Typus finden wollen. In Kap. XIII (XIV) des Hermetischen Corpus
glaubte ich ihn wiederzufinden. So wirkte es überraschend auf
mich, als ich bei Wrede (S. 199) las: „So könnte man fast auf
den Gedanken geraten, der Autor habe nähere Bekanntschaft mit dialogischer Literatur gehabt, in der die Reden
der Hauptperson durch törichte Einwände der Neben-
personen durchbrochen wurden." Wrede weist diesen Gedanken ab; eine Manier sei ja zweifellos vorhanden, aber daß
sie keine bloß stilistische Bedeutung habe, sei ebenso gewiß; ihr
Ursprung werde daher auch nicht in der Gewöhnung an eine literarische Form zu suchen sein. Der Einwand wird hinfällig, wenn
wir aus der XIII. (XIV.) Hermetischen Schrift nachweisen können,
daß diese Form in den heidnischen Lehren vom Heiland und von
der Erlösung vorkam und daß sie hier auf einer eigenartigen Auffassung des Mysteriums der Wiedergeburt beruht. Ich erinnere

---

δὲ καὶ ὑμνήсω сε; ὡс ἐμαυτοῦ ὤν; ὡс ἔχων τι ἴδιον; ὡс ἄλλος ὤν; сὺ γάρ εἶ
ὃ ἂν ὦ, сὺ εἶ ὃ ἂν ποιῶ, сὺ εἶ ὃ ἂν λέγω. Die Quelle der Vorstellung zeigt
die Inschrift von London.

1) Vgl. die Einleitung des Poimandres, die Inschrift von London und die
oben angeführte Stelle des Papyrus Insinger Col. XXXVI 5: „die Zunge, noch
ehe sie gefragt ist, ihre Worte kennt Gott".

2) Ich muß für das einzelne auf Wrede verweisen, dessen Urteil mir
dem Laien bisweilen etwas zu scharf zu sein, aber in diesem Teile kaum fehl-
zugehen scheint. Daß ich dem Schluß des ganzen Buches nicht beizustimmen
brauche, danke ich eben der Kenntnis der Hermetischen Literatur, die mir den
Hauptteil so überzeugend erscheinen läßt.

noch einmal daran, daß Tat nicht verstehen kann, solange nicht
ein Niedersteigen des Gottes (bezw. des πνεῦμα) in ihn ihm das Verständnis erschlossen hat. Hermes hat αἰνιγματωδῶς καὶ οὐ τηλαυγῶς
gesprochen; er hat seine Worte nicht erklärt und sagt: τοῦτο τὸ γένος, ὦ τέκνον, οὐ διδάσκεται, ἀλλ᾽ ὅταν θέλη ὑπὸ τοῦ θεοῦ ἀνα-
μιμνήσκεται. Ich brauche kaum auf die Parallele Joh. 14, 25. 26
zu verweisen: ταῦτα λελάληκα ὑμῖν παρ᾽ ὑμῖν μένων· ὁ δὲ παράκλητος,
[τὸ πνεῦμα τὸ ἅγιον], ὃν πέμψει ὁ πατὴρ ἐν τῷ ὀνόματί μου, ἐκεῖνος
ὑμᾶς διδάξει πάντα καὶ ὑπομνήσει ὑμᾶς πάντα ἃ εἶπον ὑμῖν.
Erst wenn sich die Palingenesie, das Innewohnen Gottes (14, 23)
an den Jüngern vollzieht, werden sie ihn verstehen; er wird sich
ihnen offenbaren und mit ihnen reden οὐκέτι ἐν παροιμίαις, ἀλλὰ
παρρησίᾳ (16, 25). Jetzt sind sie zwar gereinigt durch sein Wort,
aber noch nicht mit der Himmelskraft begnadet.[1]

Das vierte Evangelium entstand, als das Christentum nach seiner
ersten Auseinandersetzung mit dem Judentum für weitere Eroberungen
zunächst auf die von hellenistischer Mystik beeinflußten Kreise an-
gewiesen war, als es bei seinem Emporstreben gezwungen war, aller-
orten durch eine Schicht dieser Mystik hindurchzuwachsen, einer
Mystik, die sich gerade damals zu immer höherem Schwunge erhob.
An vielen Stellen ist das Christentum dabei verkrüppelt oder ver-
wildert; im ganzen tauchte es in eigener Kraft, nur bereichert um
eine Fülle tiefer Gedanken und Bilder, wieder empor. Aber das
Christentum hatte schon früher, schon als es sich bildete und seine
erste Literatur schuf[2], diese Mystik und ihre Literatur am Platz
und in jüdischen Kreisen wirksam gefunden. Es ist kaum denkbar,
daß die christliche Literatur nicht den vorhandenen Wort- und Formel-
schatz zum Teil übernehmen mußte, und Wort und Formel üben
ihren eigenen Zwang, der sich im Fortschritt der Zeit und in der
allmählichen Ausgestaltung der Lehre verstärkt.[3] Sollen wir jemals

---

1) Vgl. 15, 3: ἤδη ὑμεῖς καθαροί ἐστε διὰ τὸν λόγον, ὃν λελάληκα ὑμῖν
mit Herm. § 15 καλῶς σπεύδεις λῦσαι τὸ σκῆνος· κεκαθαρμένος γάρ.
Hermes beruft sich hier auf ein Wort des Poimandres, das diesen Zwischen-
zustand abzukürzen befiehlt, etwa ὁ κεκαθαρμένος σπευσάτω λῦσαι τὸ σκῆνος.

2) Die Frage, ob wir Einwirkungen des Hellenismus noch früher, d. h. auf
die Person des Stifters, annehmen dürften, muß ich anderen zur Beantwortung
überlassen. Entscheidend wäre dafür besonders, ob Christus sich wirklich als
des Menschen Sohn bezeichnet hat, und in welchem Sinne es geschah.

3) Ich halte diesen Zwang der Formel, dem sich sogleich die Übernahme

ein brauchbares Lexikon zum Neuen Testament erhalten, so wird
es die Reste hellenistischer Mystik, die bis dahin hoffentlich gesammelt und kritisch bearbeitet sind, nicht weniger als die christlichen Schriften berücksichtigen müssen und wahrscheinlich wenigstens in dem Hermetischen Corpus mancherlei jüdisches, aber kein
christliches Sprachgut nachweisen, wohl aber umgekehrt in der
spätjüdischen wie der frühchristlichen Literatur viel Hermetisches. —
    Wir sind an das Ende des weiten Weges gelangt; denn nicht alle
Hermetischen Schriften zu erklären, sondern Werden und Wachsen
einer bestimmten Gemeinde in ihren Schriften zu verfolgen, war meine
Aufgabe. Ich fasse die Ergebnisse kurz zusammen. Gegründet wurde
die Poimandres-Gemeinde jedenfalls vor Beginn des zweiten Jahrhunderts n. Chr. und nach dem Beginn des zweiten Jahrhunderts
v. Chr. Die Geschichte der Ἄνθρωπος - Lehre in Ägypten läßt uns
mit einiger Wahrscheinlichkeit auf die Zeit um Christi Geburt raten.
Begründer der Sekte war ein ägyptischer Priester, welcher eine
Lehre von der Weltschöpfung durch Ptah mit einer vom Osten ein-
dringenden Verkündigung von der Knechtschaft und Befreiung des
Menschen zu einem gnostischen System verband. Die Gemeinde
breitete sich aus und wirkte schon um Beginn des zweiten Jahrhunderts selbst nach Rom herüber. In ihrer Lehre steigert sich
im Laufe der Zeit der mystische Grundzug und mit ihm das ägyp-
tische Element. Das Prophetentum tritt im Laufe des zweiten Jahrhunderts immer stärker hervor. Eben dadurch näherte sich die
Gemeinde wieder den zahlreichen Hermes-Gemeinden, um endlich im
Laufe des dritten Jahrhunderts völlig in sie aufzugehen. Kraft und
Bedeutung des Prophetentums scheinen dann wieder abzunehmen
und zugleich die jüdischen Einflüsse zu wachsen. Mit dem vierten
Jahrhundert entschwindet die Gemeinde unserem Blick. Das ist im
Grunde alles. —
    Ich muß befürchten, daß es mir bei der Einzelausführung begegnet
sein wird, ab und.an zu viel für Ägypten in Anspruch zu nehmen, und

---

der Kultformen gesellt, für sehr viel wichtiger als die einzelnen Entlehnungen
bestimmter Lehren. Wie stark z. B. der ägyptisch-hellenistische Einschuß in
der Dämonologie des Paulus ist, hat im Grunde weniger zu sagen als die
Frage, wieweit Gebete, wie das in der Lehre der Apostel (X 2) erhaltene,
die Mysterien und vor allem Einrichtungen wie Prophetentum und Prophetenpredigt durch hellenistische Gedanken ermöglicht oder von ihnen beeinflußt sind.

daß ein flüchtiger Leser den Eindruck erhalten könnte, ich wollte die
Entstehung des Gnostizismus ganz nach Ägypten verlegen. Meine Absicht war gerade, jedem Versuch, ihn aus nur einer Quelle herzuleiten,
entgegenzutreten. Wenn wir z. B. die chaldäischen Orakel mit den
Hermetischen Schriften vergleichen, finden sich in Sprache und Gedanken manche Übereinstimmungen, aber der mythologische Kern ist
ein verschiedener. Daß wir diesen mythologischen Kern der gnostischen
Systeme nicht übersehen dürfen, lehrt besonders die Inschrift von
London. Es handelt sich zunächst um die Ausgestaltung geoffen-
barter Religionen, und Propheten, nicht Philosophen reden zu uns.
Was sie uns bieten, ist oft aus verschiedenen Bestandteilen zusammengesetzt, oft wohl auch nach der Zusammensetzung wieder
in andere Zusammenhänge hineingearbeitet. Was die verschiedenen
Bestandteile ursprünglich sich näherte, war die allmähliche Aus-
gleichung der religiösen Vorstellungen im Osten. Wann sie begann,
ist noch kaum zu sagen. Daß schon das Perserreich mit seiner
weisen Duldung aller Volksreligionen, mit dem Verpflanzen größerer
Volksmassen von der Peripherie in das Innere des Reiches und der
Ansiedelung starker Garnisonen, z. B. in Ägypten, sie mächtig fördern mußte, ist wohl klar. Entscheidend aber ist, daß auf verschiedenen Gebieten die mythologischen Gestalten bereits begonnen
hatten, sich in begriffliche umzusetzen. Das ist für Ägypten wohl
ohne weiteres klar; für Persien dürfen wir es ebenfalls annehmen[1]);
für Babylonien weist das allmähliche einseitige Vortreten der Planetengötter auf eine ähnliche Entwicklung. Die Übertragung dieser religiösen Vorstellungen in die einheitliche Formelsprache und Begriffswelt

---

1) Vgl. Plutarch *De Is. et Os.* 47: ὁ μὲν Ὠρομάζης ἐκ τοῦ καθαρωτάτου
φάους, ὁ δ' Ἀρειμάνιος ἐκ τοῦ ζόφου γεγονὼς πολεμοῦσιν ἀλλήλοις· καὶ ὁ μὲν
ἓξ θεοὺς ἐποίησε, τὸν μὲν πρῶτον εὐνοίας, τὸν δὲ δεύτερον ἀληθείας, τὸν δὲ
τρίτον εὐνομίας, τῶν δὲ λοιπῶν τὸν μὲν σοφίας, τὸν δὲ πλούτου, τὸν δὲ τῶν ἐπὶ
τοῖς καλοῖς ἡδέων δημιουργόν, ὁ δὲ τούτοις ὥσπερ ἀντιτέχνους ἴσους τὸν ἀριθμόν.
Es ist gewiß willkürlich, wenn Bousset (a. a. O. 490) hiernach die Perser zu Er-
findern der Hypostasenlehre macht, aber noch willkürlicher wäre es, die ganze
Zurückführung der Götter auf Begriffe dem deutenden Griechen zuzuweisen. —
Hat Bousset recht, mit der Gottheit der Weisheit die Spenta Armaiti zu identifizieren, die ursprünglich Erdgöttin, dann Hüterin des Ackerbaus und aller
Kultur, schließlich Göttin der Weisheit geworden sei, so bietet diese Göttin
ein so eigentümliches Gegenbild zu Isis, daß man unwillkürlich an eine direkte
Beeinflussung Persiens durch Ägypten denkt.

des Griechentums mußte den Kampf und den Ausgleich der verschiedenen Weltanschauungen, des Pantheismus, des Dualismus, des
Fatalismus mächtig fördern, indem sie die Gegner auf gleichen Boden
stellte, die eigentümliche Stellung des „Propheten", die in dem
hellenisierten Orient allmählich zu wachsen scheint, die Übertragungen
erleichtern.[1)]   Es verrät eine rührende Ahnungslosigkeit, wenn von
theologischer Seite versichert wird, daß Agypten, das einzige Land,
in dem wir diese Bewegung genau verfolgen können, von ihr ganz
unberührt geblieben sei.

So erhebt sich bei jeder einzelnen Frage die Schwierigkeit, daß
der Bearbeiter neben der ganzen theologischen und philologischen
Literatur auch Sprache und Überlieferung der verschiedenen Völker
des Orients kennen müßte.   Es ist kaum zu vermeiden, daß je nach
Neigung und Studiengang der eine zu viel als ägyptisch, der andere
zu viel als babylonisch, der dritte alles als persisch in Anspruch
nimmt, und daß bei dem einzelnen Arbeiter eine gewisse Farben-
blindheit eintritt, die ihn für wichtige Unterschiede unempfindlich
macht.   Nur die gemeinsame Arbeit vieler kann uns dem Ziele, die
hellenistische Mystik zu verstehen, näher bringen.

---

1) Gegenüber der Übernahme des Überlieferten scheint wenigstens für
Ägypten die spekulative Ausbildung derartiger Systeme und das freie Erfinden
neuer göttlicher Figuren zurückzutreten. Daß es in der weiteren Entwicklung
des Gnostizismus ebenfalls eine Rolle gespielt hat, ist nach dem früher über
den Begriff der γνῶσις Gesagten (vgl. S. 158) selbstverständlich; nur müssen wir,
solange die alten Bildungselemente uns nur mangelhaft bekannt sind, im
Einzelfalle möglichst wenig Gebrauch von der Annahme völlig willkürlicher
Bildungen machen.

BEIGABEN.

Beigabe I.

Seneca und Poseidonios.

A. Uhl hat in seiner Dissertation *Quaestiones criticae in L. Annaei Senecae Dialogos*, Straßburg 1899, *p. 22 sqq.* mit zwingenden Gründen erwiesen, daß in Kap. XVII und XVIII der *Consolatio ad Marciam* zwei verschiedene Fassungen desselben Hauptgedankens durcheinandergewirrt sind, und daß alle Versuche, durch Umstellungen einen einheitlichen Text zu gewinnen, gescheitert sind. In der Beurteilung der beiden Fassungen ist er weniger glücklich gewesen. Auf den Einwurf: *grave est tamen, quem educaveris, iuvenem iam matri, iam patri praesidium ac decus amittere* antwortet Seneca: *quis negat grave esse, sed humanum est. ad hoc genitus es, ut perderes ut perires, ut sperares metueres, alios teque inquietares, mortem et timeres et optares, et, quod est pessimum, numquam scires, cuius esses status. si quis Syracusas petenti diceret: omnia incommoda, omnis voluptates futurae peregrinationis tuae ante cognosce, deinde ita naviga.* Es folgt die berühmte breite Beschreibung der Insel, dann: *audisti quid te invitare possit quid absterrere; proinde aut naviga aut resiste. post hanc denuntiationem si quis dixisset intrare se Syracusas velle, satisne iustam querellam de ullo nisi de se habere posset, qui non incidisset in illa, sed prudens sciensque venisset. dicit omnibus nobis natura: neminem decipio. tu si filios sustuleris, poteris habere formosos, et deformes poteris ..... nihil vetat illos tibi suprema praestare et laudari te a liberis tuis; sed sic te para tamquam in igne impositurus vel puerum vel iuvenem vel senem ..... post has leges propositas si liberos tollis, omni deos invidia liberas, qui tibi nihil certi spoponderunt.* Der Zusammenhang, den die Handschriften bieten, ist klar und vorzüglich. Das Argument ist damit abgeschlossen.

Etwas unklarer ist zunächst die zweite Fassung: *Ad hoc genitus es, ut perderes ut perires, ut sperares metueres, alios teque inquietares, mortem et timeres et optares et, quod est pessimum, numquam scires, cuius esses status. si quis Syracusas petenti diceret: omnia incommoda, omnis voluptates futurae peregrinationis tuae ante cognosce, deinde ita naviga. haec sunt quae mirari possis. videbis primum .... deinde videbis ...... videbis ... videbis ... videbis ..... tepidissima hiberna et nullum diem sine interventu solis. sed cum omnia ista cognoveris, gravis et insalubris aestas hiberni caeli beneficia corrumpet; erit Dionysius illic tyrannus ..... audisti, quid te invitare possit quid absterrere; proinde aut naviga aut resiste. hanc imaginem agedum ⟨ad⟩ totius vitae introitum refer.[1]) an Syracusas viseres deliberanti tibi quicquid delectare poterat quicquid offendere exposui: puta nascenti me tibi venire in consilium. „intraturus es urbem dis hominibusque communem .... videbis illic ... videbis ... videbis ... miraberis ... videbis ... videbis ... sed istic erunt mille corporum animorum pestes et bella et latrocinia et venena et naufragia et intemperies caeli corporisque et carissimorum acerba desideria et mors, incertum facilis an per poenam cruciatumque. delibera tecum et perpende quid velis; ut ad illa venias, per illa exeundum est.“ respondebis velle te vivere (quidni? immo, puto, ad id non ⟨invitus⟩ accedes, ex quo tibi aliquid decuti doles): vive ergo ut convenit. — nemo, inquis, nos consuluit. — consulti sunt de nobis parentes nostri, qui cum condicionem vitae nossent, in hanc nos sustulerunt.*

Die letzten Sätze machen, wie Uhl schon hervorhob, einen gezwungenen und geschraubten Eindruck; sie werden vielleicht verständlicher, wenn wir die Beschreibung dessen, was die Seele sehen soll, näher prüfen. Es ist zunächst der κόσμος in seiner Schönheit. Die Seele schaut von oben (18, 4) in weitem Überblick die Erde und das Meer; sie gewahrt aufblickend den wunderbaren Gang der Gestirne und ihre Wirkung. Es ist die selige Schau, die sie dem Körper entrückt im Äther genießt. Um sie zu erlangen, muß sie das Erdenlos mit allen Härten erdulden (*ut ad illa venias, per illa exeundum est*). Volle Bedeutung hat die ganze Ausführung nur für den, welcher die Seele in freiem Entschluß zur Erde niedersteigen läßt. Er kann sagen: du hast es

---

1) So, meine ich, ist mit einem der *deteriores* und Haase zu schreiben; die Vulgata ist: ⟨*ad*⟩ *hanc imaginem agedum totius vitae introitum refer.*

gewollt und mußt das Leid der Erde tragen, um jener Wonnen teil-
haftig zu werden. Poseidonios, den hier wohl jeder erkennt[1]), konnte
so reden; Seneca nicht. Weder die Fortdauer, noch die Präexistenz
der Seele, die nach eigenem Willen in die irdische Welt eintritt,
konnte er als Dogma seinen Hörern bieten. Trotzdem sucht er in er-
künstelter Weise eine freie Wahl der Seele zu konstruieren indem er
zugleich die Züge des Bildes etwas verwischt. Gerade der Schmerz um
den Verlust zeigt, daß die Seele die Güter des irdischen Daseins so hoch
schätzt, daß sie zu leben erwählt hätte, wenn sie gefragt wäre. — Sie
ist aber doch nicht wirklich gefragt worden und hatte keine Wahl. —
Gewiß, aber die Eltern hatten für uns die Wahl. Damit ist dem großartigen Bilde freilich alle wahre Wirkung genommen; aber ich kann
mir wohl denken, daß ein Seneca es aus Freude an der rhetorischen
Pracht, die hier zu entfalten war, sich nicht entgehen lassen wollte.

Die Beschreibung Siziliens unter Dionys und die Schilderung
des βίος und jener seligen Schau der Seele gehören zusammen und
können ursprünglich nur für einander entworfen sein. Die Beschreibung Siziliens spielt in der ersten, an sich klareren und leichteren
Fassung eine ganz untergeordnete Rolle; nur durch die Worte: *post
hanc denuntiationem si quis dixisset intrare se Syracusas velle, satisne
iustam querellam de ullo nisi de se habere posset, qui non incidisset
in illa, sed prudens sciensque venisset* gewinnt der Schriftsteller sich
eine Überleitung zu dem *dicit omnibus nobis natura: neminem decipio.
tu si filios susceperis e. q. s.* Aber die Erzeugung von Kindern und
die Reise nach Syrakus sind rein äußerlich mit einander verglichen;
die erste Fassung ist in Wahrheit die spätere.

Der Hergang scheint danach folgender. Seneca selbst, für den
zwingend der Stil auch dieser ersten Fassung spricht, hat später
eine sachlich wirkungsvollere Form einsetzen wollen, bei der freilich die Hälfte der rhetorischen Ausführung (*hanc imaginem agedum*
bis *in hanc nos sustulerunt*) fortfallen mußte. Wenn wir sie doch
im Texte lesen, so lassen sich natürlich zwei Erklärungen denken.
Wer selbst die völlige Verwirrung, die Uhl in der Schrift *De brevi-
tate vitae* nachgewiesen hat, dem eilfertigen Seneca zutraut, mag
immerhin sagen, daß er in der Hast der Überarbeitung nicht merkte,

1) Vgl. unter anderem Wendland, Philos Schrift über die Vorsehung
S. 70 ff.

was er eigentlich beseitigen wollte. Ich möchte lieber der Überlieferung als dem elementarsten Menschenverstande des Autors miß-
trauen und sehe darin, daß dies Stück an unpassendem Platze eingefügt
ist, dieselbe Manier antiker Editoren, die ich noch heut in Catos
Schrift *De agricultura* greifbar und unleugbar zu Tage treten sehe.

Beigabe II.

Buchstabenmystik und Aionenlehre.

Der Papyrus Mimaut, dessen Text ich oben S. 147 ff. abgedruckt
habe, bietet eine seltsame jungägyptische Lehre von der Weltschöpfung[1]), welche der Erklärung bedarf. Indem ich sie mir zu
gewinnen versuchte, kam ich auf eine Reihe religiöser Vorstellungen,
die auch in den Gebeten des ersten Kapitels, in Einzelzügen des im
siebenten Kapitel behandelten λόγος ἀπόκρυφος und an manchen
anderen Stellen wiederkehren. Ich glaubte sie nur einmal und in
ihrem Zusammenhang darstellen zu müssen. Die Form der Beigabe
sollte zugleich eine etwas freiere Auswahl und Ordnung des Stoffes
ermöglichen; denn mancherlei möchte ich hereinziehen und bekenne
gern, daß, was zur Erklärung des Zaubertextes begonnen war, mir
bald zu dem Versuche wurde, mir einige Stellen der christlichen
Literatur etwas besser verständlich zu machen.

Der Text, um den es sich zunächst handelt, ist jene Aufzählung
der Schöpfungstaten, die der Sonnengott immer wieder in den zwölf
Stunden des Tages vollbringt: ὥρᾳ α΄ μορφὴν ἔχεις καὶ τύπον πεδος (?)
πιθήκου, γεννᾷς δένδρον ἐλάτην, λίθον ἄφανον, ὄρνεον χῆνα, ἐπὶ γῆς
μῦν· ὄνομά σοι Φρουερ. Die arg verstümmelte Fortsetzung bitte
ich S. 147 nachzulesen. Eine ähnliche Aufzählung der Namen und
Gestalten des Gottes bietet ein Gebet an den Gott ᾿Αγαθὸς δαίμων[2]):

---

[1]) Und zwar von einer fortdauernden Schöpfung durch Gott. Was
der Gott einmal getan hat, wiederholt er immer aufs neue. Das ist eine
charakteristische Grundvorstellung auch der Hermetischen Literatur.

[2]) Wessely, Denkschr. d. K. K. Akad. 1888 S. 86 ff., vgl. oben S. 28 Gebet VII.
Es ist dasselbe Gebet, dem ich den Titel der Zauberhandlung des Papyrus
Mimaut entnehmen konnte. Jede Stunde hat hier wenigstens ihr eigenes Gebet.

ὥρᾳ α΄ μορφὴν ἔχεις αἰλούρου, ὄνομά coι Φαρακουνήθ· δὸς δόξαν καὶ χάριν τῷ φυλακτηρίῳ τούτῳ. ὥρᾳ β΄ μορφὴν ἔχεις κυνός, ὄνομά coι Couφι· δὸς ἰςχὺν καὶ τιμὴν τῷ φυλακτηρίῳ τούτῳ u. s. w. Die hier aufgezählten heiligen Tiere sind in der Reihenfolge der Stunden: αἴλουρος, κύων, ὄφις, κάνθαρος, ὄνος, λέων, τράγος, ταῦρος, ἱέραξ, κυνοκέφαλος, ἶβις, κροκόδειλος, also die heiligen Tiere der δωδεκάωρος des Teukros, über welche Boll (Sphaera 295 ff.) soeben ausführlich gehandelt hat. Der Papyrus Mimaut bietet andere, mystische Gottes-namen und andere Tiere, nämlich für Stunde: 1. μορφὴ πεδος (?) πιθήκου, 2. μονο[κ]έ[ρου](?), 3. αἰλούρου, 4. ταύρου, 5. λέοντος, 6. ὄνου, 7. καμ[ήλου], 9. ἴ[βεως] oder ἱ[έρακος]. Das ist ähnlich zu be-urteilen wie die Abweichungen in den Angaben über die Gestalt eines Gottes oder über seinen „wahren Namen". Jede neue Geheim-lehre muß hier Neues bieten; eine einzelne kann sich wohl in weiteren Kreisen durchsetzen und scheint uns dann eine Art kanonischer Geltung zu haben; berechtigt sind daneben auch andere Erfindungen.[1] Ein ähnliches System scheinen die Peraten gehabt zu haben, von denen Hippolyt V 14 *p.* 186, 27 Schn. berichtet: καὶ ἄρχων δωδε-κάωρου νυκτερινῆς Coκλάν, ὃν ἐκάλεςεν ἡ ἀγνωςία Ὄςιριν· τούτου κατ’ εἰκόνα ἐγένοντο Ἄδμητος, Μήδεια, Ἕλλην, Αἴθουςα. ἄρχων ἡμερινῆς δωδεκάωρου Εὐνώ· οὗτος οἰκονόμος τῆς πρωτοκαμάρου ἀνατολῆς καὶ αἰθερίου, ὃν ἐκάλεςεν ἡ ἀγνωςία Ἴςιν· τούτου ςημεῖον τὸ κυνὸς ἄςτρον, οὗ κατ’ εἰκόνα ἐγένοντο Πτολεμαῖος ὁ Ἀρcινόης, Διδύμη, Κλεοπάτρα, Ὀλυμπιάς. Wir dürfen ohne weiteres annehmen, daß auch bei ihnen die einzelnen Stunden bestimmte Namen und Gestalten hatten.[2]

---

1) Vgl. Hippolyt V 15 *p.* 188, 60 Schn. — Ähnliche Gebete kannte Por-phyrios, wie es scheint, aus Chairemon, vgl. Eusebios *Praep. ev.* V 10, 6 *p.* 195 c. Man rief Horus oder Hermes an als τὸν .. καθ’ ὥραν τὰς μορφὰς ἀμείβοντα καὶ κατὰ ζῴδιον μεταςχηματιζόμενον.

2) Eine Aufzählung der Namen der Nachtstunden, oder vielmehr ihrer Dämonen, findet sich in einem ägyptischen Liebeszauber unter dem Titel Κλαυ-διανοῦ Cεληνιακόν (Wessely, Denkschr. d. K. K. Akad. 1893 S. 51; Kenyon, *Greek Pap. Catal.* I 111 Z. 862). Der Mond wird hier zunächst mit Isis, der Herrin des Weltalls, identifiziert; später ist die Göttin das „die Nacht beherr-schende Gestirn" und nimmt die Züge der Hekate an. Sie wird angefleht: ἄκουςόν μου τῶν λόγων καὶ ἐκπεμψόν cου τὸν ἄγγελον τὸν ἐπὶ τῆς πρώτης ὥρας διατάςςοντα μενεβαιν, καὶ τὸν ἐπὶ τῆς δευτέρας ὥρας νεβουν, καὶ τὸν ἐπὶ τῆς τρίτης ὥρας λημει, καὶ τὸν ἐπὶ τῆς τετάρτης ὥρας μορμοθ, καὶ τὸν ἐπὶ τῆς πέμπτης ὥρας νουφιηρ, καὶ τὸν ἐπὶ τῆς ἕκτης ὥρας χορβορβαθ, καὶ τὸν ἐπὶ τῆς ἑβδόμης ὥρας ορβενθ, καὶ τὸν ἐπὶ τῆς ὀγδόης ὥρας πανμωθ, καὶ τὸν ἐπὶ τῆς ἐνάτης ὕρας θυ-

Ähnliche Aufzeichnungen bieten dann auch stärker christianisierte Traktate, so das Testament Adams.[1]) Eine noch unbenutzte Fassung fand ich im *Paris. graec.* 2316 *fol.* 324 ff. und zitiere danach: περὶ τῶν ὀνομάτων τῶν ὡρῶν τῆς ἡμέρας· ὥρα α´ καλεῖται Ἰαέκ· [καλεῖται]] ἐν ταύτῃ τῇ ὥρᾳ καλόν ἐcτι τοῖc ἀνθρώποιc προcεύχεcθαι. ὥρα β´ καλεῖται Νανουρίc· ἐν ταύτῃ τῇ ὥρᾳ εὐχαὶ καὶ ὕμνοι τῶν ἀγγέλων. ὥρα γ´ καλεῖται Οὐχοcιούρ· ἐν ταύτῃ τῇ ὥρᾳ εὐχαριcτοῦcι τὰ πετηνὰ τὸν θεόν. ἐν ταύτῃ τῇ ὥρᾳ ἀποτελεῖται πᾶν cτοιχεῖον τῶν ὀρνέων.[2]) Es folgt: περὶ τῶν ὀνομάτων τῶν ὡρῶν τῆς νυκτόc· ὥρα α´ καλεῖται Δουχαλείμ· ἐν ταύτῃ τῇ ὥρᾳ αἰνοῦcιν οἱ δαίμονεc τὸν θεόν. ταύτῃ τῇ ὥρᾳ οὔτε ἀδικοῦcιν οὔτε κολάζουcιν, μέχρι ἂν ἡ δέηcιc αὐτῶν πληρωθῇ. ὥρα β´ καλεῖται [δὲ] Πέλουρ· ταύτῃ τῇ (τῇ αὐτῇ Cod.) ὥρᾳ αἰνοῦcιν οἱ ἰχθύεc τὸν θεὸν καὶ πᾶν εἴ τι (εἴτε Cod.) ἐν ὕδαcιν. So geht es fort, nur daß die besondere Beziehung bestimmter Wesen auf eine bestimmte Stunde, d. h. die Schöpfungsvorstellung, nicht mehr voll gewahrt ist. Erwähnung mag wegen des Folgenden endlich noch finden, daß auch die jüngere jüdische Theologie wenigstens die Erschaffung Adams auf die zwölf Tagesstunden verteilt[3]): in der ersten Stunde sammelte Gott den Staub, in der zweiten machte er ihn zu einer ungeformten Masse, in der dritten reckte er seine Glieder aus u. s. f.

μενφρι, καὶ τὸν ἐπὶ τῆc δεκάτηc ὥραc cαρνοχοιβαλ, καὶ τὸν ἐπὶ τῆc ἐνδεκάτηc ὥραc βαθιαβηλ, καὶ τὸν ἐπὶ τῆc δωδεκάτηc ὥραc αβραθιαβρι. Dem entspricht, daß in der Einleitung die Göttin selbst mit zwölf Namen beschworen wird: πέμψον ἄγγελόν cου ἐκ τῶν παρεδρευόντων cου. ἐξορκίζω ⟨cε⟩ τοῖc μεγάλοιc ὀνόμαcίν cου, ἃ οὐ δύναται παρακοῦcαι οὔτε ἀέριοc οὔτε ὑπόγειοc ⟨δαίμων⟩. μεcουρφαβαβαρ, βραλ, ιηω, Ἴcι ἡ προκαθηγουμένη τῆc νυκτόc, ἐλθέ μοι, καθὼc ἐπικέκλημαί τε, ορθω βαυβω νοηρε κοδηρε coιρε coιρε ερεcχιγαλ cανκιcτη δωδεκακιcτη ακρουροβορε κοδηρε cαμψει. Offenbar entsprechen sich die zwölf Namen und die zwölf ἄγγελοι.

1) Vgl. die Aufzählung der Literatur bei James in Robinsons *Texts and Studies* II 2 *The Testament of Abraham p.* 121.

2) Zwei verschiedene derartige Aufzählungen sind in einander gearbeitet. Die nächste Stunde ist für das Gebet der Schlangen und giftigen Tiere, die folgende für das der Löwen und reißenden Bestien bestimmt u. s. f.

3) Ich entnehme einzelnes der allerdings recht unzulänglichen Zusammenstellung von J. Dreyfus, Adam und Eva nach Auffassung des Midrasch (Straßburg 1894) S. 10 ff. Die Verteilung der einzelnen Handlungen auf die zwölf Stunden wechselt beständig. Daß Sündenfall und Ausweisung aus dem Paradiese dabei mit hineingezogen sind, ist eine durch die Auslegung von Psalm 49, 13 veranlaßte Umbildung des Typus.

Die Einzelheiten der Schöpfungsgeschichte des Papyrus Mimaut erklären sich dabei aus der jungen Lehre von der cυμπάθεια der verschiedenen Teile der Schöpfung, wie sie uns am klarsten in dem von Pitra herausgegebenen Auszug: ἐκ τῶν Ἁρποκρατίωνος τοῦ Ἀλεξανδρείας περὶ φυcικῶν δυνάμεων ζώων τε φυτῶν τε καὶ λίθων entgegentritt.[1]) In lexikalischer Ordnung werden hier z. B. unter dem Buchstaben Δ als durch cυμπάθεια mit einander verwandt aufgezählt: δρακόντιον βοτάνη, δρυκολάπτης πτηνόν, δράκων ἰχθύς, δενδρίτης λίθος. Die lexikalische Ordnung, welche 24 Kategorien bietet, scheint dabei von dem später zu besprechenden Buchstabenzauber beeinflußt. Die Grundanschauung ist ähnlich in jenen Verzeichnissen der Steine und Pflanzen der sieben Planeten oder der sechsunddreißig Dekane[2]); sie ist überall die, daß der Schöpfungsgott in den verschiedenen Sphären oder Teilen des Himmels oder Zeitabschnitten die verschiedenen Wesen geschaffen hat und noch schafft.

Lassen wir die relativ jungen Schöpfungsvorstellungen beiseite, so kommen wir zu einer altägyptischen Lehre, die Brugsch[3]) im wesentlichen richtig dargestellt hat. Wie der Tag, so zerfällt die Nacht in zwölf Stunden; jede ist ein göttliches Wesen und hat ihren eigenen Namen und ihre eigene Gestalt. Eine andere Wendung hierfür ist es, daß der Sonnengott, der ja nach uralter Vorstellung in jeder der drei Jahreszeiten und in jeder der drei Tageszeiten ein anderer ist[4]), auch in jeder Stunde ein anderer wird. Dem Lauf

---

1) *Analecta sacra et classica part.* II p. 292 ff. Die vollere Fassung des *Paris. graec.* 2419 *fol.* 250ᵛ bietet als Titel und Anfang: βίβλος Κοιρανὶς φυcικῶν δυνάμεων cυμπαθειῶν τε καὶ ἀντιπαθειῶν (λ)αοῖc cύνταγμα Κοιρανοῦ βαcιλέωc Περcῶν ⟨ἐκ⟩ τῆc α΄ τῶν Κοιρανίδων καὶ ἐκ τῶν Ἁρποκρατίου (so) τοῦ Ἀλεξανδρείας πρὸς τὴν οἰκείαν αὐτοῦ θυγατέραν. ἐπίγραμμα· „δῶρον θεοῦ (θεοῦ δῶρον Cod.) μέγιcτον ἀγγέλων λαοῖc Ἑρμῆc ὁ τριcμέγιcτοc ἀνθρώποιc ⟨πόρεν⟩“. Es folgt die Mahnung des Harpokration an seine Tochter, dies Buch nicht „unverständigen Männern“, sondern nur den eigenen Kindern zu zeigen, wenn sie Gewähr bieten, es heilig zu halten.   2) Vgl. Pamphilos oben S. 3. Auch im jüdischen Glauben hat später jede Pflanze ihren eigenen Stern, d. h. Engel (Lueken, Michael S. 55).   3) Zeitschr. f. äg. Spr. 1867 S. 21 ff. Thesaurus IV 823 ff. Rel. u. Myth. d. alt. Äg. 178 ff. Ägyptologie 364 ff.

4) Er sagt von sich selbst: „Ich bin Chepra am Morgen, Rĕ am Mittag, Tum am Abend.“ Seine verschiedenen Gestalten in den verschiedenen Teilen des Himmels erwähnen die Zaubergebete, vgl. z. B. oben S. 20 A. 6. Daß er in jedem Zeichen des Tierkreises andere Gestalt annimmt, erwähnt als ägyptische Lehre Proklos zum Timaios (p. 33 d, vgl. oben S. 257 A. 1). Auch diese Zeichen

der Sonne am Tageshimmel entspricht der Lauf der Totensonne durch
die Stunden der Nacht.   Die Seele des Toten nimmt in jeder eine
neue Gestalt an, um sich vor den bösen Gewalten zu verbergen.   Die
Gestalten der Tagesstunden entsprechen im allgemeinen den im
Totenbuch angeführten Gestalten der Nachtstunden, bezw. den Gestalten der Seele in den Stunden der Nacht.

    Als der Hellenismus in Ägypten durchdrang, wurden die zweimal
zwölf Stunden durch die vierundzwanzig Buchstaben des griechischen
Alphabets bezeichnet, etwa wie die vierundzwanzig Gesänge der home-
rischen Gedichte.   Aber da der Ägypter sich gewöhnt hatte, den Stunden
bestimmte Bilder zuzuschreiben, Bilder, die z. T. ebenfalls als Buchstaben bekannt waren, und da er die Stunden als göttliche Wesen
empfand, so empfingen auch die griechischen Buchstaben in dieser
Verwendung eine mystische Bedeutung; es entstand die Buchstabenmystik, die Boll (Sphaera 469 ff.) aus den Monumenten zu erläutern
begonnen hat. [1]   Die Übertragung des religiösen Zwölf- oder Vier-

---

wurden mit den Stunden in Verbindung gebracht.   Daraus erklärt sich die von
Philologen falsch behandelte Stelle eines magischen Apollo-Hymnus (vgl. Wessely,
Denkschr. d. K. K. Ak. 1888 S. 94 Z. 1984): κλήζω δ' οὔνομα còν ὡρῶν Μοίραις
ἰσάριθμον — es folgt ein Name von 36 Buchstaben.   Die Teilung ist hier weiter-
geführt; unter jedem ζῴδιον stehen ja drei Dekane; jedem Buchstaben im
Namen des Gottes entspricht dann wohl auch eine Gestalt, bezw. eine Teil-
gottheit.   Ich habe deswegen und in Rücksicht auf die zwölf Μοίραι τοῦ
θανάτου bei Zosimos (oben S. 214 A. 1), welchen die zwölf Τιμωρίαι des XIII. (XIV.)
Hermetischen Kapitels und die zwölf schwarzgekleideten Weiber im Hirten
des Hermas entsprechen, die Μοίραι des Apollo-Hymnus persönlich gefaßt.   Aber
die Tierkreiszeichen regieren nicht nur die Stunden des Tages sondern auch die
Monate des Jahres; ihr Gesamtbereich umfaßt das ganze Firmament; so können
auch unter jedem dreißig Teilgottheiten stehen, und diese Art der Teilung
kann auf die Stunde übertragen werden; die Markosier lehren τὴν ὥραν, τὸ
δωδέκατον τῆς ἡμέρας μέρος, ἐκ τριάκοντα μοιρῶν κεκοσμῆσθαι, vgl. Censorin,
De die natali 8, 5: sunt autem hae particulae in uno quoque signo tricenae,
totius vero zodiaci numero CCCLX. has Graeci μοίρας cognominarunt, eo videlicet,
quod deas fatales nuncupant μοίρας et hae particulae nobis veluti fata sunt (vgl.
Sextus Emp. Adv. astrol. 5).   Die Begriffe Himmelsgott, Zeitgott und Sonnengott gehen daher in dieser astrologischen Theologie beständig in einander über.
    1) Vgl. hierzu Catal. cod. astrol. graec. IV 146 den Text des Vettius
Valens. — Eine Ahnung von dieser Entwicklung scheint sich noch bis zu dem
Verfasser der Etymologien der Buchstaben gerettet zu haben; er sagt (Etym.
Gud. Sturz p. 600) von dem Ω: ἐδιπλασιάσθη δὲ πρὸς ἀναπλήρωσιν τῶν εἴκοσι
τεσσάρων ὡρῶν τοῦ νυχθημέρου.   Der Ägypter hatte fünfundzwanzig Buchstaben,

undzwanzigstundentages auf die rein astrologische δωδεκάωρος nötigte
dann, jedem Bilde, also jedem ζῴδιον, zwei Buchstaben zu geben.
Zwei Systeme entstanden, indem entweder der erste und dreizehnte,
zweite und vierzehnte Buchstabe (A und N, B und Ξ) verbunden
wurden, wie dies bei den Astrologen Teukros und Vettius Valens geschehen ist, oder in umgekehrter Folge der zweiten Hälfte der erste
und der vierundzwanzigste, zweite und dreiundzwanzigste (A und Ω,
B und Ψ), wie wir es bei dem Gnostiker Markos sehen.[1]

Die zwölf astrologischen Stunden oder Himmelszonen bilden ein
Ganzes, den κόσμος. Dem entspricht, daß auch der μικρὸς κόσμος,
der ἄνθρωπος, in zwölf Teile zerfällt, deren jeder mit einem Tierkreiszeichen durch συμπάθεια verbunden ist (Sextus *Adv. astrol.* 21,
weiteres Boll 471). Daß dann der πρῶτος ἄνθρωπος ursprünglich entweder von den Geistern dieser ζῴδια, den Archonten, oder von einem
Gott in diesen zwölf Zeichen geschaffen sein muß, ergibt sich aus
der Analogie (S. 258). Die astrologische Darstellung des ἄνθρωπος
konnte für die Zeichen auch die Buchstabenverbindungen nach einem
der genannten Systeme eintreten lassen, also nach dem zweiten derart,
daß A und Ω das Haupt, B und Ψ den Hals vertritt u. s. w. Dies
Bild hat der Gnostiker Markos einfach auf seine Ἀλήθεια übertragen.

Aber ebenso bieten auch die vierundzwanzig sakralen Stunden
des νυχθήμερον, und demgemäß auch die vierundzwanzig einzelnen
Buchstaben ein Ganzes, auf das sich die Schöpfung verteilen läßt.
Auch hier bietet die jüdische Mystik das Gegenbild. Hebbelynck
hat im *Muséon* (*Nouv. sér.* I, Jahrgang 1900 *p.* 1) einen spät-
mittelalterlichen koptischen Traktat veröffentlicht, in welchem eine
derartige Buchstabenmystik dem Judentum entnommen und gegen

---

aber wenn er den einen für den Urgott aussonderte und nur die anderen für
seine Erscheinungsformen nahm, kam er zu dem gleichen Resultat. Es ist
dieselbe Verschiedenheit der Auffassung wie in Ogdoas und Enneas. Wenn
die Weltperiode ägyptischer Astrologen 25 Sothisperioden umfaßt (oben S. 50
A. 2), so kann das mit der Buchstabenzahl zusammenhängen.

1) Ich erwähne schon hier, daß diese beiden Methoden, wie ich aus
Schwab (*Mémoires présentés par divers savants à l'Académie des Inscriptions
et belles-lettres prem. série* X 129) sehe, auch in jüdischen mystischen Namen-
und Wortspielen überwiegen. Sie haben hier keine innere Berechtigung; nur
wenn dasselbe ζῴδιον beide Buchstaben trägt, kann man daran denken, den
einen durch den anderen zu ersetzen. Die jüdische Mystik gibt auch in
solchen Kleinigkeiten nur das verzerrte Abbild der hellenistischen.

es selbst gewendet ist.   In zweiundzwanzig Wunderwerken vollzieht sich die Schöpfung wie die Erlösung; die heilige Ökonomie
kann gar nicht mehr umfassen, denn nur zweiundzwanzig Buchstaben
hatte ursprünglich das griechische Alphabet; Ξ und Ψ sind erst
nachträglich von den Philosophen zugefügt.   Wie ungenügend hier die
Berufung auf das Griechische ist, ist ohne weiteres klar.   Ursprünglich
konnte der Beweis sich lediglich auf das hebräische Alphabet gründen,
welches nur zweiundzwanzig Buchstaben kennt.   In der Tat bieten
die beiden eng entsprechenden griechischen Traktate, die A. Jacoby
ans Licht gezogen hat[1]), den ausdrücklichen Verweis auf das hebräische
Alphabet.   Aber der koptische Traktat hat wenigstens die Erinnerung
daran gewahrt, daß das griechische Alphabet den Ausgangspunkt für
diese Spiele bot, und daß man sie in einer Zeit, welche ihre religiöse
Begründung nicht mehr verstand, gewaltsam mit dem Hebräischen in
Einklang gebracht hatte. —

Es wird besser sein, ehe wir die allgemeinen Folgerungen ziehen,
derselben Grundanschauung in anderen Erscheinungsformen nachzugehen.   Auch der Mond ist frühzeitig als Schöpfungsgott empfunden
worden.   Die ihn beherrschende Gottheit ist in der hellenistischen
Zeit bald Hermes oder Osiris, bald Isis, die Φύcιc oder Γένεcιc.   An
sie richtet sich ein Zaubergebet des Londoner Papyrus 121 (aus dem
III. Jahrhundert)[2]): ἐπικαλοῦμαί cε πάνμορφον καὶ πολυώνυμον δι-
κέρατον θεὰν Μήνην, ἧc τὴν μορφὴν οὐδὲ εἶc ἐπίcταται πλὴν ὁ ποιήcαc
τὸν cύμπαντα κόcμον 'Ιαώ, ὁ cχηματίcαc ⟨cε⟩ εἰc τὰ εἴκοcι καὶ ὀκτὼ
cχήματα τοῦ κόcμου, ἵνα πᾶcαν ἰδέαν ἀποτελέcῃc καὶ πνεῦμα
ἑκάcτῳ ζώῳ καὶ φυτῷ νείμῃc, ι̅ν̅ε̅υ̅ε̅ρ̅, ἤ[3]) ἐξ ἀφανοῦc [ἤ] εἰc φῶc
αὐξανομένη καὶ ἀπὸ φωτὸc εἰc cκότοc ἀπολήγουcα. ὁ πρῶτοc cύντροποc(?)
τ[οῦ] ὀνόματόc ⟨cου⟩ cιγή, ὁ δεύτεροc ποππυcμόc, ὁ τρίτοc cτεναγμόc,
ὁ τέταρτοc cυριγμόc, ὁ πέμπτοc ὀλολυγμόc, ὁ ἕκτοc μυγμόc[4]), ὁ ἕβδομοc

1) *Recueil des travaux rélatifs à la philologie et à l'archéologie égyptiennes
et assyriennes* XXIV, Studien zur Koptischen Literatur I und III. Die Traktate
zeigen uns mit dem koptischen Text zusammen das Fortleben einer Art gnostischer Literatur im Orient. Insofern treten sie mit den Planetengebeten, Amuletten, Stundenverzeichnissen und anderen Resten religiöser Kleinliteratur in
Zusammenhang.
    2) Wessely, Denkschr. d. K. K. Akad. 1893 S. 47 Z. 827, Kenyon, *Greek
Pap. Catal.* I S. 108.   3) νεμεcιν ευερη Pap. nach Kenyon.
    4) πυγμοc lesen Wessely und Kenyon; aber μ scheint in diesem Papyrus
dem π sehr ähnlich zu sein; wo W. cυντρομοc liest, erkennt K. cυντροποc.

ὑλαγμός, ὁ ὄγδοος μυκηθμός, ὁ ἔνατος χρεμετισμός, ὁ δέκατος φθόγγος ἐναρμόνιος, ὁ ἑνδέκατος πνεῦμα φωνᾶεν, ὁ δωδέκατος ἦχος ἀνεμο-ποιός, ὁ τρισκαιδέκατος φθόγγος ἀναγκαστικός, ὁ τεσσαρεσκαιδέκατος τελειότητος ἀναγκαστικὴ ἀπόρροια. ⟨οἶδα δὲ καὶ τὰ σημεῖα, ἃ ἔχεις εἰς αὔξησιν ἄρχουσα ἐπιδιδόναι καὶ⟩[1]) εἰς μείωσιν ἄρχουσα ἀπολήγειν· καὶ ἔστιν· cῦc[2]), βοῦς, γύψ, ταῦρος, κάνθαρος, ἱέραξ, καρκίνος, κύων, λύκος, δράκων, ἵππος, χίμαιρα, θερμοῦθις, ἄρξ[3]), τράγος, κυνο-κέφαλος, αἴλουρος, λέων, πάρδαλις, μυγαλός[4]), [λέων] ἔλαφος, πολύ-μορφος παρθένος, λαμπάς, ἀστραπή, cτέλμα, κηρύκιον, παῖς, κλείς. εἴρηκά cου τὰ σημεῖα καὶ τὰ cύμβολα τοῦ ὀνόματος, ἵνα μοι ἐπα-κούσῃς ὅτι [cὺ] coι ἐπεύχομαι τῇ δεσποίνῃ τοῦ παντὸς κόσμου. ἐπά-κουσόν μου, ἡ μόνιμος ἡ κραταιά. Auch hier nimmt die eine Gottheit die achtundzwanzig Gestalten an und schafft in ihnen das All. Jene Gestalten aber vertreten die achtundzwanzig „Häuser des Mondes", die achtundzwanzig Naxatra der Inder oder Siu der Chinesen. Ich kann, da mir die astrologischen wie die sprachlichen Kenntnisse fehlen, nicht entscheiden, ob sie aus chinesischen, indischen oder babylonischen Systemen stammen.[5])

Wir haben damit zunächst eine Erklärung für einen Zusatz in dem ersten Hermesgebet gewonnen (oben S. 16 A. 3): coῦ τὸ ἑπτα-γράμματον ὄνομα πρὸς τὴν ἁρμονίαν τῶν ἑπτὰ φθόγγων ἐχόντων φωνὰς πρὸς τὰ ὀκτὼ καὶ εἴκοσι φῶτα τῆς σελήνης.[6]) Die ἑπτὰ φθόγγοι scheinen hier die sieben griechischen Vokale, welche einzeln ja die sieben Sphären und ihre Lenker, zusammen aber den Welt-

---

1) Ergänzt nach dem Papyrus Mimaut.   2) cou aus coη Pap.
3) Gleich ἄρκτος, vgl. Wesselys Anmerkung.   4) Gleich μυγαλῆ.
5) Vgl. zu der ganzen Frage Ginzel in Lehmanns Beiträgen zur alten Geschichte I 14 ff. Vielleicht helfen die von Boll angestellten Untersuchungen über die δωδεκάωρος hier weiter. Jedenfalls ist es wichtig, daß sich uns hier ein Verzeichnis der Figuren aus relativ alter Zeit bietet; freilich ist zunächst nicht sicher, ob es dem Hauptsystem entnommen ist, wie das Stundenverzeichnis des Papyrus der *Bibliothèque Nationale* (oben S. 257), oder geändert ist wie das des Papyrus Mimaut.
6) Vgl. Plutarch *De Is. et Os.* 42: ἐτῶν δ' ἀριθμὸν οἱ μὲν βιῶσαι τὸν Ὄσιριν οἱ δὲ βασιλεῦσαι λέγουσιν ὀκτὼ καὶ εἴκοσι· τοσαῦτα γάρ ἐστι φῶτα τῆς σελήνης καὶ τοσαύταις ἡμέραις τὸν αὐτῆς κύκλον ἐξελίσσει. Unwillkürlich ver-gleicht man das Verfahren Valentins, der (bei Irenaeus I 8) die dreißig Lebens-jahre Christi vor seinem Auftreten als Messias mit den dreißig Äonen in Verbindung bringt. Die innere Begründung dieses Vergleichs kann sich uns freilich erst später zeigen.

regenten, das πνεῦμα διῆκον ἀπὸ οὐρανοῦ μέχρι γῆς, bezeichnen[1]);
sie werden nach den Häusern des Mondes zu den achtundzwanzig
φωναί — ich darf vielleicht nach der Analogie schon jetzt hinzufügen:
zu den achtundzwanzig φωναί, in denen Gott die Welt schafft.[2])

Doch ehe ich hierzu übergehe, gilt es unseren Papyrus noch
einmal zu betrachten. Die cύντροποι(?) oder cύμβολα des Namens des
Mondes sind vierzehn Laute (wenn wir die cιγή und die ἀπόρροια
τελειότητος einmal hierzu rechnen), die uns zumeist aus den Mysterien,
z. B. des Mithras, bekannt sind, ποππυcμός, cυριγμός, μυκηθμός u. s. w.
Es sind die heiligen Laute, für welche später, wie wir sehen werden,
Buchstaben eintreten.[3] Nur die Zahlen für den zunehmenden Mond
sind berücksichtigt, offenbar, weil nach einer weiteren Vorstellung

---

1) So ist er in doppeltem Sinne πνεῦμα ἐναρμόνιον (vgl. oben die Naassener-
predigt S. 97 § 30).

2) In der κοcμοποιία des Abraxas schafft Gott durch sieben verschiedene
Lachlaute das All (die Lehre steht, wie Dieterich sah, mit der von den sieben
Sphären in engem Zusammenhang), hierauf schafft er durch den cυριγμός, dann
durch den ποππυcμός, endlich durch das Wort.

3) Es ist nur wahrscheinlich, daß diese heiligen Laute zunächst durch
Silben angegeben wurden (wie z. B. im Abraxas 182, 32: καὶ ἐγέλαcεν ὁ θεὸc
ἑπτάκιc· χα χα χα χα χα χα χα). Hieraus mag sich eine oder die andere der
von Dieterich (Rhein. Mus. 56, 77 ff.) angeführten Sylbenreihen erklären
(andere aus dem Sefer Jezirah, Karppe a. a. O. 147 ff.). Andererseits
konnten dafür auch einzelne Konsonanten eintreten: C für den cυριγμός
(Abraxas 177, 8). Auch ägyptische Bilder treten dafür ein: für den ποππυcμός
das Krokodil mit dem Sperberkopf, für den cυριγμός die Schlange, die sich in
den Schwanz beißt (ebenda 175, 1—2; um beide Darstellungen sind die sieben
Vokale geschrieben). Wir ahnen wenigstens, wie nahe einerseits eine Personifizierung dieser Laute, andererseits eine Darstellung durch Buchstaben lag.
Beachtenswert ist, daß es gerade zwölf heilige Laute sind; an den Schluß tritt
der „Ausfluß der Vollkommenheit", an den Eingang das Schweigen. Das scheint
auf Mysterien zu weisen, die etwa den im XIII. (XIV.) Kapitel des Hermes
geschilderten entsprachen. Doch gilt auch die cιγή durchaus als Gebetssprache,
vgl. Poim. § 31: ἀνεκλάλητε, ἄρρητε, cιωπῇ φωνούμενε, Martyrium Petri p. 96, 16
Bonnet: ἐκείνῃ τῇ φωνῇ εὐχαριcτῶ cοι, βαcιλεῦ, τῇ διὰ cιγῆc νοουμένῃ, τῇ μὴ
ἐν φανερῷ ἀκουομένῃ, Hermes bei Iamblich De myst. VIII 3: ὃ δὴ καὶ διὰ cιγῆc
μόνηc θεραπεύεται. Es ist unberechtigt, wenn man von theologischer Seite jede
Erwähnung einer solchen stummen Sprache des Herzens als pythagoreisch bezeichnet. Sie gehört zu den allgemeinen religiösen Vorstellungen der Zeit.
Wenn der Verfasser der Naassenerpredigt in dem angeblich anakreonteischen
Liede: ἀλάλῳ λαλοῦν cιωπῇ liest, so folgert er sofort, daß es sich um ein
Mysterium handelt.

der abnehmende nicht schafft, sondern mindert.[1]) Auch dem entspricht eine magische Formel, in der freilich der in Ägypten seit
alter Zeit übliche Mondmonat zu dreißig Tagen berücksichtigt scheint;
wir fanden sie oben (S. 20 A. 10) in dem Gebet des Astrampsychos:
ὄνομά cου ἀληθινὸν οcεργαριαχ νομαφι[2])· τοῦτο ἔcτιν cου τὸ ὄνομα
τὸ πεντεκαιδεκαγράμματον ἔχον ἀριθμὸν γραμμάτων πρὸc τὰc ἡμέραc
τῆc ἀνατολῆc τῆc Cελήνηc, τὸ ⟨δὲ⟩ δεύτερον ὄνομα ἔχον ἀριθμὸν
⟨τῶν⟩ ἑπτὰ τῶν κυριευόντων τοῦ κόcμου, τὴν ψῆφον ἔχον τξε΄ πρὸc
τὰc ἡμέραc τοῦ ἐνιαυτοῦ ἀληθῶc αβραcαξ.

Auf die achtundzwanzig „Lichter des Mondes" nimmt eine wunderliche Rechtfertigung der Verehrung des heiligen Tieres des Hermes,
des κυνοκέφαλοc, Bezug, die wir freilich erst aus verschiedenen Berichten rekonstruieren müssen. Horapollon berichtet nach einer hellenistischen Quelle (I 16): ἰcημερίαc δύο πάλιν cημαίνοντεc κυνοκέφαλον
καθήμενον ζωγραφοῦcι ζῷον· ἐν ταῖc δυcὶ γὰρ ἰcημερίαιc τοῦ ἐνιαυτοῦ
δωδεκάκιc τῆc ἡμέραc καθ᾽ ἑκάcτην ὥραν οὐρεῖ, τὸ δὲ αὐτὸ καὶ ταῖc
δυcὶ νυξὶ ποιεῖ . . . . . καὶ ὅτι ἐν ταῖc ἰcημερίαιc μόνοc τῶν ἄλλων
ζῴων δωδεκάκιc τῆc ἡμέραc κράζει καθ᾽ ἑκάcτην ὥραν. Die weitere
Ergänzung gibt Damaskios im Βίοc Ἰcιδώρου (Photius Bibl. 343 a 2):
τὰc δώδεκα ὥραc ἡ αἴλουροc διακρίνει νυκτὸc καὶ ἡμέραc οὐροῦcα
καθ᾽ ἑκάcτην ἀεί, δίκην ὀργάνου τινὸc ὡρογνωμονοῦcα. ἀλλὰ καὶ τῆc
Cελήνηc, φηcίν, ἀπαριθμεῖται τὰ φῶτα τοῖc οἰκείοιc γεννήμαcι. καὶ
γὰρ τὴν αἴλουρον ἑπτὰ μὲν τὸν πρῶτον, ἓξ δὲ τὸν δεύτερον τόκον, τὸν
τρίτον πέντε, καὶ τεccάρων τὸν τέταρτον, καὶ τριῶν τὸν πέμπτον, ἐφ᾽
οἷc δύο τὸν ἕκτον, καὶ ἑνὸc ἐπὶ πᾶcι τὸν ἕβδομον ⟨ποιεῖν⟩· καὶ εἶναι
τοcαῦτα γεννήματα τῆc αἰλούρου, ὅcα καὶ τὰ τῆc cελήνηc φῶτα. Siebenmal gebiert das Abbild des Gottes, im ganzen achtundzwanzig Junge.[3])

_____

1) Wessely, Denkschr. d. K. K. Akad. 1888 S. 108 Z. 2552: ἡνίκα γὰρ
αὔξῃ cύ, τὰ κοcμικὰ πάντα τέθεικαc. Die Vorstellung begegnet öfters.

2) Es sind 16 Buchstaben, also ist wohl νομαφ zu schreiben.

3) Die weiteren Berichte geben Marius Victorinus (Halm, *Rhet. lat. min. p.* 223),
der zugleich das Alter der Überlieferung von den Reisen des Trismegistos bestätigt (vgl. oben S. 175): *quodam tempore Hermes Trismegistus cum esset in Aegypto,
sacrum quoddam animal Serapi dedicatum quod in toto die duodecies urinam
fecisset, pari semper interposito tempore, per duodecim horas diem dimensum esse
coniecit,* und der Physiologus (*c.* 45, *p.* 275 Lauchert), der beide Angaben noch
zusammen las und nach seiner Weise verwechselte; er läßt den Affen bei der
Tag- und Nachtgleiche siebenmal Harn lassen. Die Überlieferung zerfällt in
zwei Gruppen: Horapollon und der Physiologus gehören der einen, Victorinus

Die Zahl und ihre Zerlegung kehrt in den Zauberpapyri wieder; der Gottesname wird nicht selten geschrieben α εε ηηη ιιιι οοοοο υυυυυυ ωωωωωωω.[1]) Das bedeutet, wie ich jetzt wohl ohne weiteres folgern darf, daß in den sieben Sphären oder Planeten 28 Teilgötter, in jeder folgenden einer mehr als in der vorausgehenden walten; alle zusammen bilden den einen Gott.

Die Hauptsache ist offenbar die Bedeutung der Buchstabenzahl in dem Gottesnamen, minder wichtig, daß man die sieben Geister der untersten Sphäre, die sechs der nächsten u. s. f. durch die Wahl desselben Buchstaben als gleichartig, als Teile eines weiteren Wesens bezeichnete. Sie konnten, da sie in den Zaubern ja eigene Namen und Gestalten haben, auch weiter unterschieden werden. Ließ sich z. B. ein Alphabet finden, welches 28 Buchstaben bot, so konnten auch sie zur Bezeichnung dieser Teilgötter geeignet scheinen.

Hierdurch erklärt sich zunächst das System des Zosimos, auf welches ich wenigstens an dieser Stelle etwas näher eingehen muß. Sein Hauptwerk, welches er seiner Glaubensgenossin Theosebeia[2])

---

und Damaskios der anderen an. Beide Gruppen gehen auf ein und dieselbe hellenistische Quelle, eine Rechtfertigung des Tierkultes, zurück. Ich verfolge sie noch ein Stück. Horapollon entlehnt derselben Quelle offenbar die beiden vorausgehenden Kapitel. Auch die heilige Zahl Zweiundsiebzig läßt sich zu einem ähnlichen Spiel benutzen: der Kynokephalos hat 72 Glieder oder Teile und stirbt in 72 Tagen, weil die Erde ursprünglich so viel Länder, d. h. Völker hatte. In der Tat hat ja, wie Prof. Spiegelberg mir gütig zeigte, der Kynokephalos in der Ptolemäerzeit den Lautwert *t:*, der auch Erde bedeuten kann (Piehl, *Inscr. hieroglyph.* II *p.* 56 A. 1). In die erste Epoche des Hellenismus geht auch diese Spielerei zurück. Ganz ähnlich leitet Apion bei Plutarch *De Is. et Os.* 75 die Heiligkeit des Krokodils aus der Heiligkeit der Zahl Sechzig her: 60 Eier legt das Krokodil, 60 Tage brütet es, 60 Jahre lebt es, ὃ τῶν μέτρων πρῶτόν ἐστι τοῖς περὶ τὰ οὐράνια πραγματευομένοις (vgl. hierzu Bardesanes bei Nau, *B. l'astrologue* 58). Wir werden uns nicht wundern, wenn wir einen Gottesnamen von 72 Buchstaben, also einen Gott, der 72 Glieder oder Teilgötter hat, finden. Ob die Zahl Zweiundsiebzig ursprünglich aus Babylonien übernommen ist, bleibt dabei gleichgiltig.

1) Vgl. z. B. Dieterich, Abraxas 185, 3. 4; Kenyon, *Greek Pap. Cat.* I 68 Z. 2. Etwas anders ist die Anordnung Abraxas 185 Z. 118, wo die 28 Buchstaben in Flügelform geschrieben und demzufolge verdoppelt sind.

2) Er nennt sie ἀδελφή (vgl. Suidas). Daß sie nicht wirklich seine Schwester war, zeigt deutlich genug die mehrfach wiederholte Anrede πορφυροστόλε γύναι. Daß sich die Glieder der Mystiker-Gemeinden auch im Heidentum als Brüder und Schwestern bezeichneten, sahen wir früher (S. 154) und wird ein gleich anzuführendes heidnisches Gebet noch weiter bezeugen (S. 277). Wenn

widmete, enthielt nach Suidas achtundzwanzig Bücher und war zugleich κατὰ cτοιχεῖον geordnet, und zwar so, daß jedes Buch einem Buchstaben und einem Gott entsprach. So fiel das neunte Buch auf den Buchstaben I und sein Gott war Imuthes (vgl. Synkellos *p. 23 ed. Bonn.*: ἐκ τῶν γεγραμμένων αὐτῷ πρὸc Θεοcέβειαν ἐν τῷ ἐνάτῳ τοῦ Ἰμούθ βιβλίῳ), das letzte Buch auf den Buchstaben Ω, und sein Gott war Okeanos, der ägyptische Himmelsozean, vgl. Berthelot a. a. O. 228: τὸ Ω cτοιχεῖον, ⟨τὸ⟩ cτρογγύλον τὸ διμερέc, τὸ ἀνῆκον τῇ ἑβδόμῃ Κρόνου ζώνῃ κατὰ τὴν ἔνcωμον φράcιν — κατὰ γὰρ τὴν ἀcώματον ἄλλο τί ἐcτιν ἀνερμήνευτον, ὃ μόνοc Νικόθεοc ⟨ὁ⟩ κεκρυμμένοc οἶδεν, κατὰ δὲ τὴν ἔνcωμον τὸ λεγόμενον (Π. 14, 201. 246) Ὠκεανὸc θεῶν, φηcί, πάντων γένεcιc καὶ cπορά. Also hat, da es doch achtundzwanzig Bücher waren, Zosimos zu dem griechischen Alphabet vier weitere Buchstaben aus dem koptischen Alphabet gefügt, offenbar außer den bekannten drei Buchstaben *schai, danda, hori* noch einen der jüngeren epichorischen. Ihre Verteilung scheint, da ἀνῆκον hier wohl bedeutet: „es gehört zur Sphäre des Kronos“, so gewesen zu sein, daß auf jede Sphäre gleichmäßig vier Buchstaben entfielen. Die Scheidung einer ἔνcωμοc und ἀcώματοc φράcιc[1]) erinnert uns daran, daß in späteren Apokryphen der jugendliche Jesus seinen Lehrer schilt, daß er die γράμματα lehren will, ohne ihre mystische Bedeutung zu kennen, und daß nach Hieronymus (Vorrede zu der Regel des Pachomius, Migne *Patrol.* XXIII 68) Pachomius, Cornelius und Syrus diese mystische Bedeutung von einem Engel gelernt haben. Wieder stimmen Christ und Heide in diesen mystischen Spielereien überein. —

Überein stimmen sie, wie ich beiläufig bemerke, auch in den Autoritäten, auf welche sie sich berufen. Der Heide Zosimos nennt den Nikotheos mit höchster Verehrung auch bei der Besprechung des Namens Adam (Berthelot a. a. O. 231, oben S. 104): nach dem

---

Zosimos an diese Schwester schreibt: ὁ ἡμέτεροc Νοῦc εἶπε und damit einen Spruch des Poimandres anführt (oben S. 105), so verbürgt schon das, daß die Poimandres-Gemeinde als solche noch gegen Ende des dritten Jahrhunderts weiter bestand. Daß auch in solchen Gemeinden vornehme Frauen eine wichtige Rolle spielten, daß einzelne Lehrer sich an sie besonders wendeten und daß dabei Rivalitäten entstanden, wie zwischen Zosimos und seinem minder erleuchteten Gegner, wird niemanden, der das Leben und die Briefe des Hieronymus kennt, befremden.

1) Der Laut ist nach stoischer Lehre als πνεῦμα körperlich.

Leibe heißt der erste Mensch Adam oder Thoyth, ὁ δὲ ἔcω αὐτοῦ
ἄνθρωποc ὁ πνευματικὸc καὶ κύριον ⟨ἔχει ὄνομα⟩ καὶ προcηγορικόν.
τὸ μὲν οὖν κύριον ἀγνοῶ διὰ τὸ τέωc, μόνοc γὰρ Νικόθεοc ὁ
ἀνεύρετοc τοῦτο οἶδεν, κτλ. Von Christen, die sich auf eine ἀπο-
κάλυψιc Νικοθέου berufen, erwähnt Porphyrios (*Vit. Plotini* 16) die
γνωcτικοί Adelphius und Aquilinus; sein Name begegnet ferner in
dem gnostischen *Codex Brucianus* (*p.* 12 a, vgl. Schmidt in Gebhardt-
Harnack, Texte und Unters. XX 4 S. 59): „Weil nämlich der Mensch
ein Verwandter der Mysterien ist, deswegen hat er das Mysterium
vernommen. Es huldigten die δυνάμειc aller großen Äonen der in
Marsanes befindlichen δύναμιc und sprachen: wer ist dieser, welcher
dieses vor seinem Angesichte geschaut hat, daß er sich durch denselben in dieser Weise offenbart hat? Nikotheos hat über ihn geredet und ihn gesehen, denn er ist jener. Er sprach: Der Vater
existiert, indem er vorzüglicher als alle τέλειοι ist. Er hat den
ἀόρατοc und τέλειοc τριδύναμιc offenbart.“ In Marsanes hat Schmidt
richtig den von Epiphanios (*Haer.* 40, 7) erwähnten Propheten
Marsianos erkannt, der in die Himmel entrückt und nach drei Tagen
zurückgekehrt sein sollte. Um so weniger Grund lag für ihn und
Rieß vor, in Nikotheos kurzweg einen Gott zu sehen. Es ist ein einfacher
Personenname wie Θεόνικοc; nicht einmal als *nomen loquens* eines
gnostischen Gottes wäre er irgend zu verstehen. Zosimos nennt ihn
als einen der τέλειοι und hofft selbst noch einmal im Alter ähnlicher Offenbarungen gewürdigt zu werden. Die Bezeichnungen ὁ
κεκρυμμένοc und ὁ ἀνεύρετοc scheinen freilich zu besagen, daß der
Prophet entrückt, d. h. auf Erden nicht mehr zu finden ist.[1)] Nikotheos hat sich der Kenntnis des geheimen Namens gerühmt, ihn aber
selbst nicht verraten. —

Für Zosimos repräsentiert also jeder Buchstabe einen bestimmten
Gott[2)]; für Pachomius hat er immer noch einen bestimmten Cha-

---

1) In einem ägyptisch-persischen Zaubergebet bei Dieterich, Jahrb. f.
Phil. Supplem. XVI 806 ff. bezeichnet sich der Magier als einen Gott und zugleich als ὁ Κράτηc ὁ ἐκπεφυκὼc ἐκ τοῦ θεοῦ ἁγίου und ὁ Κράτηc ὁ ἅγιοc
προcαγορευόμενοc. Die Erklärung gibt die älteste arabische Schrift über Chemie,
die aus dem griechischen übersetzte Himmelswanderung des Krates (Berthelot,
La chimie au moyen âge III 48 ff.). Er war Gründer einer Gemeinde und für
die Seinen υἱὸc θεοῦ und zum Himmel erhoben.   2) Der oberste den Ursprung der Götter. Auch im Jüdischen beginnt die Schöpfung nach einer Auffassung mit dem Erschaffen der ersten Engel, der Elementargeister.

rakter; er teilt seine Mönche nach ihren Anlagen und Eigenschaften
in vierundzwanzig Gruppen, die jede nach einem Buchstaben heißen.
Auch hier ist die Grundanschauung, daß eine Anzahl bestimmter
göttlicher Wesen in ihrer Gesamtheit den Allgott ausmachen, seine
cτοιχεῖα sind.[1]) —

Die Buchstabenmystik gehört, soweit wir irgend sehen können,
dem Orient an[2]); für Ägypten ist sie immerhin am leichtesten erklärlich. Das Hieroglyphenzeichen hatte hier später an sich schon
mystische Bedeutung; es war das Gotteswort[3]); die Zusammenstellung von sogenannten Deutzeichen und Lautzeichen begünstigte
das. Hier finden wir ferner Schriftzeichen und Laut begrifflich
noch so wenig getrennt, daß hieroglyphische und hieratische Schrift
verschiedene Sprachen sind (oben S. 56 A. 1)[4]), hier endlich die
Grundanschauung von der Übereinstimmung des Lautes (Wortes)
und Dinges in der Schöpfungssage. Die von Ägypten aus sich ver-
breitende astrologische Religion scheint diese Anschauungen in die
hellenistische Welt eingeführt zu haben. —

Es wird gut sein, ehe wir weitergehen, uns die Vorstellungen noch
einmal zu vergegenwärtigen, welche sich hier miteinander verbinden.
Die Buchstabenmystik, die ja nur eine Einzelheit in der astrologischen
Ausgestaltung bedeutet, lasse ich dabei zunächst beiseite. Sie wird
uns später wieder beschäftigen. Als Kern der Vorstellung bleibt,
daß der Sonnengott oder Mondgott einerseits Schöpfungsgott, andrerseits der Himmelsraum, endlich Zeitgott ist; verschiedene Unter-
götter oder Erscheinungsformen bilden in steter Wiederkehr immer
aufs neue den Einen, sich ewig Gleichen und damit die immer sich
erneuende Schöpfung und Welt. Wir wüßten gern, ob die hellenistische Mystik für dies wunderliche Wesen, das sich ja verschiedenen Volksgöttern anpassen konnte, eine bestimmte, gewissermaßen

---

1) Das Alter dieser Anschauung ist nicht ganz zu bestimmen; immerhin
würde nichts dagegen sprechen anzunehmen, daß schon Varro zwanzig *dii se-
lecti* in dem System seiner *naturalis theologia* annahm, weil zu der Zeit, als
er sie schrieb, allgemein zwanzig Buchstaben oder *elementa* der lateinischen
Sprache angenommen wurden.

2) Von dem Gegenteil hat mich auch Dieterich (Rhein. Mus. 56, 77) nicht
zu überzeugen vermocht. Auf Einzelheiten gehe ich nicht ein, da dies hoffentlich von anderer Seite geschieht.

3) Vgl. die Inschrift von London oben S. 63 u. 64. 4) Auch für Pachomius verbindet sich mit dem mystischen Alphabet die mystische Sprache.

technische Bezeichnung geprägt hat, und mögen es immerhin schon
jetzt beachten, daß in hellenistischen Gebeten Thot, der alle
Gestalten annimmt, als ὁ μεταμορφούμενος εἰς πάντας ἐν ταῖς
ὁράσεσιν Αἰὼν Αἰῶνος bezeichnet wird (oben S. 23, Gebet V 4), daß
weiter ᾿Αγαθὸς δαίμων gerade in dem Gebet, welches seine Namen
in den verschiedenen Stunden angibt, πλουτοδότης Αἰών heißt (oben
S. 30, Gebet VIII 2, vgl. S. 29 A. 5)[1]), daß endlich dieselbe Mondgöttin, deren zwölf Stundennamen und zwölf Stundenengel angerufen
werden (oben S. 257 A. 2), in einem andern Gebet[2]) gepriesen wird:
ἀρχὴ καὶ τέλος εἶ, πάντων δὲ σὺ μούνη ἀνάσσεις· ἐκ σέο γὰρ πάντ᾽
ἔστι καὶ εἰς Αἰῶνα τελευτᾷ. Sie ist der Αἰών. Isis ist ja Schöpfungs-
göttin, Mondgöttin und Σοφία, und die Σοφία wird als Αἰών in den
Papyri bezeichnet. Es wäre möglich, daß sich uns aus jener Anschauung von einer Vielheit und Einheit Gottes der rätselhafte Gebrauch des Wortes Αἰών in etwas erklärt. Doch zunächst müssen
wir jene Anschauung noch in ihrer Übertragung auf andere Zeitabschnitte verfolgen.

Die Woche mit ihren sieben Tagesherrschern hat bei der astrologischen Ausgestaltung der Gottesvorstellungen eine entscheidende
und im wesentlichen dem Leser wohl bekannte Rolle gespielt. Sind
die Planetengötter einerseits die nebeneinander waltenden ἄρχοντες
oder κοσμοκράτορες, so erscheinen sie andrerseits auch als Herrscher
bestimmter Weltperioden oder Welttage; die ersten tausend Jahre
herrschte Kronos, die nächsten Zeus u. s. w.[3]) Daß sich auch

---

1) Über seine Darstellung als Αἰών vgl. oben S. 134. Daß für den
schlangenförmigen ᾿Αγαθὸς δαίμων auch Sarapis eintritt, zeigt das von Wünsch,
Sethianische Verfluchungstafeln 101 besprochene Goldtäfelchen: Αἰὼν ἑρπετά,
κύριε Σάραπι, δὸς νείκην καταπαιν ὑπὸ πέτραν.

2) Wessely, Denkschr. d. K. K. Ak. 1888, S. 116, Z. 2836.

3) Vgl. *Catal. cod. astrol. graec.* IV 113 und besonders Cumonts Einleitung.
Scheint hier die alttestamentliche Vorstellung mitzuwirken, daß vor Gott tausend
Jahre wie ein Tag erscheinen, so läßt sich doch die zu Grunde liegende Anschauung leicht als frühhellenistisch erweisen. Auf ein System von fünf Planeten übertragen finden wir sie bei Firmicus III 1, 10, dessen Darlegung
Bouché-Leclerq (498) mit Recht auf Poseidonios zurückführt. Diese Vorstellungen, die sich ebensoleicht auf die zwölf ζῴδια, die vier Jahreszeiten u. s. w.
übertragen lassen, scheinen in augusteischer Zeit die Lehre von den *saecula*
und dem *magnus annus* zu beeinflussen. Daß sie bei den verschiedenen Völkern
in den Vorstellungen von Zeitaltern und Weltperioden oder in mythologischen
Spielen verschiedene Anknüpfungspunkte fanden, brauche ich nicht auszuführen.

Schöpfungsvorstellungen mit ihnen verbinden, brauche ich kaum zu belegen. Die Verzeichnisse der Pflanzen und Metalle, welche den einzelnen Planeten gehören, sind ja allbekannt. Auch die Schöpfung der Tiere wird ihnen zugeschrieben.[1]) Die vollkommene Übereinstimmung mit den im Papyrus Mimaut waltenden Anschauungen springt von selbst in die Augen.

Auch die nächste Zeiteinheit, der dreißigtägige Monat, bedarf keiner langen Besprechung. Wie die Tage der Woche als ἄρχοντες, so erscheinen die Monatstage als θεοὶ βουλαῖοι. Auch sie werden mit bestimmten Göttern verbunden, und wie man bei den Wochentagen demzufolge bestimmte, welche Handlung an jedem einzelnen glückverheißend und erlaubt sei, so auch bei den Monatstagen. Einen Nachhall dieser Literatur bietet z. B. ein Traktat περὶ τῶν ἡμερῶν τῶς ϲελήνηϲ, welcher im *Paris. graec.* 2316 (Blatt 331ʳ) und in vollerer Fassung in dem Florentiner *cod. Antinori* 101 (Blatt 242) erhalten ist. Er beginnt: ἡμέρα α′ τῆϲ ϲελήνηϲ· Ἀδὰμ ἐπλάϲθη. ἡμέρα ἐπιτήδειοϲ εἰϲ πᾶϲαν πρᾶξιν, ἀγοράϲαι, πωλῆϲαι, πλέειν, διαθήκαϲ γράφειν, ϲώματα ὠνεῖϲθαι. ὁ φυγὼν ἐν ὀλίγαιϲ ἡμέραιϲ εὑρεθήϲεται, ὁ ἀρξάμενοϲ ἀϲθενεῖν τάχιον ὑγιαίνει, τὸ γεννώμενον ζωτικόν. So wird jeder Tag mit einem Ereignis aus dem alten Testament verbunden; das letzte ist Ϲαμουὴλ ἐγεννήθη; die Quelle ist jüdisch. Aber ihr Vorbild ist rein ägyptisch. Schon in dem ägyptischen Papyrus Sallier IV wird in ähnlicher Weise die günstige oder ungünstige Natur jedes Tages durch ein mythologisches Ereignis begründet. Eine hellenistische Überarbeitung bietet der Mailänder *cod. Ambros.* E 16 *sup.* (vgl. *Catal. cod. astrol. graec.* III *p.* 32), in welchem vor diese alttestamentlichen Angaben andere aus der hellenistischen Theologie eingesetzt sind.[2]) Es sind zu Tag 2) Φωϲφόροϲ ἐγεννήθη, 3) Ἄνεμοι καὶ Θυμοὶ ἐγεννήθηϲαν, 5) Ἑρμηνεία ἐγεννήθη, 6) Ἄρτεμιϲ ἐγεννήθη, 7) Ἀπόλλων ἐγεννήθη ἐκ Διόϲ, 8) Ποϲειδῶν ἐγεννήθη, 9) Χάριτα ἐγεννήθη, 10) Πλοῦτοϲ ἐγεννήθη, 11) Μνημοϲύνη ἐγεννήθη ἐκ Κρόνου καὶ Ῥέαϲ, 12) Δικαιοϲύνη ἐγεννήθη, 13) Διόνυϲοϲ ἐγεν-

---

1) Vgl. *Catal. cod. astrol. graec.* IV 122: Ὁ μὲν Κρόνοϲ ἐκληρώϲατο ἀπὸ τῶν ζῴων δράκονταϲ καὶ ἐχίδναϲ . . . . ἀπὸ δὲ φυτῶν κρόμμυα καὶ ϲκόρδα κτλ. Vgl. dazu Cumonts Einleitung.

2) Da sie mit der Eigenschaft des betreffenden Tages nur in ganz loser Verbindung stehen, müssen sie später zugefügt sein. Sie beziehen sich lediglich auf Göttergeburten. Einzelne Ansätze scheinen alt.

νήθη, 14) Έλπὶς καὶ Έννοια ἐγεννήθη, 15) Ήφαιστος ἐγεννήθη,
16) Διόςκορος ἐγεννήθη, 17) Ύπνος καὶ Θάνατος ἐγεννήθηςαν,
18) Ἀλήθεια ἐγεννήθη, 19) Μωςῆς (wohl dem Hermes gleichgesetzt)
ἐγεννήθη, 20) Δημήτηρ ἐγεννήθη, 21) Κριανός (Κρόνος Kroll) ἐγεννήθη, 22) Νίκη ἐγεννήθη, 23) Λητὼ ἐγεννήθη, 24) Ἄρης ἐγεννήθη,
25) Ὑπερηφάνεια ἐγεννήθη, 26) Νύμφα (Plasberg, Νύφα Cod.) ἐγεννήθη, 27) Ζεὺς ἐγεννήθη, 28) Ἡμέρα ἐγεννήθη, 30) [Πλοῦτος καὶ]
Τύχη ἐγεννήθη. Es ist eine Art gnostisches System, etwa dem
System des Zosimos entsprechend.

Abgeleitet und darum künstlicher ist das in den Orakeltraktaten
wie z. B. der Cφαῖρα Δημοκρίτου vorgeschriebene Verfahren. Erkrankt ein Mensch, so addiert man die Zahl des Mond- bezw. Mo-
natstages, an dem er erkrankt ist, zu dem Zahlenwert der Buchstaben seines Namens, dividiert durch dreißig und sieht zu, ob die
Restzahl einem günstigen oder ungünstigen Tage entspricht.[1] Derartige Zahlenspielerei und Benutzung des Zahlenwertes des Namens
kann in Ägypten freilich erst nach Eindringen des Griechentums
entstanden sein; für ihre rasche Entfaltung sprechen die unter Neros
Herrschaft entstandenen ἐπιγράμματα ἰςόψηφα des alexandrinischen
Dichters Leonidas.[2]

So bleibt nur das Jahr. Daß der Name Ἀβραςάξ, weil er aus
sieben Buchstaben (cτοιχεῖα) besteht, den Gott bezeichnet, der die
Macht der sieben Planeten in sich vereinigt, und, weil er den Zahlenwert 365 hat, zugleich ausdrückt, daß in diesem Gott 365 Teilgötter
oder Erscheinungsformen vereinigt sind, weiß jeder Philologe. Zeitlich gefaßt ist er das Jahr, bezw. die Ewigkeit, räumlich gefaßt ist
er das πνεῦμα oder das ὄνομα τὸ διῆκον ἀπὸ οὐρανοῦ μέχρι τῆς,
der Gott, welcher die sieben Sphären und die 365 Zonen, die man
in ihnen schied, erfüllt, der innerweltliche Gott oder, wie es die
Papyri ausdrücken: ὁ ἐντὸς τῶν ἑπτὰ πόλων καθήμενος αεηιουω.[3]

---

1) Weiteres bei Berthelot, *Les alchimistes grecs, Introduction* p. 86. Daß
auch dies priesterliche Übung in Ägypten war, bezeugt der Brief des Petosiris
an Nechepso *Catal. cod. astrol. graec.* IV 120 und bestätigt Horapollon I 38.

2) Daß er nach eigenem Zeugnis (*Anth. Pal.* IX 344) früher Astrologe
war, ist dabei nicht gleichgiltig. Er hatte als solcher beständig mit derartigen
Zahlenspielen zu tun.

3) Wessely, Denkschr. d. K. K. Akad. 1888 S. 70 Z. 1026. Daß die Formel
ὄνομα οὗ ἡ ψῆφος in den Mysterien des *Codex Brucianus* beständig wiederkehrt, ist wohl allbekannt. Daß eine anscheinend junge Einlage in den δια-

Anschauung und Formel sind bei Valentinus und Basileides durchaus der in den Zauberpapyri begegnenden (vgl. oben S. 265) ähnlich. Auch hierin haben jene gnostischen Schulhäupter nur eine allgemein verbreitete Vorstellung übernommen. Es genügt wohl, auf die von Cumont in der *Revue des études grecques* XV 314 veröffentlichte Inschrift aus Herek am Pontus zu verweisen: Διὶ Ἐπικαρπίῳ βωμὸς ἰδρυμένος ἐν τόποις Ταριτάρων καὶ Χα.ούων πρὸς ἀπόκρουσιν, ὀνόματι, οὗ ἐστιν ἡ ψῆφος τϟε'. Der Ζεὺς ἐπικάρπιος, der besonders in diesen Gegenden mehrfach begegnet, wird hier einem anderen Gotte gleichgesetzt, dessen Namen so wenig angegeben ist wie in den Weihungen an den Ὕψιστος θεός; er ist das ὄνομα οὗ ἡ ψῆφος τϟε', schwerlich der Jahresgott als solcher, sondern ein geheimes, mystisches Wesen.[1] Es ist vielleicht nicht Zufall, daß Philon von Byblos (bei Euseb. *Praep. ev.* I 10, 7 *p.* 34*b*) in seiner rationalistischen Darstellung gerade vom Αἰών sagt: εὑρεῖν δὲ τὸν Αἰῶνα τὴν ἀπὸ δένδρων τροφήν, und Arnobius (VI 10 *p.* 221, 29 Reiff.) berichtet: *inter deos videmus vestros leonis torvissimam faciem mero oblitam minio et nomine frugiferio*[2] *nuncupari.* Der löwenköpfige Gott ist ja eben dasjenige Wesen, welches griechisch als Αἰών bezeichnet wird. Der Mithraskult mag den altphönizischen *Baal frugifer* in diese Gegenden übertragen haben.[3] Daß es in Phönizien schon gegen Ende des ersten nach-

---

θῆκαι des Orpheus, die Justin und Theophilos benutzen, den scheidenden Seher ausdrücklich versichern ließ, nicht 365 Götter, sondern einer allein regiere und erfülle die Welt (vgl. Lobeck, Aglaophamus I 364, Abel, *Orphica* 145), mag auf dieselben hellenistischen Anschauungen zurückgehen. In jüngeren Hermetischen Systemen scheint dieser Gott auch als der Νοῦς .. διῃρημένος ἐπὶ πάσας τὰς σφαίρας bezeichnet zu sein, vgl. Jamblich oben S. 107.

1) Cumont hält a. a. O. noch eine zweite Lesung und Deutung für möglich: πρὸς ἀπόκρουσιν ὀμματίου. ἡ ψῆφος τϟε'. Ich weiß dabei mit den Schlußworten nichts anzufangen und glaube, daß Cumont die im Heidentum wie im Christentum weit verbreitete Formel ὄνομα, οὗ ἡ ψῆφος und den mystischen Gebrauch des Wortes ὄνομα (vgl. S. 17 A. 6) nicht genug berücksichtigt hat.

2) Weder ist die Konjektur des Salmasius *Frugiferi* nötig, noch die Behauptung Reifferscheids, im letzten Teil des Wortes sei θηρίον enthalten, diskutierbar. Mit dem Namen, der das Gedeihen der Früchte fördert, meint Arnobius den *Frugifer,* aber er bildet von dieser Form ein weiteres Adjektiv.

3) Auch der phönizische Sonnengott Balsames (vgl. Cumont bei Pauly-Wissowa II 2839) ist wie Zeus dem Mithras angeglichen. — Daß man vereinzelt auch in dem Μείθρας geschriebenen Namen die sieben Buchstaben und den Zahlenwert 365 suchte, beweist Hieronymus zu Amos 3.

christlichen Jahrhunderts Gemeinden des Αἰών, des Ὕψιcτοc und des
Ὑψουράνιοc gab, beweist Philon.[1]) Aber so wenig wie die Gemeinden
des Ὕψιcτοc brauchen die Gemeinden des Αἰών ursprünglich an den
Mithrasdienst zu schließen.

In religiösem Gebrauche begegnet uns das Wort Αἰών zuerst bei
Messalla, dem Konsul des Jahres 53 v. Chr. (vgl. oben S. 38 A. 3).
Da die Stelle des Johannes Lydus (*De mens.* IV 1 *p.* 64, 6 Wünsch), welche
dies bezeugt, mißverständlich und mißverstanden ist, muß ich sie
kurz analysieren: Λογγῖνοc δὲ Αἰωνάριον αὐτὸν (nicht den Janus,
sondern den Januar, wie Suidas unter Αἰών und ᾽Ιανουάριοc ausdrücklich bezeugt) ἑρμηνεῦcαι βιάζεται ὡcεὶ τοῦ Αἰῶνος ἦρα (Plasberg,
πατέρα Codd.). — ἢ ὅτι ἔνον τὸν ἐνιαυτὸν ῞Ελληνεc εἶπον· ὡc Καλλί-
μαχοc ἐν πρώτῳ Αἰτίων· τετράενον Δαμάcου παῖδα Τελεcτορίδην· ἢ ἀπὸ
τῆc ἰᾶc ἀντὶ τοῦ τῆc μιᾶc κατὰ τοὺc Πυθαγορείουc· ὅθεν ὁ Μεccαλᾶc
τοῦτον εἶναι τὸν Αἰῶνα νομίζει. — καὶ γὰρ ἐπὶ τῆc πέμπτηc (nämlich
πρὸ εἰδῶν) τοῦ μηνὸc τούτου ἑορτὴν Αἰῶνοc ἐπετέλουν οἱ πάλαι. Longin
bezeichnet mit den letzten Worten die *Agonalia*, deren Namen er,
wie Plasberg erkannte, mit dem Αἰών in Verbindung bringt (Αἰω-
νάρια); sie sichern die Hilfe des Αἰών oder werden seinethalb gefeiert;
danach heißt der Monat. Eingelegt sind zwei ältere Etymologien
des Worte Ianus, die beide den Gott dem Αἰών gleichstellen. Die erste
schließt an die vermeintliche Urform *Eanus* (Cornificius bei Macrobius
Sat. I 9, 11, vgl. Cicero *De deor. nat.* II 67): *Eanus* kommt von
ἔνοc durch Einschub eines Buchstaben. Die andere erklärt αἰών
als ἴα ὤν (wie ῞Ηρα von ἀήρ) und knüpft an den pythagoreischen
Begriff der μονάc[2]); von ἴα ist aber auch *Ianus* abgeleitet, also ist
er der Αἰών. Dies lehrte Messalla, dem sich Longinus anschloß; es
ist unmöglich zu bestreiten, daß er schon das Wort Αἰών gebrauchte.
Vergleichen wir hiermit das bei Macrobius erhaltene Fragment: *qui
cuncta fingit eademque regit, aquae terraeque vim ac naturam gravem
atque pronam in profundum dilabentem, ignis atque animae levem in
immensum sublime fugientem copulavit circumdato caelo. quae vis
caeli maxima duas vis dispares colligavit.* Messalla scheint an die
Darstellung der Schöpfung im Timaios zu schließen (vgl. besonders
p. 37 *d*); aber während bei Platon der χρόνοc mit dem Himmel verbunden ist, der αἰών aber das höhere Urbild des χρόνοc ist, tritt

---

1) Ihre Schriften, welche den Hermetischen entsprechen (vgl. S. 162), benutzt er.
2) Vgl. Lydus IV 3: οὗτοc δὲ ὁ μὴν πρότερον μονίαc ἐκαλεῖτο ἀπὸ τῆc Μονάδοc.

bei Messalla der αἰών auch für den χρόνος ein und wird zugleich zum persönlichen Wesen, zur δύναμις θεοῦ.

Scheinbar getreuer schließt an Platon die XI. bezw. XII. Hermetische Schrift Νοῦς πρὸς Ἑρμῆν. Die Einwirkung des Timaios zeigt schon der zweite Satz: ἐπεὶ πολλὰ πολλῶν καὶ ταῦτα διάφορα περὶ τοῦ παντὸς καὶ τοῦ θεοῦ εἰπόντων ἐγὼ τὸ ἀληθὲς οὐκ ἔμαθον, cύ μοι περὶ τούτου, δέсπотα, διαcάφηcον, vgl. Timaios 29c: ἐὰν οὖν, ὦ Cώκρατες, πολλὰ πολλῶν εἰπόντων περὶ θεῶν καὶ τῆς τοῦ παντὸς γενέσεως, μὴ δυνατοὶ γιγνώμεθα πάντη πάντως αὐτοὺς ἑαυτοῖς ὁμολογουμένους λόγους καὶ ἀπηκριβωμένους ἀποδοῦναι, μὴ θαυμάσῃς. Der gnostische Grundcharakter des Traktates kommt gleich in der Antwort zum Ausdruck (§ 2): ὁ θεὸς Αἰῶνα ποιεῖ, ὁ Αἰὼν δὲ τὸν Κόσμον, ὁ Κόσμος δὲ Χρόνον, ὁ Χρόνος δὲ Γένεσιν.[1]) Der Αἰών ist die δύναμις τοῦ θεοῦ (§ 3)[2]), sein Geschöpf und Werk der Κόσμος (§ 3 und 4); der Αἰών, der also zwischen θεός und Κόσμος steht, ist das Abbild, also auch der Sohn Gottes (§ 15), und der Mensch, der Gott ganz zu denken vermag, wird zum Αἰών (§ 20). Wir empfinden, wie hier der Αἰών ganz zum δεύτερος θεός wird. Aber wiewohl der Αἰών von dem αἰσθητὸς κόσμος geschieden ist, wirkt die ägyptisch-pantheistische Vorstellung von dem die Sphären erfüllenden Gotte mit ein, vgl. § 7: ἰδὲ καὶ τοὺς ὑποκειμένους ἑπτὰ κόσμους κεκοσμημένους τάξει αἰωνίῳ καὶ δρόμῳ διαφόρῳ τὸν Αἰῶνα ἀναπληροῦντας. Er ist zugleich der Gott ᾿αεῖιουω. —

Wir müssen von hier aus noch einmal auf den römischen Januskult zurückschauen. Das vielbesprochene Standbild des Janus, dessen Finger die Zahl 365 darstellen[3]), erklärt Plinius (*N. h.* 34, 33): *digitis*

---

1) Vgl. weiter: ὁ οὖν Αἰὼν ἐν τῷ θεῷ, ὁ δὲ Κόσμος ἐν τῷ Αἰῶνι, ὁ δὲ Χρόνος ἐν τῷ Κόσμῳ, ἡ δὲ Γένεσις ἐν τῷ Χρόνῳ· καὶ ὁ μὲν Αἰὼν ἔστηκε περὶ τὸν θεόν (er ist der Ἑστώς), ὁ δὲ Κόσμος κινεῖται ἐν τῷ Αἰῶνι, ὁ δὲ Χρόνος περαιοῦται ἐν τῷ Κόσμῳ, ἡ δὲ Γένεσις γίνεται ἐν τῷ Χρόνῳ. Auch hier sind es zugleich persönliche Wesen.

2) Aus dieser Vorstellung ist das Wort des Ἀγαθὸς δαίμων (oben S. 127) mit zu erklären: ζῶμεν δὲ δυνάμει καὶ ἐνεργείᾳ καὶ αἰῶνι.

3) Vgl. Wissowa, Religion und Kultus d. Römer 98. Daß das Bild erst nach Cäsars Kalenderordnung entstanden ist, würde ich freilich nicht ganz so zuversichtlich behaupten. Die Kenntnis des „natürlichen Jahres" kann in philosophisch oder mystisch interessierten Kreisen schon früher zu dieser Darstellung geführt haben; das Bild braucht Janus gar nicht als Vertreter des bürgerlichen Jahres zu bezeichnen.

*ita figuratis ut CCCLXV dierum nota ⟨aut annum⟩ aut per signi-
ficationem anni temporis et aevi esse deum indicent.* Plinius kennt
die beiden von Longin angeführten Etymologien und Anschauungen;
der Gott ist entweder ἐνιαυτός oder χρόνος καὶ αἰών. In dem
carmen de mensibus (Bährens, *Poet. lat. min.* I 206) heißt er *annorum
saeclique caput; saeculum* ist wie oft für αἰών gesetzt. Die Errich-
tung eines neuen Tempels des Janus durch Domitian feiert Statius
(*Silv.* IV 1), indem er den Gott *immensi reparator maximus aevi*,
also Αἰών, nennt. Domitian wird ihm gleichgesetzt und von Janus
angesprochen: *salve, magne parens mundi, qui saecula mecum instau-
rare paras.*[1]) Daß Statius nur die damals offiziell ausgesprochene Anschauung dieses Gottes gibt, zeigt Martial (X 28), der bei derselben Gelegenheit den Gott als *annorum nitidique sator pulcherrime mundi*
begrüßt. Es ist Messallas Lehre, die wir bei beiden hören. Der
Αἰών oder Χρόνος ist zugleich der δημιουργός. Dem entspricht es,
daß ägyptisch-griechische Dichter der Spätzeit den Αἰών als ἀενάων
ἐτέων αὐτόσπορε ποιμήν feiern (Nonnos *Dionys.* VII 73); dem entspricht es aber auch, wenn zu Alexandria später der Αἰών als Osiris
und Adonis, d. h. als jener zweite Gott oder Gottmensch gefeiert
wird, den wir in der Naassenerpredigt kennen lernten.[2]) Auch daß
Gavius Bassus (Lydus *De mens.* IV 2 *p.* 65, 7 Wünsch) den Janus
als den Himmelsraum faßt, der zwischen dem Menschen und dem
Gott liegt, mag mit der ägyptischen Anschauung zusammenhängen.

Die römische Theologie gibt m. E. den sicheren Beweis, daß
die Vorstellungen von einem Gotte Αἰών nicht aus dem Mithraskulte
stammen, der damals auf Rom wenig Einfluß üben konnte. Daß
sich ein persischer Gott findet, an den sie anknüpfen konnten (Zervan),
beweist noch nicht, daß andere orientalische Völker nicht ähnliche
Vorstellungen hatten. Das ägyptische ist ungemein früh zu der
Vorstellung einer unendlichen oder doch ungeheuer großen Zeitaus-
dehnung durchgedrungen und hat sie in einem Götterpaar personifiziert[3]); seine Götter sind alle Herren der Ewigkeit oder Herren der

---

1) Die Gründung des neuen Janustempels hängt offenbar mit der Eröff-
nung des neuen *saeculum* zusammen. Der Kaiser, der es eröffnet, wird dem
Gotte, der es eröffnet, gleichgesetzt.

2) Vgl. Suidas unter den Worten Ἐπιφάνιος und Ἡραΐσκος, Photios Bibl.
p. 343 a, 21. Er ist wirklich der αἰπόλος oder ἀειπόλος (vgl. oben S. 94 u. 95).

3) Mit dem Wort *ḥḥ* (gewöhnlich Million übersetzt) hängen die Namen

Ewigkeiten. Aber nicht bloß Pluralbildungen kommen vor, auch Verbindungen bestimmter Zeitabschnitte mit jenem Ewigkeitsbegriff: „in einer Million (Unendlichkeit) der dreißigjährigen Perioden" oder „dein Königreich wird haben die Dauer der Ewigkeit und unendlich vieler hundertzwanzigjähriger Perioden, zehn Millionen deiner Jahre, Millionen deiner Monate, Hunderttausende deiner Tage, Zehntausende deiner Stunden".[1]) Daß Messalla, der Zeitgenosse des Nigidius[2]), von Ägypten beeinflußt war, scheint mir schon deshalb glaublich, weil er sich auf die Neupythagoreer berief. Daß er daneben Platon benutzte, erinnert daran, daß die Hermetische Schrift vom Αἰών ihre Formeln fast ganz dem Platon entnimmt. Messalla betont, wie die Ableitung von ἴα zeigt, die Einheit dieses Gottes; aber ˙auch jene früher betrachtete Bildersprache ägyptischer Gebete hebt scharf hervor, daß in den verschiedenen Gestalten nur ein Gott waltet.

Die angeführten ägyptischen Formeln zeigen zugleich, wie man dazu kommen konnte, Systeme oder Perioden von Aionen anzunehmen. Über allen waltet dann der θεὸς τῶν αἰώνων, der in einzelnen Mystikergemeinden ohne eigentlichen Gottesnamen wie der θεὸς ὕψιστος verehrt wurde. Das wird uns durch ein interessantes Gebet verbürgt, welches zwar in einem Lichtzauber erhalten, von jeder Beziehung zum Zauber aber frei ist und nur die von einem Propheten geschaffene εὐλογία dieses Weltgottes bietet[3]): cτήλη ἀπόκρυφος: (1) χαῖρε, τὸ πᾶν cύcτημα τοῦ ἀερίου πνεύματος, χαῖρε, τὸ πνεῦμα τὸ διῆκον ἀπὸ οὐρανοῦ ἐπὶ γῆν καὶ ἀπὸ τῆς τῆς ἐν μέcῳ κύτει τοῦ κόcμου ἄχρι τῶν περάτων τῆς ἀβύccου. (2) χαῖρε, τὸ εἰcερχόμενόν με καὶ ἀντιcπώμενόν μου καὶ χωριζόμενόν μου κατὰ θεοῦ βούληcιν ἐν χρηcτότητι πνεῦμα. (3) χαῖρε, ἀρχὴ καὶ τέλος τῆς ἀκινήτου φύcεως, χαῖρε, cτοιχείων ἀκοπιάτου λειτουργίας δίνηcις, (4) χαῖρε ἡλιακῆς ἀκτῖνος ὑπηρετικὸν κόcμου καταύγαcμα,

---

des Urgötterpaares Ḥḥw und Ḥḥt zusammen, die schon Brugsch als Αἰών deutete.

1) Brugsch, Wörterbuch VI 839. Beachtenswert ist das Vortreten der Zahlen Zwölf und Dreißig. Angeführt seien beiläufig auch die Formeln bei Horapollon, so I 1: αἰῶνα cημαίνοντες ἥλιον καὶ cελήνην γράφουcιν (es ist in der Tat die übliche Bezeichnung für „immerwährend") und I 8: ἐνιαυτὸν δὲ βουλόμενοι δηλῶcαι Ἴcιν τουτέcτι γυναῖκα ζωγραφοῦcιν. Das Jahr ist uns als Sinnbild des Αἰών schon begegnet, ebenso aber auch Isis-Sophia als Göttin Αἰών.

2) Für Nigidius ist die *sphaera barbarica* die ägyptische Sphaera.

3) Wessely, Denkschr. d. K. K. Akad. 1888 S. 72 Z. 1115.

χαῖρε, νυκτιφαοῦς μήνης ἀνισολαμπὴς κύκλος, χαίρετε, πάντα ἀερίων
εἰδώλων πνεύματα. (5) χαίρετε, οἷς τὸ χαίρειν ἐν εὐλογίᾳ
δίδοται ἀδελφοῖς καὶ ἀδελφαῖς ὁσίοις καὶ ὁσίαις. — (6) ὦ
μέγα, μέγιστον ἐγκύκλιον ἀπερινόητον σχῆμα κόσμου οὐράνιον αἰθέριον
ἐναιθέριον(?), ὑδατῶδες γαιῶδες πυρῶδες ἀνεμῶδες, φωτοειδὲς σκοτοειδὲς
ἀστροφεγγές, ὑγρὸν πυρινὸν ψυχρὸν πνεῦμα. (7) αἰνῶ σε, ὁ θεὸς
τῶν θεῶν, ὁ τὸν κόσμον καταρτισάμενος, ὁ τὴν ἄβυσσον θησαυρίσας
ἀοράτῳ θέσεως ἑδράσματι, ὁ διαστήσας οὐρανὸν καὶ γῆν, καὶ τὸν μὲν
οὐρανὸν πτέρυξιν χρυσείαις αἰωνίαις σκεπάσας τὴν δὲ γῆν ἑδράσμασιν
αἰωνίοις στηρίσας, (8) ὁ τὸν αἰθέρα ἀνακρεμάσας μετεώρῳ ὑψώματι,
ὁ τὸν ἀέρα διασκεδάσας πνοαῖς αὐτοκινήτοις, ὁ τὸ ὕδωρ κυκλοτερὲς
περιενέγκας, (9) ὁ τοὺς πρηστῆρας ἀνάγων, ὁ βροντάζων ὁ ἀστράπτων,
ὁ βρέχων ὁ σείων, ὁ θεὸς τῶν Αἰώνων. μέγας εἶ, κύριε θεέ, δέσποτα
τοῦ παντός. Eine Gemeinde von Brüdern und Schwestern, die sich
untereinander die Heiligen oder Frommen nennen[1]) und deren Gottesdienst im Dankgebet besteht, verehrt den Gott der Aionen als
δεύτερος θεός und als Offenbarungsgott (V. 2 und 7—8); er ist die
Bewegung der Sphären, er ist das Licht der Sonne wie der Glanz
des Mondes, alles was in der Welt göttlich ist. Aber nicht in der
Welt allein. Wenn Platon den αἰών und χρόνος voneinander schied
und letzteren mit der Bewegung des Himmels, ersteren mit der
νοητὴ oder ἀκίνητος οὐσία verband, so wird von dem θεὸς τῶν
αἰώνων ausdrücklich gesagt, daß er sowohl στοιχείων ἀκοπιάτου
λειτουργίας δίνησις wie ἀρχὴ καὶ τέλος τῆς ἀκινήτου φύσεως, also
sowohl innerweltlich wie überweltlich ist. Wieder ist er jenseits der
Sphären das πλήρωμα der Gottheit, diesseits das πλήρωμα des κόσμος, ὁ ἐπὶ τὸν κόσμον καὶ ὑπὸ τὸν κόσμον (oben S. 28 Gebet VII 1). —

Das Hermetische Stück zeigte besonders gut, daß der Aion
einerseits Vater des κόσμος, also δημιουργός, andererseits υἱὸς θεοῦ,
also δεύτερος θεός ist. Die Vorstellung kehrt mehrfach wieder;
scheint es doch überhaupt ein Grundzug dieser hellenistischen Theologie, daß der Weltbildner oder Weltordner nur der zweite Gott ist.
Die Vorstellung von ihm ist das Gegebene, das mythologische Gewand und der Name dieses zweiten Gottes wechseln. Er ist Λόγος
oder Ἄνθρωπος, Αἰών oder Ἥλιος, ja selbst eine Vermischung zweier

---

1) Ähnlich die orphischen und die Mithrasgemeinden; für den Gebrauch
im Christentum vgl. jetzt Harnack, Mission und Ausbreitung des Christentums S. 286 ff.

verschiedener Religionen vollzieht sich, derart, daß der Gott der einen
als δεύτεροс θεόс in die andere eintritt. Die Erscheinung ist so
eigenartig und so wichtig, daß sie vielleicht einen kurzen Exkurs
und die Besprechung einiger einzelnen Fälle rechtfertigt, in denen
ich zugleich frühere Ausführungen erweitern kann. Ich beginne mit
dem letzten, für die Bildung hellenistischer Theologie lehrreichsten
Falle und mit einem ganz klaren Beispiel. In dem VIII. Buch
Mosis (Dieterich, Abraxas 184, 99) ist in eine ganz andere Schöpfungs-
legende zum Schluß eine Berücksichtigung des Judentums eingezwängt:
ὁ δὲ θεὸс βλέπων κάτω εἰс τὴν γῆν ἔφη Ἰαώ, καὶ πάντα ἐcτάθη, καὶ
ἐγεννήθη ἐκ τοῦ ἤχουс μέγαс θεόс, μέγιcτοс, ὃс πάντων ἐcτὶν κύριοс,
ὃс τά τε προόντα ἐν τῷ κόcμῳ καὶ τὰ μέλλοντα ἔcτηcε καὶ οὐκέτι οὐδὲν
ἠτάκτηcεν τῶν ἀερίων (ἀέρων Pap.). Dem ägyptischen Urgott ist hier
der jüdische Schöpfungsgott als δεύτεροс θεόс zugesellt. Für den Ἄνθρωποс genügte es vielleicht, auf den Poimandres zu verweisen, doch
mag ein Beispiel aus den Zauberpapyri, das ich schon mehrfach anführen mußte, in diesem Zusammenhang neues Licht gewinnen. Ein
unbekannter Gott wird bei Wessely, Denkschr. d. K. K. Akad. 1888
S. 73 Z. 1168 ff. angerufen: cὲ τὸν μόνον καὶ μάκαρα τῶν Αἰώνων
πατέρα τε κόcμου κοcμικαῖс κλήζω λιταῖс.[1]) δεῦρό μοι ὁ ἐμφυcήcαc
τὸν cύμπαντα κόcμον, ὁ τὸ πῦρ κρεμάcαс ἐκ τοῦ ὕδατοс (dem Himmelsozean) καὶ τὴν γῆν χωρίcαс ἀπὸ τοῦ ὕδατοс .... ὁ κύριοс ἐπεμαρτύρηcέ
cου τῇ Cοφίᾳ, ὅ ἐcτιν Αἰών⟨ι⟩, καὶ εἶπεν cὲ cθένειν, ὅcον καὶ αὐτὸс
cθένει.[2]) Bedenken wir, daß der Magier sich selbst in der Regel als
den Gott vorstellt, den er anruft, so gewinnt es Wichtigkeit, daß er hier
sagt: πρόcδεξαί μου τοὺс λόγουс ὡс βέλη πυρόс, ὅτι ἐγώ εἰμι Ἄνθρωποс
θεοῦ, ᾧ πλάcμα κάλλιcτον ἐγένετο (γενόμενον Pap.) ἐκ πνεύματοс καὶ
δρόcου καὶ γῆс. Es ist doch ganz unmöglich, daß dies farblos und
matt bedeuten soll: ich bin ein Mensch oder ein frommer Mensch.
Nur die Worte des Gottes Ἄνθρωποс können mit Feuerstrahlen verglichen sein. Der Gott selbst wird angerufen: πρόcεχε, μορφὴ καὶ
πνεῦμα καὶ γῆ καὶ θάλαccα. Es ist das Gottesbild, das durch πνεῦμα,
Wasser und Erde zum Ἄνθρωποс geworden ist, wie wir das in der
Schöpfungsgeschichte des Poimandres lesen. Es ist beachtenswert,

---

1) Dieterich trefflich aus κληζωνται (Abraxas S. 25).

2) Vgl. das Gebet in dem Lichtzauber Wessely ebenda S. 138, Kenyon,
Greek Pap. Cat. 80. Der Gott ιαωουηε ist der ἀπλάνητοс (also ἑcτώс) Αἰών, der
stoische Νοῦс, der syrische Lichtgott und der Jahve der Juden.

daß sich gerade in diesem Gebet so besonders viele jüdische Formeln finden.[1])   Dennoch heißt dieser Gott zugleich Ἥλιος, πατὴρ
κόσμου. Denn auch an Helios schließen ähnliche Vorstellungen. In
dem oben (S. 25 ff.) abgedruckten Lichtzauber war der phönizische
Sonnengott Baalsames erwähnt: φάνηθί μοι, κύριε, τῷ πρὸ πυρὸς καὶ
χιόνος προόντι καὶ μετόντι, ὅτι ὄνομά μοι βαϊνχωωωχ. ἐγώ εἰμι ὁ
πεφυκὼς ἐκ τοῦ οὐρανοῦ, ὄνομά μοι Βαλσάμης. Ein anderer Lichtzauber bei Kenyon, *Greek Pap. Cat. p.* 65, welcher sich an den Gott
Ζεύς[2]), Ἥλιος, Μίθρας, Σάραπις wendet, bietet fast die gleichen
Worte: ἀναφάνηθι καὶ δὸς ἐντροπὴν τῷ φανέντι πρὸ πυρὸς καὶ
χιόνος βαϊνχωωωχ· σὺ γὰρ κατέδειξας φῶς καὶ χιόνα.[3]) Daß ein
Sonnen- und Jahresgott zuerst Feuer und Schnee, d. h. Sommer und
Winter schafft und selbst älter ist als sie beide, ist eine nicht eben
befremdliche Vorstellung, die freilich weder in Ägypten noch in
dem phönizischen Küstenland entstehen konnte, sondern uns eher
nach Persien weist, wo man nur Sommer und Winter als Jahreszeiten anerkannte.[4]) Wenn der Ἄνθρωπος derart mit Ἥλιος identifiziert
wird, so haben sich zwei δεύτεροι θεοί miteinander vereinigt. Für
die Vorstellung des Sonnengottes als Schöpfungsgott wird niemand
Beispiele verlangen. Daß er in dieser Eigenschaft zugleich als
δευτερεύουσα δύναμις empfunden wird, mag zum Schluß ein Abschnitt

---

1) Ich habe danach geglaubt, auch im Papyrus Mimaut die Worte ὁ γεν-
νηθεὶς ἐν πλάσματι ἀνθρωπίνῳ deuten zu sollen (oben S. 155).

2) Mit Zeus identifiziert den Baalsames Philon von Byblos bei Eusebios
Praep. ev. I 30 *p.* 34 *d.*

3) Dieser Zauber bietet auch sonst besonders interessante Anschauungen.
Die Vorstellung, daß der οἶκος oder ναὸς θεοῦ in dem Licht erscheint (oben
S. 25), ist schon verdunkelt; aber sie wirkt nach. Der Zauberer schaut vor der
Offenbarung vier bekränzte Männer den θρόνος θεοῦ hereintragen, zugleich wird ein
θυμιατήριον gebracht (vgl. Wessely 1888 S 72). Ist es wohl zufällig, daß in dem
Hirten des Hermas die καθέδρα der Ἐκκλησία nach der Offenbarung von vier
Jünglingen weggetragen wird, oder wirken auch hier hellenistische Vorstellungen?

4) Ich erwähne das, weil im Talmud Michael, der erstgeschaffene aller
Engel, öfters als Engel des Schnees, Gabriel als Engel des Feuers erscheint
(Lueken, Michael, eine Darstellung und Vergleichung der jüdischen und
morgenländisch-christlichen Tradition vom Erzengel Michael, Göttingen 1898,
S. 55). Gabriel ist dabei offenbar der Sommer, Michael also wohl Engel des
Winters. Das ist verdunkelt, weil Michael später besonders viel Züge von
dem ägyptischen Hermes angenommen hat und daher zum Gott des Wassers
geworden ist; Lueken hat davon wenig genug bemerkt.

aus Menanders Musterrede an den Apollo Sminthios (Walz IX 321, 10; Burs. 143, 4) belegen und zugleich eine Vorstellung von der Verbreitung dieser Ideen in dem späteren Griechentum sowie eine Parallele zu den Ὅροι Ἀσκληπιοῦ geben: ὦ Cμίνθιε Ἄπολλον, τίνα cε χρὴ προcειπεῖν; πότερον ἥλιον τὸν τοῦ φωτὸc ταμίαν καὶ πηγὴν τῆc οὐρανίου αἴγληc, ἢ νοῦν, ὡc ὁ τῶν θεολογούντων λόγοc, διήκοντα μὲν διὰ τῶν οὐρανίων, ἰόντα δὲ δι' αἰθέροc ἐπὶ τὰ τῇδε; ἢ πότερον αὐτὸν τὸν τῶν ὅλων δημιουργόν, ἢ πότερον δευτερεύουcαν δύναμιν, δι' ὃν cελήνη μὲν κέκτηται cέλαc, γῇ δὲ τοὺc οἰκείουc ἠγάπηcεν ὅρουc, θάλαττα δὲ οὐχ ὑπερβαίνει τοὺc ἰδίουc μυχούc; φαcὶ γὰρ τοῦ χάουc κατειληφότοc τὰ cύμπαντα καὶ πάντων cυγκεχυμένων καὶ φερομένων τὴν ἄτακτον ἐκείνην καὶ ἀμειδῆ(?) φοράν, cὲ ἐκ τῶν οὐρανίων ἀψίδων ἐκλάμψαντα cκεδάcαι μὲν τὸ χάοc ἐκεῖνο, ἀπολέcαι δὲ τὸν ζόφον, τάξιν δ' ἐπιθεῖναι ἅπαcιν.[1] —

1) Wichtig ist auch der Schluß (Walz IX 321, 23; Burs. 151, 32): ἀλλ' ὦ Cμίνθιε καὶ Πύθιε, ἀπὸ cοῦ γὰρ ἀρξάμενοc ὁ λόγοc εἰc cὲ καὶ κατάντήcει, ποίαιc cὲ προcηγορίαιc προcφθέγξομαι; οἱ μὲν cὲ Λύκειον λέγουcιν, οἱ δὲ Δήλιον, οἱ δὲ Ἀcκραῖον, ἄλλοι δὲ Ἄκτιον, Λακεδαιμόνιοι δὲ Ἀμυκλαῖον, Ἀθηναῖοι Πατρῷον, Βραγχιάτην Μιλήcιοι· πᾶcαν πόλιν καὶ πᾶcαν χώραν καὶ πᾶν ἔθνοc διέπειc ..... Μίθραν cε Πέρcαι λέγουcιν, Ὧρον Αἰγύπτιοι· cὺ γὰρ εἰc κύκλον τὰc ὥραc ἄγειc· Διόνυcον Θηβαῖοι, Δελφοὶ δὲ διπλῇ προcηγορίᾳ τιμῶcιν Ἀπόλλωνα καὶ Διόνυcον λέγοντεc. περὶ cὲ θούριδεc (Plasberg, vgl. Hesych), περὶ cὲ θυάδεc, παρὰ cοῦ καὶ Cελήνη τὴν ἀκτῖνα λαμβάνει· Χαλδαῖοι δὲ ἄcτρων ἡγεμονῆα λέγουcιν. Die Stelle, welche zugleich eine hübsche Parallele zu der Naassenerpredigt bietet, darf weder aus der stoischen Philosophie noch dem Mithraskult oder Horusglauben allein erklärt werden. Etwas von ihnen allen ist in dieser hellenistischen Theologie enthalten, deren Anfänge wir recht hoch heraufrücken dürfen. Ihre Wirkung glaube ich selbst in dem Henochbuche erkennen zu können, welches (69, 15 ff.) Gott einen geheimen Namen und Schwur in die Hand Michaels niederlegen läßt. „Und das sind die Geheimnisse dieses Schwures ..... und (die Welt) ist fest gegründet durch seinen Schwur, der Himmel ist aufgehängt worden, ehe die Welt erschaffen wurde, und bis in Ewigkeit durch ihn; und die Erde ist über dem Wasser gegründet worden, und aus dem Verborgenen der Berge kommen köstliche Wasser hervor von der Schöpfung der Welt bis in Ewigkeit. Durch jenen Schwur ist das Meer geschaffen, und als seinen Grund hat er ihm für die Zeit der Wut den Sand gelegt, und es darf nicht darüber hinausschreiten von der Schöpfung der Welt bis in Ewigkeit. Und durch den Schwur sind die Abgründe gefestigt, sie stehen und rühren sich nicht von ihrer Stelle von Ewigkeit zu Ewigkeit. Durch den Schwur vollenden Sonne und Mond ihren Lauf und weichen nicht von ihrer Vorschrift von Ewigkeit zu Ewigkeit. Und durch jenen Schwur vollenden die Sterne ihren Lauf; er

Vielleicht kann man selbst bis in die klassische Literatur Spuren dieser Vorstellungen vom δεύτεροc θεόc verfolgen; daß sie zu Statius' Zeit bestanden, glaube ich aus dem erwähnten Gedichte (*Silv.* IV 1) und mehr noch aus dem Eingange der Thebais (I 22) schließen zu sollen:

tuque, o Latiae decus addite famae,
quem nova mature subeuntem exorsa parentis
aeternum sibi Roma cupit — licet artior omnes
25 *limes agat stellas et te plaga lucida caeli*
Pleiadum Boreaeque et hiulci fulminis expers
sollicitet, licet ignipedum frenator equorum
ipse tuis alte radiantem crinibus arcum
imprimat, aut magni cedat tibi Iuppiter aequa
30 *parte poli — maneas hominum contentus habenis,*
undarum terraeque potens, et sidera dones.

Statius hatte hierfür zwei uns erhaltene Vorbilder, Lukan und Vergil. Lukan preist Nero (I 45):

45   *te, cum statione peracta*
astra petes serus, praelati regia caeli
excipiet gaudente polo; seu sceptra tenere
seu te flammigeros Phoebi conscendere currus
telluremque nihil mutato sole timentem
50 *igne vago lustrare iuvet, tibi numine ab omni*
cedetur[1]*), iurisque tui Natura relinquet,*

---

ruft ihre Namen und sie antworten ihm von Ewigkeit zu Ewigkeit." Daß die Einzelzüge dem Alten Testament entnommen sind (Ps. 24, 2; 186, 6; 147, 4; Jerem. 5, 22; Jes. 40, 26), genügt nicht, die ganze Zusammenstellung, die durchaus den hellenistischen Eulogien entspricht, zu erklären. Auch die Deutung LueKens, es sei ein Versuch, Michael zum δεύτεροc θεόc zu erheben, befriedigt nicht; seine Annahme, Philons Logoslehre und die spätere Christologie seien von den Michaelvorstellungen beeinflußt, ist für den, welcher die hellenistischen Vorstellungen kennt, nicht diskutierbar. Allein ein Versuch, das den κόcμοc schaffende und erhaltende Prinzip gewissermaßen von Gott zu lösen, eine allerdings noch unpersönliche Nachbildung einer vorhandenen Lehre vom Λόγοc als δεύτεροc θεόc, scheint es doch. Der Verfasser kennt ja auch die jungägyptische astrologische Religion (vgl. 80, 7) und kennt die Lehren von dem ägyptischen Gotte Thot (vgl. 69, 8: der vierte der bösen Engel hat den Menschenkindern alle Geheimnisse ihrer Weisheit kundgetan und hat sie das Schreiben mit Feder und Papier gelehrt, und damit versündigen sich viele von Ewigkeit zu Ewigkeit. — Ein ägyptischer Eigenname bedeutet Tintenfaß des Thot).

1) Vgl. in dem Hermetischen Corpus V (VI) 8: ὁ Ἥλιοc θεὸc μέγιcτοc τῶν κατ' οὐρανὸν θεῶν, ᾧ πάντεc εἴκουcιν οἱ οὐράνιοι θεοί, ὡcανεὶ βαcιλεῖ καὶ δυνάcτῃ.

> *quis deus esse velis, ubi regnum ponere mundi.*
> *sed neque in arctoo sedem tibi legeris orbe,*
> *nec polus aversi calidus qua vergitur austri,*
> 55 *unde tuam videas obliquo sidere Romam.*
> *aetheris immensi partem si presseris unam,*
> *sentiet axis onus. librati pondera caeli*
> *orbe tene medio; pars aetheris illa sereni*
> *tota vacet, nullaeque obstent a Caesare nubes.*
> 60 *tunc genus humanum positis sibi consulat armis,*
> *inque vicem gens omnis amet.*

Nero darf wählen, ob er Jupiters Scepter oder die Lenkung des Sonnenwagens vorzieht. Er darf den Teil des Firmamentes bestimmen, von dem aus er die Welt regieren will. Die Bewegung der Sphären vollzieht nach astrologischer Vorstellung oft der Gott, der über dem Pol waltet[1]); aber Nero soll die Mitte des Himmels wählen. Wir erinnern uns der Worte, welche in den Ὅροι Ἀςκληπιοῦ (§ 7) auf den Sonnengott übertragen sind: μέςος γὰρ ἵδρυται ςτεφανηφορῶν τὸν κόςμον. Für die Menschen wird damit das glückselige Zeitalter wiederbeginnen. Statius erwähnt neben diesem Sphärengott ebenfalls noch Jupiter und Apollo; wenn er V. 30 Domitian schon jetzt als Herrn von Land und Meer feiert, so berücksichtigt und überbietet er zugleich Vergil, zu dem ich mich schließlich wende (Georg. I 24):

> *tuque adeo, quem mox quae sint habitura deorum*
> 25 *concilia incertum est, urbisne invisere, Caesar,*
> *terrarumque velis curam, et te maximus orbis*
> *auctorem frugum tempestatumque[2]) potentem*

---

1) Vgl. Wessely, Denkschr. d. K. K. Akad. 1888 S. 76 Z. 1298: ἐμοὶ ςχολαςάτω ὁ τῆς ἄρκτου τόπος καὶ κύριος. In dem unmittelbar folgenden Gebet ist es allerdings eine Göttin, aber dies göttliche Wesen wird ausdrücklich als Gott αεηιουω und als cύςτημα τοῦ παντός, d. h. als Aion, gepriesen: ἄρκτε θεὰ μεγίςτη ἄρχουςα οὐρανοῦ, βαςιλεύουςα πόλου, ἀςτέρων ὑπερτάτη, καλλιφεγγὴς θεά, ςτοιχεῖον ἄφθαρτον, cύςτημα τοῦ παντός, πανφεγγὴς ἁρμονία τῶν ὅλων, αεηιουω, ⟨ἡ ἐπὶ τοῦ⟩ πλινθίου, ἡ ἐπὶ τοῦ πόλου ἐφεςτῶςα (vgl. die Bilder der Isis und des Hermes oben S. 31), ἣν ὁ κύριος θεὸς ἔταξε κραταιᾷ χειρὶ ςτρέφειν τὸν ἱερὸν πόλον. Auch Ianus (Αἰών) erscheint bei Lydus *De mens.* IV 2 p. 65, 20 als Gott der Pole. Ich gestehe gern, daß ich ohne diese astrologisch-mystische Vorstellung, die Chairemon nach Rom gebracht haben mag, Lukan überhaupt nicht verstehen kann.

2) Das ist nicht vom Wetter, sondern von den Jahreszeiten oder besser

accipiat cingens materna tempora myrto,
an deus immensi venias maris ac tua nautae
30 *numina sola colant, tibi serviat ultima Thyle*
teque sibi generum Thetys emat omnibus undis;
anne novum tardis sidus te mensibus addas,
qua locus Erigonen inter chelasque sequentis
panditur[1]*) — ipse tibi iam brachia contrahit ardens*
35 *Scorpius et caeli iusta plus parte relinquit —*
quidquid eris — nam te nec sperant Tartara regem
nec tibi regnandi veniat tam dira cupido,
quamvis Elysios miretur Graecia campos
nec repetita sequi curet Proserpina matrem —
40 *da facilem cursum.*

Auf den ersten Blick scheint es wohl, daß Vergil die drei Reiche
Jupiters, Neptuns und Plutos anfzählen will. Aber warum er das
letzte mit heranzieht, ist klar; es scheidet sofort aus. So bleibt der
deus immensi maris[2]*)* und der *auctor frugum tempestatumque potens
deus.* Außerdem könnte Augustus noch Monatsgott werden; denn
als Götter und zugleich als Zodiakalzeichen faßt Vergil die Monate.
Ich kann es nicht zwingend erweisen, bin aber selbst überzeugt, daß
jene orientalischen Vorstellungen von dem Hermes, bezw. Ἀγαθὸς
δαίμων, der κοσμοκράτωρ und θαλασσοκράτωρ (oben S. 28 Gebet VII 1)
und zugleich Αἰών (*frugifer*) und Μήν ist, hier mit einwirken. Er
ist das πνεῦμα ἐναρμόνιον und so auch der Gott der Dichter.[3]*)* Er
ist als βασιλεὺς σωτήρ zur Erde niedergestiegen, und gerade diesen
Hermes fleht Horaz an: *serus in caelum redeas* (vgl. oben S. 176).
Erst bei dieser Deutung kann ich empfinden, daß ein Dichter wie
Vergil einen solchen Gedanken in dieser Form aussprechen konnte[4]*)*,

---

von der Zeit allgemein gesagt; das Wort *tempora* vermied Vergil, weil er es
in dem folgenden Vers in anderem Sinne gebrauchen mußte.

1) Unter der Wage ist Augustus geboren (vgl. zu der ganzen Stelle
Bouché-Leclerq, *L'astrologie grecque* 369, 1).

2) Vgl. Lukan X 209: *immensae Cyllenius arbiter undae est.*

3) Vgl. für die Anschauung im Anhang (Kap. XVIII) die Rede Πρὸς βασιλέας.

4) Vergil kleidet diese Grundanschauung freilich in römisches Gewand;
etwas von ihr scheint noch Manilius zu empfinden, wenig Germanicus. Die
bloße Ansprache eines hohen Gönners bei anderen Dichtern hat damit innerlich nichts gemein.

erst dann die beiden Nachahmungen begreifen, die nicht eine beliebig erfundene, geschmacklose Schmeichelei wiederholen, sondern einer religiösen Anschauung Worte geben wollten, die allerdings nicht für jeden beliebigen Herrscher gebildet war. Sie erkennen wir noch bei Statius in dem Gedanken (*Silv.* IV 1, 43), daß alle Monate nach Domitian heißen müßten, bei Lukan in der Erwartung des Weltfriedens, bei Vergil vielleicht schon in dem Gelöbnis eines allmonatlichen Opfers (*Ecl.* I 43), wiewohl hier auch andere Anschauungen mitwirken können. Auch in der früher besprochenen Inschrift von Priene (oben S. 178), in dem späteren Sprachgebrauch, den Regierungsantritt eines Herrschers als Beginn eines neuen *saeculum* zu bezeichnen, endlich in manchen Dichterworten, die den Kaiser als zweiten Gott neben Jupiter stellen, könnte man ein Mitwirken dieser Vorstellungen suchen. Daß auch der διδάσκαλος, wenn er durch die höchste Gottesoffenbarung zum υἱὸς θεοῦ wird, damit in gewissem Sinne nicht ein Gott, sondern der zweite Gott werden kann, brauche ich nach den langen Ausführungen im VII. Kapitel kaum zu wiederholen.

Ich glaubte hierauf eingehen zu müssen, da die Frage, welches Gottesempfinden und welche Vorstellungskomplexe das beginnende Christentum vorfand, was also für den, welcher Christus als δεύτερος θεός empfand, notwendige oder naheliegende Folge sein mußte, gar nicht nachdrücklich genug aufgeworfen werden kann. Die Missionspredigt jener Gemeinden des Αἰών oder des Ἄνθρωπος werden wir uns kaum anders vorstellen dürfen, als die christliche war; sie verkündete den Gott, der die Welt und alles, was in ihr ist, erschaffen hat (Apostelgesch. 17, 24, vgl. V. 18). Eine Vorstellung mag uns das Κήρυγμα Πέτρου geben: εἷς θεός ἐστιν, ὃς ἀρχὴν πάντων ἐποίησεν καὶ τέλους ἐξουσίαν ἔχει — ὁ ἀόρατος, ὃς τὰ πάντα ὁρᾷ, ἀχώρητος, ὃς τὰ πάντα χωρεῖ, ἀνεπιδεής, οὗ τὰ πάντα ἐπιδέεται καὶ δι’ ὃν ἔστιν· ἀκατάληπτος, ἀέναος, ἄφθαρτος, ἀποίητος, ὃς τὰ πάντα ἐποίησεν λόγῳ δυνάμεως αὐτοῦ, τῆς γνωστικῆς γραφῆς, τουτέστι τοῦ υἱοῦ.[1]) Auch hierin schloß das Christentum zunächst an vorhandene Vorbilder an. ·—

---

1) Ganz ähnlich Hermas *Mand.* I 1: πρῶτον πάντων πίστευσον ὅτι εἷς ἐστιν ὁ θεός, ὁ τὰ πάντα κτίσας καὶ καταρτίσας καὶ ποιήσας ἐκ τοῦ μὴ ὄντος εἰς τὸ εἶναι τὰ πάντα (vgl. S. 22 Gebet IV 1), καὶ πάντα χωρῶν, μόνος δὲ ἀχώρητος ὤν. Daß man dem εἷς θεός dabei sogleich noch einen andern Gott zugesellte, hatte sein Gegenbild in der hellenistischen Mystik (vgl. z. B. den λόγος τέλειος

Ich kehre zu meinem Hauptthema, der Vorstellung von dem
Αἰών zurück. Der Ausdruck ἀρχὴ καὶ τέλος, der uns in ihren Darstellungen öfters begegnet ist, lenkt den Blick unwillkürlich auf eine
Wendung in der von Anfang an christlichen Einleitung und in dem
Schluß der Offenbarung Johannis, die bei den neuesten Besprechungen
des Buchstabenzaubers eine gewisse Rolle gespielt hat. Die Stellen,
welche sich gegenseitig ergänzen, sind: 1, 8 ἐγώ εἰμι τὸ Α καὶ τὸ Ω,
λέγει κύριος ὁ θεός, ὁ ὢν καὶ ὁ ἦν καὶ ὁ ἐρχόμενος (?), ὁ παντοκράτωρ. — 1, 17 ἐγώ εἰμι ὁ πρῶτος καὶ ὁ ἔσχατος (vgl. 2, 8). —
3, 14 ἡ ἀρχὴ τῆς κτίσεως τοῦ θεοῦ. — 21, 6 ἐγὼ τὸ Α καὶ τὸ
Ω, ἡ ἀρχὴ καὶ τὸ τέλος. — 22, 13 ἐγὼ τὸ Α καὶ τὸ Ω, ὁ πρῶτος καὶ
ὁ ἔσχατος, ἡ ἀρχὴ καὶ τὸ τέλος. Daß diese feste Formel, die offenbar
an einen den Lesern geläufigen Begriff anschließt, nicht einfach aus
Jesaias 44, 6: ἐγὼ ὁ πρῶτος καὶ ἐγὼ μετὰ ταῦτα zu erklären ist,
wie das unsere Theologen immer wieder versuchen, wird man Boll
(Sphaera 471) ohne weiteres zugeben. Die Formel ist in der hellenistischen Theologie geprägt, wahrscheinlich für den Gott, der in
den verschiedenen Abschnitten des αἰών oder den verschiedenen
αἰῶνες derselbe ist. Die zeitliche Vorstellung überwiegt; aber auch
die räumliche ist nicht ganz verdunkelt: der παντοκράτωρ trägt die
sieben Sterne, welche die δίνησις τῶν σφαιρῶν bewirken, in seiner
Hand (1, 16; 2, 1; 3, 1: ὁ ἔχων τὰ ἑπτὰ πνεύματα τοῦ θεοῦ καὶ τοὺς
ἑπτὰ ἀστέρας). Selbst die Erinnerung an eine Verbindung dieser
Lehre mit der Kosmogonie ist noch wirksam; die ἀρχή ist zugleich
die ἀρχὴ τῆς κτίσεως τοῦ θεοῦ. Es ist nicht wunderbar, daß ˙gerade
hier die Buchstabenmystik mit eingreift, und es ist nicht gleichgiltig,
daß hier hellenistische Formeln benutzt sind. Denn die ganze christliche Einführung dieser Vision ist durchaus nach hellenistischem
Muster gemacht.

Kann ich so weit Bolls Ausführungen nur ergänzen und bestätigen, so muß ich ihm in einem für mich prinzipiell wichtigen
Einzelzuge widersprechen. Boll behauptet, aus unsern Stellen habe
der Gnostiker Markos sein oben erwähntes System sich gebildet,

---

bei Lactanz VII 18, 4: ὁ κύριος καὶ πατὴρ καὶ θεὸς καὶ τοῦ πρώτου καὶ ἑνὸς
θεοῦ δημιουργός). Die Bezeichnung des δεύτερος θεός ist ὁ εἷς. Die Verbindung
mit dem Judentum bringt es mit sich, daß die auf ihn gestellten hellenistischen
Eulogien in der Regel auf den Vater, daneben aber auch auf den Sohn übertragen werden, wie z. B. in den gleich zu besprechenden Stellen der Apokalypse.

nach welchem das Haupt der Ἀλήθεια durch A und Ω bezeichnet
wird. Aber in der Apokalypse liegt der ganze Ton auf dem Begriffe ἀρχὴ καὶ τέλος (Gesamtheit, πλήρωμα). Man braucht nur an
den Gott αεηιουω zu denken, um sich das sinnlich anschaulich zu
machen. Dagegen will das System, dem Markos und andere folgen,
nur den Wert der κεφαλή oder ἀρχή[1]) betonen; das A καὶ Ω würde
auf Christus angewendet bei ihm nur bedeuten: Christus ist das
Haupt der Welt oder der Gemeinde. Gewiß ist das eine noch verwandte Vorstellung, die sich leicht ebenfalls in der hellenistischen
Mystik verfolgen ließe; aber sie knüpft nicht mehr an die zeitliche
Vorstellung vom Αἰών und darf aus dieser nicht hergeleitet werden.
Wo wir für eine gnostische Lehre im Hellenismus Ausgangspunkte
finden können, ist es methodisch falsch, Anlässe in den Schriften des
Neuen Testamentes zu suchen.

Man muß sich m. E. diese allgemein verbreiteten Anschauungen
vom Aion und den Aionen gegenwärtig halten, um jene befremdliche
Stelle des Galaterbriefes (4, 10) zu verstehen, in welcher Paulus
gegen einen wirklichen Kult der στοιχεῖα oder Engel eifert und zur
Begründung doch nur anführt: ἡμέρας παρατηρεῖσθε καὶ μῆνας καὶ
καιροὺς καὶ ἐνιαυτούς. Wer mit den Verfassern der Handkommen-
tare nur an die Beobachtung bestimmter Festzeiten denkt[2]), sollte
wenigstens erklären, warum Paulus das Unwürdige einer derartigen
„Knechtschaft" so mächtig betont. Etwas weiter führen die jüdischen

---

1) Beides fließt ja von selbst ineinander über; ich darf an die bekannten
orphischen Verse Ζεὺς πρῶτος γένετο, Ζεὺς ὕστατος ἀρχικέραυνος, Ζεὺς κεφαλή,
Ζεὺς μέσσα, Διὸς δ' ἐκ πάντα τέτυκται nur erinnern. Sie sind natürlich nicht
aus ägyptischem Empfinden geflossen, können aber sehr wohl auf die hellenistische Formulierung der Äonenlehre mit eingewirkt haben.

2) Daß der Gedanke an sie mitwirkt, bestreite ich nicht (vgl. das Κήρυγμα
Πέτρου oben S. 74 A.). Aber auch in Kol. 2, 16 ff., wo er stärker hervortritt,
genügt er zur Erklärung nicht. Die Berufung darauf, daß die Christen der
Welt abgestorben sind, hat nur Sinn, wenn es sich bei dem Dienst der
στοιχεῖα τοῦ κόσμου im wesentlichen um das äußere Ergehen handelt, die
astrologische Grundanschauung also ganz durchgedrungen ist. Unlöslich ist
dem Verfasser mit ihr weiter das jüdische Gesetz verbunden (μὴ ἅψῃ, μηδὲ
γεύσῃ, μηδὲ θίγῃς). Mit der Befreiung von der εἱμαρμένη durch Christus hängt
die Befreiung von ihm zusammen. Auch in dem Galaterbriefe bilden 4, 12—20
nur eine Einlage, veranlaßt durch das Wort φοβοῦμαι ὑμᾶς, μήπως εἰκῇ κεκο-
πίακα εἰς ὑμᾶς und knüpft die Erwähnung der „Knechtschaft unter dem Gesetz" an die Erwähnung der „Knechtschaft unter den στοιχεῖα".

Planetengebete, die Schrift Salomos an seinen Sohn Rehabeam, die
Aufzählungen der Tage des Mondes und ähnliche unbeachtete Apokrypha, die genau den heidnischen Zaubervorschriften entsprechen
und uns zeigen, daß man wie für jede Kulthandlung und jedes Gebet, so auch für alles praktische Beginnen die Herrschaft eines bestimmten Sterns und Engels, also einen bestimmten Zeitpunkt ab-
warten zu müssen glaubte. Aber auch dies genügt zur Erklärung
schwerlich. Wir müssen uns erinnern, daß der Grund hierfür ja
nur ist, daß Planeten, Tierkreiszeichen u. s. w. als wirkliche Götter
oder Engel empfunden werden und sich mit ἡμέρα, μήν, ἐνιαυτός
bestimmte religiöse Vorstellungen verbinden, die ich oben zu erläutern
mich mühte. So wird unvermerkt aus dem einfachen παρατηρεῖϲθε
fast ein ϲέβεϲθε[1]): das ist die Knechtschaft. —

Hieraus folgt m. E. zunächst, daß es durchaus verfehlt wäre,
aus der Zahl der Aionen oder Archonten in den gnostischen Systemen
chronologische Schlüsse zu ziehen. Ob ein System deren zwölf oder
dreißig oder dreihundertfünfundsechzig annimmt, ist gleichgiltig, da
die zu Grunde liegenden Vorstellungen im Heidentum wie Judentum
beträchtlich über die Zeit des Paulus hinaufreichen.

Es folgt aber, wenn wir nun endlich auf die Buchstabenmystik
zurückschauen, noch ein Weiteres. Nicht nur der ägyptische Zauber
kennt einen Gottesnamen von sieben, von neun, von vierzehn oder
fünfzehn, von vierundzwanzig, von dreißig und sechsunddreißig Buchstaben u. s. w., sondern auch die jüdische Mystik schwelgt in derartigen Zahlenspielen. Es wird, wenn wir bisher den innigsten Zusammenhang zwischen beiden gefunden haben, unmöglich sein, für
die gleiche Erscheinung im Judentum eine andere Erklärung zu
suchen. Es ist ein Stück jenes jüdischen Gnostizismus und mit ihm
im wesentlichen aus dem hellenistischen übernommen. —

Als die Buchstabenmystik, deren Ausbildung erst im Hellenis-

---

1) Für die καιροί darf ich mich darauf berufen, daß im späteren Judentum Michael und Gabriel die Engel des Winters und Sommers sind (vgl. S. 280 A. 4),
und daß schon im Buche Henoch, wie Dr. Burkhardt in Magdeburg mir zeigte,
die Tagesengel nach dieser Scheidung der beiden Jahreszeiten geteilt sind. —
Es ist lehrreich, wie stark noch Valentinus (bei Irenaeus I 1, 3) die Verbindung
der Begriffe ἐνιαυτός und ὥρα mit dem Aionbegriff empfindet. Daß in diesen
Kreisen auch das Wort αἰών für ἐνιαυτός gebraucht wird, zeigte die Naassener-
predigt S. 86 A. 1.

mus möglich war, von ihrer eigentlichen astrologischen und theologischen Begründung unabhängig geworden war, mußten sich die
rein grammatischen Kategorien auch auf sie ausdehnen. Die Vokale
hatten unter der Einwirkung des Neupythagoreismus und der Lehre
von der Harmonie der Sphären schon im zweiten Jahrhundert v. Chr.
eine besondere Stellung eingenommen; es folgte, daß die Scheidung der
Konsonanten in *Mutae* und *Semivocales* religiös verwertet wurde. Wir
finden dies bei Markos, welcher die neun *Mutae* dem πατήρ und der
ἀλήθεια, die acht ἡμίφωνα dem λόγος und der ζωή, die sieben Vokale
dem ἄνθρωπος und der ἐκκλησία zuschreibt.[1]) Wieder folgte das
Judentum mit einer ähnlichen Dreiteilung nach, die sich freilich ge-
schickter an die kosmische Bedeutung dieser στοιχεῖα anschmiegte. Das
System bietet das an sich erheblich spätere Buch Sefer Jezirah, dem
ich nach Karppe (*Origines du Zohar* 139) folgende Auszüge entnehme: *Par 32 voix mystérieuses de Sagesse, Yah Yehovah Zebaoth
.... a tracé et créé son monde en trois livres, le livre proprement
dit, le nombre et la parole. Dix Sefiroth sans rien et 22 lettres, dont
trois lettres fondamentales, sept lettres doubles et douze lettres simples.*
Die zehn Sefiroth, an Zahl den Fingern und den zehn Grundzahlen
entsprechend, scheiden für unsere Betrachtung aus. Es bleiben die
zweiundzwanzig Buchstaben, die, wie wir es erwarten mußten, zunächst
als στοιχεῖα, als Urstoffe, aber auch als Teile des Himmelsraumes und
der Schöpfung erscheinen: *Vingt-deux lettres fondamentales; il les a
tracées, taillées, multipliées (combinées), pesées, interverties et il en a formé
toutes les créatures et tout ce qui est à créer dans l'avenir. — — Vingt-deux*

---

1) Irenaeus I 14, 5. Sie sind ihm dabei ἀπόρροιαι εἰκονικαί der drei δυνάμεις,
also wirklich göttliche Wesen. Die gesamte Anschauung ist rein ägyptisch.
Die Schöpfung vollzieht sich durch das Wort, oder vielmehr sie ist das Wort.
Welt und Mensch bestehen aus lautlichen στοιχεῖα; der ἦχος der sieben Vokale
(der Name des Weltschöpfers Thot, d. h. er selbst) steigt zur Erde nieder und
vollzieht die διακόσμησις; aus der Eins wird die Zwei, aus der Zwei die Vier,
wie in der altägyptischen Inschrift über die Ὀγδοάς (oben S. 54). Sehr deutlich tritt die Grundanschauung noch in den Zauberformeln zu Tage, die Nesto-
rios auf Grund göttlicher Offenbarung zusammenstellte und die sich zunächst
nur in seiner Familie vererbten (vgl. Proklos Zur Republik II 64 Kroll,
Zeller, Philos. d. Griechen III⁴ 2 S. 808). Die Buchstabenreihen sind Gebetsformeln, d. h. sie geben die Namen der Götter oder den im Einzelfalle anzu-
rufenden Namen des Gottes; die Vokale bedeuten die Planeten, die Konsonanten die Tierkreiszeichen. Näheres wissen wir nicht.

lettres comme le fondement fixées à la sphère comme un mur par 231
*portes; la sphère se meut devant, derrière. Signe de la chose: rien
n'est supérieur en bien à Oneg et rien n'est supérieur en mal à Nega.*
Sie werden zerlegt in drei Gruppen: 1) drei Wurzelbuchstaben,
Aleph, Mem, Schin, die drei Grundprinzipien in der Natur; 2) sieben
Doppelbuchstaben, Bet, Gimel, Dalet, Kaf, Pe, Resch, Tau; sie nehmen
aspiriert eine andere Aussprache an und klingen danach hart oder
weich, stark oder schwach; ihnen entsprechen die sieben Welten,
die Himmel, die Planeten, die Tage der Woche, aber auch Weisheit
und Torheit, Reichtum und Armut, Fruchtbarkeit und Unfruchtbar-
keit, Leben und Tod, Herrschaft und Knechtschaft, Frieden und
Krieg, Anmut und Häßlichkeit; 3) zwölf einfache Buchstaben He,
Wau, Zajin, Chet, Tet, Jod, Lamed, Nun, Samech, Ajin, Zade, Qof;
ihnen entsprechen die zwölf Himmelsregionen, Zeichen des Tierkreises
und Monate, aber auch Rede, Gedanken, Gang, Gesicht, Gehör,
Handeln, Fortpflanzung, Geruch, Schlaf, Zorn, Ernährung, Lachen.[1])
Auch die Teile des menschlichen Leibes werden den Buchstaben
gleichgesetzt. Der κόсμος, das Jahr, der Mensch, sie alle beweisen
die Herrschaft dieser 22 Buchstaben (Karppe S. 156 ff., vgl. oben S. 261).
Für eine Rückübertragung ins Griechische bezw. Griechisch-
Ägyptische bot dies System den Vorteil, daß die Zahlen der Tierkreiszeichen oder Stunden und der Planeten in den einfachen und doppelten Buchstaben von selbst gegeben waren.[2]) Nur für die drei
lettres fondamentales galt es neue Begriffe zu suchen; aber die Hermetische Theologie hatte ja die drei Begriffe φῶς, ζωή und ἀγαθόν
als Wesen der Gottheit festgestellt; sie gaben die Ergänzung. Es
ist nur eine Vermutung, aber eine Vermutung, die sich mit meiner
Annahme einer beständigen Wechselwirkung jüdischer und hellenistischer Spekulation in dieser Zeit aufs engste berührt, daß das
System der XIII. (XIV.) Hermetischen Schrift auf diesem jüdischen
Zahlenspiel beruht. Die geistigen Kräfte werden in ihm in drei
Gruppen von drei, sieben und zwölf zerlegt, wobei freilich die zwölf

---

1) Wieder sind es die stoischen Seelenteile in beliebiger Erweiterung,
vgl. oben S. 52 A. 3.

2) Auch daß die sieben doppelten stärker sein müßten als die zwölf
einfachen, ließ sich ohne weiteres folgern. Das ist in dem Hermetischen Stück
dann durch das Spiel mit der Zehnzahl verdunkelt, die freilich auch im Sefer
Jezirah ihr Gegenbild hat.

bösen den zehn guten gegenüberstehen.[1]) Ist diese Annahme richtig, so ist für das Sefer Jezirah zugleich eine hellenistische, bis ins zweite Jahrhundert n. Chr. hinaufreichende Urquelle erwiesen. —

Es ist ein an sich unbedeutender Einzelzug, den ich hier verfolgt habe; aber vielleicht läßt gerade er das wunderliche Getriebe dieser Religionsbildungen am besten erkennen und zeigt an einem Einzelbeispiel, welche schöpferischen Kräfte das eindringende Griechentum in dem religiösen Denken des Orients entfesselte.

Beigabe III.

Amulette.

Die Zauberpapyri mit der handschriftlich erhaltenen Literatur, den Hermetischen cτῆλαι[2]), den apokryphen Schriften auf den Namen des Salomon, endlich den φυλακτήρια zu vergleichen, um die Kontinuität dieser Art Literatur zu erweisen, wäre eine dankenswerte, doch den Rahmen dieses Buches übersteigende Aufgabe. Einen gewissen Eindruck habe ich mir auf zwei kürzeren Reisen nach Paris und Italien zu verschaffen gesucht, und wenigstens eine kleine Anzahl von φυλακτήρια möchte ich hier mitteilen, die dem Leser den Übergang dieser Literatur vom Heidentum ins Judentum und von diesem ins Christentum zur Anschauung bringen können.[3])

---

1) Wenigstens erwähnen muß ich, daß auch bei Valentinus zehn δυνάμεις in einer freilich ganz anderen Weise zwölf anderen entgegengestellt sind; aus Λόγος und Ζωή stammen die zehn, aus Ἄνθρωπος und Ἐκκλησία die zwölf. Durch die Ogdoas der ursprünglichen Äone werden sie zu dreißig ergänzt. Man erkennt eine aus dem Judentum übernommene mystische Bedeutung der Zahl Zweiundzwanzig, verbunden mit der ägyptischen Spekulation über die Ogdoas und mit der astrologischen Hervorhebung der Zahl Dreißig.

2) Daß in einzelnen späten Iatrosophien das Wort cτῆλη kurzweg Rezept heißt, erwähne ich beiläufig.

3) Eine Sammlung von φυλακτήρια bietet Vassiliev, *Anecdota Graeco-Byzantina* I 323 ff. Der von mir im folgenden hauptsächlich benutzte *Parisinus graec.* 2316 (XV. Jahrhundert) scheint nach mancherlei Anzeichen in Kleinasien oder auf den griechischen Inseln entstanden. Zum Vergleich füge ich ein jüdisches Amulett von einer Berliner Zauberschale aus Mesopotamien bei

19*

Ich beginne mit einem literarisch interessanten φυλακτήριον des *Paris.* 2316, Blatt 316ʳ:

I (1) Φυλακτήριον τοῦ δούλου τοῦ θεοῦ ὁ δεῖνα.[1]) εἰc cκέπαcιν καὶ φρούρηcιν τοῦ δούλου cου ὁ δεῖνα, ὕμνοc ἀρχαγγελικόc, ὃν ἔδωκεν ὁ θεὸc τῷ Μωυcῇ ἐν τῷ ὄρει Cινᾷ καὶ εἶπεν αὐτῷ· λαβὲ φόρεcον τὸν ὕμνον τοῦτον καὶ ἔcει ἄφοβοc ἀπὸ πάντων τῶν δαιμονίων φανταcμῶν· καὶ φίλει δὲ ἀναγινώcκειν ὁ ἔχων τοῦτο τὸ φυλακτήριον ἐπὶ τῷ ὀνόματι τοῦ πατρὸc καὶ τοῦ υἱοῦ καὶ τοῦ ἁγίου πνεύματοc· βελὼν θαβὼρ ἀκανθὰ ναμελὰ λαμβαλὰ ἀριμιcαὶ βιcααcμὰ ἀναλοὺμ

(R. Stübe, Jüdisch-Babylonische Zaubertexte, Halle 1895, S. 23 ff.): „Dies ist ein Schutzmittel, um fernzuhalten Zaubereien und Gelübde und Flüche und (magische Künste) und Verwünschungen und (Bannsprüche?) von Abba bar Barkita [gerichtet] gegen Imi bath Ribķa, gegen Lili und Mar, die Kinder der Imi, und gegen alle, die sie beschwören. Ich beschwöre euch bei den heiligen Engeln und im Namen des Metatron .... Hadriel und Nuriel und Uriel und (Sasgabiel?) und Haphkiel und Mehaphkiel — dies sind die sieben Engel, welche gehen und umwandeln Himmel und Erde und Sterne und den Tierkreis und den Mond und das Meer — daß ihr geht und euch wegwendet(?), böse Zauberkünste und mächtige Beschwörungen und Gelübde und Flüche und magische Handlungen und Verwünschungen und Bannungen, welche sind im Hause und im Körper und im Leibe des Abba bar Barkita, damit ihr fortgeht und euch wegwendet gegen alle, die sie beschwören. Geschwind! Geschwind!" Wie hier das ἤδη ἤδη, ταχὺ ταχύ des ägyptisch-griechischen Zaubers wiederkehrt, eine Schlußformel, die auch in national-ägyptischen Zaubertexten vorkommt, so erinnert an die Zauberpapyri das im weiteren Verlauf begegnende Spiel mit dem Gottesnamen, die Hereinziehung der γνῶcιc („daß ich erstaune über die Geheimnisse der Erde und Einsicht gewinne in ...") und manches andere. Der folgenden griechischen Texte halber hebe ich noch heraus: „Gehet fort und entweicht von Abba bar Barkita und gehet fort auf jeden, der sie beschworen hat, und auf sein Haus und auf seine Wohnstätte und auf seine Schwelle(?) — — Und im Namen des Gabriel und Michael und Raphael und im Namen des ʼAniel, welche stehen hinter den Rädern der Sonne, und im Namen des Zukiel und Perakiel und Berakiel und ʼArkiel, die Dienste tun vor dem erhabenen Thron Gottes, deren Herrschaft auf der Erde und deren Macht an der Himmelsveste ist. Sie mögen entfernen und vernichten und verscheuchen und verbannen alles, was böse ist aus [dem Körper des] Abba bar Barkita und aus den 248 Gliedern ..." — Der ägyptische Zauber wirkt nach Mesopotamien herüber wie die ägyptische Mystik.

1) Geschrieben δ̄, also wie in den Papyri; unverstanden, daher nicht flektiert. Die orthographischen Nachlässigkeiten des jungen Schreibers habe ich im folgenden stillschweigend verbessert.

ϲελεὲμ διὰχ βαραχαθὼν βιβαθὰ χαχοὺλ ἀβαβουβὰρ Ἀδοναὲ κύριε¹) —
καὶ ἐπικαλεῖϲθαι τὸ ὄνομα τοῦ μεγάλου θεοῦ καὶ λέγειν· ὁρκίζω
ὑμᾶϲ, πᾶν πονηρὸν πνεῦμα καὶ πᾶν ϲῆμα²), φεῦγε ἀπὸ τὸν δοῦλον
τοῦ θεοῦ ὁ δεῖνα τὸν βαϲτάζοντα τὸ φυλακτήριον τοῦτο καὶ ἀπὸ τὸν
οἶκον αὐτοῦ καὶ ἀπὸ τὰ τέκνα αὐτοῦ, ὁποῖον δαιμόνιον τυγχάνοι,
εἴτε θῆλυ εἴτε ἄρϲεν εἴτε ἀνεμοδιτικὸν ἢ ἐν τῷ ὕδατι πορευόμενον.
ἐκεῖνον γὰρ τὸν θεὸν ὁρκίζω ὑμᾶϲ, πονηρὰ πνεύματα καὶ ἀκάθαρτα,
τὸν ἐπιβλέποντα ἐπὶ τὴν γῆν καὶ ποιῶν (ϲο) αὐτὴν τρέμειν, τὸν
Ἀδοναέ, τὸν Θωδοναήλ³), τὸν Ἀλαέθ, τὸν φοβερὸν Σαβαώθ, τὸν Βα-
ραήθ, τὸν Ἀδεήθ, τὸν Ἐμανουήλ⁴) καὶ τοὺϲ ἁγίουϲ ἀγγέλουϲ, ὧν τὰ

---

1) Vgl. Dieterich, Abraxas 202, 31 in der Aufzählung der Gottesnamen:
ὡϲ δὲ Μωυϲῆϲ ἐν τῇ Ἀρχαγγελικῇ αλδα ζαω βαθαμμαχωμ ηβαδααμ αχωρ ριζ ξαη
ωκεων πνεδ μεωυψ ψυχ φρωχ φερφρω ιαοχθω (oben S. 56 und 14 A. 1). Die
Einwirkung derselben Schrift sehen wir in einem ägyptischen Zauber, den
Dieterich, Jahrb. f. Phil. Supplem. XVI 760 behandelt hat; er findet sich im
Pap. Berol. II 101 ff. (Abh. der Berl. Ak. 1865 S. 153): εἰϲ Μωυϲέω ϲὺ ἄρ'
ἐφάνηϲ τῇ ἀληθείᾳ — ἐγώ εἰμι ὁ δεῖνα, ὅϲτιϲ ϲοι ἀπήντηϲα καὶ δῶρόν μοι ἐδωρήϲω
τὴν τοῦ μεγίϲτου ϲου ὀνόματοϲ γνῶϲιν, οὗ ἡ ψῆφοϲ ... und in Verkürzung im
Pap. Leid. V III 19 (Dieterich, ebenda 799): ἐγώ εἰμι ᾧ ϲυνήντηϲαϲ ὑπὸ τὸ
ἱερὸν ὄροϲ καὶ ἐδωρήϲω τὴν τοῦ μεγίϲτου ὀνόματόϲ ϲου γνῶϲιν, ἣν καὶ τηρήϲω
ἁγνῶϲ, μηδενὶ μεταδιδοὺϲ εἰ μὴ τοῖϲ ϲοῖϲ ϲυνμύϲταιϲ εἰϲ τὰϲ ϲὰϲ ἱερὰϲ τελετάϲ.
Der Judengott ist hier mit dem ägyptischen Sonnengott Horus (ἀρϲαμῶϲιϲ vgl.
oben S. 26 A. 1) identifiziert. — Etwas anders gewendet ist die Vorstellung in
einem anderen φυλακτήριον, Blatt 318 der Pariser Handschrift: τοῦτο τὸ φυλακτήριον ἐδόθη τῷ Μωυϲῇ ἐν Αἰγύπτῳ· ὕϲτερον ἐδόθη τῷ βαϲιλεῖ Σολομῶντι
τοῦ (τῷ Cod.) ὑποτάξαι πᾶν ἀκάθαρτον πνεῦμα, ἀϲθενίαν, βαϲκανίαν, φοβεριϲμόν,
φρυακιϲμόν, ῥῖγοϲ καὶ ῥιγοπυρετόν, τριταῖον καὶ τεταρταῖον, ἢ καθήμενον ἢ ϲυναν-
τήματος ἢ ἐπιβουλίαϲ ἀερίου ἢ καταχθόνιον ἢ πελάγιον (? πελγόριον Cod.?) ἢ μα-
γευόμενον ἢ ἄλαλον ἢ λαλοῦντα ἢ ἐπιληπτικὸν ἢ πρόϲχημα ἢ ἄρπαξ ἢ κόραξ (ϲο;
ὁ μέλαϲ heißt der Dämon schon in den Papyri).

2) In dem Grabmal wohnt der Dämon, so wird ϲῆμα vielleicht auch für
ihn gebraucht. — Die christliche Überarbeitung hebt sich in diesem Stück besonders leicht ab; ihr gehört hier: καὶ φίλει δὲ ἀναγινώϲκειν ... τοῦ ἁγίου
πνεύματοϲ καὶ ἐπικαλεῖϲθαι τὸ ὄνομα τοῦ μεγάλου θεοῦ καὶ λέγειν.

3) Verbindung von Θώτ und Ἀδοναήλ (vgl. unten S. 298)? Ich gebe im
folgenden die Engelnamen, auch wenn sie verdorben sind, nach der Überlieferung und stelle nicht einmal Ἀβραϲάξ her. Das nützliche *Vocabulaire de
d'angeologie d'après les manuscrits hébreux de la Bibliothèque Nationale* von
Schwab (*Mémoires de l'Académie des Inscriptions et belles lettres, div. sav. sér.* I 10)
bedürfte nach dieser Seite gewiß einer Ergänzung; aber nur ein Fachmann
könnte auf Grund vollständigen Materials sie geben.

4) Sieben Gottesnamen.

ὀνόματα οὐκ εἶπε φερετὰ ἀκούειν, τὸν Γαβριήλ, τὸν Μιχαήλ, τὸν Οὐριήλ, τὸν Ῥαφαήλ, τὸν Σαμισαήλ, τὸν Ἱεραμουήλ, τὸν Ἀβρασόν, τὸν Ξεναήλ, τὸν Ἀρκαφαήλ, τὸν Ἀχαήλ, τὸν Cαφουήλ, τὸν Ἀβρισήλ, τὸν Ἐμουήλ, τὸν Ἀρμόν, τὸν Ζηχαήλ, τὸν Μεθοδὴμ καὶ τὸν Βρυζαήλ cὺν τῷ ὀνόματι τοῦ μεγάλου θεοῦ, ὁ (τὸ Cod.) ὢν καὶ προῆν καὶ μένων εἰc τοὺc αἰῶναc τοὺc ἀπεράντουc καὶ ἀτελευτήτουc[1]), τοῦ μὴ ἀδικῆcαι ἢ βλάψαι ἢ προcεγγίcαι τὸν δοῦλον τοῦ θεοῦ ὁ δεῖνα τὸν βαcτάζοντα τὸ φυλακτήριον τοῦτο ἢ τὴν οἰκίαν αὐτοῦ ἢ τοὺc ἀμπε-λῶναc αὐτοῦ ἢ τὰc χώραc ἢ τὰ κτήνη, ἀλλ' ἵνα ἀπέλθατε ἐν ἀγρίοιc ὄρεcιν καὶ ἐκεῖcε φυγαδευθήcετε (so)[2]), εἰc τὸ ὄνομα τοῦ πατρὸc καὶ τοῦ υἱοῦ καὶ τοῦ ἁγίου πνεύματοc, τῆc τριcυποcτάτου θεότητοc. (2) ὁρκίζω ὑμᾶc τὰ πονηρὰ καὶ ἀκάθαρτα πνεύματα τὰ διοδιτικά, τὰ τριοδιτικά, τὰ ἑcπερινά, τὰ νυκτερινά[3]), εἰc τὸν θεὸν τὸν μέγαν càc (so) ὁρκίζω καὶ κατὰ τοῦ υἱοῦ αὐτοῦ τοῦ cταυρωθέντοc ὑπὲρ ἡμῶν ἐπὶ Ποντίου Πιλάτου, τοῦ ἐντειλαμένου ποιῆcαι τὴν κιβωτὸν τῷ Νωὲ διὰ τὸ μὴ ἀφανιcθῆναι τὸ ἀνθρώπινον γένοc[4]), ὁρκίζω ὑμᾶc εἰc τὸν θεὸν τὸν μέγαν καὶ ὑψηλόν, ὃν παρίcτανται μυριάδεc ἀγγέλων καὶ λειτουργοῦcιν αὐτῷ, Χερουβίμ, ἀρχαί, ἐξουcίαι, θρόνοι, κυριότητεc, ἑξαπτέρυγα, πολυόμ-ματα, καὶ αἱ δυνάμειc[5]), καὶ τὸ ἅγιοc ἅγιοc ἅγιοc ἀκαταπαύcτῳ φωνῇ ἀνα-

---

1) Vgl. Offenb. Joh. 1, 8: ὁ ὢν καὶ ὁ ἦν καὶ ὁ ἐρχόμενοc (?).

2) Vgl. Matth. 12, 43: ὅταν δὲ τὸ ἀκάθαρτον πνεῦμα ἐξέλθῃ ἀπὸ τοῦ ἀν-θρώπου, διέρχεται δι' ἀνύδρων τόπων ζητοῦν ἀνάπαυcιν καὶ οὐχ εὑρίcκει. Das Verbannen der bösen Geister in die Wüste begegnet mehrfach in diesen Amu-letten.

3) Die Dämonen der Kreuzwege stammen direkt aus dem antiken Zauber. Wie treu sich die äußeren Formen desselben halten, zeigt auch ein Gebet auf Blatt 435 derselben Handschrift: ἐάν τιc ἄνθρωποc ἔδηcεν ἢ ἐκατέθηκεν ἢ ἐφαρ-μάκωcεν ἢ θήκαc (ἔθηκαc Cod.) αὐτὰ (die Fluchtafeln und dergl.) ἐν τοῖc θεμε-λίοιc τοῦ οἴκου αὐτῶν ἢ ἐν εἰcόδοιc ἢ ἐν ἐξόδοιc ἢ ἐν θυρίδι ἢ ἐν κοίτῃ ἢ ἐν κοιτῶνι ἢ ἐν κοπρίᾳ ἢ ἐν ὕδατι ἢ ἐν διοδίᾳ ἢ ἐν τριοδίᾳ ἢ ἐν ὄρεcιν ἢ ἐν cπη-λαίοιc ἢ ἐν τάφοιc ἢ ἐν ἐρήμοιc τόποιc, ἢ ὅπου εἰcὶν τὰ φάρμακα ἢ ὅπου κεῖται ἡ κατάθεcιc τῶν φαρμάκων, καὶ πάντα τὰ πονηρὰ πνεύματα καὶ cυναντήματα, ἐξέλθατε καὶ ἀναχωρήcατε ἀπὸ τῶν δούλων τοῦ θεοῦ ὁ δεῖνα ἀπὸ πάcηc εἰcόδου καὶ ἐξόδου αὐτῶν ἀπὸ τῆc ὥραc ταύτηc καὶ ἀπέλθατε ἐπὶ τὰc τῶν ποιηcάντων κεφαλὰc καὶ cυνειδότων, εἴτε ξένοc ὑπῆρχεν εἴτε ἴδιοc ἢ πάροικοc ἢ παροδίτηc, ἢ μάγοc ἢ μάγιccα. Weiter vgl. S. 164 A. 1. Das Gebet stammt aus dem VI. bis VII. Jahrhundert.

4) Vgl. über Noah als Typus des Erretteten oben S. 113.

5) Die einfache Formel des astrologischen Mystizismus: ὃν τρέμουcιν ἄγγελοι, ἀρχάγγελοι, θρόνοι, κυριότητεc, ἀρχαὶ καὶ ἐξουcίαι findet sich in einem anderen φυλακτήριον Blatt 320ʳ.

κράζουσιν, ὁρκίζω ὑμᾶς τὰ ἐνακόσια ἑξήκοντα πνεύματα τῆς ἐκκλησίας
τοῦ πονηροῦ τὰ ὁμόσαντα τῷ βασιλεῖ Σολομῶντι[1]), ὅτε ἀπέκλεισεν
ὑμᾶς εἰς τὰς χαλκᾶς ὑδρίας διὰ τοῦ ἀρχαγγέλου Γαβριὴλ[2]) τοῦ ἔχοντος τὴν ἐξουσίαν ἐπὶ τῆς Βασκανίας, τὰς πηγὰς Ξηραινούσης (ξηραί-
νοντας Cod.) καὶ τὰ ὕδατα κατακλειούσης (κατακλύουσιν Cod.) καὶ
ψυχὰς κακουχούσης (Keil, κακωχούσιν Cod.) καὶ θυμῷ θανατούσης (θανά-
τωσον Cod.)· καὶ ὥρκισεν αὐτὴν ὁ ἀρχάγγελος θεοῦ παντοκράτορος
οὕτως· ὁρκίζω σε Βασκανία εἰς τὸν θεὸν τὸν μέγαν, ὃν οἱ οὐρανοὶ
τρέμουσιν, γῆ ξηραίνεται καὶ σαλεύεται, ἄστρα πίπτουσιν, ὁ ἥλιος σκο-
τισθήσεται ἀπὸ τῆς φοβερᾶς ὀργῆς αὐτοῦ[3]), ἵνα φοβηθῇς καὶ δεθῇς
κἀκεῖσε (Keil, κακίσε Cod.) Βασκανία μετὰ τῶν ὑπὸ σὲ πονηρῶν πνευμάτων ἀπὸ τὸν δοῦλον τοῦ θεοῦ ὁ δεῖνα τὸν βαστάζοντα τὸ φυλακτήριον
τοῦτο καὶ ἀπὸ τὸν οἶκον αὐτοῦ καὶ ἀπὸ τῶν τέκνων [αὐτῶν] αὐτοῦ, ἵνα
ἐξάρῃς ἀπ' αὐτοῦ πᾶν ἄλγος καὶ πόνον καὶ μετώπων καὶ ὀφθαλμῶν, κἂν
στόμα, κἂν τράχηλον, κἂν ὦμον, κἂν χεῖρα, κἂν στῆθος, κἂν ψοιάν (ψυίαν
Cod.), κἂν νεφρούς, κἂν κοιλίαν, κἂν ἔντερα, κἂν καυλόν, κἂν ἕδραν (Keil,
ἄυλον κἂν ἔνδια Cod.) κἂν γόνατα, κἂν σκέλος, κἂν πόδα, κἂν ἐγκέφαλον·
καὶ ἀπὸ (ἐπὶ Cod.) τῶν τριακοσίων ἑξήκοντα πέντε ἁρμῶν καὶ ἀπὸ τῶν
εἴκοσι πέντε σπονδύλων, ἵνα ἀναχωρήσητε εἰς τὰ ἄγρια ὄρη καὶ ἐνοι-
κήσητε εἰς τὴν τοῦ ἐχθροῦ αὐτοῦ οἰκίαν καὶ ἐμφράξητε καὶ χαλινώσητε
τὸ στόμα αὐτοῦ, ἵνα μὴ δύναται κατ' ἐμοῦ λέγειν τι.[4]) εἰς ἐκεῖνον

---

1) Der Eid wird auf einem Papyrus des IV. Jahrhunderts (Wessely,
Denkschr. d. K. K. Akad. 1893 S. 66 Z. 28) erwähnt; ebenso z. B. in einem
andern φυλακτήριον des *Parisinus* 2316 Blatt 318ᵛ: ὁρκίζω ὑμᾶς τὰ μύρια
ἐνακόσια ἐνενήκοντα ὀνόματα (vgl. oben S. 17 A. 6) ἅτινα ὠμόσατε τῷ βασιλεῖ
Σολομῶντι, ὅτι ὅπου δὰν ἀκούσωμεν τὸ ὄνομα κυρίου Σαβαώθ, φευξόμεθα
ἀπὸ τῶν ἐκεῖσε. Σολομὼν δὲ λαβὼν σοφίαν παρὰ θεοῦ ἔκλεισεν αὐτὰ εἰς ὑδρίας
τὰς χαλκᾶς καὶ ἐσφράγισεν αὐτὰς τῷ ὀνόματι τοῦ θεοῦ (vgl. Vassiliev a. a. O.
332. Hier sind es 19999 böse Geister).

2) Gabriel ist hier wie öfters willkürlich für Michael eingesetzt. Auf
dieselbe Fassung spielt das jüngere Amulett Vassiliev 333 an. Benutzt ist eine
Schrift Salomos, deren Gebrauch in Ägypten schon Zosimos bezeugt (Berthelot,
La chimie au moyen âge II 265). Sie hieß „die sieben Himmel" (Hechaloth?),
erzählte aber auch die Bannung der Dämonen· in sieben ὑδρίαι.

3) Vgl. Ev. Matth. 24, 29; Nahum 1, 4; Joël 3, 15, sowie Dieterich, Jahrb.
f. Phil. Supplem. XVI 774, Abraxas 140.

4) So in einem andern Amulett Blatt 314ᵛ: φυλακτήριον τοῦ ἀνθρώπου
καὶ τοῦ οἴκου (vgl. oben S. 30). φυλακτήριον τοῦ δούλου τοῦ θεοῦ τοῦ δεῖνα ἀπὸ
παντὸς πονηροῦ πράγματος. κύριε, βοήθησον τὸν δοῦλόν σου ὁ δεῖνα τῷ ἔχοντι
τὸ φυλακτήριον τοῦτο ἀπὸ γλώσσας ἀνθρώπων κακῶν ἢ ψεύδους ἢ καταλαλιὰν ἢ
μαγείαν ἢ συκοφαντίαν καὶ πᾶσαν ἐναντίω⟨σι⟩ν ἀπὸ τὸν δοῦλον τοῦ θεοῦ ὁ δεῖνα,

τὸν θεὸν ὑμᾶς ὁρκίζω τὰ πονηρὰ καὶ ἀκάθαρτα πνεύματα τὸν χαλι-
νώσαντα τοὺς λέοντας ἐν τῷ λάκκῳ τοῦ Δανιὴλ καὶ φυλάξαντα τοῦτον
ἀλώβητον, ἵνα ποιήσητε καθὼς εἶπον ὑμῖν, καὶ μὴ ἔχειν τὴν ἐξουσίαν
κατὰ τοῦ δούλου τοῦ θεοῦ ὁ δεῖνα καὶ τοῦ οἴκου αὐτοῦ καὶ τῶν
τέκνων αὐτοῦ, τὸν βαστάζοντα τὸ φυλακτήριον τοῦτο. (3) ἔτι ὁρκίζω
ὑμᾶς καὶ εἰς τοὺς ἀρχαγγέλους κυρίου Σαβαὼθ παντοκράτορος, εἰς
τὸν πρωτάγγελον Μιχαὴλ τὸν ἔχοντα τὴν ἐξουσίαν εἰς τὸ τοῦ ἀνθρώπου
πνεῦμα, εἰς τὸν Γαβριὴλ τὸν ἐπὶ τῆς χαρᾶς, εἰς τὸν [ἐπὶ τὸν] Οὐριὴλ
τὸν ἐπὶ τῆς ὑγίας, εἰς τὸν Ῥαφαὴλ τὸν ἐπὶ τῆς ἰάσεως, †Μιχαὴλ τὸν
ἐπὶ τοῦ κριτηρίου, Λουὴλ τὸν ἐπὶ τοῦ ὕπνου, Σιχαὴλ τὸν ἐπὶ τοῦ
ῥίγους καὶ πυρετοῦ, †Ῥαφαὴλ τὸν ἐπὶ τῶν πόνων καὶ ὀδυνῶν, Μελ-
χοιδὸν τὸν ἐπὶ τοῦ ὕδατος καὶ τῶν πηγῶν, Ῥαφαὴλ τὸν ἐπὶ τῶν
ποταμῶν[1]), Σαραζαὴλ τὸν ἐπὶ τῶν ὀρέων, Σαμουσαὴλ τὸν ἐπὶ ξύλου
οἰκίας (ζήλου ἠκίας Cod.) καὶ εἰς τὸν Ἐμανουὴλ τὸν υἱὸν καὶ λόγον
τοῦ θεοῦ ἡμῶν τὸν μέλλοντα κρῖναι ζῶντας καὶ νεκρούς, καὶ εἰς τοὺς
πάντας ἀρχαγγέλους τοὺς παρισταμένους ἐνώπιον τῶν θρόνων τοῦ
θεοῦ, Μιχαήλ, Γαβριήλ, Οὐριὴλ καὶ Ῥαφαήλ, Ἐνοπριήλ, Βαρναβαήλ,
[ἐπὶ] Ἰουήλ, Ταθηήλ, Μελῶν, Ἐξανκανθά, Ἀστεναήλ[2]), καὶ εἰς πάντας
τοὺς ἐπὶ τῆς (τοὺς Cod.) ὑπουργίας, ἵνα ποιήσητε καθὼς εἶπον ὑμῖν.
οἱ πάντες τοῦ θεοῦ πανάγιοι ἄγγελοι καὶ ὑπουργοὶ τῆς αὐτοῦ μεγα-
λειότητος, βοηθήσατε τὸν δοῦλον τοῦ θεοῦ ὁ δεῖνα τὸν βαστάζοντα τὸ
φυλακτήριον τοῦτο· ἀποδιώξατε πᾶν κακὸν ἀπ᾽ αὐτοῦ καὶ τὸν οἶκον
αὐτοῦ καὶ ἀπὸ τὰ τέκνα αὐτοῦ, καὶ δότε αὐτῷ νίκην κατ᾽ ἐχθρῶν
ὁρατῶν καὶ ἀοράτων. ναὶ κύριε Ἰησοῦ Χριστέ[3]), ὁ θεὸς ἡμῶν, γένοιτο
διὰ τῆς ἁγίας σου μητρὸς καὶ πάντων τῶν ἁγίων σου. ἀμήν.

Daß unser Amulett aus verschiedenen älteren Bestandteilen zu-
sammengesetzt ist, zeigt schon die Verschiedenheit der Engellehre.
Den ägyptischen Gebeten steht am nächsten der dritte Teil.
Gerade er berührt sich am engsten mit der oben (S. 18 A. 1;

ἵνα εἶναι ἄπρακτοι καὶ ἀνενέργητοι ὡς νεκροί, ὅπως μὴ ἐργάζωνται ἢ εἴπωσι ἢ
πράξωσι ἢ συκοφαντήσουσιν ἢ ἐλεύσονται λοιδορεῖν καὶ θανάσιμόν τι μὴ ἐργάσονται κατ᾽ ἐμοῦ (folgen magische Zeichen und Silben) ἢ συνδούλοις μου ⟨μήτε⟩
μεγιστᾶσι καὶ σατράπαις τι κατ᾽ ἐμοῦ δόλιον εἴπωσιν καὶ ἐργάσονται.

1) Vgl. das φυλακτήριον bei Vassiliev 343: ἄγγελος Ῥαφαὴλ ὁ ἐπὶ τὸν
ποταμὸν ἔχων τὴν ἐξουσίαν, βοήθει, dazu die Geschichte wie Rafael dem auf-
erstandenen Christus begegnet und ihn um Macht bittet. Die Zahl der Engel
ist hier zwölf.   2) Elf Namen, einer scheint ausgefallen.

3) Vgl. oben S. 29 Gebet VII 11: ναὶ κύριε Κνήφ. Um Sieg über alle
Feinde betet auch der Ägypter, vgl. S. 21 ff.

30 A. 8) charakterisierten Προσευχὴ τοῦ ἁγίου Γρηγορίου τοῦ θεολόγου. Sie zählt folgende Engel auf: Νασαήλ, ὁ ἐπὶ τῶν ὀρέων, Σαμαήλ, ὁ ἐπὶ τοῦ ποταμοῦ, Ἀφεμεήλ, ὁ ἐπὶ τοῦ οἴκου, Συχαήλ, ὁ ἐπὶ τοῦ ῥιγοπυρετοῦ, Ἰωήλ, ὁ ἐπὶ τοῦ ὕπνου, Ῥαγουήλ, ὁ ἐπὶ τῶν βοῶν καὶ τῶν προβάτων καὶ τῶν αἰγιδίων, Μελχισεδέκ, ὁ ἐπὶ τοῦ ποταμοῦ καὶ τῶν φρεάτων, Ἀγαθοήλ, ὁ ἐπὶ τῆς νίκης καὶ τῆς χαρᾶς, Φλογοθοήλ, ὁ ἐπὶ τῆς βροντῆς καὶ χαλάζης, Φαρμαχαήλ, ὁ ἐπὶ τῆς κλίνης, Σαρισαήλ, ὁ ἐπὶ τῆς εἰρήνης καὶ ἡμέρας καὶ νυκτός, Σαήλ, ὁ ἐπὶ τῶν ἀσθενούντων καὶ ὀδυνωμένων. Es folgen hierauf: οἱ παρεστῶτες ἐνώπιον τοῦ θεοῦ τοῦ παντοκράτορος Μιχαήλ, Γαβριήλ, Οὐριὴλ καὶ Ῥαφαήλ. Direkt auf diese Apokalypse beruft sich ein anderes Amulett (Blatt 436ʳ), in dem Gott angerufen wird: διὰ τῆς προσευχῆς τοῦ ἁγίου Ἰωάννου τοῦ θεολόγου[1]) καὶ Γρηγορίου καὶ διὰ τῆς σφραγῖδος τοῦ μέλλοντος ἔρχεσθαι κρῖναι ζῶντας καὶ νεκρούς, βασιλεὺς ἡμῶν Ἰησοῦς Χριστός, καὶ οἱ ἄγγελοι τοῦ μεγάλου θεοῦ, Μιχαὴλ ⟨ἐπὶ⟩ τοῦ πνεύματος τοῦ ἀνθρώπου, Γαβριὴλ ἐπὶ τῆς χαρᾶς, Οὐριὴλ ἐπὶ τῆς ὑγίας, Ῥαφαὴλ ἐπὶ πόνων καὶ νόσων, Σαμουὴλ ἐπὶ ὑετοῦ καὶ χαλάζης, Σαμιζαὴλ ἐπὶ τῆς ὕλης ξύλων (ἐπὶ τοῖς ὕλοις ξυλοῖς Cod.) Ἰωὴλ ἐπὶ τοῦ ὕπνου, †Οὐριὴλ ἐπὶ τῆς ἀγρυπνίας, ⟦Συχαὴλ ἐπὶ τῆς ἀγρυπνίας⟧ Συχαὴλ ἐπὶ ῥίγους καὶ πυρετοῦ, Ἀφαμαὴλ ἐπὶ τῆς ἀγάπης, †Οὐριὴλ ἐπὶ τῆς εἰρήνης, Σαμουὴλ ἐπὶ τῆς βροντῆς, Ἀμοιχιὴλ ἐπὶ τῆς ἀστραπῆς, Κρίτιμος ἐπὶ κριτηρίου. οὗ⟨τοί εἰ⟩σιν οἱ ἄγγελοι καὶ οἱ ἀρχάγγελοι οἱ προηγούμενοι ἐνώπιον τοῦ θεοῦ. Die Zusammenhänge dieser Literatur mit theoretischen Schriften, bezw. Offenbarungen, liegen wohl klar zu Tage. Sie geben ihr die Wichtigkeit. —

In dem zweiten Teil tritt besonders die mit dem Salomonseide verbundene Begegnung der Βασκανία (Behexung) mit dem Engel Michael, bezw. Gabriel, hervor.[2]) Weitere Schilderungen bietet dieselbe Handschrift, z. B. (Blatt 318ʳ ff.): ὀρκίζω ὑμᾶς κατὰ τοῦ Μιχαὴλ τοῦ ἀρχαγγέλου, ὃς ὑπήντησεν τὴν Βασκανοσύνην καὶ ἐπηρώτησεν αὐτήν· πόθεν ἔρχῃ καὶ ποῦ πορεύῃ; ἡ δὲ εἶπεν αὐτῷ· ἐγὼ ὑπάγω ἑπτὰ (ἐπὶ τὸ?) πηγὰς ὑδάτων ἀποκλεῖσαι, ἅλωνας ἐκκαῦσαι, κονιορτὸν

---

1) Der Evangelist zum Unterschied von dem Täufer, vgl. Wessely, Denkschr. d. K. K. Ak. 1893 S. 69. Er scheint als Verfasser der Apokalypse betrachtet zu sein.

2) Βασκανία oder Βασκοσύνη ist offenbar für Lilith eingetreten, die Königin der nächtlichen Schadengeister, die wie eine Ἔμπουσα oder *strix* erscheint (A. Kohut, Jüdische Angelologie S. 87). Daß sie langhaarig ist, wird besonders hervorgehoben (ebenda S. 88). Interessant ist die vollständige Hellenisierung dieser Vorstellungen in unserem Text.

ἀποτινάξαι, καὶ νεῦρα καὶ ὀστέα cυντρῖψαι, μυελοὺc ἐκκενῶcαι, νεότητα
ἐκκόψαι[1]), ἄνδραc καὶ γυναῖκαc ἀποχωρίcαι, παίδων χολὰc διαρρῆξαι,
θαλάμουc[2]) ἀδικῆcαι καὶ τὴν παρθένον μιᾶναι καὶ κάλλη (κᾶλη Cod.)
ἀφανίcαι, καὶ πᾶcαν νόcον ἐπάγω τοῖc ἀνθρώποιc. καὶ ἐξώρκιcεν αὐτὴν
Μιχαὴλ ὁ ἀρχάγγελοc κατὰ τοῦ παντοκράτοροc θεοῦ καὶ κατὰ τοῦ
ἑπταcτόμου φρέατοc τῆc κολάcεωc· φοβήθητι, Βαcκοcύνη, τὸ μέγα
ὄνομα τοῦ θεοῦ. εἰ δὲ καὶ παρακούcηc μου τοὺc ὅρκουc τούτουc,
ἐντελεῖ κύριοc Cαβαὼθ ἄγγελον ἀποτομῆc βαcανίζοντά cε καὶ βάλλοντά
cε εἰc τὴν κάμινον τοῦ πυρὸc τὴν καιομένην. ὁρκίζω cε, Cτραγγαλιὰ
πολύμορφε, ἡ ἐπερχομένη ἐπὶ τὰ μικρὰ παιδία, ἥτιc ἔχειc χεῖρα cιδηρᾶν
καὶ cύρειc τὰ παιδία καὶ κλέπτειc αὐτὰ καὶ τελευτῶcιν· ταῦτά εἰcιν τὰ
ὀνόματα τῶν ἁγίων ἀγγέλων, οἵτινεc ἄγγελοι καὶ ἀρχάγγελοι καταρ-
γοῦcιν τὴν Γελοῦν[3]) καὶ πᾶν ἀκάθαρτον πνεῦμα ἄρcεν καὶ θῆλυ,
⟨λέγε⟩ Ἑβραῖδι φωνῇ διαλέγων· Μιχαήλ, Γαβριήλ, Οὐριὴλ καὶ Ῥαφαήλ,
Μανουcαμουήλ, Ἀβεcαβέκ, Cιχαήλ, Ἐρερεήλ, Ἰαβουήλ, Cαβαώθ, Ἀδοναήλ,
Ἐλιάρ[4]), Ἀραχήμ, Μαρουήλ, Χῆζα, Ἰαζαχαήλ, Μιcαήλ. δινήθητι ὀξυγόωc
(δυνήθηc ὀξυγόνωc Cod.), πᾶν ἀκάθαρτον πνεῦμα. Ein ähnliches Stück
ohne Anfang lautet (Blatt 432): ὡc ἐκατήρχετο ἐκ τοῦ οὐρανοῦ ὁ ἀρχάγγελοc Μιχαήλ, ὑπήντηcεν αὐτῷ τὸ ἀκάθαρτον πνεῦμα ἔχουcα τὰc
τρίχαc ἕωc τῶν πτερνῶν αὐτῆc καὶ τοὺc ὀφθαλμοὺc αὐτοῦ (80) πε-
πυρωμένουc· καὶ λέγει αὐτὴν ὁ ἀρχάγγελοc Μιχαήλ· πόθεν ἔρχῃ καὶ
ποῦ ὑπάγῃ; ἀπεκρίθη ἡ μιαρά, λέγει αὐτῷ· ἐγὼ ἀπέρχω εἰcελθεῖν εἰc
τὸν οἶκον ὡc ὄφιc, ὡc δράκων, ὡc ἑρπετόν· τετράποδα ἐξαλείψω. ἐγὼ
ὑπάγω ποιῆcαι γυναικῶν πληγάc, ἐγὼ ποιῶ αὐτὰc καρδίαν πονῆcαι,
γάλα ⟨ξηραίνεcθαι, τρίχα⟩ φρῖξαι δυνάcτη τοῦ οἴκου καὶ πάλιν (πάλην
Cod.) ποιῶ ⟨ἐκτε⟩ταμένην.[5]) καὶ τότε ἀποκτενῶ αὐτά. τὸ γὰρ ὄνομά
μου Παξαρέα καλοῦμαι. ὅτε γὰρ ἔτεκεν ἡ ἁγία Μαρία τὸν λόγον τῆc
ἀληθείαc, ἀπῆλθον αὐτὴν (αὐτὰc Cod.) πλανῆcαι καὶ εὑρέθην (?) πλανη-
μένην(?). καὶ πιάcαc αὐτὴν ὁ ἀρχάγγελοc Μιχαὴλ ἐκ τῶν δεξιῶν αὐτῆc
πλοκάμων, καὶ λέγει αὐτὴν Μιχαὴλ ὁ ἀρχάγγελοc· ἀνάγγειλόν μοι τὰ

---

1) ἐγκόψαι Cod., verb. Keil.   2) ὀφθαλμοὺc Cod., verb. Keil.
3) Vgl. die Γελώνια φοβερά in dem jüdisch-christlichen Zauber des IV. Jahrhunderts bei Wessely, Denkschr. d. K. K. Ak. 1893 S. 66 Z. 36.
4) Aus Βελιάρ? Es ist die wüsteste aller dieser Namenshäufungen.
5) Einiges scheint ausgefallen; daß die Unholdin sich besonders gegen
die Wöchnerinnen wendet, ist allgemeiner jüdischer Aberglauben. Für das
folgende αὐτά läge es nahe αὐτήν oder αὐτάc zu schreiben; aber vermutlich
waren in der Lücke die Kinder erwähnt. Eine volle Herstellung scheint
unmöglich.

δώδεκά cου ὀνόματα.¹) καὶ λέγει· τὸ πρῶτον ὄνομα Γελοῦ καλοῦμαι,
τὸ δεύτερον Μορφοῦς, τὸ τρίτον Καράνιχος, τὸ τέταρτον Ἀμιξοῦς,
τὸ πέμπτον ἈμιδαΖοῦ, τὸ ἕκτον Μαρμαλάτ, τὸ ἕβδομον Καράνη, τὸ
ὄγδοον Cεληνοῦς, τὸ ἔνατον ἈβιΖά, τὸ δέκατον Ἀριανή, τὸ ἐνδέκατον
Μαράν, τὸ δωδέκατον †Μαρμαλάτ. ὅπου εἰςὶν τὰ δώδεκά μου ὀνόματα
καὶ τὸ ὄνομά cου, ἀρχάγγελε Μιχαήλ, καὶ τὸ ὄνομά cου, Cιςίνιε²) καὶ
Cινόδωρε, οὐ μὴ εἰςέλθω εἰς τὸν οἶκον τοῦ δούλου τοῦ θεοῦ ὁ δεῖνα,
ἐπὶ ὀνόματος πατρὸς υἱοῦ καὶ ἁγίου πνεύματος νῦν ⟨καὶ ἀεὶ καὶ
εἰς τοὺς αἰῶνας τῶν αἰώνων⟩. Man sieht, wie diese Begegnung
mit dem Schwur, welchen die bösen Geister dem Salomon schwören,
verbunden werden konnte.

So bleibt nur noch der erste Teil des langen φυλακτήριον, von
dem ich ausging; er wird im wesentlichen aus der Ἀρχαγγελικὴ
βίβλος stammen.³) Auch die Worte: ὧν τὰ ὀνόματα οὐκ εἶπε φερετὰ
ἀκούειν beziehe ich auf sie. Gott hat die Namen der Engel und
den Gottesnamen selbst erklärt. —

Die weitere Christianisierung dieser seltsamen Texte zu verfolgen, genügen schon die Sammlungen Vassilievs. Wenn in dem
jüdischen Texte noch Michael und Gabriel den Giften begegnen, die
ausziehen den Menschen zu schaden, so tritt dafür bald Christus
und Michael ein (vgl. S. 336. 337 und *praef.* LXVIII). Auch allein
begegnet Christus in einem φυλακτήριον des von mir benutzten

---

1) Die Erklärung gibt der oben (S. 257 A. 2) angeführte Liebeszauber.
Hekate-Isis hat zwölf Namen und zwölf Stundengeister. Verwandt ist die Er-
zählung bei Vassiliev 336: Beelzebul, Sachael und Zazael gehen mit ihrer
Mutter Dalida, die ihre zwölf Kinder trägt, spazieren; da begegnen ihnen
Christus und Michael und bannen sie in die Wüste.

2) Wohl der angebliche Verfasser der Michael-Legende, vgl. Lueken,
Michael 78 A. 3. — Da Michael besonders in Hierapolis verehrt ist und hier
eine Ἔχιδνα ihren Kult hatte, wäre möglich, daß für diese Version eine lokale
Anknüpfung gegeben war. Zum Vergleich füge ich eine Stelle aus den *Contes
et romans de l'Égypte chrétienne* von Amélineau (I 41) an; in der koptischen
Legende der heiligen Euphemia sagt Satan zu Michael: *o Monseigneur
l'archange, aie pitié de moi: j'ai eu l'audace de commettre la faute d'entrer dans
une chambre où se trouvaient ton nom et ton image; je t'en supplie, ne me fais
pas périr avant que le terme de mon existence soit arrivé .... Je vais te pro-
mettre devant Dieu de ne plus entrer dans un endroit où sera ton nom.*

3) Das Buch selbst kann nicht gut nach dem zweiten Jahrhundert n. Chr.
angesetzt werden, aber sehr wohl schon in vorchristliche Zeit heraufreichen.
Wieder zeigt sich der Zusammenhang der Amulette mit der Offenbarungsliteratur.

Parisinus 2316 einem ἡμικράνιον, das auszieht, dem Menschen Kopf-
schmerz zu bringen, und bannt es in die Wüste. Reiner jüdisch ist
die Erzählung von den drei Engeln geblieben, die am Sinai spazieren
gehen und dort entweder das ῥεῦμα oder die sieben Krankheits-
geister treffen und bannen[1]); und doch ist gerade dieser Zauber
auch in lateinischer Sprache im Occident verbreitet (ebenda 331 und
praef. LXVII). —

Einen zweiten Typus derartiger mit dem Zauber verbundener
Erzählungen bieten die von Vassiliev S. 337 und 339 herausgegebenen
φυλακτήρια: Christus und die Apostel oder Christus und Petrus
gehen mit einander, da hören sie einen großen Lärm[2]); Christus
erfährt von seinen Jüngern, daß die Not dieses oder jenes Frommen
Anlaß ist, und sendet nun die Jünger zu ihm. Eine ursprünglichere
Fassung, die wohl auf irgend eine apokryphe Wundererzählung oder
Apokalypse zurückgehen mag, bietet ein Zaubergebet des *Parisinus* 2316 Blatt 426ᵛ; der Anfang war schon im Archetypos ver-

---

1) Die astrologischen Zahlen spielen dabei immer die entscheidende Rolle.
In einem Schlangenzauber des *Parisinus* werden die 72 Geschlechter der giftigen
Tiere gebannt; in dem Gebet des Paulus gegen Giftschlangen (Vassiliev 330)
sind es τξε΄ καὶ ἥμισυ γενεαί (in der Überlieferung des *Vindobonensis*, den
Vassiliev benutzt, und in einer sehr ähnlichen Redaktion dieses Gebetes, die
ich im *Barberinus* III 63 Blatt 414 fand, allerdings τὰς ξε΄ καὶ ἥμισυ, allein τὰς
ist aus τ΄ geworden). Ähnlich kennt das φυλακτήριον der Maria bei Vassiliev
S. 323, welches ich in etwas anderer Fassung und auf einen Mann namens
Nikolaos gestellt im *Vaticanus gr.* 685 Blatt 215ᵛ wiederfand, 72 Krankheiten,
das oben angeführte φυλακτήριον (Teil II, S. 395) 365 ἁρμοί des menschlichen
Leibes, u. s. w. Man erinnere sich, daß in dem ägyptischen Glauben der κυνο-
κέφαλος 72 Glieder und die Erde 72 Völker hatte. Auch sie begegnen in den
Amuletten des *Parisinus* wieder. Es heißt von Christus (Blatt 435ᵛ): ὁ κατ-
αισχύνας τοὺς οβ΄ βασιλεῖς τῶν Ἑλλήνων (der Heiden). Die Annahme von 72
oder abgerundet 70 Völkern und Völkerengeln begegnet im Judentum allerdings früh (vgl. über sie Lueken, Michael 13 ff., Bousset, Religion des Judentums 318, Eisenmenger, Entdecktes Judentum I 810); aber sie steht in so
offenkundigem Zusammenhang mit der Astrologie, und eine Beeinflussung der
Quelle Horapollons (vgl. S. 265 A. 3) durch jüdische Anschauungen ist so unwahrscheinlich, daß wir auch hier die Priorität für Ägypten in Anspruch
nehmen müssen. Die Fortbildung zeigt der Zauberpapyrus bei Wessely,
Denkschr. d. K. K. Akad. 1888 S. 121 Z. 3056: τὸν καταδείξαντα τὰς ἑκατὸν καὶ
τεσσεράκοντα γλώσσας καὶ διαμερίσαντα τῷ ἰδίῳ προστάγματι.

2) Reizend ist die Schilderung, wie die Engel und Erzengel zusammen-
laufen; sie weist auf eine Entlehnung dieses Typus aus einer Vision.

loren: ⟨cὲ⟩ τὸν cυλληφθέντα ἐκ τοῦ πνεύματοc[1]), ἀποδίωξον πᾶν πονηρὸν ἀπὸ τὸν δοῦλον τοῦ θεοῦ ὁ δεῖνα. cὲ τὸν cαρκωθέντα ἐκ τῆc
παρθένου, cὲ τὸν διενεχθέντα[2]) ἐκ τοῦ ἀγγέλου, ἀποδίωξον πᾶν κακὸν
ἀπὸ τὸν δοῦλον τοῦ θεοῦ ὁ δεῖνα. ὁ εἰπών· γρηγορεῖτε καὶ προcεύ-
χεcθε· ὁ ἀνοίξαc ⟨τοὺc⟩ ὀφθαλμοὺc τοῦ τυφλοῦ ἐκ γενετῆc, ὁ ἐγείραc
Λάζαρον ἐκ τοῦ μνημείου, ὁ ἀμνὸc ὁ ἄμωμοc καὶ ἄcπιλοc. τὰ ὀνόματα
τῶν εἴκοcι τέccαρα πρεcβυτέρων[3]) εἰcὶν Ἐνωήλ, Ἀρνεήλ, Ἀφαήλ,
Ῥωχθιήλ, Βρίξ, Τριφαήλ, Βρίγματοc (Βρίγμᾶ Cod.), Ἡμιθριήλ, Φθορωρωῖ,
Cυμωρᾶc, Ναφαήλ, Ἐρερεήλ, Ἀνήλ, †Τριφεήλ, Ζωεωραήλ, Ταρξιήλ,
Ἀνιήλ, Ξιφιήλ, Ἀβνιήλ, Ἀφεδεεήλ, Ζαμιήλ, Χαλαλαήλ, Ἀζαζωῆ, Μα-
μωνᾶ. εἰcὶ δὲ καὶ τὰ ὀνόματα τῶν ἑπτὰ διακόνων Νακεναήλ, Χιήλ καὶ
Ἰήλ †δὲ ἔκδηλοc, Ῥαψαναήλ, Ἀθανεcτάν, †ὁ ἀναλιπτικόν. ἐν ὀνόματι
τοῦ πατρὸc καὶ τοῦ υἱοῦ καὶ τοῦ ἁγίου πνεύματοc. ὡc[4]) ἐπεριπάτει
ὁ κύριοc ἡμῶν Ἰηcοῦc Χριcτὸc ἐν χωρίῳ Γεθcημανεῖ μετὰ Ἰωάννου,
ἤκουcαν κτύπον μέγαν καὶ θόρυβον ἐπὶ τῆc γῆc, καὶ εἶπεν Ἰωάννηc·
κύριε τί ἐcτιν ὁ κτύποc καὶ ὁ θόρυβοc ἐπὶ τῆc γῆc; Die Antwort
Christi, deren Anfang fehlt, besagte: gegen den N. N. kommt ein
entsetzlicher Dämon in Kindergestalt; daher erhob sich der Lärm
καὶ ἐθορυβήθη ἡ γῆ. ἀλλὰ ὕπαγε, Ἰωάννη, καὶ εἰπὲ εἰc τὸ δεξιὸν
ὠτίον· φεῦγε παιδίον, φεῦγε δαιμόνιον παιδίον (παιδίων Cod.) ἀπὸ
τὸν οἶκον τοῦ δούλου τοῦ θεοῦ ὁ δεῖνα. cτῶμεν καλῶc, cτῶμεν μετὰ
φόβου. ἀμήν. Das παιδίον ist offenbar eines jener zwölf Kinder der
„Mutter des Teufels" (vgl. oben S. 299 A. 1). —

An eine neutestamentliche Wundergeschichte schließt der schon
erwähnte Schlangenzauber des Paulus, den Vassiliev S. 330 nach
Vindob. theol. 104 herausgegeben hat und ich nach *Barber.* III 63
Blatt 414 benutze. Gerade er zeigt die Art der Christianisierung
trefflich. Das Wunder wird zunächst nach der Apostelgeschichte

---

1) ἐκ τῆc παρθένου Cod. Auch nach der zweiten Anrufung cὲ τὸν cαρκωθέντα
ἐκ τῆc παρθένου wird die Formel ἀποδίωξον — ὁ δεῖνα zu ergänzen sein.

2) διωχθέντα Cod. Christus ist durch die Reiche der Archonten von Gabriel
hindurchgetragen worden.

3) Vgl. Offenbarung Johannis 4, 4. Die πρεcβύτεροι (Stundenengel?) kehren
öfters in diesen Texten wieder; die Namen wechseln natürlich (vgl. Vassiliev
341. 342). Die im folgenden erwähnten sieben διάκονοι sind wohl die ἑπτὰ
πνεύματα τοῦ θεοῦ in der Offenbarung.

4) Man beachte die Zweiteilung des Zaubers, die hier wie in der Regel
die verschiedenen Elemente scharf sondert.

(28, 3—6) erzählt. Paulus schließt: ἐγὼ δὲ πνεῦμα ἅγιον ἔχων μετ' ἐμοῦ ἐξετίναξα αὐτὴν (die ἔχιδνα) ἐν τῇ ἀναφθείσῃ φλογὶ καὶ μηδέν τι δεινὸν παθὼν παρ' αὐτῆς εἰς ὕπνον ἐτράπην. Möglichst unpassend schließt hieran als zweiter Teil die Erzählung, daß in der Nacht der Erzengel Michael ihm ein Buch vom Himmel bringt und ihn dort den Schlangenzauber nachschlagen heißt, und daß Paulus nun am folgenden Morgen abliest: ἐξορκίζω ὑμᾶς τξε' ἥμιcυ γενεὰc τῶν θηρίων τῶν ἑρπόντων ἐπὶ τῆc γῆc κτλ. Die Formel wie die Erzählung von dem vom Himmel gesandten Buch zeigt, daß es sich um einen ägyptisch-jüdischen Zauber handelt, der mit der Person des Paulus erst nachträglich verbunden ist. Die genauesten Parallelen geben die *Stories of the High Priests of Memphis.*

Daß die Namen der vierundzwanzig Presbyter der Apokalypse wie Engelnamen behandelt werden, kann nicht befremden. Später treten ganz allgemein die Namen der Heiligen ein und werden unter der Einwirkung der Zaubertradition ähnlich empfunden.[1]) So bietet uns der *Parisinus* 2316 einen Traktat, in dem zu jedem Psalm angeführt ist, für welche Leiden er als Amulett dienen kann; bei dem 127. Psalm ist hinzugefügt: γράφε καὶ τὰ ὀνόματα τῶν ἁγίων ἑπτὰ παίδων τῶν ἐν Ἐφέcῳ, γράφε δὲ τὰ ὀνόματα εἰc φύλλον ἐλαίαc· Ἰάμβλιχοc, Ἐξακουcτουδιανόc, Μαρτῖνοc, Ἀντώνιοc, Ἰωάννηc, Μαξιμιλιανὸc καὶ Διονύcιοc. Ähnliche jüdische Amulette, bloße Verzeichnisse von Engelnamen, besitzt die Straßburger Papyrus-Sammlung; die Kenntnis der Namen soll bezeugt werden. Daß gerade die ἑπτὰ παῖδεc οἱ ἐν Ἐφέcῳ sowohl in den Phylakterien Vassilievs wie in denen des *Parisinus* 2316 so besonders hervortreten, mag sich durch die Schätzung der Zahl Sieben erklären. Aber auch wo diese Berührung mit älterem Zauber aufgegeben ist und der Betende nur alle ihm irgend bekannten Heiligen aufzählen will, wie in dem endlosen Gebet der Maria bezw. des Nikolaos bei Vassiliev S. 323 und in dem *Vaticanus gr.* 695, nach dem ich zitiere, bleibt der Kern unverändert. Das zeigen in dem

---

1) Sie treten ja nicht bloß im Westen für die Volksgötter ein. Die Vermittlung, welche der hellenistisch-jüdische Engelkult übernimmt, läßt sich in dem Zauber am klarsten verfolgen. Zur Bestätigung dienen jüdische Sagen, wie die S. 142 A. 2 angeführte, oder eine Vergleichung der orientalischen Michael-Auffassung mit der Auffassung von Thot. — Als besonders hübsches Beispiel frühchristlicher Amulette mag das von Wessely aus dem Zauberpapyrus V der Wiener Sammlung herausgegebene (Denkschr. d. K. K. Akad. 1898 S. 68) wenigstens Erwähnung finden.

überaus lehrreichen Stück die immer noch weiter überlieferten Aufzählungen der Engelnamen, die Aufzählungen der Orte und Dinge,
aus denen der Zauber kommen kann[1]), und der Glieder, in denen er
haften könnte (vgl. 291 A. 3 den babylonisch-jüdischen Zauber). Wenn
dann zum Schluß gar ganz unvermittelt die Bitte an Gott begegnet:
καὶ δὸc αὐτῷ, κύριε, ὑγίαν, ζωήν, μακροημέρευcιν, so erinnern wir uns
unwillkürlich der Schlußformeln der im ersten Kapitel angeführten
ägyptischen φυλακτήρια.[2]) —

Es ist keine besondere Freude, derartige Texte zu sammeln;
aber wer es in größerem Umfange täte, würde die Nachwirkungen
der in den Papyri erhaltenen Zauberformeln auf Orient und Occident
nicht nur durch anderthalb Jahrtausende, sondern vor allem weit
über den Bereich des eigentlichen Zaubers hinaus verfolgen können.
Glaube und Aberglaube lassen sich zu keiner Zeit streng scheiden.
Die Geschichte des Zaubers lehrt uns am besten, wie stark das
Judentum von dem umgebenden Heidentum beeinflußt wurde, sie
lehrt aber auch, wie viel von diesen Einflüssen, zum Teil durch die
Vermittlung des Judentums[3]), auf das Empfinden der breiteren
christlichen Volksschichten weiter wirkte.

---

1) Für μὴ ἀπὸ ὀρέων — ἢ ὕδατος ἢ πηγῆς ἢ ποταμοῦ genügt es, auf die
Προcευχὴ Γρηγορίου zu verweisen. Wenn zugefügt wird ἢ (ἀπὸ) περιβολαίου,
so erinnern wir uns, daß nach jüdischem Glauben Schadenengel in die abends
abgelegten Kleider kriechen und niemand sich früh von seinem Bedienten die
Kleider reichen lassen soll (Kohut, Jüdische Angelologie und Dämonologie S. 59).
Auch der Glaube an das böse Auge (vgl. μὴ ἀπὸ βαρέων αἰcχρῶν ὀφθαλμῶν)
ist im Jüdischen sehr entwickelt (Kohut, ebenda 58, 59).

2) Klarer liegt die gleiche Entwicklung in den Gebetsformeln junger
Iatrosophia zu Tage. Wenigstens zwei Beispiele darf ich derselben Pariser
Handschrift vielleicht entnehmen, ein Gebet an den Mond (Blatt 362ʳ): χαῖρε
Cελήνη, χαῖρε Cελήνη, χαῖρε Cελήνη· τρὶς χαιρετίζω cε, Cελήνη· ὀρκίζω cε
εἰς τὸν κελεύcαντά cε γενηθῆναι καὶ τὸν ἀναcτάντα κύριον ἡμῶν Ἰηcοῦν Χριcτὸν
καὶ θεόν· ὀρκίζω cε εἰς τὸ δρέπανον τοῦ Ζαχαρίου, ὀρκίζω cε εἰς τὸ μαφόριον
(Plasberg, ἐμοφόριον Cod.) τῆς ὑπεραγίας θεοτόκου κτλ. und ein Gebet an die
Sonne (Blatt 872ʳ): καὶ λάλει τὴν ζιτίαν ταύτην ἀνατείλαντος τοῦ ἡλίου· χαίροις
Ἥλιε, χαίροις κύριε Ἥλιε (κυρίλλιε Cod.) τῷ ἀνατείλαντί cε θεῷ τοῦ ἀνατεῖλαι
ἐπὶ κορυφὰς δένδρων καὶ ὀρέων· ⟨ὀρκίζω⟩ τὸν θρόνον τὸν ἀcάλευτον, τὰ ἄcτρα
τοῦ οὐρανοῦ, τὸ ⟨ἐν⟩ ὕψει τοῦ κόcμου [τὸ] ὕψωμα τοῦ ἡλίου. Hier ist im Anfang selbst die ägyptische Gleichsetzung des Betenden mit dem Gott, den er
anruft, und in der Beschwörung wenigstens die Formelsprache jüdischer Astrologie gewahrt.

3) Es scheint dabei, daß diese Vermittlung nicht in die ersten zwei

Beigabe IV.
Entlehnungen aus Platon.

Ich habe über Platons Einwirkung auf die Hermetische Literatur
nicht geglaubt ausführlich handeln zu müssen, da sie gerade in den Poimandres-Schriften am schwächsten ist, und da sie sich nur in größerem
Zusammenhange darstellen läßt. Die sprachliche Einwirkung wird
man kaum hoch genug anschlagen können; hat doch Platon für die gesamte Folgezeit die hieratische Sprache, wie ein Freund sie einmal
treffend nannte, geschaffen und schon damit indirekt eine ungeheure
Einwirkung geübt.[1]) Um so schwerer ist es, die direkte richtig ab-
zuschätzen. Denn so wenig die Mehrzahl der Mystiker, welche das
Wort ἓν τὸ πᾶν oder ἓν τὰ πάντα gebrauchen, irgend welche Kenntnis
von Heraklit gehabt haben, so wenig bezeugt eine an den Timaios,
Phaidon oder den Schluß der Republik anklingende Wendung Kenntnis
Platos oder der Platonischen Philosophie.[2]) Aber selbst wo Platon
direkt benutzt ist, braucht darum die Lehre nicht aus ihm zu stammen.
Wenn z. B. in dem λόγος τέλειος bei Lactanz (*Inst.* IV 6, 4) von
dem Urgott, der seinen Sohn, den κόςμος (?), liebt, gesagt wird:
ἠγάςθη τε καὶ πάνυ ἐφίληςεν ὡς ἴδιον τόκον, so hat der Verfasser
offenbar Tim. 37 *d* vor Augen: ἠγάςθη τε καὶ εὐφρανθείς. Aber die
Vorstellung von dem κόςμος als αἰςθητὸς υἱὸς θεοῦ fanden wir als
ägyptische Lehre bei Plutarch, und Philon bestätigt ihr Alter. Es
wäre unmethodisch, den λόγος τέλειος als Quelle beider zu betrachten
und in vorchristliche Zeit zu versetzen. Dieselbe Schilderung des
Timaios wirkt auch auf den Poimandres (§ 12); aber sein Verfasser
hat Platon sicher nicht selbst vor Augen, sondern entweder eine
Hermetische Schilderung von der Entstehung des Logos als des
einzigen Gottessohnes oder gar eine nichtägyptische, Platonisch gefärbte Darstellung der Anthroposlehre. Daß auch in den anderen

---

oder drei Jahrhunderte des Christentums fällt. Daß die Grundformen des
hellenistisch-jüdischen Exorzismus von Anfang an ins Christentum übernommen
waren, hat freilich die Weiterwirkung des jüdischen Zaubers erleichtert.

1) Auch die Ausgestaltung der Dialogform, die zunächst in Ägypten
nationale Anknüpfungspunkte hatte, schließt hauptsächlich wohl an Platon.

2) Den besten Beweis für den im Grunde selbstverständlichen Satz gibt
das Martyrium Petri (vgl. S. 242 ff.). Alles, was man hier für bestimmte
Philosophen in Anspruch genommen hat, ist einfach Allgemeingut der hellenistischen Mystik.

Teilen des Orients dieselben griechischen Muster die Formeln für die religiösen Lehren gaben, ist ja in diesem Synkretismus von besonderer Bedeutung.

Die Einwirkung ist unbestreitbar (vgl. Beigabe II); aber man darf sie sachlich auch nicht überschätzen. Die Lehre von dem Übergehen der Menschenseele in Tierleiber war vermeintlich urägyptisch und kam durch die griechische Philosophie als angeblich altägyptische Tradition jetzt zu den ägyptischen Theologen zurück. Dennoch ist sie nicht durchgedrungen, sondern immer wieder bestritten worden. Nur soweit die nationale Tradition wirklichen Anhalt bot, übertrug man sie ganz in die griechischen Formeln.

Wie rasch sich diese Entwicklung vollzog, läßt sich einigermaßen aus der seit dem ersten Jahrhundert n. Chr. verbreiteten Überzeugung beurteilen, daß Platon und Pythagoras Schüler des Hermes oder Ἀγαθὸς δαίμων gewesen seien; sie erklärt uns zugleich, wie jüngere Hermetische Schriften sich auch auf Platon, den Schüler des Hermes, berufen können.[1] Die Hermetische Literatur nimmt immer mehr philosophische Züge an; selbstverständlich werden auch jüngere Philosophen mit einwirken; nur daß wir, soweit ich sehe, ihren Einfluß nirgends mit Sicherheit nachweisen können. Es mag lockend sein, ein Wort wie das des Numenios (bei Eusebios *Praep. ev.* XI 18, 21 *p.* 539b): ἀντὶ γὰρ τῆς προσούσης τῷ δευτέρῳ (θεῷ) κινήσεως τὴν προσοῦσαν τῷ πρώτῳ στάσιν φημὶ εἶναι κίνησιν σύμφυτον, ἀφ᾽ ἧς ἥ τε τάξις τοῦ κόσμου καὶ ἡ μονὴ ἀΐδιος καὶ ἡ σωτηρία ἀναχεῖται εἰς τὰ ὅλα mit dem ähnlich pointierten Satz einer Hermetischen Schrift (X bezw. XI 11): ἡ δὲ νοητὴ στάσις κινεῖ τὴν ὑλικὴν κίνησιν in Verbindung zu bringen. Aber das religiöse Empfinden, das in den Worten des Numenios liegt, ist älter, und die Gottesbezeichnung ὁ ἑστώς, die er in dem nämlichen Zusammenhang bringt, begegnet nicht nur in der II. (III.) Hermetischen Schrift wieder, sondern schon bei Simon von Gitta. Sie ist von den Vorstellungen vom πρῶτος und δεύτερος θεός nicht zu trennen. Wir erkennen nicht mehr den Einfluß einzelner Männer, sondern nur die allmähliche Fortbildung bestimmter Ideen in den religiös interessierten Kreisen. Um die Mitte des dritten Jahrhunderts gibt die Hermetische „Philosophie"

---

1) Umgekehrt und doch ähnlich ist es, wenn jüngere Neuplatoniker sich auch auf Hermes berufen.

zusammen mit der Platonischen und Pythagoreischen die allgemeine
Anschauung der gebildeten und religiös empfindenden Kreise; die
drei Systeme werden als Einheit, als die herrschende Lehre den auf
enge Kreise beschränkten abweichenden Lehrmeinungen entgegengestellt. Das zeigt Arnobius, dessen Zeit und System demnächst
von befreundeter Seite eingehender behandelt werden wird, in den
lehrreichen Worten (II 13): *nec mihi cum his sermo est, qui per
varia sectarum deverticula dissipati has atque illas partes opinionum
diversitate fecerunt: vos, vos appello, qui Mercurium, qui Platonem
Pythagoramque sectamini, vosque ceteros, qui estis unius mentis et
per easdem vias placitorum inceditis unitate.*

Diese Einheit kam in Gefahr, als der Platonismus sich wieder
in sich vertiefte und sich dadurch eine Zeit lang von der hellenistischen
Form des Mystizismus zu entfernen begann. Zur gleichen Zeit, als
Arnobius jene Worte schrieb, stießen in Rom dieser Mystizismus
und der Platonismus feindlich auf einander. Freilich war zu ersterem
noch ein neues Element hinzugetreten, das Christentum. Der Hergang ist so interessant, daß ich zum Schluß noch einen Blick auf
ihn werfen möchte.

Porphyrios erzählt im Leben des Plotin (c. 16): γεγόνασι δὲ κατ᾽
αὐτὸν τῶν Χριστιανῶν πολλοὶ μὲν καὶ ἄλλοι, αἱρετικοὶ δὲ ἐκ τῆς πα-
λαιᾶς φιλοσοφίας ἀνηγμένοι οἱ περὶ Ἀδέλφιον καὶ Ἀκυλῖνον, οἳ τὰ
Ἀλεξάνδρου τοῦ Λίβυος καὶ Φιλοκώμου καὶ Δημοστράτου τοῦ Λυδοῦ
συγγράμματα πλεῖστα κεκτημένοι ἀποκαλύψεις τε προφέροντες Ζω-
ροάστρου καὶ Ζωστριανοῦ καὶ Νικοθέου καὶ Ἀλλογενοῦς καὶ Μέσου
καὶ ἄλλων τοιούτων πολλοὺς ἐξηπάτων καὶ αὐτοὶ ἠπατημένοι, ὡς δὴ
τοῦ Πλάτωνος εἰς τὸ βάθος τῆς νοητῆς οὐσίας οὐ πελάσαντος.
Auf diesen Angriff antwortete Plotin mit dem *Enn.* II 9 erhaltenen
Buch, dem Porphyrios den Titel Πρὸς γνωστικούς gab. Die Behandlung dieser Schrift durch Schmidt (Texte u. Unters. XX 4) scheint
mir an dem Grundfehler zu leiden, daß sie ohne weiteres annimmt,
erst Plotin habe in der Polemik alle *termini technici* seiner Gegner
in Platonische Sprache übertragen.[1]) Jeder Anhalt für diese Voraus-

---

1) So ist ihm z. B. der νοῦς διανοούμενος, dessen Unterscheidung von dem
νοῦς ἐν ἑαυτῷ ἔχων πάντα τὰ ὄντα Plotin an den Gegnern tadelt, klärlich der
λόγος der Valentinianer (S. 37), und doch knüpft Plotin seine ganze Polemik
an die Wahl dieser Ausdrücke und wirft überdies (c. 1) seinen Gegnern vor,
daß sie von dem νοῦς noch einen λόγος ausgehen lassen und ihn μεταξὺ νοῦ

setzung fehlt; sie widerspricht nicht nur dem früher erwähnten Zeugnis Jamblichs *De myst.* VIII 3 ff. (oben S. 107. 138 A. 2), sondern auch der Angabe des Porphyrios, die Gegner seien ἐκ τῆс παλαιᾶс φιλοσοφίας ἀνηγμένοι, von ihr ausgegangen und über sie hinausgegangen. Von Aquilinus ist uns ein einziges Fragment erhalten, das Schmidt richtig erkannt hat (bei Lydus *De mens.* IV 76 *p.* 128, 12 Wünsch, oben S. 44 A. 1); es redet von dem Hermes, der λόγος und εἶδος ist, und von Maia, der νοητὴ οὐсία (vgl. Plotin *c.* 6: ὡς αὐτοὶ μὲν τὴν νοητὴν φύσιν κατανενοηκότες, ἐκείνου δὲ καὶ τῶν ἄλλων τῶν μακαρίων ἀνδρῶν μή). Es schließt an eine Isis-Lehre, die wir leicht in Plotins Angabe, die Gegner machten bisweilen auch die Ψυχή zum δημιουργός, wiedererkennen, und die in den Hermetischen Γενικοὶ λόγοι ebenfalls ausgeführt war. Mit Ausnahme jener von Plotin (*c.* 6) erwähnten παροικήσεις καὶ ἀντίτυποι καὶ μετάνοιαι, deren Zusammenhang mit dem Gesamtsystem wir nicht erraten können[1]), kehren überhaupt sämtliche Lehren der Gegner Plotins in den uns erhaltenen Hermetischen Schriften wieder. Was Porphyrios meint, wenn er jenen Männern den Titel γνωстικοί gibt, sagt er und sagt Plotin mit erfreulichster Deutlichkeit: daß sie sich auf allerhand Apokalypsen, also auf eine fortwirkende Offenbarung, eine γνῶсις, berufen, welche über die Überlieferung der Alten, d. h. über Platon, hinausgeht, und daß sie daher eine eigene αἵρεсις bilden wollen und bilden, ist Anlaß des Streites.[2]) Daß sie dabei zugleich Christen sind, tritt voll-

---

καὶ ψυχῆς setzen. Die Parallele gibt die X. (XI.) Hermetische Schrift § 13: ψυχὴ δὲ ἀνθρώπου ὀχεῖται τὸν τρόπον τοῦτον· ὁ νοῦς ἐν τῷ λόγῳ, ὁ λόγος ἐν τῇ ψυχῇ, ἡ ψυχὴ ἐν τῷ πνεύματι (σώματι MAC). Das Wesen des πνεῦμα, welches von Plotins Gegnern (*c.* 5) als ἑτέρα ψυχή bezeichnet wird, ist im § 17 erläutert; es ist der Lebensgeist, der als ἔνδυμα ψυχῆς im Körper waltet. Eine ähnliche Scheidung zweier Seelen in Hermetischen Schriften erwähnt Jamblich *De myst.* VIII 6: die eine stammt von der Gottheit, dem νοητόν, die andere aus dem Reiche der Sternenmacht; nur die erstere kann Gott schauen. Wie leicht es für den Ägypter war, auf Grund der Lehre vom *ka* derartige Scheidungen aufzunehmen, brauche ich nicht auszuführen. Im Grunde kennt die zweite Seele schon der Poimandres (§ 24).

1) Darauf, daß sie in dem *Cod. Brucianus* wiederkehren, macht Schmidt (S. 61) aufmerksam. Das erklärt sich daraus, daß einzelne Apokalypsen von Christ und Heide gleichmäßig benutzt wurden (vgl. oben S. 267).

2) Es ist in gewisser Weise ein Streit der γραμματεῖς gegen die Propheten. Ganz abzulehnen scheint mir schon aus allgemeinen Erwägungen die Annahme, Porphyrios gebrauche die Worte im katholisch-kirchlichen Sinne:

kommen zurück, und es ist durchaus müßig, die christliche Gnostiker-
Sekte bestimmen zu wollen, der sie angeblich angehörten. Die
hellenistische Mystik ist noch im dritten Jahrhunderte eine das
Christentum mannigfach beeinflussende Macht. Sie empfindet sich
als Philosophie und wird auch von den Christen als Philosophie
empfunden. Nicht nur für Arnobius, sondern auch für Lactanz und
Cyrill steht Hermes neben Platon. Nur hieraus ist die auf den ersten
Blick so befremdliche Art zu erklären, in der beide fast ohne jede
Polemik Hermes als Zeugen christlicher Dogmen anrufen.

Beigabe V.

Zum Alexander-Roman.

Für die Beurteilung des Alexander-Romans hat O. Wagner in
der Metzer *Epitome rerum gestarum Alexandri Magni* (Jahrb. f. Phil.
Supplem. XXVI) neues und wichtiges Material geboten. Wir lesen
dort (§ 97) von den Teilnehmern des letzten Gelages: *iam non alienum
videtur qui fuerint demonstrare, quorum Onesicritus fugiens simul-
tatem mentionem facere noluit. fuit Perdiccas, Medius, Leonnatus,
eratteon, Meleagrus, Theoclus, Cassandrus* (= Asander), *Philippus,
Nearchus, staion, Heraclides, oratheus, Polydorus, ilicus, Menander . . .
quorum quid ageretur nemo fuit ignarus praeter Eumenem et Per-
diccam et Ptolomaeum et Lysimachum et Cassandrum et Olciam.* Wieviel
aus Onesikritos entlehnt oder nicht entlehnt ist, bleibt unsicher,
durchaus möglich, daß er die unschuldigen Teilnehmer, darunter
seinen Gönner Lysimachos, aufzählte und nur die Verschworenen
nicht nennen wollte. Das Gerücht von der Vergiftung hatte er
offenbar erwähnt. Für die Echtheit spricht alles.

Schon Wagner hat ferner darauf hingewiesen, daß wie der
Schluß des Romanes, so auch der Anfang den Onesikritos als Quelle
nannte. Wir wissen dies durch ein byzantinisches Gedicht, welches
einer volleren Handschrift der Rezension B entlehnt ist; Stücke

---

„gnostische Häretiker“. Das Schwergewicht liegt bei der Wahl der Worte in
dem Begriff αἵρεϲιϲ (selbständige Philosophenschule, vgl. Diog. Laert. *prooem.* 20,
Suidas Πυρρώνειοι) und γνῶϲιϲ (unmittelbare Erkenntnis, inneres Erleben).

daraus hat nach dem *Marcianus* 408 Stephan Kapp in einem Wiener Programm (Mitteilungen aus zwei griechischen Handschriften, Wien 1872) veröffentlicht, S. 7:

τοῦτόν φασιν οἱ παλαιοὶ coφοὶ τῶν Αἰγυπτίων —
εἷc ἐcτιν Ὀνηcίκριτοc, Ἀccύριοc ἐκεῖνοc
ὁ πάντα cυγγραψάμενοc κατὰ λεπτὸν τὰ τούτου —
πατέρα τὸν Νεκτεναβῶ τὸν δυcτυχῆ κατέχειν κτλ.[1])

Die Angabe interessierte mich, da ich vor achtzehn Jahren in Italien eine lateinische oder griechische Fassung des Romans flüchtig gesehen zu haben mich erinnerte, in der die Geschichte der Abstammung Alexanders ebenfalls auf Onesikritos zurückgeführt war. Ich legte der Sache damals keinen Wert bei, weil ich wie Kapp überzeugt war, das Zitat sei von einem Byzantiner erlogen; erst durch Herrn Wagners Fund hat die Angabe Wichtigkeit gewonnen. Wir müssen prüfen, ob sie wahr sein kann.[2]) Der Roman gibt an, Onesikritos berichte als Erzählung der Ägypter, Nectanabus, der letzte, von Ochus vertriebene König, habe als Rächer des ägyptischen Volkes an seinen Bedrängern den Alexander gezeugt; er habe der Königin versprochen, daß Gott Amon zu ihr niedersteigen werde und selbst dessen Rolle gespielt. Das ist, wie schon Wiedemann erkannte, mit geringen, leicht durchsichtigen Änderungen ein wirklicher Αἰγύπτιοc λόγοc, und zwar der offizielle. „Nach ägyptischer Lehre verdankt der König seinen Ursprung dem geschlechtlichen Umgange einer Königin mit dem Gotte. In Luxor wird die Geburt des Amenophis III. dargestellt und dabei geschildert, wie der Gott Amon die Gestalt des irdischen Vaters desselben, Thutmes IV., annahm und zu der Königin, die er schlafend fand, kam. Er nahte sich ihr, sie zu besitzen, und zeigte sich ihr in seiner göttlichen Kraft, so daß die Liebe des Gottes alle ihre Glieder durchdrang. Dann verhieß er ihr, der eben empfangene Sohn werde die ganze Erde be-

---

1) Vgl. Pseudo-Kallisthenes 1: τοῦ Νεκτανεβῶ λέγουcι τοῦτον εἶναι οἱ coφώτατοι τῶν Αἰγυπτίων.

2) Daß der byzantinische Verseschmied den Onesikritos als Assyrier bezeichnet, durfte nie zur Verdächtigung benutzt werden; wahrscheinlich gab eine Verderbnis des Wortes Ἀcτυπαλαιεύc in der benutzten Handschrift des Romans den Anlaß zu der Erfindung; mit der Form des Zitates vergleiche Lukian (*Macrob.* 14): Ὀνηcίκριτοc ὁ τὰ περὶ Ἀλέξανδρον cυγγράψαc.

herrschen u. s. f. — Von den Herrschern einer neuen Dynastie nahm
man an, daß sie dem illegitimen Umgang eines Gottes, wie des Ra,
mit ihrer Mutter entsprungen wären."[1])

Die religiöse Begründung hat sich uns früher bei der Betrachtung der Isis-Mysterien ergeben. Der König ist θεὸς καὶ θεοῦ παῖς;
nur als sein Stellvertreter darf ursprünglich der Priester mit Zittern
und Zagen den Tempel betreten; es dürfte jüngere Fortbildung sein,
wenn später auch die Gemahlinnen der höchsten Beamten und der
Priester Gemahlinnen oder Kebsweiber des Gottes werden. Daß man
auch dem menschlichen Vater ein gewisses Mitwirken bei der Erzeugung des „Gottessohnes" zuschrieb[2]), zeigt die oben behandelte
Angabe Plutarchs (S. 229): der Gott gibt nur gewisse ἀρχαὶ τῆς
γενέσεως. Sollte Alexander als Rächer Ägyptens an den Persern
und rechtmäßiger König des Landes erscheinen, so war die Fiktion
des Romanes die einzig gegebene und mußte sich gerade in der
frühesten Zeit, in der die Ptolemäer mit Vorliebe an den Haß der
Ägypter gegen die Perser appellierten und Dichter wie Theokrit den
Alexander als Πέρσαις βαρὺς θεὸς αἰολομίτραις feierten, am leichtesten bieten. Daß der Grieche den λόγος Αἰγύπτιος dann in seiner
Weise verstand, darf nicht befremden.

Anfang und Schluß des Romanes gehen also auf alte Quellen
zurück.[3]) Für das Testament Alexanders darf ich auf Ausfelds lehrreichen Aufsatz verweisen, dem ich freilich in einer wichtigen Einzelheit nicht beistimmen kann. Die eigentümliche Angabe, daß der
sterbende König dem Ptolemaios die Hand seiner Halbschwester

---

1) Wiedemann, Herodots Zweites Buch 268, der zugleich auf Erman,
Ägypten 500 verweist. Eine hübsche Bestätigung bietet das Berliner Amons-
Ritual (Moret, *Annales du Musée Guimet T.* XIV p. 128): *Le Pharaon est venu
vers toi, Amon-Râ, seigneur de Karnak, pour que tu lui donnes qu'il soit à la
tête des vivants, pour que t'unisses à lui, Amon-Râ, taureau de sa mère,
chef de sa grande place, résidant dans Apitou.* Amon ist der Vater jedes
Königs. Die Stelle beleuchtet zugleich trefflich die im VII. Kapitel besprochenen
Anschauungen: der Gottessohn bittet, daß sein Vater sich mit ihm vereinige.

2) Er entspricht gewissermaßen dem γενεσιουργὸς τῆς παλιγγενεσίας in
dem Mysterium.

3) Ich kann wegen des Entsprechens der beiden Zitate Ausfeld nicht beistimmen, der Rhein. Mus. 56, 518 das Zitat der Metzer Epitome als Einlage
aus anderer Quelle bezeichnet.

Kleopatra bestimmte[1]), hat ihr Gegenbild in einer bisher unbekannten
Fassung der Diadochengeschichte, welche M. Treu in dem *Cod. Pa-
latin.* 129 zu Heidelberg entdeckt hat. Die Veröffentlichung hatte
er die große Güte mir für einen meiner Schüler zu gestatten. Da
aus dessen Arbeit leider nichts wurde, das Stück aber endlich einmal bekannt werden muß, biete ich es hier, freilich ohne eingehen-
deren Kommentar.

Der *Cod. Palatinus* 129 enthält eine Exzerptensammlung, die
sich ein byzantinischer Gelehrter gegen Ende des XIII. Jahrhunderts
aus den verschiedensten Handschriften einer großen Bibliothek zum
Privatgebrauch zusammengestellt hat. Zum Vergleich verweise ich
auf die ähnliche Sammlung des Maximus Planudes: cuναγωγὴ ἐκλεγεῖcα
ἀπὸ διαφόρων βιβλίων, die freilich schon mehr literarischen Charakter
trägt. Der Verfasser des *Palatinus* nahm in bunter Folge nacheinander die einzelnen Codices vor, exzerpierte, was ihm sachlich
oder sprachlich interessant war, machte Nachträge aus denselben
oder anderen Handschriften am Rand, oder legte Blätter ein; ja es
scheint, daß er sich mitunter von einem Freunde helfen ließ, oder
daß seine Sammlungen von einem späteren Besitzer ergänzt sind.[2])
Die Exzerpte aus der Diadochengeschichte beginnen auf Blatt 137ᵛ;
vorausgeht Josephos. Über die Quelle habe ich nichts ermitteln
können. An Dexippos denkt wohl jeder zunächst, und für ihn
könnte der Anfang der Charakteristik des Eumenes sprechen: coφὸc
ὢν ἐκ τῶν cτρατηγῶν καὶ διαδόχων Ἀλεξάνδρου. Das entspricht
etwas der Angabe des Suidas: ὁ δὲ Εὐμένηc οὗτοc ... ἀνὴρ coφώτεροc
ἢ κατὰ τοὺc λοιποὺc τῶν Μακεδόνων δόξαc εἶναι. Die allerdings
arg verkürzte Eumenes-*Vita* wird schwerlich einer anderen Quelle
entstammen als die des Leonnatos, Perdikkas und Krateros, welche
U. Koehler (Sitzungsber. d. Berl. Ak. 1890 S. 560 ff.) mit einer gewissen Wahrscheinlichkeit dem Dexipp zugewiesen hat. Allein unser
Exzerptor kann Dexipp nicht mehr gesehen haben, denn schon
Blatt 129ʳ bietet er drei Angaben über Diadochengeschichte aus
Josephos und Dexippos, entlehnt aber die Angabe des letzteren wört-

---

1) Metzer Epitome 117: *Aegyptiorum regnum Ptolomaeo trado et Cleo-
patram sororem meam uxorem do.*

2) Auf Auszüge aus einer Schrift cχήματα λέξεωc, die uns nur im Orient
noch erhalten scheint, habe ich schon an anderem Ort (M. Terentius Varro und
Johannes Mauropus von Euchaita S. 4 A. 2) aufmerksam gemacht.

lich aus den Scholien zu Lukian (vgl. Fr. 1 Müller). Auch sachlich ist
es unmöglich, daß der Exzerptor Dexipp noch las. Er hätte dann
nach seiner bei allen übrigen Historikern durchgeführten Sitte eine
ganz andere Fülle von einzelnen Geschichten herausgehoben und
nimmermehr glauben können, der Tod der Olympias und Roxane
sei zusammengefallen. Dürftige byzantinische Exzerpte lagen ihm
vor, deren Ursprung kaum mehr zu bestimmen ist. Sie verfolgten
zunächst das Geschick des königlichen Hauses und gaben dann
Nachträge über die Entwicklung Makedoniens, das Geschick des
Eumenes und den Sieg des Ptolemaios Soter. Die Exzerpte lauten:

I. ὅτι ᾿Αλεξάνδρου τελευτήςαντος ἐναπελείφθηςαν αἱ γυναῖκες
αὐτοῦ καὶ παῖς ἀτελής, ὃν ἐγέννηςεν ἐκ τῆς Ῥωξάνης. ςταςιαζόντων
δὲ τῶν περὶ αὐτὸν περὶ τῆς βαςιλείας ἐτάχθη βαςιλεύειν ὁ ὁμοπά-
τριος ἀδελφὸς ᾿Αλεξάνδρου ὁ ᾿Αρριδαῖος, ὁ καὶ Φίλιππος ὕςτερον ὀνο-
5 μαςθείς, μέχρις οὗ φθάςῃ εἰς ἀνήκουςαν ἡλικίαν ὁ ᾿Αλεξάνδρου παῖς.
ἐπεὶ δὲ ἦν νωθρὸς ὁ ᾿Αρριδαῖος, ἔτι δὲ καὶ ἐπιληπτικός, ᾑρέθη ἐπί-
τροπος καὶ ἐπιμελητὴς τῶν βαςιλικῶν πραγμάτων ὁ Περδίκκας, ᾧ
δέδωκεν ὁ ᾿Αλέξανδρος τελευτῶν τὸν ἑαυτοῦ δακτύλιον ὡς πιςτοτέρῳ
τῶν ἄλλων ςτρατηγῶν. ὃς ςυνδιαςκεψάμενος δέδωκεν ἑκάςτῳ ςτρα-
10 τηγῷ ςατραπείαν διεξάγειν, μερίςας ἁπάςας οὔςας πλείους τῶν κδ´.
ἀπελθόντες δὲ οὕτως εἰς τὰς ὁριςθείςας ἑκάςτῳ ςατραπείας ἤρξαντο
ὑπερβάθμιον τείνειν πόδα ὡς ἠδύνατο ἕκαςτος. ὅθεν μεγάλας δυνάμεις
λαβὼν ὁ Περδίκκας ἀπῆλθεν εἰς Αἴγυπτον πολεμήςων Πτολεμαίῳ·
ἔνθα καὶ ἐπιβουλευθεὶς ἐφονεύθη ὑπὸ τῶν ἑαυτοῦ οἰκείων. εἶτα διε-
15 δέξατο τὴν ἐπιμέλειαν τῶν βαςιλέων ὁ ᾿Αντίπατρος, ὃς καὶ αὐτὸς
ςυνδιαςκεψάμενος ἐνήλλαξε τὰς δοθείςας παρὰ τοῦ Περδίκκου ςατραπείας ἄλλην ἄλλῳ δούς, πλὴν Πτολεμαίου καὶ Λυςιμάχου· τούτους γὰρ
οὐκ ἠδυνήθη μεταςτῆςαι. δέδωκε δὲ ἄλλοις μὲν ἄλλας, ᾿Αντιγόνῳ δὲ
τὴν Coυcιανὴν ςατραπείαν, Cελεύκῳ δὲ τὴν τῆς Βαβυλῶνος, τὸν δὲ
20 ἑαυτοῦ υἱὸν Κάςανδρον ἀπέδειξε χιλίαρχον. εἶτα μετὰ καιρὸν τελευτήςαντος καὶ τοῦ ᾿Αντιπάτρου διεδέξατο τὴν ἐπιτροπὴν καὶ ἐπιμέλειαν
τῶν βαςιλικῶν πραγμάτων ὁ Πολυςπέρχων . . . .
εἶτα ὁ Κάςανδρος μιςθωςάμενός τινας τῶν βαςιλικῶν διακόνων . . . .

8 πιςτότερον Cod.   18 Antigonos ist mit Antigenes verwechselt.
22 Etwa 28 Buchstaben (die letzten beiden ην) sind ausradiert. Darüber von
derselben Hand: ἐφ᾿ οὗ ἡ ᾿Ολυμπιὰς ἐδολοφόνηςε τὸν ᾿Αρριδαῖον καὶ τὴν γυναῖκα
αὐτοῦ Εὐρυδίκην.   23 Rasur von 11 Buchstaben; hierüber nachträglich:
ἐδολοφόνηςε τήν τε ᾿Ολυμπιάδα καὶ.

..... Ῥωξάνην καὶ τὸν υἱὸν αὐτῆς τὸν Ἀλέξανδρον τὸν υἱὸν Ἀλεξάνδρου, ὃς ἔμελλεν εἶναι διάδοχος τῆς ὅλης βασιλείας. ἐγένετο δὲ ταῦτα ἐν Μακεδο⟨νίᾳ ἀποθανούσης⟩ τῆς Ὀλυμπιάδος τῆς μητρὸς Ἀλεξάνδρου. ἐντεῦθεν σύγχυσις ἐγένετο τῶν σατραπειῶν καὶ ἐπεβούλευον ἄλλοι ἄλλοις καὶ προσετίθουν ταῖς ἑαυτῶν καὶ μείζονας περιεβάλλοντο δυνάμεις οἱ πανουργότεροι καὶ ἐφόνευον τοὺς ἀσθενεστέρους. ἐμεγαλύνθη δὲ ὑπὲρ τοὺς πολλοὺς ὁ Ἀντίγονος μετὰ τοῦ αὐτοῦ υἱοῦ τοῦ Πολιορκητοῦ Δημητρίου· διὸ καὶ ὠνόμασεν ἑαυτὸν βασιλέα καὶ ἐφόρεσε διάδημα. ἰδόντες δὲ καὶ οἱ ἕτεροι, ὅσοι οὐκ ἠλαττοῦντο αὐτοῦ, ἐφόρεσαν κἀκεῖνοι διάδημα καὶ ὠνόμασαν ἑαυτοὺς βασιλεῖς, ὅ τε Πτολεμαῖος ἐν Αἰγύπτῳ καὶ Συρίᾳ καὶ ὁ Λυσίμαχος ἐν Θρᾴκῃ καὶ ὁ Σέλευκος ἐν Βαβυλῶνι, ὃς ἀποθανόντος Ἀντιγόνου ἦρξε πάσης Ἀσίας καὶ κατὰ διαδοχὴν οἱ αὐτοῦ υἱοί.

II. ὅτι τὸ σῶμα τοῦ Ἀλεξάνδρου μετὰ ⟨τὸν⟩ θάνατον κατήγαγον οἱ Μακεδόνες εἰς Ἀλεξάνδρειαν ἐκ Βαβυλῶνος κοσμήσαντες αὐτὸ πάνυ πολυτελῶς καὶ πλείστου χρυσοῦ καὶ ἀργύρου περιθέντες ἀναλώματα καὶ καλλωπισμόν· κατήγαγον δὲ μετὰ πολλῆς καὶ πεπληθυσμένης δορυφορίας. εἶτα ἐκεῖθεν διεβίβασαν εἰς Μακεδονίαν τὴν Ῥωξάνην μετὰ τοῦ σὺν Ἀλεξάνδρῳ γενομένου αὐτῇ παιδὸς ὀνομαζομένου Ἀλεξάνδρου καὶ αὐτοῦ. διεβίβασαν δὲ καὶ Φίλιππον τὸν Ἀρριδαῖον, ὃς βασιλεύσας ὑπὸ ἐπιτρόποις ἔτη ϛ' καὶ μῆνας δ' ἐφονεύθη μετὰ τῆς γυναικὸς αὐτοῦ Εὐρυδίκης ἀπηνῶς παρὰ τῆς μητρυιᾶς αὐτοῦ τῆς Ὀλυμπιάδος. ὕστερον δὲ μετὰ καιρὸν ὀλίγον ἐφονεύθη καὶ αὐτὴ ἡ Ὀλυμπιὰς σὺν τῇ νύμφῃ Ῥωξάνῃ καὶ τῷ ἐγγόνῳ Ἀλεξάνδρῳ ἀπηνῶς παρὰ τοῦ υἱοῦ τοῦ Ἀντιπάτρου τοῦ Κασάνδρου. ὃς Κάσανδρος μετὰ τοὺς τοιούτους φόνους ἔγημε τὴν Θεσσαλονίκην τὴν ὁμοπάτριον ἀδελφὴν τοῦ μεγάλου Ἀλεξάνδρου, ἥτις Θεσσαλονίκη ἔκτισεν ὕστερον τὴν Θεσσαλονίκην, ὁ δὲ ἀνὴρ αὐτῆς ὁ Κάσανδρος ἔκτισεν τὴν Κασάνδρειαν.

III. ὅτι ὁ Εὐμένης σοφὸς ὢν ἐκ τῶν στρατηγῶν καὶ διαδόχων Ἀλεξάνδρου ἐτήρησε στοργὴν ἀδολωτάτην πρὸς τὸν Ἀλέξανδρον καὶ τεθνεῶτα, καὶ ἐπολέμησεν πολλάκις πρὸς τοὺς ἐπεμβαίνοντας τοῖς βασιλικοῖς πράγμασι, καὶ ἐνίκησε μεγάλους πολέμους καὶ στρατηγοὺς μεγάλους ἐκ τῶν Μακεδόνων. εἶτα ἐπεὶ ὁ Ἀντίγονος πλεονεκτῶν

καὶ αὐξανόμενος ἐβούλετο νοςφίζεςθαι καὶ τὸ τῆς βαςιλείας ὄνομα,
ἐδεήθηςαν οἱ βαςιλεῖς τοῦ Εὐμένους εἰς βοήθειαν ἥ τε Ὀλυμπιὰς καὶ
ὁ Ἀρριδαῖος ὁ Φίλιππος καὶ ἡ Ῥωξάνη διὰ γραμμάτων βαςιλικῶν. ὃς
καὶ ἐπικαμφθεὶς ταῖς ἐκείνων δεήςεςιν ἀνῆλθεν εἰς τὰς ἐπέκεινα τῆς
5 Βαβυλωνίας ςατραπείας καὶ ςυναγαγὼν μεγάλας ἐκεῖθεν δυνάμεις
ἐπολέμηςε τῷ Ἀντιγόνῳ· καὶ δὶς καὶ τρὶς καὶ νενίκηκε, τάχα δ' ἂν
καὶ ἐς τὸ παντελὲς ἠφάνιζεν, εἰ μή τινες τῶν περὶ αὐτὸν φίλων
ἐπιβουλεύςαντες ςυνέλαβον καὶ δεδώκαςι τῷ Ἀντιγόνῳ. τούτου δὲ
γενομένου ηὐξήθη ἐς μέγιςτον ὁ Ἀντίγονος καὶ ἦν τοῖς ὅλοις ἀπρός-
10 μαχος.

     IV. ὅτι νικήςας, ὡς εἴρηται, ὁ Πτολεμαῖος ἐν Αἰγύπτῳ τὸν Περ-
δίκκαν ἔλαβε τὰ αὐτοῦ ςτρατεύματα ὅςα ἤθελεν, ἔλαβε δὲ καὶ τὴν
αὐτοῦ γυναῖκα Κλεοπάτραν τὴν ὁμοπάτριον ἀδελφὴν τοῦ μεγάλου
Ἀλεξάνδρου καὶ εἶχεν αὐτὴν εἰς γάμου κοινωνίαν ςὺν ταῖς ἄλλαις
15 αὐτοῦ γυναιξίν. ἦν δὲ ἡ Κλεοπάτρα αὕτη θυγατὴρ μὲν τοῦ Φιλίππου,
ἀλλ' ἐξ ἄλλης γυναικός, Κλεοπάτρας κἀκείνης λεγομένης.

     3 ἀριδαῖος Cod.   IV 11—16 Nachträglich mit blasserer Tinte zugefügt.
IV 12 τοῦ ςτρατεύματος αὐτοῦ? — ἤθελεν über ἔχρηζε geschrieben.

     Die Angabe über Kleopatra ist sicher falsch. Arrian bezeugt
ausdrücklich, daß sie während der Kämpfe des Perdikkas und Eumenes
gegen Ptolemaios und Antipater in Sardes blieb.[1]) Ein Ehebündnis
mit Ptolemaios war im Jahre 308 tatsächlich geplant, wurde aber
durch die Ermordung der Fürstin verhindert (Diodor XX 37, 3); sie
scheint aus Sardes nicht herausgekommen zu sein. Andrerseits erhält
die Notiz, daß sie eine Zeit lang Gattin des Ptolemaios gewesen sei,
durch das Testament eine gewisse Stütze. Es fragt sich, was früher
war, die falsche historische Angabe, daß Kleopatra in die Hände
des Ptolemaios fiel, oder die Erfindung der Testamentsbestimmung.
Nehmen wir das erstere an, was wenigstens mir natürlicher scheint,
so fällt jeder Anhalt fort, in dem Testament mit Ausfeld einen
älteren gegen Antipater gerichteten Teil und eine jüngere rhodische
Fälschung zu scheiden; das Stück muß als Ganzes beurteilt werden.

     Diese Annahme scheint sich mir noch durch eine andere Erwägung
zu empfehlen. Nach Arrian (Photios Bibl. p. 69 a 2) lautete der letzte Ent-
scheid des makedonischen Heeres über das Königtum: (διαλαμβάνει)....

----

1) Vgl. die Fragmente des VII. Buches, Bresl. phil. Abh. III 3, 31 ff.

τὴν ἀνάρρησιν Ἀρριδαίου, ὃς ἐκ Φιλίνης τῆς Θεσσαλῆς Φιλίππῳ τῷ
Ἀλεξάνδρου πατρὶ ἐγεγένητο, ἐφ' ᾧ καὶ Ἀλέξανδρον, ὃν ἔμελλεν ἐξ
Ἀλεξάνδρου τίκτειν Ῥωξάνη, cυμβαcιλεύειν αὐτῷ· ὃ καὶ γέγονεν εἰς
φῶc ἀχθέντοc τοῦ παιδόc; das bestätigt Justin XIII 4, 2: *tum equites in
concordiam revocati in Aridaeum regem consentiunt. servata est portio
regni Alexandri filio, si natus esset.*[1]) Beiden widerspricht die Heidelberger Epitome: ἐτάχθη βαcιλεύειν ὁ ὁμοπάτριοc ἀδελφὸc Ἀλεξάνδρου
ὁ Ἀρριδαῖοc ὁ καὶ Φίλιπποc ὕcτερον ὀνομαcθείc, μέχριc οὗ φθάcῃ εἰc
ἀνήκουcαν ἡλικίαν ὁ Ἀλεξάνδρου παῖc. Ihr aber entspricht wieder
aufs genaueste die Testamentsbestimmung der Metzer Epitome (115):
*si mihi ex Roxane uxore mea ⟨filius⟩ natus erit, is potissimum Ma-
cedoniae rex esto; tantisper Arrhidaeus Philippi filius Macedonibus
imperator sit.* Beide Stellen ergänzen und erklären sich gegenseitig[2]);
aber die Priorität der historischen Erzählung scheint mir hier
zweifellos, der umgekehrte Hergang kaum denkbar. Auf dasselbe
Verhältnis zwischen beiden Quellen läßt auch der Umstand schließen,
daß in der Heidelberger Epitome Seleukos Babylonien erst in der
Satrapienverteilung von Triparadeisos empfängt, was der Wahrheit
noch entspricht, während er in dem Testament fälschlich sofort damit bedacht wird. Damit scheint mir erwiesen, daß die Quellen der
Heidelberger Epitome in letzter Linie recht hoch hinaufreichen, daß
die Zeit des Testamentes aber etwas herabgerückt werden muß. Die
Einzelheiten zu erklären, muß ich bessern Kennern überlassen.

---

1) Der ganze Hergang gestattete kaum eine andere Lösung, oder doch
jedenfalls nicht die, welche die Heidelberger Epitome bietet. Arridäus, der
selbst eines ἐπίτροποc bedurfte, konnte nicht ἐπίτροποc seines Neffen sein.

2) Die Worte der Heidelberger Epitome: ὃc ἔμελλεν εἶναι διάδοχοc τῆc
ὅληc βαcιλείαc können ebenfalls nur so gedeutet werden, daß Alexander, wenn
er mündig wurde, die Herrschaft übernehmen sollte; er war nach der Auffassung dieser Quelle noch nicht βαcιλεύc, dafür aber der einzige Erbberechtigte.
Dagegen erzählte Arrian (Photios *p.* 69*b* 16) ausdrücklich, daß Alexander nach
der Geburt als König, bezw. als Mitregent, proklamiert wurde.

ANHANG:
DIE TEXTE.

Die Erhaltung des Hermetischen Corpus danken wir einer einzigen Handschrift, welche im XI. Jahrhundert in traurigem Zustand wieder aufgefunden wurde. Ganze Quaternionen und einzelne Blätter fehlten sowohl im Eingang (nach Kap. I) als am Schluß (nach XVI); auch auf den erhaltenen Blättern war, besonders in dem letzten Drittel, die Schrift stellenweise unleserlich geworden. In diesem Zustande kam die Handschrift an Michael Psellos, den großen Wiedererwecker Platonischer Studien in Byzanz[1]), wie ich vermute, gerade zu der Zeit, als dessen Rechtgläubigkeit in Zweifel gezogen war. Er glaubte diese Schriften aufs neue verbreiten, zugleich aber sich selbst gegen den Verdacht sichern zu sollen, als ob ihr Inhalt seinen Überzeugungen entspräche. So entstand jenes eigentümliche Scholion zu I 18, in welchem wir zunächst fast mönchisches Eifern zu hören glauben, wenn Psellos versichert, daß dieser Poimandres offenbar der Teufel selbst gewesen sei, während der Schluß das Interesse des Philologen, ja vielleicht schon eine noch innerlichere Anteilnahme an dem Inhalt zu verraten scheint. Daß eine solche wenigstens in den nächsten Jahrhunderten in Byzanz erwachte, glaube ich aus der Tatsache schließen zu sollen, daß die letzten drei Kapitel, welche den Polytheismus oder besser das Heidentum direkt rechtfertigen, in einem Teil der Handschriften weggelassen wurden und nur der Teil des Corpus weiter verbreitet wurde, der einem an das Christentum angeglichenen Neuplatonismus entsprach. Der Text wurde im wesentlichen mit all der Genauigkeit und Gedankenlosigkeit weitergegeben, die bei solchen nicht für die Schule und noch weniger für den praktischen Gebrauch bestimmten Schriften durchaus erklärlich ist. Die Überlieferung ist außerordentlich schlecht, aber einheitlich. Den Text der Psellosabschrift können wir aus den Handschriften des XIV. Jahrhunderts mit voller Sicherheit gewinnen.

---

1) Auf den Zusammenhang der Platonischen Studien des Psellos mit der Herausgabe des Corpus wies mich zuerst Br. Keil. Ein näheres Eingehen auf die Einwirkungen der Hermetischen Literatur auf den humanistischen Mystizismus wird man von mir nicht erwarten.

Zu größerer Wirkung gelangten die Hermetischen Schriften erst mit dem Erstarken des Humanismus im Abendlande. Georgios Gemistos Plethon hatte bekanntlich den Neuplatonismus als eine Art Religion nach Italien übertragen und auf Cosimo Medici tiefen Eindruck gemacht. Der von ihm als Leiter der zukünftigen Akademie frühzeitig erkorene Marsiglio Ficino mußte als erstes, grundlegendes Werk das Hermetische Corpus im Jahre 1463 ins Lateinische übertragen. Den griechischen Text hatte Cosimo durch einen Mönch, Bruder Lionardo von Pistoja, aus Bulgarien (Macedonien) holen lassen; die Handschrift ist in der Bibliothek der Medici erhalten; es ist der *Laurentianus* 71, 33.[1]) Plan und Grundgedanken des Cosimo gibt die Einleitung. Der uralte Prophet, der erste aller Theologen, sollte diesem Mystizismus, der das Christentum nicht direkt bekämpfte, aber doch weit über es hinausging, die Autorität und urkundliche Gewähr gegenüber den von der Kirche angeführten Autoritäten, besonders Aristoteles, bieten. Die nächste Wirkung läßt sich aus einer Nachahmung beurteilen, die den Titel trägt: *Lodovici Lazareli poetae christiani ad Ferdinandum regem*[2]) *dialogus, cui titulus Crater Hermetis.* Lazarello hat lange nach Wahrheit gesucht und zu Gott gefleht, bis endlich der Poimandres des Hermes, Jesus Christus selbst, in ihn niedergestiegen ist und ihn erleuchtet hat. Er predigt seinem Könige die neue Lehre des Mystizismus und gibt auf den Einwurf desselben *Hermeticus es, ut videris, Lazarele* die charakteristische Antwort: *Christianus ego sum, o rex, et Hermeticum simul esse non pudet. si enim praecepta eius consideraveris, a christiana confirmabis non abhorrere doctrina.*[3]) Das religiöse

---

1) Den Beweis gibt der Umfang des Corpus (nur Kap. I—XIV), die Überschrift des letzten Kapitels und der Text der in dieser Handschrift lückenhaften ersten Seite des Poimandres. Ich habe die Übersetzung des Ficinus daher nicht mit berücksichtigt.

2) Den König von Neapel. — Das Schriftchen ist mit der Übersetzung des Ficinus und Pseudo-Apuleius 1505 von Henricus Stephanus herausgegeben.

3) Daß sich Lazarello gegen die Kirche und Aristoteles, wenn auch in vorsichtig gewählten Worten, wendet, und daß er in reichem Umfang Philon, das Henochbuch, den Talmud, ja selbst die Hauptschriften der Kabbala benutzt, sei beiläufig erwähnt, um dies eigenartige „Christentum" zu charakterisieren und die Zusammenhänge mit anderen Richtungen des humanistischen Mystizismus hervortreten zu lassen. — Des Porphyrios Schrift Περὶ τῆς ἐκ λογίων φιλοσοφίας will Lazarello ebenfalls benutzt haben; doch findet sich das einzige mitgeteilte λόγιον auch bei Eusebios *Praep. ev.* VIII 10 p. 412 d.

Interesse an diesen Schriften dauerte länger als ein Jahrhundert; noch 1591 will Patricius durch seine Gregor dem XIV. und allen kommenden Päpsten gewidmete „Neue Philosophie" die heidnische Philosophie des Aristoteles aus der Kirche verdrängen und an dessen Stelle Plato, Plotin, Zoroaster und Hermes setzen; ihre Lehre stimme mit der christlichen überein.

Aber auch hiervon abgesehen mußte schon die geheimnisvolle und manchmal so mächtige Sprache dieser Schriften die Humanisten begeistern. Es ist kein Wunder, daß von der Mitte des XV. bis zur Mitte des XVI. Jahrhunderts eine größere Anzahl von Handschriften entstehen, welche den Text verständlicher oder eleganter zu machen suchen.[1])

Im Jahre 1554 gab dann Adrianus Turnebus zum erstenmal den griechischen Text heraus; er wurde dabei von Angelus Vergecius unterstützt, auf dessen Rechnung ein kurzer Nachtrag von Lesungen und Konjekturen gesetzt werden mag. Die Ausgabe bietet im ganzen den getreuen Abdruck einer jungen Handschrift, welche dem Cod. *D* nahe stand.[2])

Den Text des Turnebus legte im Jahre 1574 François Foix de Candalle (*Franciscus Flussas*) seiner Ausgabe zu Grunde; neues handschriftliches Material benutzte er nicht und ließ Kap. XVII und XVIII als rettungslos verdorben fort. Unterstützt von Scaliger und andern Humanisten versuchte er vor allem einen lesbaren Text herzustellen, ohne den Stand der Überlieferung dabei zu verdunkeln. Seine Ausgabe bietet noch heute die einzige größere kritische Leistung für diese Texte.

Eine dritte Ausgabe veranstaltete im Jahre 1591 Franciscus Patricius in seiner *Nova de universis philosophia*[3]), deren Anhang eine Sammlung der Fragmente des Hermes und des Asklepios mit dem überlieferten Corpus verbindet. Die Reihenfolge der Dialoge hat Patricius dabei verändert, die Asklepios-Schriften von denen des Hermes

---

1) Besonders charakteristisch sind dabei die Besserungen an der Form des Dialogs. Handschriften, in denen sie sich finden, sind ohne weiteres als wertlos zu betrachten.

2) Ein Exemplar habe ich durch die Güte der Verwaltung der Berliner Bibliothek in Straßburg benutzen können.

3) Erschienen zu Ferrara. Mir war nur der drei Jahre später in Venedig veranstaltete Nachdruck zugänglich. Ob die zahllosen Druckfehler, welche ihn entstellen, auf Rechnung des Patricius zu setzen sind, weiß ich nicht und habe sie nicht berücksichtigt.

gesondert, was er Handschriften, was eigener Vermutung entnahm,
nicht geschieden. Dem Druck legte er eine junge, ebenfalls dem
Codex *D* ähnliche Abschrift zu Grunde[1]), in welche er die Lesungen
des Turnebus und Candalle eingetragen hatte. Außerdem hat er
den Text an zahllosen Stellen willkürlich geändert, ohne jede Sach-
kenntnis und ohne jede Rücksicht auf die paläographische oder
sprachliche Möglichkeit seiner Änderungen. Parthey hat sie später
getreulich als Überlieferung übernommen.

Das kirchliche Interesse beherrscht völlig die kommentierte Ausgabe des Minoriten Hannibal Rossel (1630, Kommentare schon 1585),
welcher für den Text die Ausgabe Candalles zu Grunde legte und
Patricius nur nebenbei einsah. Sie sowie mancherlei Übersetzungen,
welche im XVII. und XVIII. Jahrhundert erschienen, glaubte ich igno-
rieren zu dürfen. Nicht so Dieterich Tiedemanns 1781 erschienene
Verdeutschung „Hermes Trismegists Poemander oder von der göttlichen Macht und Weisheit", welche in den Anmerkungen eine ganze
Reihe vorzüglicher Konjekturen bietet.[2])

Die Ausgabe Partheys (Berlin 1854), welche ich ungern hier
erwähne, bringt an neuem scheinbar die Kollationen zweier alter
Handschriften, des *Laurentianus* 71, 33 und des *Parisinus* 1220.
Keine hat Parthey selbst gesehen und auf keine seiner Angaben ist
irgendwelcher Verlaß. Die von einem Unbekannten gefertigte flüchtige Kollation des *Laurentianus* hat er nachlässig benutzt.[3]) Der
Parisinus, von dem er eine etwas genauere Kollation, bezw. Abschrift
von D. Hamm erhalten hatte, ist von jüngerer Hand vollständig
durchkorrigiert und interpoliert worden. Diese jungen Interpolationen
hat Parthey dann als alte Lesungen in den Text oder Apparat aufgenommen. Der Text ist also doppelt verfälscht. Eigene Besserungen sind außerordentlich selten.

---

1) Daß Patricius wirklich eine Handschrift zu Grunde legte, scheint mir
aus einer Reihe von Auslassungen und Fehlern, in denen er mit Cod. *D* gegen
die beiden früheren Ausgaben übereinstimmt, und mehr noch aus der Wahl
des Titels unten zu S. 345, 20 hervorzugehen. Es ist möglich, daß sie bereits
mit dem Corpus einen Auszug aus Stobaios verband; wertlos war sie jedenfalls.

2) Die Ausgabe des Patricius war ihm zum Glück unzugänglich geblieben;
er schloß sich an Candalles reineren Text.

3) Ich wähle ein natürlich besonders augenfälliges Beispiel, S. 70 seiner
Ausgabe. Z. 2 hat *A* ὥσπερ, nicht ὅπερ; Z. 5 οὕτως, nicht οὕτως οὐκ; Z. 9
θεία, nicht θέα; Z. 9 καταρτία.

Ich gebe die folgenden Stücke nach fünf Handschriften[1]), nämlich:

A = Laurentianus 71, 33 aus dem XIV. Jahrhundert. Die Schrift ist sehr klein und flüchtig; Versehen hat der Schreiber in der Regel sofort selbst verbessert, nur in wenigen Fällen nachträglich aus einer anderen Handschrift korrigiert. Auf dem ersten Blatt der Vorlage waren durch einen Fleck eine Anzahl Wörter unleserlich geworden, für welche *A* freien Raum ließ. Dasselbe ist in dem *Ottobonianus graec.* 153[2]) aus dem XV. Jahrhundert, in dem *Coislinianus* 332 aus dem XV. Jahrhundert und in der Vorlage des von Vergecius geschriebenen *Parisinus* 2518 geschehen; nur wurden in letzterer die Lücken nachträglich ausgefüllt. Die drei Handschriften stammen aus einem Zwillingsbruder von *A*; ich habe die letztgenannte für Kapitel I und XIII (XIV) durchverglichen, ohne für die Kritik irgend etwas zu gewinnen; *A* ist ein durchaus getreues Abbild einer etwa dem XII. oder XIII. Jahrhundert entstammenden Vorlage. Dieselbe umfaßte nur Kap. I—XIV (XV), also nur den bei Parthey gedruckten Text. Eine Kollation des ersten und der beiden letzten Kapitel danke ich der immer gleichen Güte G. Vitellis. Den übrigen Teil der Handschrift habe ich später selbst in Florenz verglichen.

B = Parisinus graec. 1220 aus der Mitte des XIV. Jahrhunderts.[3]) Der sehr sorgfältige Schreiber hat einzelne Korrekturen oder Nachträge selbst zugefügt; eine jüngere Hand hat an den Rand das Scholion des Psellos zu Poim. § 18 sowie einzelne Ausrufe, wie λῆρος, φλυαρία u. dergl. gefügt und zahlreiche billige Konjekturen eingetragen; ein oder mehrere noch jüngere Humanisten haben dann den Text planmäßig durchrezensiert, indem sie die alte Schrift ausradierten und darüber oder am Rand einen von ihnen ersonnenen Text eintrugen. Eine Scheidung der Hände schien überflüssig, da sämtliche jüngeren Eintragungen, *B*[2], durchaus wertlos sind.[4]) Die Schreibungen

---

1) Die in gedruckten Katalogen vorliegenden Beschreibungen setze ich voraus.

2) Photographische Proben der römischen Handschriften danke ich der gütigen Vermittlung Hülsens, einzelne Angaben ferner Dr. Luigi De Stephani.

3) Die Altersbestimmung war Br. Keil so gütig mir zu bestätigen. Die Handschrift habe ich durch die Liebenswürdigkeit der Verwaltung der Nationalbibliothek in Straßburg benützen können.

4) Daß einzelne dieser Eintragungen auch auf eine schon interpolierte

der ersten Hand lassen sich durch den Umfang der Rasuren oder durch Schriftreste in der Regel bestimmen; nur in wenigen Fällen des Zweifels habe ich (B) in den Apparat gesetzt, um die Unsicherheit anzudeuten. Die Handschrift bietet das ganze Corpus.

C = *Vaticanus graec.* 237 aus dem XIV. Jahrhundert; jetzt in zwei Bände gebunden; Blattraum 22½ × 14½ cm, Schriftraum 17½ × 10½ cm; Inhalt: Blatt 1—54 das ganze Hermetische Corpus; 54ʳ—55ʳ ein neuplatonisches(?) Fragment; 56ʳ—64ʳ Porphyrios περὶ τῶν πρὸς τὰ νοητὰ ἀφορμῶν; 64ʳ—75 περὶ ἀρετῶν; 76—181 Proklos ϲτοιχείωϲιϲ θεολογική; 182 ff. Proklos περὶ τῆϲ κατὰ Πλάτωνα φιλοϲοφίαϲ. Eng mit C hängen zusammen *Parisinus graec.* 2007 aus dem XVI. Jahrhundert (Hand des Christoph Auer) und *Ottobonianus graec.* 177 aus dem XVI. Jahrhundert.[1]) Von ersterem habe ich größere Stücke kollationiert. Die Handschrift C hat für die in diesem Buch veröffentlichten Kapitel Dr. De Stefani für mich verglichen, den Rest habe ich später selbst kollationiert.

D = *Vindobonensis .phil.* 102 (von mir in Straßburg verglichen) aus dem XV. Jahrhundert. Randglossen von erster Hand und Korrekturen von zweiter begegnen vereinzelt. Die Handschrift, welche das ganze Corpus enthält, hängt eng mit dem *Palatinus graec.* 53 aus dem XV. (XVI.?) Jahrhundert und mit dem *Bodleianus* 16987 (*d'Orv.* 109, *Auct.* X. 1. 4. 7) aus dem XVI. Jahrhundert zusammen, von dem Dr. Plasberg ein Stück für mich verglich. Neben wenigen guten Lesungen oder Konjekturen finden sich zahlreiche Auslassungen und willkürliche Abänderungen; der Wert der Handschrift liegt darin, daß sie die Grundlage der Ausgaben erkennen läßt. Der alten Vorlage dieser Klasse war verwandt:

M = *Vaticanus graec.* 951 aus dem XIV. Jahrhundert; Blattraum 23 × 15½, Schriftraum 19 × 13½, Inhalt: Blatt 1—8 Herakleides ἀλληγορίαι Ὁμηρικαί; 9—152 Maximus Planudes ϲυλλογὴ ἐκλεγεῖϲα ἀπὸ διαφόρων βιβλίων πάνυ ὠφέλιμοϲ; 152—156 und 157—169ʳ Psellos' Erklärung der chaldäischen Orakel in zwei Exemplaren, das

---

Handschrift zurückgehen, wird durch den *Paris. graec.* 1297 wahrscheinlich gemacht, ist aber für die Kritik gleichgiltig. Im Apparat sind die Korrekturen von erster Hand durch B¹ bezeichnet, Korrekturen, die von erster oder zweiter Hand herrühren können, durch Bᶜ.

1) Der *Ottobonianus* könnte nach meinen geringen Proben geradezu Abschrift von C sein.

zweite von derselben Hand wie 169ᵛ—213ᵛ das ganze Hermetische Corpus; 213ᵛ—214 ein christliches Gebet; 222—260 Maximus Confessor. Das Psellos-Scholion zu Poimandres § 18 ist (ohne den Namen des Psellos) in den Text gedrungen. Dies und die Verbindung des Hermetischen Corpus mit einer Schrift des Psellos zeigt, daß wirklich unsere gesamte Tradition auf Psellos zurückgeht. Ich habe die Handschrift selbst durchverglichen.[1])

Von jüngeren Handschriften habe ich noch geprüft: *Parisinus graec.* 1297 aus dem XVI. Jahrhundert, stark überarbeitet, öfters zu *B²* stimmend, aber im Umfang gleich *A*; ferner den gleichfalls stark interpolierten *Vaticanus graec.* 914 aus dem Ende des XV. Jahrhunderts, der nur Poimandres § 1—28 enthält; endlich *Parisinus graec. suppl.* 395 aus dem XVII. Jahrhundert, die Vorbereitung einer Ausgabe auf Grund einer Handschrift der *A*-Klasse, die nicht über Poimandres § 21 herausgediehen und durchaus wertlos ist.

Daß sich außer diesen fünfzehn Handschriften noch ein paar weitere finden lassen, glaube ich gern und bedaure, daß mich ein Krankheitsfall in meiner Familie vorzeitig aus Italien zurückgerufen und verhindert hat, die kleineren Bibliotheken zu durchmustern. Dennoch hoffe ich, daß bei der Eigenart dieser so einheitlichen Überlieferung sogar weniger Handschriften zur Konstituierung des Textes genügen werden. Weder die seltenen guten Lesungen in *D* noch die vielen wertlosen jüngeren Vermutungen in *B* können ein Heranziehen dieser Handschriften in einer größeren Ausgabe rechtfertigen; ist das Verhältnis der Ausgaben zu der Überlieferung einmal geklärt, so wird man diese selbst auf Grund von *MAC* durchaus beurteilen können.

Zu der Textgestaltung bemerke ich nur, daß das Ziel bei den verschiedenen Schriften ein verschiedenes sein muß. Liegt eine Schrift im wesentlichen in ursprünglicher Fassung vor, wie Kap. XIII (XIV), so darf der Herausgeber versuchen, die Glosseme und Interpolationen des Psellos oder frühmittelalterlicher Schreiber auszusondern. Ist eine Schrift nachweislich früh im Gemeindegebrauch interpoliert worden, wie Kap. I, so wird man zunächst alles halten müssen und Unverträgliches nebeneinanderstellen, auf die Gefahr,

---

1) Da ich vorschnell abbrechen mußte, sind einige Angaben im letzten Teil zweifelhaft geblieben; die *ex silentio* erschlossene Lesung ist dann durch (*M*) bezeichnet.

neben alten Zusätzen auch byzantinische Schreiberweisheit im Text
zu belassen.   Auch in den Einzelfragen wird volle Konsequenz kaum
zu erreichen sein.   Derselbe Redaktor, welcher Attizismen wie
κρείττων oder gar Überattizismen wie ἴσχω (für ἔχω), ἔςοπτρον (für
ἔνοπτρον) u. dergl. erstrebt, braucht an einem ποταπός, an freieren
Verwendungen des *Genetivus absolutus* oder an falschen Medial-
formen u. s. f. keinen Anstoß genommen zu haben. Ich zweifle nicht,
daß manche Fachgenossen ihm auch eine Verwechslung von μοι und
με oder ein Partizipium ἐγγραμμένος zutrauen werden. Sie einzu-
setzen, konnte ich mich nicht entschließen.

   Ähnliche Inkonsequenz wird man in der Handhabung der Kon-
jekturalkritik finden.   Das Bild, welches ich mir von dem Archetypus machen mußte, rechtfertigt wohl, daß ich in der Annahme
größerer und kleinerer Lücken im ersten Kapitel freier als in dem
Mittelteil, im Schlußteil aber sogar möglichst kühn sein zu müssen
glaubte.   Besonders im XVIII. Kapitel scheint Psellos oft nur zu-
sammenhangslose Trümmer dem Archetypus abgewonnen und sie
z. T. selbst ergänzt zu haben.   Wenn hier z. B in § 4 nebeneinander-
stehen: ὅτι δὴ τὸν τόνον ὑποχαλάσασα und: ὅτι δὴ τὸν τόνον ὑπα-
ραιώσασα, so meine ich, daß er in seiner Handschrift nur noch ὅτι
δὴ τὸν τόνον ὑπ . . . . . ςαςα entziffern konnte und zwei Ergänzungen
bot.   Dann wird auch die doppelte Fassung des Eingangs der
Eunomosgeschichte (§ 6) ähnlich zu erklären sein, und wir werden
mit der Möglichkeit rechnen müssen, daß wir hier freie Ergänzungen
des Psellos als alten Text betrachten.[1)] Sehr viel besser ist die Überlieferung des I. Kapitels; aber alte Varianten wie S. 331, 8 φῶς und
φύσις, 337, 7 κλέος und κάλλος scheinen mir ebenfalls so zu erklären,
daß Psellos nur φ . . oder κ . . . ς las und beide Ergänzungen ein-
trug.   Am nächsten kommen wir dem ursprünglichen Text in Kap.
XIII (XIV); aber die Fremdartigkeit der Vorstellungen und die
Eigenart der Sprache macht auch hier eine befriedigende Herstellung
wenigstens bei diesem ersten Versuche unmöglich.

   In dem Zufügen von erklärenden Anmerkungen oder Parallelstellen habe ich endlich noch weniger Konsequenz erstrebt, vieles
übergangen und mehr noch übersehen, dafür aber ab und an auch
aufgenommen, was nur als Ergänzung zu dem vorausgehenden Buch

---

1) An verschiedene Fassungen eines Entwurfes denkt Dr. Plasberg.

Berechtigung hat oder als Hinweis auf eine weiter zu verfolgende Gedankenreihe einem theologischen Leser vielleicht Nutzen bringt. —

Die folgenden Texte umfassen die von Parthey S. 1—18 und 114—128 abgedruckten Schriften der Poimandresgemeinde sowie den bei ihm fehlenden Schluß des Hermetischen Corpus.

Die im Apparat verwendeten Abkürzungen und Zeichen sind:

A = Laur. 71, 33 (fehlt für Kap. XVI—XVIII).

B = Par. 1220 (B^1 Korrektur erster, B^2 späterer, B^c unbestimmter Hand).

C = Vat. 237.

D = Vind. phil. 102.

M = Vat. 951.

O = erste Hand von $ABCDM$, in Kapitel XVI—XVIII von BCDM.

t = Turnebus.

f = Foix de Candalle (fehlt für Kap. XVII und XVIII).

p = Patricius.

e = tfp, in Kap. XVII und XVIII = tp.

Verg. = Nachtrag der Turnebiana.

Tied. = Übersetzung Tiedemanns.

(A) u. s. w. bezeichnet unsichere Lesungen.

Angaben des Redewechsels und der Personen hat keine alte Handschrift, ebensowenig irgendwelche Bezeichnung derjenigen Lücken, die ich glaubte annehmen zu müssen. Sie sind im Texte durch Sterne in der Zeilenhöhe gekennzeichnet. Gebrochene Klammern schließen ergänzte, doppelte Klammern von mir getilgte Worte ein.

I.

Έρμοῦ τρισμεγίστου Ποιμάνδρης.

[1] Έννοίας μοί ποτε γενομένης περὶ τῶν ὄντων καὶ μετεωρισθείσης μοι τῆς διανοίας σφόδρα, κατασχεθεισῶν μου τῶν σωματικῶν
αἰσθήσεων, καθάπερ οἱ ὕπνῳ βεβαρημένοι ἐκ κόρου τροφῆς ἢ ἐκ κόπου
σώματος, ἔδοξά τινα ὑπερμεγέθη μέτρῳ ἀπεριορίστῳ τυγχάνοντα καλεῖν
5 μου τὸ ὄνομα [καὶ] λέγοντά μοι· Τί βούλει ἀκοῦσαι καὶ θεάσασθαι καὶ
νοήσας μαθεῖν καὶ γνῶναι; — [2] φημὶ ἐγώ· Cὺ γὰρ τίς εἶ; —
Έγὼ μέν, φησίν, εἰμὶ ὁ Ποιμάνδρης, ὁ τῆς αὐθεντίας νοῦς· οἶδα δ
βούλει καὶ σύνειμί σοι πανταχοῦ. — [3] φημὶ ἐγώ· Μαθεῖν θέλω τὰ
ὄντα καὶ νοῆσαι τὴν τούτων φύσιν καὶ γνῶναι τὸν θεόν. τοῦτο, ἔφην,
10 ἀκοῦσαι βούλομαι. — φησὶν ἐμοὶ πάλιν· Έχε νῷ cῷ ὅσα θέλεις μαθεῖν,
κἀγώ σε διδάξω. —

[4] Τοῦτο εἰπὼν ἠλλάγη τῇ ἰδέᾳ, καὶ εὐθέως πάντα μοι ἤνοικτο
ῥοπῇ, καὶ ὁρῶ θέαν ἀόριστον, φῶς δὲ πάντα γεγενημένα εὔδιόν τε

Titel: Έ. τοῦ τρισμ. Ποιμ. *DMe.* Der Titel ist vom Redaktor zugefügt
1 Vgl. Xenophon Cyrop. I 1, 1: ἐννοιά ποθ' ἡμῖν ἐγένετο ὅcαι κτλ. (Casaubonus)
2 μοι] μοῦ *p*   2/3 κατασχ. τε τῶν cωμ. μου αἰcθ. *B²*   3 καθάπερ]
ὥσπερ *De* (καθάπερ *D²* am Rand)   οἱ ἐν ὕπνῳ *(C)De*. ὕπνῳ βεβ. (vgl.
Hom. Od. 3, 139; 19, 122) umschreibt nur den Begriff des festen Schlafes. Zur
Sache vgl. S. 12 A. 1   3/4 Fulgentius Myth. p. 26, 18 Helm: Hermes
in Opimandrae libro ait: eccurutrofes et cufusomatos, id est: absque instruc-
tione escae et vacuo corpore   3 ἢ κόπου *A* ἐκ κόρου τε καὶ τρυφῆς
ἢ καὶ ἐκ κόπου *B²*   4 τινα ἰδεῖν ὑπ. *p*   ὑπερμεγέθει *B²*   Zur
Sache vgl. S. 12 A. 2   ἀποορίcτῳ *B*, verb. *Bᶜ*   5 μου] μευ *A*
fehlt *tf*   καὶ λέγειν *Tied.*   5/6 καὶ νοήσας] νοῆσαί τε καὶ *B²* καὶ τί
νοήσας *p*   6 καὶ φημὶ ἐγὼ *B²*   γὰρ tilgt *B²*   7 ὁ ποιμ.
εἰμί *B²*   τῆς fehlt *B*, verb. *B²*   αὐθεντίας: vgl. S. 8 A. 1. Vergleichbar
vielleicht Apokal. d. Baruch 55, 3: 'ecce missus est ad me Ramiel, qui
praeest visionibus veritatis' (τῆς αὐθεντίας)   7/8 οἶδα δὲ ὃ βούλει *B²*
9 τοῦτο] πῶς *Oc*, verb. *Tied.*   ἔφην] ἔστιν *B²*   10 φησὶν fehlt *A*
ἐμοί] ἐμὲ *Otp*   καὶ φησὶν ἐμὲ ἔχε τῷ cῷ νῷ καὶ ὅcα *B²*   11 κἀγώ]
ἐγὼ *DB²p*   12 οὗτος εἰπὼν *tf*   13 ἀορίcτην *B²* (am Rand)
ἥδιον *Oe*, verb. Plasberg

καὶ ἱλαρόν· καὶ ἠγάσθην ἰδών. καὶ μετ' ὀλίγον σκότος κατωφερὲς ἦν
ἐν μέρει γεγενημένον φοβερόν τε καὶ στυγνόν, σκολιῶς ἐσπειραμένον,
ὡς εἰκάσαι με ⟨δράκοντι⟩· εἶτα μεταβαλλόμενον τὸ σκότος εἰς ὑγράν
τινα φύσιν ἀφάτως τεταραγμένην καὶ καπνὸν ἀποδιδοῦσαν ὡς ἀπὸ
πυρὸς καί τινα ἦχον ἀποτελοῦσαν ἀνεκλάλητον γοώδη. εἶτα βοὴ ἐξ 5
αὐτῆς ἀσύναρθρος ἐξεπέμπετο, ὡς εἰκάσαι, φωνὴ πυρός. [5] ἐκ δὲ
φωτὸς * * λόγος ἅγιος ἐπέβη τῇ φύσει, καὶ πῦρ ἄκρατον ἐξεπήδησεν
ἐκ τῆς ὑγρᾶς φύσεως ἄνω εἰς ὕψος· κοῦφον δὲ ἦν καὶ ὀξὺ δραστικόν
τε ἅμα· καὶ ὁ ἀὴρ ἐλαφρὸς ὢν ἠκολούθησε τῷ πυρί, ἀναβαίνοντος
αὐτοῦ μέχρι τοῦ πυρὸς ἀπὸ γῆς καὶ ὕδατος, ὡς δοκεῖν κρέμασθαι 10
αὐτὸν ἀπ' αὐτοῦ· γῇ δὲ καὶ ὕδωρ ἔμενε καθ' ἑαυτὰ συμμεμιγμένα, ὡς
μὴ θεωρεῖσθαι ⟨τὴν γῆν⟩ ἀπὸ τοῦ ὕδατος· κινούμενα δὲ ἦν διὰ τὸν
ἐμπεριφερόμενον πνευματικὸν λόγον εἰς ἀκοήν.

[6] Ὁ δὲ Ποιμάνδρης ἐμοί· Ἐνόησας, φησί, τὴν θέαν ταύτην ὅτι
καὶ βούλεται; — καί, Γνώσομαι, ἔφην ἐγώ. — Τὸ φῶς ἐκεῖνο, ἔφη, ἐγώ, 15
Νοῦς, ὁ σὸς θεός, ὁ πρὸ φύσεως ὑγρᾶς τῆς ἐκ σκότους φανείσης· ὁ δὲ
ἐκ Νοὸς φωτεινὸς Λόγος υἱὸς θεοῦ. —

Τί οὖν; φημί. — Οὕτω γνῶθι· τὸ ἐν σοὶ βλέπον καὶ ἀκοῦον
λόγος κυρίου, ὁ δὲ νοῦς πατὴρ θεός· οὐ γὰρ διΐστανται ἀπ' ἀλλήλων·
ἕνωσις γὰρ τούτων ἐστὶν ἡ Ζωή. — Εὐχαριστῶ σοι, ἔφην ἐγώ. — 20
Ἀλλὰ δὴ νόει τὸ φῶς καὶ γνώριζε τοῦτο. —

[7] Εἰπόντος ταῦτα ἐπὶ πλείονα χρόνον ἀντώπησέ μοι, ὥστε με

---

1 ἡράστην *Oe*, verb. Keil   2 φοβερόν — ἐσπειραμένον fehlt *C* am
Rand nachgetragen *B¹*   πεπειραμένον *AB¹DMlp* πεπερασμένον *Verg. f*,
verb. Casaubonus Exerc. in Baron. 73   3 Zur Ergänzung δράκοντι vgl.
Hippolyt V 9 p. 170, 71 Schn.: εἶναι δὲ τὴν ὄφιν λέγουσιν οὗτοι τὴν ὑγρὰν οὐσίαν
und sprachlich Lukian Philops. 22: δράκοντας ἐσπειραμένους   εἶτα] εἰ-
δότα *Oe* ἰδόντα *B²*   μεταβαλεῖν *B²* (Rand)   5 ἀνεκλάλητον] leerer
Raum für 10 Buchst. *A*   5/6 βοὴ — πυρός] tilgt *p*   6 ἀσύναρθρ.
ἐξ] Raum für 20 Buchst. *A*   ἀσυνάρθρως *BCDMe*   φωνὴ πυρός] φωνὴν
φωτός *Oe*, vgl. S. 36 A. 3   6/7 ἐκ τοῦ φωτός *p*   7 Zwischen φωτός
und λόγος Raum für 6 Buchst. *A* φωτὸς τί (τις *p*) λόγος *BCDMe* φωτὸς λόγος
Tied.   ἐξεπήδησεν] Raum für 18 Buchst. *A*   8 κοῦφον δὲ] Raum für
7 Buchst. *A*   9 τε *De* δὲ *ABCM*. Vgl. Hermippus 9, 4   πυρί] πνι
(oder πνεύματι) *Oe*   10 αὐτοῦ: nämlich τοῦ ἀέρος   μέχρι] μετὰ Keil
δοκεῖ *B*, verb. *B¹*   11 ἐπ' αὐτοῦ γῇ τε καὶ *p*   12 δὲ] τε *p*
18 ἐμπεριφερόμενον] ἐπιφερόμενον *ADMB²e* fehlt *CB*   πνευματικὸν λόγον:
vgl. Harnack zu Hermas Sim. V 5, 2; der λόγος ist seiner Natur nach πνεῦμα.
Vgl. 347, 5 πνευματοφόρος δημιουργός   εἰς ἀκοήν fehlt *p* (Ovid. Am. I 6, 11
'risit ut audirem')   15/16 ἐγώ εἰμι νοῦς *p*   18—330, 11 Vgl.
S. 37ff.   19 γὰρ fehlt *Dp*   20 σοι] fehlt *D*   21/22 τοῦτο

τρέμειν αὐτοῦ τὴν ἰδέαν. ἀνανεύσαντος δὲ θεωρῶ ἐν τῷ Νοΐ [μου]
τὸ φῶς ἐν δυνάμεσιν ἀναριθμήτοις ὄν, καὶ κόσμον ἀπεριόριστον
γεγενημένον, καὶ περιίσχεσθαι τὸ πῦρ δυνάμει μεγίστῃ καὶ στάσιν ἐσχηκέναι κρατούμενον. ταῦτα δὲ ἐγὼ διενοήθην ὁρῶν διὰ τὸν τοῦ Ποι-
5 μάνδρου λόγον.

[8] Ὡς δὲ ἐν ἐκπλήξει μου ὄντος, φησὶ πάλιν ἐμοί· Εἶδες ἐν τῷ
Νῷ τὸ ἀρχέτυπον εἶδος, τὸ προάρχον τῆς ἀρχῆς τῆς ἀπεράντου. ταῦτα
ὁ Ποιμάνδρης ἐμοί. — Τὰ οὖν, ἐγώ φημι, στοιχεῖα τῆς φύσεως πόθεν
ὑπέστη; — πάλιν ἐκεῖνος πρὸς ταῦτα· Ἐκ Βουλῆς θεοῦ, ἥτις λαβοῦσα
10 τὸν Λόγον καὶ ἰδοῦσα τὸν καλὸν κόσμον ἐμιμήσατο, κοσμοποιηθεῖσα
διὰ τῶν ἑαυτῆς στοιχείων καὶ γεννημάτων ψυχῶν.

[9] Ὁ δὲ Νοῦς ὁ θεός, ἀρρενόθηλυς ὤν, Ζωὴ καὶ φῶς ὑπάρχων,
ἀπεκύησε [λόγῳ] ἕτερον Νοῦν δημιουργόν, ὃς θεὸς τοῦ πυρὸς καὶ
πνεύματος ὢν ἐδημιούργησε διοικητάς τινας ἑπτά, ἐν κύκλοις περι-
15 έχοντας τὸν αἰσθητὸν κόσμον· καὶ ἡ διοίκησις αὐτῶν εἱμαρμένη καλεῖται.

[10] Ἐπήδησεν εὐθὺς ἐκ τῶν κατωφερῶν στοιχείων [τοῦ θεοῦ]
ὁ τοῦ θεοῦ Λόγος εἰς τὸ καθαρὸν τῆς φύσεως δημιούργημα καὶ ἡνώθη
τῷ δημιουργῷ Νῷ· ὁμοούσιος γὰρ ἦν. καὶ κατελείφθη [τὰ] ἄλογα τὰ
κατωφερῆ τῆς φύσεως στοιχεῖα, ὡς εἶναι ὕλην μόνην. [11] ὁ δὲ δη-
20 μιουργὸς Νοῦς σὺν τῷ Λόγῳ, ὁ περιίσχων τοὺς κύκλους καὶ δινῶν
ῥοίζῳ, ἔστρεψε τὰ ἑαυτοῦ δημιουργήματα καὶ εἴασε στρέφεσθαι ἀπ᾽

φησίν, καὶ εἰπὼν ταῦτα B²   22 ἀντώπησε über ἀντέφησε A ἀντέφησε
Paris. gr. 2518 ἀντωπησόμεθα (ohne μοι) p   ὥστε μοι A

1 τρέμειν aus τρέχειν A τρέχειν Paris. gr. 2518   μου ist wegen
διενοήθην (Z. 4) falsch zugesetzt; νοεῖν (Z. 2) bedeutet wahrnehmen, διανοεῖσθαι
unterscheiden, wahrnehmen; der Prophet schaut das ἀρχέτυπον der Welt in Gott,
dem Νοῦς   2 ὄν B²e ὄντος O (vgl. Z. 6)   κόσμου D   3 γεγενη-
μένον] ὄντως p   περισχέσθαι Oe, vgl. Z. 20   4 διὰ fehlt p   6 ὡς
δὲ ἦν ἐν ἐκπλήξει φησὶ B²   ὥστε p; vielleicht ὁ δὲ   7 προϋπάρχον p
(vgl. Irenaeus I 11, 3 προαρχή)   8 τὰ γοῦν Keil. Vielleicht τί οὖν; ἐγώ
φημι, ⟨τὰ⟩ στοιχεῖα   9 ὑπέθη A, verb. A¹   11 ψυχῶν] ψιλῶν f
τῶν ψυχῶν B²; vielleicht τῶν ἑαυτῆς γεννημάτων, στοιχείων καὶ ψυχῶν (geistige
und materielle Welt). τῶν γεν. Keil   12 ὑπάρχων fehlt A   13 λόγον
νοῦν ἕτερον δημ. B². λόγῳ könnte nur bedeuten: durch das Sprechen; aber
die Betonung der Doppelgeschlechtlichkeit paßt hierzu nicht; vgl. auch unten
331, 8   14 ἑπτά τινας A   15 αἰσθητικὸν A   16 Vgl. S. 66
τοῦ θεοῦ tilgt Tied.   17 καθαρὸν] τῆς θαρὸν B (verb. B²) C   20 ὁ περιίσχων DMe ὅπερ ἴσχων C ὁ περιέχων ABC². Der Redaktor ist in der Ein-
setzung der attizistisch scheinenden Formen nicht konsequent

ἀρχῆς ἀορίστου εἰς ἀπέραντον τέλος· ἄρχεται γὰρ οὗ λήγει ἡ [δὲ]
τούτων περιφορά, καθὼς θέλει ὁ Νοῦς. ⟨ἡ δὲ φύσις⟩ ἐκ τῶν κατωφερῶν στοιχείων ζῷα ἤνεγκεν ἄλογα· οὐ γὰρ ἐπεῖχε τὸν Λόγον. ἀὴρ
δὲ πετεινὰ ἤνεγκε καὶ τὸ ὕδωρ νηκτά. διακεχώρισται δὲ ἀπ' ἀλλήλων
ἥ τε γῆ καὶ τὸ ὕδωρ, καθὼς ἠθέλησεν ὁ Νοῦς. καὶ ⟨ἡ γῆ⟩ ἐξήνεγκεν 5
ἀπ' αὐτῆς ἃ εἶχε ζῷα τετράποδα ⟨καὶ⟩ ἑρπετά, θηρία ἄγρια καὶ
ἥμερα.

[12] Ὁ δὲ πάντων πατὴρ ὁ Νοῦς, ὢν Ζωὴ καὶ φῶς, ἀπεκύησεν
Ἄνθρωπον αὐτῷ ἴσον· οὗ ἠράσθη ὡς ἰδίου τόκου· περικαλλὴς γὰρ
⟨ἦν⟩ τὴν τοῦ πατρὸς εἰκόνα ἔχων· ὄντως γὰρ καὶ ὁ θεὸς ἠράσθη τῆς 10
ἰδίας μορφῆς· ⟨ᾧ⟩ παρέδωκε τὰ ἑαυτοῦ πάντα δημιουργήματα.
[13] καὶ κατανοήσας δὲ τὴν τοῦ Δημιουργοῦ κτίσιν ἐν τῷ πατρὶ
ἠβουλήθη καὶ αὐτὸς δημιουργεῖν, καὶ συνεχωρήθη ὑπὸ τοῦ πατρός.
γενόμενος ⟨δὲ⟩ ἐν τῇ δημιουργικῇ σφαίρᾳ ⟨ὡς⟩ ἕξων τὴν πᾶσαν
ἐξουσίαν κατενόησε τοῦ ἀδελφοῦ τὰ δημιουργήματα· οἱ δὲ ἠρά- 15
σθησαν αὐτοῦ, ἕκαστος δὲ μετεδίδου τῆς ἰδίας τάξεως. καὶ καταμαθὼν
τὴν τούτων οὐσίαν καὶ μεταλαβὼν τῆς αὐτῶν φύσεως ἠβουλήθη ἀναρ-
ρῆξαι τὴν περιφέρειαν τῶν κύκλων καὶ τὸ κράτος τοῦ ἐπικειμένου
ἐπὶ τοῦ πυρὸς καταπονῆσαι.

[14] Καὶ ὁ τοῦ [τῶν θνητῶν] κόσμου [καὶ τῶν ἀλόγων ζῴων] 20
ἔχων πᾶσαν ἐξουσίαν διὰ τῆς ἁρμονίας παρέκυψεν ἀναρρήξας * * * *
τὸ κράτος, καὶ ἔδειξε τῇ κατωφερεῖ φύσει τὴν καλὴν τοῦ θεοῦ

1 ἀόριστον CD (verb. C²D²) M   γὰρ ἀεὶ οὗ p   2 θέλει CDMB²e
ἠθέλησεν ABC², alte Variante aus Z. 5   ὁ νοῦς καὶ ἐκ tf. Zur Sache vgl.
S. 47   3 Vielleicht ἔτι εἶχε   4 νηκτά] νοητά A. Vgl. S. 47 A. 1
5 Ergänzt p   8 ὁ vor Νοῦς fehlt Dp   φῶς ABC²e φύσις CDMB²,
vgl. S. 326   9 τὸν ἄνθρωπον p   ἑαυτῷ B²   ἴσον] ὅμοιον p
ἠράσθην AB (verb. B²)C   Zur Sache vgl. S. 48 A. 1; 304   10 Ergänzt p   11 καὶ παρέδωκε Dtf καὶ παρέδ. αὐτῷ B² καὶ αὐτῇ παρέδ. p
12 καὶ fehlt D (verb. D¹) p, getilgt B²   Zur Sache S. 48. 49   κτῆσιν Op
πατρί] παντί p   13 ἀπεχωρίσθη p wegen ἀπό   ὑπό] ἀπὸ Oe, vielleicht zu halten   14 ἕξων] ἐξ ὧν Ot ἔχων fp   14/15 τὴν πᾶσαν
ἐξουσίαν: vgl. S. 48 A. 3. Hermas Sim. V 6, 4 ἐξουσίαν πᾶσαν λαβὼν παρὰ τοῦ
πατρὸς αὐτοῦ   15 κατανοῆσαι f   τοῦ ἀδελφοῦ] τῶν ἀδελφῶν f τῶν
ἑπτά p   δημιουργήματα: die διοικηταί, vgl. 330, 14. 21 (Keil)   16 ἑκά-
τερος B²   17 αὐτῶν B² ἑαυτῶν Oe   19 ἐπὶ πυρός A   κατανοῆσαι Otp, vgl. S. 49   20 τοῦ nach θνητῶν p   τῶν θν. tilgt Keil
κόσμου fehlt D   καὶ τῶν ἀλ. ζ. tilgt Keil (vgl. Z. 2)   ζῴων nach κόσμου e
21 Ergänze etwa: αὐτὴν καταπονήσας τε τοῦ δαίμονος   τὸ κράτος τῶν
κύκλων p   τὴν κατωφερῆ (-ρὴν) φύσιν Otp, verb. B²f

μορφήν. ἡ δὲ ἰδοῦσα ἀκόρεστον κάλλος ⟨αὐτόν τε⟩ πᾶσαν ἐνέργειαν ἐν
ἑαυτῷ ἔχοντα τῶν διοικητόρων τήν τε μορφὴν τοῦ θεοῦ, ἐμειδίαcεν ἔρωτι,
ὡς ἅτε τῆς καλλίcτης μορφῆς τοῦ Ἀνθρώπου τὸ εἶδος ἐν τῷ ὕδατι
ἰδοῦcα · καὶ τὸ cκίαcμα ἐπὶ τῆς γῆς. ὁ δὲ ἰδὼν τὴν ὁμοίαν αὐτῷ
5 μορφὴν ἐν αὐτῇ οὖcαν ἐν τῷ ὕδατι, ἐφίληcε καὶ ἠβουλήθη αὐτοῦ
οἰκεῖν. ἅμα δὲ τῇ βουλῇ ἐγένετο ἐνέργεια καὶ ᾤκηcε τὴν ἄλογον
μορφήν. ἡ δὲ φύcιc λαβοῦcα τὸν ἐρώμενον περιεπλάκη ὅλη, καὶ ἐμί-
γηcαν· ἐρώμενοι γὰρ ἦcαν. [15] καὶ διὰ τοῦτο παρὰ πάντα τὰ ἐπὶ
τῆς Ζῷα διπλοῦς ἐcτιν ὁ ἄνθρωπος, θνητὸς μὲν διὰ τὸ cῶμα, ἀθά-
10 νατος δὲ διὰ τὸν οὐcιώδη ἄνθρωπον· ἀθάνατος γὰρ ὢν καὶ πάντων
τὴν ἐξουcίαν ἔχων τὰ θνητοῦ πάcχει ὑποκείμενος τῇ εἱμαρμένῃ. ὑπεράνω γὰρ ὢν τῆς ἁρμονίας ἐναρμόνιος γέγονε δοῦλος, ἀρρενόθηλυς δὲ
ὢν, ἐξ ἀρρενοθήλεος ὢν πατρός, καὶ ἄϋπνος ἀπὸ ἀΰπνου * * * κρατεῖται.
[16] Καὶ μετὰ ταῦτα ⟨ἐγώ· Δίδαξόν με πάντα⟩, νοῦς ὁ ἐμός·
15 καὶ αὐτὸς γὰρ ἐρῶ τοῦ λόγου. — ὁ δὲ Ποιμάνδρης εἶπε· Τοῦτό ἐcτι
τὸ κεκρυμμένον μυcτήριον μέχρι τῆcδε τῆς ἡμέρας. ἡ γὰρ φύcιc ἐπι-
μιγεῖcα τῷ Ἀνθρώπῳ ἤνεγκέ τι θαῦμα θαυμαcιώτατον. ἔχοντος γὰρ
αὐτοῦ τῆς ἁρμονίας τῶν ἑπτὰ τὴν φύcιν, οὓς ἔφην cοι ἐκ πυρὸς καὶ
πνεύματος, οὐκ ἀνέμενεν ἡ φύcιc ἀλλ' εὐθὺς ἀπεκύηcεν ἑπτὰ ἀνθρώπους,
20 πρὸς τὰς φύcεις τῶν ἑπτὰ διοικητόρων, ἀρρενοθήλεας καὶ μεταρcίους. —
Καὶ μετὰ ταῦτα· Ὦ Ποιμάνδρη, εἰς μεγάλην γὰρ νῦν ἐπιθυμίαν
ἦλθον καὶ ποθῶ ἀκοῦcαι. μὴ ἔκτρεχε. — καὶ ὁ Ποιμάνδρης εἶπεν·

---

1 ἡ δὲ] ἦν *Op* ὃν *tf* ἥτις *B²*   ἰδὼν *Verg. p*   κάλλος ὡς πᾶcαν *B²*
κ. καὶ π. *p*   2 ἔχοντα] ἑκόντα *AB* (verb. *B²*) *DM*   ἐν ἑαυτῇ ἔχουcαν
τῶν ἑπτὰ διοικ. *p*   3 ὡς ἅτε: vgl. Lobeck zu Phrynichus 427; ὡς fehlt *tf*
5 αὐτῇ] ἑαυτῷ *Oe*. Darauf, daß er das Bild in der φύcιc sieht, kommt es an.
ἐν τῷ ὕδατι ist zugefügt, weil nur in dem Wasser das völlig gleiche Bild erscheint. Vgl. auch die Hermetische Schrift bei Cyrill Contra Iulian I p. 552
Migne: ὁ Λόγος . . ἐν γονίμῳ φύcει πεcὼν ἐπὶ γονίμῳ ὕδατι ἔγκυον τὸ ὕδωρ
ἐποίηcεν (oben S. 43)   καὶ vor ἐν τῷ zugefügt *B²*   αὐτοῦ] αὐτῷ *Df*
5 6 αὐτῇ cυνοικεῖν *p*, vgl. S. 50 A. 1   6 καὶ ἐκήcε *Verg. p*   8/9 ἐπὶ
τῆς γῆς *B*, τῆς tilgt *B²*   11 τὰ θνητὰ *Otf* τὰ θνητῶν *B²* τὰ γενητὰ
Verg. θνητὰ Keil   ἔχει τὰ δὲ θνητὰ *p*   πάcχειν *AB*, verb. *B°*   ὑπο-
κείμενα *Oe*, verb. Casaubonus Exerc. in Bar. 80   12 γὰρ] οὖν *Oe*
13 ἐξ ἀρ. ὢν πατρὸς von *B¹* nachgetragen   Zweites ὢν fehlt *A*   ὑπὸ *p*
Ergänze etwa: ἀπὸ ἀΰπνου ⟨νοῦ, ὅμως ὑπὸ τῆς . . ὕλης⟩ κρατεῖται   14 ὦ
νοῦς ἐμὸς *f* ὁ νοῦς ἐμὸς Rossel   18 οὓς] οὗ *Oe*, verb. Keil (vgl. 330, 13)
πυρός] πρ̄ς *Otf*   19 ἀνέμεινεν *Dp*   22 ἀρρενοθηλείας *AC* ἀρρενο-
θήλυας *BDMe*   21 μετὰ fehlt *B*, zugefügt *B²*   ταῦτα ἔφην ἐγὼ ὦ
ποιμάνδρης *B²*   γὰρ tilgt *B²*   νῦν fehlt *p*

Ἀλλὰ σιώπα· οὔπω γάρ σοι ἀνήπλωσα τὸν πρῶτον λόγον. — Ἰδοὺ
σιωπῶ, ἔφην ἐγώ. —

[17] Ἐγένετο οὖν, ὡς ἔφην, τῶν ἑπτὰ τούτων ἡ γένεσις τοιῷδε
τρόπῳ· θηλυκὴ τῇ ἦν καὶ ὕδωρ ὀχευτικόν, τὸ δὲ πέπειρον ἐκ πυρός,
ἐκ δὲ αἰθέρος τὸ πνεῦμα ἔλαβε, καὶ ἐξήνεγκεν ἡ φύσις τὰ σώματα 5
πρὸς τὸ εἶδος τοῦ Ἀνθρώπου. ὁ δὲ Ἄνθρωπος ἐκ ζωῆς καὶ φωτὸς
ἐγένετο εἰς ψυχὴν καὶ νοῦν, ἐκ μὲν ζωῆς ψυχήν, ἐκ δὲ φωτὸς νοῦν.
καὶ ἔμεινεν οὕτω τὰ πάντα ⟨μέρη⟩ τοῦ αἰσθητοῦ κόσμου μέχρι περιόδου τέλους ⟨καὶ⟩ ἀρχῶν καινῶν.

[18] Ἄκουε λοιπόν, ὃν ποθεῖς λόγον ἀκοῦσαι. τῆς περιόδου 10
πεπληρωμένης ἐλύθη ὁ πάντων σύνδεσμος ἐκ βουλῆς θεοῦ· πάντα γὰρ
τὰ ζῷα ἀρρενοθήλεα ὄντα διελύετο ἅμα τῷ ἀνθρώπῳ καὶ ἐγένετο τὰ
μὲν ἀρρενικὰ ἐν μέρει τὰ δὲ θηλυκὰ ὁμοίως. ὁ δὲ θεὸς εὐθὺς εἶπεν

---

1 σιώπει A   ἀνεπλήρωσα tf   2/3 ἐγώ, ὁ δὲ φησίν· ἐγένετο οὖν
τῶν ἑπτὰ B²   4 τῇ] γὰρ Ot, verb. B²f θηλυκὸν γὰρ ὁ ἀὴρ p; denkbar
wäre: θηλυκὸν γὰρ ἡ γῆ   ἐκ πυρὸς πέπειρον Oe; man beachte die chiasti-
sche Stellung   5 αἰθέρος: pathetisch für die Luft; ἀέρος p   σώματα:
sie stammen aus der φύσις und ἁρμονία   7 ζωῆς εἰς ψυχήν... εἰς νοῦν B²;
die harte Attraktion verteidigt Plasberg durch Cic. De div. II 51 'si deum'
8 τὰ πάντα μέλη τοῦ p   πάντα τὰ Keil   9 καὶ ergänzt von B²
ἀρχῶν καινῶν] ἀρχων (ἀρχῶν A) γενῶν O fehlt tf ἀρχων καὶ γενῶν p. Denkbar
wäre: ἀρχῶν (ἀρχῆς) γενέσεων   10 ὃν fehlt p   λόγου p   11 βουλή.
hier schwerlich persönlich gefaßt (zweifelhaft in § 19 πρόνοια)   12 ἀρ-
ρενοθήλυ ὄντα Oe, verb. B²   13 Nach ὁμοίως M im Text, B² unter
der Überschrift τοῦ Ψέλλου am Rand: ἔοικεν ὁ γόης οὗτος τῇ θείᾳ γραφῇ οὐ
παρέργως ὡμιληκέναι· ὅθεν ἐκ ταύτης ὁρμώμενος τῇ κοσμοποιίᾳ ἐπιχειρεῖ, μηδὲ
αὐτὰς ὀκνῶν τὰς μωσαϊκὰς λέξεις ψιλὰς ἐνίοτε ἀναγράφειν, ὡς καὶ τὸ προκεί-
μενον τοῦτο ῥητὸν ὅλον. τὸ γὰρ »καὶ εἶπεν ὁ θεός· αὐξάνεσθε καὶ πληθύνεσθε«
σαφῶς ἐκ τῆς μωσαϊκῆς κοσμοποιίας ἐστίν. οὐ μὴν ἐνέμεινε παντελῶς τῇ ἁπλότητι
καὶ σαφηνείᾳ καὶ τῷ εὐθεῖ καὶ εἰλικρινεῖ καὶ ὅλως θεοειδεῖ τῆς θείας γραφῆς, ἀλλ'
εἰς τὸ εἰωθὸς ὑπερρύη πάθος τοῖς τῶν Ἑλλήνων σοφοῖς, εἰς ἀλληγορίας καὶ
πλάνας καὶ τερατείας ἐκ τῆς εὐθείας ὁδοῦ καὶ ἀπλανοῦς ἐκτραπείς, ἢ ὑπὸ τοῦ
Ποιμάνδρου συνελαθείς. οὐκ ἄδηλον δέ, ὅστις ἦν ὁ τῶν Ἑλλήνων Ποιμάνδρης· ὁ
καὶ παρ' ἡμῖν ἴσως κοσμοκράτωρ ὀνομαζόμενος, ἢ τῶν ἐκείνου τις. κλέπτης γάρ,
⟨ὡς Βασίλειος⟩ φησίν, ὁ διάβολος, καὶ ἐκφερομυθεῖ τὰ ἡμέτερα, οὐχ ἵνα οἱ ἐκείνου
μεταμάθωσι τὴν εὐσέβειαν; ἀλλ' ἵνα τοῖς τῆς ἀληθείας ῥήμασι καὶ νοήμασι τὴν ἑαυτῶν
δυσσέβειαν ἐπιχρώσαντες καὶ μορφώσαντες πιθανωτέραν ἐργάσωνται καὶ τοῖς πολλοῖς
εὐπαράδεκτον. οὐ γὰρ ἀληθεύει Πλάτων (Epin. 988b) τὰς ἐκ τῶν βαρβάρων φήμας
παραλαμβάνοντας κάλλιον ἀπεργάσασθαι τοὺς Ἕλληνας λέγων παιδείᾳ χρωμένους
καὶ μαντείαις ταῖς ἐκ Δελφῶν. ἀληθεύουσι δὲ μᾶλλον οἱ λέγοντες (Thuk. I 20) ἀτα-
λαίπωρον εἶναι παρὰ τοῖς Ἕλλησι τῆς ἀληθείας τὴν ζήτησιν, μάλιστα δὲ ἐν τῇ περὶ
τοῦ θείου δόξῃ πλανᾶσθαι αὐτούς. εἰσὶ δὲ οἱ ταῦτα λέγοντες οὐχ ἡμέτεροι, ἀλλὰ τῶν

ἁγίῳ λόγῳ· »αὐξάνεσθε ἐν αὐξήσει καὶ πληθύνεσθε ἐν πλήθει πάντα
τὰ κτίςματα καὶ δημιουργήματα· καὶ ἀναγνωρισάτω ⟨ὁ⟩ ἔννους ⟨ἄν-
θρωπος⟩ ἑαυτὸν ὄντα ἀθάνατον, καὶ τὸν αἴτιον τοῦ θανάτου ἔρωτα
καὶ πάντα τὰ ὄντα«.

5 [19] Τοῦτο εἰπόντος ἡ πρόνοια διὰ τῆς εἱμαρμένης καὶ ἁρμονίας
τὰς μίξεις ἐποιήσατο καὶ τὰς γενέσεις κατέστησε, καὶ ἐπληθύνθη κατὰ
γένος τὰ πάντα. καὶ ὁ ἀναγνωρίσας ἑαυτὸν ἐλήλυθεν εἰς τὸ περιούσιον
ἀγαθόν, ὁ δὲ ἀγαπήσας ἐκ πλάνης ἔρωτος τὸ σῶμα, οὗτος μένει ἐν
τῷ σκότει πλανώμενος, αἰσθητῶς πάσχων τὰ τοῦ θανάτου. — [20] Τί
10 τοσοῦτον ἁμαρτάνουσιν, ἔφην ἐγώ, οἱ ἀγνοοῦντες, ἵνα στερηθῶσι τῆς
ἀθανασίας; — Ἔοικας, ὦ οὗτος, τῷ μὴ πεφροντικέναι ὧν ἤκουσας.
οὐκ ἔφην σοι νοεῖν; — Νοῶ καὶ μιμνήσκομαι, εὐχαριστῶ δὲ ἅμα. —
Εἰ ἐνόησας, εἰπέ μοι, διὰ τί ἄξιοί εἰσι τοῦ θανάτου οἱ ἐν τῷ θανάτῳ
ὄντες. — Ὅτι προκατάρχεται τοῦ ὑλικοῦ σώματος τὸ στυγνὸν σκότος,
15 ἐξ οὗ ἡ ὑγρὰ φύσις, ἐξ ἧς τὸ σῶμα συνέστηκεν ἐν τῷ αἰσθητῷ κόσμῳ,
ἐξ οὗ θάνατος ἀρύεται. —

[21] Ἐνόησας ὀρθῶς, ὦ οὗτος. κατὰ τί δὲ »ὁ νοήσας ἑαυτὸν εἰς
αὐτὸν χωρεῖ«, ὅπερ ἔχει ὁ τοῦ θεοῦ λόγος; — φημὶ ἐγώ· Ὅτι ἐκ
φωτὸς καὶ ζωῆς συνέστηκεν ὁ πατὴρ τῶν ὅλων, ἐξ οὗ γέγονεν ὁ
20 ἄνθρωπος. — Εὖ φὴς λαλῶν· φῶς καὶ ζωή ἐστιν ὁ θεὸς καὶ πατήρ,

Ἑλλήνων οἱ δοκιμώτεροι· εἴ τις ἐντετύχηκε καὶ οἷς ἔγραψεν ὁ Πορφύριος πρὸς
Ἀνεβὼ (ἀναβαίνοντα BM, verb. Boissonade) τὸν Αἰγύπτιον· »παρ' ἐκείνου λοιπὸν
ἐπιζητῶ μαθεῖν τὴν ἀλήθειαν, ἐπειδὴ παρὰ τῶν Ἑλλήνων ἀπέγνων«. εἰ μὲν οὖν
τι καὶ ἄλλο βάρβαρον γένος τὸν δημιουργὸν καὶ βασιλέα τοῦδε τοῦ παντὸς πα-
τριώδει δόξῃ καὶ νόμοις ἐθρήσκευεν, εἰπεῖν οὐκ ἔχω. ὅτι δὲ ἡ τῶν Ἑβραίων
εὐσέβεια περιβόητος ἦν ἀνὰ πᾶσαν τὴν οἰκουμένην καὶ ὅτι ἡ νομοθεσία αὐτῶν
ἀρχαιοτέρα ἦν καὶ Ἑρμοῦ τούτου καὶ εἴτις ἄλλος παρ' Ἕλλησι σοφός, πολλοῖς
ἀποδέδεικται

2 ἔννους] ἄνος B² ὁ ἔννους e. Zu den Ergänzungen vgl. 384, 17; 335, 4
und oben S. 58 A. 1   3 ἔρωτα σώματος p. Vgl. Z. 8 ἐκ πλάνης ἔρωτος
und IV (V) 6: ἐὰν μὴ πρῶτον τὸ σῶμά σου μισῇς, ὦ τέκνον, σεαυτὸν φιλῆσαι
οὐ δύνασαι   5 τοῦτο fehlt p   8 τὸ ἐκ πλ. ἔ. σῶμα Oe   9/10 καὶ
τί τος. B²   11 ἔοικας φησίν ὦ B²   τῷ] τοῦ Otf fehlt B²p, verb. Keil
πεφορτικέναι BC ..... τικέναι A (Lücke für 5 Buchst.)   12 νοῶ δὲ καὶ p
νοῶ ἔφην καὶ B²   ἅμα σοι p   12/13 καὶ ἅμα εὐχαριστῶ δὲ καὶ εἰ
ἐνόησας φησίν εἰπέ B²   14 προκατέρχεται ABCMtp προκατέχεται Df
ὑλικοῦ] οἰκείου Oe   15 ἡ fehlt p   ἧς] οὗ Otf   16 ἀρύεται] ἀρ-
δεύεται Otf ἄρδεται p ἀρτύεται Keil   17 ὁ νοήσας] ἐνόησας Otf ὁ ἐν-
νοήσας p   ἐνόησας σαυτὸν B²   18 αὐτὸν] αὐτὸ f θεὸν p. Diese Beziehung
ergab offenbar der Zusammenhang des Spruches   χωρεῖν tf   ἔχει] ἔφη p
20 εὖ φημι (φησί f) λαλῶν Oe εὐφήμει λαλῶν φησί B²   καὶ ὁ πατὴρ CDMe

ἐξ οὗ ἐγένετο ὁ ἄνθρωπος. ἐὰν οὖν μάθῃς ἑαυτὸν ἐκ ζωῆς καὶ φωτὸς
ὄντα καὶ ⟨πιστεύσῃς⟩ ὅτι ἐκ τούτων τυγχάνεις, εἰς ζωὴν πάλιν χωρήσεις.
ταῦτα ὁ Ποιμάνδρης εἶπεν. — Ἀλλ' ἔτι μοι εἰπέ, πῶς εἰς ζωὴν
χωρήσω ἐγώ, ἔφην, ὦ Νοῦς ἐμός. — * * * * φησὶ γὰρ ὁ θεός· »ὁ ἔννους
ἄνθρωπος ἀναγνωρισάτω ἑαυτὸν ⟨ὄντα ἀθάνατον⟩«. —   5

[22] Οὐ πάντες γὰρ ἄνθρωποι νοῦν ἔχουσιν; — Εὐφήμει, ὦ
οὗτος, λαλῶν. παραγίνομαι αὐτὸς ἐγὼ ὁ Νοῦς τοῖς ὁσίοις καὶ ἀγαθοῖς καὶ
καθαροῖς καὶ ἐλεήμοσι ⟨καὶ⟩ τοῖς εὐσεβοῦσι, καὶ ἡ παρουσία μου γίνεται
βοήθεια, καὶ εὐθὺς τὰ πάντα γνωρίζουσι καὶ τὸν πατέρα ἱλάσκονται
ἀγαπητικῶς καὶ εὐχαριστοῦσιν εὐλογοῦντες καὶ ὑμνοῦντες, τεταμένοι   10
πρὸς αὐτὸν τῇ στοργῇ. καὶ πρὸ τοῦ παραδοῦναι τὸ σῶμα ἰδίῳ θανάτῳ
μυσάττονται τὰς αἰσθήσεις εἰδότες αὐτῶν τὰ ἐνεργήματα. μᾶλλον δὲ
οὐκ ἐάσω αὐτὸς ὁ Νοῦς τὰ προσπίπτοντα ἐνεργήματα τοῦ σώματος
ἐκτελεσθῆναι· πυλωρὸς ὢν ἀποκλείσω τὰς εἰσόδους, τῶν κακῶν καὶ
αἰσχρῶν ἐνεργημάτων τὰς ἐνθυμήσεις ἐκκόπτων. [23] τοῖς δὲ ἀνοήτοις   15
καὶ κακοῖς καὶ πονηροῖς καὶ φθονεροῖς καὶ πλεονέκταις καὶ φονεῦσι
καὶ ἀσεβέσι πόρρωθέν εἰμι, τῷ τιμωρῷ ἐκχωρήσας δαίμονι, ὅστις τὴν
ὀξύτητα τοῦ πυρὸς προσβάλλων [καὶ] τοῦτον βασανίζει καὶ ἐπ' αὐτὸν
πῦρ ἐπὶ τὸ πλέον αὐξάνει ⟨καὶ⟩ θρώσκει αὐτὸν αἰσθητῶς καὶ μᾶλλον ἐπὶ

---

2 Zur Ergänzung vgl. 333, 15   καὶ ὅτι ἐκ τ. τυγχ. fehlt p   χωρήσῃς
BCM   3 μοι] με *A(B)C*   ἀλλ' ἔτι ἔφην ἐγὼ εἰπέ μοι *B²*
4 ἐγὼ ἔφην und ἐμός tilgt *B²*   ὦ vielleicht aus ὁ *D*   Ergänze etwa:
Ἐμέ, φησίν, πάρεδρον λαβών (vgl. S. 365)   6 οὐ γὰρ πάντες γὰρ *B*
(verb. *B²*)   γὰρ] οὖν *f*, fehlt *p*   εὖ φημι *Otp* εὖ φησι *f*   εὐφήμει
φησὶν ὦ οὗτος τοιαῦτα λαλῶν *B²*   7 παραγίνομαι γὰρ *p*   αὐτὸς nach
ἐγὼ *A*, fehlt *e*   ὁσίοις] ἰδίοις *D* Verg. *f*   Zweites καὶ fehlt *p*   8 εὐσε-
βοῦσι] εὐσεβῶς βίοσι *e*   10 ὑμνοῦσι *A* und *D²* am Rand, *p*   τετα-
μένοι]·τεταγμένως *Otf* τεταγμένοι *p*. Gegensatz ist die Liebe zum σῶμα
11 παραδοῦναι *DB²e* παραδῶ *ABCMD²* (über der Zeile). Vielleicht παρα-
δώκειν, vgl. oben S. 21 A. 3   ἰδίῳ: nämlich τοῦ σώματος   12 μυσάτ-
τοντες *AD²* μυσάσσοντες *B* μουσάσσοντες *CD¹Mp* μύοντες *B²*   14 ἀπο-
τελεσθῆναι *B²*   πυλ. γὰρ ὢν *B²*   16 Zweites καὶ fehlt *CD* (verb.
D²) *M*   18/19 τοῦτον — αὐξάνει von mir hierher gestellt. προσβάλλων
θρώσκει αὐτὸν (αὐτοὺς *B²f*) αἰσθητικῶς καὶ μᾶλλον ἐπὶ τὰς ἀνομίας αὐτὸν (αὐτοὺς
B²f) ὁπλίζει ἵνα τύχῃ (τύχωσι *B²f*) μείζονος τιμωρίας καὶ οὐ παύεται ἐπ' ὀρέξεις
ἀπλέτους (ἀπλάτους *BC* ἀπλέτους διεγείρων καὶ *B²*) τὴν ἐπιθυμίαν ἔχων (ἀνέχων *f*
αὐτῶν κινῶν *B²*) ἀκορέστως σκοτομαχῶν (ἀκ. ὡς ἐν σκοτομαχίᾳ *B²*) καὶ τοῦτον
(τούτους *f* οὕτω *B²*) βασανίζει (ἀφανίζει καὶ ἐπὶ πλέον βασανίζει *De*) καὶ ἐπ' αὐτὸν
(αὐτοὺς *B²f*) πῦρ (τὸ πῦρ *B²*) ἐπὶ τὸ πλεῖον (ἐπὶ πλεῖον *DB²tf* ἐπὶ τὸ πλέον *p*)
αὐξάνει *Oe*   18 τοῦτον: den Betreffenden   19 θρώσκει] θράσσει Keil

τὰς ἀνομίας αὐτὸν ὁπλίζει, ἵνα τύχῃ μείζονος τιμωρίας· καὶ οὐ παύεται
ἐπ᾽ ὀρέξεις ἀπλέτους τὴν ἐπιθυμίαν ἔχων, ἀκορέστως σκοτομαχῶν. —
[24] Εὖ μοι πάντα, ὡς ἐβουλόμην, ἐδίδαξας, ὦ νοῦς. ἔτι δέ μοι
εἰπὲ ⟨περὶ⟩ τῆς ἀνόδου τῆς γινομένης. — πρὸς ταῦτα ὁ Ποιμάνδρης
5 εἶπε· Πρῶτον μὲν ἐν τῇ ἀναλύσει τοῦ σώματος τοῦ ὑλικοῦ παραδίδως
αὐτὸ ⟦τὸ σῶμα⟧ εἰς ἀλλοίωσιν, καὶ τὸ εἶδος, ὃ εἶχες, ἀφανὲς γίνεται,
καὶ τὸ ἦθος τῷ δαίμονι ἀνενέργητον παραδίδως, καὶ αἱ αἰσθήσεις τοῦ
σώματος εἰς τὰς ἑαυτῶν πηγὰς ἐπανέρχονται μέρη γινόμεναι καὶ πάλιν
συνανιστάμεναι εἰς ⟦τὰς⟧ ἐνεργείας· καὶ ὁ θυμὸς καὶ ἡ ἐπιθυμία εἰς τὴν
10 ἄλογον φύσιν χωρεῖ. [25] καὶ οὕτως ὁρμᾷ λοιπὸν ἄνω ⟨ὁ ἄνθρωπος⟩ διὰ
τῆς ἁρμονίας καὶ τῇ πρώτῃ ζώνῃ δίδωσι τὴν αὐξητικὴν ἐνέργειαν καὶ τὴν
μειωτικήν, καὶ τῇ δευτέρᾳ τὴν μηχανὴν τῶν κακῶν ⟦δόλον⟧ ἀνενέργητον, καὶ τῇ τρίτῃ τὴν ἐπιθυμητικὴν ἀπάτην ἀνενέργητον, καὶ τῇ
τετάρτῃ τὴν ἀρχοντικὴν προφανίαν ἀνενέργητον, καὶ τῇ πέμπτῃ τὸ
15 θράσος τὸ ἀνόσιον καὶ τῆς τόλμης τὴν προπέτειαν ⟨ἀνενέργητον⟩, καὶ
τῇ ἕκτῃ τὰς ἀφορμὰς τὰς κακὰς τοῦ πλούτου ἀπλεονεκτήτους, καὶ τῇ
ἑβδόμῃ ζώνῃ τὸ ἐνεδρεῦον ψεῦδος ⟨ἀνενέργητον⟩. [26] Καὶ τότε
γυμνωθεὶς ἀπὸ τῶν τῆς ἁρμονίας ἐνεργημάτων γίνεται ἐπὶ τὴν ὀγδοαδικὴν φύσιν τὴν ἰδίαν δύναμιν ἔχων καὶ ὑμνεῖ σὺν τοῖς οὖσι τὸν
20 πατέρα· συγχαίρουσι δὲ οἱ παρόντες τῇ τούτου παρουσίᾳ. καὶ ὁμοιωθεὶς
τοῖς συνοῦσιν ἀκούει καί τινων δυνάμεων ὑπὲρ τὴν ὀγδοαδικὴν φύσιν
οὐσῶν φωνῇ τινι ἰδίᾳ ὑμνουσῶν τὸν θεόν. καὶ τότε τάξει ἀνέρχονται
πρὸς τὸν πατέρα καὶ αὐτοὶ εἰς δυνάμεις ἑαυτοὺς παραδιδόασι καὶ
δυνάμεις γενόμενοι ἐν θεῷ γίνονται. τοῦτο ἔστι τὸ ἀγαθὸν τέλος τοῖς
25 γνῶσιν ἐσχηκόσι, θεωθῆναι. λοιπόν, τί μέλλεις; οὐχ ὡς πάντα παρα-

3 με *tf* vielleicht richtig   πάντα ἔφην ὡς *B*²   4 περὶ erg. *B*²
μετὰ ταῦτα *p*   Zur Sache S. 51 ff.   5 παραδίδωσιν *Oe*, verb. *Tied.*
6 εἶχεν *p*   7 παραδίδωσι *e*   αἱ fehlt *p*   8 ἐπανέρχεται *DM*
(verb. *D*¹*M*¹)   9 συνιστάμεναι *DB*²*Verg.p*   10 καὶ fehlt *tf*
οὗτος *B* (verb. *B*²)*M*   Ergänzt Keil   11 δίδως *Tied.*   12 δό-
λων *M*   καὶ τὸν δόλον *p*   13 ἀπάτην fehlt *p*   14 προφανίαν *Otf* ὑπερηφανίαν *B*² προφάνειαν *p*. ἐπιθυμίαν oder vielleicht προθυμίαν
scheint erforderlich wegen 'regni desiderium' Serv. zu Aen. VI 714 (vgl. S. 53)
ἀνενέργητον] ἀπλεονέκτητον *Oe*   16 ἀπλεονεκτήτους] ἀνενέργητον *Op*
ἀνενεργήτους *B*²*tf*   18/19 ὀγδοατικὴν *Oe*. Vgl. S. 53 ff.   19 ἰδίαν:
die des Ἄνθρωπος   οὖσι: den wahrhaft Seienden (?); vielleicht παροῦσι
20/23 συγχαίρουσι — πατέρα fehlt *A*   21 τινων] τῶν *De* τηνῶν *M*
ὀγδοατικὴν *BCDMe*   22 ἰδίᾳ *De* ἡδείᾳ *BCM*, vgl. oben S. 55 ff.
23 αὐτοὶ aus αὐτὸς *C*   παραδιδόασι *ADMe* und *B*² (als Variante) παρα-
πέμπουσι *BC*   24 γινόμενοι *De*

λαβὼν καθοδηγὸς γίνῃ τοῖς ἀξίοις, ὅπως τὸ γένος τῆς ἀνθρωπότητος
διὰ coῦ ὑπὸ θεοῦ cωθῇ; —

[27] Ταῦτα εἰπὼν ὁ Ποιμάνδρης ἐμοὶ ἐμίγη ταῖς δυνάμεcιν.
ἐγὼ δὲ εὐχαριcτήcας καὶ εὐλογήcας τὸν πατέρα τῶν ὅλων ἀνείθην
ὑπ' αὐτοῦ δυναμωθεὶς καὶ διδαχθεὶς τοῦ παντὸς τὴν φύcιν καὶ τὴν 5
μεγίcτην θέαν. καὶ ἦργμαι κηρύccειν τοῖς ἀνθρώποις τὸ τῆς εὐcεβείας
καὶ γνώcεως κάλλος· Ὦ λαοί, ἄνδρες γηγενεῖς, οἱ μέθῃ καὶ ὕπνῳ
ἑαυτοὺς ἐκδεδωκότες καὶ τῇ ἀγνωcίᾳ τοῦ θεοῦ, νήψατε, παύcαcθε δὲ
κραιπαλῶντες, θελγόμενοι ὕπνῳ ἀλόγῳ.

[28] Οἱ δὲ ἀκούcαντες παρεγένοντο ὁμοθυμαδόν. ἐγὼ δέ φημι· 10
Τί ἑαυτούς, ὦ ἄνδρες γηγενεῖς, εἰς θάνατον ἐκδεδώκατε ἔχοντες ἐξουcίαν τῆς ἀθαναcίας μεταλαβεῖν; μετανοήcατε οἱ cυνοδεύcαντες τῇ
πλάνῃ καὶ cυγκοινωνήcαντες τῇ ἀγνοίᾳ· ἀπαλλάγητε τοῦ cκοτεινοῦ
φωτός, μεταλάβετε τῆς ἀθαναcίας καταλείψαντες τὴν φθοράν. —

[29] Καὶ οἱ μὲν αὐτῶν καταφλυαρήcαντες ἀπέcτηcαν τῇ τοῦ 15
θανάτου ὁδῷ· ἑαυτοὺς ἐκδεδωκότες, οἱ δὲ παρεκάλουν διδαχθῆναι,
ἑαυτοὺς πρὸ ποδῶν μου ῥίψαντες. ἐγὼ δὲ ἀναcτήcας αὐτοὺς καθοδηγὸς
ἐγενόμην τοῦ γένους, τοὺς λόγους διδάcκων, πῶς καὶ τίνι τρόπῳ
cωθήcονται. καὶ ἔcπειρα αὐτοῖς τοὺς τῆς cοφίας λόγους καὶ ἐτράφηcαν
ἐκ τοῦ ἀμβροcίου ὕδατος. ὀψίας δὲ γενομένης καὶ τῆς τοῦ ἡλίου αὐγῆς 20
ἀρχομένης δύεcθαι ὅλης ἐκέλευcα αὐτοῖς εὐχαριcτεῖν τῷ θεῷ. καὶ ἀνα-
πληρώcαντες τὴν εὐχαριcτίαν ἕκαcτος ἐτράπη εἰς τὴν ἰδίαν κοίτην.

[30] ἐγὼ δὲ τὴν εὐεργεcίαν τοῦ Ποιμάνδρου ἀνεγραψάμην εἰς
ἐμαυτόν, καὶ πληρωθεὶς ὧν ἤθελον ἐξηυφράνθην. ἐγένετο γὰρ ὁ τοῦ
cώματος ὕπνος τῆς ψυχῆς νῆψις, καὶ ἡ κάμμυcις τῶν ὀφθαλμῶν 25
ἀληθινὴ δραcις, καὶ ἡ cιωπή μου ἐγκύμων τοῦ ἀγαθοῦ, καὶ ἡ τοῦ λόγου

---

2 coῦ ὑπὸ fehlt *p*   3 ἐμοὶ vor ὁ Ποιμ. *DMe*   4 ἀνείθην *O*
(wurde frei von der Verzückung, vgl. 328, 2; so Keil) ἀνέcτην *e*   7 καὶ
τὸ τῆς γνώcεως *p*, vgl. S. 55 A. 1   κάλλος *AD²* (als Var.) *Verg.fp* κλέος
BCDMt   8 δὲ fehlt *p*   10 ἀκούοντες *p*   13 cπάνῃ *A*
cυγκοινωνήcαντες] cυcκοτιcθέντες *p*   18 ἐγινόμην *MB²*   τοῦ γένους
τοῦ ἀνθρωπίνου *p*   19 ἔcπειρα: vgl. Ev. Marc. 4, 4: ὁ cπείρων τὸν λόγον
cπείρει, oben S. 143. 144   cοφίας] φιλοcοφίας *B²*   καὶ ἐτρόφηcα *p*
20 ἀμβροcίου ὕδατος: Isis tränkt vor der Belehrung ihren Sohn mit Ambrosia,
δ αἱ ψυχαὶ λαμβάνειν ἔθος ἔχουcιν ⟨ἀπὸ⟩ θεῶν (Stobaios Ekl. I 49 p. 385, 14);
vgl. den Trunk bei der Prophetenweihe. Zu Grunde liegt auch hier eine Jenseits-
vorstellung: die Seele „empfängt Wasser hinter Osiris" (Spiegelberg zum Berl.
demot. Papyrus 3351 S. 2). Vgl. Ev. Ev. Joh. 4, 10 ff.   25 κάμμυcις *ABCDM²e*
ἄμμυcις *MB²* (als Variante)

ἐκφορὰ γεννήματα ἀγαθῶν. τοῦτο δὲ συνέβη μοι λαβόντι ἀπὸ τοῦ
Νοός [μου], τουτέστι τοῦ Ποιμάνδρου, τὸν τῆς αὐθεντίας λόγον·
θεόπνους γενόμενος ⟨ἐπὶ τὸν κύκλον⟩ τῆς Ἀληθείας ἦλθον· διὸ δίδωμι
ἐκ ψυχῆς καὶ ἰσχύος ὅλης εὐλογίαν τῷ πατρὶ θεῷ·

5 [31] Ἅγιος ὁ θεὸς ὁ πατὴρ τῶν ὅλων· ἅγιος ὁ θεός, οὗ ἡ βουλὴ
τελεῖται ἀπὸ τῶν ἰδίων δυνάμεων· ἅγιος ὁ θεός, ὃς γνωσθῆναι
βούλεται καὶ γινώσκεται τοῖς ἰδίοις. ἅγιος εἶ ὁ λόγῳ συστησάμενος τὰ
ὄντα· ἅγιος εἶ, οὗ πᾶσα φύσις εἰκὼν ἔφυ· ἅγιος εἶ, ὃν ἡ φύσις οὐκ
ἐμόρφωσεν. ἅγιος εἶ ὁ πάσης δυνάμεως ἰσχυρότερος· ἅγιος εἶ ὁ πάσης
10 ὑπεροχῆς μείζων· ἅγιος εἶ ὁ κρείττων ⟨πάν⟩των ἐπαίνων. δέξαι λογικὰς
θυσίας ἁγνὰς ἀπὸ ψυχῆς καὶ καρδίας πρὸς σε ἀνατεταμένης, ἀνεκλάλητε, ἄρρητε, σιωπῇ φωνούμενε. [32] αἰτουμένῳ τὸ μὴ σφαλῆναι τῆς
γνώσεως τῆς κατ' οὐσίαν ἡμῶν ἐπίνευσόν μοι καὶ ἐνδυνάμωσόν με καὶ
⟨πλήρωσόν με⟩ τῆς χάριτος ταύτης, ⟨ἵνα⟩ φωτίσω τοὺς ἐν ἀγνοίᾳ τοῦ
15 γένους, ἐμοῦ ⟨μὲν⟩ ἀδελφούς, υἱοὺς δὲ σοῦ. διὸ πιστεύω καὶ μαρτυρῶ·
εἰς ζωὴν καὶ φῶς χωρῶ. εὐλόγητος εἶ, πάτερ· ὁ σὸς ἄνθρωπος συναγιάζειν σοι βούλεται, καθὼς παρέδωκας αὐτῷ τὴν πᾶσαν ἐξουσίαν.

---

1 Vgl. Plato Conv. 210a γεννᾶν λόγους   μοι λαβόντι μοι BCDM
λαβόντι μοι B²   2 τοῦ (fehlt p) τῆς αὐθ. λόγου Oe   3 ὅθεν
θεόπνους f. Der Aufstieg des Gründers der Gemeinde zur Ogdoas wird in der
jüngeren Schrift (XIII, bezw. XIV 15) erwähnt. Der Hinweis auf ihn scheint
nachträglich eingesetzt   Ergänzt nach S. 27 Gebet VI 9: παραβεβλημένος
τῷ τῆς Ἀληθείας καὶ Πίστεως κύκλῳ (vgl. S. 17 Gebet I 8: ὁ ἔχων τὴν ἄψευστον
ἀλήθειαν) und Kap. IX (X) 10: ὁ γὰρ λόγος μου φθάνει μέχρι ἀληθείας. Hieraus
ist in den Quaestiones S. Bartolomaei (Vassiliev, Anecd. graeco-byz. 14) zu erklären, daß Christus die Jünger führt: ἐν τόπῳ λεγομένῳ Χερουβίμ, ὃ ⟨ἐς⟩τι
τόπος ἀληθείας (so zu schreiben; es war ursprünglich eine Entrückung in die
Ogdoas). Dieselbe Vorstellung bietet in stärker gräzisierter Form der λόγος
Ἴσιδος πρὸς Ὧρον Stob. Ekl. I 49 p. 459, 20 Wachsm.: μύστης δὲ ὥσπερ τῆς ἀθανάτου φύσεως καὐτὴ τυγχάνουσα καὶ ὡδευκυῖα διὰ τοῦ πεδίου τῆς Ἀληθείας (vgl.
Damaskios bei Photios Bibl. p. 337b 23 u. sonst).   5 ff. Vgl. hiermit
die christlichen εὐλογίαι, z. B. der Maria bei Vassiliev a. a. O. 12 (ὁ συστησάμενος
λόγῳ τὰ πάντα u. s. w.)   7/8 συνιστάμενος τὰ πάντα p   8 ἔφυ]
ἔφη AD (verb. D¹)   10 κρείσσων De   πάντων Plasberg   11 ἀνα-
τεταμένας tf. Vgl. S. 151 Z. 285   12 φαινόμενε B²   αἰτοῦμεν p.
Vgl. S. 152 Z. 301   13 τῆς κατ' οὐσίαν ἡμῶν fehlt p   μοι fehlt A
με] μοι C   14 πλήρωσόν με erg. B² (nach ταύτης)   φώτισον e   με
διὰ τῆς χάρ. τ. φωτίσαι Keil   ἀγνοίαις p   14/15 τοῦ γένους: vgl.
337, 18; hier abhängig von τοὺς   15 ἐμοῦ] μου Oe. Vielleicht ohne
Ergänzung ἀδελφούς μου   πιστεύω σοι καὶ p   διὸ καὶ πιστ. B²
16 καὶ εἰς ζωὴν B²   16/17 συναγιάζειν σοι: ἅγιος sein wie du

XIV.

[1] Ἐν τοῖς Γενικοῖς, ὦ πάτερ, αἰνιγματωδῶς καὶ οὐ τηλαυγῶς
ἔφρασας περὶ θειότητος διαλεγόμενος οὐδ' ἀπεκάλυψας, φάμενος μηδένα δύνασθαι cωθῆναι πρὸ τῆς παλιγγενεcίας· ἐμοῦ δέ cου ἱκέτου
γενομένου ἐπὶ τῆς τοῦ ὄρους καταβάcεως μετὰ τὸ cὲ ἐμοὶ διαλεχθῆναι ₅
ποθουμένου ⟨τε⟩ τὸν τῆς παλιγγενεcίας λόγον μαθεῖν, ὅτι τοῦτον
παρὰ πάντα μόνον ἀγνοῶ, [καὶ] ἔφης, ὅταν μέλλῃς κόcμου ἀπαλλο-
τριοῦcθαι παραδιδόναι μοι. ἕτοιμος ἐγενόμην καὶ ἀπήνδρισα τὸ ἐν ἐμοὶ
φρόνημα ἀπὸ τῆς τοῦ κόcμου ἀπάτης. cὺ δέ μου καὶ τὰ ὑcτερήματα
ἀναπλήρωcον οἷς ἔφης μοι παλιγγενεcίας ⟨τρόπον⟩ παραδοῦναι, ₁₀
προθέμενος [ἐκ φωνῆς] ἢ κρύβδην. ἀγνοῶ, ὦ τριcμέγιcτε, ἐξ οἵας
μήτρας ἀνεγεννήθης, cπορᾶς δὲ ποίας.

[2] Ὦ τέκνον, cοφία νοερὰ ἐν cιγῇ, καὶ ἡ cπορὰ τὸ ἀληθινὸν
ἀγαθόν.

---

1 Titel: Ἑρμοῦ (τοῦ *De*) τριcμεγίcτου πρὸς τὸν υἱόν (αὐτοῦ *D*) τὰτ (ἐν
ὄρει λόγος ἀπόκρυφος fügen *BCDMe* ein) περὶ παλιγγενεcίας καὶ cιγῆς ἐπαγγελίας
(ἀπαγγελίας *D¹*) *Oe*
2 Vgl. Hermas Sim. VI 5, 1: τηλαυγέcτερόν μοι δήλωcον, vgl. S. 27 Gebet
VI 15   3 θεότητος *e*   οὐδ'] οὐκ *ABDMp* καὶ οὐκ *BᶜCtf*, verb. Keil
4 δέ *Bᶻp* Keil τε *Otf*   5 μεταβάcεως *Oe*. Die Herstellung ist unsicher
ἐμοί tilgt Keil   6 πυθομένου *O* καὶ πυθ. *Bᶻtf* ποθουμένου *p*   7 περὶ
πάντα *AC*   μέλλῃς *Bᶜ* über der Zeile. Der ursprüngliche Text bezog es auf
Tat (etwa ὅτι ὅταν μέλλῃς ... παραδώcω), aber schon der Redaktor auf Hermes
und seine Himmelfahrt, vgl. oben S. 192. Er faßte diese Lehre als Διαθήκη
Ἑρμοῦ   8 μοι διὸ ἕτοιμος *B¹*   ἀπήνδρίωcα *Op* ἀπηλλοτρίωcα *tf*
(ἀπήνδριcα und ἀπήνδρωcα scheinen vermischt)   ἐν] ἐνὸν *A*   9 καὶ
ἀπὸ *De*   μου] μοι *e*   10 παλιγγενεcίαν *MB¹e*   τρόπον ergänzt nach
340, 12; 342, 15   11 ἐκ φωνῆς tilgt E. Schwartz als falsche Deutung
von προθέμενος (vor allen oder geheim)   κρυβήν *Otf*, verb. *p*. Denkbar auch
κρύβων oder κρυβῇ. Vgl. S. 215 A. 1   12 ὅλης καὶ μήτρας *p*   ἀνεγεν-
νήθης] ἄνōc (oder ἄνθρωπος) ἐγεννήθη *Oe*. Man erwartete dann ὁ νέος ἄνθρ. oder
ὁ θεοῦ ἄνθρωπος. Die Bitte μὴ φθόνει und die Antwort (340, 11 und 13) weisen
auf eine Frage nach der Wiedergeburt des Hermes   13 cοφίαν νοερὰν *D*
13/14 Andere Wendung des in der Naassenerpredigt § 10—11 (S. 87. 88) begegnenden Gedankens, daß das cπέρμα das ἀγαθόν ist. Von dem Gotte Min,
dessen Standbild die Griechen für das des Osiris mit aufgerichtetem Phallos
hielten, sagt ein ägyptischer Text (Brugsch, Wörterbuch III 760): der Gatte,
welcher alle Jungfrauen mit seinem Phallos befruchtet. Das für den Phallos
verwendete Wort heißt das Gute oder das Schöne (W. Spiegelberg). Vgl. Plut.
De Is. et Os. 42

Τίνος cπείραντος, ὦ πάτερ; τὸ γὰρ cύνολον ἀπορῶ.

Τοῦ Θελήματος τοῦ θεοῦ, ὦ τέκνον.

Καὶ ποταπὸς ὁ γεννώμενος, ὦ πάτερ; ἄμοιρος γὰρ τῆς ἐν ἐμοὶ οὐcίας [καὶ τῆς νοητῆς] ἄλλος ἔcται ὁ γεννώμενος θεοῦ θεὸς παῖς.

5 Τὸ πᾶν ἐν παντί, ἐκ παcῶν δυνάμεων cυνεcτώς.

Αἴνιγμά μοι λέγεις, ὦ πάτερ, καὶ οὐχ ὡς πατὴρ υἱῷ διαλέγῃ.

Τοῦτο τὸ γένος, ὦ τέκνον, οὐ διδάcκεται, ἀλλ', ὅταν θέλῃ, ὑπὸ τοῦ θεοῦ ἀναμιμνήcκεται.

[3] Ἀδύνατά μοι λέγεις, ὦ πάτερ, καὶ βεβιαcμένα. ὅθεν πρὸς
10 ταῦτα ὀρθῶς ἀντειπεῖν θέλω· »ἀλλότριος υἱὸς πέφυκα τοῦ πατρικοῦ γένους«. μὴ φθόνει μοι, πάτερ· γνήcιος υἱός εἰμι· διάφραcόν μοι τῆς παλιγγενεcίας τὸν τρόπον.

Τί εἴπω, τέκνον; οὐκ ἔχω λέγειν πλὴν τοῦτο· ὁρῶν ⟨ποτε⟩ ἐν ἐμοὶ ἄπλαcτον θέαν γεγενημένην ἐξ ἐλέου θεοῦ καὶ ἐμαυτὸν ⟨δι⟩εξε-
15 λήλυθα εἰς ἀθάνατον cῶμα, καί εἰμι νῦν οὐχ ὁ πρίν, ἀλλ' ἐγεννήθην ἐν νῷ [τὸ πρᾶγμα τοῦτο οὐ διδάcκεται οὐδὲ τῷ πλαcτῷ τούτῳ cτοι-χείῳ, δι' οὗ ⟨ὁρᾷς⟩, ἔcτιν ἰδεῖν.] καὶ διαμεμέλιcταί μοι τὸ πρῶτον cύνθετον εἶδος. οὐκέτι κέχρωcμαι καὶ ἀφὴν ἔχω καὶ μέτρον, ἀλλότριος δὲ τούτων εἰμὶ νῦν. ὁρᾷς με, ὦ τέκνον, ὀφθαλμοῖς, ὅ τι δέ ⟨εἰμι, οὐ⟩
20 κατανοεῖς ἀτενίζων cώματι καὶ ὁράcει· οὐκ ὀφθαλμοῖς τούτοις θεω-ροῦμαι νῦν, ὦ τέκνον.

---

3 γὰρ] ὦν B²　　　4 Denkbar wäre auch καὶ ἐκ τῆς νοητῆς μόνον ὑπάρχων, aber schwerfällig　　ἄλλως A　　θεὸς θεοῦ παῖς p (überflüssig) 5 cυνεcτός De (Sinn: er wird πᾶν ἐν παντί, weil er aus allen δυνάμεις besteht) 7 γένος, vgl. Cicero De leg. I 56: 'quo de genere expecto disputationem tuam' (vgl. Vahlen zu I 16, ferner Bonitz Index Aristot. 152). Vgl. Z. 16 und zur Sache Ev. Ioh. 14, 26: τὸ πνεῦμα ἀναμνήcει ὑμᾶς (oben S. 247)　　　9/10 Sinn etwa: ὥcτε με ὀρθῶς ἂν ἀντειπεῖν　　　10 πέφυκας p　　　13 ὦ vor τέκνον BCDe und über der Zeile mit anderer Tinte M　　　ὁρῶν τι ABCDt ὁρῶντι Mp ὁρῶν B² ὁρῶν τιν' f (τι scheint für eine kleine Lücke eingesetzt, vgl. zu S. 329, 7) 14/15 διεξελήλυθα vgl. 341, 3. ἐμαυτοῦ ἐξελήλυθα f (dann wird καὶ mißverständ-lich)　　　15 Vielleicht ἀνεγεννήθην　　　16/17 cτοιχεῖον: Körper, Ge-stalt (Diels, Elementum S. 55 ff.), vgl. Z. 20: ἀτενίζων cώματι　　　οὐδὲ τῷ πλαcτῷ τούτῳ cτοιχειώδει οὐκ ἔcτιν ἰδεῖν f　　　17 διαμεμέλιcται] διὸ (δι' οὗ D) ἠμέληται Oe, verb. Keil (wegen cύνθετον)　　　πρῶτον: für πρότερον 18 οὐκέτι] οὐχ ὅτι Oe, verb. Keil　　　κεχώριcμαι p　　　19 Erstes δὲ fehlt f　　ὅτε δὲ Ap ὅτε δὴ tf. Vgl. Acta Joh. 11 (Robinson, Texts and Studies V 1 p. 14): τίς εἰμι ἐγώ· γνώcῃ ὅταν ἀπέλθω· ὃ νῦν ὁρῶμαι, τοῦτο οὐκ εἰμί· ⟨ὃ δέ εἰμι⟩ ὄψει, ὅταν cὺ ἔλθῃς　　　19/21 ὁρᾷς — νῦν ὦ τέκνον tilgt p

[4] Εἰς μανίαν με οὐκ ὀλίγην καὶ οἴστρησιν φρενῶν ἐνέσεισας, ὦ πάτερ. ἐμαυτὸν γὰρ νῦν οὐχ ὁρῶ.

Εἴθε, ὦ τέκνον, καὶ σὺ σεαυτὸν διεξελήλυθας, ὡς οἱ ἐν ὕπνῳ ὀνειροπολούμενοι, χωρὶς ὕπνου.

Λέγε μοι καὶ τοῦτο· τίς ἐστι γενεσιουργὸς τῆς παλιγγενεσίας;   5
Ὁ τοῦ θεοῦ παῖς, ἄνθρωπος εἷς, θελήματι θεοῦ.

[5] Νῦν τὸ λοιπόν, ὦ πάτερ, εἰς ἀφασίαν με ἤνεγκας. τῶν πρὶν ἀπολειφθεὶς φρενῶν * * * τὸ γὰρ μέγεθος βλέπω τὸ αὐτό, ὦ πάτερ, σὺν τῷ χαρακτῆρι.

Καὶ ἐν τούτῳ ψεύδῃ· τὸ γὰρ θνητὸν εἶδος καθ᾽ ἡμέραν ἀλλάσσεται· 10 χρόνῳ γὰρ τρέπεται εἰς αὔξησιν καὶ μείωσιν ὡς ψεῦδος.

[6] Τί οὖν ἀληθές ἐστιν, ὦ τρισμέγιστε;

Τὸ μὴ θολούμενον, ὦ τέκνον, τὸ μὴ διοριζόμενον, τὸ ἀχρώματον, τὸ ἀσχημάτιστον, τὸ ἄτρεπτον, τὸ γυμνόν, τὸ φαῖνον, τὸ αὐτῷ καταληπτόν, τὸ ἀναλλοίωτον [ἀγαθόν], τὸ ἀσώματον.   15

Μέμηνα ὄντως, ὦ πάτερ. δοκοῦντος γάρ μου ὑπὸ σοῦ σοφοῦ γεγονέναι ἐνεφράχθησαν αἱ αἰσθήσεις ⟨διὰ⟩ τούτου μου τοῦ νοήματος.

Οὕτως ἔχει, ὦ τέκνον· τὸ μὲν ἀνωφερὲς ὡς πῦρ καὶ κατωφερὲς ὡς γῇ καὶ ὑγρὸν ὡς ὕδωρ καὶ σύμπνοον ὡς ἀὴρ ⟨αἰσθήσει ὑποπίπτει· ὃ δὲ χωρὶς τούτων⟩, πῶς αἰσθητῶς αὐτὸ νοήσεις, τὸ μὴ σκληρόν, τὸ 20 μὴ ὑγρόν, τὸ ἀσφίγγωτον, τὸ μὴ διαλυόμενον, τὸ μόνον δυνάμει καὶ ἐνεργείᾳ νοούμενον; [δεομένου] ⟨τοῦτο⟩ δὲ τοῦ δυναμένου νοεῖν τὴν ἐν θεῷ γένεσιν.

[7] Ἀδύνατος οὖν εἰμι, ὦ πάτερ;

---

1 με] μοι *AB*   3 οἱ *CD(M)B²e*, fehlt *AB*   3/4 Vgl. Poim. § 1   7 ἀφασίαν] ἀθανασίαν *B* (verb. *B¹*) *C*   7/8 τῶν πρὶν γὰρ ἀπολειφθεὶς φρενῶν τὸ μέγεθος *f*   8 ἀπολειφθέντα *B²*   βλέπω τὸ σὸν τὸ αὐτὸ *DMB²f* βλ. τὸ σὸν τὸ σὺν αὐτῷ, ὦ πάτερ, τῷ χαρ. *f* βλ. τόσον τῶν κάτω, ὦ πάτερ, σὺν τῷ χαρ. *p*. Vgl. oben S. 217   10 ψεύδη *B¹C* ψεύδει *Bf* ψεύδῃ *MDp* ψευδεῖ *At*. Vgl. den Spruch des Hermes bei Stobaios Ekl. p. 275, 18: οὐδὲν ἐν σώματι ἀληθές, ἐν ἀσωμάτῳ τὸ πᾶν ἀψευδές   θνητῶν εἶδος *BCDtf*
13 ἀχρωμάτιστον *B²*   14 αὐτῷ *Otf* ἑαυτῷ *B²p*   15 ἀγαθὸν tilgt *p* τὸ ἀγαθὸν *DB²tf*   16 ὦ πάτερ] ὦ τέκνον *D*, verb. *D¹*
17 ἐνεφράγχθησαν *B¹*   αἰσθήσεις μου τούτου *f*. Denkbar wäre: αἰσθήσεις τούτου μοι τοῦ σώματος   18 καὶ *ABC(M)* τὸ δὲ *DB²e*   19 τὸ δὲ ὑγρὸν *B²*   καὶ τὸ σύμπνοον *B²*   20 αἰσθητῷ *D*. Denkbar: αἰσθητικῶς   21 ἀσφίγκτον *B²*   διαδυόμενον *Oe*, verb. Parthey (?)
22 δεομένου fehlt *B* (δεόμενον *Bᵉ* über der Zeile); scheint Variante zu δυναμένου   δὴ μόνου δὲ νοῦ δυναμένου *f*   διαλυόμενον; ⟨τοῦτο⟩ τὸ μόνον ... νοούμενον, δεόμενον δὲ Keil   23 εἰμι] μοι *B*, verb. *Bᵉ*

Μὴ γένοιτο, ὦ τέκνον. ἐπίσπασαι εἰς ἑαυτὸν καὶ ἐλεύσεται, θέλησον καὶ γίνεται, κατάργησον τοῦ σώματος τὰς αἰσθήσεις καὶ ἔσται ἡ γένεσις τῆς θεότητος· κάθαραι σεαυτὸν ἀπὸ τῶν ἀλόγων τῆς ὕλης τιμωριῶν.

5 Τιμωροὺς γὰρ ἐν ἐμαυτῷ ἔχω, ὦ πάτερ;

Οὐκ ὀλίγους, ὦ τέκνον, ἀλλὰ καὶ φοβεροὺς καὶ πολλούς.

Ἀγνοῶ, ὦ πάτερ.

Μία αὕτη, ὦ τέκνον, τιμωρία ἡ ἄγνοια, δευτέρα λύπη, τρίτη ἀκρασία, τετάρτη ἐπιθυμία, πέμπτη ἀδικία, ἕκτη πλεονεξία, ἑβδόμη 10 ἀπάτη, ὀγδόη φθόνος, ἐνάτη δόλος, δεκάτη ὀργή, ἑνδεκάτη προπέτεια, δωδεκάτη κακία. εἰσὶ δὲ αὗται τὸν ἀριθμὸν δώδεκα, ὑπὸ δὲ ταύταις πλείονες ἄλλαι, ὦ τέκνον· ⟨διαδῦσαι δὲ⟩ διὰ τοῦ δεσμωτηρίου τοῦ σώματος αἰσθητικῶς πάσχειν ἀναγκάζουσι τὸν ἐνδιάθετον ἄνθρωπον· ἀφίστανται δὲ αὗται ⟨μόνον⟩ οὐκ ἀθρόως ἀπὸ τοῦ ἐλεηθέντος ὑπὸ τοῦ 15 θεοῦ, καὶ οὕτω συνίσταται ὁ τῆς παλιγγενεσίας τρόπος· καὶ **** Λόγος. [8] λοιπὸν σιώπησον, ὦ τέκνον, καὶ εὐφήμησον, καὶ διὰ τοῦτο, οὐ καταπαύσεται τὸ ἔλεος εἰς ἡμᾶς ἀπὸ τοῦ θεοῦ. — χαῖρε λοιπόν, ὦ τέκνον, ἀνακαθαιρόμενος ταῖς τοῦ θεοῦ δυνάμεσιν εἰς συνάρθρωσιν τοῦ Λόγου. ἦλθεν ἡμῖν γνῶσις θεοῦ· ταύτης ἐλθούσης, ὦ τέκνον, ἐξηλάθη ἡ ἄγνοια. 20 ἦλθεν ἡμῖν γνῶσις χαρᾶς· παραγενομένης ταύτης, ὦ τέκνον, ἡ λύπη φεύξεται εἰς τοὺς χωροῦντας αὐτήν. ⟨τρίτην⟩ δύναμιν καλῶ ἐπὶ

---

1 γένηται *p*   αὐτὸν *B*, verb. *B*ᶜ   2 κατάρτησον *AB* (verb. *B*ᶜ) 2/3 καὶ ἔσται — θεότητος fehlt *p*   2 ἔσται] εἴτε *Ot*   3 κάθαραι zu καθάραι *B*¹ κάθαιρε *A*   4 τιμωρῶν *e*. Hermes spricht von den zwölf Μοῖραι θανάτου, vgl. S. 214. Tat denkt sofort an τιμωροὶ δαίμονες   5 ἐν ἐμαυτῷ *ADe*   6/8 ἀλλὰ καὶ — ὦ τέκνον fehlt *M*, nachgetragen *M*² 8 δευτέρα δὲ λύπη *e*. Zur Sache vgl. Kap. V (VI) 1: λύπη γὰρ κακίας μέρος 10 ἐννάτη *AB*¹*e*   11 εἰσὶ δὲ καὶ αὗται *tf*   τὸν ἀριθμὸν am Rand *B*¹ ταύτας *ACB*¹   12 διὰ τοῦ *B*²*p* διὰ τοῦτο *Otf* διά τε τοῦ *Tied*.   τοῦ vor σώματος tilgt *B*². Zur Sache vgl. 353, 7   14/15 ὑπὸ θεοῦ *A* 15 Lücke erkannt von Keil. Das Wunder war wohl näher beschrieben, vgl. Z. 18 εἰς συνάρθρωσιν τοῦ Λόγου   16/17 καταπαύσω *A(B)CM* καταπαύσει *DB*²*e*   18 τοῦ λόγου aus τῶν λόγων *A*   19 τοῦ θεοῦ *Ae* ταύτης δὲ ἐλθ. *DB*²*e*   21 Vgl. χωρεῖν θεόν u. dergl. (vgl. oben S. 19 A. 2 und hiermit die Quaestiones Sancti Bartolomaei, Vassiliev Anecd. graeco-byz. 11. 12). Die hellenistische Vorstellung beeinflußt schon Statius in der Schilderung der Göttin Virtus (Theb. X 632), die ganz wie der Λόγος θεοῦ in der Weisheit Salomons (18, 16) erscheint, vgl. 'iamque premit terras nec vultus ab aethere longe' und zu unserer Stelle 'sive ipsa capaces elegit penetrare viros' 21/343, 1 καλῶ τὴν χωροῦσαν ἐπὶ τὴν ἐγκρ. *Verg.*   ἐπὶ χαρὰν *A*

χαρᾷ τὴν ἐγκράτειαν. ὦ δύναμις ἡδίστη· προσλάβωμεν, ὦ τέκνον, αὐτὴν
ἀσμενέστατα. πῶς ἅμα τῷ παραγενέσθαι ἀπώσατο τὴν ἀκρασίαν.
τετάρτην δὲ νῦν καλῶ καρτερίαν, τὴν κατὰ τῆς ἐπιθυμίας δύναμιν
***** ὁ βαθμὸς οὗτος, ὦ τέκνον, δικαιοσύνης ἐστὶν ἕδρασμα. χωρὶς γὰρ
κρίσεως ἰδὲ πῶς τὴν ἀδικίαν ἐξήλασεν. ἐδικαιώθημεν, ὦ τέκνον, ἀδι- 5
κίας ἀπούσης. ἕκτην δύναμιν καλῶ εἰς ἡμᾶς τὴν κατὰ τῆς πλεονεξίας,
⟨τὴν⟩ κοινωνίαν. ἀποστάσης δὲ ἔτι καλῶ τὴν ἀλήθειαν. φεῦγε ἀπάτη,
ἀλήθεια παραγίνεται. ἰδὲ πῶς τὸ ἀγαθὸν πεπλήρωται, ὦ τέκνον,
παραγινομένης τῆς ἀληθείας. φθόνος γὰρ ἀφ' ἡμῶν ἀπέστη, τῇ δὲ
ἀληθείᾳ καὶ τὸ ἀγαθὸν ἐπεγένετο ἅμα ζωῇ καὶ φωτί, καὶ οὐκέτι 10
ἐπῆλθεν οὐδεμία τοῦ σκότους τιμωρία, ἀλλ' ἐξέπτησαν νικηθεῖσαι
ῥοίζῳ. [10] ἔγνωκας, ὦ τέκνον, τῆς παλιγγενεσίας τὸν τρόπον· τῆς
δεκάδος παραγινομένης, ὦ τέκνον, ἣ τὴν δωδεκάδα ἐξελαύνει, συνετέθη
⟨ἡ⟩ νοερὰ γένεσις καὶ ἐθεώθημεν τῇ γενέσει. ὅστις οὖν ἔτυχε κατὰ
τὸ ἔλεος τῆς κατὰ θεὸν γενέσεως, τὴν σωματικὴν αἴσθησιν καταλιπὼν 15
ἑαυτὸν γνωρίζει **** ἐκ τούτων συνιστάμενος καὶ εὐφραίνεται.

[11] Ἀκλινὴς γενόμενος ὑπὸ τοῦ θεοῦ, ὦ πάτερ, φαντάζομαι,
οὐχ ὁράσει ὀφθαλμῶν, ἀλλὰ τῇ διὰ δυνάμεων νοητικῇ ἐνεργείᾳ. ἐν
οὐρανῷ εἰμι, ἐν γῇ, ἐν ὕδατι, ἐν ἀέρι· ἐν ζῴοις εἰμί, ἐν φυτοῖς· ἐν
γαστρί, πρὸ γαστρός, μετὰ γαστέρα, πανταχοῦ. — ἀλλ' ἔτι τοῦτό μοι 20
εἰπέ, πῶς αἱ τιμωρίαι τοῦ σκότους οὖσαι ἀριθμῷ δώδεκα ὑπὸ δέκα
δυνάμεων ἀπωθοῦνται. τίς ὁ τρόπος, ὦ τρισμέγιστε;

---

1 δύναμις ἧς δύναμις p   αὐτὴν ὦ τέκνον DMe   2 ἀπώσεται D
4 Die fünfte δύναμις wird angerufen. Die Vorstellung eines stufenweisen Aufstieges oder einer stufenweisen Vervollkommnung wirkt ein   5 κτίσεως Otf κτήσεος p, verb. Parthey   5/6 ἐδικαιώθημεν — ἀπούσης:
vgl. Röm. 6, 7 ὁ ἀποθανὼν δεδικαίωται ἀπὸ τῆς ἁμαρτίας   6 ἀπούσης AB¹e
ἀπρύτης B ἀτρύτης CM ἀπάσης D   εἰς ἡμᾶς ἐλθοῦσαν p   6/7 τὴν
κατ' αὐτῆς πλεονεξίας κοιν. D   7 ἀποστάσης: nämlich τῆς πλεονεξίας
φεύγει AB καὶ φεύγει CDMB²e, verb. Plasberg (sonst φεύγει — παραγίνεται
tilgen)   ἡ ἀπάτη B²   8 ἀλήθεια δὲ B²   πεπλήρωκα D πε-
πλήρωμα p. Die Vorstellung des πλήρωμα wirkt mit ein (vgl. S. 25 A. 1), der
Gott wird vollständig im Menschen (vgl. § 18)   9 παραγενομένης p
11 κινηθεῖσαι B (ῥοίζῳ gehört zu ἐξέπτησαν)   13 παραγενομένης p
13/14 παραγ. ὦ τέκνον συνετέθη νοερὰ γέν. καὶ τὴν δωδεκάτην ἐξελ. καὶ ἐθεωρή-
θημεν Oe. Das Simplex θεοῦσθαι begegnet auch Poimand. § 26   16 ἐκ
τούτων] ἐκ θείων p   καὶ ἐκ τούτων συνιστάμενος εὐφρ. B². Wohl nach
Poim. § 22 zu ergänzen ⟨ἐκ φωτὸς καὶ ζωῆς τυγχάνοντα καὶ⟩, wonach καὶ vor
εὐφρ. zu tilgen wäre   17 ἀκλινὴς δὲ M (δὲ von M¹ getilgt)   τοῦ
fehlt BCDMp   21 δέκα aus δὲ καὶ B

[12] Τὸ ϲκῆνοϲ τοῦτο, ὃ καί, ὦ τέκνον, διεξεληλύθαμεν, ἐκ τοῦ ζωοφόρου κύκλου ϲυνέϲτη, καὶ τούτου ϲυνεϲτῶτος ἐκ ϲτοιχείων δώδεκα ὄντων τὸν ἀριθμόν, φύϲεωϲ μιᾶϲ, παντομόρφου ἰδέαϲ **** εἰϲ πλάνην τοῦ ἀνθρώπου διαζυγαὶ ἐν αὐταῖϲ εἰϲιν, ὦ τέκνον, ἡνωμέναι ἐν τῇ
5 πράξει ** ἀχώριϲτόϲ ἐϲτιν ἡ προπέτεια τῆϲ ὀργῆϲ· εἰϲὶ δὲ καὶ ἀδιό-
ριϲτοι. εἰκότωϲ οὖν κατὰ τὸν ὀρθὸν λόγον τὴν ἀπόϲταϲιν ποιοῦνται καθάπαξ καὶ ἀπὸ δέκα δυνάμεωϲ ἐλαυνόμεναι, τουτέϲτιν ἀπὸ τῆϲ δε-
κάδοϲ. ἡ γὰρ δεκάϲ, ὦ τέκνον, ἐϲτὶ ψυχογόνοϲ. ζωὴ δὲ καὶ φῶϲ ἡνωμέναι εἰϲίν, ἔνθα ὁ τῆϲ ἑνάδοϲ ἀριθμὸϲ πέφυκε τοῦ πνεύματοϲ.
10 ἡ ἑνὰϲ οὖν κατὰ λόγον τὴν δεκάδα ἔχει, ἡ δὲ δεκὰϲ τὴν ἑνάδα.

[13] Πάτερ, τὸ πᾶν ὁρῶ καὶ ἐμαυτὸν ἐν τῷ νοῖ.

Αὕτη ἐϲτὶν ἡ παλιγγενεϲία, ὦ τέκνον, τὸ μηκέτι φαντάζεϲθαι εἰϲ τὸ ϲῶμα τὸ τριχῇ διαϲτατόν **** διὰ τὸν λόγον τοῦτον τὸν περὶ τῆϲ παλιγγενεϲίαϲ, εἰϲ ὃν ⟨οὐχ⟩ ὑπεμνηματιϲάμην, ἵνα μὴ ὦμεν διά-
15 βολοι τοῦ παντὸϲ εἰϲ τοὺϲ πολλούϲ, ⟨ἀλλ'⟩ εἰϲ οὓϲ ὁ θεὸϲ αὐτὸϲ θέλει.

[14] Εἰπέ μοι, ὦ πάτερ, τὸ ϲῶμα τοῦτο τὸ ἐκ δυνάμεων ϲυνε-
ϲτὸϲ λύϲιν ἴϲχει ποτέ;

Εὐφήμηϲον καὶ μὴ ἀδύνατα φθέγγου, ἐπεὶ ἁμαρτήϲειϲ καὶ ἀπο-

---

1 ὃ καί, ὦ] ὃ *DM¹* καὶ ὃ *C* ὦ *Me* καὶ ὦ *AB*, verb. Keil   ὃ διεξ. *B²f* διεξ. fehlt *p*   ζωηφόρου *e*   2 ἐκ ϲτοιχείων] ἐξ ἀριθμῶν *Oe*, γράφεται ἐκ ζωδίων *B²* am Rande; ἐξ ἀρ. δώδ. ὄντων ἔνδεκα τὸν ἀριθμόν *p*
3 τὸν ἀριθμόν aus τῶν ἀριθμῶν *A¹*   φύϲεωϲ μὲν μιᾶϲ παντ. δὲ ἰδ. *B²*   Ergänze etwa: ⟨ὧν ἀπόρροιαί εἰϲιν αἱ τοῦ ϲώματοϲ τιμωρίαι· αὗται οὖν, εἰ καὶ⟩
4 ἡνωμέναι δ' *p*   5 πράξει καὶ ἀχώριϲτοϲ *B²*. Ergänze etwa: ⟨εἰϲίν· οἷον⟩
5/6 ἀόριϲτοι *Dtf*   7 καθάπαξ] καθὼϲ *Oe*   δέκα aus δώδεκα *B*
ἐλαύνομαι *B*, verb. *B²*   8 Wie die δωδεκάϲ mit dem Leibe, so hängt die δεκάϲ mit der Seele zusammen; wie jene eine Einheit bildet, so auch diese.
Die Darlegung ist stark gekürzt   9 ἡνωμέναι ἐκεῖ εἰϲιν ἔνθα *p*. Eher ist für ἔνθα zu schreiben ὅθεν   10 καὶ ἡ δεκὰϲ τὴν ἑνάδα *DMe*
12 Die Wiedergeburt äußert sich darin, daß man nicht mehr mit dem drei-
dimensionalen Körper wahrnimmt, sondern mit dem aus den δυνάμειϲ bestehenden einheitlichen Körper. Davon hat Hermes in jener Rede über die Wiedergeburt gesprochen, die er nicht erklärt hat (vgl. § 1)   14/16 Zur Auffassung vgl. Ev. Mark. 4, 11. 12. Vgl. oben S. 246.   15 ἀλλ': ergänze διαδῶμεν oder dergl.   15/16 αὐτὸϲ über der Zeile (und am Rande) nachgetragen *B*
εἰϲ οὓϲ αὐτὸϲ ὁ θεὸϲ θέλει (*M*) εἰϲ οὓϲ αὐτοὺϲ θέλει ὁ θεὸϲ *Dt* εἰϲ οὓϲ αὐτὸϲ θέλει ὁ θεὸϲ *p* εἰϲ οὓϲ αὐτὸϲ οὐ θέλει θεόϲ *f*   17 Erstes τὸ fehlt *tf*, zweites *AB*   δυνάμεωϲ *AB*   ϲυνεϲτὼϲ *BCDMp*   18 ἴϲχει] ἔχει *D*, vgl. oben S. 326

cβεcθήcεταί cου ὁ ὀφθαλμὸc τοῦ νοῦ. τὸ αἰcθητὸν τῆc φύcεωc cῶμα πόρρωθέν ἐcτι ⟨τοῦ ἐκ⟩ τῆc οὐcιώδουc γενέcεωc. τὸ μὲν γάρ ἐcτι διαλυτόν, τὸ δὲ ἀδιάλυτον, καὶ τὸ μὲν θνητόν, τὸ δὲ ἀθάνατον. ἀγνοεῖc, ὅτι θεὸc πέφυκαc καὶ τοῦ ἑνὸc παῖc, ὃ κἀγώ.

[15] Ἐβουλόμην, ὦ πάτερ, τὴν διὰ τοῦ ὕμνου εὐλογίαν ⟨μανθά- 5 νειν⟩, ἣν ἔφηc ἐπὶ τὴν Ὀγδοάδα γενομένου cου ἀκοῦcαι τῶν δυνά- μεων.

Καθὼc ⟨ἀνιόντι μοι εἰc τὴν⟩ Ὀγδοάδα ὁ Ποιμάνδρηc ἐθέcπιcε, τέκνον, καλῶc cπεύδειc λῦcαι τὸ cκῆνοc· κεκαθαρμένοc γάρ. ὁ Ποιμάν- δρηc, ὁ τῆc αὐθεντίαc νοῦc, πλέον μοι τῶν ἐγγεγραμμένων οὐ παρέδωκεν, 10 εἰδὼc ὅτι ἀπ’ ἐμαυτοῦ δυνήcομαι πάντα νοεῖν καὶ ἀκούειν ὧν βούλο- μαι καὶ ὁρᾶν τὰ πάντα, καὶ ἐπέτρεψέ μοι ἐκεῖνοc ποιεῖν τὰ καλά. διὸ ὡc ἐν πᾶcιν αἱ δυνάμειc αἱ ἐν ἐμοὶ ᾄδουcι.

Θέλω, πάτερ, ἀκοῦcαι καὶ βούλομαι ταῦτα νοῆcαι.

[16] Ἡcύχαcον, ὦ τέκνον, καὶ τῆc ἁρμοζούcηc νῦν ἄκουε εὐλογίαc, 15 τὸν ὕμνον τῆc παλιγγενεcίαc, ὃν οὐκ ἔκρινα οὕτωc εὐκόλωc ἐκφάναι, εἰ μὴ cοὶ ἐπὶ τέλει τοῦ παντόc. ὅθεν τοῦτο οὐ διδάcκεται, ἀλλὰ κρύπτεται ἐν cιγῇ. οὕτωc οὖν, ὦ τέκνον, cτὰc ἐν ὑπαίθρῳ τόπῳ νότῳ ἀνέμῳ ἀποβλέπων περὶ καταφορὰν τοῦ ἡλίου δύνοντοc προcκύνει· ὁμοίωc καὶ ἀνιόντοc πρὸc ἀπηλιώτην. ἡcύχαcον, ὦ τέκνον. — 20

[17] Πᾶcα φύcιc κόcμου προcδεχέcθω τοῦ ὕμνου τὴν ἀκοήν.

---

1 ἀcεβηθήcεταί *ABCDMtf* ἀcεβήcεται *Dp*   cου aus coι *A* μου *B* (cου *B²*) *C*   ὁ fehlt *tf*   5 τὴν διά] διὰ τὴν *B*, verb. *B²* am Rand εὐλογίαν oder ἀλογίαν *M* εὐλογίαν *DB²* ἀλογίαν *BC* ἀναλογίαν *AB¹*   6 cου] μου *Oe*   τῶν aus τὴν *B*   8 ὀγδοάδα (δα aus Korrektur *A*) *Otf* ὀγδοάδι *p*. Die Annahme der Lücke scheint durch den Zusammenhang erfordert; sprachlich wäre auch Ὀγδοάδα ἐθέcπιcε oder ἄνοδον εἰc Ὀγδ. ἐθ. möglich. 9 γὰρ εἶ ὁ *p*   10 ἐγγραμμένων *B* (verb. *B*ᶜ) *C*. In dieser Schrift un- möglich. Über die offenbar noch später erhaltenen Sprüche des Poimandres vgl. S. 215.   11/12 καὶ ἀκούειν — τὰ πάντα tilgt *p*   13 ὡc] καὶ *Oe*   ἐν πᾶcιν] πᾶcαι *p*   ἐν πᾶcιν καὶ αἱ δυν. *tf*   ᾄδουcι: preisen Gott. Wohl ägyptisch, vgl. J. J. Heß, Der demotische Teil der dreisprachigen Inschrift von Rosette S. 53 Z. 3   16 οὐ κέκρικα *p*   οὕτωc ἐκφάναι εὐκόλωc *CDMB²e*   17 ὅθεν] vielleicht ὅτι, oder später δίδαcκε und κρύπτε 18 cτὰc *B¹f* τὰc *Ot* cὺ *p*   18/19 πρὸc νότον ἄνεμον *B²p*   19 ἀπο- βλέπων fehlt *A*   τοῦ fehlt *De*   20 ὁμοίωc — ἀπηλιώτην: wohl Zusatz. Über das Abendgebet vgl. Poim. § 29   ἡc. οὖν ὦ τέκνον *tf* 21 Neuer Titel: ὑμνῳδία *A* ὑμνῳδία κρυπτὴ λόγοc δ’ *BCDM* (gemeint sind als die drei vorausgehenden Reden Poim. § 31. 32, ferner Kap. III bezw. IV und VII bezw. VIII) ὑμν. κρυπτὴ *tf* ὑμνῳδία κρυπτῆc λόγοc ἅγιοc *p*

ἀνοίγηθι γῆ, ἀνοιγήτω μοι πᾶς μοχλὸς ἀβύccου, τὰ δένδρα μὴ cείεcθω.
ὑμνεῖν μέλλω τὸν τῆc κτίcεωc κύριον καὶ τὸ πᾶν καὶ [τὸ] ἕν. ἀνοί-
γητε οὐρανοί, ἄνεμοί τε cτῆτε, ὁ κύκλοc ὁ ἀθάνατοc τοῦ θεοῦ προcδε-
ξάcθω μου τὸν λόγον. μέλλω γὰρ ὑμνεῖν τὸν κτίcαντα τὰ πάντα,
5 τὸν πήξαντα τὴν γῆν καὶ οὐρανὸν κρεμάcαντα καὶ ἐπιτάξαντα ἐκ τοῦ
ὠκεανοῦ τὸ γλυκὺ ὕδωρ εἰc τὴν οἰκουμένην καὶ ἀοίκητον ὑπάρχειν
εἰc διατροφὴν καὶ κτίcιν πάντων τῶν ἀνθρώπων, τὸν ἐπιτάξαντα πῦρ
φανῆναι εἰc πᾶcαν πρᾶξιν θεοῖc τε καὶ ἀνθρώποιc. δῶμεν πάντεc ὁμοῦ
αὐτῷ τὴν εὐλογίαν τῷ ἐπὶ τῶν οὐρανῶν μετεώρῳ, τῷ πάcηc φύcεωc
10 κτίcτῃ. οὗτόc ἐcτιν ὁ τοῦ νοόc μου ὀφθαλμόc, καὶ δέξαιτο τῶν δυνάμεών μου τὴν εὐλογίαν. [18] αἱ δυνάμειc αἱ ἐν ἐμοὶ ὑμνεῖτε τὸ
ἓν καὶ [τὸ] πᾶν, cυνᾴcατε τῷ θελήματί μου πᾶcαι αἱ ἐν ἐμοὶ δυνάμειc. γνῶcιc ἁγία, φωτιcθεὶc ἀπὸ cοῦ διὰ cοῦ τὸ νοητὸν φῶc ****
ὑμνῶν χαίρω ἐν χαρᾷ νοῦ. πᾶcαι δυνάμειc ὑμνεῖτε cὺν ἐμοί· καὶ cύ
15 μοι ἐγκράτεια *** ὕμνει, δικαιοcύνη μου τὸ δίκαιον ὕμνει δι' ἐμοῦ,
κοινωνία ἡ ἐμὴ τὸ πᾶν ὕμνει δι' ἐμοῦ, ὕμνει ἀλήθεια τὴν ἀλήθειαν,
τὸ ἀγαθόν, ἀγαθόν, ὕμνει· ζωὴ καὶ φῶc, ἀφ' ὑμῶν εἰc ὑμᾶc χωρεῖ ἡ
εὐλογία. εὐχαριcτῶ cοι, πάτερ, ἐνέργεια τῶν δυνάμεών ⟨μου⟩, εὐχαριcτῶ cοι, θεέ, δύναμιc τῶν ἐνεργειῶν μου. ὁ cὸc Λόγοc δι' ἐμοῦ ὑμνεῖ

---

1 ἄνοιθι *AB* (verb. *B²*). Vgl. Wessely, Denkschr. d. K. K. Ak. 1888 S. 74 Z. 1180:
ἀνοίγητι, οὐρανέ, δέξαι μου τὰ φθέγματα, ἄκουε, ἥλιε, πάτερ κόcμου; vgl. Deuteron.
32, 1: πρόcεχε, οὐρανέ, κτλ. μοχλὸc] μυχὸc *B²* ἀβύccου] ὄμβρου *Oe* (οὐρανοῦ,
was näher läge, ist durch das folgende ausgeschlossen) μὴ] μοι Dieterich,
Abraxas S. 67, mir unverständlich. Alles soll schweigen cείεcθε *Oe*, vgl. Z. 3
2/3 ἀνοίγετε *AB* (verb. *Bᶜ*) 3 τε fehlt *ABp* ὁ κύκλοc: die Ὀγδοάc,
das πλήρωμα 4 τὰ πάντα fehlt *D*, τὰ fehlt *tf* 6 καὶ οἰκητὸν
Dieterich a. a. O. Der Begriff εἰc πᾶcαν τὴν γῆν wird auseinandergelegt, ohne
daß auf ἀοίκητοc besonderer Ton fällt; vgl. die Formel cὺ τὸ ὂν καὶ τὸ μὴ ὄν
7 εἰc διατριβὴν *D*, verb. *D¹* κτίcιν *OVcrg.p* κτῆcιν *tf* χρῆcιν *B² Tied.*
κτίcιν wäre an sich denkbar. Das Nilwasser ermöglicht die Schöpfung des
Menschen (Zwei religionsgesch. Fragen 60). Doch scheint καὶ κτίcιν späterer
Zusatz, der die Responsion der Glieder εἰc διατροφὴν und εἰc πᾶcαν πρᾶξιν stört.
Die vier Elemente sind in ägyptischer Weise gepriesen; der Feuergott Ptah ist
Gott des Handwerks τῶν fehlt *BCDMe* 10 νοόc μου] νόμου *DM*
νοῦ *ABCe* δέξεται *p* 11 μου fehlt *AB* (zugefügt *Bᶜ*) 13 ὑπὸ
cου *B²* διὰ cοῦ fehlt *p* Ergänze etwa: ⟨ὑμνῶ· γνῶcιc χαρᾶc, διὰ cὲ τὸν
Νοῦν⟩ 14/15 cὺ μοῦ *p* 15 Ergänze etwa: ⟨τὴν θείαν ἐγκρά-
τειαν⟩ 16 ἡ ἐμοὶ *t* ἡ ἐν ἐμοὶ *f* 17 ὢ ζωὴ ὢ φῶc *p* ἀφ'
ἡμῶν *Oe* εἰc ἡμᾶc *DM* (verb. *M¹*) 18 cοι aus cε *D* ἐνέργεια:
vgl. Kol. 1, 29; 2, 12; Ephes. 3 7 19/347, 1 διὰ cοῦ ὑμνεῖ cε *D*

cε, δι' ἐμοῦ δέξαι τὸ πᾶν λόγῳ, λογικὴν θυσίαν. [19] ταῦτα βοῶσιν αἱ δυνάμεις αἱ ἐν ἐμοί, ⟨cὲ⟩ τὸ πᾶν ὑμνοῦσι, τὸ cὸν θέλημα τελοῦσι. cὴ βουλὴ ἀπὸ coῦ, ἐπὶ cὲ τὸ πᾶν. δέξαι ἀπὸ πάντων λογικὴν θυσίαν. τὸ πᾶν τὸ ἐν ἡμῖν cῶζε ζωή, φώτιζε φῶc, πνευμάτιζε θεέ. Λόγον γὰρ τὸν cὸν ποιμαίνει ὁ Νοῦc, πνευματοφόρε δημιουργέ. [20] cὺ εἶ ὁ 5 θεόc· ὁ cὸc ἄνθρωποc ταῦτα βοᾷ διὰ πυρόc, δι' ἀέροc, διὰ γῆc, διὰ ὕδατοc, διὰ πνεύματοc, διὰ τῶν κτιcμάτων cου. ἀπὸ ⟨τοῦ⟩ coῦ Αἰῶνοc εὐλογίαν εὗρον, καὶ ὃ ζητῶ, Βουλῇ τῇ cῇ ἀναπέπαυμαι. εἶδον θελήματι τῷ cῷ τὴν εὐλογίαν ταύτην λεγομένην.

[21] Ὦ πάτερ, †τέθεικα καὶ ἐν κόcμῳ τῷ ἐμῷ. 10

»Ἐν τῷ νοητῷ«, λέγε, τέκνον.

Ἐν τῷ νοητῷ, ὦ πάτερ· δύναμαι ἐκ τοῦ coῦ ὕμνου, καὶ ⟨ἐκ⟩ τῆc cῆc εὐλογίαc ἐπιπεφώτισταί μου ὁ νοῦc· πλέον θέλω κἀγὼ πέμψαι ἐξ ἰδίαc φρενὸc εὐλογίαν τῷ θεῷ.

Ὦ τέκνον, μὴ ἀcκόπωc. 15

Ἐν τῷ νῷ, ὦ πάτερ, ἃ θεωρῶ, λέγω. cοί, γενάρχα τῆc γενεcιουργίαc, Τὰτ θεῷ πέμπω λογικὰc θυcίαc. θεὲ καὶ πάτερ, cὺ ὁ κύριοc,

---

1 Vgl. I. Petr. 2, 5: καὶ αὐτοὶ ὡc λίθοι ζῶντεc οἰκοδομεῖcθε, οἶκοc πνευματικὸc εἰc ἱεράτευμα ἅγιον, ἀνενέγκαι πνευματικὰc θυcίαc εὐπροcδέκτουc θεῷ διὰ Ἰηcοῦ Χριcτοῦ. Der οἶκοc (das πλήρωμα θεοῦ, vgl. S. 25 A. 1) ist hier nicht direkt das Opfer, aber beide Vorstellungen hängen eng zusammen. Vgl. auch Röm. 12, 1: παραcτῆcαι τὰ cώματα ὑμῶν θυcίαν ζῶcαν, ἁγίαν, εὐάρεcτον τῷ θεῷ, τὴν λογικὴν λατρείαν ὑμῶν. 2 cὲ erg. f 2/3 τελοῦcιν ἡ cὴ tf 3 τὸ πᾶν Subjekt, vgl. S. 39 A. 1. 4 τὸ πᾶν τὸ ἐν ἡμῖν: die an sich naheliegende Änderung τὸ πνεῦμα τὸ ἐν ἡμ. entspräche der Vorstellung, nach welcher der ἀναγεννώμενοc und der νοητὸc κόcμοc bezw. der Λόγοc identisch sind, nicht. Das πᾶν ἐν ἡμῖν ist das πλήρωμα θεοῦ. Die Vorstellungen ähneln denen des Epheserbriefes (vgl. zu 343, 8) ἡμῖν aus ὑμῖν B ὑμῖν aus ἡμῖν M ὑμῖν p πνευμάτιζε] ἵνα oder πνεῦμα Oe, verb. Keil. Ich hatte wegen des Folgenden ποίμαινε vermutet, da das πᾶν der Λόγοc ist. Jedenfalls ist ein Imperativ notwendig 6 ὁ cὸc ἄνθρωποc: vgl. Poim. § 32 (zunächst ägyptische Formel) 7 ἀπὸ τοῦ αἰῶνοc p 8 εἶδον: ich erlebte (ἄξιον οὐδὲν ἰδὼν θανάτου κακόν). 9 λέγομεν B λεγομένην und am Rand γράφεται τὴν εὐλογίαν τὴν λεγομένην B² 10 τέθεικα καὶ ἐν Oe (ει aus η D καὶ ἐν in Rasur AC) τέθεικά cε ἐν B² sinnlos; τέθυκα oder ἀνατέθεικα κἀμὲ Plasberg 11 λέγω p 13 ἐπεὶ πεφώτιcται B² (ἐπιφωτιcμόc Plutarch De fac. in orb. lun. 936 B) πλέον] πλὴν t 16 λέγε cὺ Dp. Denkbar: λέγω. ἐγὼ cοὶ γεν. γενάρχα τῆc γενεcιουργίαc: Gegensatz zu dem menschlichen γενεcιουργόc 17 θεὲ cὺ πάτερ Otf θεὲ cὺ ὁ πάτερ p

cù ò voûc· δέξαι λογικὰς ⟨θυσίας⟩, ἃς θέλεις, ἀπ' ἐμοῦ. coῦ γὰρ βουλομένου πάντα τελεῖται.

Cύ, ὦ τέκνον, πέμψον δεκτὴν θυσίαν τῷ πάντων πατρὶ θεῷ, ἀλλὰ καὶ πρόσθες, ὦ τέκνον, »διὰ τοῦ Λόγου«.

5 [22] Εὐχαριστῶ coι, πάτερ, ταῦτά μοι αἰνεῖν †εὐξαμένῳ.

Χαίρω, τέκνον, καρποφορήσαντος ἐκ τῆς ἀληθείας τὰ ἀγαθά, τὰ ἀθάνατα γεννήματα. τοῦτο μαθὼν παρ' ἐμοῦ τῆς ἀρετῆς ϲιγὴν ἐπάγ-γειλαι, μηδενί, τέκνον, ἐκφαίνων τῆς παλιγγενεϲίας τὴν παράδοϲιν, ἵνα μὴ ὡς διάβολοι λογιϲθῶμεν. ἱκανῶς γὰρ ἕκαϲτος ἡμῶν ἐπεμελήθη, 10 ἐγώ τε ὁ λέγων ϲύ τε ὁ ἀκούων. νοερῶς ἔγνως ϲεαυτὸν καὶ τὸν πατέρα τὸν ἡμέτερον.

XVI.

[1] Μέγαν coι τὸν λόγον, ὦ βαϲιλεῦ, διεπεμψάμην πάντων τῶν ἄλλων ὥϲπερ κορυφὴν καὶ ὑπόμνημα, οὐ κατὰ τὴν τῶν πολλῶν δόξαν 15 ϲυγκείμενον, ἔχοντα δὲ πολλὴν ἐκείνοιϲ ἀντίδειξιν. φανήϲεται γάρ coι καὶ τοῖς ἐμοῖς ἐνίοτε λόγοις ἀντίφωνος. Ἑρμῆς μὲν γὰρ ὁ διδά-ϲκαλός μου πολλάκις μοι διαλεγόμενος καὶ ἰδίᾳ καὶ τοῦ Τὰτ ἐνίοτε παρόντος ἔλεγεν, ὅτι δόξει τοῖς ἐντυγχάνουϲί μου τοῖς βιβλίοις ἁπλου-ϲτάτη εἶναι ἡ ϲύνταξις καὶ ϲαφής, ἐκ δὲ τῶν ἐναντίων ∗∗∗ ἀϲαφὴς

---

1 θυϲίας ergänzt p   ἃς θέλεις: welche du ja wünschest   3 πέμψον] δέξαι *D*, verb. *D*¹ am Rand. Vielleicht πέμψον ὁϲημέραι (εὖ ... ἔπεμψας Keil). Vgl. I. Petr. 2, 5: πνευματικὰς θυϲίας εὐπροϲδέκτους θεῷ διὰ Ἰηϲοῦ Χριϲτοῦ (vgl. zu 347, 1)   5 Vielleicht δειξαμένῳ für δείξαντι. αἰνεῖν steht für ὑμνεῖν 7 γενήματα *O*. Es ist der λόγος τῆς ἀληθείας, vgl. 338, 1   τῆς ἀρετῆς: betreffs der Wirkung, der Kraft. Vgl. in den chemischen Traktaten Berthelot 112, 16: μηδενὶ ϲαφῶς καταλέγων τὴν τοιαύτην ἀρετήν, 111, 6 καὶ αὕτη ἐϲτὶν ἡ τοῦ παντὸς κόϲμου τῆς ἀρετῆς φύϲις καὶ ϲύνδεϲμος, vgl. Stobaios Ekl. I 41 p. 278, 4 Wachsm.   7/8 ἐπάγγειλε *ACDMpt* ἐπήγγειλε *B* ἐπάγγειλον *B*² 8 οὐδενί *p*   9 διάβολοι: vgl. 344, 14   Vielleicht ἐπηλήθη   10 ἔγνων *D*

Titel: Ὅροι Ἀϲκληπιοῦ πρὸς Ἄμμονα (-μωνα *B* μ^ου *M* μ^ον *C*) βαϲιλέα. περὶ θεοῦ περὶ ὕλης περὶ κακίας (π. κ. fehlt *Dtf*) περὶ εἱμαρμένης περὶ ἡλίου περὶ νοητῆς οὐϲίας περὶ θείας οὐϲίας περὶ ἀνθρώπου περὶ οἰκονομίας τοῦ πληρώματος περὶ (π. fehlt *Dtf*) τῶν ἑπτὰ ἀϲτέρων περὶ τοῦ κατ' εἰκόνα ἀνθρώπου *Otf* Ὅροι Ἀϲκλ. πρ. Ἄμ. βαϲ. περὶ ἡλίου καὶ δαιμόνων βιβλίον α' *p*. Vgl. oben 192 A. 2   13 τὸν fehlt *De*   16 ἐνίοτε] ἐνίοις *Oe* τῶν ἐμῶν ἐνίοις λόγων *B*² μὲν γὰρ (*M*)*DB*²*e* μὲν *BC*   16/17 ὁ ἐμὸς διδάϲκαλος πολ. *De*   18 Erstes τοῖς fehlt *M*, erg. *M*². Vielleicht τοῖς πιϲτοῖς   19 Es fehlt ein Dativ:

οὖσα καὶ κεκρυμμένον τὸν νοῦν τῶν λόγων ἔχουσα, καὶ ἔτι ἀσαφεστάτη
τῶν Ἑλλήνων ὕστερον βουληθέντων τὴν ἡμετέραν διάλεκτον εἰς τὴν
ἰδίαν μεθερμηνεῦσαι, ὅπερ ἔσται τῶν γεγραμμένων μεγίστη διαστροφή
τε καὶ ἀσάφεια. [2] ὁ δὲ λόγος τῇ πατρῴᾳ διαλέκτῳ ἑρμηνευόμενος
ἔχει σαφῆ τὸν τῶν λόγων νοῦν· καὶ γὰρ αὐτὸ τὸ τῆς φωνῆς ποιὸν 5
καὶ ἡ τῶν Αἰγυπτίων ὀνομάτων ⟨φράσις⟩ ἐν ἑαυτῇ ἔχει τὴν ἐνέργειαν
τῶν λεγομένων. ὅσον οὖν δυνατόν ἐστί σοι, βασιλεῦ, — πάντα δὲ
δύνασαι — τὸν λόγον διατήρησον ἀνερμήνευτον, ἵνα μήτε εἰς Ἕλληνας
ἔλθῃ τοιαῦτα μυστήρια μήτε ἡ τῶν Ἑλλήνων ὑπερήφανος φράσις
καὶ ἐκλελυμένη καὶ ὥσπερ κεκαλλωπισμένη ἐξίτηλον ποιήσῃ τὸ σεμνὸν 10
καὶ στιβαρὸν καὶ τὴν ἐνεργητικὴν τῶν ὀνομάτων φράσιν. Ἕλληνες
γάρ, ὦ βασιλεῦ, λόγους ἔχουσι κενοὺς ⟨οὐδὲ⟩ ἀποδείξεων ἐνεργητικούς,
καὶ αὕτη ἐστὶν ⟨ἡ⟩ Ἑλλήνων φιλοσοφία, λόγων ψόφος· ἡμεῖς δὲ οὐ
λόγοις χρώμεθα, ἀλλὰ φωναῖς μεσταῖς τῶν ἔργων. [3] ἄρξομαι δὲ τοῦ
λόγου ἔνθεν, τὸν θεὸν ἐπικαλεσάμενος τὸν τῶν ὅλων δεσπότην καὶ ποιη- 15
τὴν καὶ πατέρα καὶ περίβολον καὶ πάντα ὄντα ⟦τὸν ἕνα⟧ καὶ ἕνα ⟦ὄντα τὸν
πάντα⟧ — τῶν πάντων γὰρ τὸ πλήρωμα ἕν ἐστι καὶ ἐν ἑνί — οὐ δευτέρου ὄντος τοῦ ἑνός, ἀλλ' ἀμφοτέρων ἑνὸς ὄντος. καὶ τοῦτόν μοι τὸν
νοῦν διατήρησον, ὦ βασιλεῦ, παρ' ὅλην τὴν τοῦ λόγου πραγματείαν.
ἐὰν γάρ τις ἐπιχειρήσῃ τὸ πάντα καὶ ἓν δοκοῦν καὶ ταὐτὸν εἶναι τοῦ 20
ἑνὸς χωρίσαι, ἐκδεξάμενος τὴν τῶν πάντων προσηγορίαν ἐπὶ πλήθους,

anderen, oder den Ungläubigen, oder dergl., vgl. IX (X) 10: ταῦτά σοι, 'Ασκληπιέ,
ἐννοοῦντι ἀληθῆ δόξειεν, ἀγνοοῦντι δὲ ἄπιστα. τὸ γὰρ νοῆσαί ἐστι τὸ πιστεῦσαι,
ἀπιστῆσαι δὲ τὸ μὴ νοῆσαι. Pseudo-Apuleius 10: 'est enim ratio plurimis in-
credibilis, integra autem et vera percipienda sanctioribus mentibus'

   1 τὸν λόγον B, verb. B¹;   ἀσαφεστάτη ἔσται B²; vielleicht ἀσαφεστέρα
3 ἔσται CDMB²e ἔστι B   4 δὲ] vielleicht γάρ   5 τὸν fehlt M,
erg. M²   6 Zwischen Αἰγυπτίων und ὀνομάτων 4 Buchst. ausradiert B
ὀνομάτων συνθήκη B² ὀνομάτων δύναμις e   αὐτῇ B   9 ἡ fehlt e
12 κενοὺς B²f καινοὺς BCMfp καὶ νοῦς D   ἐνεργητικῶν B²   14 μεσταῖς
Tied. μεγίσταις Oe, vgl. Διδαχὴ τῶν δώδ. ἀποστ. II 5 οὐκ ἔσται ὁ λόγος σου ψευδής,
οὐ κενός, ἀλλὰ μεμεστωμένος πράξει und Damaskios Phot. Bibl. 338a 10: εἶπεν
ἄν τις οὐ λόγους αὐτὸν ἀλλὰ πραγμάτων φθέγγεσθαι οὐσίαν. Zur ganzen Sentenz
vgl. den Brief des Kalanos bei O. Wagner, Jahrb. f. Phil. Suppl. XXVI 108, 6
und Philon Quod omn. prob. liber § 14   15 τῶν fehlt B, zugefügt B²
16 καὶ πάντα τὰ ὄντα B, τὰ getilgt B²   16/17 καὶ ἕνα ὄντα τὰ πάντα e. Ver-
mengt sind zwei Fassungen: καὶ πάντα ὄντα καὶ ἕνα und τὸν ἕνα ὄντα καὶ πάντα
17 οὐ δευτεροῦντος Oe. Der Gedanke ist: τὸ ἓν καὶ τὰ πάντα οὐ δύο εἰσίν, ἀλλ'
ἀμφότερα ἕν ἐστιν   18 μοι] μου D   19 παρ' B¹ in Rasur   20 τῷ
πάντα καὶ ἓν δοκοῦντι O τὸ πάντα (πᾶν f) καὶ ἓν δοκοῦν τε e   21 χωρίσαι

οὐκ ἐπὶ πληρώματος, ὅπερ ἐστὶν ἀδύνατον, τὸ πᾶν τοῦ ἑνὸς λύσας ἀπολέσει τὸ πᾶν. πάντα γὰρ ἓν εἶναι δεῖ, εἴγε [ἓν] ἐστιν· ἔστι δὲ καὶ οὐδέποτε παύεται ἓν ὄντα, ἵνα μὴ τὸ πλήρωμα λυθῇ. *******

[4] Ἰδὲ οὖν ἐν τῇ γῇ πολλὰς πηγὰς ὑδάτων καὶ πυρὸς ἀνα-
5 βρυούσας ἐν τοῖς μεσαιτάτοις μέρεσι καὶ ἐν τῷ αὐτῷ τὰς τρεῖς φύσεις ὁρωμένας πυρὸς καὶ ὕδατος καὶ γῆς ἐκ μιᾶς ῥίζης ἠρτημένας. ὅθεν καὶ πάσης ὕλης πεπίστευται εἶναι ταμιεῖον, καὶ ἀναδίδωσι μὲν αὐτῆς τὴν χορηγίαν, ἀνταπολαμβάνει δὲ τὴν ἄνωθεν ὕπαρξιν. [5] οὕτω γὰρ οὐρανὸν καὶ γῆν ἀεὶ ὁ Δημιουργός, λέγω δὴ ὁ ἥλιος, ⟨διοικεῖ⟩, τὴν
10 μὲν οὐσίαν κατάγων, τὴν δὲ ὕλην ἀνάγων καὶ περὶ αὐτὸν καὶ εἰς αὐτὸν τὰ πάντα ἕλκων καὶ ἀπὸ ἑαυτοῦ πάντα διδοὺς πᾶσι. [καὶ τὸ φῶς ἄφθονον χαρίζεται]. αὐτὸς γάρ ἐστιν, οὗ ἀγαθαὶ ἐνέργειαι οὐ μόνον ἐν οὐρανῷ καὶ ἀέρι ἀλλὰ καὶ ἐπὶ γῆς εἰς τὸν κατώτατον βυθὸν καὶ ἄβυσσον διήκουσιν. [6] εἰ δέ τις ἔστι καὶ νοητὴ οὐσία, αὕτη ἐστὶν
15 ὁ τούτου ὄγκος, ἧς ὑποδοχὴ ἂν εἴη τὸ τούτου φῶς. πόθεν δὲ αὕτη συνίσταται ἢ ἐπιρρεῖ, αὐτὸς μόνος οἶδεν. *********

ἢ καὶ τῷ τόπῳ καὶ τῇ φύσει ἐγγὺς ὢν ἑαυτοῦ ⟨τὴν ὄψιν⟩ ****

MC'ε χωρῆσαι BCD. Vgl. Plato Soph. 259 d: τό γε πᾶν ἀπὸ παντὸς ἐπιχειρεῖν χωρίσαι.

1 τὸ πᾶν γὰρ p   Vgl. Plato Soph. 259 e: τὸ διαλύειν ἕκαστον ἀπὸ παντός   2 ἀπολέσει (B)e ἀπολέσεις CMVerg. ἀπολέσῃς D ἀπώλεσε B². Zum Gedanken vgl. die Aufschrift des Ringes oben S. 39 A. 1; ferner S. 106, A. 5; 127 εἴγε ἔνεστιν B   3 μὴ fehlt Dtp   In dem verlorenen Stück war von der Erde als Zentralpunkt der ὕλη und vielleicht von dem Himmel als Ort der οὐσία die Rede   4 Ἰδῃς οὖν ἐπὶ D Ἰδοις ἂν ἐπὶ e   5 μεσοτά-
 αι
τοις C   7 πεπίστευται: nämlich ἡ γῆ   αὐτῆς tf (αὐτῆς: nämlich τῆς ὕλης)   9 ἀεί] ἄγει fp   12 ἀγαθαὶ αἱ ἐν. D. Vgl. S. 16 Gebet I 6.
14 Vgl. Plutarch De Is. et Os. 51: ἀμπεχόνη δὲ φλογοειδεῖ στέλλουσιν αὐτοῦ (τοῦ Ὀσίριδος) τὰς εἰκόνας, ἥλιον σῶμα τῆς τἀγαθοῦ δυνάμεως ὡς ὁρατὸν οὐσίας νοητῆς ἡγούμενοι. Hierdurch erhält Philo De carit. 403 M Licht: καθάπερ γὰρ ἀνατείλαντος ἡλίου τὸ μὲν σκότος ἀφανίζεται, φωτὸς δὲ πληροῦται τὰ πάντα, τὸν αὐτὸν τρόπον ὅταν θεός, ὁ νοητὸς ἥλιος, ἀνάσχῃ καὶ ἐπιλάμψῃ ψυχήν, ὁ μὲν τῶν κακιῶν καὶ παθῶν ζόφος ἀνασκίδναται, τῆς δ' αὐτοειδεστάτης ἀρετῆς τὸ καθαρώ-
τατον καὶ ἀξιέραστον εἶδος ἐπιφαίνεται (vgl. De somn. 631 M: μὴ θαυμάσῃς δὲ εἰ ὁ ἥλιος κατὰ τοὺς ἀλληγορίας κανόνας ἐξομοιοῦται τῷ πατρὶ καὶ ἡγεμόνι τῶν συμπάντων κτλ. und Quod deus sit imm. 284 M)   16 Es fehlt ein Abschnitt über die Sonne als Allgott und Quelle der νοητὴ οὐσία. Beachte den Gegensatz zu § 17   17 Sinn: Dies ist überzeugender als die Lehre, daß der Νοῦς überweltlich oder daß er dem Wesen und Aufenthaltsort nach dem Κόσμος nahestehend (innerweltlich) sich zwar gewahren läßt, aber doch nicht so, daß wir ihn sehen, sondern nur so, daß wir ihn erraten

μὴ ὑφ' ἡμῶν ὁρώμενος **** στοχασμῷ δὲ βιαζομένων νοεῖν. [7] ἡ δὲ
τούτου θέα οὐκ ἔστι στοχάζοντος, ἀλλ' αὐτὴ ἡ ὄψις λαμπρότατα περι-
λάμπει πάντα τὸν κόσμον τὸν ὑπερκείμενον καὶ ὑποκείμενον. μέσος
γὰρ ἵδρυται στεφανηφορῶν τὸν κόσμον καὶ καθάπερ ἡνίοχος ἀγαθὸς
τὸ τοῦ κόσμου ἅρμα ἀσφαλισάμενος καὶ ἀναδήσας εἰς ἑαυτόν, μή πως 5
ἀτάκτως φέροιτο. εἰσὶ δὲ αἱ ἡνίαι ζωὴ καὶ ψυχὴ καὶ πνεῦμα καὶ
ἀθανασία καὶ γένεσις. ἀφῆκεν οὖν φέρεσθαι οὐ πόρρωθεν ἑαυτοῦ,
ἀλλ' εἰ χρὴ τὸ ἀληθὲς εἰπεῖν σὺν ἑαυτῷ. [8] καὶ τοῦτον τὸν τρόπον
δημιουργεῖ τὰ πάντα, τοῖς μὲν ἀθανάτοις τὴν ἀΐδιον διαμονὴν ἀπο-
νέμων καὶ τῇ ἀνωφερείᾳ τῇ τοῦ φωτὸς αὐτοῦ, ὅσον ἀναπέμπει ἐκ 10
τοῦ θατέρου μέρους τοῦ πρὸς οὐρανὸν βλέποντος, τὰ ἀθάνατα μέρη
τοῦ κόσμου τρέφων, τῷ δὲ καταβαλλομένῳ καὶ περιλάμποντι τὸ πᾶν
ὕδατος καὶ γῆς καὶ ἀέρος κύτος ζωοποιῶν καὶ ἀνακινῶν γενέσεσιν καὶ
μεταβολαῖς τὰ ἐν τούτοις τοῖς μέρεσι τοῦ κόσμου ζῷα. [9] **** ἕλικος τρόπον μεταποιῶν καὶ μεταμορφῶν εἰς ἄλληλα, γένη γενῶν καὶ 15
εἴδη εἰδῶν ἀντικαταλλασσομένης τῆς εἰς ἄλληλα μεταβολῆς, καθάπερ
καὶ ἐπὶ τῶν μεγάλων σωμάτων ποιεῖ δημιουργῶν. παντὸς γὰρ σώματος διαμονὴ μεταβολή, καὶ τοῦ μὲν ἀθανάτου ἀδιάλυτος, τοῦ δὲ

---

1 μὴ fehlt B, zugefügt B^c   στοχασμῶν De   νοεῖ e   2 οὐκέτι
στοχάζεται B²   3 καὶ ὑποκείμενον fehlt De   μέσος: vgl. Philo Quis
rer. div. her. 504 M   4 στεφανηφορῶν: als (priesterlicher) Herrscher
leitend, vgl. S. 27 Gebet VI 14. Der bekränzte Sonnengott auf dem Viergespann
erscheint auch Baruch-Apokal. p. 88 James. Philo De Cherub. 24 Cohn scheint
gegen die Auffassung des Vorbildes der 'Όροι zu polemisieren: Gott ordnet die
sieben Sphären καὶ καθάπερ ἔποχον ἐν ὀχήματι ἀστέρα ἐν οἰκείῳ κύκλῳ θεὶς τὰς
ἡνίας ἐπίστευσε τῶν ἐπόχων οὐδενί, πλημμελῆ δείσας ἐπιστασίαν, ἁπάσας δ' ἐξήρ-
τησεν ἑαυτοῦ, νομίσας ἐναρμόνιον τῆς κινήσεως μάλιστα οὕτως τάξιν γενήσεσθαι·
τὸ γὰρ σὺν θεῷ πᾶν ἐπαινετόν, τὸ δ' ἄνευ θεοῦ ψεκτόν. Die 'Όροι benutzt Hermippus De astrol. 24, 27   9 δημιουργεῖται ἅπαντα O (in dieser Schrift
vielleicht denkbar) δημιουργεῖ ἅπ. B² δημιουργεῖ τὰ ἅπαντα e   10 ἄνω
περιφερείᾳ De. τῇ ἀνωφερείᾳ steht für τῷ ἀνωφερεῖ   ἑαυτοῦ BMe ἑαυτῷ
(C)D   11 τοῦ vor θατέρου tilgt B²   12 τρέφοντος Oe, verb. Tied.
καταλαμβανομένῳ Oe und Hermippus 25, 4; verb. Keil.   13 γένεσιν Oe
γενέσει B²   14 μεταβολάς e   Anfang eines neuen Satzes verloren,
etwa δινεῖται γὰρ ... Zu ἕλικος τρόπον vgl. Hippolyt IV 43 p. 110, 80 Schn.:
κατὰ τὴν τοῦ ἑξακύκλου ἕλικος πραγματείαν, vgl. Plato Tim. 39a   15 εἰς
ἀλληλογενῆ O   16 ἀντιτασσομένης De   17 τῶν fehlt p   μεγάλων
σωμάτων: Sternengötter, im Gegensatz zu τὰ ἐν τούτοις τοῖς μέρεσι τοῦ κόσμου
ζῷα, vgl. I. Kor. 15, 40: καὶ σώματα ἐπουράνια (später ἀστέρες) καὶ σώματα
ἐπίγεια   17/18 Vgl. Hermes bei Stobaios Ekl. I 61 p. 274, 24: πᾶν σῶμα
μεταβλητόν, οὐ πᾶν σῶμα διαλυτόν

θνητοῦ μετὰ διαλύσεως, καὶ αὕτη ἡ διαφορά ἐστι τοῦ ἀθανάτου πρὸς
τὸ θνητὸν καὶ [ἡ] τοῦ θνητοῦ πρὸς τὸ ἀθάνατον. [10] ὥσπερ δὲ
τὸ φῶς αὐτοῦ πυκνόν, οὕτω καὶ ἡ ζωογονία αὐτοῦ πυκνή τις καὶ
ἀδιάλειπτος τῷ τόπῳ καὶ τῇ χορηγίᾳ. καὶ γὰρ δαιμόνων χοροὶ περὶ
5 αὐτὸν πολλοὶ καὶ ποικίλαις στρατιαῖς ἐοικότες, οἳ ⟨τοῖς θνητοῖς ὄντες⟩
σύνοικοι καὶ τῶν ἀθανάτων οὐκ εἰσὶ πόρρω, ⟨ἀλλ'⟩ ἐνθένδε λαχόντες
⟨μέχρι⟩ τούτων χώραν τὰ τῶν ἀνθρώπων ἐφορῶσι, τὰ δὲ ὑπὸ τῶν
θεῶν ἐπιταττόμενα ἐνεργοῦσι θυέλλαις καὶ καταιγίσι καὶ πρηστῆρσι καὶ
μεταβολαῖς πυρὸς καὶ σεισμοῖς, ἔτι δὲ λιμοῖς καὶ πολέμοις ἀμυνόμενοι
10 τὴν ἀσέβειαν. [11] αὕτη γὰρ ἀνθρώποις εἰς θεοὺς ἡ μεγίστη κακία.
θεῶν μὲν γὰρ τὸ εὖ ποιεῖν, ἀνθρώπων δὲ τὸ εὐσεβεῖν, δαιμόνων δὲ
τὸ ἐπαμύνειν. τὰ γὰρ ἄλλα τὰ ὑπ' ἀνθρώπων τολμώμενα ἢ πλάνῃ,
ἢ τόλμῃ, ἢ ἀνάγκῃ, ἣν καλοῦσιν εἱμαρμένην, ἢ ἀγνοίᾳ, ταῦτα πάντα
παρὰ θεοῖς ἀνεύθυνα, μόνη δὲ ἡ ἀσέβεια δίκῃ ὑποπέπτωκε. [12] σωτὴρ
15 δὲ καὶ τροφεύς ἐστι παντὸς γένους ὁ ἥλιος· καὶ ὥσπερ ὁ νοητὸς
κόσμος τὸν αἰσθητὸν κόσμον περιέχων πληροῖ αὐτὸν ὀγκῶν ταῖς ποικίλαις καὶ παντομόρφοις ἰδέαις, οὕτω καὶ ὁ ἥλιος πάντα ἐν τῷ κόσμῳ
ὀγκοῖ παρέχων πάντων τὰς γενέσεις καὶ ἰσχυροποιεῖ, καμόντων δὲ καὶ
ῥευσάντων ὑποδέχεται. [13] ὑπὸ τούτῳ δὲ ἐτάγη ὁ τῶν δαιμόνων χορός,
20 μᾶλλον δὲ χοροί· πολλοὶ γὰρ οὗτοι καὶ ποικίλοι, ὑπὸ τὰς τῶν ἀστέρων
πλινθίδας τεταγμένοι, ἑκάστῳ τούτων ἰσάριθμοι. διατεταγμένοι οὖν
ὑπηρετοῦσιν ἑκάστῳ τῶν ἀστέρων ἀγαθοὶ καὶ κακοὶ ὄντες τὰς φύσεις,
τουτέστι τὰς ἐνεργείας· δαίμονος γὰρ οὐσία ἐνέργεια· εἰσὶ δέ τινες
αὐτῶν ⟨καὶ⟩ κεκραμένοι ἐξ ἀγαθοῦ καὶ κακοῦ. [14] οὗτοι πάντων
25 τῶν ἐπὶ γῆς πραγμάτων τὴν ἐξουσίαν κεκληρωμένοι ⟨αἴτιοί⟩ εἰσι
καὶ τῶν ἐπὶ γῆς θορύβων, καὶ ποικίλην ταραχὴν ἐργάζονται καὶ
κοινῇ ταῖς πόλεσι καὶ τοῖς ἔθνεσι καὶ ἰδίᾳ ἑκάστῳ. ἀναπλάττονται

---

4 ἀδιάλυτος e   4/5 περὶ αὐτόν: im äußeren Umkreis   5 στρα-
τείαις Oe   7 τὴν τούτων χώραν De   9 πυρός] wohl πνεύματος
(= ἀέρος); vgl. oben S. 329, 9   11/12 Die Dämonenlehre ist hier und § 17 ff.
anders als 14 ff.   12 ἄλλα τὰ fehlt De   14 σωτὴρ B² in Rasur
15 καὶ ὥσπερ κτλ.: vgl. Hermippus De astrol. 25, 7   16 αἰσθητικὸν Oe, verb.
nach Hermippus   17 πάντα τὰ ἐν κ. B²   18 ὀγκοῖ παρέχων]
περιέχων ὀγκοῖ Oe Hermippus   19 ῥευσάντων: vgl. Plato Phaed. 87 d: εἰ
ῥέοι τὸ σῶμα   20 Vgl. Hermippus 25, 12 ff.   21 διατεταγμένον tf
23 οὐσία ἡ ἐν. B   24 κεκραμμένοι BD   Zweites καὶ fehlt B, zugefügt B²   πάντες Oe   27 ff. Vgl. Hermippus 26, 15, der vorher aus
einer andern Quelle angeführt hatte: τὸ μέντοι τοῦ Δημοκρίτου ⟨οὐ⟩ καλῶς ἂν
ἔχοι παραλιπεῖν, ὃς εἴδωλα αὐτοὺς ὀνομάζων μεστόν τε εἶναι τὸν ἀέρα τούτων

γὰρ καὶ ἀνεγείρουσι τὰς ψυχὰς ἡμῶν εἰς αὐτοὺς ἐγκαθήμενοι ἡμῶν
νεύροις καὶ μυελοῖς καὶ φλεψὶ καὶ ἀρτηρίαις καὶ αὐτῷ τῷ ἐγκεφάλῳ,
διήκοντες μέχρι καὶ αὐτῶν τῶν cπλάγχνων. [15] γενόμενον γὰρ
ἡμῶν ἕκαστον καὶ ψυχωθέντα παραλαμβάνουσι δαίμονες οἱ κατ' ἐκείνην
τὴν cτιγμὴν τῆς γενέσεως ὑπηρέται, οἳ ἐτάγηcαν ⟨ὑφ'⟩ ἑκάcτῳ τῶν   5
ἀcτέρων. οὗτοι γὰρ κατὰ cτιγμὴν ἐναλλάccονται οὐχ οἱ αὐτοὶ ἐπιμέ-
νοντες, ἀλλ' ἀνακυκλούμενοι. οὗτοι οὖν εἰς τὰ δύο μέρη τῆς ψυχῆς
δύντες διὰ τοῦ cώματος cτροβοῦcιν αὐτὴν ἕκαcτος πρὸς τὴν ἰδίαν
ἐνέργειαν. τὸ δὲ λογικὸν μέρος τῆς ψυχῆς ἀδέcποτον τῶν δαιμόνων
ἕcτηκεν, ἐπιτήδειον εἰς ὑποδοχὴν τοῦ θεοῦ. [16] τῷ οὖν ἐν τῷ   10
λογικῷ ἀκτὶς ἐπιλάμπει διὰ τοῦ ἡλίου — οὗτοι δὲ πάντες ὀλίγοι εἰcί
— τούτων καταργοῦνται οἱ δαίμονες. οὐδεὶς γὰρ οὐδὲν δύναται
οὔτε δαιμόνων οὔτε θεῶν πρὸς μίαν ἀκτῖνα τοῦ θεοῦ. οἱ δὲ ἄλλοι
πάντες ἄγονται καὶ φέρονται καὶ τὰς ψυχὰς καὶ τὰ cώματα ὑπὸ
τῶν δαιμόνων, ἀγαπῶντες καὶ cτέργοντες τὰς ἐκείνων ἐνεργείας,   15
καὶ † ὁ λόγος οὐκ ἔρως ἐcτὶν ὁ πλανώμενος καὶ πλανῶν. τὴν οὖν
ἐπίγειον διοίκηcιν ταύτην πᾶcαν διοικοῦcι δι' ὀργάνων τῶν ἡμετέρων
cωμάτων· ταύτην δὲ τὴν διοίκηcιν Ἑρμῆς εἱμαρμένην ἐκάλεcεν.

[17] Ἤρτηται οὖν ὁ νοητὸς κόcμος τοῦ θεοῦ, ὁ δὲ αἰcθητὸς τοῦ
νοητοῦ, ὁ δὲ ἥλιος διὰ τοῦ νοητοῦ καὶ αἰcθητοῦ κόcμου τὴν ἐπιρροὴν   20
ἀπὸ τοῦ θεοῦ χορηγεῖται τοῦ ἀγαθοῦ, τουτέcτι τῆς δημιουργίας. περὶ
δὲ τὸν ἥλιον αἱ ὀκτώ εἰcι cφαῖραι τούτου ἠρτημέναι, ἥ τε τῶν ἀπλανῶν ⟨αἵ τε⟩ ἓξ τῶν πλανωμένων καὶ ἡ μία περίγειος. τούτων δὲ
τῶν cφαιρῶν ἤρτηνται οἱ δαίμονες, τῶν δὲ δαιμόνων οἱ ἄνθρωποι,

---

φηcὶ (vgl. Fr. 166 Diels) und hiernach das Exzerpt aus den Ὅροι (καὶ ἀναπλάτ-
τειν) als Fortsetzung gibt. Der Auszug aus Demokrit bei Diels, Vorsokratiker
S. 383, 78 ist danach zu kürzen, die Ausführungen im Archiv f. Gesch. d. Philos.
VII 155 ff. zu berichtigen

1 ταῖc ψυχαῖc B, verb. Bᶜ   ἑαυτοὺc B αὐτοὺc CDMB²e   1/2 τοῖc
ἡμῶν v. B²   3 cπλάγχων CD   5 cτιγμῇ] τιμὴν Oe   ἐν ἑκάcτῳ e,
vgl. 352, 3   7 τὰ δύο μέρη: nämlich θυμόc und ἐπιθυμία   10 τῷ
(für τίνι, relativ) CDMe τῶν B τοῖc B² ὅτῳ Keil   11 Vgl. Z. 21
12 δύναται] δυναμεῖ p   18 τούτου τοῦ θεοῦ Tied.   16 ὁ λόγος
οὐκ ἔρωc CDMB²e ὁ λόγος οὐκ (B). Vielleicht καὶ οὗτος ὁ ἔρως. Es ist der αἴτιος
τοῦ θανάτου ἔρως (Poim. § 18); πλανῶν καὶ πλανώμενος mag mit Beziehung auf
die πλανῆται als πνεύματα πλάνης gebildet sein   17 καὶ δι' ὀργ. e
18 Ἑρμῆς: vgl. Poim. § 9: καὶ ἡ διοίκηcις αὐτῶν εἱμαρμένη καλεῖται; Pseudo-
Apul. 19 'septem sphaerae quae vocantur habent οὐcιάρχαc, id est mi principes,
quam fortunam dicunt aut εἱμαρμένην'   23 καὶ ἓξ e nach ἓξ zwei
chst. ausradiert M   ἡ μία ἡ (B)

καὶ οὕτω πάντα τε καὶ πάντες ἀπὸ τοῦ θεοῦ εἰσιν ἠρτημένοι. [18] διὸ
πατὴρ μὲν πάντων ὁ θεός, δημιουργὸς δὲ ὁ ἥλιος, ὁ δὲ κόσμος ὄργανον τῆς δημιουργίας· καὶ οὐρανὸν μὲν ἡ νοητὴ οὐσία διοικεῖ, οὐρανὸς
δὲ θεούς, δαίμονες δὲ θεοῖς ὑποτεταγμένοι ἀνθρώπους διοικοῦσιν.
5 αὕτη ἡ θεῶν καὶ δαιμόνων στρατιά. [19] ⟨πάν⟩τα δὲ ὁ θεὸς ποιεῖ
διὰ τούτων ἑαυτῷ, καὶ μόρια τοῦ θεοῦ πάντα ἐστίν· εἰ δὲ πάντα
μόρια, πάντα ἄρα ὁ θεός. πάντα οὖν ποιῶν ἑαυτὸν ποιεῖ, καὶ οὐκ
ἄν ποτε παύσαιτο, ἐπεὶ καὶ αὐτὸς ἄπαυστος. καὶ ὥσπερ ὁ θεὸς οὔ⟨τε
ἀρχὴν οὔτε⟩ τέλος ἔχει, οὕτως οὐδὲ ἡ ποίησις αὐτοῦ ἀρχὴν ἢ τέλος
10 ἔχει. * * * *

XVII.

***** εἰ δὲ νοεῖς, ἔστιν, ὦ βασιλεῦ, καὶ σωμάτων ἀσώματα. —
Ποῖα; ἔφη ὁ βασιλεύς. — Τὰ ἐν τοῖς ἐσόπτροις φαινόμενα σώματα
ἀσώματα οὐ δοκεῖ σοι εἶναι; — Οὕτως ἔχει, ὦ Τάτ· θείως νοεῖς, ὁ
15 βασιλεὺς εἶπεν. — Ἔστι δὲ καὶ ἀσώματα ἄλλα· οἷον αἱ ἰδέαι οὐ δοκοῦσιν εἶναί σοι ἀσώματοι οὖσαι, ἐν σώμασι ⟨δὲ⟩ φαινόμεναι οὐ μόνον
τῶν ἐμψύχων ἀλλὰ καὶ τῶν ἀψύχων; — Εὖ λέγεις, ὦ Τάτ. — Οὕτως
ἀντανακλάσεις εἰσὶ τῶν ἀσωμάτων πρὸς τὰ σώματα καὶ τῶν σωμάτων
πρὸς τὰ ἀσώματα, τουτέστι τοῦ αἰσθητοῦ πρὸς τὸν νοητὸν κόσμον καὶ
20 τοῦ νοητοῦ πρὸς τὸν αἰσθητόν. διὸ προσκύνει τὰ ἀγάλματα, ὦ βασιλεῦ,. ὡς καὶ αὐτὰ ἰδέας ἔχοντα ἀπὸ τοῦ νοητοῦ κόσμου. — ὁ οὖν
βασιλεὺς ἐξαναστὰς ἔφη· Ὥρα ἐστίν, ὦ προφῆτα, περὶ τὴν τῶν ξένων
ἐπιμέλειαν γίνεσθαι· τῇ δὲ ἐπιούσῃ περὶ τῶν ἑξῆς θεολογήσομεν.

---

4 διοικοῦσιν] δοκοῦσιν B, verb. B² 5 τὰ Oe à Keil. Rückkehr
zu § 3 10 Ende von f. Ot fügen ohne Trennung Kap. XVII an.
12 σωμάτων] σώματα p ἀσώματα ergänze: εἴδωλα oder εἴδη oder εἰκονίσματα
oder dergl. Vgl. Plato Sophist. 229d, 240a, 246b 13 ἐνόπτροις De
σώματα] ἀσώματα B² 14 ἀσώματα nach οὐ δοκεῖ σοι Oe, vgl. Z. 16
εἶναι DB²e οὖν BCM (Verwechslung zweier Siglen, vgl. S. 78) Τάτ]
ἀσκληπιέ B², der als Personenbezeichnung immer βασιλεύς und ἀσκληπιός zufügt
15 δὲ tilgt B² ἄλλα] ἅμα p 15/16 δοκοῦσιν εἶναι] δοκεῖ οὖν Oe
16 ἀσώματι D ἐν σώματι Oe φαίνεται Bᶜ 17 ἀλλὰ καὶ τῶν
ἀψ. fehlt D Τάτ] ἀσκληπιέ B² 21 νοητοῦ B² αἰσθητοῦ Oe
22 ὥρα B(M) ἄρα CD ἄρα tp. Vgl. z. B. Plato Soph. 241b 23 γε-
                                      ω
νέσθαι B² θεολογήσομεν BC

XVIII.

[1] Τοῖϲ τῆϲ παμμούϲου μελῳδίαϲ τὴν ἁρμονίαν ἐπαγγελλομένοιϲ
εἰ κατὰ τὴν ἐπίδειξιν ἐμποδὼν τῇ προθυμίᾳ γεγένηται ἡ τῶν ὀργάνων
ἀναρμοϲτία, καταγέλαϲτον τὸ ἐπιχείρημα. τῶν γὰρ ὀργάνων ἐξαϲθενούν-
των πρὸϲ τὴν χρείαν τὸν μουϲουργὸν ἀνάγκη παρὰ τῶν θεωρῶν ἐπι- 5
τωθάζεϲθαι. ***** ὁ μὲν γὰρ ἀκάματον εὐγνωμόνωϲ ἀποδίδωϲι τὴν
τέχνην, τῶν δὲ τὸ ἀϲθενὲϲ καταμέμφονται. ὁ γάρ τοι κατὰ φύϲιν
μουϲικὸϲ θεὸϲ καὶ τῶν ψδῶν ⟨τὴν⟩ ἁρμονίαν οὐ μόνον ⟨ἐν οὐρανῷ⟩
ἐργαζόμενοϲ ἀλλὰ καὶ ἄχρι τῶν κατὰ μέροϲ ὀργάνων τῆϲ οἰκείαϲ μελῳδίαϲ τὸν ῥυθμὸν παραπέμπων ἀκάματόϲ ἐϲτιν ὡϲ θεόϲ. οὐ γὰρ 10
πρὸϲ θεοῦ τὸ κάμνειν. [2] Εἰ δέ ποτε θελήϲαντι τῷ τεχνίτῃ ὥϲπερ
μάλιϲτα ἐναγωνίζεϲθαι [περὶ μουϲικήν], ἄρτι μὲν καὶ ϲαλπιγκτῶν τὴν
αὐτὴν ἐπίδειξιν τῆϲ ἐπιϲτήμηϲ ποιηϲαμένων, ἄρτι δὲ καὶ αὐλητῶν τοῖϲ
μελικοῖϲ ὀργάνοιϲ τὸ τῆϲ μελῳδίαϲ λιγυρὸν ἐργαϲαμένων, ⟨τὸ ὄργανον
οὐχ ὑπήκουϲεν ἐντεινομένῳ⟩ καὶ καλάμῳ καὶ πλήκτρῳ τῆϲ ψδῆϲ τὴν 15
μολπὴν ἐπιτελοῦντι, οὐ τῷ πνεύματι τοῦ μουϲικοῦ τιϲ ἀναπέμπεται
τὴν αἰτίαν [οὐ τῷ κρείττονι τὴν αἰτίαν], ἀλλὰ τῷ μὲν ἀποδίδωϲι πρέπον
τὸ ϲέβαϲ, τῇ δὲ τοῦ ὀργάνου καταμέμφεται ϲαθρότητι, ὅτι δὴ τοῖϲ μάλιϲτα καλοῖϲ ἐμποδὼν κατέϲτη, τῷ μὲν μουϲουργῷ πρὸϲ τὴν μελῳδίαν
ἐμποδίϲαϲα τῶν δὲ ἀκροατῶν τὴν λιγυρὰν ψδὴν ϲυλήϲαϲα. 20
[3] Οὕτωϲὶ δὲ καὶ ἡμῶν τῆϲ περὶ τὸ ϲῶμα ἀϲθενείαϲ χάριν μή
τιϲ τῶν θεωρῶν καταμέμψηται ἀϲεβῶϲ τὸ ἡμέτερον γένοϲ, ἀλλὰ

---

1 Seitenüberschrift: Ἀϲκληπιοῦ e   Titel: Περὶ τῆϲ ὑπὸ τοῦ πάθουϲ
τοῦ ϲώματοϲ ἐμποδιζομένηϲ ψυχῆϲ Ot Ὅροι Ἀϲκληπιοῦ πρὸϲ Ἄμμονα βαϲιλέα
περὶ τῆϲ κτλ. βιβλίον β′ p. Vgl. Keils Nachträge S. 371 ff.
3 γένηται Oe   5 παρά] περὶ C   θεωρῶν aus θεῶν M
6 Ergänze: aber dieser Spott kann nicht dem Gott der Musik gelten, der in
dem auftretenden Künstler immer gleich stark waltet. Zur Anschauung vgl.
S. 203 ff. 284   7 καταμέμφεται Oe   8 Vielleicht ⟨ἐν ἑαυτῷ⟩
9 Die Menschen sind ὄργανα θεοῦ, oben S. 353, 17   10 ὡϲ θεόϲ] ὁ θεόϲ Oe,
verb. Keil   11 πρὸϲ θεῶν e   δὲ τότε BCM   12 πρὸϲ μουϲικήν B²,
getilgt Keil   14 ὀργάνοιϲ fehlt p   14/15 Erg. Keil und ich
15 καλάμῳ: mit der ägyptischen Rohrflöte (vgl. Pollux IV 77)   ἐπιτελούντων Oe
16 πνεύματι: der Geist des Künstlers. Herstellung unsicher wegen der Doppel-
lesung (vgl. S. 326); keinesfalls κρείττονι, da ein zweiter Faktor genannt wird
ἀναπέμπεται, Medium statt des Aktivums   17 Vgl. Hermippus De astrol.
12, 20: τὸ ϲέβαϲ ἀπένειμον ὡϲ εἰκόϲ   20 ἐμποδίϲαϲ Oe   τῷ δ.
ἀκροατῇ Keil   ϲυλήϲαϲ Oe   21/22 μή τιϲ] μότιϲ De   22 καταμέμ-
ψεται e   ἀϲεβῶϲ] εὐϲεβῶϲ Oe; vgl. Z. 18 ϲέβαϲ   ἡμέτερον γένοϲ: Prophetenstand
23*

γινωςκέτω ὡς ἀκάματον μέν ἐςτι πνεῦμα ὁ θεός, ἀεὶ δὲ καὶ ὡςαύτως
ἔχων τῆς οἰκείας ἐπιςτήμης, διηνεκὴς δὲ ταῖς εὐδαιμονίαις, εὐεργεςίαις δὲ
ταῖς αὐταῖς διὰ παντὸς κεχρημένος.   [4] εἰ δὲ μάλιςτα τῷ Φειδίᾳ τῷ δημιουργῷ οὐχ ὑπήκουςεν ἡ τῆς ὕλης χρεία πρὸς ἐντελῆ τὴν ποικιλίαν, ***
5 *** διήρκεςε δὲ αὐτὸς ὁ μουςουργὸς κατὰ δύναμιν, μὴ εἰς αὐτὸν τὴν
αἰτίαν ἀναφέρωμεν, τῆς δὲ χορδῆς καταμεμφώμεθα τὴν ἀςθένειαν, ὅτι
δὴ τὸν τόνον ὑποχαλάςαςα [ὅτι δὴ τὸν τόνον ὑπαραιώςαςα] τῆς
εὐμουςίας τὸν ῥυθμὸν ἠφάνιςεν.

[5] Ἀλλὰ δὴ τοῦ ςυμπτώματος περὶ τὸ ὄργανον γεγενημένου
10 οὐδείς ποτε τὸν μουςουργὸν ᾐτιάςατο, ἀλλ' ὅςωπερ τὸ ὄργανον ἐκάκιςε,
τοςούτῳ τὸν μουςουργὸν ηὔξηςεν ***·* ὁπότε τῆς κρούςεως πολλάκις
πρὸς τὸν τόνον ἐμπεςούςης ***** καὶ τὸν ἔρωτα οἱ ἀκροαταὶ πλείονα
εἰς ἐκεῖνον τὸν μουςουργὸν ἀναφέρονται καὶ ὅλως οὐκ ἔςχον κατ'
αὐτοῦ τὴν αἰτίαςιν. οὕτω καὶ ἡμεῖς, ὦ τιμιώτατοι, ἔνδον πάλιν τῷ
15 μουςουργῷ τὴν οἰκείαν ⟨θέλομεν⟩ ἐναρμόςαςθαι λύραν. [6] ἀλλὰ δὴ
ὁρῶ τινα τῶν τεχνιτῶν καὶ χωρὶς τῆς κατὰ λύραν ἐνεργείας, εἴ ποτε
πρὸς μεγαλοφυῆ ὑπόθεςιν εἴη παρεςκευαςμένος, αὐτῷ πολλάκις ὥςπερ
ὀργάνῳ κεχρημένον καὶ τὴν τῆς νευρᾶς θεραπείαν δι' ἀπορρήτων
ἐναρμοςάμενον, ὡς ἂν τὸ χρειῶδες εἰς τὸ μεγαλοπρεπὲς θεμένου οἱ
20 ἀκροαταὶ ὑπερεκπλήττοιντο. [λέγεται μὲν δὴ καί τινος τεχνίτου κιθαρῳδίαν διαγωνιζομένου τῆς νευρᾶς ῥαγείςης, ὑπὸ τοῦ κρείττονος] λέγεται μὲν δή τινα κιθαρῳδὸν τὸν τῆς μουςουργίας ἔφορον θεὸν ἔχοντα

1 γινώςκετε (aus -έτω?) C   Vgl. 355, 10   2 ἔχον CD
οἰκείας] ἰδίας De   εὐεργεςίαις: (fortwirkende) Offenbarung   3/4 δημιουργός Bildhauer: Plato Rep. VII 529e (ebenda ποικίλματα, ποικίλλειν)
3 Ergänze: so ist es kein Wunder, wenn auch der göttliche Demiurg in der
Ülε sich nicht ganz ausdrücken kann (gnostischer Gedanke, vgl. auch 338, 8);
dann Rückkehr zu dem Vergleich des Propheten und Musikers   6 ἀνα-
φέρομεν B (verb. B¹) CM   7 δὴ aus δεῖ D   ὅτι δὴ] ἤτοι B²
ὑπεραιώςαςα C   11/12 Sinn etwa: und das um so mehr, wenn er oft
dasselbe richtig getroffen hat und ihm dann das Instrument versagt, sodaß er
es wieder stimmen muß. Ja sie lieben ihn dann um so mehr. Im Vertrauen
darauf will ich die Saiten neu stimmen   11 τοςοῦτο D   13 ὅλως]
ὅμως Oe   τὴν κατ' αὐτοῦ Oe   14 ἡμεῖς DM¹e ὑμεῖς BCM
14/15 · τῷ μουςουργῷ aus τὸν μουςουργὸν B γράφεται τῷ δημιουργῷ B² am Rand
ἐναρμόςαςθε BCMe   16 κατὰ τὴν λύραν B²   17 ὥςπερ αὐτῷ
πολλάκις Oe, Stellung vielleicht möglich   18 κεχρημένος κατὰ τὴν De
19 ἐναρμονηςάμενον e   θέμενοι Oe, verb. Keil   20/21 λέγεται —
κρείττονος fehlt e   22/257, 2 λέγεται — γεγένηται] ἀναπληρωθῆναι·
ἐπειδὴ γὰρ τῷ κιθαρῳδῷ ἐκείνῳ τὸν τῆς μουςουργίας ἔφορον θεὸν ἔχοντι εὐμενῆ

εὐμενῆ, ἐπειδὴ ἐναγώνιον τὴν κιθαρῳδίαν ποιουμένῳ ἡ νευρὰ ῥαγεῖσα
πρὸς ἐμπόδιον τῆς ἀθλήσεως αὐτῷ γεγένηται, τὸ παρὰ τοῦ κρείττονος
εὐμενὲς ⟨ἐπικαλέσασθαι· ὃ δὴ καὶ⟩ τὴν νευρὰν ἀνεπλήρωσεν αὐτῷ καὶ
τῆς εὐδοκιμήσεως παρέσχε τὴν χάριν. ἀντὶ μὲν γὰρ τῆς νευρᾶς αὐτῷ
τέττιγα κατὰ πρόνοιαν τοῦ κρείττονος ἐφιζάνοντα ἀναπληροῦν τὸ 5
μέλος καὶ τῆς νευρᾶς φυλάττειν τὴν χώραν, τὸν κιθαρῳδὸν δὲ τῇ
τῆς νευρᾶς ἰάσει τῆς λύπης παυσάμενον τῆς νίκης ἐσχηκέναι τὴν εὐδο-
κίμησιν.

[7] Οὕτως οὖν καὶ αὐτὸς ὥσπερ αἴσθομαι πάσχειν, ὦ τιμιώτατοι.
ἄρτι μὲν γὰρ τὴν ἀσθένειαν καθομολογεῖν ἔοικα καὶ πρὸ βραχέος 10
ἀρρώστως διακεῖσθαι, ἐν δυνάμει δὲ τοῦ κρείττονος ὥσπερ ἀναπληρω-
θείσης τῆς περὶ τῶν βασιλέων μελῳδίας ⟨νῦν⟩ μουσουργεῖν. τοιγάρτοι τὸ
πέρας τῆς ὠφελείας ἔσται βασιλέων εὔκλεια· καὶ ⟨γὰρ⟩ ἐκ τῶν ἐκείνων τροπαίων ἡ τοῦ λόγου προθυμία. ἄγε δὴ ἴωμεν· τοῦτο γὰρ ὁ
μουσουργὸς βούλεται· ἄγε δὴ σπεύσωμεν· τοῦτο γὰρ ὁ μουσουργὸς 15
θέλει καὶ πρὸς τοῦτο τὴν λύραν ἥρμοσται καὶ λιγυρώτερον μελῳδήσει
καὶ προσηνέστερα μουσουργήσει, ὅσπερ τὰ τῆς ὑποθήκης μείζονα
⟨ῥάονα⟩ τὴν ᾠδὴν ἔχει.

[8] Ἐπειδὴ οὖν εἰς βασιλέας αὐτῷ μάλιστα τὰ τῆς λύρας ἐνήρ-
μοσται καὶ τῶν ἐγκωμίων τὸν τόνον ἔχει καὶ τὸν σκοπὸν εἰς βασιλι- 20
κοὺς ἐπαίνους, διήγειρε πρῶτον ἑαυτὸν εἰς τὸν ὕπατον βασιλέα
τῶν ὅλων ⟦ἀγαθὸν⟧ θεὸν καὶ ὑψόθεν ἀρξάμενος τῆς ᾠδῆς δευτέρᾳ
τάξει πρὸς τοὺς κατ' εἰκόνα ἐκείνου τὴν σκηπτουχίαν ἔχοντας καταβαίνει, ἐπειδὴ καὶ αὐτοῖς τοῖς βασιλεῦσι φίλον τὸ ὑψόθεν κατὰ βαθ-
μὸν τὰ τῆς ᾠδῆς καθήκειν, καὶ ὅθενπερ αὐτοῖς τὰ τῆς νίκης πεπρυτά- 25
νευται, ἐκεῖθεν καὶ τὰ τῶν ἐλπίδων κατ' ἀκολουθίαν παράγεσθαι.

[9] ἡκέτω τοίνυν ὁ μουσουργὸς πρὸς τὸν μέγιστον βασιλέα τῶν ὅλων

ἐναγώνιον τὴν κιθαρῳδίαν ποιουμένῳ συνέβη τὴν νευρὰν ῥαγῆναι καὶ πρὸς
ἐμπόδιον τῆς ἀθλήσεως αὐτῷ γεγενῆσθαι B², um den interpolierten Satz fort-
zuführen

2 τῶν ἀθλήσεων p   παρά] περὶ BC   3 εὐμενὲς] εὐσεβὲς D
(am Rand verb.)   καὶ fehlt B, zugefügt B²   4 ἀντί] ἄρτι Oe ἐπὶ B²
9 ὥσπερ fehlt e   αἰσθάνομαι p   10 πρὸ βραχέως CD   12 περὶ
τὸν βασιλέα Oe   Erg. Keil   13 ὠφελείας: der göttlichen Hilfe (vgl.
zu 356, 2)   ἐκ τῶν] τῶν ἐξ Oe   16 πρὸς τούτῳ BM   zweites
καὶ fehlt B, zugefügt B°   17 καὶ fehlt p   προσηνέστερον B²
ὑποθήκης: für ὑποθέσεως? Vgl. 356, 17   23 πρὸς τοῦ p   23/24 καταβαίνειν CD¹ (aber καταβαίνει DD²)   24 τῷ ὑψόθεν CM   26 περι-
άγεσθαι BCM ἄγεσθαι De

θεόν, ὃc ἀθάνατος μέν ἐcτι διὰ παντὸς ⟨πρυτανεύων⟩ ἀΐδιός τε καὶ ἐξ
ἀϊδίου τὸ κράτος ἔχων, καλλίνικος ⟨δὲ⟩ πρῶτος, ἀφ' οὗ πᾶcαι αἱ
νῖκαι εἰc τοὺc ἑξῆc φέρονται διαδεξαμένουc τὴν Νίκην. [10] ἐπὶ ἐπαί-
νουc τοίνυν ἡμῖν * * * * καταβαίνειν ὁ λόγος ἐπείγεται καὶ πρὸς
5 τοὺc τῆc κοινῆc ἀcφαλείαc καὶ εἰρήνηc πρυτάνειc, βαcιλέαc, οἷc
πάλαι μάλιστα τὸ κῦρος παρὰ τοῦ κρείττονος θεοῦ κεκορύφωται, οἷc
ἡ νίκη πρὸς τῆc ἐκείνου δεξιᾶc πεπρυτάνευται, οἷc τὰ βραβεῖα καὶ
πρὸ τῆc ἐν πολέμοιc ἀριcτείαc προευτρέπιcται, ὧν τὰ τρόπαια καὶ
πρὸ τῆc cυμπλοκῆc ἵcταται, οἷc οὐ τὸ βαcιλεύειν μόνον ἀλλὰ καὶ τὸ
10 ἀριcτεύειν cυντέτακται, οὓc καὶ πρὸ τῆc κινήcεωc ἐκπλήττεται τὸ βάρβαρον. * * * * *
[11] Ἀλλὰ cπεύδει ὁ λόγος εἰc ἀρχὰc καταλῦcαι τὸ τέρμα καὶ
εἰc εὐφημίαν τοῦ κρείττονος, ἔπειτα δὲ καὶ τῶν θειοτάτων βαcιλέων
τῶν τὴν εἰρήνην ἡμῖν βραβευόντων περατῶcαι τὸν λόγον. ὥcπερ γὰρ
15 ἐκ τοῦ κρείττονος καὶ τῆc ἄνω δυνάμεωc ἠρξάμεθα, οὕτωc εἰc αὐτὸ
πάλιν τὸ κρεῖττον ἀντανακλάcομεν τὸ πέρας· * * * * καὶ ὥcπερ ὁ ἥλιος,
τρόφιμος ὢν πάντων τῶν βλαcτημάτων, αὐτὸc πρῶτος ἀναcχὼν τῶν
καρπῶν τὰc ἀπαρχὰc καρποῦται χερcὶ μεγίcταιc, ὥcπερ εἰc ἀπόδρεψιν
τῶν καρπῶν χρώμενος ταῖc ἀκτῖcι — καὶ χεῖρες αὐτῷ αἱ ἀκτῖνες τὰ τῶν
20 φυτῶν ἀμβροcιωδέcτατα πρῶτον ἀποδρεπομένῳ —, οὕτω δὴ καὶ ἡμῖν
ἀπὸ τοῦ κρείττονος ἀρξαμένοιc καὶ τῆc ἐκείνου cοφίας τὴν ἀπόρροιαν
δεξαμένοιc καὶ ταύτην εἰc τὰ ἡμέτερα τῶν ψυχῶν ὑπερουράνια φυτὰ

---

1 ἐξ fehlt e   2 Erg. Plasberg   3 εἰc τὸν ἑξῆc Oe, verb. Bᶜ
διαδεξάμενοι BM διαδεξάμεναι CDe, verb. Keil   Νίκην persönlich Plasberg
4 καταβαίνει B (verb. B²)   5 τοὺc] τῶν p   6 θεοῦ vielleicht zu
tilgen   7 πρὸς B²e πρὸ O   8 τῆc] τοῖc B   ἀριcτείαc C²
Lücke B ἀρρωcτίαc B¹CDMe; vgl. Menander Περὶ ἐπιδεικτικῶν Walz Rhet.
gr. IX 224, 6: ἐπιτείναc τῷ καιρῷ τῆc ἀριcτείαc καὶ τῆc cυμπλοκῆc   10 νική-
cεωc B (verb. B²)   11 Der eigentliche Preis der Könige fehlt   12 Neue
Überschrift: περὶ εὐφημίαc τοῦ κρείττονος καὶ ἐγκώμιον βαcιλέωc Ot Ὅροι Ἀcκληπιοῦ πρὸς Ἄμμονα βαcιλέα. περὶ εὐφ. κτλ. βιβλίον γ' p   12 εἰc τὰc
ἀρχὰc B, verb. Bᶜ   14 τῶν fehlt B, zugefügt B¹   τὴν fehlt De
15 ἐκ τοῦ] τι τοῦ M, verb. Mᶜ   16 Vielleicht ἀντανακλάcωμεν
ὁ fehlt M   17 τρόφιμος ὤν: vgl. S. 29 Gebet VII 5: ἐκαρποφόρηcεν τὰ
φυτά cοῦ γελάcαντος. Daß die Schöpfung hier zu wenig hervorgehoben ist, erschwert das Verständnis des Vergleichs   Vielleicht πρῶτον   20 ἀπο-
δρεπόμενα BC ἀποδρεπόμεναι DB²M²e ἀποδρεπόμενος C² unlesbar M
21 ἀρξαμένοιc: vom Lebensanfang   τῆc D¹Me τοῖc BCD   ἀπο-
ρείαν D   22 Leichter wäre εἰc τὰ τῶν ἡμετέρων ψυχῶν. ὑπερουράνια
φυτά sind die Seelen, weil sie aus der Ὀγδοάc stammen

καταχρωμένοις πάλιν εἰς αὐτὸ γυμναστέον τὰ τῆς εὐφημίας, ἧς αὐτὸς
ἡμῖν ἐπομβρήςει τὴν βλάστην ἅπαςαν. [12] θεῷ μὲν ⟨οὖν⟩ πανα-
κηράτῳ *** καὶ πατρὶ τῶν ἡμετέρων ψυχῶν πρὸς μυρίων ςτομάτων
καὶ φωνῶν τὴν εὐφημίαν ἀναφέρεςθαι πρέπει, καὶ εἰ μὴ τὸ πρὸς
ἀξίαν ἐςτιν εἰπεῖν ἐφαμίλλους οὐκ ὄντας τῷ λέγειν. οὐδὲ γὰρ οἱ 5
ἀρτιγενεῖς ὄντες τὸν πατέρα πρὸς ἀξίαν ὑμνεῖν ἔχουςι, τὰ δὲ κατὰ
δύναμιν αὐτοῖς πρεπόντως ἀποδιδόαςι καὶ ςυγγνώμην ἔχουςιν ἐνταῦθα.
μᾶλλον δὲ αὐτὸ τοῦτο εὔκλεια τῷ θεῷ τὸ μεῖζονα αὐτὸν εἶναι τῶν
ἑαυτοῦ γεννημάτων καὶ τὰ προοίμια καὶ τὴν ἀρχὴν καὶ μεςότητα καὶ
τέλος τῶν εὐφημιῶν τὸ ὁμολογεῖν τὸν πατέρα ἀπειροδύναμον καὶ 10
ἀπειροτέρμονα.

[13] Οὑτωςὶ δὲ καὶ τὰ βαςιλέως. φύςει γὰρ ἡμῖν τοῖς ἀνθρώποις
ὥςπερ ἐκγόνοις ἀπ’ ἐκείνου τυγχάνουςι τὰ τῆς εὐφημίας ἔνεςτιν· αἰτη-
τέον δὲ τὰ τῆς ςυγγνώμης, εἰ καὶ μάλιςτα ταῦτα πρὸ τῆς αἰτήςεως
παρὰ τοῦ πατρὸς τυγχάνει· ὥςπερ καὶ τοὺς ἀρτιτόκους καὶ ἀρτιγενεῖς 15
οὐχ ὅπως ἔςτι ⟨ἐπὶ⟩ τῆς ἀδυναμίας ἀποςτρέφεςθαι τὸν πατέρα, ἀλλὰ
καὶ χαίρειν ἐπὶ τῆς ἐπιγνώςεως. οὑτωςὶ δὲ καὶ ἡ γνῶςις τοῦ παντός,
ἥπερ ζωὴν πᾶςι πρυτανεύει ***** καὶ τὴν εἰς θεὸν εὐφημίαν, ἣν ἡμῖν
ἐδωρήςατο. [14] ὁ θεὸς γάρ, ἀγαθὸς ὑπάρχων καὶ ἀειφεγγὴς καὶ ἐν
ἑαυτῷ διὰ παντὸς τῆς οἰκείας ἀειπρεπείας ἔχων τὸ πέρας, ἀθάνατος 20
δὲ ὢν καὶ ἐν αὑτῷ τὴν ἀτελεύτητον λῆξιν περιέχων καὶ διὰ παντὸς
ἀέναος, ἀπὸ τῆς ἐκεῖςε ἐνεργείας καὶ εἰς τόνδε τὸν κόςμον παρέχων
τὴν ἐπαγγελίαν εἰς διαςωςτικὴν εὐφημίαν ****** οὐκ ἔςτιν οὖν ἐκεῖςε
πρὸς ἀλλήλους διαφορά, οὐκ ἔςτι τὸ ἀλλοπρόςαλλον ἐκεῖςε, ἀλλὰ
πάντες ἓν φρονοῦςι, μία δὲ πάντων πρόγνωςις, εἷς αὐτοῖς νοῦς [ὁ 25
πατήρ], μία αἴςθηςις δι’ αὐτῶν ἐργαζομένη· τὸ ⟨γὰρ⟩ εἰς ἀλλήλους
φίλτρον ἔρως ὁ αὐτός, μίαν ἐργαζόμενος ἁρμονίαν τῶν πάντων.

---

2 ἐπομβρήςῃ De   ἅπαςα B, verb. B²   8 Ergänze etwa: καὶ
παναρίςτῳ   μυρίων DMB²e μυςτηρίων BC   4 καὶ εἰ: für εἰ καὶ
5 ⟨λόγους⟩ εἰπεῖν und τῳ Keil   9 ἀρχὴν] χάριν Oe   12 βαςιλέως]
ἡμέτερα Keil, vgl. die Zusätze   13 ἀπ’ ἐκείνου — ἔνεςτιν B¹ über Rasur
14 καὶ τὰ μάλιςτα BCM   15 Erstes καὶ fehlt B, zugefügt Bᶜ   16 ἔςτι
τὰ τῆς B²   17 ἐπὶ τῇ ἐπιγνώςει B²   18 Sinn etwa: die γνῶςις macht
uns Gott wohlgefällig und unser Loblied   19 καὶ ἀειφεγγὴς fehlt e
20 αὐτῷ oder αὑτῷ Oe   21 ἐν ἑαυτῷ BM   22 ἀένναος Oe; ἀέναος
als Beiwort Gottes auch Κήρυγμα Πέτρου Fr. 2 Preuschen   καὶ fehlt De
23 ἀπαγγελίαν e (wegen ἀπὸ vielleicht richtig)   23/27 Die Schilderung des
göttlichen Wesens soll auf die βαςιλεῖς übertragen werden und ist hauptsächlich
für sie gemacht   25 πάντες εὖ φρονοῦςι De   27 ὁ ἔρως ὁ αὐτὸς De

[15] Οὕτω μὲν δὴ τὸν θεὸν εὐφημήϲωμεν· ἀλλὰ δὴ καταβαίνωμεν καὶ ἐπὶ τοὺϲ δεξαμένουϲ παρ᾽ ἐκείνου τὰ ϲκῆπτρα. δεῖ γὰρ ἀπὸ βαϲιλέων ἀρξαμένουϲ καὶ ἀπὸ τούτων ἀϲκουμένουϲ ἤδη καὶ ϲυνεθίζειν ἑαυτοὺϲ εἰϲ ἐγκώμια καὶ γυμνάζειν τὴν πρὸϲ τὸ κρεῖττον εὐϲέβειαν,
5 καὶ τὴν μὲν πρώτην καταρχὴν τῆϲ εὐφημίαϲ ἀπὸ τούτου ἀϲκεῖν, τὴν δὲ ἄϲκηϲιν διὰ τούτου γυμνάζειν, ἵνα ἐν ἡμῖν ᾖ καὶ ἡ γυμναϲία τῆϲ πρὸϲ τὸν θεὸν εὐϲεβείαϲ καὶ ἡ πρὸϲ τοὺϲ βαϲιλέαϲ εὐφημία. [16] δεῖ γὰρ καὶ τούτοιϲ ἀποδιδόναι τὰϲ ἀμοιβὰϲ τοϲαύτηϲ ἡμῖν εἰρήνηϲ εὐετηρίαν ἁπλώϲαϲι. βαϲιλέωϲ δὲ ἀρετὴ καὶ τοὔνομα μόνον εἰρήνην
10 βραβεύει· βαϲιλεὺϲ γὰρ διὰ τοῦτο εἴρηται, ἐπειδὴ βάϲει λείᾳ τῇ κορυφαιότητι κατεπεμβαίνει καὶ τοῦ λόγου τοῦ εἰϲ εἰρήνην ⟨τείνοντοϲ⟩ κρατεῖ. καὶ ὅτι τε ὑπερέχειν πέφυκε τῆϲ βαϲιλείαϲ τῆϲ βαρβαρικῆϲ ****** ὥϲτε καὶ τοὔνομα ϲύμβολον ⟨εἶναι⟩ εἰρήνηϲ. τοιγάρτοι καὶ ἐπηγορία βαϲιλέωϲ πολλάκιϲ εὐθὺϲ τὸν πολέμιον ἀναϲτέλλειν πεποίηκεν.
15 ἀλλὰ μὴν καὶ οἱ ἀνδριάντεϲ οἱ τούτου τοῖϲ μάλιϲτα χειμαζομένοιϲ ὅρμοι τυγχάνουϲιν εἰρήνηϲ. ἤδη δὲ καὶ μόνη εἰκὼν φανεῖϲα βαϲιλέωϲ ἐνήργηϲε τὴν νίκην καὶ τὸ ἄτρομόν τε καὶ ἄτρωτον προυξένηϲε τοῖϲ ἐνοικοῦϲιν. * * * *

---

1 εὐφημίϲωμεν B (verb. B¹) D   καταβαίνομεν O   2 ἀπὸ τῶν βαϲ. De   3 καὶ ἤδη ϲυν. Oe, verb. Keil   4 γυμνάζειν] ὑμνεῖν Oe
5 ἀπὸ τούτου ἀϲκεῖν] ἀπὸ τοῦ ἐναϲκεῖν O ἀπὸ τούτου ἐναϲκεῖν e. τούτου ist Neutrum   6 ἐν ἡμῖν ᾖ nach γυμναϲία D   7 τὸν fehlt B
Vgl. Menander Περὶ ἐπιδεικτικῶν Walz IX 214, 7: ὅτι δύο τὰ μέγιϲτα τῶν ὑπαρχόντων ἐν τῷ βίῳ τῶν ἀνθρώπων ἐϲτὶν εὐϲέβεια περὶ τὸ θεῖον καὶ τιμὴ περὶ τὸν βαϲιλέα (vgl. 214, 14: βαϲιλέωϲ εὐφημία)   8 τούτων De   εὐετηρίαν De εὐκτηρίαν BC unleserlich M   8/10 Zu dem Gedanken vgl. Philo Leg. Alleg. III § 79—81 Cohn   10/11 ἐπειδὴ τῇ βαϲιλείᾳ καὶ (καὶ τῇ e) κορυφαιότητι Oe   11 τοῦ εἰϲ εἰρήνην] καὶ τῆϲ εἰρήνηϲ De βαϲιλεὺϲ von βάζει λείωϲ abgeleitet (Keil). Hermes-Logos ist Friedenstifter   12 περιέχειν p   13 Erg. Keil   14 ἐπηγορία: für προϲηγορία, Name πεποίηκεν] πέφυκεν Oe   15 χειμαζόμενοι D   16 εἰκών: wohl das bei der Thronbesteigung in die Städte gesendete Bild (daher ἐνοικοῦϲιν); vgl. Mommsen Staatsrecht ³ II 2 S. X A. 1   18 Der Schluß der Rede ist verloren

Zusätze und Berichtigungen.

Zu S. 9 ff. Ein Seitenstück zu den Visionen des Zosimos und des Nechepso bietet die aus dem Griechischen ins Arabische übersetzte Himmelswanderung des Krates (Berthelot, *La chimie au moyen âge* III 44, vgl. S. 268 A. 1). Der Eingang der Vision (*p.* 46): *tandis que j'étais en train de prier . . . . je me sentis tout à coup emporté dans les airs, en suivant la même route que le soleil et la lune* erinnert durchaus an Nechepso. Krates sieht dann den Hermes Trismegistos, *un vieillard, le plus beau des hommes, assis dans une chaire* (καθέδρα); *il était revêtu de vêtements blancs et tenait à la main une planche de la chaire, sur laquelle était placé un livre* (vgl. Hermas *Vis.* I 2, 2: βλέπω κατέναντί μου καθέδραν λευκὴν ἐξ ἐρίων χιονίνων γεγονυῖαν μεγάλην· καὶ ἦλθεν γυνὴ πρεσβῦτις ἐν ἱματισμῷ λαμπροτάτῳ, ἔχουσα βιβλίον εἰς τὰς χεῖρας, καὶ ἐκάθισεν μόνη, vgl. auch die Fortsetzungen). Ein Engel belehrt ihn und mahnt ihn vor jeder Belehrung: *écris ceci* oder *rédige ton livre d'après les informations que je t'ai données; sache que je suis avec toi et que je ne t'abandonnerai pas, tant que tu n'auras pas achevé ton entreprise* (vgl. oben S. 230). Trotzdem wird die Offenbarung unterbrochen: *Lorsqu' il m'eut fait bien comprendre toutes ces choses, il disparut et je revins à moi-même. J'étais comme un homme qui se réveille la tête lourde et troublé par son sommeil.* — — *Alors je demandai à l'Éternel des Éternels de me recommander à cet ange, de telle façon que je pusse achever de lui les révélations qu'il avait commencées sur la nature des choses. Je me mis à jeûner, à prier, à rester en contemplation, jusqu' à ce qu'enfin l'ange m'apparut.* (Dies Verfahren die Vision zu erzwingen entspricht genau der Angabe des ägyptischen Priesters oben S. 34). Die Offenbarung vollzieht sich in beständigen Wechselreden, die stark an Hermetische Dialoge erinnern. Dann wird sie wieder unterbrochen: *Pendant que je causais avec mon interlocuteur et que je lui demandais d'ajouter d'autres éclaircissements . . . je perdis tout à coup connaissance, après la disparition du soleil, et je me vis comme dans un songe transporté dans un autre ciel et un nouveau firmament.* Er sieht hier den Tempel des Ptah und das Standbild der Venus (Isis), das zu ihm redet. Auch weiterhin begegnen Unterbrechungen wie: *à ce moment je me réveillai et je me retrouvai à l'endroit que j'occupais auparavant dans ce ciel,* oder: *à ce moment mes yeux se fermèrent malgré moi, et sous l'empire de mes préoccupations je m'endormis.* Der Traum führt Krates endlich zur Erde zurück. — Krates und Zosimos zusammen geben uns einen Begriff von der Anlage und dem Charakter der ägyptisch-hellenistischen Visionsliteratur, die für die hellenisierte ägyptische Religion von entscheidender Bedeutung ist.

Zu S. 21 Gebet III V. 7. Vielleicht ist das überlieferte τῷ Αἰθιοπικῷ κυνοκεφάλῳ cou τῷ κυρίῳ τῶν χιόνων zu halten; gemeint wäre dann der Gott des Schnees (vgl. S. 280). Der für Hermes eingetretene Michael ist ja Engel des Nils (Wassers) und des Schnees. Danach wäre dann auch der *hpj*-Thot des koptischen Zaubers (vgl. S. 118) als Nilgott, nicht als Totengott zu deuten.

Zu S. 30 Z. 3 von oben. Daß der Αἰών gebeten wird τέλει πάcαc χάριταc, ist beachtenswert, da sich an anderer Stelle der Magier ἡ Χάρις τοῦ Αἰῶνος bezeichnet (S. 185). Es scheint, daß der Αἰών (Ἀγαθὸс δαίμων) als πλήρωμα χάριτος gedacht ist. Zu vergleichen wäre Ev. Joh. 1,14: πλήρης χάριτος καὶ ἀληθείας, 16 ἐκ τοῦ πληρώματος αὐτοῦ ἡμεῖς ἐλάβομεν καὶ χάριν ἀντὶ χάριτος.

Zu S. 38 A. 3. Die Stelle des Macrobius hatte ich wie Preller-Jordan (Röm. Myth. I 172) u. a. gedeutet. Richtiger bezieht Dr. Plasberg die Anfangsworte *qui cuncta fingit eademque regit* nicht auf Janus, sondern den Urgott, welcher die zwei Kräfte des κόcμος in der einen (Janus) zusammenfaßt. Dann fällt der Zwang an einen Katechismus zu denken fort. Hierfür spricht vielleicht auch der Anfang der theologischen Darlegung im Asklepios des Pseudo-Apuleius (c. 8): *dominus et omnium conformator quem recte dicimus deum e. q. s.* (vgl. Lactanz IV 6,4). Für Messalla war also der Αἰών der δεύτερος θεός (vgl. oben S. 274 ff.).

Zu S. 44 Z. 10 von oben. Ein Zeugnis für die Verbreitung des Kults der Isis scheint auch Ptolemaios *Tetrab.* II 3 *p.* 64,14 zu geben, der von den Völkern Zentralasiens sagt: cέβουcι τὸν μὲν τῆς Ἀφροδίτης (ἀcτέρα) Ἴcιν ὀνομάζοντες, τὸν δὲ τοῦ Κρόνου Μίθραν Ἥλιον (Boll, Sphaera 313 A. 3).

Zu S. 52 A. 3. Die Plejaden treten in der zweiten Fassung des Salomon-Testaments für die Planeten ein, weil sie nach einer andern astrologischen Lehre den ersten Rang unter den Fixsternen einnehmen. Asklepiades von Myrlea (Athenaios XI 490 c), welcher dieser Lehre folgt, nennt sie cυμφυεῖς ἀλλήλαις καὶ cυνεζευγμέναι. Auch in dem Zauber bei Wessely Abh. d. K. K. Ak. 1893 S. 50 Z. 895, Kenyon *Greek. Pap. Cat.* S. 110 Z. 831 erscheint der Engel der Plejaden als Herrscher über viele (oder alle?) andern Engel.

Zu S. 55 A. 3. Die Aufzählung der βάρβαρα und ἄcημα ὀνόματα in den ägyptisch-griechischen Gebeten scheint sich nach Porphyrios (Eusebios *Praep. ev.* V 10) schon bei Chairemon gefunden zu haben. — Daß sich bei dieser Auffassung der Glossolalie das Urteil über die Erzählung des Pfingstwunders wesentlich günstiger stellt als in der üblichen Auffassung, brauche ich kaum auszuführen. Daß der Verfasser der Apostelgeschichte von dem Wesen der Glossolalie keine Ahnung mehr gehabt habe, wird man nicht mehr behaupten können. Das χάρισμα hat bei dieser Gelegenheit und gegenüber einer bunt zusammengesetzten Menge eine andere Bedeutung als im Gemeindekult; nur hierauf legt der Erzähler den Ton.

Zu S. 70 A. 2. Daß Chairemon den Kult beibehalten, ja gelehrt hat, geht mit voller Sicherheit aus dem Spott des Porphyrios bei Eusebios *Praep. ev.* V 10 hervor. Der stoische Philosoph und Lehrer des Kaisers, dessen Schrift für die Folgezeit ähnliche Bedeutung gehabt zu haben scheint wie auf dem Gebiet römischer Religion Varros *Antiquitates rerum divinarum,* fand in der ägyptischen Religion nicht nur die Lehre von der Sternenmacht, sondern auch

die Mittel, sie zu brechen und die Götter (oder Sterne) zu zwingen. Seine
Schriften boten ähnliche Zaubersprüche, wie wir sie jetzt in den Papyri lesen.
Die ganze Roheit, aber auch den mystischen Reiz, den diese Verkündigung
damals noch hatte, können wir aus dieser Stelle und aus der Isis-Lehre (vgl.
oben S. 229) erkennen. Freilich bezieht sich dies Brechen der εἱμαρμένη und
die Offenbarung der Götter zunächst nur auf das äußere Geschick (vgl. Porphyrios: περὶ δραπέτου εὑρέσεως, ἢ χωρίου ὠνῆς, ἢ γάμου εἰ τύχοι, ἢ ἐμπορίας),
nicht aber auf das Heil der Seele, die εὐδαιμονία. Dürften wir diese Worte
auch noch im wesentlichen auf Chairemon beziehen, so würde sich uns erklären, warum Jamblich dem Chairemon den Bitys entgegenstellt, und wir
würden für die jüngeren Hermetischen Schriften (vgl. oben S. 103 und 107)
Verständnis gewinnen; sie knüpfen an diese Behauptung an.

   Zu S. 75 Z. 24 von oben. Die Angabe ist ungenau; auch der unterste
Planet hat hier zufällig nur einen Dämon; mehrere Systeme sind vermischt.

   Zu S. 88 ff. Gerade der Eingang des XXIV. Buches ist schon zur Zeit
der ersten Verschmelzung ägyptischer und griechisch-orphischer Lehren benutzt
worden, vgl. Diodor I 96, 6. 7.

   Zu S. 89 Z. 25 von oben lies Il. 14, 201. 246, nicht 24, 201. 246.

   Zu S. 104 Z. 9 von oben. Die Einleitung der Πτολεμαῖκαὶ βίβλοι scheint
in dieser Literatur konventionell gewesen zu sein. In dem von Berthelot (*La
chimie au moyen âge* III 121) übersetzten arabischen Ostanesbuch wird als alte
Inschrift einer Stele zitiert: *n'avez-vous pas entendu raconter qu'un certain
philosophe* (ein ägyptischer Priester) *écrivit aux mages, habitants de la Perse,
en leur disant: »j'ai trouvé un exemplaire d'un livre des anciens sages; mais ce
livre étant écrit en persan, je ne puis le lire. Envoyez-moi donc un de vos sages,
qui puisse me lire l'ouvrage que j'ai trouvé.«* Es ist die Einleitung einer älteren
Schrift, welche persische und ägyptische Lehren vereinigen wollte (vgl. die
Fortsetzung und die Nachahmungen, Berthelot ebenda II 309 und unten den
Nachtrag zu S. 107). Ähnlich scheint der oben S. 187 angeführte Eingang des
Buches Sophe anzudeuten, daß dieser ägyptische Priester eine Schrift des
Gottes der Juden gefunden hat und nun eigene und jüdische Lehre vermischt
bieten will.

   Zu S. 104 A. 6. Vgl. Pseudo-Cyprian *De montibus Sina et Sion* c. 4 und
das slavische Henochbuch 30,13 (Harnack, Texte und Unters. XX 3 S. 144).

   Zu S. 105. Darauf, daß auch in der Wiederholung des Wortes ἄκακον
ein Hinweis auf Hesiods ἀκάκητα Προμηθεύς (Theog. 614) liegt, macht mich
Dr. Plasberg aufmerksam. Mit Recht hebt er hervor, daß die Gleichsetzung
des Prometheus und Ἄνθρωπος ursprünglich wohl selbständig war und von
Zosimos einer älteren Quelle entnommen ist.

   Zu S. 107. Was die Erwähnung der ἄδυτα τῶν Ἀμμουνείων bei Philon
von Byblos und Bitys soll, zeigt uns die alchemistische Schrift des Pibechios
(Horus) bei Berthelot, *La chimie au moyen âge* II 309 ff. Pibechios hat in
Ägypten ein Buch des Ostanes in persischer Sprache gefunden und bittet den
persischen Magier Osron, ihm die Deutung der persischen Schriftzeichen zu
übermitteln. Es folgt die Übersetzung des Buches, das Ostanes „Krone" genannt
und Pibechios Ἑλληνιστὶ καὶ Αἰγυπτιστὶ (vgl. oben S. 104 Z. 10) übersetzt hat.

Der Anfang ist leider verloren; doch erkennen wir, daß Hermes dem König Amon
alle Weisheit enthüllt und ein Buch von 365 Abschnitten gewiesen hat (vgl. Manetho
bei Jamblich VIII 1). Seine Schüler fügten weitere Lehren hinzu und erklärten
dem König die heiligen „Stelen" des Hermes. Amon schrieb die göttliche Lehre
auf sieben große Stelen und barg sie in einem ἄδυτον. Sieben Tore ver-
schließen es; das eine von Blei, das andere von Electrum, das dritte von Eisen,
das vierte von Gold, das fünfte von Kupfer, das sechste von Zinn, das siebente
von Silber (es sind, wie schon Berthelot sah, die sieben Tore der Mithrasmysterien). Der König zeichnete auf sie geheime Zeichen, wie die Schlange,
die sich in den Schwanz beißt, und befahl sie nur den Priestern und Schülern
des Meisters zu öffnen. — Zu Grunde liegt die ältere Vorstellung, daß die wahre
γνῶϲιϲ nur in der Himmelswanderung erworben wird. Ich verfolge sie zunächst
noch etwas weiter. In den syrischen Excerpten aus Zosimos (Berthelot a. a.
O. 262) spricht dieser von einem aus Electrum gefertigten Zauberspiegel (dem
ägyptischen Gottesauge), der in dem „Tempel der sieben Tore" steht; er beruft
sich auf ein Buch *Cercle des prêtres*. Die sieben Tore entsprechen den sieben
Himmeln. Der Spiegel ist das πνεῦμα θεῖον. Wenn die Seele sich in ihm
schaut, sieht sie ihre Flecken und Fehle, reinigt sich, nimmt das πνεῦμα als
Vorbild und wird selbst πνεῦμα. Theosebeia soll sich über die Erdensphäre
erheben, sich in diesem Spiegel betrachten und dann ihre Schüler diesen Aufstieg zu Gott lehren, damit sie **ihre Seelen errette**. Die Übereinstimmung
mit einer anderen ähnlichen Mahnung des Zosimos (oben S. 214 A. 1) läßt m.
E. an der Echtheit des Stückes keinen Zweifel aufkommen. Eine dritte Rezension bietet die arabische Übersetzung einer anderen Schrift des Ostanes (Berthelot
a. a. O. III 119). Der alte Text beginnt damit, dass Ostanes in heißer Sehnsucht
Gott um Offenbarung anfleht. Dann heißt es: *pendant que je dormais sur ma*
couche, un être m'apparut en songe et me dit: »lève-toi et comprends (νόει) *ce*
que je vais te montrer.« Je me levai et partis avec ce personnage. Bientôt nous
nous trouvâmes devant sept portes si belles que jamais je n'en avais vu de
pareilles. »Ici, me dit mon guide, se trouvent les trésors de la science que tu
cherches.« Allein zum Eintritt bedarf man Schlüssel, die ein Ungetüm behütet
und nur auf eine bestimmte, formelhafte Bitte zur Verfügung stellt. Innen
sieht Ostanes dann eine Stele mit sieben Inschriften in sieben verschiedenen
Sprachen. Die Texte sind alchemistisch umgestaltet, doch zeigen einzelne
Sätze wie: *à l'origine des éléments primitifs étaient le feu et l'eau* noch den Sinn
der theologischen Vorlage. Als Ostanes sich dann aus dem Himmel entfernen
muß, trifft er auf einen Greis von wunderbarer Schönheit (Hermes, vgl. oben
S. 361), der seine Hand ergreift und ihn dadurch zum τετελειωμένος macht. Er
preist Gott für diese Gnade. Auch diese Schriften können uns von der ägyptisch-
griechischen Offenbarungsliteratur eine Vorstellung geben. Es ist schwerlich
zufällig, daß Zosimos gerade in diesem Zusammenhang eine Schrift Salomons
über die sieben Himmel erwähnt. Sie mag das Vorbild der erhaltenen Hechaloth gewesen sein (vgl. S. 189 A. 1).

    Zu S. 117 A. 6. Die Häufigkeit des Wortes δορυφορεῖν gerade in der
religiösen Literatur mag mit der astrologischen Anschauung von δορυφόροι der
Hauptsterne (Götter) zusammenhängen.

Zu S. 126 A. 2. Ein weiteres Zitat gibt der syrische Auszug aus Zosimos bei Berthelot, *La chimie au moyen âge* II 212: *on a à ce sujet le témoignage d'Agathodémon, dans le livre adressé à Osiris.*

Zu S. 135. Horus (*Arès*) erscheint öfters in der aus dem Griechischen übersetzten arabischen alchemistischen Literatur als Verfasser heiliger Schriften neben Hermes, Agathodaimon u. a.

Zu S. 136 Z. 13 von oben. Auch von Nechepso heißt es in einem anonymen syrischen Text (Berthelot, *La chimie au moyen âge* II 328), daß er die Schreibtafeln des Hermes Trismegistos gefunden habe: *il s'approcha et tomba sur sa face; il supplia Dieu que les choses écrites lui fussent révélées. Après quatre jours* . . . (der Rest fehlt). Das könnte aus Nechepso selbst stammen (vgl. oben S. 119); jedenfalls ist die Erfindung ägyptisch.

Zu S. 141. Den mythologischen Anhalt der alchemistischen Schrift der Isis an ihren Sohn finden wir bei Diodor (I 25), der nach Hekataios berichtet: εὑρεῖν δ' αὐτὴν (τὴν Ἶσιν) καὶ τὸ τῆς ἀθαναςίας φάρμακον, δι' οὗ τὸν υἱὸν Ὧρον, ὑπὸ τῶν Τιτάνων ἐπιβουλευθέντα καὶ νεκρὸν εὑρεθέντα καθ' ὕδατος, μὴ μόνον ἀναςτῆςαι, δοῦςαν τὴν ψυχήν, ἀλλὰ καὶ τῆς ἀθαναςίας ποιῆςαι μεταλαβεῖν. Gewiß ist die Sage etwas anders gewendet, wenn Isis in unserer Schrift, weil ihr Sohn gegen den tückischen Typhon ziehen will, in das Heiligtum des Hormaḥudti eilt, um das tiefste Geheimnis der Chemie zu gewinnen; aber der Sinn kann auch hier nur sein, daß sie den Trank der Unsterblichkeit sucht. Ihn bringt der Gott und will sich durch ihn derart mit Horus vereinigen, daß er dieser wird, und dieser er. Genau so knüpft der Berliner Zauberpapyrus (oben S. 227) die Hoffnung auf Unsterblichkeit ausdrücklich an das Gewinnen des δαίμων πάρεδρος, also das Innewohnen des Gottes. Das ist uralte Anschauung; der Tote lebt im Jenseits, weil er Osiris ist; die Formel cὺ γὰρ ἐγώ, καὶ ἐγὼ cύ gibt die Begründung der Hoffnung auf ein ewiges Leben, zugleich freilich auch den Ausdruck für die ἀποθέωcιc im Zauber und im mystischen Schauen. Hierdurch erklärt sich zugleich die Anschauung von Poimandres § 21, 22. Wer den Noῦc empfangen hat, ist unsterblich; der Noῦc ist der πάρεδρος δαίμων (vgl. S. 230). Für das Eintreten des Gottes in den Menschen kennt der Berliner Zauberpapyrus zwei Vorstellungen: der Mensch empfängt das cπέρμα θεοῦ in der cυνουcία oder durch einen Trank (vgl. S. 228), dort Milch und Honig, im Totenkult Wasser, das Osiris der Seele bietet. Auch in der alchemistischen Schrift wird das Wasser, das Chnuphis, der ja für Osiris eingetreten ist, vom Himmel niederbringt, ursprünglich das Lebenswasser sein. In der Κόρη κόcμου reicht es Isis ihrem Sohne vor der Offenbarung, aber diese selbst ist ja der ἀπαθανατιcμόc und schließt damit, daß Horus den Hymnus der ἀποθέωcιc lernt. — Die alchemistische Isis-Schrift zeigt besonders klar, wie eng diese ganze Literatur mit der theologischen zusammenhängt und wie sie von ihr Einkleidungen und Grundgedanken entlehnt.

Zu S. 166 ff. Eine Bestätigung meiner Annahme, daß die Harraniter die ägyptisch-hellenistische Offenbarungsliteratur übernommen haben, sehe ich darin, daß die arabische alchemistische Schriftstellerei, die ganz aus der ägyptisch-griechischen hervorwächst, in den Kreisen der Harraniter entsteht.

Zu S. 176 Z. 5 von oben: Daß Kralls Deutung „Helmis Kaiser" unmöglich

ist, weist mir nachträglich Prof. Spiegelberg nach (es heißt: ὁ Ῥωμαῖος Καῖσαρ).
Das äußere Zeugnis dafür, daß Augustus in Ägypten dem Hermes gleichgesetzt ist, fällt damit fort.

Zu S. 192 Z. 7 von oben. Den Gedanken des Redaktors können wir durch
einen Vergleich mit der S. 364 (Anfang) exzerpierten Schrift des Ostanes noch
genauer feststellen. Hermes ist auch dort der Lehrer der ägyptischen Religion
und seine Schüler verkünden sie dem König Amon, der sie dann gewissermaßen offiziell einführt. Kapitel XVI und XVII haben also von Anfang an zu
dem Corpus gehört, weil sie für die Heilsgeschichte, die sich in ihm nach
dem Plan des Redaktors spiegeln soll, unentbehrlich sind. Um so glaublicher
ist, daß dann auch Kap. XVIII nicht zufällig hinzugekommen, sondern mit Absicht hierher gestellt ist. Auch wenn es dem Kaiser nicht wirklich überreicht
war, läßt sich aus ihm die Zeit der Zusammenstellung bestimmen.

Zu S. 257 Z. 10 von oben. Ein Beispiel bietet der große Pariser Zauberpapyrus,
Wessely, Abh. d. K. K. Ak. 1888 S. 105 Z. 2427: εἰς δὲ τὸν δράκοντα (γράφε)
τὸ ὄνομα τοῦ Ἀγαθοῦ δαίμονος, ὅ ἐστιν ὡς λέγει Ἐπαφρόδιτος [ὅ ἐστιν] τὸ ὑπο-
κείμενον· φρη αν ωι φωρχρω φνυν ρορψις οροχωωϊ· ὡς δὲ ἐν τῷ χάρτῃ, ὃν
εὗρον, μετεβλήθη τὸ πραγματικόν, οὕτως· Ἀρπόκρατες (αρπον Wess.) Χνοῦφι.
Der Hergang ist folgender: Der Schreiber oder Verfasser hat die lange Zauberhandlung in einem anonymen alten Papyrus gefunden. Hier trug der Gott
noch einfach den offiziellen Namen; vgl. in dem Berliner Zauberpapyrus oben
S. 143: Ἀγαθὸς δαίμων Ἀρπόκρατες (αρπον Parthey) Χνοῦφι. Denselben Zauber
bot das Buch eines Magiers oder Propheten Epaphroditos, nur hatte dieser auf
Grund seiner γνῶσις den mystischen Namen eingesetzt. Die Auffassung dieser
mystischen Namen gibt der S. 25 ff. angeführte Lichtzauber trefflich wieder:
ἐπικαλοῦμαι, ὡς ἐπικαλοῦνταί σε οἱ τρεῖς κυνοκέφαλοι (die drei Sonnengötter des
Krates-Gebetes, oder der Sonnengott in den drei Gestalten als Kind, Mann und
Greis) οἵτινες συμβολικῷ σχήματι ὀνομάζουσίν σου τὸ ἅγιον ὄνομα α εε ηηη
ιιιι οοοοο υυυυυυ ωωωωωωω. Warum gerade der Kynokephalos den Namen
von 28 Buchstaben nennt, ist S. 265 erklärt. Das ἄσημον ὄνομα gehört dem
Dialekt der Engel oder Götter an und ist symbolisch gebildet.

Zu S. 265 A. 3 und S. 300 A. 1. Entsprechend der Erde ist natürlich der
Himmel geteilt, da jedes Volk doch seinen Stern und Engel haben muß. Daher
ist Plinius *N. h.* II 110 zu erklären: *patrocinatur vastitas caeli, immensa discreta
altitudine in duo atque septuaginta signa. hae sunt aut rerum aut animantium
effigies, in quas digessere caelum periti.* Boll (Sphaera 389) hat die Zusammenhänge astrologischer und religiöser Spekulationen nicht erkannt.

Zu S. 266 ff. Die Vermutungen über die Anlage des Hauptwerkes des
Zosimos scheinen mir durch die Bezeichnung der einzelnen Bücher in den drei
größeren syrischen Exzerpten (das eine in neun, das andere in zwölf Büchern)
nicht widerlegt, wiewohl in ihnen die allgemein üblichen Zahlzeichen eingesetzt
scheinen. Ob wir aus ihnen erschließen dürfen, daß je ein Buch des Original-
werks nach Hephaistos (Ptah) und dem Götterkreis benannt war (Berthelot,
La chimie au moyen âge II 232; 242), ist unsicher. Daß die syrischen Exzerpte
zwei Bücher Imuth zu kennen scheinen (ebenda 235), läßt sich verschieden
erklären. Dagegen spricht für meine Auffassung die Beschreibung des älteren

Corpus griechischer alchemistischer Schriften in 24 Büchern, das Zosimos offenbar nachgeahmt hat (ebenda 238. 239). Den Zusammenhang dieser Buchzahl mit der griechischen Buchstabenzahl hat schon Berthelot richtig betont.

Zu S. 270. Ein interessantes, ganz hellenistisches Gebet an Ἀγαθὸς δαίμων(?) als αἰών und ἀρχὴ καὶ τέλος bietet aus syrischen Texten Berthelot, *La chimie au moyen âge* II 318. Ein Prophet bittet um γνῶσις. Zu vergleichen ist die Einleitung des Krates-Buches (ebenda III 46) und die Gebete oben S. 15 ff.

Zu S. 297. 298. Wenn Michael die Βασκανία an den langen, üppigen Haaren ergreift und zur Erde niederreißt, und wenn er ihr ferner mit dem ἄγγελος ἀποτομῆς droht, so erinnert dies an die Einleitung des achten Buches eines ins Syrische übersetzten hellenistischen Werkes über Alchemie (Zosimos?) bei Berthelot, *La chimie au moyen âge* II 319. Der Prophet erzählt von seiner Begegnung mit der Βασκανία: *J'ai pris l'Envie par les cheveux qu'elle avait en abondance sur la tête . . . . . elle ne put fuir; puis je saisis la hache, je frappai l'Envie pour l'abattre . . . . je la saisis par le cheveux et je me mis à la couper en morceaux . . . ainsi je la tuai.* Auch der redende Schädel, der in den Amuletten vorkommt, kehrt in dieser Erzählung wieder. Wir dürfen auch für diesen Teil der Amulette literarische Quellen annehmen.

Zu S. 298 Z. 16 von oben. Eine andere Fassung dieses Amuletts wies mir Dr. Plasberg bei Sathas, Μεσαιων. βιβλιοθ. V 576 nach (aus *Parisin. graec.* 395). Danach ist zu emendieren: ὅτε γὰρ ἔτεκεν ἡ ἁγία Μαρία τὸν λόγον τῆς ἀληθείας ἀπῆλθον αὐτὴν πλανῆσαι, καὶ οὐκ ἐδυνήθην, ἀλλ' ἐστράφην πεπλανημένη. Sollte dies mit der in Bethlehem jetzt umlaufenden Sage, der Jungfrau Maria sei zunächst die Milch versiegt, bis ein Wunder sie heilte, in irgend einer Verbindung stehen?

Zu S. 320 A. 3. Schon die griechisch-ägyptische Mystik, die Platon als einen der Ihren zitiert, wendet sich gegen Aristoteles. Er war nicht vom πνεῦμα θεῖον beseelt, sondern nur ein scharfsinniger Mensch (Zosimos bei Berthelot, *La chimie au moyen âge* II 264). Vgl. mit dieser Art der Polemik Nechepso Fr. 35 Rieß (oben S. 5 A. 3 Ende).

Zu S. 321 Z. 2 von oben. Der Titel des Werkes des Patricius möge die Tendenz erläutern: *Nova de universis philosophia libris quinquaginta comprehensa, in qua Aristotelica methodo non per motum sed per lucem et lumina ad primam causam ascenditur, deinde nova quadam ac peculiari methodo tota in contemplationem venit divinitas, postremo methodo Platonica universitas a conditore deo deducitur, auctore Francisco Patritio philosopho eminentissimo et in celeberrimo Romano gymnasio summa cum laude eandem philosophiam publice interpretante.* Patricius bittet in der Einleitung den Papst, diese auf Zoroaster, Hermes, Platon und Plotin gegründete Philosophie statt der gottlosen Aristotelischen in den Klöstern und Schulen einzuführen und besonders den Jesuiten zu empfehlen; er erhofft von ihr den Sieg der Kirche über die deutschen Häretiker, über Juden und Muhammedaner, kurz den Weltkreis.

Zu S. 332, 14 und 22. Den Fortschritt der Rede sucht Keil durch größere Ergänzungen deutlich zu machen. Er schreibt Z. 14: Καὶ μετὰ ταῦτα ⟨ἐγὼ. τοὺς δὲ ἀνθρώπους τίνι δὴ τρόπῳ ἀπεκύησεν ἡ φύσις, διδακτόν με⟩, νοῦς ὁ ἐμός,

damit die Antwort τοῦτο ἔστι τὸ κεκρυμμένον μυστήριον besser anschließt.
Z. 22 liest er: Καὶ μετὰ ταῦτα· Ὦ Ποιμάνδρη, ⟨ἀλλ' εἰπέ μοι, πῶς οἱ ἄνθρωποι
ἀρρενοθήλεις γεγονότες κατὰ γένος διελύοντο⟩. εἰς μεγάλην γὰρ νῦν ἐπιθυμίαν
ἦλθον καὶ ποθῶ ἀκοῦσαι. Die Annahme einer Lücke ist durch γάρ wenigstens
nahe gelegt; der Tadel des Poimandres (333, 1) οὔπω γάρ σοι ἀνήπλωσα τὸν
πρῶτον λόγον sowie später sein Wort (333, 10) ἄκουε λοιπόν, ὃν ποθεῖς λόγον
ἀκοῦσαι sind dann erklärt.

Zu S. 335, 17. Ich glaube jetzt eher, daß die Worte καὶ τοῦτον βασανίζει
καὶ ἐπ' αὐτὸν πῦρ ἐπὶ τὸ πλέον αὐξάνει einer zweiten Fassung desselben Gedankens angehören.

Zu S. 340, 9—13. Die zu Grunde liegende Anschauung ist echt ägyptisch:
der echtbürtige Sohn hat ein Anrecht auf das geheime Wissen des Vaters.

Zu S. 340, 17. Die wegen σύνθετον nötige Konjektur Keils καὶ διαμεμέλισται,
auf Grund deren ich das Sätzchen τὸ πρᾶγμα τοῦτο οὐ διδάσκεται (aus Z. 7)
οὐδὲ τῷ πλαστῷ τούτῳ στοιχείῳ δι' οὗ ὁρᾷς, ἔστιν ἰδεῖν (aus Z. 19—21) gestrichen habe, läßt sich durch einen Vergleich der Visionen des Zosimos weiter
stützen. Bei diesem (Berthelot, *Alchimistes grecs* 108, vgl. oben S. 9) berichtet
Jon der ἱερεὺς τῶν ἀδύτων, wie er zum πνεῦμα wurde: ἦλθεν γάρ τις περὶ τὸν
ὄρθρον δρομαῖος καὶ ἐχειρώσατό με μαχαίρῃ διελών με καὶ διασπάσας κατὰ
σύστασιν ἁρμονίας. καὶ ἀποδερματώσας τὴν κεφαλήν μου τῷ ξίφει τῷ ὑπ'
αὐτοῦ κρατουμένῳ τὰ ὀστέα ⟨τῶν σαρκῶν ἐχώρισε καὶ πάλιν τὰ ὀστέα⟩ ταῖς σαρξὶ
συνέπλεξεν καὶ τῷ πυρὶ τῷ διὰ χειρὸς κατέκαιεν, ἕως ἂν ἔμαθον μετασωματού-
μενος πνεῦμα γενέσθαι. καὶ αὕτη μου ἐστὶν ἡ ἀφόρητος βία. Die Vision wiederholt sich ähnlich, als Zosimos dann selbst zum πνεῦμα wird (Berthelot 117):
ἐν τῷ ἐπανέρχεσθαί με ἐπὶ τὴν τετάρτην κλίμακα εἶδον ἐξ ἀνατολῶν ἐρχόμενον
κατέχοντα ἐν τῇ χειρὶ αὐτοῦ μάχαιραν. καὶ ἄλλος ὀπίσω αὐτοῦ φέρων περιηκο-
νημένον ⟨πέλεκυν⟩, *** τινὰ λευκοφόρον καὶ ὡραῖον τὴν ὄψιν, οὗ τὸ ὄνομα
[αὐτοῦ] ἐκαλεῖτο μεσουράνισμα ἡλίου. καὶ ὡς πλησίον ἦλθον τῶν κολάσεων, λέγει
ὁ τὴν μάχαιραν κρατῶν· περίτεμε αὐτοῦ τὴν κεφαλήν, καὶ τὰ κρέατα θήσεις ἀνὰ
μέρος, καὶ τὰς σάρκας αὐτοῦ ἀνὰ μέρος, ὅπως αἱ σάρκες αὐτοῦ πρῶτον ἑψηθῶσιν
ὀργανικῶς, καὶ τότε τῇ κολάσει παραπορευθῇ. Daß sich auch im Zauber der
Harraniter (Dozy-Goeje *p.* 365) und in der aus dem Griechischen ins Arabische
übersetzten alchemistischen Literatur (Berthelot, *La chimie au moyen âge* II 319)
Spuren der Anschauung finden, daß mit der Zerstückelung des Leibes und besonders der Lostrennung des Kopfes der Eintritt eines prophetischen πνεῦμα
in den Toten verbunden ist, bestätigte mich sofort in der Voraussetzung, daß
uralte Todes- und Zaubervorstellungen in diesen späten Visionen nachwirken.
Der συνάρθρωσις τοῦ λόγου geht eine zunächst ganz sinnlich gedachte λύσις
(διαμέλισις) τοῦ σκήνους voraus, und der mehrfach begegnende Ausdruck
συλλέγειν ἑαυτόν (vgl. z. B. oben S. 242) muß ursprünglich einem Bestattungs-
brauch entsprechen, an dessen Erfüllung die ἀναγέννησις geknüpft ist. Diese
Vermutungen und die glänzende Konjektur Keils bestätigte Prof. Spiegelberg,
indem er mich zunächst auf den demotischen Papyrus des Louvre 3452 (vom
Jahre 56/57 v. Chr.) verwies. Der Text (das Buch der Verwandlungen) lehrt,
wie man im Zauber oder nach dem Tode andere Gestalten annehmen (also
θεός werden) kann und zeigt in seiner letzten Abbildung (Georges Legrain,

Le livre des transformations, Paris 1890, *planche* IX, X) den Menschen zerlegt
in seine sieben Glieder (vgl. oben S. 170). Der Kopf ist besonders gelegt.
Die Abbildungen geben immer die Phasen der Verwandlungen; eine solche liegt
auch hier vor. Mit Recht haben die Ägyptologen diese Darstellung mit dem
prähistorischen Brauch einer „sekundären Bestattung" in Verbindung gebracht,
den der Fund der Nekropole von Negada uns kennen lehrte (vgl. Wiedemann
bei Morgan, *Recherches sur les origines de l'Égypte* 203 ff.). Von frühester Zeit
bis ins alte Reich hinein finden wir die befremdliche Sitte, dem Toten den
Kopf abzuschneiden, die einzelnen Glieder auseinander zu lösen, das Fleisch
abzukratzen und die Gebeine dann wieder in Ordnung und zwar in der Stellung des menschlichen Embryo zusammenzufügen. Den Sinn gewinnt Wiedemann überzeugend aus den Pyramidentexten und dem Totenbuch. Die Wieder-
zusammenfügung bedeutet die Erneuerung des Lebens, also die παλιγγενεϲία.
So vollzieht sie die Gottheit oder der Tote selbst: *Pepi a réuni ses os, il s'est
rassemblé ses chairs* (ἑαυτὸν ϲυλλέγει), oder: *Nout te donne ta tête, elle te fait
cadeau de tes os, elle assemble tes chairs, elle t'apporte ton coeur en ton ventre.*
Von dem wohltätigen Dämon, der den Toten das Gedächtnis gibt, heißt es
im 90. Kapitel des Totenbuchs, daß er ihnen das Haupt abschneide (offenbar,
um es später wieder anzufügen), und im 43. Kapitel desselben Buches waltet
die Vorstellung, daß der Geist nur dann in der Unterwelt seinen Kopf (den
Sitz des Lebens) behalten kann, wenn dem Leibe der Kopf abgeschnitten und
dann wieder angesetzt ist. Nach dieser Prozedur sagt der Tote: *la tête d'Osiris*
(dem dies auch begegnet war) *ne lui est pas enlevée, ma tête ne m'est pas enlevée. je suis mis en ordre, je deviens nouveau, je deviens jeune, je suis Osiris*
(ἀπεθεώθην). Mancherlei Fragen, die sich hierbei erheben, z. B. wie weit
Zosimos' Vorstellungen vom Fegefeuer und einem qualvollen Übergang von
dem einen zum andern Leben alten Volksvorstellungen entsprechen, ob die
Gleichsetzung des Skeletts mit dem πνεῦμα in späteren Zauberformeln ägyptischer Anschauung entspricht, wie die griechische Zaubersage mit Ägypten
zusammenhängt, muß ich hier übergehen. Nur die Tatsache, daß sich in
den späten Visionen des Zosimos Religionsvorstellungen und Kultbrauch einer
um drei Jahrtausende zurückliegenden Zeit spiegeln, möchte ich hervorheben.
Unverstandene Überbleibsel alter Formeln und Vorstellungen boten schon jene
ältesten Abschnitte des Totenbuchs. Ihr plötzliches Wiederaufleben scheint
mir nur durch die Existenz einer hellenistischen Mystik und Theologie erklärbar. Sie läßt aus den Tiefen des Volksglaubens, der sich im Zauber erhält,
uralte Anschauungen wieder auftauchen, die in mystischer Umdeutung jetzt
neue Wirkung gewinnen. Der ägyptische Ursprung des Hermetischen Stückes
und seiner Grundgedanken scheint mir hiermit noch zwingender erwiesen, die
Bildung auch dieser hellenistischen Vorstellung von der Wiedergeburt klar;
sie ist zugleich ein Erleben des Todes und der Bestattung im διαμελιϲμός.
Für den Theologen aber ergibt sich hieraus eine eigentümliche Frage: eine sitt-
liche Forderung und eine Unsterblichkeitshoffnung, die nicht aus dem ägyptischen Hellenismus stammt oder stammen kann, kleidet Paulus in Bilder und
Worte, die jenen Formeln nahe kommen, Röm. 6, 2—13: οἵτινες ἀπεθάνομεν
τῇ ἀδικίᾳ, πῶς ἔτι ζήϲομεν ἐν αὐτῇ; ἢ ἀγνοεῖτε ὅτι ὅϲοι ἐβαπτίϲθημεν εἰς Χριϲτόν,

εἰc τὸν θάνατον αὐτοῦ ἐβαπτίcθημεν; cυνετάφημεν οὖν αὐτῷ διὰ τοῦ βα-
πτίcματοc εἰc τὸν θάνατον, ἵνα ὥcπερ ἠγέρθη Χριcτὸc ἐκ νεκρῶν διὰ τῆc
δόξηc τοῦ πατρόc, οὕτωc καὶ ἡμεῖc ἐν καινότητι ζωῆc περιπατήcωμεν. εἰ γὰρ
cύμφυτοι γεγόναμεν τῷ ὁμοιώματι τοῦ θανάτου αὐτοῦ, ἀλλὰ καὶ τῆc
ἀναcτάcεωc ἐcόμεθα, καὶ τοῦτο γινώcκοντεc ὅτι ὁ παλαιὸc ἡμῶν ἄνθρωποc
cυνεcταυρώθη, ἵνα καταργηθῇ τὸ cῶμα τῆc ἁμαρτίαc, τοῦ μηκέτι
δουλεύειν ἡμᾶc τῇ ἁμαρτίᾳ· ὁ γὰρ ἀποθανὼν δεδικαίωται ἀπὸ τῆc ἁμαρτίαc
(vgl. oben zu 343, 5). εἰ δὲ ἀπεθάνομεν cὺν Χριcτῷ, πιcτεύομεν ὅτι καὶ cυνζή-
cομεν αὐτῷ, εἰδότεc ὅτι Χριcτὸc ἐγερθεὶc ἐκ νεκρῶν οὐκέτι ἀποθνῄcκει. θάνατοc
αὐτοῦ οὐκέτι κυριεύει. ὃ γὰρ ἀπέθανεν, τῇ ἁμαρτίᾳ ἀπέθανεν ἐφάπαξ, ὃ δὲ ζῇ,
ζῇ τῷ θεῷ. οὕτωc καὶ ὑμεῖc λογίζεcθε ἑαυτοὺc εἶναι νεκροὺc μὲν τῇ ἁμαρτίᾳ,
ζῶνταc δὲ τῷ θεῷ ἐν Χριcτῷ Ἰηcοῦ . . . . μηδὲ παριcτάνετε τὰ μέλη ὑμῶν
ὅπλα ἀδικίαc τῇ ἁμαρτίᾳ, ἀλλὰ παραcτήcατε ἑαυτοὺc τῷ θεῷ ὡcεὶ ἐκ νεκρῶν
ζῶνταc καὶ τὰ μέλη ὑμῶν ὅπλα δικαιοcύνηc τῷ θεῷ. Man wende nicht ein,
daß die Vorstellung, mit einem neuen Lebensabschnitt (z. B. der Mannbarkeit)
sterbe der frühere Mensch und entstehe ein neuer, sich bei manchem Natur-
volk finde; nicht hierauf kommt es zunächst an, sondern auf die Tatsache,
daß diese Vorstellung in eigenartiger Ausgestaltung und in intensivster religiöser Verwertung zu derselben Zeit bei einem Nachbarvolk und in einer weitverbreiteten Literatur zum Ausdruck kommt. Erst hieraus erwächst für mich die
Frage, ob die Vorstellungen des Paulus auch hierin von der hellenistischen Mystik
mitbeeinflußt sind. Eine Antwort habe ich nicht zu geben; ich wollte nur, um mein
Handwerk zu ehren, zeigen, was sich aus der Konjektur Br. Keils von selbst ergibt.

Zu S. 341, 5. 6. Die Frage nach dem γενεcιουργὸc τῆc παλιγγενεcίαc unter-
bricht, wie Keil bemerkt, in unerträglicher Weise die Entwicklung des Gedankens. Sie ist also nachträglich eingelegt, um die Anschauung der Gemeinde, daß das Prophetentum nur von einem Propheten übertragen werden
kann (vgl. oben S. 221), in dem mythologischen Gegenbild solcher Prophetenweihe noch schärfer zum Ausdruck zu bringen. Auch dies spricht dafür, daß
zwischen der Abfassung dieses Kapitels und der Zusammenstellung des Corpus
geraume Zeit verflossen ist.

Zu S. 358, 2. Plasberg schreibt jetzt: καλλίνικοc ⟨δὲ⟩ πρῶτοc, ἀφ' οὗ
πᾶcαι αἱ Νῖκαι εἰc τοὺc ἑξῆc φέρονται διαδεξάμεναι τὴν νίκην und erinnert an
die Darstellung der Νῖκαι am Thron des Zeus von Olympia (Pausanias V 11, 2).

Zu S. 359, 5 ff. Da, wie Keil richtig bemerkt, eine Erwähnung der Könige
in § 13 gegen die Disposition der Rede verstößt und wohl erst von Psellos
hereingebracht ist, möchte ich Z. 8 zunächst εὔκλεια τῷ πατρὶ (für τῷ θεῷ)
schreiben; auf den Kinderglauben, daß der Vater alles kann, wird zunächst
Bezug genommen. Ohne Absatz muß dann anschließen (Z. 12): οὑτωcὶ δὲ καὶ
τὰ θεοῦ (für βαcιλέωc)· φύcει γὰρ ἡμῖν κτλ. Hierauf wird man Z. 15 für πατρὸc
der Klarheit halber θεοῦ einsetzen; unbedingt nötig ist es freilich nicht. Das
Ganze gibt nur einen breit ausgeführten Vergleich des Verhältnisses des Vaters
zu den Kindern mit dem Gottes zu den Menschen und leitet das eigentliche
Preislied (§ 14) ein.

Zu S. 355—360. Zu der gesamten Schlußrede teilt Br. Keil mir folgende
Beobachtungen mit:

Die erhaltenen Fragmente der Kaiserrede (XVIII), d. h. ihr Eingang und Schluß, zeigen deutlich Kenntnis und Anwendung der auf dem akzentuierenden Satzschluß beruhenden (qualitierenden) Rhythmik der späteren griechischen Kunstprosa, deren Normen Wilh. Meyer (Der akzentuierende Satzschluß in der griech. Prosa, Göttingen 1891) nachgewiesen und v. Wilamowitz (Hermes 1899 XXXIV 214) in fördernder Weise ergänzt bezw. präzisiert hat. Für die spätere Zeit, welche Meyer besonders berücksichtigt, gilt das Gesetz: vor der letzten akzentuierten Silbe stehen mindestens 2 unbetonte; auf die letzte betonte Silbe können 2 oder 1 unbetonte folgen, es kann auch jede weitere Silbe fehlen. Also 1 ($\acute{\;}$) $\cup\cup\acute{\;}\cup\cup$, 2 ($\acute{\;}$) $\cup\cup\acute{\;}\cup$, 3 ($\acute{\;}$) $\cup\cup\acute{\;}$. Die Stelle vor den beiden der letzten betonten voraufgehenden unbetonten Silben ist frei, d. h. sie kann durch eine akzentuierte oder unbetonte Silbe besetzt sein. Aus Himerios hat v. Wilamowitz eine etwas ältere Form dieses Gesetzes erschlossen: hat die drittletzte Silbe den **Akzent**, so werden am liebsten zwei unbetonte vor sie gesetzt, aber auch eine oder mehr: 1b ($\cup\cup$) $\acute{\cup}\cup\acute{\;}\cup\cup$; ist die vorletzte betont, so müssen vor ihr zwei unbetonte stehen: 2b $\cup\cup\acute{\;}$. Zusammenstoß zweier betonter Silben ist verboten. Also das Prinzip: die letzte betonte Silbe ist stets mit zwei unbetonten verbunden; folgen sie ihr nicht, so müssen sie ihr vorangehen, gehen sie vorher, so braucht nicht noch ein zweites gleiches Silbenpaar zu folgen. Es kommt eben nur auf Erzeugung daktylischer Kadenz an; je vollkommener sie erreicht wird, desto besser. Also sind die beliebtesten Schlüsse $\acute{\;}\cup\cup\acute{\;}\cup\cup$ usw.; in ihnen kann nun die erste Tonsilbe statt durch den Akzent auch durch einen rhythmischen Nebenton erzeugt werden, namentlich wenn dieser Silbe eine unbetonte voraufgeht; also 1a ($\cup$) $\acute{\cup}\cup\cup\acute{\;}\cup\cup$, 2a ($\cup$) $\acute{\cup}\cup\cup\acute{\;}\cup$. Eine Form 3a ($\cup$) $\acute{\cup}\cup\cup\acute{\;}$ wird anscheinend gern gemieden. Ein Monosyllabon, das die daktylische Kadenz zerstören würde, ist in der Klausel grundsätzlich verpönt. Negativ kann man das Wesen dieser Satzrhythmik dahin definieren, daß trochäische, jambische und antispastische Kadenzen ($\acute{\;}\cup\acute{\;}\cup$, $\cup\acute{\;}\cup\acute{\;}$, $\acute{\;}\acute{\;}\cup\cup$) gemieden werden. Ich lese nun den Schlußabsatz § 15 f.: οὕτω μὲν δὴ τὸν θεὸν εὐφημήϲωμεν (1)· ἀλλὰ δὴ καταβαίνωμεν (1)   καὶ ἐπὶ τοὺϲ δεξαμένουϲ παρ' ἐκείνου τὰ ϲκῆπτρα (2).   δεῖ γὰρ ἀπὸ βαϲιλέων ἀρξαμένουϲ (2b)   καὶ ἀπὸ τούτων ἀϲκουμένουϲ (2b)   ἤδη καὶ ϲυνεθίζειν ἑαυτοὺϲ εἰϲ ἐγκώμια (1)   καὶ γυμνάζειν τὴν πρὸϲ τὸ κρεῖττον εὐϲέ- βειαν (1), καὶ τὴν μὲν πρώτην καταρχὴν τῆϲ εὐφημίαϲ ἀπὸ τούτου ἀϲκεῖν (3), τὴν δὲ ἄϲκηϲιν διὰ τούτου γυμνάζειν (2),   ἵνα ἐν ἡμῖν ᾖ καὶ ἡ γυμναϲία τῆϲ πρὸϲ τὸν θεὸν εὐϲεβείαϲ (2)   καὶ ἡ πρὸϲ τοὺϲ βαϲιλέαϲ εὐφημία (2b). δεῖ γὰρ καὶ τούτοιϲ ἀποδιδόναι τὰϲ ἀμοιβάϲ (3)   τοϲαύτηϲ ἡμῖν εἰρήνηϲ εὐετηρίαν ἁπλώϲαϲιν (1).   βαϲιλέωϲ δὲ ἀρετὴ καὶ τοὔνομα μόνον εἰρήνην βραβεύει (2).   βαϲιλεὺϲ γὰρ διὰ τοῦτο εἴρηται (1b),   ἐπειδὴ βάϲει λείᾳ τῇ κορυφαιότητι κατεπεμβαίνει (2)   καὶ τοῦ λόγου τοῦ εἰϲ εἰρήνην κρατεῖ (3). Folgt lückenhafte Stelle; dann τοιγάρτοι καὶ ἐπηγορία βαϲιλέωϲ πολλάκιϲ (2)   εὐθὺϲ τὸν πολέμιον ἀναϲτέλλειν πεποίηκεν (1).   ἀλλὰ μὴν καὶ οἱ ἀνδριάντεϲ οἱ τούτου (2)   τοῖϲ μάλιϲτα χειμαζομένοιϲ ὅρμοι τυγ- χάνουϲιν ⟨ὄντεϲ⟩ εἰρήνηϲ (2).   ἤδη δὲ καὶ μόνη εἰκὼν φανεῖϲα βαϲι- λέωϲ (2b)   ⟨ἐπὶ τῶν μεθορίων⟩ ἐνήργηϲε τὴν νίκην (2b)   καὶ τὸ ἄτρομόν τε καὶ ἄτρωτον προὐξένηϲε τοῖϲ ἐνοικοῦϲιν (2). Keine der Ergänzungen ist

24*

um des rhythmischen Satzschlusses willen gemacht; denn auch ohne ⟨ὄντεϲ⟩ ergäbe sich die Form 2b und ⟨ἐπὶ τῶν μεθορίων⟩ wird durch den Zusammenhang, besonders durch das in der Überlieferung beziehungslose ἐνοικοῦϲιν gefordert. Das Stück enthält keinen einzigen trochäisch, jambisch oder antispastisch fallenden Satz oder Satzteil. Es überwiegen durchaus die Formen, in welchen der daktylische Rhythmus am deutlichsten hervortritt: Form 3 nur 3mal, 1 und 1b schon 7(6+1)mal, die rhythmischsten 2, 2a, 2b gar 14(8+1+5)mal, dabei 2a in langer daktylischer Reihe: λείᾳ τῇ κορυφαιότητι κἀτεπεμβαίνει; man beachte, wie auch sonst das daktylische Motiv weit über die eigentliche Klausel vorgreift. Daß wir hier akzentuierende Rhythmik haben, kann nicht zweifelhaft sein. Eine zweite Stelle § 10: καταβαίνειν ὁ λόγοϲ ἐπείγεται (1)   καὶ πρὸϲ τοὺϲ τῆϲ κοινῆϲ ἀϲφαλείαϲ καὶ εἰρήνηϲ πρυτάνειϲ ⟦βαϲιλέαϲ⟧ (2),   οἷϲ πάλαι μάλιϲτα τὸ κῦροϲ παρὰ τοῦ κρείττονοϲ ⟦θεοῦ⟧ κεκορύφωται (1b),   οἷϲ ἡ νίκη πρὸϲ τῆϲ ἐκείνου δεξιᾶϲ πεπρυτάνευται (1),   οἷϲ τὰ βραβεῖα καὶ πρὸ τῆϲ ἐν πολέμοιϲ ἀριϲτείαϲ προευτρέπιϲται (1),   ὧν τὰ τρόπαια καὶ πρὸ τῆϲ ϲυμπλοκῆϲ ἵϲταται (!),   οἷϲ οὐ τὸ βαϲιλεύειν μόνον, ἀλλὰ καὶ τὸ ἀριϲτεύειν ϲυντέτακται (1),   οὓϲ καὶ πρὸ τῆϲ κινήϲεωϲ ἐκπλήττεται τὸ βάρβαρον (1). Hierin habe ich βαϲιλέαϲ und θεοῦ gestrichen, nicht um des Rhythmus willen; denn die Interpretationsglosseme sind zufällig ohne Einfluß auf ihn geblieben. Die Klauseln folgen in eintöniger Gleichheit aufeinander, fast wie bei Himerios; nur ὧν τὰ τρόπαια καὶ πρὸ τῆϲ ϲυμπλοκῆϲ ἵϲταται fällt in dieser Umgebung heraus mit dem schweren Zusammenstoß zweier voll akzentuierter Silben. Da _ ◡ ◡ erhalten ist, war die Klausel 1 sicher auch hier vorhanden; man muß nur die Wortstellung, welche nach dem vorhergehenden Kolon geändert ist, wieder berichtigen: ὧν καὶ πρὸ τῆϲ ϲυμπλοκῆϲ τὰ τρόπαια ἵϲταται. Der Chiasmus wirkt viel rhetorischer als der Parallelismus. — Nicht alle Teile des Erhaltenen zeigen die gleiche strenge Beobachtung des Rhythmus im akzentuierenden Satzschlusse; er ist augenscheinlich noch nicht zum unumgänglichen rhetorischen Erfordernis geworden. Daß der Verfasser aber jenen Rhythmus mit Absicht anwendete, zeigt § 7: οὕτωϲ οὖν καὶ αὐτὸϲ ὥϲπερ αἴϲθομαι πάϲχειν, ὦ τιμιώτατοι (1).   ἄρτι μὲν γὰρ — — ἀρρώϲτωϲ διακεῖϲθαι (2b), ἐν δυνάμει δὲ τοῦ κρείττονοϲ ὥϲπερ ἀναπληρωθείϲηϲ τῆϲ περὶ τῶν βαϲιλέων μελῳδίαϲ ⟨νῦν μοι δοκῶ⟩ μουϲουργεῖν (3). Die Grammatik erfordert hier das Verb, welches den Infinitiv regiert, der Sinn den Gegensatz zu ἄρτι: es ist kein Zufall, daß zugleich der Rhythmus mangelhaft war und mit der für Sinn und Konstruktion nötigen Ergänzung straffer wird. — τοιγάρτοι τὸ πέραϲ τῆϲ ὠφελείαϲ ἔϲται βαϲιλέων εὔκλεια (1b)·   καὶ γὰρ ἐκ τῶν ἐκείνων τροπαίων ἡ τοῦ λόγου προθυμία (2b).   ἄγε δὴ ἴωμεν (1)·   τοῦτο γὰρ ὁ μουϲουργὸϲ βούλεται (!).   ἄγε δὴ ϲπεύϲωμεν (1)·   τοῦτο γὰρ ὁ μουϲουργὸϲ θέλει (!)   Der Parallelismus beweist für die Absicht des Redners: zwei rein daktylischen Rhythmen wird antispastische Kadenz mit Effekt entgegengesetzt. καὶ πρὸϲ τοῦτο τὴν λύραν ἥρμοϲται (1b)   καὶ λιγυρώτερόν μελῳδήϲει (2a)   καὶ προϲηνέϲτερὰ μουϲουργήϲει (2a)   ὅϲωπερ τὰ τῆϲ ὑποθήκηϲ μείζονα ⟦τὴν ᾠδὴν⟧ ἔχει (2). Die Konstruktion zeigte hier Textverderbnis an; mit Streichung der Interpretationsglosse erscheint zugleich der Rhythmus, der hier durch die Glosse (zu τὰ — μείζονα) zerstört war. Die analysierte Stelle läßt also zweierlei beobachten: einmal eine doppelte Koinzidenz von Textkorrruptel mit fehlendem oder mangelhaftem Rhythmus, und zweitens die beabsichtigte Kontrastwirkung zwischen daktylischem Rhythmus und seiner Aufhebung; beides beweist die Existenz der akzentuierenden Satzrhythmik in unseren Fragmenten. Dazu kommt folgendes: Im ganzen bietet auf den 137 erhaltenen Zeilen die Überlieferung nur 9 Klauseln, welche gegen die daktylische Kadenz verstoßen. Bezeichnenderweise hat eine von ihnen schon Reitzenstein, aus inneren Gründen korrigierend, daktylisch gestaltet: 357, 22 τῶν ὅλων [ἀγαθὸν] θεὸν (3). Von den verbleibenden acht Klauseln sind zwei mit leichtesten Mitteln daktylisch zu gestalten: 355, 19 ἐμποδὼν κατέςτη; nach 357, 2 πρὸς ἐμπόδιον wird man ἐμπόδιον κατέςτη (2 b) einsetzen. Für 359, 25 πάντες ἓν φρονοῦςι bietet das Parallelglied μία δὲ πρόγνωςις die Korrektur ἓν πάντες φρονοῦςι (2); im folgenden ist übrigens εἷς αὐτοῖς νοῦς [ὁ πατὴρ], μία αἴςθηςις — ἐργαζομένη ein Kolon. An einer dritten Stelle ist der Text durch ein Interpretament gestört: 358, 16 καὶ ὥσπερ ὁ ἥλιος, τρόφιμος ὢν πάντων τῶν βλαστημάτων, αὐτὸς πρῶτος ἀναςχὼν τῶν καρπῶν τὰς ἀπαρχὰς καρποῦται χερςὶ μεγίςταις [ὥσπερ εἰς ἀπόδρεψιν τῶν καρπῶν χρώμενος ταῖς ἀκτῖςι] καὶ χεῖρες αὐτῷ αἱ ἀκτῖνες τὰ τῶν φυτῶν ἀμβροςιωδέςτατα πρῶτον ἀποδρεπομένῳ. Hier sind die eingeklammerten Worte sichtlich Erklärung zu dem Bilde; sie haben den Kolonschluß verdrängt, ihn aber doch bewahrt: χερςὶ μεγίςταις ⟨χρώμενος⟩ (1 b). Als sie in den Text drangen, ist der Anschluß nach hinten · überschmiert worden: τὰς ἀπαρχὰς καρποῦται χερςὶ μεγίςταις χρώμενος· χεῖρες γὰρ αὐτῷ αἱ ἀκτῖνες — — ἀποδρεπομένῳ. Man braucht die Worte in dieser Fassung nur zu lesen, um sich von dem Mischmasch der Überlieferung abzuwenden. Eine kleine Interpolation liegt endlich 357, 19f. vor: ἐπειδὴ οὖν εἰς βαςιλέας αὐτῷ μάλιςτα τὰ τῆς λύρας ἐνήρμοςται (1) καὶ τῶν ἐγκωμίων τὸν τόνον ἔχει καὶ τὸν ςκοπὸν εἰς [βαςιλικοὺς] ἐπαίνους (2). Das eingeklammerte βαςιλικοὺς ist an sich betrachtet sprachlich sehr verwunderlich, dazu der Sinn: auf Könige ist meine Leier gestimmt, und preisen und loben will sie. Das βαςιλικοὺς zerstört die graziöse rhetorische Disjunktion des einfachen Gedankens 'ich will Könige loben', indem sie diesen einfachen Gedanken selbst zum Ausdruck bringt, was umgangen zu haben ja gerade die Kunst des Redners sein sollte. Es verbleiben von den 9 beanstandeten Klauseln so nur 4: πρὸς τοῦ θεοῦ τὸ κάμνειν 355, 11; τῆς ᾠδῆς καθήκειν 357, 25; πατρὸς τυγχάνει 359, 15 mit trochäischer Kadenz und ὑμνεῖν ἔχουςι 359, 6 mit antispastischer. Jene wird man stehen lassen müssen, namentlich die erste; die letzte, antispastische, glaube ich nicht. Zusammenstoß zwischen akzentuierten Silben von Vollwörtern finde ich in unserem Stücke auch außerhalb der Klauseln nur an folgenden 12 Stellen: 356, 11 μουςουργὸν ηὔξηςεν 12 ἀκροαταὶ πλείονα 22 θεὸν ἔχοντα (oder ist θεὸν Glosse zu ἔφορον?) 358, 3 ἑξῆς φέρονται 15 αὐτὸ πάλιν 17 αὐτὸς πρῶτος (die Pronomina in beiden Fällen mit starkem Sinnakzent) 359, 6 ἀρτιγενεῖς ὄντες 8 αὐτὸ τοῦτο 359, 25 αὐτοῖς νοῦς, und leichterer Art 357, 19 αὐτῷ μάλιςτα 358, 17 ὢν πάντων 360, 6 ἡμῖν ᾖ. Zwischen αὐτός, μίαν 359, 27 liegt Sinnpause, zudem setzt der Redner absichtlich scharf ein, um mit Emphase die εὐφημία auf Gott zu schließen. Wenn nun Kollision zwischen akzentuierten Silben von Vollwörtern auch außerhalb der Klauseln nach Möglichkeit gemieden wird, und der Rhetor in Klauseln sie nur zu besonderen

Effekten verwendet (357, 14. 15; 359, 27), wird man sie an einer ganz un-
pathetischen Stelle nicht dulden. Es wird wohl einfach umzustellen sein: τὸν
πατέρα ἔχουϲι πρὸϲ ἀξίαν ὑμνεῖν (3). Ich füge diesem Tatbestande hinzu, daß
auch die Forderung, nie mit einem Monosyllabon zu schließen, durchweg erfüllt ist. — Ist nun die Rede, der unsere Fragmente entstammen, mit Rücksicht
auf die Rhythmen des akzentuierenden Satzschlusses gebaut, so kann sie nicht
vor dem Ende des dritten Jahrhunderts n. Chr. entstanden sein. Damit fällt
jede Möglichkeit, sie auf Marcus und Verus (bezw. Commodus) zu beziehen,
und Reitzensteins Ansatz auf Diokletians letzte Regierungszeit besteht zu recht;
keine spätere Periode paßt auf die sachlichen Angaben und Andeutungen der
Rede. Die äußere Form der Rede aber fügt sich durchaus in die Zeit um
den römischen Triumph der Kaiser im Jahre 302.

I. Sachregister.

δαιμόνιον ἔχειν 223, 2.
Dardanos 163.
De Boer 180.
Demokrit über Dämonen 352, 27 A.
Demokrit, falscher 163.
Devéria 1, 1.
δεύτεροc θεόc 278. 285.
διαμελιcμόc 368 ff.
δόξα 22, 5. 28. 29.
δορυφόροc 364.
δυνάμειc θεοῦ 231.
δύναμιc 38, 3. 70, 1. 231.

Emanation 16, 4.
Empfängnis durch das Ohr 43.
Engelvorstellungen 12, 2. 18, 8. 30, 1;
    vgl. 17, 5.
Enneade 54.
Ennius 201.
ἐνθουcιαcμόc 200 ff.
Eratosthenes (Hermes des) 7.
Esra Buch IV 11, 2. 109, 4.
Essener 75.
Euhemeros 123. 124.
Eunomos 205.
Eupolemos 174.
Evangelium Johannis 22, 5. 223, 2. 241.
    244 ff. 362.
Evangelium Evae 242; vgl. 369.
        „   Mariae 69, 1.
ἐξουcία 48, 3. 332, 14 A.

Fegefeuer (τόποc ἀcκήcεωc) 9. 11, 1. 369.
Flussas, siehe Candalle.
Fulgentius, Mythogr. 210.

Glossolalie, siehe Zungenreden.
γνῶcιc 55, 1. 156. 158. 249.
γνωcτικόc 307.

Harnebeschenis 135.
Harpokration, Philos. 259.
Harraniter 165 ff. 365.
Harsamosis 26.
Hechaloth 189, 1. 295, 2; vgl. 364.
Hekataios 123. 365.
Helena 234, 1.
Henoch 173. 281, 1.
Herakles, ägyptischer 165.
Heraklit 127 ff.
Hermanubis 118.
Hermas, Hirt des 11 ff. 33 ff. 203. 230.
    232. 280, 3. 361.
Hermes 15—23. 31. 117 ff. 166 ff. 174 ff.
    361; öfter.
Hermetische Literatur:
    Alter 2 ff.

Charakter 159.
Grundtypus 146.
Einzeltypen 117 ff.
Umgestaltung in der Gemeinde 211 ff.
Redaktion des Corpus 209.
Heilsgeschichte 191. 366.
Alter des Corpus 207.
Kapitelzählung 8, 2.
Titel 192.
Handschriften 323 ff.
Kap. I Erklärung 36—116. 212.
Kap. IV (V) Erklärung 193.
Kap. X (XI)   „   128. 196, 2.
    212, 2.
Kap. XI (XII)   „   275.
Kap. XII (XIII) „   126 ff.
Kap. XIII (XIV) „   214 ff.
Kap. XVI   „   197 ff.
Kap. XVII   „   198.
Kap. XVIII   „   199 ff.
Kap. XVIII Rhythmik 371 ff.
Die latein. Schrift 195.
Hermippos περὶ ἀcτρολ. 210.
Heron 144.
Hesiod 103. 363.
Hierogrammateus, Tracht 153.
Himmelfahrt 122. 136. 171. 176. 223.
    388, 3 A. 339, 7 A.
Hippolyt, Bericht über die Naassener
    82 ff.
Hirt 13. 31. 32. 113 ff.
Ὄποc (gnost. Gott) 155.
Horus 25 ff. 135. 365; öfter.
    „   , älterer und jüngerer 40 ff.
Hpj 21, 8. 118. 362.
Hypsistos 154, vgl. 274.
Hypostasenlehre 249, 1.
ὕψωμα 80, 3.

Ieû 184.
Imuth (Gott) 120.
Imuth (Buch) 267. 366.
Ion 9. 165, 2. 173, 5; vgl. 368.
Isis 31. 39. 43, 1. 44. 62, 4. 72, 2. 134 ff.
    164. 228 ff. 243, 2. 249, 1. 362. 365.
Isis, alch. Schrift der I. 141 ff. 365.

Jamblich *De myst.* 107 ff.
Janus 38, 3. 274 ff. 283, 1.
Jahr 272.
Jahrhundert 270, 3. 276.
Johannes Cotrones (Catrarius) 210.
Jonas 113. 155.
Josephos 173. 175. 182, 2. 183.

Kabbala 42, 2. 44, 2. 110. 181. 189, 1.
Kaiser als Götter 176. 282 ff. 366.

II. Stellenregister.

a. Aus Handschriften.

b. Aus Druckwerken.

Inschrift, äg. von London: 62 ff.
„   „   „ El Khargeh: 235
„   „   „ Sehêl: 129
„   „ des Intef: 24. 68
„ griech. von Andros: 137
„   „   „ Herek: 273
„   „   „ Ios: 137
„   „   „ Priene: 178. 285
Irenaeus I 13, 3: 221

Jamblich *De myst.* VIII 4 ff.: 107. 138
Johannes-Acta: 240, 1. 340, 19 A.
Johannes Lydus *De mens.* IV p. 64 W.: 274
„   „ p. 109: 184
„   „ p. 128, 12: 44, 1
„   „ p. 129: 43
Josephos *Antiqu.* I 71 N.: 183
„   „ XVIII 65 ff.: 228 ff.

Kallimachos Fr. 525: 200, 3
„ 85. 92: 201

Lactanz, *Inst. div.* II 15: 192, 2
„ IV 6, 4: 48, 1. 304
Λόγια Ἰησοῦ 3: 240
„ 5: 239
Lukan I 45: 282
„ X 209: 130, 6

Macrobius Sat. I 9, 14: 362
Manetho Fr. 11. 12 M.: 120
„ 85 M.: 145, 3
Manetho, angeblicher, siehe Syncellus
Marius Victorinus, siehe *Rhetores*
Martial X 28: 276
Menander περὶ ἐπιδ. (Walz IX 330, 5):
281, 1
Minucius Felix 9, 4: 33

Nechepso Fr. 1 Rieß: 4 ff. 132. 146, 2
„ 29: 133
„ 33: 6
„ 35. 36: 5, 3. 367

Origenes *Contra Celsum* VII 8: 222
Ovid *Fast.* I 89: 38, 3
„   „ I 297: 5, 1

Papyrus, äg., Pap. Harris I 44, 3: 61
„   „   „ Insinger: 217. 237
Papyrus, griech.:
a) von Berlin (Parthey, Abh. d. Ak.
1865):
Pap. Berol. I 26 ff.: 143. 226 ff.
„ I 215 ff.: 78

b) von Leyden (Leemanns *Pap. graec.
Lugd.* II; Papyrus V auch Dieterich,
Jahrbb. f. Phil. Suppl. XVI 793 ff.;
Papyrus W Dieterich Abraxas):
Pap. Lugd. V 7, 27 ff. Leem. 27 Diet.
808: 15 ff. 263
„ W 17, 14 ff. Leem. 141
Diet. 195: 15 ff. 263
„ W 7, 7 ff. Leem. 103 Diet.
189: 22
„ W 2, 18 ff. 13, 24 ff. Leem.
87; 127 Diet. 176: 22. 23
„ W 16, 45 ff. Leem. 139
Diet. 194: 54

c) von London (Kenyon Greek. Pap.
Cat. I. Pap. XLVI auch Wessely
Abh. 1888, Pap. CXXI, CXXII auch
Wess. 1893):
Pap. XLVI 1 ff. Ken. 65 Wess. 127: 280
„ XLVI 96 ff. Ken. 68 Wess. 129: 184
„ XLVI 459 ff. Ken. 80 Wess. 138:
279, 2
„ CXXI 550 ff. Ken. 102 Wess. 38:
117, 6
„ CXXI 756 ff. Ken. 108 Wess. 47:
262
„ CXXI 861 ff. Ken. 111 Wess. 51:
257, 2
„ CXXII 1 ff. Ken. 116 Wess. 55:
20 ff.

d) Paris (Louvre 19ᵇⁱˢ *Notices et Ex-
traits* XVIII; Louvre 2391 und Bibl.
Nat. Wessely Abh. 1888):
Pap. du Louvre 19ᵇⁱˢ: 119
„   „ 2391 (Pap. Mimaut)
Z. 187—395 Wess. 145 ff.: 147 ff.
Pap. de la Bibl. Nat. Z. 930—1084
Wess. 68 ff.: 24 ff.
„   „ Z. 1115—1166 Wess. 72:
277
„   „ Z. 1169—1180 Wess. 73:
279
„   „ Z. 1290—1306 Wess. 77:
283, 1
„   „ Z. 1596—1696 Wess. 84 ff.:
28. 256
„   „ Z. 1984 ff. Wess. 94: 259, 4
„   „ Z. 2373 ff. Wess. 104: 31.
366
„   „ Z. 2836 ff. Wess. 116: 270
„   „ Z. 3165 ff. Wess. 124: 29
Petrus, Martyrium des P.: 242 ff.
„ Κήρυγμα Fr. 3 Preuschen: 47, 1.
74, 1
Petosiris, siehe Nechepso

Die Mysterien des Mithra. Ein Beitrag zur Religionsgeschichte der römischen Kaiserzeit. Von Franz Cumont, Professor der alten Geschichte an der Universität Gent. Autorisierte deutsche Übersetzung von Georg Gehrich. Mit 9 Abbild. i. Text und auf 2 Tafeln, sowie 1 Karte. [XVI u. 176 S.] gr. 8. geh. ℳ —.5, geb. ℳ 5.60.

Cumonts umfassende Forschungen über den Kultus des iranischen Lichtgottes Mithra, welcher im Gewande der antiken Mysterien seit dem Anfange unserer Zeitrechnung auch im Abendlande zahlreiche Anhänger gewann und als mächtiger Nebenbuhler des Christentums mit diesem um die Weltherrschaft rang, gehören nach dem Urteil maßgebender Fachgenossen zu dem Bedeutendsten, was in jüngster Zeit auf dem Gebiete der Religionsgeschichte des Altertums geleistet worden ist. Das vorliegende Buch faßt die wesentlichen Ergebnisse dieser Forschungen in knapper, aber fließender Darstellung zusammen, ohne den Leser durch viel gelehrtes Beiwerk zu ermüden. Es bespricht zunächst die Vorgeschichte des Mithrasdienstes im Orient, schildert seine Verbreitung im römischen Reiche und erörtert sein Verhältnis zu den politischen Tendenzen des römischen Kaisertums. Hierauf wird die Lehre der Mithrasmysterien dargestellt und im Anschluß daran der Kultus und die Organisation der mithrischen Gemeinden beschrieben. Eine Skizze der geschichtlichen Beziehungen des Mithracismus zu den übrigen Religionen im römischen Reiche, besonders zum Christentum, und seines endlichen Unterganges bildet nebst einem Anhange über Wesen und Bedeutung der mithrischen Kunst den Schluß des Buches. Mehrere Abbildungen und eine Karte der Verbreitung der Mithrasmysterien sind beigegeben.

Eine Mithrasliturgie, erläutert von Albrecht Dieterich. [X u. 230 S.] gr. 8. geh. ℳ 6.—, geb. ℳ 7.—

Ein Text aus dem großen Pariser Zauberpapyrus, den einst Wessely in den Denkschriften der Wiener Akademie XXXVI (1888) S. 56 ff. gedruckt hat, wird mit kritischem Apparat und Übersetzung vorgelegt. Der erste Teil der Erläuterungen tritt den Beweis an, daß wir in diesem Text die Liturgie eines Mithrasdienstes besitzen, und liefert eine Reihe von Untersuchungen über Herkunft und Quellen des merkwürdigen Unsterblichkeitssakramentes (ἀπαθανατισμός; heißt das Stück im Papyrus selbst). Der zweite Teil gibt einen ersten Versuch, die immer wiederkehrenden Formen und Bilder mystischer Liturgie aufzulösen, und verfolgt im einzelnen die Vereinigung des Gottes und des Menschen als ein Essen des Gottes, als die Liebesvereinigung des Menschen mit dem Gotte, die Gotteskindschaft, die Wiedergeburt, die Himmelfahrt der Seele zu Gott, eine feste Bilderreihe, die einem bestimmten Kreise spätantiker Kulte und dem Christentum gemeinsam, dem jüdischen Kult aber fremd ist. Ein Wortregister zum Text der Liturgie, ein Register des Orthographischen und Grammatischen und ein Sachregister zu den Erläuterungen sollen die Ausnutzung des Buches für verschiedenartige wissenschaftliche Zwecke erleichtern.

Der Seelenvogel in der alten Literatur und Kunst. Eine mythologisch-archäologische Untersuchung von Georg Weicker. Mit 103 Abbildungen im Text. [VI u. 218 S.] gr. 4. geh. ℳ 28.—

Im ersten Teil werden die dämonischen Gestalten der niederen griechischen Mythologie, speziell die Sirenen, nach ihren hervorstechendsten Eigenschaften, der Blutgier, dem Streben nach Lebensgenuß und dem Gesange, als Seelenwesen gedeutet und der Glaube an die Vogelgestalt der Menschenseele an der Hand der von vorhomerischer bis in spätrömische Zeit reichenden literarischen und monumentalen Quellen als griechisch erwiesen. — Nach einer chronologischen Behandlung der Sirenensage in der Literatur und im Volksglauben wird im zweiten Teil der Kunsttypus des Seelenvogels, der Vogel mit bärtigem oder unbärtigem Menschenkopf, verfolgt, und auf Grund des umfänglichen Denkmälermaterials der Nachweis erbracht, daß alle „Sirenen" und „Harpyien" der antiken Kunst sich auf zwei ägyptische Haupttypen zurückführen lassen, welche schon in hocharchaischer Zeit von der ostgriechischen Kunst aufgenommen und von ihr an die stammhellenischen und italischen Kunstzentren weitergegeben worden sind. — Über hundert in den Text gedruckte Abbildungen, größtenteils nach unpublizierten Originalen, zum Teil auch nach verbesserten Neuaufnahmen, veranschaulichen die Entwickelung und Wanderung des Typus.

Die antike Idee der Ökumene in ihrer politischen und kulturellen Bedeutung. Von Dr. J. Kaerst, a. o. Professor an der Universität Leipzig. Akademische Antrittsvorlesung. [34 S.] gr. 8. geh. ℳ 1.20.

Die unter vorstehendem Titel zusammengefaßten Erörterungen sind ursprünglich für eine bestimmte Gelegenheit, für die im Dezember 1902 gehaltene akademische Antrittsvorlesung des Verfassers, niedergeschrieben worden. Es kam vor allem darauf an, die universalgeschichtliche Bedeutung der Idee der Ökumene und ihre durch die Eigenart ihres Ursprunges und ihrer Entwicklung bedingte besondere Ausgestaltung darzulegen. Der Verfasser suchte zu zeigen, wie die das christliche Mittelalter beherrschende Idee einer einheitlichen, in bestimmten Organisationsformen ausgeprägten Kulturwelt, aus dem eigentümlichen Kulturboden der hellenischen Polis hervorgewachsen, sich zu weltumfassender und weltbeherrschender Wirksamkeit entfaltet. Natürlich konnte es aber nicht Absicht sein, die Vielseitigkeit und den Reichtum der tatsächlichen geschichtlichen Entwicklung, die Mannigfaltigkeit der Elemente, die zuletzt in dem organisatorischen Verbande der Ökumene als ein Ganzes vereinigt erscheinen, auch nur andeutungsweise zu zeichnen. Eine solche Aufgabe muß einer umfassenden geschichtlichen Darstellung vorbehalten bleiben.

Geschichte des hellenistischen Zeitalters von Julius Kaerst. I. Band: Die Grundlegung des Hellenismus. [X u. 433 S.] gr. 8. geh. ℳ 12.—, geb. ℳ 14.—

„Wer vielleicht glaubt, in dem Buche eine mit möglichst viel Einzelheiten, Polemik und zahllosem gelehrten Zitatenbeiwerk ausgestattete Spezialgeschichte nach altem Stil zu finden, der irrt sich sehr; aber die Enttäuschung ist die denkbar angenehmste; denn er sieht sich von dem hochgelehrten Verf. auf hohe Warte geführt, von wo aus er ein gewaltiges Panorama vor seinen Augen ausgebreitet sieht, das er je länger je lieber und sorgfältiger beschauen wird. Die Lesung des trefflichen Werkes bringt gleich viel Genuß und Belehrung nicht bloß dem Historiker und Philologen, sondern jedem wirklich Gebildeten und nach höherer Bildung Strebenden." (Gymnasium 1902 Nr. 9.)

Das Frühlingsfest der Insel Malta. Ein Beitrag zur Geschichte der antiken Religion von Richard Wünsch. gr. 8. geh. ℳ 2.—

Der Bericht eines arabischen Kriegsgefangenen des XVI. Jahrhunderts gibt uns Kunde von einer merkwürdigen Feier der Malteser, bei der ein Bild Johannis des Täufers unter blühenden Bohnen gefunden wurde. Es wird in diesem Büchlein der Versuch gemacht, die Entstehungszeit des Festes zu ermitteln und sein Fortleben bis in die Gegenwart zu verfolgen. Dabei wird die Ablösung des Adoniskultes durch die Verehrung Johannis des Täufers besprochen und ein neuer Gesichtspunkt für die Erklärung der altgriechischen Volksanschauungen von der Bohne aufgestellt.

Führer durch die öffentlichen Sammlungen klassischer Altertümer in Rom. Von Wolfgang Helbig. 2 Bände. 2. Aufl. 8. Geschmackv. geb. ℳ 15.— Ausgabe mit Schreibpapier durchschossen geb. ℳ 17.— (Die Bände sind nicht einzeln käuflich.)

„Denn die eminente Brauchbarkeit des Buches ergibt sich alsbald in erfreulichster Weise jedem, der es gegenüber den Denkmälern in die Hand nimmt; aber auch zum Studium im Angesicht von Gipsabgüssen und Photographien wird es vielen ungemein förderlich sein. Es gibt nicht bloß feste Resultate der Forschung, sondern geht auch überall auf die wissenschaftlichen Streitfragen ein, und dies in einer Weise, die ebenso den gebildeten Laien, wie den werdenden oder gewordenen Fachmann zu interessieren und zu belehren geeignet ist." (Das Humanistische Gymnasium.)

„Die zweite Auflage von Helbigs wohlbekanntem Führer bedarf kaum einer lobenden Einführung. Es ist ein unentbehrliches Buch nicht bloß für den Romfahrer, sondern für jeden Freund der antiken Kunst. Mit unermüdlichem Fleiße hat der Verf. überall gebessert und nachgetragen, er hat auch den Umfang der besprochenen Denkmäler ganz wesentlich erweitert." (Literar. Centralblatt.)

Reden und Vorträge von Otto Ribbeck. Mit einem Bildnis. gr. 8. Geh. ℳ 6.—; in Original-Halbfranz geb. ℳ 8.—

In diesem Bande ist eine Reihe von Reden und an ein größeres Publikum sich wendenden Vorträgen Otto Ribbecks vereint, die, obwohl in der einen oder andern Form sämtlich bereits veröffentlicht, doch buchhändlerisch nicht mehr erreichbar sind und darum seinen Freunden und Verehrern wie allen denen des klassischen Altertums überhaupt in dieser Sammlung willkommen sein werden. Sie umfaßt sechs in Kiel während der Jahre 1864—72 gehaltene akademische Reden, die ihren Stoff aus dem klassischen Altertum entnahmen, aber durchweg zu den politischen Ereignissen der Zeit in deutlicher Beziehung standen, sowie die Reden und Vorträge, deren Inhalt die klassische Literatur der Griechen und Römer betrifft, und einige der eindrucksvollsten Gedächtnisreden Ribbecks; anhangsweise ist die satirische Besprechung von Strombergs Catull-Übersetzung wieder abgedruckt, als eine kleine Probe des sarkastischen Tones, den R. gegebenenfalls mit so viel Witz anzuschlagen verstand.

Trajans dakische Kriege nach dem Säulenrelief erzählt von E. Petersen. I. Der erste Krieg. gr. 8. kart. ℳ 1.80. II. Der zweite Krieg. gr. 8. kart. ℳ 3.—

Das Schriftchen ergänzt von archäologischer Seite und aus langjährigem Vertrautsein mit dem Denkmale die Veröffentlichung von Cichorius und stellt zugleich einen zuverlässigen knappen Führer zu der Säule dar.

Die griechisch-römische Biographie nach ihrer litterarischen Form von Friedrich Leo. gr. 8. geh. ℳ 7.—

Aus einer Untersuchung über die literarische Form der biographischen Schriften Suetons ist ein Buch geworden, das den Versuch macht, die wichtigsten Entwicklungslinien der biographischen Literatur des Altertums aufzuzeigen. Diese Linien sind natürlich nicht durchweg gerade Linien, und die Wege, die der Verfasser gehen mußte, darum nicht immer gerade Wege; doch darf er hoffen, daß sie zum Ziele führen. Vor der christlichen Biographie hat der Verfasser Halt gemacht, aber die heidnische bis auf ihre antiken Ausläufer verfolgt.

CPSIA information can be obtained
at www.ICGtesting.com
Printed in the USA
BVHW062227080621
609009BV00012B/1646